ISBN 978-0-331-48823-4
PIBN 11193463

This book is a reproduction of an important historical work. Forgotten Books uses
state-of-the-art technology to digitally reconstruct the work, preserving the original format
whilst repairing imperfections present in the aged copy. In rare cases, an imperfection in
the original, such as a blemish or missing page, may be replicated in our edition. We do,
however, repair the vast majority of imperfections successfully; any imperfections that
remain are intentionally left to preserve the state of such historical works.

NNO. — N.º 151   A Gazeta publica-se nos dias 10, 20 e 30 de cada mez   AGOSTO—1908

AZETA DOS LAVRADORES

ORGÃO DE PROPAGANDA E DEFEZA DOS INTERESSES DA AGRICULTURA NACIONAL

ollaboração de muitos agricultores, agronomos, medicos veterinarios, horticultores, viticultores e regentes agricolas

DIRECTOR e PROPRIETARIO: *JOSÉ ERNESTO DIAS DA SILVA*

Medico veterinario -- Antigo professor da Escola de Agricultura da Real Casa Pia de Lisboa

Assignaturas		Annuncios
(pagamento adeantado)		(TYPO CORPO 8)
nno.................... 1600 réis		Por uma só inserção.................. 40 reis cada linha
mestre.............. 800 »		Repetição até 6 publicações.......... 30 » » »
o avulso.............. 50 »		Annuncios permanentes, folhas soltas, réclames e annuncios intercalados no texto—contracto especial.
gnaturas começam sempre no principio de cada mez.		Os srs. assignantes gosam do abatimento de 20 %.
orrespondencia deve ser dirigida ao director do jornal.		A administração acceita correspondentes em todas as terras do paiz
nes recebidos quer ou não publicados não se restituem.		
SIÇÃO na sede da Gazeta. — IMPRESSÃO — typogra-		Redacção e Administração, C. de Santo André, 100, 1.º
fricana — Rua da Magdalena, n.º 77.		EDITOR—Dias da Silva

facilitar o nosso expediente e xtravio de recibos, o pagamento gnaturas da Gazeta dos Lavra- sempre accusado n'esta secção.

POR UM ANNO

isco Perfeito de Magalhães, Alfred ida Toscano.

POR UM SEMESTRE

ssa de Alto Mearim, Alexandre F. Borges, José da Cunha Freire Py-, Conselheiro Manoel Ferreira da uto, Amaro dos Santos, José Martins Joaquim de Oliveira Fernandes, Joa- artins Grillo, Joaquim Nunes Bran- lal, Conselheiro Mendonça Cortez, Rebello, José João Rosad as Peixoto, mino de Almeida, José de Albuquer- entel e Vasconcellos, Antonio L. de Cesar Sabino dos Reis Fernandes, Vicente de Almeida, José Paquete, Chrystovam Mey rellos, Silvain Bes- lanoel Joaquim Alves Diniz, Eduar- a de Araujo, Mario Costa, Eduardo iro Casal, Dr. Bernardo P. Pereira Edmond Bartissol, Thomaz Ferreira, da Cunha Mascarenhas, Adelino Jo- oso, José da Costa Marques, Augus- . Brandão e Albuq erque, Henrique eira, Alfredo Augusto da Costa Cam- .noel Diniz Pinto Fragoso, Ignacio Xavier, Dr. Manoel Caieiro, Porfirio da Silva, Gaspar da Costa Ramalho

Agricultura geral

O rateio dos trigos, nacional e exotico, no actual anno cerealifero

Tendo em vista o disposto no artigo 75.º da organisação dos ser- viços do fomento commercial dos productos agricolas, approvada por decreto de 22 de Julho de 1905 : manda Sua Magestade El- Rei, pela Secretaria de Estado dos Negocios das Obras Publicas, Commercio e Industria, que seja approvada a tabella do rateio dos trigos nacional e exotico, junta a esta portaria e que d'ella faz par- te integrante e a fim de que tenha execução no actual anno cereali- fero. Paço, em 1 de agosto de 1908: —*João de Sousa Calvet de Maga- lhães.*

Tabella para o rateio do trigo nacional e exo- tico para o anno cerealifero de 1908-1909

Nova Companhia de Moagem, Saca- vem, 8,80. A. J. Gomes & Comman- dita, Caramujo, 7,10. Nova Companhia Nacional de Moagem, Lisboa (Vinte e Quatro de Julho n.º 644), 7,10. João de Brito, Limitada, Beato, 7,10. José Antonio dos Reis, Lisboa, 3,70. Com- panhia de Moagem «Invicta», Porto, (Villa Nova de Gaya), 3,65. Compa- nhia de Moagem «Invicta», Porto (Frei- xo, Campanhã), 3,44. Nova Companhia Nacional de Moagem, Lisboa, (Travessa do Pinheiro), 3,30. Nova Companhia Nacional de Moagem, Xabregas, 1,83. Companhia Nacional de Moagem, San- ta Iria, 3,03. Companhia de Moagem

de Vianna do Castello, Vianna do Cas- tello, 2,67. Reis & Reis, Lisboa, 2,12. Nova Companhia Nacional de Moagem, Lisboa (Rua Vinte e Quatro de Julho, n.º 374), 2,15. Companhia de Moagem «Harmonia», Porto, 2,13. Barreto, Fi- lho & Genro, Porto, 1,91. Companhia de Moagem «Invicta», Porto (Ribeiro do Abbade, Valbom), 1,89. Nova Com- panhia Nacional de Moagem, Lisboa (Arc s de Jesus n.º 3), 1,75. Eduardo Conceição Silva & Irmão, Lisboa, 1,51. Nova Companhia Nacional de Moagem, Lisboa (Rua Cascaes n.º 20), 1,22. Marques Lima & Comp.ª, Porto, 1,23. João Augusto da Silva Martins, Abran- tes, 1,23. Companhia de Moagem «In- victa», Porto (Rua de S. Jeronymo,) 1,19 Fabrica de Moagem do Rio Tinto, Li- mitada, Rio Tinto, 0,96. Joaquim Fran- cisco Pinto, Senhora da Hora (Matto- zinhos), 1,05. Manoel Hypolito Ferrei- ra, Vizeu, 0,84. Rincon Trevejano & Comp.ª, Portalegre, 0,93. Nova Em- presa de Moagem de Castello Branco, Castello Branco. 0,71. Christo, Rocha, Miranda & C.ª, Aveiro, 0,80. José Men- des Callado & Filho, Alter do Chão, 0,77. Parceria de Vallongo, de Morei- ra Monteiro & C.ª, Vallongo, 0,77. Soa- res Pinto & C.ª, Limitada, Ovar, 0,75. José Marques Alves Dias, Porto (Lor- dello do Ouro), 0,58. Areosa & Comp.ª, Coimbra, 0,60. Sousa Rego & Irmão, Caminha, 0,64. Companhia de Moagem da Covilhã, Covilhã, 0,62. Constantino Francisco Pinto, Bouças (Maia), 0,58. Companhia Tavirense de Moagem, Ta- vira, 0,58. Alfredo Augusto da Costª Barróso, Portimão, 0,55. Companhia Elvense de Moagem, Elvas, 0,49. Al- fredo Infante Pessanha, Lamego (Quin- ta do Valle de Abraham), 0,35. João Torres Pinheiro, Thomar, 0,43. Alice Cannel Rodrigues, Lisboa, 0,38. José Godinho Jacob, Alcacer do Sal, 0,37. Joaquim José Perdigão Queiroga, Evo- ra, 0,39. Guedes Nobre & Vilhena, Bejx, 0,34. Companhia de Moagem Farense, Faro, 0,32. Nova Companhia Nacional de Moagem, Seixal, Breyner, 0,31 Companhia de Moagem do Rio Ferreira, Vallongo, 0,27. Brites Pinto & C.ª, Maia, 0,26. Manoel Luiz Fernandes, Seixal, 0,25. Augusto Castro & Ferreira, Maia e Vallongo, 0,24. José Guilherme Morão, Castello Branco, 0,25. Francisco Affonso da Silva, Bouças de Gondomar, 0,19. Brites Pinto & C.ª, Gondomar, 0,23. Brites Pinto & C.ª, Maia, 0,22. Manoel Antonio de Miranda & Filho, Odemira, 0,22. Theodoro Ignez do Carmo Marques Passos, Palhaes, 0,21, Barreto, Filho e Genro, Porto, Paço do Rei, 0,17. Isidro Freire, Verderena, 0,16. Sá & C.ª, Crato, 0,15. Costa & Irmão, Portalegre, 0,15. Alfredo Cambournac, Cacem, 0,14. Lino M. da Nova & Filhos, Lordello do Ouro 0,14. José Pedro Maria da Costa, Barreiro, 0,14. Maria Adelaide Pereira do Carmo Chaves Lobo, Alemquer, 0,14. Antonio Joaquim Mouta, Povoa de Verzim, 0,10. J. Cupertino Ribeiro, Rio de Mouro, 0,12. Antonio Marques Nogueira, Calheiros & C.ª, Gaya, 0,10. Joaquim Pedro Marques, Torres Vedras 0,11. Manoel dos Reis França, Odivellas, 0,11. Antonio dos Santos Revesso, Odivellas, 0,11. Viuva de Antonio Ferreira, Odivellas, 0,11. Joaquim Ribeiro da Silva, Vallongo, 0,11. Prazeres & Irmão, Castro Verde, 0.10. Luiz José Frade de Simas Cardoso, Cabeço de Vide, 0,10. Henrique dos Santos Quelhas, Maia, 0,10. João dos Santos, Logar do Arco (Milheirós), 0,10. José Francisco da Silva, Cuba, 0,08. Seara Fontes & C.ª, Vallongo, 0,08. Constantino Francisco Pinto e Antonio Gomes Ramalho, Maia, 0,08. José Mendes Callado, Alter do Chão, 0,09. Alvaro dos Reis Ginja, Odivellas, 0,08. Manoel Ferreira, Odivellas, 0,08. Manoel Hypolito Ferreira, Vizeu, 0,06. Manoel Hypolito Ferreira, Vizeu, 0,04. Nuno Camillo Alves, Bucellas, 0,05. Camillo Lelis Alves, Bucellas 0,05. João do Rego e Silva, Campanhã, 0,03. Manoel Gonçalves Pereira Junior, Porto, 0,02. Antonio Soares Pinto, Ovar, 0,03. Joaquim Martins Ferreira, Campanhã, 0,02.

Fabricas mandadas admittir por terem sido eliminadas até 31 de julho de 1908

Manoel Pereira da Rocha Paranhos, Granja (Campanhã), 0,56. Antonio da Cruz, Estremoz, 0,31. José Augusto de Pina Carvalho, Portalegre, 0,22. Empresa de Moagem Portelense Limitada, Portel, 0,16. Visconde Altas Moras, Moura, 0,14. José Antonio de Oliveira Soares, Evora, 0,11. Guimarães Carvalho & C.ª, Oliveira de Azemeis, 0,11. Augusto Sobral, Maia, 0,09. Manoel José Moreira da Ascenção, Vallongo (Maia), 0,09. Guilherme Duarte Ferreira, Ericeira, 0,10. Thomaz Martins Ramos Guimarães, Bouças, 0,07.

Joanna Martins de França e seus filhos Manoel e José, Pontelhas (Valbom), 0,03

Fabricas admittidas de novo á matricula

Antonio Dias Estevinha Costa, Castello Novo, 0,78. José Antonio Pereira, Porto (Rio Este), 0,75. Francisco Barreiro da Costa Barcellos, 0,74. Antonio Rodrigues da Costa Soares, Beja, 0,66. Galhardo & C.ª, Limitada, Escalhão, 0,45. Galhardo & C.ª, Limitada, Escalhão (Figueira de Castello Rodrigo e Mata de Lobos), 0,18. Antonio Guerra, Moncorvo e Freixo de Espada-á-Cinta, 0,37. José Ferreira de Magalhães, Paços de Ferreira (Rio Ferreira), 0,35. Alexandre Marques de Oliveira, Almarjão (Portalegre), 0,34. Mauricio Lopes, Villa do Conde (Rio Ave), 0,29. Antonio de Sousa Pauperio, Barcellos, 0,28. Henrique da Conceição, Bragança (Rio Sabor), 0,26. José Antonio Lobo de Carvalho, Vidigueira, 0,24. Alexandre de Almeida Peres, Marco de Canavezes, 0,15. Marcolino Augusto, Bragança (Rio Fervença), 0,15 José Paes de Vasconcellos Abranches, Torre (Ervedal), 0,15. Santos e Jacintho, Silves, 0,07 Antonio de Castro Neves Aguiar, Vallongo, (Vizinhança), 0,07.

Fabricas de massas

Nova Companhia Nacional de Moagem, Lisboa (Rua do Barão), 23,76. Nova Companhia Nacional de Moagem, Seixal (Breyner), 12,46. Nova Companhia Nacional de Moagem, Lisboa, (Rua Vinte e Quatro de Julho n.º 644), 8,71. Nova Companhia Nacional de Moagem, Lisboa (Arco de Jesus n.º 3), 6,65. Nova Companhia Nacional de Moagem, Lisboa (Rua Cascaes n.º 20), 6,25. Nova Companhia Nacional de Moagem, Lisboa (Rua da Cadeia, Belem), 5,68. Companhia de Moagem «Invicta», Porto, 6,25. J. V. B. Miranda, Coimbra, 3,84. Nova Companhia Nacional de Moagem, Coimbra, 1,23. Costa & Irmão, Portalegre, 2,21. Companhia Elvense de Moagem, Elvas, 2,21. Companhia, Tavirense de Moagem, Tavira, 1,28. Areosa e C.ª, Coimbra, 6,25.

Fabricas de massas admittidas de novo á matricula

João Augusto da Silva Martins, Abrantes, 11,25. Francisco Franco e Nogueira, Pernes, 1,97.

Fabricas de bolachas e biscoitos

João de Brito, Limitada, Lisboa, 45,13. Eduardo Conceição Silva e Irmão, Lisboa, 29,02. Companhia de Moagem «Invicta», Porto, 22,53. Pauperio e C.ª, Vallongo, 3,32.

Paço, em 1 de agosto de 1908. — **João de Sousa Calvet de Magalhães**

Para os effeitos do disposto no Regulamento de 23 de dezembro de 1899, relativo ao commercio dos trigos e importação de farinhas na Ilha da Madei-

ra e nos Açores: mand de El-Rei, pela Secret dos Negocios das Obras mercio e Industria, que da a tabella de rateio d nal e exotico juntoa esta d'ella faz parte integrant tenha execução no actu lifero. Paço, em 1 de a

—João de Sousa Calvet de

Tabella para o rateio do trig tico no districto do Funchal n de 1908-190

Blandy Brothers & C los José Zino, 16,75. C deirense de Moagem a Azevedo Santos e C.ª, Giorgi e C.ª, 13,11. En lense de Moagem Limit Joaquim Vieira Pinto. Silva, 0,78. Manoel Pi conde de Valle Paraiso, ros de Antonio da Silva Pereira e Farinha, 0,. Figueira de Jesus, 0,12. da Nobrega, 0,10.

Negociantes

Luiz Gomes da Co Francisco da Costa e Fi tonio dos Santos, 0,68.

Fabrica admittida de nov

Antonio Paulino Men

Paço, em 1 de agos João de Sousa Calvet de Mag

Para conhecimento tições, tribunaes e au quem pertencer e da ressadas, se declara pacho d'esta data e n disposto nos artigos nisação dos serviços commercial dos prod las de 22 de julho de do regulamento de 2 bro de 1899, foram matricula, para os ef ta de lei de 14 de ju os seguintes industri

Fabricantes de farinha no c

* * *

Antonio Dias Estevin tello Novo. José Antoni to (Rio Este). Francis Costa, Barcellos. Anton Costa Soares, Beja. G Limitada, Escalhão. G Limitada, Escalhão (F tello Rodrigo e Mata d nio Guerra, Moncorvo pada-á-Cinta. José Fer

'erreira).
1, Almar-
)es, Villa
de Sou-
rique da
)or). Josè
digueira.
Marco de
, Bragan-
de Vas-
Ervedal).
ntonio de
go (Visi-

e do reino

Martins,
: Noguei-

Madeira
)uinta d°

___

cola

[ue mui-
·a a fer-
) effecti-
e acidez
ino que
-vos na
le o mo-
eis uma
frescas.
a acção
ido um
iorticul-

ardadas
: a base
duran-
como se
verdes
n, addi-
secco, a
ião con-
clusiva-
convém

da deve
addicio-
ito con-
nhas, os

ima lar-
laturaes
e legu-
:ção be-

nefica que exerce sobre estas plantas. Como, porém, o chloreto de
sodio ou sal de cosinha é incom-
paravelmente mais barato, podeis
empregal-o, de preferencia ao sulfato de soda, a exemplo do que fazem diversos cultivadores de França, associando-lhe, como alguns
agronomos aconselham, o nitrato
de potassa.

Desnecessario é dizer que estes
adubos chimicos não excluem os
estrumes ordinarios, dos quaes são
apenas o complemento.

Sobre a quantidade a empregar
d'estes adubos chimicos aconse-
lhai-vos com os agronomos districtaes, ou regionaes, como agora
vão ser denominados, que encontrareis n'elles o melhor acolhimen-
to. Acostumai-vos a consultal-os
nas mil questões qua a cada passo surgem na vida dos campos, e
ficareis sabendo o que elles valem,
o para que servem.

*

A quantidade de estrume produzido diariamente por um boi é
avaliada no dobro de peso da nutrição, suppondo-o sempre no estabulo. Mas como este algarismo
varia com o modo de alimentação,
duração da estabulação, destino
do animal e peso do mesmo, é costume na pratica calcular-se em média por metade, ou sejam 25 kilos.

N'estas circumstancias é facil
saber a quantidade de estrume que
produzirão as cabeças de vosso gado bovideo, multiplicando o numero d'ellas pelo numero citado.

*

O trevo encarnado, introduzido
ha annos em Portugal não é uma
forragem muito propria para dar
em secco: n'este estado é grosseiro e pouco substancial. Portanto,
a quererdes guardal-o, depois de
colhido, para o ir dando aos vossos gados, só o devereis fazel-o em
silos. Sobre este assumpto ainda
vos remetto aos agronomos da vossa região.

Devo lembrar-vos que o trevo
encarnado deve ser cortado antes
de suas flores estarem completamente abertas, que depois endu-

recem suas hastes, perde muito da
sua qualidade.

*   *

Vae já tarde esta receita, mas
ainda vos pode aproveitar.

São varios os meios que se aconselham para livrar os cavallos do
flagello das moscas. Entre elles ve-
jo um que me parece deverá dar
o effeito desejado e que passo a in-
dicar-vos.

Dissolvei 60 grammas de assa-
fétida em um copo de aguá, jun-
tai um copo de vinagre. Com uma
esponja ou pincel humedecei as regiões do animal mais sensiveis ás
moscas, e tereis obtido o fim.

*

Podeis aproveitar com vantagem
a serradura de madeira nas camas
dos vossos gados.

Deveis, porém, observar as indicações seguintes, se quereis que
vos possam ulteriormente utilizar
como estrume:

Estabelecei uma camada de serradura de 20 c entimetros de espe-
sura sobre o chão do estabulo;
cobri-a de palha, que ireis renovando sem mexer na serradura; ao
fim de um mez ou mez e meio,
quando a camada estiver bem impregnada de urinas, tereis um estrume proprio para todas as culturas, que podereis utilizar desde
logo, ou guardar em sitio proprio
para ir augmentando com outras
camadas que se vão renovando.
N'este ultimo caso, e se se quer
formar um adubo mais completo,
juntar-lhe-heis materias fecaes,
regal-o-eis com urinas, e addicio-
nar-lhe-eis cinzas de madeira coi
cal extincta.

*

Terminarei por vos ensinar a
fazer o hydromel, bebida que em
alguns paizes substitue o vinho
de pasto.

Escolhei um pipo isento de mau
gosto, de preferencia um que tenha contido aguardente, e collo-
cai-o em sitio onde a temperatura
se conserve de 20 a 25 graus.

Supponhamos que o pipo tem
a capacidade de 40 liros, deitai
36 a 38 litros de agua com 18 ki-

fos de mel em uma caldeira; fazei ferver esta mistura a fogo moderado durante 3 ou 4 horas, tendo o cuidado de ir retirando a espuma. Quando esteja reduzida o bastante para que um ovo se sustente ao cima, decantai em um balde e deixai resfriar; deitai depois no pipo, que não enchereis senão até tres quartos. e collocareis áparte o restante liquido em vasilha de grês, que remettereis para a adega.

Não batoqueis o pipo, deixai que se estabeleça a fermentação em principio tumultuosa, a qual termina ao fim de um mez ou seis semanas.

O liquido que correr do batoque para alguidar ou gamella que tereis o cuidado de collocar em sitio proprio, servirá para atestar a vasilha conjunctamente com o excedente, reservado n'esse intuito.

Acabada a fermentação aromatisai o hydromel com uma pouca de canella machucada, etc.

Emfim batocareis o pipo e fal-o-eis descer para uma adega secca, onde se conservará pelo tempo de um anno e mesmo dois antes de proceder ao engarrafamento.

J. R.

Agricultura e piscicultura

II

Aguas correntes.—Os pouços peixes que povoam as aguas correntes provêm da reproducção natural. A creação de peixes nos tanques constitue uma industria particular; a repovoação piscicola dos rios deve ser a obra de todos. E' aqui que deve infallivelmente adoptar-se o systema de feeundação artificial, porque lançando n'um rio peixes adultos, irão elles cair nas mãos dos pescadores antes de desempenharem o trabalho da reproducção.

Deve tambem attender-se á qualidade, temperatura e leito da agua com referencia ás especies que mais convem ás aguas correntes. D'es-

sas, as principaes são o salmão, a truta e o barbo.

O salmão que nasce em agua doce e se desenvolve no mar, é o melhor peixe d'esta classe: apresenta a vantagem da quantidade e da qualidade. Tem corpolencia e carne muito delicada.

Multiplica-se em grande escala, porque uma femea de peso regular põe mais de vinte e cinco mil ovos. A postura é de novembro a fevereiro.

N'esta época, sae do mar e sobe as correntes até o mais distante que póde para depositar os ovos entre os seixos. Quando ha algumas difficuldades no caminho, como quedas d'agua, presas, etc., convem removel-as por meio de degráus formados com uma serie de celhas de bastante profundidade. Diz-se que este peixe sobe até ao sitio em que fez a postura. A ser isto verdade, póde tentar-se a reproducção artificial, pela certeza de apanhar grande parte do que se criou.

A truta é o verdadeiro peixe d'agua corrente e n'elle deve fixar-se toda a attenção do piscicultor.

Como o objecto da piscicultura é produzir a maior quantidade possivel de peixes, a fecundação artificial dos ovos constitue a base fundamental d'esta exploração.

Procuram-se os ovos nos sitios das posturas naturaes ou artificiaes; n'este caso estão já fecundados e ha apenas o trabalho de lançal-os nos apparelhos de incubação. O mais seguro, porém, é recolher as femeas e o macho e collocal-os em recipientes differentes, na época da postura.

O mais importante da fecundação é conhecer o momento em que os ovos se acham em boa disposição.

Fazer com que uma femea ponha e fecundar a postura, é operação muito simples; o ponto principal é a temperatura. A maneira de effectuar a fecundação resume-se no seguinte: ovos maduros ou perfeitos, temperatura conveniente e brevidade na operação. Para a fecundação, basta que os ovos estejam de tres a cinco minutos na

agua fecundada pelo macho, agua que serve para a postura de cinco ou seis femeas.

Terminada a fecundação, lavam-se bem os ovos com agua e lançam-se nos apparelhos de incubação.

O essencial aqui é tambem a temperatura da agua, que deve conservar-se n'um grau determinado, conforme as especies.

Nascidos os peixes, devem conservar-se no apparelho incubador até que se lhes feche a vesicula umbilical; quando ella desappareçe, pode começar a dar-se-lhes alimento e depois deixal-os seguir o seu destino.

A. Faria.

A agua e a agricultura

Este movimento ascencional faz com que a agua que penetra nos vegetaes arraste sempre comsigo substancias que contribuem para a formação dos seus orgãos principaes. Outra funcção importantissima desempenha ella quando se deposita nos tecidos vegetaes, proporcionando ás cavidades cellulares a elasticidade conveniente para que as funcções proprias do organismo vegetal se effectuem regularmente.

A agua que encontramos em differentes partes da planta, e a que se dá o nome de *agua de vegetação,* é tão consideravel que muitas vezes attinge 75 e 80 por cento do peso total da planta.

E' constante o movimento da agua no organismo de um vegetal durante o periodo em que elle se desenvolve, e quanto mais rapido fôr o seu crescimento mais activa será a circulação e maior a quantidade d'agua de que necessita portanto, o primeiro cuidado do agricultor será proporcionar agua e alimentação abundante ás plantas cujo desenvolvimento seja ctrai; va, afim de que se não destrua o equilibrio, pois se a evaporação foliacea é activa e as radiculas não aproveitam todos os liquidos necessarios para mantel-a, a circulação entorpece e a planta definha. Assim se explica como nos climas humidos, frios e nevoentos, onde a acção da luz e do calor é pouco intensa, não sejam as regas tão necessarias como nas regiões em que a estiagem e limpidez da atmosphera permittem aos raios do sol chegar ás plantas com toda a sua pureza, determinando uma evaporação tão prompta que a circulação accelera-se, o vegetal adquire rapido desenvolvimento e, se não proporcionarmos ás suas radiculas a agua de que carecem, o crescimento paralysa-se e a planta morre á falta de liquidos com que substitua aquelles que os orgãos foliaceos espalharam na atmosphera.

II

Substancias que a agua contém

A agua, chimicamente pura, não e encontra na natureza. A aguas das chuvas, ao atravessar as camadas atmosphericas, dissolve grande quantidade de gazes n'ellas espalhados, arrastando tambem as particulas organicas e inorganicas que encontra na sua quéda.

Estas aguas que, infiltrando-se nos terrenos ou correndo pela sua superficie, formam os mananciaes e as correntes que sulcam a terra em differentes direcções, teem uma composição muito variada, dependente das qualidades do solo que atravessam, e assim quanto mais longo é o espaço por ellas percorrido e mais complexa a composição dos solos que constituem o seu leito, maior é tambem a quantidade de saes que trazem em dissolução e maior o numero de materias que arrastam no seu curso, sendo n'este caso duplamente beneficas, porque ministram ás plantas o liquido necessario ao seu crescimento e desenvolvimento e proporcionam ao solo elementos de fertilidade que tornam satisfactorios os resultados da cultura.

As aguas dos rios costumam levar em dissolução substancias taes como cal, gesso, magnesia, oxydo de ferro, alumina, alcalis, acido carbonico, nitrico, sulfurico e chlorhydrico, e outras muitas que, como as já indicadas. vão, em combinações diversas, fazer parte dos vegetaes que se acham em cultura.

As aguas dos mananciaes, como o seu trajecto é muito curto, contém escassa quantidade de substancias em dissolução, sendo por isso menos beneficas do que as dos rios; nas localidades, porém, em que elles não existem ou aonde as condições em que se acham difficultam ou impossibilitam o seu aproveitamento, o lavrador que precisa de agua para os seus campos tem de recorrer aos mananciaes, unico meio que se lhe offerece de satisfazer a tão instante necessidade.

Se conhece a existencia de mananciaes dentro da sua propriedade, deve descobril-os para aproveital-os do modo que julgar mais conveniente; póde, porém, dar-se o caso, muito frequente, de que elles não existam, pelo menos á superficie, e então forçoso é procural-os nas camadas inferiores do solo, onde não será difficil encontral-os se estudar bem a configuração da localidade e seguir os preceitos que vamos indicar.

Assim como os rios e ribeiros córrem ao fundo dos valles, seguindo pelos pontos mais baixos do terreno as linhas mais ou menos sinuosas que elles formam, tem-se notado em muitas experiencias que as correntes subterraneas obedecem á mesma lei, seguindo uma linha parallela e inferior á marcada pelas depressões visiveis dos terrenos, facto de muita importancia e que não devemos esquecer quando nos propozermos tirar proveito das nossas pesquizas. Como estas correntes occultas seguem umas vezes proximas da superficie e outras vezes se perdem a grande profundidade, deve attender-se a muitas circumstancias que se referem aos terrenos inclinados. Os mananciaes encontram-se a pequena profundidade nos declivios das encostas e na parte inferior d'elles, por ser alli que nascem; isto é, nos pontos de reunião de differentes valles, e a sua direcção é desde as montanhas ou planaltos elevados até aos sitios onde ha visiveis correntes d'agua.

São estas as indicações que teem dado até hoje resultados mais satisfactorios; se é certo que frequentemente basta excavar a terra onde existem juncaes, salgueiros, cannas ou outras plantas que exijam abundancia de humidade, para encontrar agua, ninguem deve confiar demasiado n'esses indicios, porque, na maioria dos casos, só encontraremos um pequeno deposito d'agua proveniente das chuvas e formado por uma leve depressão do terreno revestido de argillas ou lodo arrastado pelas correntes temporaes, deposito que sécca em pouco tempo sem dar proveito algum.

Das duas encostas que formam uma montanha, deve preferir-se sempre a menos escarpada para proceder ás sondagens, porque na opposta acontece muitas vezes encontrarem-se cortadas as camadas do terreno, conforme a sua inclinação, não retendo por isso a agua da chuva.

Nas planicies é conveniente attender-se á direcção que tomam os ribeiros, fazendo o nivelamento com todo o cuidado para não commetter erros, demasiado frequentes, que inutilisem todo o trabalho. As excavações devem fazer-se na direcção indicada pela encosta e no local que pareça mais adequado.

(Continúa)

A. Faria.

Noções sobre a alimentação do povo

Tocando-nos fallar agora do pão, principiaremos por aquelle que é produzido pelo trigo. E na verdade de todos quantos cereaes a terra nos fornece, uma copiosa variedade, nenhum outro alimenta um numero consideravel de individuos de todas as classes e de todos, ou quasi todos, os pontos de que se compõe o globo que habitamos, como o trigo. E' pois o trigo o grão farinaceo p r excellencia e que maiores serviços presta á humanidade.

N'este genero ha varias especies bem conhecidas e por isso nos abs temos de as apontar, com quanto não produzam, por egual, a mesma qualidade de pão. Façamos de conta que só temos trigo da especie melhor para o fabrico do pão e vejamos quaes deverão ser os principios que elle deverá conter para melhor satisfazer ao fim para que o destinamos.

Uma das circumstancias que muito concorre para a deterioração do trigo vem a ser a humidade que lhe póde vir ou da colheita feita com mau tempo ou das moreias mal construidas antes do grão ser separado da espiga ou finalmente de ser lançado em logares pouco ou nada arejados e sobre terra, por exemplo, ou pedra, que lhe possam transmittir aquelle grande defeito depois de já estar debulhado.

A humidade no trigo não só faz com que elle adquira uma côr e um cheiro que o faz baixar muito de preço no mercado, com grave prejuizo do agricultor, mas além d'isso, rouba-lhe as forças nutritivas que elle continha e em logar de servir de alimento sadio vae muitas vezes exercer uma acção damnosa sobre o organismo dos consumidores. Pode-se dizer que é tamanho o defeito que provém da humidade no caso presente, que affecta, ao mesmo tempo, a riqueza e a saude d'um paiz e por isso justo é que da parte dos agricultores haja todas as cautelas necessarias para que um genero que em si é tão perfeito e lindo, que até se parece na côr com o ouro appetecido, se não altere ao ponto de fazer mal á saude publica, como é facil de ver e até de experimentar a quem duvidar do que aqui deixamos dito, e de não compensar, como era de esperar, os sacrificios e as despezas que elle, os agricultores, fizeram para o cultivar e encelleirar. Seja portanto proclamado como o peor dos males que podem prejudicar o trigo, em grão, a humidade, e passemos a outro defeito que mais facil é de evitar.

O processo vulgarmente usado na debulha do trigo, empregando para isso os pés dos animaes, e quasi sempre sobre eirados improvisados de terra batida e pouco consistente, faz que desappareça toda aquella limpeza que é indispensavel na colheita de qualquer genero alimenticio, e resulta dahi que de mistura com o grão, sujo de terra e de particulas excrementicias, apparecem pequenas pedras, e muitos outros corpos estranhos que não é facil separar pelos meios que se costumam empregar; e lá vão muitos d'elles ser reduzidos a farinha e depois a pão com grande prejuizo dos consumidores.

Visitando nós, ha alguns annos, uma padaria e fabrica de moagem que se achava montada no Asylo de mendicidade da cidade de Lisbôa, ali tivemos occasião de ver todos os processos que se tinha até então descoberto para levar o trigo ao maior estado de perfeição e de limpeza antes de ser moido.

Vimos o trigo, primeiro conforme tinha ido do mercado; pegamos em um pouco na mão e mal lhe conhecemos os defeitos de falta de limpeza; apesar d'isto, em seguida vimos e comparamos com aquelle o trigo que tinha passado atravez d'uma machina de ventilação de tamanha força que algum grão que se escapae se d'ali e batesse na cara dos sujeitos que estavam a tres metros de distancia fazia-se sentir deveras, e achamos-lhe já uma grande differença, ao mesmo tempo que nos foi mostrado um grande cumulo de impurezas que se tinham separado do trigo por aquelle meio, as quaes são depois vendidas para alimentar aves; e d'ahi fomos ver o trigo que tinha passado por uma outra operação, por meio de escovas, que acabava por lhe restituir o grau de limpeza e a côr natural que são proprias do trigo, quando elle se acha no seu verdadeiro estado de perfeição, e foi tamanha a differença que lhe achamos, principalmente em relação ao primeiro, que mal se podia conceber como d'ali tivesse sahido um grão tão egual no tamanho, tão uniforme na côr, e tão liso na superficie que não denunciava ao tacto a mais leve aspereza, emquanto que no primeiro

estado era inteiramente rio.

Todas as pessoas que e examinassem attenta resultado não dirão q a improvisar historias.

Seja tambem a falta um dos grandes defeit e do pão que d'ahi ven nuaremos.

Rebello

Avicultur

Vendem-se casaes, pintos e ovos de dive especiaes — *Vaccaria — reita de Xabregas, 49, –*

Arboricultu

A cortiça

A cortiça é um dos pro taes mais apreciados na ir almente, as suas proprieda taes como a impermeabil quidos e aos gazes, a sua e incorruptibilidade e a c especial de ser má conduc rico, tornam-a propria para mero de applicações.

A cortiça produz-se so deira casca do sobreiro, fo espécie de envoltorio que nos adquire maior espessu

O sobreiro (Quercus sub senta os seguintes caract persistentes e coriaceas, e cortical, bolotas de matu com os foliolos da cupula lientes e não ponteagudos.

As dimensões do sobrei veis, attingindo alguns a metros por 3 ou 4 de cir O tronco é cheio, de rai e de longa vida. As raize sas, quer a central quer penetrantes e radicam-se tindo por isso facilmente a ventos fortes, qualidade pr arvore que cresce na patr é do mistral.

A bolota é grossa, oval variavel, e com a cupula ca. A maturação é annual em setembro e outubro as lotas, em outubro ou nov gundas, e em novembro as terceiras ou as tardias, to a fructificação começe ôu quinze annos de edad dante quando a arvore ch kilos de cortiça em ca-

e melhorando nos cem
estaciona por outro pe-
cresce depois conside-

) dos sobreiros faz se
de bolotas, deixando-
e um metro umas das
ndo as novas plantas
nos a fim de que o ex-
) calor as não prejudi-
m-se aos vinte annos,
res distanciadas de 12
ando-lhes depois duas
or anno e limpando-as
nascem do pê dos tron-
ocivos ao desenvolvi-
dos principaes ramos
e aproveita.
-se na zona mediterra-
atitude e é muito com-
la Africa, Turquia en-
Italia, Corsega, sul da
ha e Portugal. Na An-
adura e Catalunha vê-
m a azinheira e o car-
tra-se tambem nas duas
menos commum nas
antander, Galliza, Bur-

renos graniticos, feld-
sos e areaes siliciosos,
lo os terrenos alagadi-
prefira os que são fres-
se com difficuldade nos
s.
elhor qualidade é pro-
vores que crescem em
tos e fundos, apesar de
o o seu desenvolvimen-

iça nos mezes de julho
em que a seiva está
permitte desprendel-a
sca mãe.
a, usa-se um machado
e cabo de madeira, e
n na casca algumas in-
Depois, com o auxilio
ira desprende-se vaga-
iça até formar uma ti-
aiores dimensões que

vas, e nos ramos gros-
az-se apenas uma inci-
s perpendiculares a el-
o por esta forma uma
que serve para cortiços
ra encanar aguas quan-
má qualidade
m tirada soffre depois
rações: a cozedura, que
er ferver em grandes
s de cortiça para tor-
es e tirar-lhes a fórma
ao extrahir se da ar-
, isto é, limpal-as da

lumes de 70 ou 80 kilos, presos com arame.

As tiras collocam-se em pilhas em sitio fresco e humido, de onde saem para que a industria as transforme em objectos de immediata utilidade, entre os quaes o de mais applicação é a rolha para garrafas, de que se faz immenso consumo. As rolhas fazem-se pelo modo seguinte: partem-se as tiras em pedaços approximadamente do tamanho das rolhas e dividem-se depois em bocados quadrados que o operario arredonda com instrumentos cortantes, ou transforma por machina nas rolhas que vemos geralmente.

As rolhas feitas á mão, como as que se usam para as garrafas de champagne, não teem fórma muito regular; os seus quatro angulos arredondados permittem que a vedação se faça por uma fórma mais perfeita. Um operario pode fazer á mão duas mil rolhas por dia.

As machinas para este effeito baseiam-se todas no mesmo principio e, apesar de haver grande numero de modelos, todas formam a rolha dando ao pequeno quadrado de cortiça um movimento de rotação em contacto com uma lamina de aço, que vae mudando lentamente de posição em sentido longitudinal; conforme essa lamina fica parallela ou obliqua ao eixo da rolha, assim esta se torna cylindrica ou conica, sendo preferidas as cylindricas por se adaptarem hermeticamente, o que se não dá com as outras que apenas se usam para rolhar á mão.

As rolhas, quando saem da machina ou da mão do operario, são lavadas em agua com uma mistura de acido oxalico e chlororeto de estanho; algumas vezes submettem-se aos vapores do acido sulfuroso que lhes dá uma bonita côr d'anta, tornando-as tambem mais macias. Separam-se depois conforme os tamanhos, contam-se por meio de machinas engenhosas, e mettem-se em saccos, levando cada um de quinze a trinta mil.

Cem kilos de cortiça em tiras dão quarenta kilos de rolhas.

Teem procurado diversos industriaes substituir a cortiça por outras substancias egualmente elasticas, mas as experiencias não teem dado o resultado que fôra para desejar; a cortiça continua portanto a ser a unica materia empregada para o fabrico de rolhas, e é elle tão importante que só a Inglaterra e suas colonias consomem diariamente mais de dois milhões de rolhas. Calcula-se que toda a Europa gasta mais de mil milhões por anno, e que o consumo médio annual regula em França por um franco por cada habitante.

A fabricação de rolhas aproveita as duas qualidades principaes da cortiça, industria por certo utilisaria se podesse obtel-o por preço baixo; refiro-me á sua má conductibilidade. O calor atravessa difficilmente uma tira de cortiça, por delgada que seja; é por isso que ella se emprega algumas vezes com bom resultado como isoladora para impedir o esfriamento dos tubos e recipientes que contenham agua quente ou vapor, evitando assim despezas com o combustivel. Do mesmo modo, é aproveitando a propriedade que apontamos, é tambem muito usada para revestir apparelhos que encerrem gelo, por obstar á sua fusão.

O som atravessa com difficuldade uma camada de cortiça, e por isso é ella muito conveniente no interior dos edificios para isolar os aposentos uns dos outros.

Os restos, que ficam do fabrico das rolhas ou de qualquer outra applicação da cortiça, tambem se aproveitam já para gaz de illuminação, como na cidade de Nérac, já para a fabricação da côr chamada Negro de Hespanha, ou tambem para empacotar uvas frescas e fructas delicadas, como já dissemos.

Ultimamente a industria tira d'elles largo proveito no fabrico de oleados e na corticite, substancia destinada com muito bom resultado a revestir pavimentos.

Porcos para creação

Vende-se quantidade com dois mezes, de excellente qualidade — *Vaccaria. Rua Direita de Xabregas 49, Lisboa.*

Noticias dos campos

FOLGOSINHO (GOUVEIA). — Estão findas as ceifas dos centeios n'esta freguezia, e as debulhas dos primeiros que ceifaram tambem estão concluidas, sendo a sua producção muito diminuta, vendendo-se já á razão de 800 réis o alqueire de 15 litros. Não ha memoria d'um anno tão escasso d'este cereal.

Os milhos apresentam mau aspecto, pois estão desegualies.

Os feijoes, que estavam rasoaveis, teem sido arrastados pelas grandes ventanias que aqui se tem feito sentir.

BEMFICA (ALMEIRIM). As vinhas d'esta região soffreram grande queima, devido aos calores excessivos d'estes ultimos dias. Espera-se que não haja metade da colheita que se previa. A colheita do trigo foi diminuta, havendo, todavia, milho e legumes em relativa abundancia.

ARRONCHES. — Pairou sobre esta villa uma trovoada, caindo uns choviscos. O calor diminuiu nos dois ultimos dias, devido á mudança de vento suão, que tudo abrazava.

As fundas dos trivos temporões, cujas ceifas estão quasi concluidas e estão produzido em media duas sementes e alguns não deram as sementes. Os tremezes tem dado um pou-

co melhor, mas muito menos do que se esperava.

BOLIQUEIME. — Acham-se por aqui bonitos os milharaes, estando, por isso, muito contentes os lavradores.

CARREGADO. — Está-se procedendo com toda a actividade á debulha do trigo e alpista, sendo a producção muito insignificante.

Os trabalhadores que appareceram hontem na praça agricola d'esta localidade, apesar de serem em pequeno numero, não tiveram quem lhes fallasse, pelo que ficaram sem trabalho.

A producção da maçã de espelho n'este concelho é, no corrente anno, relativamente insignificante.

VIZEU. — Os vinhos estão-se vendendo a 600 e 700 réis os 25 litros. E infelizmente nem assim teem a precisa procura.

Os calores intensos, o mildio e oidium e outras doenças teem causado grandes prejuizos nos vinhedos. Especialmente o oidium tem tomado este anno um desenvolvimento como ha muitos annos não acontecia. As adegas estão cheias e a maior parte dos lavradores ha de vêr-se em sérios embaraços para recolher a nova colheita.

As uvas estão muito adeantadas e a vindima, a continuar o tempo assim, deve fazer-se até ao meado de setembro.

PENELLA. — O calor diminuiu nos ultimos dias. Nas tardes de hontem e ante-hontem fomos mimoseados com uma medonha trovoada e alguma chuva, não causando, felizmente, prejuizos. O anno agricola apresenta-se pessimo. Os milharaes das terras altas estão completamente perdidos.

PROVEZENDE — Os vinhedos estão lindissimos. O anno deve ser abundantissimo, se não se der algum facto que prejudique a proxima colheita.

O peor e que pelo vinho que ainda está por vender, da colheita passada, offerecem 12 a 13$000 réis por pipa. Todos os de mais generos alimenticios estão carissimos, regulando aos seguintes preços: azeite, 30 litros, 5$500 rs.; milho graudo, 16 litros, 750; centeio, 16 litros, 600; trigo, 16 litros, 730, e batatas, 15 kilos, 300 rs.

A colheita é de tudo muito escassa e só de vinho promette ser abundante. O lavrador lucta com as maiores defficuldades por falta de recursos para fazer as enormes despezas com o grangeio das terras.

POVOA DE SANTA IRIA. — Tem tido extraordinaria saida para o extrangeiro o tomate, carregando-se de dois em dois dias no caes d'esta povoação quatro e cinco embarcações.

Os milharaes estão por aqui muito regulares.

O grande calor que tem feito tém estragado muito a uva, não se podendo contar já com a colheita que se esperava.

VILLA DO BISPO. — Os calores dos ultimos dias teem prejudicado muito os milharaes e legumes, vindo assim aggravar a crise agricola.

CINCO VILLAS (AVELLAR). — O calor dos ultimos dias queimou grande parte das uvas que estavam mais expostas aos raios do sol.

Em algumas vinhas perdeu-se mais de um terço da producção.

O vinho este anno, n'esta região, deve ser muito menos que nos anteriores.

MURÇA. — N'esta região já se acha quasi por completo recolhida a novidade de trigo e de centeio, sendo a producção d'estes cereaes bastante compensadora.

As oliveiras, que ao principio se achavam muito carregadas de fructo, teem soffrido bastante com a demora da estiagem que tem

ZETA DOS LAVRADORES

.O DE PROPAGANDA E DEFEZA DOS INTERESSES DA AGRICULTURA NACIONAL

·ação de muitos agricultores, agronomos, medicos veterinarios, horticultores, viticultores e regentes agricolas

DIRECTOR e PROPRIETARIO: *JOSÉ ERNESTO DIAS DA SILVA*

Medico, veterinario -- Antigo professor da Escola de Agricultura da Real Casa Pia de Lisboa

Assignaturas
(amento adeantado)
.... 1600 réis
.... 800 »
o................ 50 »
omeçam sempre no principio de cada mez.
encia deve ser dirigida ao director do jornal.
dos quer ou não publicados não se restituem.
séde da Gazeta.—IMPRESSÃO—typogra-
Rua da Magdalena, n.º 77.

Annuncios
(TYPO CORPO 8)
Por uma só inserção.......................... 40 réis cada linha
Repetição até 6 publicações.................. 30 » » »
Annuncios permanentes, folhas soltas, réclames e annuncios
intercalados no texto—contracto especial.
Os srs. assignantes gosam do abatimento de 30 °/₀.
A administração acceita correspondentes em todas as terras do paiz

Redacção e Administração, C. de Santo André, 100, 1.º

EDITOR—Dias da Silva

avradores que receberem Lavradores e não nos quicom a sua assignatura eza de devolver os numeacompanhados da compera facilidade do nosso ex-

ar o nosso expediente e) de recibos, o pagamento is da Gazeta dos Lavra e accusado n'esta secção.

UM SEMESTRE

Sousa Zuzarte, Antonio Avel itonic Franco, José Joaquim) Figueiroense, Antonio Au- s Costa, Francisco José Go-), Domingos José Gonçalves, s Salvador, D. Luiz Cardoso ques Sarmento, Aurelio Coe-), Joaquim Ferreira de Cas- igusto de Abreu de Almeida io Nicolau Carneiro, Conse- Ferreira da Silva Couto, Dr. teiro, Ignacio da Silva Bra- sino Caldeira, Alfredo Ribei- intho de Mattos, Amaro Soa- ria, Manuel Alves da Cruz n Mendes' Gonçalves, José Leal, Manoel do Livramen- e Sousa Neves, Antonio Ac- , Camillo Tavares de Mattos, icio, Miguel de Sousa Gue- Henriques da Cruz, Vicente

Vinicultura.—Doenças dos vinhos : vinhos com flôr.—Meio de prevenir a azedia dos vinhos.

Hygiene rural.—Contrafacções ou falsificações do vinho e meios de as reconhecer.

Noticias dos campos.

Agricultura geral

As fructas portuguezas na Allemanha

Os exaggerados direitos impedem o desenvolvimento da exportação—Vergonhosa incuria dos nossos governos—Necessidade de um tratado de commercio

Sabem os leitores quaes os direitos que paga a uva portugueza na sua passagem pelas alfandegas allemãs?

Nada menos de 20 marcos por 100 kilogrammas, isto é, de 45 a 50 réis por kilo, ou *quasi o dobro do valor do fructo!*

E sabem quanto paga a uva hespanhola nas mesmas alfandegas? Justamente a quinta parte d'aquelles direitos; 4 marcos por 100 kilogrammas, isto é, entre 9 e 10 réis por kilo, ou cerca de *um terço do valor!*

Consequencia logica de tão extraordinaria desproporção: os exportadores allemães dão a preferencia á uva hespanhola para as grandes remessas, muito embora a uva portugueza seja ali preferida pela sua excellente qualidade. Com

effeito, só as classes abastadas, e serão as menos numerosas, podem na Allemanha comprar a uva portugueza; e é necessario que esta seja de qualidade superlativa para poder supportar o enorme encargo resultante de um direito de importação por tal modo exaggerado. A uva hespanhola, porém, podendo vender-se ali por menos metade do preço da nossa, está ao alcance de muito maior numero de bolsas; logo, tem ali maior consumo; d'ahi o pouco desenvolvimento da exportação da uva portugueza para a Allemanha, comparado com a da uva hespanhola.

Para comprovar o que acima dizemos faça-se o confronto entre o preço da nossa uva e da hespanhola em Hamburgo por exemplo.

Supponhamos duas remessas eguaes de uvas, uma de proveniencia portugueza, outra hespanhola. Ambas teem o mesmo valor á sua entrada na alfandega allemã, ou seja 20 réis por kilogramma. Qual será o preço de venda do kilogramma de uma e outra proveniencia?

Temos para a portugueza: valor 20 réis, *direitos 50 réis*, somma 70 réis. Juntando-lhe 15 por cento para commissões, lucros, etc., custo total ou preço de venda 80,5 réis.

Para a hespanhola: valor 20 rs. *direitos 10 réis,* somma 30 réis. Juntando-lhe 15 por cento como acima, ou 3,5 rs., fica o preço de venda 33,5 rs. por kilo, ou *menos de metade* do preço da uva portugueza.

E o que dizemos da uva podemos dizel-o das maçãs, laranjas, tomates, etc., fructas estas que pagam na Allemanha direitos quasi prohibitivos.

Se os nossos leitores nos perguntarem a causa de tão injusta desegualdade para os nossos productos agricolas, podemos responder-lhes em duas palavras: ha victoria dos proteccionistas sobre os livre-cambistas. Isto exigia talvez mais desenvolvida explicação; mas não é para aqui.

O que dizem os consignatarios allemães — «É necessario que os exportadores portuguezes se acautelem, não enviem grandes remessas».

As consequencias de tão lastimoso estado de coisas estamos nós vendo n'uma carta dirigida pela casa consignataria allemã Lutten & Son, de Hamburgo, á importante casa exportadora dos srs. Nunes de Carvalho & Carneiro, de Lisboa: «Aviso aos carregadores» de que o direito de importação na Allemanha continúa a ser elevado como o anno passado; é, portanto, conveniente toda a cautela com as remessas para Hamburgo. Recommendamos aos mesmos de fazerem só pequenas remessas, e estas só de uvas de primeira qualidade, unico meio de obter preços compensadores e evitar que o mercado seja inundado com grandes remessas. Sendo a uva portugueza preferida pela sua boa qualidade, é indispensavel que as remessas sejam sempre do que haja de melhor».

Observa tambem a carta que «o mercado de Humburgo poderia ser para os productos portuguezes tão importante como os de Londres e Liverpool, se Portugal tivesse tratado de commercio com a Allemanha.»

Avicultura

Vendem-se casaes, gallinhas, pintos e ovos de diversas raças especiaes — *Vaçcaria* — *Rua Direita de Xabregas, 49,* — *Lisboa.*

Producção e commercio mundial de fructas, hortaliças e legumes

V

Principaes paizes productores

Hespanha e Italia

Graças á sua sciencia de irrigação e aos seus conhecimentos praticos da horticultura das regiões da bacia mediterranea, os hespanhoes são, desde longa data, os principaes fornecedores de fructas e legumes dos grandes mercados de consumo, como os da Inglaterra e França, e modernamente á Allemanha. O espirito de iniciativa dos nossos visinhos parece desenvolver-se dia para dia, a ponto de muitos horticultores peninsulares transportarem se para a Argelia, onde aproveitam os seus conhecimentos especiaes para fazerem grandes plantações de arvores fructiferas e de horticultura, particularmente desde que as restaurações dos vinhedos teem contribuido para cercear na maior parte da Hespanha as outras culturas.

Alem dos baros agricultores, os hespanhoes procedem tambem com habilidade como commerciantes dos seus respectivos productos. Por exemplo, os agricultores de Huerta procedem, actualmentó, como os horticultores de Roscoff, que souberam organisar por si as suas vendas nos grandes mercados (halles) de Paris. Varias familias valencianas trazem installados alguns dos seus membros em diversos pontos da peninsula, realisando directamente, e com pequenas despesas, os fornecimentos aos vendedores a retalho.

Pelo que diz respeito á exportação, principalmente para a Grã-Bretanha, que necessita de grandes capitaes, que vão além dos recursos ainda dos agricultores syndicados em pequenos grupos, as compras são realisadas nas regiões productoras da Valencia pelas casas inglezas.

Recentemente teem-se installado, nas principaes cidades da França e da Allemanha casas dirigidas por catalães e capitalistas da Majorca, que vendem nos respectivos mercados fructas, legumes, hortaliças, vinhos e azeites hespanhoes e, em regra geral, prosperam rapidamente. Fortemente ligados entre si, sendo até muitas vezes parentes, os commerciantes hespanhoes chegam a comprar os productos similares das respectivas localidades, distribuindo-os mutuamente e fazendo remessas aos parentes e amigos estabelecidos nas praças secundarias mais proximas.

As exportações hespanholas de amendoas e avelãs e de passas de uvas, que teem reputação em toda a Europa, são bastante importantes.

Como o hespanhol é geralmente economico, gasta pouco e consegue augmentar rapidamento os capitaes provenientes dos seus lucros.

Em algumas praças do velho continente, esses commerciantes teem quasi o exclusivo do negocio de laranjas, limões, tangerinas e seus congeneres, luctando com vantagem com os italianos e com as remessas dos Estados-Unidos, que começam a ser importantes, a ponto de representarem uma grande ameaça aos productores europeos. Em todo o caso, ainda hoje a Hespanha com a Italia são os dois paizes exportadores por excellencia d'estas fructas, estando em decadencia a exportação portugueza.

Os mappas aduaneiros demonstram a importancia d'esta exportação da Hespanha e da Italia, mas principalmente da Hespanha, para a França. Em relação aos outros paizes, tambem, como vimos, á situação é a mesma. A Hespanha e a Italia partilham entre si quasi exclusivamente o fornecimento de laranjas. As exportações italianas dirigem-se principalmente para a Allemanha Suissa e Austria-Hungria, emquanto a Hespanha tem a supremacia na Inglaterra e na França, que são os mercados mais importantes, pois basta saber que o consumo de laranjas está calculado em 20 fructas por cada habitante na Grã-Bretanha e em 12 na França, contra 9 na Austria, 6 na Suissa e 4 na Allemanha.

As laranjas na Valencia, da Murcia e da Andaluzia são celebres em toda a Europa. Na Majorca, os arredores de Soller estão cobertos de laranjaes, não obstante a invasão de um parasita do genero *coccidus* que tem atacado nos ultimos annos as plantações.

Em 1900, o professor italiano Aloi calculava em 6:362 hectares, produzindo 1.195.374:000 fructas, a superficie dos laranjaes hespanhoes, dos quaes 3:400 hectares só na provincia de Valencia, 1:530 na de Malaga, 1:270 na Castella, e 780 na de Murcia.

Pode fazer-se ideia da importancia da exportação de laranjas d'essas provincias pelas seguintes cifras. Sómente a Valencia exportou em 1903 a quantidade de 183:357 toneladas no valor de 27.503:581 pesetas, e 228:348 toneladas no valor de 34.256:196 pesetas em 1904.

Esta exportação distribuiu-se pela seguinte forma:

Para França, 54:496 toneladas no valor de 8.174:400 pesetas em 1903, e 50:000 toneladas no valor de 7.500:000 pesetas em 1904. Para Inglaterra 115:000 toneladas em 1904; para a Allemanha 30:000 toneladas e para a Belgica 15:000 toneladas no mesmo anno.

Malaga exportou em 1906 a quantidade de 20:378 quintaes.

As fructas hespanholas exportadas para França até outubro de 1907 foram no peso de 66.492:800 kilogrammas, do valor approximado de 12.300:000 francos.

A Inglaterra começa a receber tambem muita laranja da California, que è ahi muito apreciada.

A Hespanha realisa a sua exportação de laranjas, pela maior parte, em granel, o que contribue para diminuir as despesas do acondicionamento e transporte, mas prejudica a conservação da fructa.

E' devido a este processo de expedição e ao systema organisado para a venda no estrangeiro, a que acima nos referimos, que a laranja hespanhola é vendida nos mercados de consumo por preços relativamente baixos.

Emquanto a Hespanha desenvolve especialmente a producção da laranja, a Italia occupa-se mais da cultura de limões, que são muito apreciados na Inglaterra e em França.

Calcula-se em cêrca de 17 milhões, occupando uma superficie de 39:238 hectares, o numero de arvores productoras de auranciaceas na Italia, das quaes perto de metade são limoeiros, 7.500:000 laranjeiras e o resto de cidreiras, tangerineiras, etc.

A producção augmenta progressivamente.

O professor Aloi dava as seguintes producções, em fructas, de 1895 a 1898.

Em 1895 .... 3.549.777:000
Em 1896 .... 2.718.346:000
Em 1897 .... 3.464.000:000
Em 1898 .... 2.881 300:000

De 1900 a 1904, a media da producção de auranciaceas na Italia passou a ser de 4.540.000:000 fructas.

As importações de fructas e legumes nos principaes paizes consumidores bem demonstram, a importancia das exportações hespanholas e italianas dè outras fructas, além das auranciaceas e de legumes e hortaliças de todas as especies.

Em 1905 só a exportação de amendoas nozes, aveiãs e fructas oleaginosas da Italia attingiu o valor de 18.237:130 liras, exportação que tende a augmentar principalmente desde que os italianos alcançaram reducções de direitos de importação na Austria-Hungria.

Em Napoles, por exemplo, a exportação attinge o maximo em fins de abril e durante o mez de maio em relação a batatas, que são expedidas em vagões de 6 a 10 toneladas para o norte da Italia, Allemanha, Suissa, e para a França, quando diminue a exportação da Argelia. As expedições fazem-se em cestos de 25 a 50 kilogrammas. O tamanho dos tuberculos não é sempre uniforme, o que prejudica a venda em algumas praças.

Em junho e julho, com a baixa dos preços, as remessas são menos cuidadas: fazem-se em saccos de 50 a 100 kilogrammas para Marselha, Belgica e Hollanda, pela via maritima, e atè para a India Ingleza.

De abril a maio, o feijão verde e as ervilhas são expedidas em cestos de 12 a 15 kilogrammas em vagons com pletos para o norte da peninsula, Allemanha e algumas vezes para França. E' este o processo que se adopta em junho para as expedições de tomates, E' de notar que os primeiros primeurs d'esta fructa recebe a propria Italia do Egypto.

A Italia exporta tambem legumes seccos, amendoas, nozes, aveiãs, ameixas, pecegos, maçãs, damascos, etc. De novembro a março e abril realisa tambem importantes expedições de couve flôr, couves, alcachofras, sem falar de uvas de mesa de que somente Napoles e seus arredores fornecem cerca de 2:500 vagens de typos ordinarios e primeurs.

Segundo as estatisticas, de 1904, as exportações de fructas, legumes e hortaliças da Italia attingiram o valor de 120.626:778 liras ou francos, e as da Hespanha 143.781:091 pesetas.

Quanto a fructas sêccas, a Grecia e a Turquia asiatica e europeia são tambem grandes exportadores, como Marrocos em relação a amendoas, limitando-se a estes artigos a sua concorrencia nós grandes centros de consumo. Mas, pelo que diz respeito a fructas frescas, a nova região productora que com mais vigor disputa o logar aos velhos paizes productores nos grandes mercados de consumo, como a Inglaterra, Allemanha, Suissa e especialmente a França, que a Argelia. Estudemos, portanto, as condições em que se apresenta este paiz na concorrencia internacional.

A agua e a agricultura

III

Os terrenos que melhor se adaptam a esta classe de trabalhos são aquelles que apresentam uma camada permeavel com alguns metros de espessura, assentes sobre outra impermeavel composta de terra compacta ou pedra dura. Os terrenos primitivos, cujas planuras são cobertas de cal compacta ou de detritos, apresentam no geral abundantes nascentes; nos terrenos estratificados, com grande inclinação, e n'aquelles que teem fissuras largas e verticaes ou pedras grandes e de córtes rectos, será inutil tentar qualquer esforço com o fim de descobrir manan-

ciaes, porque as aguas das chuvas não encontram logar em que se depositem e resvalando por essas superficies lisas vão perder-se no exterior.

Pelas idéias geraes que acabamos expender, ainda que em resumo, chegaremos a conhecer os terrenos que mais se prestam pelas suas condições particulares ao descobrimento de mananciaes, restando-nos por isso indicar os meios praticos que devemos empregar para trazel-os á camada superior.

Quando as nascentes se apresentam muito á superficie, bastará para descobril-as cortar-lhes o curso a certa profundidade por meio de sanjas perpendiculares á sua direcção. D'este modo aproveitam-se todos os fios de agua que corram parallelos ao principal, encaminhando-os para um reservatorio onde se reunam no intuito de lhes dar a mais conveniente applicação.

A terra extrahida das sanjas deve deixar-se a alguma distancia d'ellas, não só para que as chuvas as não arraste na direcção do reservatorio as e turve, como tambem para que não damnifique com o seu peso as paredes que revestem o interior. Concluida a excavação guardando as precauções indicadas, devem reforçar-se as paredes com pedra secca, abrir uma communicação na parte inferior, se a inclinação do terreno o permittir, para dar despejo ás aguas, e, feito isto, tornar a encher as sanjas com cascalho limpo e areia, se a houver, e, em caso contrario, com a mesma terra que primeiramente se tirou

Este meio, usado para descobrir pequenos mananciaes, tem a vantagem de conservar a nascente d'agua ao abrigo de qualquer despenhamento dos terrenos que formam o deposito e resguardam a limpeza e boas condições da agua para todos os usos da vida. Se a nascente fôr importante, convém resguardal-a com alvenaria afim de conservar a agua sempre limpa, ponto essencial, mesmo que seja destinada a regas, tendo, para isso, de eleval-a por meio de machinas apropriadas a tal fim, visto como a conservação d'estas será tanto mais economica e duradoura quanto mais limpa fôr a agua que elevarem; offerecerá tambem as mesmas vantagens quando tiver de ser levada em canos a distancia mais ou menos longa por se evitarem d'esta fórma os estorvos e concertos do encanamento.

Os mananciaes encontràm-se na sua maior parte a certa profundidade do solo, e n'este caso convém revestir o poço que se fizer, de modo que em todo o tempo se aproveitem as aguas. O material, empregado para tal effeito, é o tijolo ou a pedra não lavrada, ligando com a cal a alvenaria ou tijolos em toda a sua altura, menos no sitió da nascente; e deixando no resto da contextura, e de espaço a espaço, orificios ou fendas para darem passagem ás aguas da chuva que cairem nos terrenos circumvisinhos, por ser este meio de augmentar a quantidade da agua.

Tudo o que acabamos de indicar refere-se unica e exclusivamente ás aguas que em condições normaes correm pelas camadas inferiores do terreno em que, não tendo força para subir á superficie, teem de ser extraidas por meios artificiaes ou aproveitando a inclinação do terreno, o que nem sempre acontece. Algumas vezes, porém, ao abrir um poço dá-se com uma camada durissima de terra compacta ou de pedra que, quando removida, nos mostra uma grande corrente d'agua que vae subindo pelas paredes do poço até trasbordar, seguindo como um regato á superficie do solo. Estas aguas chamam-se ascendentes e n'este caso dá-se ao poço o nome de artesiano quando é um pouco fundo. As aguas artesianas procedem de infiltrações profundas e de correntes geralmente de grande curso, provenientes de depositos interiores situados a diversas altúras. A formação d'estas correntes tem uma explicação muito simples. A agua procedente da atmosphera atravessa os terrenos permeaveis em differentes pontos e segue o seu caminho descendente até encontrar uma camada impermeavel de grande extensão e algum declive por onde circula. Se a alguma distancia do ponto de partida o terreno que cobre o liquido formar estratos compactos que lhe obstem á saída, correrá esse liquido por entre aquellas camadas como se fosse encanado e só sairá para o exterior quando uma falha de terreno ou a mão do homem vier interromper-lhe a marcha, porque n'este caso, e segundo uma lei invariavel e universalmente conhecida, tratará de procurar o nivel primitivo do deposito de que procede, elevando-se por conseguinte tanto mais quanto mais alto fôr aquelle nivel.

Segundo Dumas, as diversas alturas que a agua attinge nos poços artesianos estão na rasão directa da pressão que experimenta no seio da terra, dependendo esta pressão mais da altura do manancial que lhe dá origem do que do local em que jazem as aguas subterraneas.

As condições que deve reunir uma região para conter aguas artesianas são: que os terrenos se encontrem formados por camadas de substancias muito comprimidas, ou então de pedras que não apresentem interrupções ou falhas e offereçam certa inclinação.

Não é indifferente a escolha do local em que devem fazer-se as perfurações e, em regra, convém escolher o lado para onde as camadas mais pronunciadamente se inclinam; o ponto mais baixo das montanhas em regiões accidentadas, e o ponto que apresentar depressão mais accentuada nas planicies e veigas.

O meio que de preferencia se emprega para abrir poços artesianos é perfurar os terrenos com uma sonda composta de differentes trados, terminando o ultimo n'uma colher ou recipiente que reuna os detritos encontrados na parte inferior dos orificios. Este apparelho leva-os á superficie para revelarem quaes são as camadas que se interpoem.

A sonda pode ser movida a braço, e até com machinas a vapor, conforme a grossura e comprimento d'ella.

Encontrando-se agua artesiana, deve revestir-se o poço com tubos de ferro fundido para evitar infiltrações nas paredes e o prejuizo que n'estas pode causar o movimento constante do liquido. Em algumas localidades abrem poços muito grandes, revestindo-os de tijolos, e collocando-lhes em cima um apparelho extractor que ponha as aguas em condição de serem aproveitadas.

Indicaremos ainda aos lavradores um outro meio simples e economico de utilisar as aguas nas regiões formadas por terreno diluviano, onde ellas se encontram muito á superficie. E' o uso dos poços chamados instantaneos que se abrem da seguinte forma: toma-se um tubo de ferro de dois metros de comprimento e oito a dez centimetros de diametro, tendo n'uma das extremidades grande numero de pequenos orificios e fechado por uma solida ponta de ferro mais larga do que o tubo; quando se pretende abrir o poço fixa-se a ponta do tubo, collocando este verticalmente, e por meio de uma barra de aço, presa superiormente por uma corda passada na garganta d'um moitão solidamente ligado a um páo fixo no solo, bate-se repetidas vezes até que o tubo tenha penetrado completamente. Então, a este tubo junta-se um outra simples, e assim se vae proseguindo até encontrar a agua.

Esta pode-se apresentar a certa altura dentro do tubo ou saltar para fóra d'ella; no primeiro caso adaptar-se-ha ao poço uma bomba de mão para extraír o liquido, e no segundo caso aproveitar-se-ha a agua ascendente desde o ponto da sua saída.

Este meio tem dado excellentes resultados nos paizes em que d'elle se tem feito uso, o que nos leva a recommendal-o quando as condições do terreno se prestam a isso.

Os processos que acabamos de descrever são os mais frequentemente usados para obter aguas nas localidades que d'ellas carecem.

Muitos outros meios citam as obras especiaes que tratam de tão importante assumpto; mas por serem complicados e dispendiosos, e muitos d'elles pouco praticos, não os indicamos aqui. Damos por fim este artigo relativo ao descobrimento de correntes subterraneas, e num outro exporemos os meios mais usados para aproveitar as correntes d'agua que circulam na superficie do solo.

A. Faria.

Noções sobre a alimentação do povo

V

Tem-se reconhecido que o trigo varia segundo a sua especie, ou qualidade, segundo os climas, a natureza dos terrenos onde é creado e outras mais circumstancias que influem mais ou menos na sua composição. Assim por exemplo, o trigo duro creado n'um clima quente contém mais principios azotados que o trigo molle que vegeta em climas frios. A natureza dos terrenos influe principalmente na maior ou menor quantidade d'agua que o trigo pode conter e na sua composição geral. Assim, se o solo contém em si uma grande dóse de azote, o trigo, que alli fôr creado, ha de tambem contel-o n'essa proporção e outro tanto acontece com o gluten, o amido, o assucar, a semea e o farello que tambem estão sujeitos á influencia dos terrenos. Isto é materia corrente e que se acha comprovada em differentes analyses chimicas que tem sido feitas por varios homens da sciencia em paizes estrangeiros e não sabemos se cá tambem.

O trigo distingue-se de todos os outros cereaes, sobre tudo pela grande porção de gluten que elle encerra em si, o que dá logar a poder-se fazer a pasta da farinha, tão ligada entre si e tão cohesiva e tão leve, ao mesmo tempo, que sae d'ahi um pão excellente quando é bem fabricado.

Para se poder colher esse resultado é mister que o grão seja bem moido, isto é, que as differentes camadas ou zonas de que elle se compõe, onde se contém as materias gordas, o gluten, o amido e a semea seja tudo isso reduzido a farinha d'uma só vez e que se não faça, como já tem acontecido, moer mal o trigo da primeira vez, e depois de se lhe ter extrahido a farinha branca por meio da peneira, submetter segunda vez ao moinho, com as mós mais chegadas, os farellos e tudo o mais que fica depois de extrahida a farinha estreme. Esta operação dupla faz com que o pão da primeira farinha seja muito leve, muito alvo, muito agradavel á vista, mas muito pouco substancial por lhe faltarem os principios mais ricos em substancias plasticas e nutritivas, os quaes consistem nas particulas que lhe são extrahidas pela peneira e que vão fazer um pão, a que vulgarmente se dá o nome de segunda, que é muito mais nutritivo do que aquelle, apesar de ser considerado por toda a gente como peor, por isso mesmo que é mais escuro, mais groseiro e mais barato.

Quando o trigo é bem moido e é de boa qualidade, tem chegado a render 81 até 90 por cento de farinha e o resto de farellos, d'onde se extrahe a semea, emquanto que, sendo mal moido, apenas póde produzir 50 por cento de farinha de primeira qualidade, 20 por cento de segunda, e o resto são semeas, farellos e cascas. Conclue-se d'aqui (e é justamente onde queremos chegar) que o pão fabricado com a farinha mixta de primeira e segunda qualidade, e ainda mesmo que leve comsigo algumas semeas, é aquelle que mais concorre para a alimentação e nutrição do homem e que o publico deverá preferir a outro qualquer, por mais branco que seja, logo que tiver a instrucção precisa para conhecer que aquillo com que mais se deve importar é do que lhe é mais util e proveitoso e, n'este caso, do que concorre mais e melhor para a sua alimentação.

Não é a côr nem as bonitas apparencias que satisfazem ás necessidades do estomago, mas, infelizmente, póde-se dizer ainda hoje que é n'isso que consiste toda a habilidade e ganancia do padeiro e tanto assim é, que alguns tem chegado a misturar na farinha substancias que concorrem tão sómente para lhe dar a alvura, e outros para lhe augmentarem o peso ao mesmo tempo, sem contribuirem coisa alguma para o merecimento e valor nutritivo do pão.

E' tão grande a importancia d'este ponto, na causa que advogamos, da alimentação do povo, que não nos cançaremos de repetir que o dia em que os consumidores chegarem a comprehender as vantagens que podem tirar da boa panificação, real e não apparente, do trigo, e deixarem de andarem á procura do pão, só porque é branco e agrada á vista, será aquelle em que ganharão mais, não só porque em qualquer parte hão de achar pão que melhor preencha os fins da alimentação, mas porque dão assim menos occasiões á sophisticação d'este genero, que parte, quasi sempre, das exigencias dos consumidores e da cega ambição dos padeiros que lucram com isso.

Com relação aos processos de reduzir o trigo a farinha, ainda nos falta dizer alguma cousa que a experiencia já por vezes nos tem ensinado. São varios os defeitos que resultam da má direcção dos moinhos, quando os moleiros não sabem ou não querem desempenhal-a, como devem. Um d'elles consiste em deixar girar as pedras uma sobre a outra, sem o intermedio do grão, o que produz a farinha misturada com o pó da pedra e, mais tarde, o pão impregnado de particulas que poderão ser nocivas á saude e até trazer comsigo a origem de molestias e incommodos graves para quem o comer e, com quanto alguem diga que a peneira obstará a esse inconveniente, podemos asseverar aqui que, por mais de uma vez, conhecemos que o pão continha pedra moida, o que é facil de acreditar, sabendo-se que, pelo seu peso, é o que acode primeiro á peneira e, olhando a essa qualidade, é tambem aproveitada toda quanta ali passar.

Um outro defeito provém da força de mais no movimento de rotação das pedras ou mós dos moinhos ao ponto de elles se escandecerem e transmittirem á farinha um certo grau de calor que chega a inutilisar-lhe os principios nutritivos que ella contém, em fria, e até faz com que ella adquira um cheiro, ao qual se chama—*quei-mado*—e dê ao pão um gosto desagradavel. Além d'estes que são os principaes, ainda se podem apontar outros defeitos, que advirão á farinha da má administração dos moinhos; taes como o de estarem as pedras frias e humidas, quando se lhes lança o grão, e sahir d'ahi uma farinha empastada, que não se presta ás operações da boa panificação, e até faz com que ella se altere promptamente, e bem como a de andarem as pedras mal conjugadas e resultar d'ahi a farinha desegual e pouco rendosa em pão. Era portanto altamente conveniente que se attendesse a todos estes defeitos, que deixamos apontados, para se ir remediando, pouco e pouco, os que mais podem influir na saude publica e para isso mesmo é que os notamos n'estes humildes artigos.

(Continúa)

Rebello Valente.

Vinicultura

Doenças dos vinhos

Vinhos com flôr

São a agua e o acido carbonico, os dois productos principaes a que esta doença dá origem e d'ahi o nome porque é designada de *fermentação hydrocarbonica.*

É devida á presença de um fermento especial a que Pasteur deu o nome de *mycoderma vini* e que em linguagem vulgar é conhecido com o nome de *flôres do vinho.*

As *flores dos vinhos* desenvol-

vem-se á sua superficie, quando o vinho está em vasio, com a fórma de uma teagem branca, semelhando um bolôr; são agglomerados ramosos de cellulas ovaes, que depois se isolam pouco a pouco, e se reproduzem por gemmiparidade nos meios alcoolicos.

Este fermento absorve o oxygenio do ar e fixa-o sobre as materias dissolvidas nos liquidos em que se desenvolve; assim o alcool do vinho, é queimado por este fermento, e transformado em acido carbonico e em agua.

Desenvolve-se principalmente nos vinhos novos e pouco alcoolicos; comtudo, já se teem visto desenvolver em vinho com 14 a 15 °/₀ d'alcool.

Não só tem acção sobre o alcool, mas tambem sobre o assucar que o vinho contenha e sobre as suas materias extractivas.

Provoca a combustão completa do alcool do vinho e a sua transformação radical em acido carbonico e em agua, sem producção d'acido acetico, dando-se durante este phenomeno, uma absorpção tal d'oxygenio, que nenhum outro fermento se póde desenvolver no vinho; além d'isso, produz-se no vinho, um consideravel desprendimento de calor e de acido carbonico.

Como se vê, o *mycoderma vini*, não tem uma grande influencia, quando se desenvolve n'uma vasilha quasi cheia, onde a quantidade de liquido, comparada com o volume d'ar que penetra no recipiente, é consideravel, além de que a quantidade d'oxygenio absorvido, é substituida em 2/3 pelo acido carbonico proveniente da fermentação que se desenvolve, por tal fórma que a duração d'este phenomeno é bastante limitada.

A influencia do *mycoderma vini* não é pois tão funesta como á primeira vista se podia julgar; em certas regiões da França, no Jura, por exemplo, chegam mesmo a deixal-o desenvolver livremente.

Pelo seu modo d'acção retarda o envelhecimento do vinho, visto que impede o oxygenio do ar de exercer a sua acção profundamen-

te sobre as materias constituitivas d'este liquido, o que tem como consequencia conservar-lhe a frescura caracteristica do vinho novo; mas é necessario não o deixar desenvolver livremente, porquo debaixo da sua influencia prolongada, diminue o titulo alcoolico do vinho, que se torna chato, podendo mesmo comunicar-lhe um cheiro a podre, e além d'isso os germens da azedia encontrando meio eminentemente favoravel, não tardam a apparecer e a se desenvolver.

O melhor preventivo contra este accidente, é a pratica do attestamento das vasilhas; quando ell apparece é conveniente antes d attestar a vasilha, tirar a pelicul com um tira-flôr, e melhor ainda trasfegal-o depois para uma vasi lha convenientemente limpa.

Porcos para creação

Vende-se quantidade com doi mezes, de excellente qualidade – *Vaccaria. Rua Direita de Xabrego 49, Lisboa.*

Meio de prevenir a azedia dos vinho

Como se sabe, a azedia de u vinho, como de qualquer liquid alcoolico, é devida á presença um parasita microscopico, filifo me, articulado, um microbio emfir do genero *bacteria*, conhecido d pois de Pasteur pela designaçã de *mycoderma aceti*, cujas funcçõ vitaes dão em resultado a conve são do alcool em acido acetico.

Com quanto a azedia tenha um causa unica, são varias as mane ras por que ella se produz, poder do distinguir-se duas principae a azedia que alguns chamam *n tiva*, e cujo germen vem já do l gar; e a azedia accidental qu procede da introducção do ferme to levado pelo ar em vasilhas qu não estejam completamente cheia

Segundo dizem a sciencia e experiencia, o *mycoderma aceti aerobio*, isto é, não pode viver se o oxygenio do ar, contrariamer a outros microbios que só podem viver na ausencia d'aquelle, chamados por isso *anaérobios*. Mas, se não pode desenvolver-se na ausencia do ar, nem por isso seus germens perdem a faculdade de evolução, que tem logar quando se proporcione ensejo favoravel, isto é, quando sejam bafejados pelo ar. D'aqui resulta que os germens do mycoderma, que andam espalhados na atmosphera como as sementes de todos os outros microbios, e que muitas vezes começaram a encontrar as condições necessarias ao seu desenvolvimento no lagar, só esperam que n'uma vasilha cheia intervenha uma circumstancia qualquer que lhes favoreça o arejamento, para que tenha logar a sua evolução biologica. É claro que esta circumstancia póde ser retardada indefinidamente, e póde nunca realisar-se, se tivermos em vista estas duas importantes operações: livrar o vinho dos germens que o poderam infestar antes da envasilhação, e purgar o ar dos que o enxameiam á medida que vae entrando na vasilha. Estas duas operações completam-se.

A esterilisação do ar obtem-se facilmente, collocando no logar do batoque uma camada de algodão de amiantho atravez do qual o ar seja filtrado na sua passagem, á entrada do interior da vasilha, á medida que se vae tirando vinho. Emprega-se este mesmo meio nos gabinetes de *microbiologia* na cultura dos microbios vaccinicos.

Ultimamente, em França, está-se empregando n'este mister sob a designação de *batoque hygienico* uma pequena caixa crivada como um arieiro, guarnecida interiormente de algodão e munida de um appendice apropriado que se aparafusa na vasilha.

O ar que tem de entrar para dar logar á saida do liquido pela torneira, passando atravez das fibras do algodão, purifica-se dos germens infecciosos, do mesmo modo que um liquido turvo se desembaraça das materias em suspensão á passagem n'um filtro ordinario.

J. R.

Hygiene rural

Contrafacções ou falsificações do vinho e meios de as reconhecer

3.º Agua, alcool e assucar—Este caso complica-se mais, porque com a addição do assucar ou melaço, que algumas vezes reunem ao vinho juntamente com a agua, augmentam a quantidade do extracto, e este augmento pode fazel-o chegar ao que tem o vinho normal, e por isso é preciso dosar o assucar em ambos os vinhos e pelo assucar a mais se reconhecerá a agua addicionada que tem o vinho falsificado.

Assim encontrando-se no vinho suspeito 6,5 grammas d'assucar a mais do que no vinho normal, tendo ambos 2 %, de extracto, o vinho suspeito terá de extracto 1,5 %, e o 0,5 %, que resta corresponde a 26 % d'agua addicionada. Como os vinhos aguados teem maior quantidade de saes calcareos que os que o não foram, principalmente se levaram agua salobra, descorando-os dois vinhos pelo carvão animal, e deitando-lhe em seguida uma pouca de ammonia e depois oxalato de ammonio, formam-se depositos d'estes saes calcareos que serão tanto mais abundantes quanto maior tiver sido a quantidade de agua addicionada aos vinhos.

4.º Alcool—Esta confeição se não tem em vista encobrir a grande quantidade d'agua que se juntou ao vinho, e se não vae alem da indole do mesmo, não traz mal. Nem sempre temos conhecimento da força saccharina das uvas, a qual nos diria approximadamente qual a força provavel em alcool dos seus vinhos naturaes; mas sabemos que os vinhos acidos e travosos e ao mesmo tempo de força alcoolica subida denunciam aguardentação, e assim tambem os vinhos sacharinos e ao mesmo tempo alcoolicos. De 15 %, d'alcool por deante ha aguardentação nos vinhos.

N'esta questão o que importa sobretudo saber é se o alcool ad-

dicionado ao vinho é natural, isto é de vinho, porque os alcooes estranhos podem ser prejudiciaes á saude. Para reconhecermos a proveniencia dos alcooes podemos fazer uso do *diaphanometro dos alcooes (Processo Savale)*; porém cingindo-nos a saber unicamente se o alcool é de vinho ou não, utilisaremos dos trabalhos de Chateau o seguinte a tal respeito:

«1. Distillado o vinho, e aquecido com carbonato de potassa, haverá côr amarella quando o alcool é de vinho ou de melaço.

«2. Distillado o vinho, e reunindo-lhe o carbonato de soda a frio, toma a côr amarella sómente quando o alcool é de vinho, porém não muda de côr com qualquer outro alcool.»

5.º Excesso de colla.—Este excesso na colla dá-se principalmente nos vinhos brancos, porque nos tintos descoral-os-hia a ponto de não serem acceites no commercio, nem se conservariam.

N'uma pequena porção de vinho, por ex.: 10 centimetros, lançando 5 centimetros de um soluto alcoolico de tanino, este precipitará toda a colla que haja no vinho. Convém, porém, comparar este precipitado com o de um vinho que se saiba não ter sido collado, porque o tannino precipita juntamente com a colla alguma albumina propria do vinho.

6.º Excesso de sulfuração.—Os vinhos que foram muito sulfurados, além de cheirarem mal, sabem á mécha ou gaz sulfuroso, e são acidos e asperos.

Distillando uns 50 centimetros cubicos de vinho, e condensando os vapores distillados, n'este distillado mistura-se-lhe chloroformio e toma então a côr rubra se ha gaz sulfuroso. Querendo, pode-se dosear este, fervendo o distillado durante uma hora com acido nitrico e chloreto de bario, sabendo-se que cada gramma de gaz sulfuroso corresponde a 0gr.,272 de sulfato de bario em que se converte todo o gaz sulfuroso existente no vinho.

Algumas vezes este excesso de acido sulfuroso, pela sua grande affinidade para o oxygenio, passa a acido sulfurico, e póde achar-se livre, o que é sempre muito prejudicial á saude por pouco que haja. O mesmo podem produzir as gessagens demasiadas, ou o emprego do mesmo acido como auxiliar da fermentação. Para lhe reconhecer a sua existencia no vinho teremos de evaporar, até ao extracto pastoso, 200 centimetros cubicos de vinho; depois dilue-se este em alcool e ether, misturados em partes eguaes; filtra-se e evapora-se em banho-maria, diluindo o residuo em agua distillada; acidula-se com acido chlorhydrico e precipita-se o acido sulfurico com o chloreto de bario e do sulfato de bario, que se obtem no precipitado, se deduz a quantidade de acido sulfurico livre existente no vinho multiplicando o seu peso depois de secco por 0,4057.

7.º Glycerina—Este principio forma-se naturalmente nos vinhos pelo desdobramento, durante a fermentação, de parte do assucar em glycerina e acido succinico; mas tambem se lhes reune em maior quantidade para os amaciar mais e fingirem vinhos velhos, dando-lhes o toque d'amendoa, ou d'avelã, etc., e para disfarçar a grande aguardentação que levam por causa do baptismo demasiado que lhe fizeram.

Para reconhecer a existencia da *glycerina* no vinho é preciso dosear esta, o alcool e o acido succinico. Segundo o snr. Pasteur. acha-se a glycerina descorando pelo carvão animal uns 250 centimetros cubicos de vinho, que se concentram a banho-maria ao volume de 100 centimetros, misturando-lhe em seguida leite de cal até saturar os acidos do vinho, e acabando de concentrar até á seccura. Esta massa é lavada com agua fervente, concentra-se á seccura e lixivia-se varias vezes com uma mistura de alcool a 90° e ether anhydro, até que o liquido da lavagem evaporado n'uma espatula não deixe mancha alguma.

Os diversos liquidos resultantes d'estas lavagens são filtrados e recebidos n'uma capsula. onde são evaporados até que fica a glycerina natural; e o acido succinico regula pelo 1/5 d'esta.

O alcool póde reconhecer-se facilmente pelos ebullioscopios ou pelo apparelho de Salleron, etc., depois por cada 1 %, em peso d'alcool correspondem 0,gr.013 de acido succinico.

Por meio d'estas relações se póde reconhecer se houve ou não addição de glycerina nos vinhos.

8.º Glucose de fecula—Muitas vezes juntam ao mosto ou mesmo ao vinho esta glucose, que tem 50 a 52 %, de dextrina, e por isso descorando-o vinho com o carvão animal e defecando-o pelo acetato de chumbo, se elle tem dextrina deve produzir um grande desvio no plano de polarisação da luz no *saccharimetro* de Soleil, desvio que será quasi nullo no vinho que não tiver a glucose, não passando de 0º, 46.

9.º Peras, maçãs, e cidra—Em algumas partes juntam ao vinho estes fructos ou em forma de arrobe, cosidos com o mosto, ou esmagados e espremidos em forma de mosto. Quando se emprega para este fim a cidra de maçãs ou de peras mistura-se directamente no vinho branco depois de feito.

Reconhece-se esta fraude:

1.º Pelo gosto e aroma d'estes fructos no vinho.

2.º Pelo pouco tartro no extracto d'estes vinhos.

3.º Pela abundancia de potassa nas suas cinzas. O que se reconhe ce lavando em alcool o soluto aquoso do extracto de vinho, deitando bi-chloreto de platina, para produzir o precipitado do chloroplatinato de potassa, que será muito abundante no caso de ter havido esta fraude.

10.º Vinhos de medronhos, de amoras, de cerejas, de framboezas, e de laranjas—Estes fructos communicam ao vinho o acido malico e citrico, que não existem no vinho natural. Para reconhecer esta fraude basta procurar nos vinhos a existencia d'um d'aquelles acidos. Para isso trata-se o extracto pastoso do vinho pelo alcool, que dissolve o acido citrico e algum tartrico; filtra-se e eva- pora-se o alcool até á seccura; e ao residuo secco, redissolvido em agua quente, junta-se carbonato de cobalto, que prepipita o acido citrico n'uma massa gelatinosa rósada. Pela evaporação espontanea o citrato de cobalto chrystalisa em massa brilhante violacea.

(Continúa)

Correia de Barros

Noticias dos campos

RIBEIRA DA PENA.—As esperanças de uma boa colheita de vinho vão progressivamente diminuindo, porque as differentes cryptogamicas, que atacam a vide, teem se ultimamente desenvolvido muito.

As ultimas chuvas beneficiaram muito os milharaes das terras baixas; porém os das encostas pouco aproveitaram com ellas. A azeitona tem caido muito em virtude do excessivo calor.

MONTEMÓR-O-NOVO.—As azinheiras e os sobreiros promettem este anno uma excellente novidade. Oxalá isto succeda, para que os lavradores recuperem o perdido com as cearas

AZAMBUJA.—Estão já recolhidos todos os cereaes.

As colheitas este anno foram muito mais diminutas que as do anno antecedente. A melhor uva, na praça d'esta villa, está sendo vendida a 20 réis o kilo.

As oliveiras apresentam bonito aspecto, esperando-se este anno boa colheita d'azeite.

BOMBARRAL.—Os vinhos ten tem a subir de preço e é natural que, depois de se conhecer ao certo a importancia dos prejuizos causados pelo calor, a alta seja enorme, pelo menos os tintos.

Os projuizos nas vinhas não são apenas causados pela queima. O «block-rot» tambem tem feito grande vindima.

TAGARRO (ALCOENTRE).—Já se andam recolhendo os milhos para a sementeira, sendo a producção este anno muito inferior á do anno findo, pelo que os lavradores estão bastante desanimados. As vinhas estão quasi todas seccas. Os legumes regulam: feijão branco, 700 réis o alqueire; grão, idem; milho, 440 réis.—E.

RAMALHAL.—Está quasi finda a colheita do milho. A predacção foi muito menor do que se esperava e a qualidade inferior á dos annos anteriores.

Começaram já os preparativos para a vindima, a qual se iniciará no principio do proximo mez de setembro.

MARCO DE CANAVEZES.—Os nossos vinhos verdes, nos ultimos tempos teem sido algo procurados mas pagos por preços relativamente baixos.

Ainda assim, ha bastantes por vender.

A colheita que se avisinha, não deve ser má, para o que, ultimamente se tem valido alguma humidade, auxiliando a maturação.

ANCIÃO.—O tempo continúa secco, o que convém para concluir a recolha do milho e do feijão, que este anno orçam por menos de metade do seu anno outros annos.

Trata-se tambem da sementeira dos nabaes, mas escassela a agua, assim como para a plantação das hortaliças.

As uvas este anno, por aqui, são poucas, devido ao sol ardente, que tudo queimou.

5.º ANNO. — N.º 153   A Gazeta publica-se nos dias 10, 20 e 30 de cada mez   AGOSTO — 1908

GAZETA DOS LAVRADORES

ORGÃO DE PROPAGANDA E DEFEZA DOS INTERESSES DA AGRICULTURA NACIONAL

Com a collaboração de muitos agricultores, agronomos, medicos veterinarios, horticultores, viticultores e regentes agricolas

DIRECTOR e PROPRIETARIO: *JOSÉ ERNESTO DIAS DA SILVA*

Medico veterinario -- Antigo professor da Escola de Agricultura da Real Casa Pia de Lisboa

Assignaturas
(pagamento adeantado)

Um anno.................... 1600 réis
Um semestre................ 800 »
Numero avulso........ .... 50 »

As assignaturas começam sempre no principio de cada mez.
Toda a correspondencia deve ser dirigida ao director do jornal.
Os originaes recebidos quer ou não publicados não se restituem.
COMPOSIÇÃO na séde da Gazeta. — IMPRESSÃO — typogra-
phia Luso-Africana — Rua da Magdalena, n.º 77.

Annuncios
(TYPO CORPO 8)

Por uma só inserção........................ 40 réis cada linha
Repetição até 6 publicações.............. 30 » »
Annuncios permanentes, folhas soltas, réclames e annuncios
intercalados no texto — contracto especial.
Os srs. assignantes gosam do abatimento de 20 °/₀.
A administração acceita correspondentes em todas as terras do paiz

Redacção e Administração, C. de Santo André, 100, 4.º

EDITOR — Dias da Silva

Agricultura geral

O projecto vinicola

O Conselho d'Estado, entre varias leis votadas pelo parlamen-to, acaba de sanccionar o chama-do projecto vinicola, conjuncto de panacêas, que não agrada aos in-teressados, inutil, porque nada vem remediar e sómente estabelecer uma lucta de interesses, cujo re-sultado ninguem pode prever, en-tre o norte e o sul do paiz.

A discussão do projecto na ca-mara dos deputados, arrastou-se monotonamente, em varias sessões, onde jem muito maior numero primaram os *fauteuils* deser-tos, do que os representantes da nação attentos ás prelecções eco-nomicas, com que .... os tachy-graphos se entretiveram.

Foi assim que se discutiu o pro-jecto dos vinhos e se decidiu da sorte do Douro! Nem a quadra era propicia a um debate d'esta natu-reza por mais agudas que fossem as circumstancias regionaes que o determinavam, nem o projecto, an-tecipadamente condemnado como uma panacêa que não curará. o mal, despertou as attenções que, se fôsse viavel, certamente attra-hiria.

Crivado d'emendas e banhado em moções do tamanho da cele-brada legua da Povoa, que cons-tituem multiplas theses de disser-tações... interessantes no inver-no! assim foi votado na primeira casa parlamentar.

Se de semelhante projecto o Dou-ro espera a salvação, parece-nos que póde desilludir-se e conven-cer-se de que, pelo menos agora, não se fabricará em S. Bento o remedio que ha-de acudir-lhe, e que naturalmente estará, *antes de tudo*, no barateamento das aguar-dentes necessarias ao fabrico dos seus vinhos licorosos, embora com sacrificio do Estado, contra o que nos não pronunciariamos em tão angustiosa crise de miseria e de fome como a que atravessa uma importante região do paiz, ainda ha pouco tempo florescente e rica.

Na discussão do projecto ou-viu-se cousas excellentes e que são attestados da capacidade intelle-ctual dos illustres deputados que assim inscreveram mais uma vez os seus nomes nos annaes parla-mentares. Mas o nosso espirito,

cada vez mais adverso a declama-ções theoricas deante d'uma crise economica, sente-se muito alhea-do d'essas pugnas oratorias, de cujos effeitos positivos nos senti-mos mais do que duvidosos. E como se tem dito muito mal dos debates politicos — *que não preju-dicaram a discussão vinicola*, — atrevemo-nos a confrontar, deante d'esses criticos conspicuos e im-placaveis, a discussão politica, que, pelo menos, foi agitada com os re-sultados que do projecto espera-mos na pratica serem reduzidos a zero.

Esfarraparam-no os oradores que o combateram, deputados pe-lo norte, porque elle dá muito pou-co do que foi pedido e, querendo contentar *tout le monde et son pé-re*, a ninguem acóde nem salva. Mas os do sul não o *emendaram* com menos valentia, julgando-se lesados com os beneficios exce-pcionaes que n'elle descobrem em favor do Douro. E em tudo isto só um homem nos parece ter acerta-do... no que não fez e no que não disse: foi o sr. ministro das obras publicas, que se *desinteressou* do caso, limitando-se a *discursar* cin-co a dez minutos, para dizer espe-rar muito da sapiencia da camara, e se limitou a uma acção de pre-sença, no *fauteuil* ministerial, em-quanto os capéllos em economia politica e vinicultura faziam jogos floraes, a que só faltou ... o publico, porque as galerias encontraram-se sempre desertas.

Sentimos ter que fallar d'esta forma sobre a marcha do projecto vinicola. Tem elle disposições com que inteiramente concordamos, porque representam justos beneficios para o Douro, já muito experimentado pelo infortunio, mas tem outras disposições absolutamente inconvenientes e gravosas, em prejuizo do centro e do sul do paiz. Tal é a verdadeira *salgalhada* de assumptos que o projecto comprehende e que intencionalmente alli foram incluidos no texto da proposição de lei, que algumas camaras municipaes, do centro do paiz, de accordo e acompanhadas pelos viticultores começam já a protestar.

Na camara dos pares foi discutido e approvado, em tres horas, o projecto sobre a questão vinicola, com as emendas approvadas na camara dos deputados.

É assim que o parlamento portuguez trata de uma das mais importantes questões economicas.

A maior parte dos dignos pares nem sequer leu o projecto; e para o comprehenderem, com poucas excepções, nenhum dos que assistiram á sua discussão tinha competencia para tal. O proprio governo viu-se em *apuros* para arranjar o relator e se o conseguiu, deve-o ás influencias extranhas.

A camara dos pares reduziu-se á situação ridicula, humilhante e deprimente de simples chancela da outra casa do parlamento, sem licença para a iniciativa d'uma simples emenda. Quanto á primeira, os leitores formularam, já, o seu juizo; quanto á segunda, estamos em crer que nos acompanham no simples raciocinio com que fechamos estas desenfastiadas considerações. Não seria preferivel suprimil-a, desde que, entre tantas reformas projectadas, só uma, a capital, a dominante, a decisiva, não podemos realisar, por um defeito organico de raça e por um vicio morbido de educação: a reforma dos nossos costumes politicos?

Comprehende-se uma camara de pares, ou melhor, um senado, como assembleia ponderada e reflectida, onde os interesses publicos sejam devidamente acautelados e na promulgação das leis não influam as paixões politicas que podem actuar na camara popular, mais impulsiva e ardente.

Mas não se desculpa e chega a ser grotesco, á força de humilhante, qua a camara dos pares se sujeite a ser uma chancela dos governos, a ponto de consentir que só lhe entreguem o orçamento geral do Estado e o problema vinicola, com a clausula de que ha de dar-lhes o seu *placet* sem o direito de emendar ou corrigir o que fez a camara electiva! Porque não se lhe reconhecia competencia para o fazer! E tudo porque! Porque quasi todos os pares abandonaram a camara desde que o governo patrocinou a admissão de varios rapazes, sem experiencia alguma das cousas publicas que ainda tinham direito por hereditariedade. Foi com estes que a camara funccionava aliaz não podia fazer por falta de numero. Mas voltemos ao assumpto. O projecto não agrada e não satisfaz. Os viticultores devem deixar-se de declamações banaes e affigura-se-nos que o unico caminho a seguir será fazer um estudo sério da questão e no proximo janeiro apresentarem ao parlamento uma proposta para se emendar o projecto votado. Mas imponham-se!

Entretanto a fome alastra terrivelmente pelo campo, onde temerosa crise já ameaça a ordem publica, porque a miseria é má conselheira e não se contenta... com palliativos.

N'essa ultima parte do drama ninguem pensa.

— * —

Damos a seguir os termos da primeira representação, dirigida á camara dos pares, por uma commissão delegada da Real Associação de Agricultura Portugueza, e que não mereceu a menor attenção a esse corpo legislativo, que em tres horas fingiu discutir e votou em seguida o projecto vinicola.

———

«Dignos Pares do Reino:—A commissão nomeada em 8 de junho ultimo, nas salas da Real Associação Central da Agricultura Portugueza, para advogar junto dos poderes publicos os interesses dos viticultores do Centro e Sul do paiz, vem, perante esta camara, protestar com a maior energia contra a «Proposição de lei» ex. 75., esperando que ella não seja convertida em lei do paiz sem profundas modificações.

Não desconhece a commissão que algumas providencias d'essa proposição constituem valiosos beneficios.

Mas, considerando outras, torna-se por demais patente que tal beneficio é pago tão caro pelos vinicultores do Centro e Sul, que o preço lhes parece não excessivo, mas ruinoso.

O decreto dictatorial do anno passado vibrou-nos profundo golpe, prohibindo a entrada dos nossos vinhos generosos no norte do paiz e anniquilando, d'um traço de penna, todo um commercio valiosissimo e que, dia a dia, estava ganhando tão promettedora expansão.

Agora, porém, após os vinhos generosos, chegou a vez do exterminio aos nossos vinhos communs.

É por mais sabido que, na crise de preços que nos afflige, são ainda os mercados do norte que sustentam certa cotação aos vinhos do sul.

Mas a nova proposição de lei acaba com isto, como que multiplicando, com estudada crueldade, os meios de exterminio contra os nossos vinhos communs.

E, com effeito:

1.° Pelo art.° 13.° é permittida aos vinhos communs da região do norte, demanda, no art.° 3.°—mas só a esses—a isenção do imposto do real d'agua no Porto, o que constitue o mais odioso privilegio e a eliminação da possibilidade de toda a concorrencia para os vinhos excluidos de tão assignalado favor.

2.° Aos mesmos vinhos e aguardentes do norte é concedida reducção de 50 por cento nos transportes em caminhos de ferro; novo privilegio, a accrescentar ao primeiro.

É claro que, assim, os vinhos communs do Sul e Centro ficam agora tão absolutamente banidos do mercado do norte, como já o estavam os generosos.

Mas não é só isto.

Ao passo que os paizes civilisados fazem consistir a base do seu progresso economico no abatimento de todas as barreiras, a proposição de lei divide o paiz em pequenos burgos fechados, dando-se o estranho absurdo de que, em cada uma das regiões, não será permittido consumir se vinho das outras.

É incrivel que isto se faça!.

Quando o que temos sempre pedido é a expansão para os nossos productos, e o alargamento dos mercados, a «proosição de lei» responde-nos apertando, cada vez mais, as gargalheiras que nos opprimem.

Note-se, todavia, que, se assim se procede contra o sul e centro em favor do norte, a este não se applica lei egual, antes se facilita a penetração na nossa região aos vinhos d'ali oriundos, por meio da reducção até 75 por cento nos transportes do caminho de ferro.

Assim, não é só a consideração das pejas com que nos opprimem que nos provoca este protesto: mais nos revolta ainda o considerar a desegualdade com que o centro e o sul são opprimidos, ao mesmo passo que os vinhos do norte são privilegiados á nossa custa —á nossa custa como vinicultores e á nossa custa, ainda, como contribuintes, pois será o nosso dinheiro que lhes servirá a lhes pagar o transporte para virem aqui affrontar o consumo dos nossos, ao passo que aos nossos é tolhido o accesso ás regiões do norte!

E para cumulo, emquanto a nós se nos exige a fatalidade das contribuições sem remissão de um real, o norte é isento de contribuições prediaes por 10 annos.

Por egual revoltante é, tambem, que da lei geral da prohibição do plantio seja exceptuada a extensissima região dos vinhos verdes do norte do paiz.

Qual a razão de tão frisantes desegualdades? Será que a miseria do norte seja mais funda do que a nossa?

Não contestamos que lá haja miseria. Sómente neg mos que tambem nós a não experimentemos!

A differença está em que os do norte sabem protestar com maior vehemencia.

A verdade, porém, é que se as desegualdades que ficam apontadas se convertem em lei, temos como certo que tambem os protestos de toda a região classificada hão de ser tão vehementes que tudo leverão de vencida.

Para ser, pois, poupado o paiz a commoções que tão profundamente o podem abalar; affigura-se-nos indispensavel que sejam eliminadas todas as nossas differenças de tratamento entre regiões da mesma patria, a todos egualando nos beneficios e encargos e abolindo barreiras dentro do seu territorio.

Seja, porém, como fôr, a commissão não póde consentir que a proposição de lei seja votada sem, por esta forma, deixar ficar consignado o seu protesto, o mais energico e vehemente.

Lisboa, sala das sessões da commissão, aos 4 de setembro de 1908.

A commissão.»

Avicultura

Vendem-se casaes, gallinhas, pintos e ovos de diversas raças especiaes — *Vaccaria* — *Rua Direita de Xabregas, 49,* — *Lisboa.*

Producção e commercio mundial de fructas, hortaliças e legumes

VI

Argelia

Sendo a Argelia um novo centro de producção, tem podido desenvolver as suas culturas e o seu commercio externo com todos os progressos modernos, sem ter de luctar com os inconvenientes e as resistencias que os interesses criados, as correntes de longa data estabelecidas e o espirito de rotina oppõem naturalmente a quaesquer modificações ou reformas nos paizes velhos.

Entretanto, impõe-se aos antigos productores a necessidade de acompanhar o movimento progressivos dos novos e as exigencias dos mercados consumidores, se não quizerem ficar supplantados na concorrencia universal.

Da mesma forma como succede em relação á producção e commercio de cortiças e azeites, a Argelia tem dado immenso incremento á sua cultura e exportação de fructas, hortaliças e legumes, teudo assegurado incontestada supremacia nos mercados francezes e disputando com vantagem logar importante nas praças da Allemanha, Suissa, Austria-Hungria e Inglaterra.

Legumes.—Cumpre notar que nas grandes capitaes são os primeurs, ou fructas e legumes temporãos, que teem preferencia e obteem maiores preços. Para isso, a Belgica e o sul da França teem estufas especiaes em que produzem os primeurs que collocam em condições vantajosissimas nas praças de Paris, Londres, Berlim e outras. Por exemplo, as installações de abrigo que a França possue, especialmente em Cavaillon e em Hyéres, nos aluviões argilo-calcareos, ricos em humus, movediços, permeaveis, facilmente irrigaveis com pequenos gastos, permittem aos respectivos agricultores, pelo systema de escolha de variedades, de cuidadosas sementeiras, evitando quanto possivel os inconvenientes das transplantações de um terreno a outro, colhendo os seus fructos com antecipação de 15 dias a 3 semanas, annullando assim até certo ponto as vantagens que o clima do litoral argelino garante naturalmente aos primeurs da colonia nos annos favoraveis.

Na Argelia, a cultura para exportação restringe se aos terrenos proximidades dos portos de embarque: Oran, Philippeville, Bône e sobretudo Argel; em geral está nas mãos de cultivadores laboriosos, sobrios, tenazes, especialmente hespanhoes e italianos, que algumas vezes, presos á rotina dos seus paizes de origem, não obstante as indicações que lhes são dadas pelos exportadores de primeurs, pre-

judicam o seu negocio.

Effectivamente existe na Argelia um syndicato de negociantes de primeurs, composto de praticos notaveis tanto sob o ponto de vista agricola como sob o ponto de vista commercial, sempre pressurosos em indicar os melhoramentos a realisar na cultura e nos systemas de transportes e acondicionamento, que muito contribue para o desenvolvimento d'este commercio.

Alem da cultura dos primeurs, ao norte, tambem no sul da colonia está muito desenvolvida a cultura ordinaria de fructas e legumes.

A alcachofra argelina apparece na mercado excepcionalmente em fins de outubro ou primeiros dias de novembro; a producção atinge o em fins de dezembro e primeiros dias de janeiro, e continua declinando até abril. Se a colheita do outono é menos abundante do que a da primavera, obtem em compensação melhores preços do que no segundo periodo. A alcachofra é classificada em tres cathegorias: grandes, medias, pequenas. A primeira qualidade é menos abundante que as outras duas e é denominada alcachofra parisiense.

A escolha é feita nos armazens de emballagem, onde são classificadas, sendo postas de parte as que não são absolutamente sãs. Os talos são cortados no comprimento uniforme de 10 centimetros. O acondicionamento é effectuado em cestos de vime ou de lentisco de 60 centimetros de alto e de diametro egual á altura. Estes cestos são geralmente fabricados pelas kabylas.

O peso de cada cesto cheio, com 40 ou 50 alcachofras grandes, 60 a 80 medias, ou 100 a 120 pequenas, é de 30 kilogrammas. As da 1.ª e 2.ª cathegoria vão para Paris ou para as cidades francezas do centro e oeste: Lyon, Bordeus, etc. As pequenas vão para Marselha e outras regiões do sul da França, onde não se apreciam alcachofras grandes. A venda é realisada por duzias em Marselha e por centos em Paris. Calcula-se em 400 hectares a area semeada de alcachofras na Argelia.

O feijão, para ser colhido verde, é semeado em fins de setembro, para ser colhido no outono, e de 1 de janeiro a 15 de fevereiro para ser colhido de 15 de abril a 15 de maio.

Os horticultores argelinos não empregam o systema de abrigos aperfeiçoados, muito vulgarisados nas provincias meridionaes da França. As variedades preferidas são o feijão preto ordinario chamado de Argel, a mouche à oeil'li, a noir de Belgique ou flageolet noir com vagens compridas.

A escolha é feita com maximo cuidado: eliminam-se os residuos e as vagens manchadas, e classificam-se em feijões aos, medio s e grossos. O acondicionamento é feito em cestos de ramos, forrados de papel de emballagem, que cheios pesam 10 a 12 kilogrammas. A superficie d'esta cultura orça por 600 hectares. As expedições são feitas principalmente para a praça de Paris.

As ervilhas teem duas estações de expedição: de meados de dezembro a meados de janeiro, e de abril a maio, principalmente para Paris, Marselha e Lyon. Os principaes centros de producção são: em Argel o Sahel, e em Mitidja o Arba, Rovigo e Rivet. O systema de acondicionamento é o mesmo do feijão verde. As variedades que se cultivam são principalmente o Prince Albert, a Merveille d'Amérique e a Merveille d'Angleterre. A area cultivada é de cêrca de 400 hectares.

Na Argelia o tomate primeur dá bem, especialmente nas proximidades de Oran onde occupa cêrca de 300 hectares, que produzem em media 150 a 200 quintaes por hectare.

Os primeiros productos de primavera apparecem desde fins de fevereiro ou primeiros dias de março, attingindo o maximo da producção em abril, maio e junho.

O tomate de inverno occupa uma area limitada e é expedido principalmente para o sul da França, Suissa e Allemanha.

Quanto á cultura da batata primeur para exportação, planta-se de preferencia a Royale Kidney. A semente é importada da França e da Allemanha. A exportação pára em fins de abril ou principios de maio, quando a producção do sul da França vem baixar os preços e tornar impossivel a concorrencia. As remessas são feitas em barricas tratando-se de qualidades ordinarias.

As qualidades finas são escolhidas á mão, de dimensões uniformes para cada volume, e cuidadosamente acondicionadas em caixotes que são expedidos para Inglaterra e Allemanha.

Fructas.—Uma das principaes exportações de fructas que realisa á Argelia é a de uvas de mesa primeurs, cuja cultura está particularmente desenvolvida nas proximidades de Bône, Philippeville, Oran, e sobretudo nos arredores de Argel, especialmente nas communas de Guyotville, Staoúéli e Zéralda em terrenos arenosos da borda do mar.

A variedade explorada como uva primeur é a Chasselas de Fontainebleau ou Chasse, as dourado. O acondicionamento é feito, em regra, em caixotes de 3 a 5 kilogrammas, forrados de papel. As primeiras expedições são réalisadas em caixotes mnito esmerados de 1 kilogramma. Os cachos são colhidos e acondicionados com extremo cuidado.

Para se fazer ideia do desenvolvimento d'este negocio na Argelia basta dizer que á exportação, que em 1892 foi de menos de 17:000 quintaes, pas-

sou de 64:000 quintaes em 1905.

O progresso tem sido constante nos ultimos annos: menos de 24:000 quintaes em 1901; 39:131 em 1902: 49:524 em 1903; 44:432 em 1904; 61:047 em 1905.

Uma das culturas que está tomando grande incremento na Argelia é da laranja, tangerina, limão e cidra.

As estatisticas de 1901 a 1904 accusam os seguintes numeros de arvores productoras auranciaceas.

CULTURA EUROPEIA

Laranjeiras.—Argel, 260:623. Oran, 143:006. Constantina, 79:265. Total 482:894.

Tangerineiras.—Argel, 178:569. Oran, 89:809. Constantina, 53:860. Total 322:238.

Limoeiros e cidreiras.—Argel, 46:548. Oran, 30:284. Constantina, 17:907. Total 94:738.

CULTURA INDIGENA

Laranjeiras.—Argel, 42:043. Oran, 4:781. Constantina, 68:304. Total 115:128.

Tangerineiras.—Argel, 10:116. Oran, 2:880. Constantina, 4:442. Total 17:438

Limoeiros e cidreiras.—Argel, 7:458. Oran, 3:198. Constantina, 17:431. Total 28:087.

Embora estas cifras não offereçam inteira garantia de precisão, demonstram em todo o caso o progressivo desenvolvimento da cultura de larangeiras e tangerineiras na Argelia e a importancia que está destinada a ter a sua producção e exportação n'um futuro mais ou menos proximo.

A larangeira e os seus congeneres dão-se bem em toda a parte litoral da Africa do Norte; onde a sua cultura pode desenvolver-se immensamente; mas a larangeira prospera particularmente na visinhança das montanhas, nas quebradas e nas terras de alluviões. Nas gargantas do Atlas encontram-se excellentes productos, de côr brilhante, e com interior docê e perfumado.

Como se vê do mappa que se acaba de dar, é o departamento de Argel que possue mais larangeiras. Quanto ás variedades, a circunscripção de Tizi-Ouzou produz laranja muito doce, com casca de um amarello claro, que começa a amadurecer no mez de novembro e constitue uma especialidade d'essa região; mas é ua planicie de Mitidja e nas encostas que a cercam que encontram os melhores laranjaes.

A laranja e a tangerina são os principaes artigos de exportação de Boufarik e de Blida, que expedem sob a designação de laranjas especiaes de Blida, muitas variedades, em parte bastante coradas, mas que não apresentam, se-

não excepcionalmente, a polpa coradissima da laranja de Portugal e de Malta.

Tambem começam a vulgarisar-s e n'essas regiões as volumosas laranjas de Jaffa, que são egualmente muito apreciadas.

A tangerineira tem tido grande desenvolvimento n'essas regiões, e o seu commercio acha se amparado por algumas casas exportadoras que teem installações proprias e tratam de assegurar-se com contractos por muitos annos com os grandes productores.

A maturação media da tangerina vae de 15 de dezembro a 1 de março. A fructa é colhida logo que apresenta os primeiros signaes de maturação.

Para grandes remessas, as fructas são isoladas e protegidas contra sacudimentos em caixas de maiores ou menores dimensões. Para as expedições como encommendas postaes, de 5 a 10 kilogrammas, envolve-se cada fructa em papel de seda com a marca do expedidor.

Quanto ás encommendas de luxo, tanto as tangerinas como as laranjas são envolvidas em papel prateado, de estanho, e acondicionadas em caixinhas de papel arrendado. Ao passo que a laranja dura muito, a tangerina tem pouca conservação e precisa de ser liquidada com a maior rapidez.

No departamento de Oran, encontram-se plantações de laranjeiras e tangerineiras nas proximidades do porto, na planicie de Perrégaux, nas regiões de Mostaganem e de Tlemcen; mas as plantações de importancia acham-se concentradas na circunscripção de Oran, que possue cêrca de 1.7:000 hectares de terreno occupados por laranjaes e 76:000 por tangerineiras, sobre 148:000 e 92:500 hectares que tem todo o departamento.

A provincia de Constantina possue, como se viu, menos plantações d'essas arvores do que os departamentos de Argel e de Oran, apesar de produzir variedades de laranjas muito apreciadas, como as de Toudja, que gozam de grande reputação.

Quanto ao systema de acondicionamento, alem dos processos seguidos com as expedições de luxo a que acima nos referimos, isto é, o acondicionamento tanto de laranjas como de tangerinas em caixotes, sendo cada fructa envolvida em papel de seda ou de estanho, a laranja ordinaria é exportada em granel, em caixas, em barriletes e em canastras ou cestos.

Figos.—Não deixa de ser egualmente consideravel a cultura da figueira na Argelia, tanto mais que o figo, quer fresco quer sêcco, faz parte importante da alimentação do indigena.

Segundo as estatisticas agricolas da colonia, o numero de figueiras existentes de 1901 a 1904 era o seguinte:

ura europeia.—Argel, 140:593 Oran, 59. Constantina, 101:288. Total 40.

ura indigena.—Argel, 1.748:897. ,637:981 Constantina, 2.183:070. 4.569:948.

da a tendencia dos indigenas ipacultar a importancia das suas cul , pelo receio de serem attingidos naiores taxas de imposto, devem eficientes os numeros que as escas registam.

; 1904 não eram ainda producti odas as arvores registadas, que 1 já ter começado a produzir na lidade, tendo augmentado tambem 1ero de arvores cultivadas.

regiões de maior producção são Argel, Orléansville, Tizi-Ouzon, ,ganem, Bougie e Sétif. A figueianto mais productiva quanto mais é o terreno em que é cultivada, 1á em boas condições mesmo em tas, estando bem expostas, até a . de 1:100 a 1:200 metros.

olheita de figos destinados a sec 1 faz-se a partir de fins de agosto. :a preparação só pode realisar-se giões seccas que permittam a de io antes que se produza a fermen acida e a alteração que necessa nte lhe segue, tambem só servem este fim variedades que amadure quasi um mez antes da estação das s. A seccagem faz-se ao ar livre palissadas.

lesecação a forno ou em evapo es dá productos inferiores. Para r conservação de figos costuma mergil-os em agua com cal ou em io mar.

qualidades superiores são cuida ente empacotadas, por alguns ex lores europeus da região de Bou m caixinhas de madeira ou de pa de pequenas dimensões.

qualidades communs boas são, de escolhidas, acondicionadas em es de 10,25 e 50 kilogrammas e inarias em saccos ou cestos.

sortimentos inferiores, mas sãos .fermentados, são exportados pa tillação e para a fabricação de lgos, especialmente para a Austria ia, onde é muito apreciado. A cação, que é tradicional na Ka tem por effeito desenvolver loa em cada uma das pequenas tes do figo, assegura a superiori los figos argelinos para a fabrica café.

1 effeito, essas sementes com amen ão, depois de torradas, um leve 1e de baunilha, que corrige o gos pouco adocicado da polpa.

1 qualidade provém principalmen região de Bougie e Mostaganem para a Austria pelo porto de 3.

mportação total de figos da Ar-

gelia por esse porto triplicou de 1900 a 1902; entretanto a colonia não conseguiu introduzir ahi, em 1902, mais de 36:081 quintaes, contra 119:353 que introduziu a Grecia, 69:988 a Italia e 51:178 a Turquia asiatica.

Em 1903 Trieste recebeu da Argelia 21:003 quintaes de figos e 17:848 em 1904, ao passo que n'este ultimo anno recebeu 72:649 quintaes da Italia, 138:317 da Grecia e 75:264 da Turquia europeia e asiatica.

Mas a propria Argelia começa a fabricar café de figos para substituir à chicoria. O assucar que conteem adoça o café, diminue-lhe o amargo e tempera o seu principio excitante. Emprega-se misturado na proporção de 125 a 250 grammas por 1 kilogramma de café. Os austriacos usam-no sobretudo para café com leite.

A Argelia exporta tambem alguma porção de figos frescos para a França.

Outras fructas.—É relativamente insignificante a producção na Argelia de outras fructas europeias, como damascos, pecegos, cerejas, maçãs, peras, ameixas, morangos etc., que mal bastam para o consumo local, chegando a importar grandes quantidades da França e da Hespanha, o que não quer dizer que, empenhada no caminho em que se encontra, não venha a augmentar a sua producção e a concorrer vantajosamente nos grandes centros de consumo.

Succede o mesmo em relação a nozes e avelãs.

Está mais desenvolvida a cultura da amendoeira. A estatistica colonial dá 350:000 arvores já em producção. A amendoa argelina é exportada fresca, ao passo que a colonia importa amendoa secca.

As mesmas estatisticas registam tambem 250:000 pés de romeiras e mais de 80:000 bananeiras, bem como grandes quantidades de tamareiras, cuja fructa é um dos principaes artigos de exportação da Argelia. Não produzindo nós fructa similar, não nos interessa no que diz respeito á sua producção e commercio.

Já não succede o mesmo em relação a alfarroba, que tambem a Argelia começa a produzir em quantidades importantes, exportando-a para os mercados da França e Inglaterra, onde é utilisada para a alimentação de gado, especialmente bestas de carga: cavallos, burros, mulas etc., em cujas forragens é misturada pela forte percentagem de azote e de materia sacarina que contem.

Calculam-se os beneficios liquidos dos fructicultores e horticultores argelinos, por quintal: em 20 francos sobre as batatas, 30 francos sobre os legumes frescos e 35 francos sobre as uvas frescas de mesa.

Estes dados provam os progressos que está realisando a Argelia no que diz respeito á sua producção agricola e ao seu respectivo commercio, e o cuidado e interesse com que o elemento official auxilia e incita a iniciativa particular, estudando escrupulosamente a situação e publicando regularmente notas estatisticas e informações tão preciosas como as que acabamos de reproduzir e que podem servir-nos de valioso ensinamento.

Na Argelia trata-se de estudar as condições e as exigencias dos grandes centros de consumo, acompanham-se cuidadosamente os systemas da producção interna, ensinam-se os meios de aperfeiçoar os productos de maneira que venham a ter preferencia nos mercados consumidores, seguem-se cuidadosamente os progressos que se realisam, organisando-se estatisticas minuciosas que são publicadas todos os annos e com a maior regularidade, aconselha-se o agricultor sobre os methodos de cultura a seguir, sobre as regiões mais adaptadas para cada especie de plantações, sobre o systema de acondicionamento de fructas, sobre a maneira de negociar, n'uma palavra, fornece-se ao agricultor e ao negociante todos os elementos de que possa carecer para produzir e conquistar os mercados internacionaes nas melhores condições possiveis.

Assim, é facil de prever que este novo concorrente acabará por bater em toda a parte os velhos productores de generos similares, se estes não souberem ou não quizerem melhorar os seus productos e adaptar o seu commercio ás exigencias das sociedades modernas.

(Continúa)

Porcos para creação

Vende-se quantidade com dois mezes, de excellente qualidade — *Vaccaria. Rua Direita de Xabregas 49, Lisboa.*

Noções sobre a alimentação do povo

VI

Estamos chegados ao ponto de fallar da manipulação do pão. Esconde-se na noite dos tempos a epocha em que o homem principiou a sustentar-se com o pão. Não obstante, tudo nos leva a acreditar que foi no fim da epocha pastoril dos nossos primeiros paes e das primeiras emigrações que estes

Principiaram a usar de tão excellente alimento. Sabe-se que os processos que elles empregaram, nos seus principios, foram os mais simples e rudes que era possivel haver, começando por esmagar o grão entre duas pedras e reduzil-o assim a uma coisa que nem era farinha nem era o grão propriamente dito. A mulher, então considerada como um ente em tudo inferior ao homem, era encarregada d'esse serviço e eis ahi a origem dos moinhos que hoje temos. O primeiro grão que serviu para essas experiencias, foi justamente o trigo, assim como o primeiro sustento que o homem encontrou foram os fructos e os legumes que nasciam espontaneamente da terra, sem outro trabalho mais que o de os colher.

A importancia que desde então se começou a dar ao pão não podia deixar de ser aquella que mais tarde o considerou *o alimento por excellencia*, isto é, o que mais facilmente se converte em substancia alimenticia, pois que apenas lhe basta a fermentação e a cozedura com uma pequena quantidade d'agua para lhe dar proporções do maior elemento reparador, contendo o azote, o carbone, e as materias gordas, que é justamente o que está mais em relação com as perdas que o nosso organismo soffre constantemente, a ponto de podermos viver sómente do pão de boa farinha, uma vez que tenhamos a agua ou outra qualquer bebida para o acompanhar. E' isso o que se vê todos os dias nas classes pobres e trabalhadoras que, habituadas desde creanças a alimentarem-se com o pão apenas, conservam-se em bom estado e se entregam a um trabalho regular.

Tem-nos mostrado a experiencia que o homem de trabalho precisa para viver de ingerir no estomago alimentos que contenham approximadamente 25 grammas de azote e 300 a 310 de carbone no periodo de 24 horas; ora, comendo elle n'esse mesmo periodo, um kilo de pão de farinha completa, tem prehenchido essas necessidades com as substancias plas-

ticas, e respiratorias que alli se contém e fica assim habilitado para se entregar aos trabalhos mais rudes, como se se tivesse alimentado de outras substancias mais fortes e variadas.

O valor nutritivo do pão, é preciso advertir, está em relação directa com o valor nutritivo do grão do qual é feita, e já fizemos vér as differenças que se dão entre as diversas especies d'esses generos. Tambem concorre muito para a boa ou má qualidade do pão a quantidade de agua que se deita na farinha, a qual nunca deveria exceder a proporção de 30 a 33 por cento do peso da massa, e quasi sempre chega a 50 por cento.

Depois de peneirada a farinha por meio d'um peneiro onde as qualidades da mesma ficam separadas umas das outras, lança-se em uma maceira a quantidade que se deseja para formar uma amassadura e, depois de lhe haver sido misturada alguma agua, começa a operação da manipulação da farinha e vae-se-lhe misturando ao mesmo tempo o fermento na proporção, pouco mais ou menos, de 250 grammas por 100 kilogrammas de farinha e, como a massa não é manipulada toda d'uma só vez, e se compõe de mais que d'uma amassadura, ha necessidade de ir o padeiro refrescando com agua e com farinha o trabalho que vae fazendo e collocando a um lado da maceira, para se não dar o caso de se adiantar a fermentação, a que vulgarmente se dá o nome *de levedar a* massa. e succeder o azedar-se o pão todo proveniente das differentes amassaduras, cujo defeito é impossivel de remediar.

Cumpre advertir que a agua que se lança na farinha para a formação *da pasta* ou massa, varia segundo a qualidade da mesma farinha, e segundo a proporção de gluten que ella encerra em si. Se a farinha é da que se vende no commercio, e não *é completa* e por conseguinte pobre de azote, pois que lhe falta o gluten onde as materias azotadas se encontram, na maior parte, exige uma quantidade de agua menor porque a fari-

nha em si já é humida. Porém se ella contém bastante gluten, que faz com que se torne absorvente, carece de mais agua para se poder manipular a massa. Tambem faz variar a quantidade de agua o trabalho do padeiro, pois que se elle trabalha ligeiro e quer que o pão fique melhor ou peor, assim vae formando a massa ou mais molle, ou mais dura, ou mais leve ou mais grosseira, segundo elle vê e observa e segundo elle quer tirar mais ou menos interesse do pão que fabrica.

(Continúa)

Rebello Valente.

Vinicultura

Doenças dos vinhos

Azedia

E' a mais frequente de todas as doenças do vinho, e provém quasi sempre da falta de cuidado durante o seu fabrico, ou da sua má conservação.

Transforma o alcool em acido acetico, e logo de principio se manifesta por um cheiro particular e um sabor ou pico, impossivel de confundir com qualquer outro, e diz-se então, que o vinho tem pico acetico; quando a alteração é mais profunda, produz-se um enturvecimento no vinho e vêem-se adejar em volta da vasilha uns mosquitos especiaes; á superficie do vinho, vê-se uma pellicula de aspecto brando e avelludado, e em volta da torneira ou do espicho e nos intersticios das aduellas, apparece uma massa de aspecto gelatinoso e de côr cinzento rosada; são agglomerações dos fermentos d'esta doença, reunidos aos microorganismos da *flôr do vinho* que quasi sempre os acompanham.

Ás vezes, quando a vasilha está bem vedada, ao alliviar-se o batoque, sente-se um silvo, devido á entrada brusca do ar; é a pressão interna que tem diminui-

o do oxygenio sobre
inho, devido á fixa-
ntos aceticos.
ι foi primitivamente
r Pasteur á acção
anismo aerobio, cons
iculos, ligeiramente
ɔ centro, soltos ou
eries entrecruzadas,
que chamou *myco-*
)or se apresentar á
inho, formando uma
,da.

nto apodera-se do
·, de que é muito ha-
iobre o alcool do vi-
,ando-o por esse fa-
,ceticó, sendo pois o
m producto da com-
leta do alcool.

ça d'este acido que
ɔ sabor caracteristi-
zedo.

ɔ que o agente d'es-
ycoderma aceti; não
por um microorga-
por varios, perten-
ɔro Bacterium, dos
ipaes, são o Bacte-
ιnus e o Bacterium

stas especies, só pro
ιde, o acido acetico
antidade, mas, ain-
ficiente para tornar
ιho onde se desen-

exemplo, na fabri-
, a fermentação al-
devido a um abai-
ɔ de temperatura a
desenvolve-se um
roduz acido acetico
ι o vinho se tornar
,o consumo.

ιntece não se poder
ι vinagre um vinhɔ
ιe o fermento que
dia d'este vinho, é
luzir maior percen-
ιcetico que aquella
còntém.

s da azediá desen-
cipalmente nos vi-
bres em alcool, ha-
já exemplos de se
lia em vinhos com

ιos dito se vê, quɔ

n'um vinho fraco e em contacto
com o oxygenio atmospherico, a
presença dos fermentos aceticos
(cujos germens se acham disseminados pela atmosphera) produz
com certeza a azedia.

D'aqui se conclue que, para pre-
venirmos esta doença, devemos
cuidar o vinho no seu fabrico, auxiliando σ mais possivel a regularidade da fermentação tumultuosa, não recalcando as balsas,
quando ellas se tenham acetifica-
do, e conservando bem limpos os
lagares e balseiros e todos os utensilios vinarios; isto, como se vê,
para impedir tanto quanto se possa a existencia dos germens da
azedia no vinho.

Completam estas precauções, os
cuidados de conservação, não o
deitando em vasilhas av¡nagradas,
impedindo o livre accesso do ar ao
vinho, que, como dissemos, é indispensavel para o desenvolvimento d'esta doença, visto que os seus
fermentos são aerobios; obtem-se
isto attestando as vasilhas para se
conservarem sempre cheias, ou,
quando isto não seja possivel, enchendo o espaço vazio com gaz
sulfuroso, que se obtem pela combustão do enxofre.

Além d'isto também se devem
evitar ós grandes e ejamentos nas
trasfegas, e sobre tudo a proximidade da vinagreira.

Quando a azedia está muito
adiantada não ha tratamento possivel a fazer ao vinho, e o melhor,
é conforme os casos (attendendo á
questão economica) transformal-o
em vinagre, deitando-o na vinagreira, ou distillal-o, depois de lhe
ter neutralisado o acido com uma
pouca de cal, que se calcula por
uma experiencia, para não atacar
o cobre do apparelho onde se faz
a distillação.

Como a doença começa pelas
camadas superiores do vinho, póde, quando ainda no principio o
vinho da parte inferior do tonel,
não estar ainda azedo, e n'este caso, o que mais convém, é separar-
lhe a parte superior, onde já existe acido acetico, o que se obtem
por meio de um syphão, e sulfu-

rar-se a parte restante para a preservar da azedia.

Quando toda a massa de vinho
já está invadida, mas a acetificação é ainda pouco adiantada, o
tratamento d'este vinho tem que
ser naturalmente dividido em duas
partes: destruição dos fermentos
da azedia, ou pelo menos a sua
suspensão temporaria, (até terminar o consumo do vinho) e neutralisação do acido já formado, por
uma base alcalina, que póde ser a
potassa, a soda ou a cal, mas das
quaes a preferivel é a potassa, no
estado de tratrato neutro de potassio.

Para destruição completa dos
fermentos da azedia, assim como
para a de todos os microbios nocivos ao vinho, emprega-se a *pasteurisação*; quando, porém, não é
possivel o uso d'este meio póde-se
sulfurar o vinho, que quando não
destrua completamente todos os
fermentos da azedia, tem sobre elles uma acção bastante efficaz, já
pelas suas propriedades antisepti-
cas, já porque roubando oxygenio
para as suas transformações impede a vida d'estes seres que como
vinos são aerobios, e portanto não
dispensam a presença do oxygenio.

Destruidos assim os fermentos
aceticos, ou pelo menos paralysa-
dos temporariamente, deve-se proceder a neutralisação do acido com
o tartrato neutro de potassio, que,
como dissemos é a base preferivel,
porque dá origem, pela sua combinação com o acido acetico que
existe no vinho á formação do
acetato de potassio, que existe já
normalmente, em pequena quantidade, e bitartrato de potassio, que
pouco soluvel no vinho, se precipita no fundo e nas paredes da
vasilha.

Quando porém a azedia estiver
muito adiantada, é preciso juntar
muito tartrato neutro de potassio
e o vinho toma então uma côr es-
verdeada, e um amargor mais ou
menos pronunciado.

Para calcular a porção de tartrato neutro a empregar determina-se a quantidade d'acido acetico existente no vinho, por meio

d'uma analyse, e calcula-se a porção necessaria para o neutralisar sabendo-se que 1gr. d'acido acetico, é neutralisado por 3gr.,9 de tartrato neutro de potassio.

Praticamente tambem se pode calcular a porção a empregar, por meio d'um ensaio, tomando uma porção do vinho, por exemplo, um litro e vae-se-lhe juntando o tartrato neutro de potassio a pouco e pouco e mexendo e provando até que o sabor acido esteja disfarçado; vê-se a porção de tartrato empregada o que se calcula tendo préviamente pesado uma porção e obtendo a differença para o que resta para empregar; sabendo a porção necessaria para 1 litro calculamos a porção para o vinho todo.

Em media, costumam-se a empregar 100 a 600 gr. de tartrato neutro de potassio por hectolitro de vinho.

Emprega-se dissolvendo-o primeiro em vinho ou em agua (100 gr. d'agua dissolvem 15 gr.) e depois junta-se a dissolução ao vinho e mistura-se bem.

Se a porção foi bem calculada, todos os vestigios d'azedia desapparecem no fim de 8 dias.

As vezes os vinhos assim tratados, ficam desprovidos de sabor adstringente, e a sua côr torna-se menos vivaz, porque a base encorporada no vinho não só neutralisa o acido acetico, mas, por uma razão d'equilibrio chimico, divide-se pelos outros acidos normaes do vinho e neutralisa-os em parte; n'este caso pode-se juntar ao vinho uma pequena quantidade d'acido tartrico ou de tanino.

Tambem aconselham a substituição do tartrato neutro de potassio, pela potassa caustica ou ainda por cinzas vegetaes, que obram pela sua potassa.

Ha quem aconselhe a neutralisação com a cal, ou com uma marga, ou com o pó de marmore, ou ainda com as cascas d'ovos; mas o seu uso não é para aconselhar, a não ser quando o vinho se destine ao alambique, porque o tornam pesado e indigesto por excesso de saes de calcio.

Um outro processo de eliminação do acido acetico dos vinhos azedos, primitivamente indicado por Berzelius consiste no arejamento, fazendo atravessar o vinho por uma violenta corrente d'ar, que se obtem por meio d'um folle.

O acido acetico volatisa-se com effeito, e desapparece do vinho, mas juntamente com elle evapora-se tambem o alcool e o vinho fica depois sujeito a ulteriores alterações ainda mais profundas.

Ha ainda o tratamento pelo hydrogenio nascente e pela electricidade, meios que não estão ainda á disposição do vinicultor.

Hygiene rural

Contrafacções ou falsificações do vinho e meios de as reconhecer

11.º Acido salicilico.—Esta substancia, que por assim dizer mumifica o vinho, seria um dos seus melhores preservativos. se não fosse prejudicial á saude. Para reconhecer a sua existencia e doseal-o no vinho, usa-se do processo Pellet e Grobert. Misturam-se 200 cc. do vinho, a examinar, com egual volume de ether e 16 gottas d'acido sulfurico monohydrato em um tubo fechado; em seguida agita-se e deixa-se em repouso, para o ether se apartar do vinho. D'este ether tiram-se 100 cc., que se evaporam á seccura, e o residuo neutralisa-se com uma solução muito fraca de sóda caustica. Torna-se a evaporar até á seccura e redissolve-se o residuo em 22 cc. de benzina, depois de acidulado com 5 gottas d'acido sulfurico. Depois d'iota filtra-se e do liquido filtrado se tomam em um tubo de ensaio 10 cc. correspondentes a 50 cc. do liquido que se examina, aos quaes se ajuntam outros 10 cc. de agua distillada, em que se tem deitado uma ou duas gottas de solução de perchloreto de ferro muito diluido, com a densidade de 1.010. Agita-se o tubo, e se ha fraude, forma-se o salycilato de ferro, que dá ao liquido a côr violacea mais ou menos intensa, segundo a quantidade do acido salycilico.

Para doseal-o, querendo-se, preparar-se uma solução aquosa de acido salicilico na rasão de 1 gramma por litro, e tinge-se esta solução com perchloreto de ferro até obter a côr violacea mais intensa. Em 10 tubos de ensaios eguaes, contendo cada um 10 cc. d'agua, deita-se successivamente desde 0cc.,1 até 1 cc. da solução de que acabamos de fallar. Com estes 10 tubos forma-se uma escala que vae dando desde 0gr,0001 a 0gr,001 para comparação dos vinhos suspeitos de terem acido salycilico, bastando para isso approximar o tubo com vinho da experiencia d'aquelle que mais se lhe eguala. Assim se é o tubo 5 que contém 0gr,0006 de acido salycilico, o que se approxima do da experiencia, o vinho terá 0gr,012 de acido por litro; obtem-se este resultado multiplicando 0gr, 006 por 20. A dóse sufficiente para conservar os vinhos não vae além de 0gr,125 por litro.

Noticias dos campos

VIANNA DO CASTELLO.—O tempo decorre magnifico para a agricultura e em especial para a vinicultura. Os vinhedos apresentam um bello aspecto, como ha muitos annos se não vê, devendo a produção ser enorme e excellente.

Dos concelhos dos Arcos, da Barca e Ponte do Lima as noticias são as mais consoladoras.

As colheitas promettem ser abundantissimas e as vindimas que se devem iniciar na segunda quinzena do corrente mez, superiores ás dos ultimos annos.

Por este motivo, os vinhos existentes de ram enorme baixa, e tudo leva a crer que o vinho novo passado o primeiro periodo será vendido por preços excessivamente modicos, se a procura fôr, como nos annos anteriores, muito diminuta.

Apesar, porém, dos ultimos dias terem um aspecto magnifico, os previsionistas dão-nos a quinzena corrente muito variavel, com chuvas e mudanças continuas de atmosphera.

As chuvas, agora muito continuadas, pódem ser prejudiciaes aos vinhedos que carecem de tempo secco e calor para a completa maturação do fructo.

ALEMQUER.—Tem corrido um tempo fresco, o que é de grande utilidade para as vinhas, encontrando-se a uva em completa maturação.

Está feita a colheita do milho, sendo a sua produção muito regular.

As oliveiras estão bonitas, promettendo uma abundante colheita.

ETA DOS LAVRADORES

PROPAGANDA E DEFEZA DOS INTERESSES DA AGRICULTURA NACIONAL

.e muitos agricultores, agronomos, medicos veterinarios, horticultores, viticultores e regentes agricolas

DIRECTOR e PROPRIETARIO: *JOSÉ ERNESTO DIAS DA SILVA*

edico veterinario -- Antigo professor da Escola de Agricultura da Real Casa Pia de Lisboa

naturas
adeantado)
.... 1600 réis
.... 800 »
.... 50 »
sempre no principio de cada mez.
ser dirigida ao director do jornal.
u não publicados não se restituem.
Gazeta.— IMPRESSÃO — typogra-
fagdalena, n.° 77.

Annuncios
(TYPO CORPO 8)
Por uma só inserção.............. 40 réis cada linha.
Repetição até 6 publicações.................. 30 » » »
Annuncios permanentes, folhas soltas, réclames e annuncios
intercalados ne texto—contracto especial.
Os srs. assignantes gosam do abatimento de 20 °/₀.
A administração aceita correspondentes em todas as térras do paiz
Redacção e Administração, C. de Santo André, 100, 1.°
EDITOR—Dias da Silva

Muitos tambem não resistem á tentação de darem a preferencia a um sacco volumoso sobre um outro menos volumoso, apesar de este ter o mesmo peso.

Só um millionario póde fazer as suas compras debaixo d'esta orientação. Mas tambem elle ao fim d'alguns annos reconhecerá que está no caminho para a ruina.

Nem a côr, nem o cheiro, nem o volume garante a boa qualidade do adubo.

Em 99 casos sobre 100 as adubações que resultados menos favoraveis dão, são as que se fazem com adubos a 700 réis por sacco e que nem a metade d'isto valem.

Todo o lavrador que não subordinar as suas compras de adubo á seguinte orientação, não tem direito de se queixar dos maus resultados.

O valor de um adubo está nas suas dosagens de elementos nobres, isto é, de azote, acido phosphorico, potassa e cal, é preciso que cada um d'estes elementos se encontre no adubo no estado apropriado á qualidade da terra em que deve ser empregado.

E' preciso tambem que o lavrador se convença por meio de analyse, que o adubo tem realmente as dosagens que o fornecedor garante por escripto, porque da expressão «dosagens garantidas» se abusa muito.

Dois ou tres mil réis gastos em analyses, protegem muitas vezes o lavrador contra uma perda de 20, 30, 100 ou mais mil réis, derivada da defficiencia das dosagens.

Adubações exclusivas, isto é, só com superphosphato, ou só com nitrato de sodio, ou com qualquer outro elemento exclusivo, conduzem irremediavelmente ao esgotamento da terra por muito bom que seja o superphosphato, ou nitrato de sodio etc., que se empregue.

Não empregar por isso exclusivamente superphosphato, mas conjunctamente com elle os adubos azotados, potassicos e calcicos apropriados. Em muitas terras o superphosphato deve ser substituido pelo phosphato Thomaz e empregado este conjunctamente com os adubos azotados, potassicos e calcicos, apropriados ao caso.

CALENDARIO DO LAVRADOR

Mez de setembro

NOS CAMPOS.—Recolhem-se nos celleiros os productos preparados nas eiras e guardam-se palhas e fenos. Em algumas partes apanham-se os milhos, mas na maioria ainda os milharaes querem cuidados de rega. Com o recolher do milho deve haver todo o cuidado, porque se pode estragar, se for guardado sem ter sido bem secco na eira. A débulha das espigas do milho, para ser economica e bem feita, deve ser feita com a debulhadora ou descaroladora, porque faz o trabalho mais depressa e sem quebrar o grão. Para limpar o cereal, depois da debulha, emprega-se uma pequena machina, chamada tarara. Indicando estas machinas, só temos o interesse de aconselhar os leitores a obterem um meio de conseguir trabalho barato, bóm e feito com rapidez. As tulhas que tenham de servir para guardar o milho devem ser muito bem limpas e dentro d'ellas deve-se queimar enxofre, e deixal-as fechadas, durante um certo tempo, para que o fumo, dê cabo da bicharia e de outros inimigos.

Alqueivam-se com força e arroteiam-se os terrenos para as sementeiras das primeiras aguas, nabo do outono, ervilhas de inverno, trevo e outras forragens para o gado, etc.

NAS VINHAS.—Deve-se proceder á desparra, principalmente nas cepas em que as uvas estejam ainda em grau bastante atrazado de maturação, a fim de amadurecerem convenientemente.

Na primeira quinzena do mez começam já as vindimas. Em algumas regiões já as uvas estão amadurecendo com toda a força, pois, os fortes calores de junho apressaram demasiadamente aquelle acto physiologico. N'outras regiões a vindima extende-se para além de S. Miguel.

A melhor maneira para se saber se as uvas estão em estado de ser vindimadas, é lançando mão de um apparelho, chamado glucometro, que custa 400 réis. Se elle nos disser que a uva attingiu o grau de assucar necessario para produzir o grau alcoolico que desejamos, devemos então vindimar.

Para isso esmagam-se umas poucas de uvas, coa-se o mosto por um panno deita-se n'uma proveta e depois mergulha-se n'elle o tal glucometro.

A graduação no glucometro, que deve regular para os diversos vinhos, é assim: 10 graus no Minho; de 13° para cima, no Douro; 11°, na Bairrada e na Beira; 14° no Ribatejo e de 15° para cima, no Algarve.

Se o mosto não chegar á devida graduação, deve-se esperar uns dias que as uvas amadureçam melhor.

É necessario o maximo cuidado na escolha das uvas, pois que, as uvas podres, as queimadas pelo sol e as incompletamente maduras devem ser tiradas sem escrupulo algum. As vezes, por falta d'esta precaução, perde-se uma lagarada

NAS ADEGAS.—A primeira cousa para se fazer bom vinho é a maior limpeza em tudo: nos lagares e no vasilhame.

Não se devem empregar no fabrico dos vinhos, vasilhas mal lavadas e impregnadas de bolores diversos, que transmittem aos vinhos o tão tristemente conhecido gosto a môfo.

A lavagem das vasilhas deve-se fazer com a agua a ferver, refrescando-as depois com agua fria; e em seguida, podendo ser, chapinhal-as com aguardente.

Quando nos achamos em presença de vasilhas que têem o gosto a môfo ou o pico a vinagre devemos tratal-as rigorosamente, pois, qualquer d'estes dois cheiros são muito peores que o do saibo a madeira. Devemos lançar mão dos meios mais energicos, desde a sulfuração ou méchagem, desde a queima de aguardente dentro da vasilha e a acção do vapor d'agua, até ás lavagens com lexivias de cal ou de soda ou com agua acidulada pelo acido sulfurico (oleo de vitriolo). Esta ultima é feita na dose de 12 a 15 partes de acido sulfurico por 100 de agua.

Muitos aconselham que depois de lavar a vasilha com a agua acidulada se empregue uma solução de potassa ou de cinzas (500 grammas da primeira e 1 kilogramma das segundas, por casco), para neutralisar o acido, e em seguida se repitam tres lavagens com agua limpa.

NAS HORTAS.—Prosegue-se na sementeira de cebolas, alhos e rabanetes para semente, assim como na de toda a casta de couve repolho. Semeiam-se todas as variedades de alface, escaríola, espinafres, couves flôr temporãs e cerefolho.

Continua-se a fazer a plantação de aipo, chicoria, escaríola e alface, e plantam-se morangueiros de qualquer variedade, para que peguem bem antes das grandes geadas.

Nas regiões do centro do reino semeiam-se favas e ervilhas para se colherem em março e abril. No principio do mez semeia-se nos arredores de Lisboa e no sul do reino nabo de inverno.

Este mez não é menos exigente de regas que o de julho e agosto.

NOS JARDINS.—Semeiam-se todas as plantas annuaes ou perennes destinadas a florir nos mezes de abril maio e junho do anno seguinte: fareilos de borboleta, bellas-rosas, coreopsis elegante, collinsia, gilia tricolor, perpetuas, goivos rajados, linho de flor roxa e branca, lobelias erinus, mimulos speciosus, papoulas dobradas, alegrias ou malmequeres dobrados, veronicas de Syria, nemophilas, etc.

Regam-se e sacham-se convenientemente todas as estacas plantadas no mez anterior. Todas aquellas que já forem deitando raizes, taes como as verbenas, anthemis e geranios, vão-re passando para vasos, em cada um dos quaes se podem accommodar tres a quatro pés.

No fim d'este mez podem começar a ser enterradas as plantas bolbosas.

As dahlias são as rainhas das flores n'este mez e no seguinte; precisam ser atadas as suas hastes a espeques ou tutores bem firmes, exceptuando as anãs que dispensam este cuidado.

Noções sobre a alimentação do povo

VII

Outro tanto acontece com a quantidade de sal, a qual tambem varia entre 200 e 800 grammas por 100 kilogrammas de farinha.

O sal entra na manipulação do pão como um grande agente, não só porque lhe vae dar um gosto e sabor que nenhuma outra substancia era capaz de lhe transmittir, mas tambem porque faz com que a massa adquira uma certa consistencia, propria para a formação da pasta, sem a qual impossivel se tornava a fabricação do pão trigo. O sal costuma ser empregado de dois modos, ou dissolvendo-o na agua que tem de servir para desenfarinhar, isto é, para englobar a farinha, ou lançando-o sôbre o fermento, afim de elle se ir combinando e diluindo pouco e pouco durante o tempo que o padeiro gasta em amassar uma parte da farinha e preparal-a para receber o indicado fermento. Esta operação é a mais trabalhosa de todas as da fabricação do pão.

Logo que o padeiro vê que tem manipulado uma certa quantidade de pasta, trata de ir dissolvendo o fermento em agua para melhor o poder combinar com o serviço já feito, e, ao mesmo tempo vae-lhe misturando a farinha, que elle ainda conserva a um lado da maceira, nas proporções que a experiencia lhe tem ensinado, como, por exemplo, d'uma terça parte de cada vez, e assim vae augmentando a amassadura ao ponto de empregar a farinha, bem como o fermento todo, e, vendo que não pó-de de uma vez só manipular todo esse bolo, divide-o em varias porções, segundo o seu tamanho, e vae batendo e envolvendo a pasta por espaço de meia hora, ou mais, cada uma d'aquellas porções até ellas terem o grão de c hezão que lhe é necessaria. Tanto com relação ao tempo a gastar com este trabalho como á perfeição como elle deve ser feito, depende tudo isso e até á boa qualidade do pão, do vigor e destreza com que o padeiro trabalha, e dos desejos que elle tiver de dar á pasta as qualidades necessarias para d'ella se poder obter um pão melhor ou peor.

Vem a proposito o fallar agora dos amassadores mechanicos os quaes podem ser movidos ou a braço ou por meio do vapor, evitando um grande dispendio de forças e as mais laboriosas fadigas que obrigam muitos creados de padeiros a retirar-se d'uma vida com que não podem, ou arruinar a saude com o trabalho pesado que ella exige d'elles. Além d'isso, os amassadores mechanicos garantem ao padeiro um resultado certo da amassadura da pasta toda d'uma só vez e com todo o desenvolvimento que o braço do homem nem sempre lhe pode dar. Na vista que fizemos á padaria a vapor do Azylo de Mencidade de Lisboa, da qual já tivemos occasião de fallar, lá vimos tambem um d'esses amassadores a trabalhar.

Segundo a ideia que conservamos, parece-nos que era uma cousa muito simples e, com quanto não estejamos habilitados para fazer uma descripção ainda assim tentaremos descrevel-a. Eram apenas tres as peças de que ella se compunha.

Uma caldeira de ferro fundido do feitio de metade de uma laranja, tendo de diametro um metro e meio, pouco mais ou menos, por meio metro ou sessenta centimetros de profundidade; achava-se assente e firme, em posição horizontal, a pequena altura do pavimento.

Do centro d'essa caldeira ou bacia de ferro ou deposito (como melhor lhe queiram chamar) levantava-se um eixo de ferro polido, que hia terminar perpendicularmente no tecto da casa o qual tinha, um pouco mais baixo, uma roda, onde prendia uma correia que lhe communicava o movimento de rotação da machina, que movia todos os outros utensilios da fabrica desde o limpador do grão do trigo, até que o pão entrava no forno. E finalmente, na base d'este eixo, prendiam quatro braços, em fórma de pás retorcidas, que

hiam, no seu girar continuo, revolvendo a massa da farinha triga, que lhe é lançada ali dentro depois de convenientemente preparada pelos padeiros, até que se julgasse que a pasta estava em estado de sahir para o ponto onde era cortada, dividida e pesada por por meio de outras machinas, antes de entrar no forno, quando mostrasse estar bem levedada. Recordamo-nos tambem de ouvir dizer n'essa occasião que a pasta sahida dos amassadores mechanicos não era tão bem manipulada como aquella que sahia das mãos do padeiro forte e vigoroso, não só por que este lhe dava mais voltas, em varios sentidos, e batia a massa melhor que o amassador, mas tambem porque lhe transmittia o calor das mãos e dos braços, o que contribue muito para a massa entrar no seu estado de levedação que lhe é proprio,

Seja como fôr, o que é certo, foi provarmos do pão, assim mechanicamente amassado, e gostarmos d'elle. Ainda com referencia á pasta ou massa de que esta se faz, podemos accrescentar que ella pode ser branda, isto é molle, ou dura. *Molle*, como é facil de conhecer, é aquella que foi preparada com maior quantidade de agua e que demandava muito mais trabalho para chegar ao estado verdadeiro de panificação, e, não chegando a esse estado, produz um pão muito mais pezado, humido, de má digestão e pouco nutritivo.

Dura, chama-se a pasta que levou só a quantidade de agua que lhe é dada, que tem uma certa consistencia e cohesão, que não acóde tanto ao peso, e que produz um pão melhor e muito mais substancial que o primeiro.

Chegando a este ponto, em que se dá por concluido o trabalho da amassadura e a elaboração da fermentação, por completa, retalha-se a pasta em pequenos fragmentos, mais ou menos volumosos, segundo a grandeza do pão que se pretende fazer; depois dá-se-lhe a forma mais accommodada ao gosto dos freguezes ou mesmo ao uso

da terra, e, depois de ligeiramente polvilhados com farinha, são esses fragmentos de massa collocados sobre taboleiros de madeira envolvidos em um panno de linho ou de algodão, o qual se vai encolhendo e envergando em forma de agasalhar a massa assim dividida, e alli se conservam por algum tempo até que serem lançados ao forno por meio de pás largas e compridas, com cujo instrumento o padeiro os vae accommodando, chegados uns aos outros, para serem cozidos.

Se o padeiro é o que costumam ser quasi todos os que fazem d'isso profissão, aqui mesmo, quando a massa está prestes a seguir para o forno e mesmo depois que ella entra no forno, emprega meios de fazer com que ella acuda mais ao peso, ou borrifando-a com agua quando está nos taboleiros ou não lhe dando o tempo necessario de forno para ella tomar o grau de cozimento que é necessario para que o pão seja leve, digestivo e nutritivo, ao mesmo tempo. É justamente tambem n'este ponto que a auctoridade policial pode tomar contas ao padeiro de má fé, que não tem em nenhuma consideração a saude e o bem estar dos consumidores d'este genero, tão indispensavel á sustentação do povo.

Uma das condições essenciaes para que o pão seja de boa qualidade e que, de ordinario, é aquella para que os padeiros olham com mais alguma attenção por isso mesmo que lhes é proveitosa, é a levedação ou a fermentação, a qual é mais ou menos declarada segundo as influencias atmosphericas, o grau de calor mais ou menos elevado do recinto onde a massa é trabalhada, as condições da casa e o trabalho da manipulação foi feito com mais ou menos prestesa. A fermentação do pão segundo a opinião de Mr. Barral (francez) não é outra coisa mais que a fermentação alcoolica analoga a que se dá nos liquidos, como, por ex., no vinho quando ferve, ou do assucar, que elle contém, e que se conhece em um certo periodo porque o mesmo passa, em que está doce, se transforma em acido carbonico e em alcool. O acido carbonico (applicando-o agora ao pão) augmenta a pasta antes de ella ir para o forno, e, durante o cosimento do pão, o acido carbonico ainda a augmenta mais, sendo esse effeito produzido pela evaporisação do alcool e da agua qee a pasta contém. Eis a razão porque os padei ros esperam sempre que a massa fique bem levedada antes de ir para os fornos.

Rebello Vallente.

Exposições agricolas

Concurso canino em Manteigas

Deve realisar-se, no dia 27 do corrente, na populosa e activa villa de Manteigas, um interessante concurso de cães da Serra da Estrella.

As condições expostas no programma, para concorrer, são as seguintes:

1.ª—Podem concorrer todos os cães que pertençam á raça antiga, conhecida pela denominação de «cães da Serra da Estrella».

2.ª—Os caracteres typicos d'esta raça serão analysados em todos os exemplares que concorram no acto do concurso que se realisará no local denominado «Quinta de S. Fernando» e começará ás 11 horas do dia 27 de setembro corrente.

3.ª—O acto do concurso, considera-se terminado, pelas 4 horas da tarde, do mesmo dia.

4.ª—Formar-se-hão dois grupos de cães dos dois sexos, que concorram, sendo um dos cães de 18 mezes de edade, até 9 annos completos, e outro de cachorros dos dois sexos, de 6 até 12 mezes de edade.

5.ª—Haverá, pelo menos, quatro premios em dinheiro, que são: 10:000 réis, para o cão completo, que fôr classificado com o n.º 1; 10:000 réis, para a cadella que fôr classificada com o numero 2; 5:000 réis para o cachorro completo, que fôr classificado com o numero 3; 5:000 rèis, para o cachorro classificado com o n.º 4.

6.ª—Na hypothese de haver mais premios, serão distribuidos pelos cães que tiverem classificação a seguir ao n.º 4.

7.ª—Na classificação de cão completo, não se considera incompleto o que tiver a cauda e as orelhas cortadas.

8.ª—Os donos dos cães que forem premiados, devem fornecer ao jury todos os esclarecimentos, de fórma que se possa formar um cadastro, em que se mencionem todos os dados genealogicos, de cada animal.

Medicina Veterinaria

Medidas contra o tabardilho ou mal rubro dos suinos

Esta doença é muito contagiosa e mortifera, e, por isso, quando se manifesta em qualquer localidade ou região, occasiona quasi sempre prejuizos importantes, que muito transtorno faz, em regra, á economia domestica de cada um. Basta esta consideração para que os porcos devam merecer da parte de seus donos mais cuidados e limpeza do que os que habitualmente lhes dispensam. E como hoje é noção corrente que a pratica da hygiene e policia sanitaria, além do tratamento, attenua muito a propagação das doenças contagiosas, é de esperar, no interesse de todos que sejam applicadas para combater reinante, as medidas que seguem:

1.ª—Quando em qualquer estabulo se derem casos de tabardilho, o proprietario deve participar a occorrencia, sem perda de tempo, á autoridade, e desde logo prohibir que os animaes doentes ou suspeitos communiquem com outros sãos, estabelecendo assim um verdadeiro sequestro;

2.ª—Não se devem remover dos estabulos infeccionados as camas, estrumes, restos de alimentos ou outros quaesquer objectos que lá tenham estado;

3.ª—Não lançar na via publica as dejecções solidas ou liquidas das rezes doentes ou suspeitas e prohibir a entrada nos estabulos affectados de pessoas estranhas ao tratamento dos animaes;

4.ª—E' conveniente a desinfecção das pessoas, que tenham estado em contacto com os doentes, quando tenham de sahir para fóra.

5.ª—E' prohibida a venda e utilisação das rezes doentes, de-vendo os cadaveres dos que morrerem serem molhados com petroleo e enterrados fundo;

6.ª—Termina o emprego d'estas medidas depcis de terem decorrido 15 dias consecutivos sem se manifestar nenhum caso de doença, e quando se tenham feito as desinfecções seguintes;

1.º—As camas e os estrumes devem ser regados com uma solução desinfectante de sulfato de cobre a 10 por cento, depois do que serão amontuados, bem batidos e cobertos com uma camada de terra;

2.º—Removidos os estrumes e camas, serão os estabulos bem lavados e desinfectados com a solução anterior.

❋

Quanto a tratamento, nenhum ha de resultado seguro, desde que a doença se manifestou. O melhor é vaccinar os animaes em quanto estão sãos ou simplesmente suspeitos. E' o que vivamente aconselho a todos os que tiverem suinos. Todavia direi aos que não puderem vaccinal-os, que é conveniente manter o ventre livre aos doentes por meio de purgantes e clysteres e friccional-os com agua mostardada.

❋

Instrucções para a vaccinação

Ha tres casos a considerar:

1.º caso—os porcos estão perfeitamente sãos;

2.º caso—os porcos parecem sãos mas ha fundadas suspeitas de estarem já contaminados;

3.º caso—os porcos estão já affectados do mal.

1.º CASO

Fazem-se duas injecção: a primeira com uma mistura de soro e virus, vaccina, sendo meio centimetro cubico de virus e o resto, até encher a seringa, de soro; a 2.ª, passado 12 dias, só com meio centimetro cubico de virus. E' a dóse para cada porco de 50 kilos ou mais. Se o animal pesa menos

kilos, aspira-se na seringa
ntimetro cubico de virus e
de se encher com soro, ser-
esta porção para inocular
orcos.

noculações fazem-se na face
a da coixa ou no sitio que
'go atraz das orelhas, inje-
-se o liquido debaixo da
As segundas inoculações fa-
: sempre na outra coixa e
ra orelha.

2.º CASO

-se tres injecções: a 1.ª só
oro; a 2.ª com a mistura de
virus; a 3.ª apenas com vindo estas duas ultimas exa-
nte como no primeiro caso.
, inocula-se em dóse dobra-
que se indicou para o pri-
caso, isto é, 10 ou 20 cen-
os cubicos, conforme o porço
nenos ou mais de 50 kilos.
as depois da applicação do
mples, inocula-se a mistura
o e virus-vaccina, e doze dias
d'esta emprega-se o virus
te.

3.º CASO

: tratamento só se deve ten-
s primeiros signaes do mal,
uando a doença está adean-
quasi inutil fazel-o.

neiro injecta-se o soro como
caso, 10 ou 20 centimetros
s, conforme o animal pesa
ou mais de 50 kilos. Pas-
8 a 12 horas repete-se a in-
, bastando d'esta vez 10 cen-
os cubicos para qualquer

o animal se salva, dez dias
faz-se a inoculação de soro
is misturados, e passados
ias outra só de virus, como
lisse acima.

*

eringa, com a respectiva
i, esterilisa-se deitando-se
vasilha limpa contendo agua
faz ferver durante 5 minu-
soro e virus, em quanto se
npregam, devem conservar-
sitio abrigado do calor, luz
idade. O virus deve sempre
gar-se dentro das 48 horas,

que se seguem á sua recepção. O
soro conserva-se o mais tempo—
tres mezes.

Cada tubo de virus ou de soro,
depois de aberto, nunca se deve
deixar para o dia seguinte; e tanto os tubos vasios de virus, como
os que ainda contenham algum liquido, devem deitar-se em agua a
ferver, para evitar o contagio. A
maneira que se vão vaccinando,
separam-se os porcos, para que
não aconteça receberem, por en-
gano duas injecções.

Emprega-se n'esta pequena operação a seringa de Pravaz, de 10
centimetros cubicos de capacidade,
e tendo a haste de embolo dividido em centimetros e meios centimetros. Custa 2$500 réis.

Os preços dos soros e virus no
laboratorio do Instituto Geral de
Agricultura são:

Soro—cada 10 centimetros cubicos . . . 200 réis.

Virus-vaccina—1   centimetro
cubico . . . 40 réis.

Accresce o transporte e emba-
lagem, que é de 500 réis, por cada caixa.

José Eduardo de Mello.
Intendente de Pecuaria

Vinicultúra

Doenças dos vinhos

Toldagem ou volta

Esta doença manifesta-se por
uma turvação no vinho com far-
rap s em suspensão, e communi-
ca-lhe ao mesmo tempo um sabôr
amollecido e insipido, que mais
tarde se torna enjoativo, e muito
desagradavel; apparece frequen-
témente, depois dos outomnos
quentes e chuvosos, principalmente quando houve o desenvolvimento de bolôres, que fizeram apodrecer as uvas.

Encontra-se principalments nos
vinhos pobres, em alcool e em
acidos, especialmente quando teem assucar por a fermentação ser

incompleta, ou quando se deixam
estar por muito tempo em cima
das borras.

Esta doença apparece sobretudo no estio, mas muitas vezes observa-se logo depois da 1.ª trasfega; andou por muito tempo con-
fundida com o refervimento, a que
adiante nos referiremos.

Foi o sr. Arm. Gautier, que fez
a separação d'estas doenças por
caractéres bastante differenciaes
examinando em 1870 e depois em
1875 nos vinhos da região mediterranea, uma doença que mais
tarde descreveu e cujos caractéres
eram bastante differentes da doença conhecida até ali com os nomes
de *pousse, tourne,* (refervimento,
toldagem volta) primitivamente estudada pelo sr. Pasteur em 1864
mas que já tinha previsto com a
sua habitual prespicacia, que sob
aquellas denominações eram confundidas diversas doenças do vinho, com origem differente.

O sr. A. Gautier notou o apparecimento d'estas doenças especialmente nos outomnos quentes e
chuvosos, quando as uvas tinham
sido invadidas por bolôres, e en-
controu-a ás vezes logo depois da
primeira trasfega.

O vinho contido nos toneis,
conservava-se   apparentemente
bem, não havia desprendimento de
gaz carbonico, mas examinado
n'uma garrafa branca n'um dia
claro, distinguia-se-lhe uma ligeira
cerração brilhante, e quando deitado n'um copo, passadas algumas
horas e mais tarde, passados alguns minutos, perdia a sua côr e
a transparencia que tinha á sahida
da vasilha, tornava-se pouco a
pouco turvo, a sua materia córante
parecia oxydar-se rapidamente,
passava á côr de violeta azulada,
e depunha-se depois, sob a fórma
d'um precipitado sujo, de côr escura, e o liquido que sobrenadava,
ficava amarellado, com cheiro a
cozido, e um gosto acidulado, ligeiramente amargo.

Examinando estes vinhos mais
de perto, o sr. A. Gautier, verifi-
cou que o alcool não tinha desap-
parecido sensivelmente, ao passo
que outros corpos, como o tanino,

a materia córante e o tartaro, se tinham inteiramente modificado, e alguns mesmo chegado a desapparecer.

O sr. Gautier, tambem encontrou n'estes vinhos grandes percentagens d'acido acetico, (1gr,5 por litro a mais que o habitual nos vinhos d'aquella região) que se tinha formado ao abrigo do ar, e que elle julgou provir da decomposição do bitartrato de potassio.

O sr. Arm. Gautier, não encontrou acido butyrico, nem glycolico, mas encontrou ainda, um outro corpo, com todas as propriedades do acido tartronico, e notaveis proporções d'acido lactico; julgou que estes dois corpos, provinham do acido tartrico.

Deve-se notar que Balard já antes n'uns vinhos toldados, tinha precisamente encontrado acido lactico e acido acetico, que pretenderam que era acido propionico; é porém notavel que Balard não se tivesse enganado, e que fosse um caso da mesma doença que depois estudou o sr. Arm. Gautier.

O sr. Arm. Gautier examinando os depositos das garrafas, encontrou um grande numero de filamentos tenues e flexiveis, muito semelhantes aos encontrados por Pasteur no refervimento, mas o seu modo d'acção era bem differente.

No primeiro havia formação d'acido carbonico, acido propionico e acido acetico, ao passo que no segundo os corpos que se formavam eram o acido acetico, o acido tartronico, e o acido lactico.

Como se vê, as differenças são bem pronunciadas, mas as doenças não deixam de se approximar bastante, pela semelhança dos seus parasitas, e porque em ambas são atacadas as mesmas substancias: acido tartrico, e bitartrato de potassio.

Recentemente, os srs. F. Bordas, Joulien e de Raizkowski estudando vinhos atacados d'esta doença, isolaram dois bacillos filiformes que cultivaram em identicas condições de meio, mas que obraram differentemente.

Um d'elles, a que estes auctores deram o nome de Bacillus roseus vini não tinha acção sobre o bitartrato de potassio; pelo contrario, quando no meio de cultura havia mais que 3 °/₀₀ de acido tartrico, o seu desenvolvimento paralysava-se.

Destruia a glucose, dando pequenas quantidades d'acido acetico, butyrico e lactico, e a glycerina, produzindo um corpo que depois desapparecia, e que estes auctores suppõem ser o mesmo que, segundo o sr. G. Bertrand, se forma, quando a bacteria da sorbose obra sobre a glycerina, isto é a dioxyacetôna.

Este bacillo semeado n'um vinho, produziu um abundante deposito; a glucose e glycerina diminuiram, ao passo que o tartaro e a acidez não variaram.

O outro bacillo isolado destruia o tartaro e tinha egualmente acção sobre a glucose e a glycerina, dando logar á formação de acidos.

A presença de quantidade muitas vezes anormaes d'acido lactico em certos vinhos toldados, conservando assucar, explicar-se-hia assim pelas acções do fermento da toldagem sobre o assucar.

Pela descripção da doença se vê que os meios de a prevenir, são os cuidados com o fabrico do vinho, com a sua conservação; separação das uvas pôdres, favorecimento das fermentações regulares e as devidas trasfegas feitas a tempo, para assim se eliminarem com as borras a maior parte dos fermentos nocivos, que por qualquer circumstancia se podiam levantar (trovoadas, choques nas vasilhas, etc.) e provocar a doença no vinho.

Esta doença encontra-se nos nossos vinhos com alguma frequencia.

A sua cura é impossivel quando o vinho estiver profundamente alterado; o unico remedio será distillal-o, passando-o primeiro por carvão vegetal, e neutralisando com cal a sua acidez, mas não se deve esperar aguardente de boa qualidade.

Quando a doença está em principio, basta ás vezes dar ao vinho uma sulfuração, collando-o depois, e juntando acido tartrico na proporção de 50 gr. a 100 gr. por hectolitro de vinho. E' conveniente juntar ao vinho antes de o collar 20 gr. de tanino por hectolitro, para auxiliar a precipitação da colla; podem-se empregar 10 a 15 gr. de gelatina por hectolitro ou mesmo menos, segundo o estado do vinho; quando porém a doença já está adiantada só poderá dar resultado o aquecimento, collando depois e juntando tanino para a precipitação da colla, e acido tartrico e bitartrato de potassio, trasfegando depois para vasilhas bem sulfuradas.

Ha ainda quem aconselhe a juncção d'estes vinhos depois de sulfurados, ou melhor pasteurisados com vinhos novos um pouco verdes, ou então a passagem por balsas frescas depois de espremidas.

Mas ao que parece, esta cura é de pouca duração.

Hygiene rural

Contrafacções ou falsificações do vinho e meios de as reconhecer

12.° Borax e acido borico.—Vendem-se muitos pós para a conservação dos vinhos, que cotéem acido borico ou borato de sóda, e algumas vezes tartrato borico de sóda, e que se tornam prejudiciaes á saude não por serem toxicos, mas pela grande quantidade em que são empregados para aquelle fim.

Reconhece-se a existencia do borax ou seus derivados d'uma maneira muito simples. Evapora-se até á seccura e reduz-se a cinzas meio litro do vinho de que se desconfia; dissolvem-se estas cinzas em acido chlorydrico, filtra-se, concentra-se á seccura o liquido filtrado, e reduplicado o residuo em alcool, deita-se-lhe fogo e elle arderá com chamma intensa verde, havendo borax debaixo de qualquer fórma no vinho.

Para não haver illusões, deve-se ter todo o cuidado que não haja objectos de cobre em contacto.

13.º Sulfato de potassio em resultado da gessagem.—Os vinhos gessados ficam contendo, depois da reacção, sobre o bitartrato de potassio, sulfato de potassio, neutro ou acido, que incommoda a saude.

Estes vinhos gessados teem uma maior quantidade de extracto, e as suas cinzas uma notavel percentagem de cal. Taes vinhos chegam a ter 7 grammas por litro de sulfato de potassio, quando a percentagem toleravel deve ser de 2 grammas.

Para reconhecer se um vinho foi gessado, determina-se a quantidade de acido sulfurico total, tendo antes reconhecido a ausencia do tartro.

Quando os vinhos são naturaes, se o acido sulfurico regula entre 0gr, 17 e 0gr,27 por litro; e os sulfatos entre 0gr,25 e 0gr,30.

O acido sulfurico livre acha-se como vimos, quando se trata do *excesso de sulfuração* (n.º 6).

O doseamento do acido sulfurico total obtem-se do seguinte modo: incinera-se certo volume de vinho, tratam-se as cinzas pelo acido chlorydrico diluido, filtra-se e no filtrado precipita-se o acido sulfurico pelo chloreto de bario; filtra-se novamente, secca-se e calcina-se o sulfato de bario que fica no filtro, pesa-se e deduz-se do peso do acido o peso do bario, tendo em vista que cada 1 gramma de sulfato de bario corresponde a 0gr, 4205 de acido sulfurico monohydratado.

Muitas vezes, querendo nós apenas verificar se os vinhos foram gessados, basta tratar as suas cinzas por um acido, se se desprenderem vapores de acido sulfydrico é que os vinhos tinham sido gessados.

14.º Alumen.—Deita-se o alumen nos vinhos em que lhe querem avivar mais a côr, ou em que se deseja accelerar a acção da collagem. Este corpo é deleterio, e por isso as leis devem punir aquelle que o emprega nas substancias alimenticias. O vinho que tem alumen, turva quando se ferve, depondo a alumina e alguma da sua tinta. Este mesmo vinho sendo misturado a frio com egual volume de cal, não deposita os crystaes de tartrato de calcio no fim de quarenta e oito horas, como succede quando o vinho é normal.

15.º Sulfato de ferro.—Este corpo serve para avivar a côr dos vinhos e dar-lhe adstringencia. É tão prejudicial como o antecedente. O ferro encontra-se naturalmente nos vinhos, formando tartratos e phosphatos, o que lhes dá as qualidades tonicas; mas no estado do sulfato só artificialmente se encontra, e reconhece-se a sua presença doseando o ferro e o acido sulfurico. O ferro póde-se dosear-se nas cinzas do vinho pelo permanganato de potassio, normalisado em relação ao ferro, processo volumetrico de *Margarite*. O acido sulfurico já sabemos determinar.

A maioria do sulfato de ferro decompõe-se em contacto com o tannino do vinho, formando-se o tannato de ferro que se precipita em parte na tinta no fundo da vasilha.

16.º Sal commum.—Em algumas partes antes de fazerem o vinho entulham a uva, para a fazer avellar ou perder alguma da sua agua e amadurecer um pouco, mas n'este amontoamento algumas vezes dá-se ou origina-se a fermentação putrida e por isso recorre-se á salga d'esta ou do proprio vinho ou mosto logo no começo. O sabor do sal denuncia-se immediatamente no vinho; mas querendo empregar reagentes ou doseal-o, basta comparar os precipitados pelo nitrato de prata de dois vinhos, um dos quaes seja o suspeito e o outro o natural, ambos préviamente descorados pelo carvão animal e acidulados com algumas gottas de acido nitrico ou azotico.

17.º Aromas artificiaes.—Quando se trata de vinhos finos, muitas vezes imitam-se-lhes os seus *bouquets*, que um bom provador facilmente reconhece. Entre estas substancias emprega-se principalmente o extracto de framboezas e de groselhas, as flôres de laranjei-

ra, de rosas, de salva, de sabugueiro, de videira, de absintho, folhas de louro, cereja, sementes de coentro, de funcho, de amendoas amargas, raiz de lyrio florentino e varias essencias e etheres.

N'estas circumstancias basta agitar o vinho com ether sulfurico para que este lhe agarre todos os aromas; depois pelo repouso, decantação e evaporação percebe-se bem quaes são os aromas que se lhe juntaram.

18.º Carbonato de potassa, cal e soda.—Estes carbonatos são algumas vezes empregados para combater a azedia dos vinhos. Concentrando o vinho á consistencia do extracto, descórado antes pelo carvão animal, dilue-se em alcool, filtra-se e evapora-se á seccura, para em seguida tornar a dissolver em agua, na qual ficam os acetatos formados com as bases d'aquelles carbonatos. N'uma parte d'este liquido procura-se o acetato de p·tassa pelo bichloreto de platina, que o precipita em amarello canario; n'outra parte o acetato de soda, pelo antimoniato de potassa, n'um precipitado branco; n'outra emfim a cal de carbonato pelo precipitado produzido pelo oxalato de ammonia.

Estes saes de potassa, soda e cal existem naturalmente no vinho e por isso é preciso que se mostrem em grande quantidade para se terem por fraude, aliás uma das menos prejudiciaes á saude.

(continúa)

Correia de Barros.

Legislação agricola

A importação do milho e centeio

Convindo dar immediata execução ao disposto na carta de lei de 13 de agosto do corrente anno, relativa á importação do milho e centeio: hei por bem approvar o regulamento que, fazendo parte integrante d'este decreto, baixa assignado pelo Presidente do Conselho de Ministros e Ministro e Secretario de Estado dos Negocios do Reino e pelos Ministros e Secretarios de Estado dos Negocios Ecclesiasticos e de Justiça, da Fazenda e das Obras Publicas, Commercio e Industria.

Os mesmos Ministros e Secretarios de Estado assim o tenham entendido e façam executar. Paço, em 9 de setembro de 1908.=REI. =*Francisco Joaquim Ferreira do Amaral=Arthur Alberto de Campos Henriques=Manuel Affonso de Espregueira=João de Sousa Calvet de Magalhães.*

Regulamento para a importação do milho e centeio nos termos da carta de lei de 13 de agosto de 1908

Artigo 1.º O Governo mandará proceder á chamada para manifesto do milho ou do centeio existente no paiz e disponivel para a venda, quando houver reclamações ácêrca da falta do respectivo cereal nos mercados nacionaes.

§ 1.º A chamada será feita pela Direcção do Mercado Central dos Productos Agricolas, podendo os manifestos ser feitos na sede do Mercado ou nas suas delegações districtaes.

§ 2.º O prazo minimo da chamada será de dez dias, contados desde a publicação do primeiro annuncio no Diario do Governo.

§ 3.º O manifesto será effectuado pelos possuidores do cereal, sobre cuja falta haja reclamações, os quaes deverão declarar, por escripto, a quantidade d'esse cereal que possuirem, o preço porque desejam vendel-o, e o local onde esteja armazenado, para que possa sèr verificada a sua existencia.

§ 4.º Verificada a não existencia do cereal dado ao manifesto, o Conselho do Fomento Commercial dos Productos Agricolas annullará desde logo o mesmo manifesto;

Art.º 2.º A Direcção do Mercado Central de Productos Agricolas, quando fizer chamada para manifesto de milho ou de centeio, deverá consultar todas as camaras municipaes dos concelhos onde haja consumo do cereal, a que a chamada se refere, a fim de que estas indiquem se ha falta d'esse cereal no respectivo concelho e, se esta existir, qual a quantidade necessaria, até o fim do anno cerealifero, para satisfazer o consumo.

Art.º 3.º Se em resultado da chamada se averiguar que não existe no paiz a quantidade de milho ou de centeio necessaria para o consumo, ou que os preços pedidos são superiores aos normaes, o Governo, ouvido o Conselho Superior da Agricultura, usará dos meios designados no artigo 5.º, a fim de abastecer os mercados com esse cereal.

§ unico. No decreto que se publicar,

nos termos d'este artigo, deverá limitar-se a quantidade de cereal a importar, e marcar-se o prazo durante o qual se applicará esse regime para não prejudicar a proxima futura colheita, e alem d'isso determinar-se que esse cereal não pode ser vendido por preço superior ao normal, nem ter outro destino que não seja a alimentação.

Art.º 4.º A quantidade de milho ou centeio a importar será proposta ao Governo pelo Conselho Superior da Agricultura, tendo em vista:

1.º A quantidade total de milho ou de centeio precisa para consumo e para semente;

2.º A producção nacional do respectivo cereal;

3.º A importação d'esse cereal dentro do anno cerealifero.

§ unico. Os elementos necessarios para se cumprir o disposto n'este artigo serão calculados pelo Conselho de Fomento Commercial dos Productos Agricolas.

Art.º 5.º A importação de milho ou de centeio que deva realisar-se, no caso indicado no artigo 3.º, poderá fazer-se ou decretando-se a reducção dos direitos fixados na pauta geral das alfandegas, ou por meio de concurso ou por conta do Estado.

§ 1.º Essa importação poderá ser feita por qualquer dos processos designados n'este artigo, quando a quantidade de cereal a importar for superior a 15000000 kilogrammas.

§ 2.º Se a importação for inferior á indicada no paragrapho anterior, e superior a 2.000:000 kilogrammas, só poderá fazer-se por concurso ou por conta do Estado.

§ 3.º A importação será feita por conta do Estado sempre que a quantidade a importar não seja superior a 2.000:000 kilogrammas de cereal, ou quando o emprego de qualquer dos outros meios possa resultar prejuizo grave para o paiz.

Art.º 6.º O direito de importação do milho ou do centeio, quando se decretar a importação com reducção do direito pautal, será fixado pelo Governo, ouvido o Conselho Superior da Agricultura, observando-se que o preço do cereal respectivo, nos principaes mercados estrangeiros, accrescido das despesas accessorias, até á descarga nas alfandegas por onde se fizer a importação, e do direito a cobrar, será egual ao preço medio normal nos principaes mercados do paiz.

§ 1.º O Conselho do Fomento Commercial dos Productos Agricolas organisará, para os effeitos da fixação do direito a que se refere este artigo, e pelos meios mais rigorosos, um serviço de informação, a fim de obter os preços do milho e do centeio nos principaes mercados e bem assim calculará

a totalidade das despesas que sobrecarregam o milho e o centeio desde a carga n'esses mercados até a descarga em Lisboa.

§ 2.º A Direcção do Mercado Central publicará mensalmente os preços correntes do milho e do centeio nos principaes mercados do paiz.

Art.º 7.º O concurso para a importação do milho ou de centeio, com reducção do direito pautal, será aberto perante o Conselho do Fomento Commercial dos Productos Agricolas.

§ 1.º Será condição de preferencia o maior direito a pagar, sem prejuizo da boa qualidade do genero.

§ 2.º As propostas serão feitas em cartas fechadas, e para quantidades não superiores á quinta parte da quantidade que deva ser importada, devendo comtudo, quando se tratar da importação de milho, ser sempre admittidas as propostas para fornecimentos até 2.500:000 kilogrammas, se não excederem aquella quantidade.

§ 3.º O Conselho do Fomento Commercial dos Productos Agricolas fixará, nos respectivos annuncios, os preços porque deva ser fornecido o milho ou o centeio posto sobre o vagon nas estações de Santa Apolonia e de Campanhã ou nas da fronteira pelas quaes se haja de fazer a importação.

§ 4.º Em egualdade de circumstancias serão preferidas as propostas que offerecérem menores quantidades de cereal.

§ 5.º Os proponentes obrigar-se-hão a fornecer as quantidades de cereal que lhes forem indicadas pela Direcção do Mercado Central e pelo preço da adjudicação accrescido unicamente das despesas de transporte até ás estações de caminho de ferro que servirem os mercados a que seja destinado o mesmo cereal.

(Continúa).

Noticias dos campos

TAMENGOS.—Os grandes viticultores d'este importante centro da Bairrada principiam as vindimas nos proximos dias 15 e 20 do corrente

A colheita este anno é pouco abundante. O vinho da colheita passada já está quasi todo vendido; o pouco que ha tem regulado ao preço de 650 a 700 réis, cada medida de 20 litros.

Agua encontra-se pouco desenvolvida, de vido á falta de humidade que tem havido.

SABROSA —A colheita da batata foi diminutissima, pagando-se já a 30 e 340 réis a arroba. As oliveiras teem um aspecto lindissimo, sendo o anno promettedor de muito azeite.

OLIVEIRA DE FRADES.—O tempo vae magnifico para os vinhedos, que estão esplendidos. A continuar assim, teremos uma colheita soberba. Já se vindimaram as uvas brancas.

ESPOZENDE.—Começaram as vindimas n'este concelho. A colheita do vinho é abundantissima e de superior qualidade.

° ANNO. — N.° 155 · · · A Gazeta publica-se nos dias 10, 20 e 30 de cada mez SETEMBRO—1908

̦AZETA DOS LAVRADORES

ORGÃO DE PROPAGANDA E DEFEZA DOS INTERESSES DA AGRICULTURA NACIONAL

a collaboração de muitos agricultores, agronomos, medicos veterinários, horticultores, viticultores e regentes agricolas

DIRECTOR e PROPRIETARIO: *JOSÉ ERNESTO DIAS DA SILVA*

Medico veterinario -- Antigo professor da Escola de Agricultura da Real Casa Pia de Lisboa

Assignaturas
(pagamento adeantado)

n auno.................... 1600 réis
n semestre................... 800 »
.nero avulso.............. 50 »

assignaturas começam sempre no principio de cada mez.
a correspondencia deve ser dirigida ao director do jornal.
originaes recebidos quer ou não publicados não se restituem.
ΛPOSIÇÃO na séde da Gazeta.—IMPRESSΛO—typogra-
a Africana—Rua de S. Julião, n.° 58 e 60.

Annuncios
(TYPO CORPO 8)

Por uma só inserção.................... 40 réis cada linha
Repetição até 6 publicações................. 30 » » »
Annuncios permanentes, folhas soltas, réclames e annuncios
intercalados no texto—contracto especial.
Os srs. assignantes gosam do abatimento de 20 %
A administração acceita correspondentes em todas as terras do paiz ·

Redacção e Administração, C. de Santo André, 100, 1.°
EDITOR—Dias da Silva

SUMMARIO

Agricultura geral

Lavras preparatorias

)s mais importantes de todos
rabalhos agricolas são os que
n por fim dotar o terreno com
condições mais apropriadas á
ura.

. época em que se fazem as
as, a frequencia com que se
tem, a profundidade que se
dá e os instrumentos que passo se empregam, são circums-
ias tão importantes que d'ellas
ende sobretudo o bom resulta-
la colheita.

Jomo o fim principal d'estas
as é afofar o terreno para que
le penetrem livremente os agen-
atmosphericos, dar-lhe a per-
bilidade necessaria para as
es se desenvolverem facilmente
oderem nutrir assim mais á
tade e alimentar a planta que

sustentam, comprehende-se facilmente quanto se torna importante
para o lavrador aperfeiçoar o mais
possivel esses trabalhos, no intuito
que os beneficios, d'elles resultantes, attinjam o seu maximo grau.

Infelizmente, poucos são os lavradores que se convencem da influencia que a maneira mais ou menos perfeita de lavrar a terra
exerce sobre o resultado final da
cultura, e só assim póde explicar-
se o uso do antigo arado, tão ir-
racional na sua fórma como defeituoso nos seus effeitos. Realmente,
esses arados que apenas fendem
levemente a terra sem revolvel-a
nem misturar a camada superior
com a inferior, exigem o mesmo
esforço de tracção que os arados
mais aperfeiçoados, e fazem uma
lavra mais cara e imperfeita do
que elles.

Para evidenciar a verdade das
nossas affirmações, basta lembrar
que as lavras teem principalmente
por fim:

1.° Diminuir a consistencia do
terreno para facilitar a germinação das sementes e o crescimento
das raizes.

2.° Prover a meteorisação do
solo afim de que parte dos principios nutritivos se torne mais facilmente assimilavel pelas plantas.

3.° Trazer á superficie do solo
inerte, não explorado por plantas
cultivadas em consequencia da
profundidade a que se encontrava,

e soterrar a camada mais superficial a fim de que recobre a fertilidade perdida.

4.° Tornar o terreno mais permeavel para que as aguas se de-
morem n'elle, evitando assim que
as sêccas se tornem sensiveis.

5.° Difficultar o crescimento de
plantas damninhas que consomem
as colheitas.

Taes são as principaes condições a que tem de satisfazer uma
boa lavra, sendo por isso evidente
que o antigo arado não préencha
o fim que se tem em vista.

A escassez de conhecimentos
n'este ponto concreto é uma das
principaes causas que justificam o
empobrecimento das terras mal
lavradas, que só em annos muito
prosperos podem dar rendimeutos
medianos,

Encarecendo as vantagens de
lavrar bem as terras, ha quem
sustente o principio de que—*uma
boa lavra equivale a uma rega e meia
estrumação*. E na verdade os terrenos bem lavrados, conservam por
mais tempo a humidade, e, por
effeito d'esta e dos gazes atmosphericos que os penetram, accele-
ram-se e completam-se algumas
reacções chimicas que se operam
entre os elementos constitutivos
do solo, produzindo maior quantidade de elementos directamente
assimilaveis pelas plantas. Em
abono do que acabamos de dizér,
vamos dar conta de uma experien-

cia que fizemos, ha alguns annos, em Aranjuez, e que prova de sobejo a influencia das lavras sobre as producções.

Dividimos um hectare em duas partes eguaes, lavrando uma com o arado commum de aivecas e a outra com um arado dos chamados Simplex. Ambas as parcellas de terreno receberam o mesmo numero de classe de lavras e foram semeadas com egual porção de cevada.

Colhida esta, vimos que a parcella do terreno lavrada com o arado aperfeiçoada produzia mais porção e meia de grão e dobrada quantidade de palha do que a parcella lavrada com o arado commum.

No anno seguinte fizemos o contrario, isto é, lavramos com o arado Simplex a parcella que no anno anterior havia sido lavrada com o arado commum, e o inverso com a outra parcella, e o resultado foi approximadamente egual ao do primeiro anno; como a despeza era equivalente nas duas parcellas, ficou demonstrada a inquestionavel vantagem das lavras perfeitas.

Estes e outros muitos argumentos, que podem adduzir-se em favor dos arados aperfeiçoados, não são bastantes para convencer a muitos dos interessados, pois que hesitam ainda em adoptal-os, sob pretextos futeis. Felizmente a luz faz-se pouco e pouco e nota-se cada dia mais empenho em aperfeiçoar as lavras, generalisando-se, ainda que mui lentamente, os apparelhos mais modernos, pelo emprego dos quaes diminue o custo da mão d'obra e a producção augmenta consideravelmente.

É necessario, porém, que a acquisição da nova alfaia agricola não se faça precipitadamente, mas que, ao contrario, se estude com toda a reflexão e se consulte o parecer, não d'esses *doutores da aldeia* que tão prejudiciaes são inconscientemente á causa do progresso agricola, mas sim das pessoas que se tem dedicado scientifica e praticamente ao estudo de taes problemas, visto como no tocante a machinas agricolas ha mui-

to de puramente theorico, e, entre o verdadeiramente util, é indispensavel saber escolher para não cair em custosos desenganos. As machinas exigem condições distinctas para funccionarem, e, quando as ignoramos, corre-se o risco de adquirir uma coisa inutil, e de tornarmo-nos alvo dos gracejos dos nossos visinhos, que não hesitam em maldizer do que, sendo bom, julgam mau, simplesmente porque algumas d'essas machina não trabalha nas condições requeridas; deverá dizer-se que uma machina construida para coser tecidos delicados é má por não coser objectos de correeiro?!

Para evitar estes erros tão funestos á agricultura, insistimos em aconselhar aos lavradores que, antes de emprehenderem algum melhoramento, consultem verdadeiros peritos, os agronomos.

As boas lavras são o primeiro passo para a regeneração da nossa agricultura Aos que, desconhecendo os proprios interesses, tratam de economisar em tudo que respeita ao amanho das terras, é facil predizer-lhes a sorte: caminham directamente para a ruina, porque a producção é proporcional á perfeição das lavras.

A verdadeira economia não consiste em guardar mas sim em saber gastar, e o lavrador, que cerre os olhos ao progresso, tarde ou cedo será victima da sua ignorancia. A lucta pela existencia accentua-se, a facilidade das communicações estreita cada vez mais as relações internacionaes e difficulta as injustificadas protecções que, se podem ter fundamento no que respeita aos productos manufacturados, são visiveis quando recaem sobre productos do solo.

Procedamos avisadamente, preparemo-nos para a lucta, não confiemos na protecção official, esqueçamos o dia de hontem para pensarmos no de àmanhã, procuremos todos contribuir para a regeneração da agricultura, e a victoria coroará os nossos esforços; des-

graçados, porém, de nós se proseguirmos aferrados ás praticas avoengas!

A. Faria.

Producção e commercio mundial de fructas, hortaliças e legumes

Conclusão

Dos dados que ficam consignados vê-se que sómente a Inglaterra chega a importar annualmente fructas, hortaliças e legumes no valor approximado de 15.000:000 ou 67:500 contos de rèis, ouro da nossa moeda; a Allemanha no valor de cêrca de 73.500:000 marcos ou 16·536 contos de rèis, e a França no valor de 65.710:000 francos ou 13:142 contos de rèis, ao todo cêrca de 97:000 contos de rèis.

Alem d'isso existem nos mercados da Russia, dos paizes scandinavos, da Austria-Hungria, da Suissa e outros que, consomem grandes quantidades de fructas e legumes dos paizes do sul, o que eleva a importancia d'este commercio na Europa para muito acima de cem mil contos de rèis, ouro, da nossa moeda.

Temos, pois, quasi ás nossas portas mercados que offerecem immensa margem para desenvolvermos a nossa producção agricola e para augmentar a importação de ouro no paiz, com um esforço relativamente pequeno, dadas as condições excepcionaes do nosso clima e do nosso solo.

Até hoje, são a Hespanha e a Italia que maiores lucros auferem d'este commercio, vindo em seguida a Argélia, que, com o desenvolvimento das suas culturas e com a incontestavel habilidade com que explora o negocio das suas exportações, passará em breve occupar talvez o primeiro logar n'esta lucta economica.

Entretanto, déve reconhecer-se que tanto a Hespanha como a Italia disputam a sua supremacia com decidido empenho, o que lhes garantirá sempre uma situação privilegiada n'este ramo de commercio.

Toda a zona mediterranea, constituida pelas suas regiões marginaes, como a Hespanha com a Maiorca e Minorca, a Italia, a Grecia, a Turquia asiatica e todo o norte da Africa comprehendendo o Egypto, Tripoli, Tunis, Argélia e Marrocos, empregam os maiores esforços para se assegurarem das vantagens economicas d'este immenso ramo de commercio, e a Hespanha vae ainda mais alem, porque tem desenvolvido d'uma maneira assombrosa a producção agricola da sua possessão das Canarias.

Desde que a Hespanha estabeleceu nas Canarias portos francos e grandes depositos de carvão, uma grande parte dos magnificos paquetes que fazem viagens entre a Europa e a Africa e a America do Sul fazem escala nos portos de Tenerife e Las Palmas, o que facilita o commercio da exportação de fructas e legumes frescos, graças á velocidade da marcha d'esses paquetes e ás installações frigorificas ou de camaras frias que levam a bordo.

De resto, bastava sómente o negocio do fornecimento aos vapores em transito, para o consumo dos passageiros a bordo, para garantir aos agricultores das Canarias grande saida para as suas fructas, legumes e hortaliças, e de certo isto serviu para o inicio do desenvolvimento agricola do archipelago, a ponto de poder hoje realisar consideraveis remessas para as grandes capitaes europeias.

A importancia do commercio de fructas, hortaliças e legumes tem por tal forma attrahido as attenções do mundo inteiro que, alem das regiões visinhas da Europa, começam a concorrer aos mercados do consumo productos até da Africa e da America do Sul.

Por exemplo a Colonia do Cabo da Boa Esperança, após 12 annos de tentativas, faz já consideraveis remessas de fructas e hortaliças frescas, batatas e outros productos congeneres para os mercados do Reino Unido. Ainda o anno passado realisou-se em Londres uma exposição de productos das colonias inglezas sul-Africanas, como um dos meios de propaganda, tendo o respectivo jury feito indicações preciosas aos respectivos agricultores e commerciantes sobre a maneira de aperfeiçoar os productos, de os acondicionar para a exportação, e sobre os processos de negociar.

Opportunamente referimo-nos n'este logar a essa exposição, mas, dado o interesse que podem ter para os nossos productores e commerciantes as indicações do referido jury, parece conveniente resumil-as aqui.

Quanto ao acondicionamento, o citado jury indica de preferencia a raspadura de madeira, na falta de residuos de cortiça, porque o feno, a luzerna ou a palha teem o inconveniente de dar um sabor pronunciado e desagradavel á fructa; alem d'isso, a palha de trigo, pela sua dureza, maltrata a fructa; mas a palha de cevada ou de aveia, que é mais branda e teem pouco ou nenhum cheiro, pode ser aproveitada sem grande inconveniente.

As fructas remettidas do Cabo foram apresentadas acondicionadas apertadamente em caixotes, para evitar que chocalhassem e soffressem pelo movimento; as variedades mais delicadas iam envoltas em papel de seda, o que é de grande vantagem para a exportação; o jury aconselhou que as caixas deveriam ser rigorosamente uniformes para maior facilidade do commercio.

Indicou tambem a conveniencia de levarem as caixas marcas especiaes de cada propriedade, marcas que devem ser registadas na Inglaterra. A designação da fructa, a marca commercial e o sêllo do inspector do Governo devem ir classificadas com distinctivos, como A, B, C ou X, XX, XXX, conforme se trate de variedades escolhidas, extra-escolhidas e especiaes ou superiores, o que habilitará os negociantes a comprar as partidas sem abrir as caixas; mas não convem abusar das classificações multiplicando as variedades, e cumpre haver o maximo escrupulo em que o conteúdo corresponda rigorosamente ás indicações externas.

Usa-se tambem com vantagem o systema de acondicionamento de fructas em canastras. Da Colonia do Cabo de Boa Esperança exportam-se para Inglaterra grandes quantidades de uvas de mesa, pecegos, maçãs, ananazes, damascos, ameixas, melões, batatas e legumes frescos em camaras frias dos grandes transatlanticos da Union-Castle, aproveitando-se da differença das estações entre a Europa e as regiões do hemispherio sul.

A imitação do Cabo, tambem a colonia ingleza do Natal realisou já o anno passado (1907) a sua primeira experiencia sobre a exportação de fructas frescas, especialmente laranjas e tangerinas, para os mercados europeus.

«Esta tentativa, que o Governo da colonia auxiliou com um empresimio que, por intermedio da Associação dos Fructicultores, fez aos interessados, consistiu na exportação de 9:800 volumes, medindo 295 toneladas (de 40 pés cubicos), os quaes foram distribuidos em remessas semanaes feitas entre o principio de maio e o fim de setembro, e carregadas nos vapores-correios da Union-Castle, navios que, de ordinario, fazem em vinte e tres dias a viagem de Durban a Southampton, e no referido numero de volumes, foram 1:250 milheiros de fructas (laranjas, tangerinas de casca fina e ditas mais volumosas e de casca pouco adherentes), repartidos por 30:000 caixas e taboleiros cobertos...

Os Srs. G. E. Hudson and Son, de Suffolk House, Londres, E. C., que foram os agentes encarregados da distribuição da fructa, e um commissario que a associação mais directamente interessada mandou a fazer cidade, recommendam, como condição essencial para se conseguir resultado satisfactorio, que se attenda muito particularmente aos seguintes pontos:

Exportar unicamente artigo de boa qualidade, e perfeitamente livre de insectos, tendo o cuidado de, não só em cada caixa, mas mesmo em cada partida, conservar uma razoavel uniformidade quanto ao tamanho das fructas.

Ter muito especialmente em vista que a apparencia, e sobretudo a collocação, constituem a principal recom-

mendação para os mercados do Reino Unido.

Para a remessa de tangerinas, convem usar o taboleiro de 14 por 12 por 2 pollegadas (0,36 por 0,30 por 0,05 metros), que pode conter 24 fructos, ou mesmo outro ainda mais pequeno para accommodar apenas 12, bastando então que as tangerinas sejam envolvidas em uma capa de papel de qualidade apropriada; é preciso, porém, ter cuidado em que a tampa fique exercendo uma ligeira pressão sobre o conteudo, e em que não haja espaços vazios que permittam movimentos a este.

Para laranjas, as caixas podendo comportar de 100 a 120 fructos são as mais recommendadas.

É da maior conveniencia que, quer se trate de caixas, quer de taboleiros, haja uniformidade nas dimensões, e que cada volume tenha, em uma das faces lateraes mais curtas, a marca e a declaração do que contém.

É indispensavel que os agentes conheçam, com antecipação, os detalhes relativos ás diversas remessas, para poderem dispor d'ellas ainda antes da sua chegada, ou, pelo menos, tomarem as medidas necessarias para que depois a venda não seja demorada.

Quando os volumes não sejam transportados em frigorifero, nunca serão demais as recommendações para que elles sejam arrumados em logar distante das machinas, caldeiras e cozinhas, evitando-se assim que a fructa chegue ao seu destino parcialmente cosida, caso que, segundo parece, se deu com algumas das partidas exportadas do Natal.

Como uma das melhores qualidades de laranja para exportação, é citada a Washington Naval, da California, aconselhando-se, por isto, aos interessados que tratem de a introduzir n'esta colonia».

Finalmente, tambem a Argentina e o Uruguay teem feito nos ultimos tempos algumas tentativas no sentido de collocarem as suas fructas nos mercados da Grã-Bretanha, sem terem colhido até o presente resultados lisongeiros.

Porem, dada a circumstancia d'estes paizes produzirem fructas em epochas differentes da producção europeia, como succede egualmente em relação ás colonias do Cabo e do Natal, não podem affectar muito a nossa exportação.

Não acontece o mesmo a respeito dos paizes da zona mediterranea, que são os nossos naturaes concorrentes, porque as suas estações coincidem com as do nosso paiz.

Entretanto, o certo é que nenhum outro paiz se encontra nas condições do nosso para melhor desenvolver este commercio.

Em primeiro logar, as condições do nosso clima e do nosso solo são das mais proprias para a cultura e aperfeiçoamento de fructas e legumes, e, como a extensão do paiz é relativamente pequena, torna-se facil o transporte para os portos de embarque, bastando para isso conseguir das companhias dos caminhos de ferro reducção de fretes, em comboios rapidos, para esta classe de mercadorias.

Em segundo logar, a nossa situação geographica assegura-nos incontestavel vantagem para a exportação de fructas e legumes frescos para os principaes mercados de consumo, que são a Inglaterra e a Allemanha, em relação aos paizes das costas do Mediterraneo ou ás Canarias.

Como se sabe, para a Hespanha, Italia ou a Argelia enviarem as suas fructas para os mercados de Londres ou Berlim teem de embarcál-as em portos que distam muito mais de Southampton, Londres ou Hamburgo do que os nossos portos de Lisboa e Leixões. O transporte pelo caminho de ferro atravez da França sairia extremamente caro, sendo as expedições feitas em comboios de grande velocidade, pois que em trens de mercadorias ordinarias correriam o risco de não chegarem sequer aos seus destinos pela morosidade da sua marcha.

Tratando-se de uma mercadoria como esta, de pequena duração, a questão da rapidez de transporte é de importancia capital e decisiva para negocio, sendo difficil de realisar-se por terra para grandes distancias.

Quanto ao transporte por mar, só pode ser realisado em boas condições em grandes paquetes de marchas rapidas e com installações especiaes para a conservação da fructa.

Ora, sob este ponto de vista, succede que nos portos de Lisboa e Leixões entram hoje os grandes transatlanticos que fazem as viagens entre a Europa e a America do Sul, e que teem a bordo camaras frias especiaes para o acondicionamento da fructas, como os vapores da Mala Real Ingleza, da Companhia do Pacifico, da Hamburger Sul-America Linie e outros, que podem facilmente transportar as nossas fructas, hortaliças e legumes frescos para os portos de Southampton, Hamburgo, Boulogne e outros da Grã-Bretanha do norte da Allemanha e da França; e como em Hamburgo existem entrepostos para reexportação de fructas e legumes frescos, podemos até explorar com vantagem os mercados dos paizes escandinavos e do norte da Russia.

Vê-se, por conseguinte, que a natureza collocou-nos em situação privilegiada para a exploração d'este precioso ramo de riqueza, que tanto tem descurado por falta de iniciativa.

N'este assumpto, a acção official tem de limitar-se a fornecer aos productores os esclarecimentos que possam carecer para o desenvolvimento da producção, e ao commercio as indicações que possam ser uteis para realisarem em boas condições os seus negocios, tendo presentes as condições e as exigencias dos mercados consumidores. É o que se faz n'este trabalho.

Como acção directa dos Governos, pode desejar-se a sua intervenção junto das companhias nacionaes dos caminhos de ferro para a reducção de tarifas em comboios expressos, para o transporte d'estes artigos para os portos de embarque, a fim de que a respectiva cultura possa estender-se ao interior do paiz, uma vez occupados os terrenos dos arredores dos principaes portos de exportação. Egual reducção de fretes poderia alcançar-se decerto das emprezas de navegação, principalmente tratando-se de grandes remessas. Tambem, á medida que a producção augmentasse e desenvolvesse o respectivo movimento de exportação, poderia o Estado estabelecer nos portos installações frigorificas, ou melhor camaras frias, para a conservação de fructas até o momento de embarque.

Tudo isto, sem descurar o ensino nas escolas agricolas e granjas modelos, onde deve mostrar-se praticamente o systema de produzir fructas, hortaliças e legumes da melhor qualidade, especialmente primeurs, e os processos mais aperfeiçoados de acondicionamento, tendo em vista as exigencias de cada mercado consumidor, para onde terão de ser exportados os respectivos productos. Para este fim não se devia até hesitar em mandar vir especialistas praticos do estrangeiro, se os agronomos nacionaes não mostram estarem bastantemente preparados para semelhantes ensinos.

Quanto ao mais, depende dos esforços intelligentes da iniciativa particular que, como acabamos de ver, tem n'este negocio vasto campo para exercer a sua actividade e auferir lucros colossaes, que tanto contribuiram para augmentar a riqueza nacional e resolver lisongeiramente o nosso problema economico.

As cifras demonstram que se trata de um commercio na importancia de mais de cem mil contos de réis, ouro, de que não participamos senão na exigua quantia de 1:800 contos, pois que, dos 1:800 contos proveem das remessas feitas para as provincias ultramarinas e para o Brazil. Fica, pois, campo livre á Hespanha, á Italia, á Argelia a outros concorrentes para distribuirem entre si a quasi totalidade d'essa enorme somma que a Europa do norte lhes paga annualmente, alem de contribuirmos nós proprios, com uma somma de mais de 450 contos de réis, pelas importações que realizamos de fructas, hortaliças e legumes procedentes principalmente d'esses paizes!

Em 1904, a exportação de fructas seccas e frescas da Hespanha foi no valor de 139.210:787 pesetas e de hortaliças e legumes no valor de 14.570:304 pesetas; total 143.781:091 pesetas, ou mais de 25:880 contos de réis da nossa moeda, e em 1905 as exportações foram: de fructas no valor de 121.370:068 pesetas e de hortaliças e legumes no velor de 14.080:744 pesetas; total 135.450812 pesetas, ou 24:381 contos de réis da nossa moeda. Por sua parte a Italia exportou em 1904 os mesmos artigos no valor de 120.626:778 liras, ou mais de 21.125 contos de réis da nossa moeda, isto sem falar da exportação de fructas, hortaliças e legumes em conservas, cuja exportação foi egualmente no valor de muitos milhões (15 a 16) de liras.

Estas cifras indicam a importancia que tem para a economia d'esses dois paizes este ramo de commercio, tão descurado entre nós.

Cumpre não perder de vista que, para a exportação de fructas, legumes e hortaliças são preferidos os primeurs, isto é productos temporãos ou forçados que se obteem por meio de installações especiaes, como as que existem no Meio Dia da França, pelo systema de abrigos, que substituem vantajosamente, graças á amenidade do clima, as estufas dispendiosas da Belgica e outras regiões do norte.

Quanto á producção ordinaria, tem de ser extremamente cuidada pela escolha dos terrenos, dos adubos e das sementes ou plantas reproductivas, e pelo systema intelligente da cultura, de maneira que os productos sejam de primeira qualidade, bem desenvolvidos, com boa apparencia, e que tenham, pelo menos em cada região ou propriedade, typos uniformes.

Quaesquer tentativas em que se não attendesse a estas condições dariam fatalmente prejuizo aos iniciadores; bem como no descuido nos processos d'este trabalho, cumpre ter em vista, não sómente a boa conservação da fructa, mais ainda a elegancia e arte da forma de as apresentar ao consumidor.

Como se vê, é uma industria nova a criar, ou antes a explorar, no nosso paiz, sem grandes dispendios, ao passo que é enorme a margem de lucros que offerece aos que se empenharem no negocio.

Tendo a cultura de fructas e hortaliças de ser muito cuidada, é preferivel que seja explorada por pequenos fructicultores e horticultores, competentes para dirigirem por si os respectivos trabalhos de cultura, rega, enxertia e outros. De maneira que se torna uma industria ao alcance de todos, especialmente de pequenos proprietarios ou arrendatarios de terras apropriadas, sem necessidade de immobilisação de grandes capitaes.

É somente em relação á parte commercial que muito convirá que os productores das proximidades se associem, para realisarem em condições mais eco-

omicas os trabalhos de acondiciona-
ıento uniforme e de propaganda no
strangeiro.

Calcula-se em cerca de 3.800:000
ectares a extenção dos nossos incultos
maninhos, isto é perto de 44 por cento
x superficie do paiz!

Basta que se aproveite uma pequena
ırte d'essa immensa porção de terra,
è hoje despresada, n'uma cultura tão
cil como esta, para que se possa du-
icar ou triplicar o valor do nosso com-
erciò de exportação, o que importaria
)r si só a resolução do nosso proble-
a economico.

Creação de aves

A creação de pintainhos pelo systema mixto

incubação artificial e creação natural

Todos sabem que é tão facil
oter grande numero de pintainhos
um apparelho incubador quanto
difficil creal-ôs, pelas contrarie-
ıdes que encontra quèm não es-
, ao facto do segredo. Se a aglomeração de individuos é pre-
dicial á creação de qualquer
pecie animal, a dos pintainhos
sente-se d'ella mais do que outra
ıalquer especie, a ponto de seres fatal quando não haja a ne-
ssaria proporção entre o numero
individuos e o espaço que lhes
destinado. Os que accumulam
ande numero de animaes n'um
cinto limitado teem deante dos
hos a causa das suas desillusões;
sim o comprehenderam os srs.
alier e Arnoul, donos do Grand
ouvoir Français, que ha pouco
sitamos, e assim o comprehende
dos aquelles que insistentemente
em procurado essa causa, ado-
ando o systema de separação em
quenos grupos, de harmonia
m o perimetro destinado á vida-
dinaria da ninhada. Por impor-
nte que seja n'esta industria o
stema de alimentação, não o é
enos o conhecimento pratico de
tem a dirige; superior, porém,
todas as outras ccndições, é re-
ivamente a do espaço.

N'uma experiencia, feita em
)05, obtive n'um dia 1.260 pin-
inhos de quatro incubações com

363 ovos cada uma. Postos nas
mães artificiaes em grupos de
trezentos n'um quarto destinado
á creação, desenvolverem-se regularmente nos quinze primeiros dias
fazendo-me conceber lisongeiras
esperanças; aquelle estado de normal crescimento alterou-se logo
em seguida. Depois de diversos
ensaios na mudança de alimentação e temperatura, já convencido
de perder toda a creação, resolvi-
me, quando me restavam apenas
840 pintainhos com vinte e dois
dias, a entregal-os em grupos de
cincoenta a algumas mulheres da
localidade, offerecendo-lhes como
paga metade dos que chegassem
á edade de tres mezes, mas sus-
tentados por conta d'ellas; esperava que na primeira semana lhes
ficasse um só vivo, tal era o estado de abatimento e rachitismo em
que se achavam. A experiencia,
que é a mãe inseparavel da sciencia, encarregou-se, porém, de pro-
var-me o contrario. Decorridos tres
ou quatro dias, vieram as mulheres informar-me de que n'aquella
infeliz prole se tinha manifestado
uma mudança completa, assegu-
rando-me que julgavam não se
perderiam mais do que aquelles
que tinham morrido nos dois primeiros dias; entre os dezesete grupos de 48 a 50 pintainhos, essas
mulheres trouxeram-me 46 formosos frangos e, á excepção de uma,
todas para cima de quarenta.

A mudança radical que se effe-
ctuára na primeira semana levou-
me a estudar o assumpto. Para
isto, aqueci duas incubadoras, e
cada uma das quaes lancei 400
ovos e comprei 15 gallinhas chocas, que puz em quinze cestos no
mesmo quarto do apparelho incubador, com 10 ovos cada uma;
total 950 ovos. A incubação seguiu a sua marcha regular, e,
quando os pintainhos sahiram, en-
treguei-os ás gallinhas á proporção que os retirava das machinas,
reunindo-os áquelles que iam nas-
cendo nos cestos; tive o capricho
de agrupal-os conforme as côres,
havendo assim gallinha com 50
pintainhos pretos, outra com 50
brancos e tres grupos para os de

côres diversas. A despeza e a receita constam dos seguintes algarismos :

Despeza

Compra de 950 ovos .... 14$400 réis
Carvão para os estufins .... 810 »
Installação das incubadoras, cus-to dos cestos, e salarios de um homem e uma mulher em dois dias .... 1$250 »
Custo de 15 gallinhas chocas, a 630 réis .... 9$450 »

Despeza até ao nascimento dos
pintainhos .... 25$910 »

Nasceram 778, que dividi em quinze grupos ,
e que fizeram a despeza seguinte :

Leite para massa nos primeiros dez dias, e para os bebedoi-ros .... 4$680 réis
Quatro hectolitros de milho a 2$160 e moagem .... 9$180 »
Salario de una mulher nos pri-meiros quinze dias .... 2$000 »
A' mesma, como gratificação pe-los cuidados de tratamento e limpeza nos setenta e oito dias posteriores .... 4$000 »
400 kilogrammas de batatas ... 6$480 »
7 decalitros de trigo .... 2$160 »
Arroz ordinario .... 5$040 »
Lenha para fazer a comida ... 3$060 »
Semente de linho .... 4$140 »

Total até aos noventa e tres dias 40$140 »

Da mesma comida se alimen-
taram as gallinhas chocas durante
a incubação.

Os pintainhos foram encerrados
aos vinte dias de nascidos, n'um
extenso campo vedado.

Ao nonagesimo terceiro dia ven-
di os frangos a um comprador
ambulante, pelos seguintes preços :

250 a 270 réis cada um .... 67$500 réis
117 a 270 » » .... 23$400 »

Producto da venda dos frangos 90$900 »

Não tendo occasião de vender
362 frangas que ficavam, decidi-
me a encerral-as n'uma capoeira
provisoria, fechada com cannas,
como principio de um gallinheiro;
para evitar o trabalho de fazer-lhes
comida, sustentei-as, durante oi-
tenta e quatro dias, apenas com
milho crú, disperdendo n'esta alimentação 18 hectolitros de milho
no valor de 39$000 réis.

A 15 de dezembro estavam bonitas, até já algumas pareciam
gallinhas. Não tendo feito o gallinheiro, decidi vendel-as, o que fiz
pelos preços que passo a indicar :

200 frangas a 400 réis .... 80$000 réis
90 » a 360 » .... 32$400 »
63 » a 270 » .... 17$000 »

12 gallinhas das chocas, a 540
réis .... 6$480 »
                                135$880 »
Despeza total............... 105$650 »
Producta das vendas .... 226$780 »
        Lucro liquido .... 121$130 »

E' innegavel que devo o resultado d'esta experiencia ao systema a que dou o nome de mixto, de incubação artificial e creação natural; este resultado é digno de estudar-se, porque a despeza com a alimentação póde decrescer muito, como tambem é facil obter melhores preços na venda das aves.

N'uma propriedade agricola importante póde ter-se tuberculos proprios para coser como alimentação, talvez por 50 réis cada 10 kilogrammas, em substituição da batata, cujo preço é mais elevado; o milho, apesar de ser mais barato em qualquer propriedade rural, póde tambem ser substituido por uma combinação de farinhas mais nutritivas, como a de favas que, misturada á de cevada e algumas gorduras, forme uma massa, tornando-se menos refractaria á assimilação e mais favoravel ao desenvolvimento das carnes da ave.

A. Faria.

A potassa

é um dos principaes alimentos das plantas.

Os lavradores devem exigir os adubos que lhes são fornecidos para trigo, oliveiras, vinha, batata, etc., contenham altas dosagens de potassa.

Hygiene rural

Contrafacções ou falsificações do vinho e meios de as reconhecer

19. **Tintas artificiaes**—A coloração artificial dos vinhos é a falsificação mais commum de todas e tambem uma das que podem produzir maior mal á saude.

Lançando mão dos differentes materiaes tinturiaes escurecem os vinhos, pouco corados naturalmente, encobrem a grande quantidade d'agua com que os augmentam, transformam vinhos brancos em tintos, dão a côr de topazio ou amarellada, propria aos vinhos velhos, e a côr violacea aos vermelhos e rosados.

Entre as diversas substancias que empregam para tingir os vinhos e de que nos vamos occupar em particular, temos: o *decocto de sabugueiro com pedra hume*, a *fuchsina arsenical*, os *succos purgativos* ou *drasticos* da *engos* ou da *phytolacca de candra*; a *colorina*, o *caramello*, as bagas de alfeneiro, as flores de malvaisco ou malva negra (athea rosea), pau Brazil e de Campeche, succo da beterraba, a cochonilha ammoniacal, o indigo, e muitas outras varias materias corantes especiaes.

A baga de sabugueiro, a fuchsina. a cochonilha, a infusão da malva negra e o indigo, são n'esta ordem as substancias mais empregadas.

Com quanto estas substancias communiquem ao vinho uma côr viva, ella é passageira e depois de alguns mezes começa a desvanecer, causando grave transtorno ao comprador e grande mal ao consumidor enganado e envenenado.

Algumas vezes torna-se bastante difficil, mesmo por meios chimicos, reconhecer a presença d'alguma d'estas substancias no vinho.

Quando se desconfia do vinho (presentemente é bom desconfiar de todos) a primeira cousa que teremos de vêr é se elle tem côr artificial e depois então qual a natureza d'essa côr artificial, se quizermos, e não ficarmos satisfeitos sómente em saber que fômos enganados.

Pelos seguintes processos podemos certificar-nos da primeira parte da questão; isto é, se trouxe ou não addição de côr artificial no vinho.

1.º **Processo Carles.**—Junta-se ao vinho suspeito uma solução de tanino e em seguida um excesso de clara d'ovo. Agita-se e deixa-se em repouso o vinho. Depois d'isto o vinho deve apresentar-se quasi descorado, e se ainda apresenta côr bastante do vinho ou outra qualquer, é porque tem côr artificial; porque o tannino e a clara d'ovo precipitam toda a côr natural do vinho.

2.º **Processo Husson.**—Preparam-se duas soluções, uma de sulfato dobrado de aluminio e de potassio e outra de acetato neutro de chumbo.

Deita-se esta primeira solução no vinho em volumes eguaes, e em seguida, um egual volume da segunda solução, e filtra-se.

Se o vinho é puro, o liquido filtrado sae quasi totalmente descorado, senão apresenta a côr artificial que lhe reuniram.

São bem simples estes processos para examinar se o vinho tem ou não côr artificial e em geral é quanto basta; mas, para reconhecer a natureza da côr que se lhes reuniu, empregaremos varios processos e reagentes, para que de muitas provas reunidas se possa deduzir a verdade, visto haver muitas reacções communs a differentes côres.

Obraremos do modo seguinte, com respeito ás tintas mais usuaes n'este emprego.

Pau de campeche.—A tinta que se obtem fervendo o *pau de campeche* em agua, ou os mesmos cavacos d'este pau mettidos no mosto quando está a ferver, dão ao vinho uma côr vermelho-violacea muito viva; mas o pau de campeche ou a sua tinta nos vinhos já feitos, mudalhes a côr d'estes em amarello escuro, fazendo-os passar por velhos.

O campeche póde conservar a côr vermelha, mesmo lançando-se n'um vinho já feito, comtanto que se lhe reuna alumen de potassio (sulfato dobrado de aluminio e de potassio); mas n'estas circumstancias fica muito prejudicial á saude.

Reconhece-se a existencia do campeche nos vinhos, pelos seguintes processos:

1.º Tratado o vinho pelo processo Husson, de que se fallou, dá um precipitado violaceo, que filtrado deixa o liquido da mesma côr violaceo.

2.º Fervido o vinho com carbonato de sodio, muda a côr para lilaz-violacéo.

3.º Agitado o vinho com ether, decantado e deitando-lhe uma gotta de ammonia, toma a côr de rosa.

4.º Uma mecha de lã branca, mergulhada no acetato de alumina primeiro, e depois no vinho descorado pelo processo Cárles, toma a côr violaceo-azulada.

5.º Diluindo o vinho com agua e depois deitando-lhe aluminato de sodio, mudará a sua côr em azul-violaceo.

Baga de sabugueiro.—Nem o campeche, nem a baga de sabugueiro por si sós são nocivos á saude, mas para os vinhos ficarem mais espelhentos, não escurecerem com o tempo, nem depositarem as côres nas borras, reunem-lhe o acido tartrico, que é inoffensivo, ou o alumen de potassio que já dissemos ser nocivo.

Portanto n'estas circumstancias o que precisamos é procurar se ha alumen. Querendo verificar se ha baga de sabugueiro, obraremos:

1.º Se ha baga de sabugueiro no vinho, o acetato de aluminio dará um precipitado lilaz n'este;

2.º O perchloreto de ferro fará um precipitado azul-lilaz;

3.º Com o alumen de ferro ou com a ammonia tomam a côr verde;

4.º Com o sub-acetato de chumbo dão um precipitado côr de rosa;

Nos casos sujeitos convem diluir o vinho com 5 partes d'agua.

Bagas de phytolacca.—As bagas de phytolacca de candra, a que os francezes tambem chamam *bagas de Portugal*, são empregadas em xarope espesso em que em natureza e communicam ao vinho uma bella côr violacea. Estas bagas, em razão do acido oxalico que conteem, são drasticas e venenosas.

Reconhece-se a sua existencia nos vinhos:

1.º Com o proto-nitrato de mercurio o vinho dá um precipitado azul-esverdeado, deixando um liquido côr de lilaz;

2.º Com o bicarbonato de sodio, toma a côr lilaz accentuada;

3.º Com o acido chlorhydrico e

tendo o vinho antes sido diluido em agua, toma a côr azul-violacea, que não succede com outra qualquer tinta;

4.º Com o alumen ou com o carbonato de potassa dá um precipitado côr de rosa;

5.º Com os alcalis, toma a côr amarella;

6.º Procurar a existencia do acido oxalico;

7.º Segundo o sr. Duclaux, a materia córante da phytolacca des cora facilmente pelo hydrogenio nascente, e traz a descoloração do vinho que a levou, o que não succederia em presença d'este gaz sem ella.

Amoras pretas e amoras da silva.—As tintas d'estes fructos por si sós não fazem mal, mas ellas desvanecem-se pelo tempo e por isso costumam addicionar-lhes alumen para a conservarem e então são nocivas.

Como estes fructos tem o acido citrico, bastaria procural-o nos vinhos para reconhecermos a falsificação quanto á sua côr, muito melhor que com os reagentes seguintes:

1.º Com o alumen, ou o acetato de chumbo, o vinho faz-se esverdeado; e muda para vermelho rosado com o acido azotico;

2.º Com o borato de sodio, toma a côr de violeta sombria;

3.º Com o proto-sulfato de ferro, muda para azul-violaceo;

Urzella.—Este licheu fervido em agua produz o *carmim de urzella;* e este reduzido a pó e macerado em alcool dá a *orceina* (vermelha) e o *acido erythroleico* (violacéo), que ambos servém em grande escala para sophisticar os vinhos, e ultimamente á má fé achou meio de difficultar o reconhecimento das anilinas reunindo-lhe estas tintas.

Reconhece-se a sua mistura nos vinhos:

1.º Agitando o vinho com ether, este toma a côr vermelha viva, que algumas gottas d'ammonia voltam ao tom violaceo;

2.º Com agua de baryta, dá um precipitado azul-negro;

3.º Este vinho precedente filtra-

do e agitado com alcool amylico, toma a côr vermelha violacea, que a ammonia faz passar ao violeta, em vez de a descórar como se houvesse fuchsina.

Tornesol.—Esta tinta emprega-se algumas vezes para dar aos vinhos uma côr roxa quando elles são vermelhos ou rosados; mas como ella é cara substitue-se pelo anil e pelos anilinos.

O ammoniaco faz azular mais ou menos os vinhos que levaram esta tinta.

Anil.—E' hoje já pouco usada esta tinta, por se depositar facilmente. Emprega-se ordinariamente em *sulfato* ou em *carmim de anil*, para dar um tom azulado aos vinhos muito vermelhos.

Tanto n'um como n'outro caso é prejudicial á saude.

1.º As borras do vinho suspeito, depois de lavadas em agua, sendo tratadas pelo alcool dissolvem o anil e deixam o alcool azul.

2.º No vinho o alumen ou o acetato de chumbo precipitam o anil, que o alcool redissolve do precipitado.

(Continúa)

Correia de Barros

O ferro nos vinhos

Vae ser tão geral o uso de medicamentos e aguas em cuja composição entra o ferro mais ou menos, que julgamos opportuno dar a conhecer aos nossos leitores, especialmente aos que são delicados do estomago, que aquelle tonico encontra-se no vinho em quantidades apreciaveis. Haverá quatorze annos que um chimico de Bordeus descobriu a presença do ferro nos mostos e massas, debaixo da fórma de tartaro de ferro. Experiencias recentes revelaram que o ferro existe em todos os vinhos, comquanto não seja em dóse identica.

Outro chimico francez, tambem de Bordeus, mostrou que os vinhos d'aquella região conteem maior quantidade de ferro e o conservam por mais tempo em relação aos outros elementos que o constituem.

Este chimico explica por modo

muito simples a riqueza ferrugi-
nosa de differentes vinhos, segundo a sua variedade na composição
das materias córantes dos liquidos. Estas materias resultam, em
seu parecer, da união de trez principios distinctos, um azul, outro
vermelho e outro amarello. O azul
que é o menos permanente, provém dos vinhos do meio-dia, os
quaes dão essa côr geralmente
conhecida pelo nome de *gròsbleu*
(azul carregado).

Pela sua ligeira graduação de
estabilidade precipita-se com os
sedimentos. Esta é a causa por
que os vinhos dos departamentos
meridionaes da França, muito ricos
de ferro emquanto novos, perdem
tal riqueza á medida que envelhe-
cem, não succedendo o mesmo com
os procedentes de Gironda, que
conservam por muito tempo as suas
qualidades ferruginosas. Essa propriedade typica dos vinhos de Bordeus torna-os universalmente recommendados pelos medicos, como
remedio efficaz para differentes
doenças.

Legislação agricola

A importação do milho e centeio

§ 6.º Os proponentes farão, antes da
entrega das propostas, um deposito
provisorio de 200$000 réis na Thesou-
raria do Mercado Central de Productos
Agricolas, que poderão levantar, desde
que lhes não seja feita a adjudicação.
Estes depositos serão perdidos pelos
adjudicatarios, desde que não façam
o deposito definitivo.

§ 7.º Os proponentes a quem for
adjudicado o fornecimento do cereal
deverão reforçar os respectivos depostos provisorios até que a quantia depo-
sitada se torne equivalente a meio real
por kilogramma da quantidade de cereal
que competir a cada um, constituindo-se
assim os depositos definitivos. Estes depositos serão perdidos pelos adjudicatarios desde que não cumpram qualquer das clausulas do concurso, salvo
os casos de força maior.

§ 8.º Os depositos, tanto provisorios
como definitivos, que nos casos dos
§§ 6.º e 7.º forem perdidos pelos respectivos depositantes, constituirão receita do Estado.

Art.º 8.º Para occorrer á despeza
com a importação de milho ou de cen-

teio que tenha de fazer-se, nos termos
d'este regulamento, fica autorisado o
Governo a abrir os necessarios creditos
extraordinarios, de accordo com a lei
de contabilidade publica.

Art.º 9.º A distribuição do milho ou
centeio, importados em virtude do presente regulamento, será feita pela Direcção do Mercado Central de Productos Agricolas. As camaras municipaes
dos concelhos onde haja falta d'esses
cereaes enviarão as suas reclamações a
essa direcção, pedindo a quantidade de
milho e centeio necessarios aos respectivos concelhos. A distribuição será
feita de accordo com as necessidades e
população d'esses concelhos.

§ 1.º As camaras municipaes conce-
derão em sessão publica, previamente
annunciada por editaes, a venda do cereal que lhes tenha sido distribuido,
áquelles negociantes que, tendo feito
as propostas mais vantajosas, apresentadas no acto da sessão, garantam fazer essa venda pelo menor preço no
respectivo concelho.

§ 2.º Quando se não realisar, em
qualquer concelho, a adjudicação a que
se refere o paragrapho anterior, a venda do cereal, n'esse concelho, será feita de preferencia pela camara municipal, e, se esta a não fizer, por um agente
escolhido pela Direcção do Mercado
Central.

§ 3.º Nenhum fornecimento de cereal
será feito sem que esteja inteiramente
garantido o seu pagamento.

§ 4.º Os administradores dos concelhos fiscalisarão o procedimento das
camaras municipaes, informando a mesma Direcção do Mercado Central de
Productos Agricolas de tudo que possa
convir para a sua elucidação.

Art.º 10.º A importação de trigo ou
centeio, com redução de direitos ou
por meio de concurso, será feita mediante a apresentação de guias passadas
pela Direcção do Mercado Central de
Productos Agricolas, continuando em
vigor o disposto no § 4.º do art.º 5.º do
decreto de 22 de julho de 1905.

Art.º 11.º Á Direcção da fiscalisação
dos Productos Agricolas compete mandar verificar se o milho ou centeio importado no continente com redução de
direitos é vendido nos mercados pelos
preços por que foram fixados para a
venda, e bem assim se tem outro destino que não seja o da alimentação.

§ 1.º Quando por effeito da fiscalisação se prove que não são cumpridas as
disposições d'este artigo, será levantado auto para se verificar a contravenção.

§ 2.º As transgressões a que se refere este artigo serão applicadas, nos
termos do artigo 486.º do Codigo Penal,
as seguintes penas:

1.º Prisão até um mez;
2.º Multa até 20$000 réis;
§ 3.º Aos possuidores de milho ou de
centeio, importado nos termos d'este

regulamento, que lhe derem destino
ferente da alimentação publica, se
applicadas, alem das penalidades i
cadas no § 2.º, aquellas em que pós
incorrer pela legislação aduaneira.

§ 4.º Independentemente da pen
dade que lhes possa caber pelo dispo
nos §§ 2.º e 3.º d'este artigo, não
rão os transgressores admittidos ao
curso de que trata o art.º 7.º d'
regulamento.

Paço em 9 de setembro de 1908
Francisco Joaquim Ferreira do Amaral=Ar
Alberto de Campos Henriques=Manuel Aff
de Espregueira=João de Sousa Calvet de
galhães.

Noticias dos campo:

MIRA.—Terminaram as vindimas no
so concelho. Não se esperava que fossem
abundantes e superiores, como são, ás do
no preterito, mas a qualidade da uva é
não é tão fina.

SINFÃES.—As vindimas estão em pl
faina. E a unica colheita que este ann
apresentou abundante.

O preço de cada pipa de vinho, de 53
litros regula entre oito e dez mil réis
O milho está carissimo, attendendo
preços dos annos anteriores, que n'este t
po regulavam a 480 e 500 réis cada 17,3£
tros. Este anno não ha quem venda e o p
co que apparece custa 750 réis egual medi

O milho exotico foi providencial e bo
que não termine; do contrario o norte
paiz luctará com embaraços excepcionalm
te graves.

SANTO THYRSO.—Começaram as vir
mas, sendo a producção superior á do a
passado e o vinho de primeira qualidade.
ora ainda não está fixado preço.

CONDEIXA.—N'este concelho já pri
piaram e, com afan, as vindimas, send
colheita relativamente abundante, apezar
grande queima que houve nas vinhas.

MONCORVO.—A camara fez saber
mercado central que este concelho neces
durante o anno cerealifero de 100 vagon
centeio e já 15 para as sementeiras quai
não, estas não se farão, o que será uma
lamidade.

PINHEL.—Começaram as vindimas, s
do a producção regular e o vinho de mag
fica qualidade, tendo o preço de 300 e
réis cada 20 litros.

CASTRO DAIRE.—Principiaram as v
dimas n'este concelho, sendo a producção
ferior á do anno passado, mas de melhor q
lidade.

VAGOS.—Concluiram as vindimas, se
a colheita melhor que a do anno passado

VALENÇA.—Estão em plena activid
as vindimas n'este concelho. Apesar de
haver queimado muita uva com os exce
vos calores de agosto, a colheita é boa,
vendo produzir um terço mais do que a
anno anterior. O vinho é tambem de mell
qualidade. Ha falta de vasilhas para o re
lher.

LOUZADA.—As ultimas chuvas benefic
ram muito a agricultura n'este concelho, p
até os milhos, que se julgavam perdidos,
ferecem um aspecto animador.

As vindimas estão quasi no termo, ser
a producção e a qualidade satisfactorias.

ORGÃO DE PROPAGANDA E DEFEZA DOS INTERESSES DA AGRICULTURA NACIONAL

a collaboração de muitos agricultores, agronomos, medicos veterinarios, horticultores, viticultores e regentes agricolas

DIRECTOR e PROPRIETARIO: *JOSÉ ERNESTO DIAS DA SILVA*

Medico veterinario -- Antigo professor da Escola de Agricultura da Real Casa Pia de Lisboa

Assignaturas
(pagamento adeantado)

anno....................	1600	éis
semestre................	800	»
nero avulso.............	50	»

assignaturas começam sempre no principio de cada mez.
a correspondencia deve ser dirigida ao director do jornal.
riginaes recebidos quer ou não publicados não se restituem.
POSIÇÃO na séde da Gazeta.—IMPRESSÃO—imprensa
cana—Rua de S. Julião, n.º 56 e 60.

Annuncios
(TYPO CORPO 8)

Por uma só inserção...........................	40 reis cada linha
Repetição até 6 publicações.................	30 » » »

Annuncios permanentes, folhas soltas, réclames e annuncios
intercalados no texto—contracto especial.
Os srs. assignantes gosam do abatimento de 25 %.
A administração aceita correspondentes em todas as terras do paiz

Redacção e Administração, C. de Santo André, 100, 1.º
EDITOR—Dias da Silva

SUMMARIO

Agricultura geral

A peste

omo se sabe, a peste bubonica
sa na ilha Terceira, região que
orre com uma regular quota
e de gado bovino para o abas-
nento da cidade de Lisboa. É
o que a epidemia não podia
devia contrariar este movi-
to commercial; os cordões sa-
rios e os entraves commerciaes
velharias que a actual sciencia
ta; hoje, a tendencia é contra-
o menos possivel o movimen-
ommercial, a fim de não aggra-
ainda mais as tristes condições
egião empestada. E a sciencia
õe já de elementos de defeza
mais eficazes do que as me-
s empregadas no tempo em
a ignorancia da etiologia das

epidemias não permittia ao homem
uma defeza racional.

De facto, os bovinos, não sendo
susceptiveis de contrahir a peste
bubonica, não tem senão uma acção muito restricta na propagação
d'esta doença, mas, assim como
uma mercadoria inanimada pode
servir de vehiculo á peste, tambem
os bovinos, apesar de sem perigo
para a propria saude poderem absorver os microbios d'esta enfermidade que promptamente anni-
quilam, são capazes de servir de
porta-virus da terrivel epidemia.

Uma partida de gado sahida
das pastagens da ilha Terceira
chega ao caes para embarcar com
destino á cidade de Lisboa, ahi os
bois deitam-se e os excretos de
animaes empestados—ratos ou homens—fixam-se-lhe no pelo; a
viagem é rapida e a virulencia
mantem-se; no matadouro de Lisboa um magarefe ou uma rataza-
na podem contaminar-se e assim
se pode espalhar pela capital a
epidemia.

Mas a sciencia dispõe já de meios
sufficientes para debelar completamente este risco. Assim como se
beneficiam as mercadorias inani-
madas, tambem se desinfectam as
mercadorias vivas. No caso sujeito
a desinfecção interna, que seria
difficil de executar, encarrega-se o
proprio organismo de a fazer, o
boi é immune para a peste e portanto rapidamente destroe os microbios absorvidos; a desinfecção

externa é facilmente realisavel,
submetendo os animaes a uma lavagem antiseptica. E assim, garantindo completamente a saude
publica, continua sem maior prejuizo o trafego commercial.

Conhecedor d'estes factos, tive
curiosidade de saber qual era o
desinfectante que o conselho da
saude publica tinha adoptado para esta indispensavel pratica de
beneficiação.

De informação em informação,
conclui que tal pratica não se realisava. Os bois despachados na
Terceira iam até ao matadouro
sem a mais ligeira beneficiação!

Será possivel?

Então os conselheiros e doutores a quem está entregue a defeza
da saude publica permittem que
tal se faça?

Então a camisa lavada e en-
gommada do cidadão de perfeita
saude é muito bem desinfectada e
a pelle e mucosas aparentes do boi
que se esfrega e espoja por toda a
parte passa sem beneficiação?

Apesar do rigor das minhas investigações, ainda duvido.

Uma tão simples operação, como
é a lavagem d'um boi com um barato soluto de creolina a 1%, dava completa garantia para a saude da primeira cidade do reino e
comtudo não se pratica, deixando
a capital em tão arriscada situação.

Para que serve a sciencia official?

Se o Conselho de saude publi- ca tivesse convocado os seus mem- bros veterinarios, ou estes fizessem parte do Conselho como membros efectivos, certamente não se daria tão perigosa omissão. Sei bem que não faltará quem ache a minha curiosidade importuna e as minhas observações impertinentes, mas eu fico com a convicção de que cum- pri um dever.

Levem os bois na occasião do desembarque com o soluto desin- fectante mais adequado, façam vigiar essa operação por indivi- duos idoneos e toda a gente ficará contente e descançada.

Façam, porém, o serviço com sciencia e consciencia, leiam os trabalhos dos veterinarios allemães Blume e Sterne, e guiem-se pelas recentes experiencias executadas na Escola veterinaria de Milão por Stazzi e Ramazzotti.

Ao fazer estas considerações, sobresalta-me a idéa de que a sci- encia official, irritada pela insigni- ficancia do censor e justiça da censura, emende o erro, comme- tendo outro peor: não querendo seguir o conselho de tão humilde conselheiro, obrigua os Conselhei- ros encartados a decretarem a pro- hibição da remessa de gado da Terceira.

Isto seria *uma emenda peor do que o soneto*, prejudicaria os agri- cultores da ilha e difficultaria o abastecimento de carne á cidade de Lisboa, aggravando assim uma crise que em breve entrará n'uma phase aguda, talvez das mais tor- mentosas.

Com a approximação do inver- no cessam as remessas de gado do Alemtejo e do gado serrano de ou- tras procedencias, passa a haver em disponibilidade para o talho o gado das planicies do norte e cen- tro de Portugal, gado de muito mais custosa creação e alto valor, e a subida do cambio do dinheiro hespanhol convida á exportação. Estas causas são já sufficientes para trazerem embaraços, talvez muito graves, ao abastecimento da capital. Uma prohibição de impor- tação de gado da Terceira só ser- viria, portanto, para apressar e

aggravar á crise, que tão temero- sa se desenha, sem vantagem ne- nhuma para a saude publica, que fica inteiramente salvaguardada por meio da lavagem antiseptica dos bovinos procedentes dos Açô- res.

J. Miranda do Valle.

(Da Lucta)

Distribuição gratuita de semente de sirgo e de plantas de amoreira

Semente de sirgo

As requisições de semente de sirgo, seleccionada, devem ser feitas até ao dia 30 de outubro de cada anno.

Os requisitantes que desejarem ob- têr semente de sirgo, concedida gratui- tamente, deverão declarar:

a) O nome e a residencia (localidade, freguezia, concelho e districto);

b) O numero de grammas de semente de sirgo que necessitam, até ao maxi- mo de 20 grammas;

c) O numero de amoreiras de que podem dispôr;

d) Se as amoreiras lhes pertencem, ou se são de outrem, e qual a sua si- tuação, a fim de poder ser verificada a sua existencia.

A semente de sirgos só é concedida gratuitamente, em porções de 1 a 20 grammas, aos creadores que desejam produzir e fornecer casulo para as sir- garias officiaes.

Os preços porque as sirgarias officiaes comprarão o casulo obtido da semente cedida gratuitamente são os seguintes:

a) 800 réis para o kilogramma de casulo, proveniente de creações não atacadas por doenças e que tiverem produzido mais de 2,5 kilogrammas de casulo por gramma de semente;

b) 600 réis para o kilogramma de casulo, proveniente de creações não atacadas por doenças e que tiverem produzido de 1,5 a 2,5 kilogrammas de casulo por gramma de semente.

As sirgarias officiaes não comprarão casulo proveniente de creações atacadas por doenças.

As sirgarias officiaes só comprarão casulo até á quantidade que fôr neces- saria para sementagem e cuja impor- tancia caiba nas forças da verba para esse fim disponivel.

(Portaria de 22 de novembro de 1901)

Plantas de amoreira

As plantas de amoreira, produzidas nos viveiros do Estado, serão distribui- das gratuitamente aos agricultores que, até 30 de outubro de cada anno, as re-

quisitar para ser utilisadas na serici- cultura;

Os requisitantes deverão declarar:

a) O nome e a residencia (localidade, freguezia, concelho e districto);

b) O nome e a situação da proprie- dade (freguezia, concelho e districto) a que as amoreiras são destinadas;

c) A estação do caminho de ferro em que desejam receber as amoreiras.

É gratuito o transporte das amorei- ras até á estação do caminho de ferro, indicada pelo requisitante.

Os agricultores que não plantarem as amoreiras, que tiverem requisitado, ficam obrigados ao pagamento do valor das plantas que houverem recebido, ao preço de 300 réis por cada planta.

(Portaria de 22 de novebro de 1901).

* *

As requisições de semente de sirgo e de plantas de amoreira devem ser di- rigidas ou entregues aos seguintes func- cionarios e entidades:

a) Administradores de concelho,

b) Presidentes das Camaras Munici- paes,

c) Agronomos districtaes,

d) Directores dos estabelecimentos e serviços agricolas,

e) Director da Estação Transmonta- na de Fomento Agricola, em Mirandella.

A regeneração agricola pelos bancos ruraes

Todos sabem que um dos gran- des obstaculos ao desenvolvimento agricola pecuario no nosso paiz é sem duvida alguma a falta de ca- pitaes baratos para serem empres- tados aos pequenos lavradores, cujo credito, representado nos seus parcos haveres, não é bastan- te para levantar d'um banco ou mesmo d'um particular as quan- tias, que, embora pequenas, repre- sentariam para os lavradores, que d'ellas se utilisassem, enormes be- neficios para si e para o paiz.

Quem ha ahi que ignore que é diariamente roubada aos servi- ços agricolas uma grande quanti- dade de braços por falta de capi- taes para um pequeno e mais que modesto grangeio agricola?

Quantas centenas de hectares de terreno ficam todos os annos sem cultivo só porque alguns la- vradores não conseguiram arran- jar dinheiro para arroteamento de ma terra ou compra de sementes?!)uantas lavouras se não perdem u deixam de ser feitas por peque-ias faltas, aqui d'uma junta de ois ou de muares, ali por falta 'uma charrua ou d'um simples rado, ou emfim por uma falta [ualquer importante de um instrumento agricola?!

Os governos teem entendido que ' meio mais proficuo de auxiliar sta importantissima e em extreno sympathica—classe dos lavralores—é augmentar os direitos de ntrada aos productos similares la nossa producção agricola e que mportamos do estrangeiro. Este avor, ao mesmo tempo que aggra-'a mais a situação do consumidor, i para os lavradores um illusorio eneficio que presume tjrar da rotecção pautal, pois que à ele-ação de preços nos artigos de rimeira necessidade, como são, or exemplo, os cereaes, reflectir-e-ha em todos os demais produ-tos que servem para satisfação le impreteriveis necessidades.

Torna-se pois necessario e ur-ente que os governos, sem pre-uizo dos consumidores, lancem lhos piedosos para esta tão des rotegida quão sympathica clas-e de lavradores, a quem a falta le conhecimentos por um lado e or outro um certo rotinismo a que se enfeudaram, concorrem por gual a precipitar na mizeria tão nfatigaveis trabalhadores.

O remedio a este mal affigura-se-nos facil e proficuo; assim da parte dos governos haja bôa von-tade em auxiliar nas cidades, vil-las e até nas aldeias, a organisa-ção de associações de credito agri-cola ou bancos ruraes que podiam ser administrados pelas proprias juntas de parochia por ser d'uma administração facilima, tal era a de receber semanalmente peque-nas quantias e fazer pequenos em-prestimos com pequeno juro aos lavradores, que dariam como cau-ção as alfaias rusticas ou quaes-quer instrumentos agricolas de que ficariam depositarios para não soffrerem a menor privação no seu grangeio, dispondo assim os lavra-dores de toda a sua actividade sem

embaraços na sua labutação agri-cola.

Ha no nosso paiz seguramente duzentas povoações aonde se en-contrem cem individuos approxi-madamente que possam depositar 200 réis por semana em um cofre a cargo das juntas de parochia.

Estes depositos, que para muitos individuos seriam pequenas migalhas em relação aos seus ha-veres, seriam para muitos outros uma verdadeira providencia por-que desviariam das tabernas e do vicio alguns desgraçados que alli vão consumir o producto do seu trabalho com prejuizo da saude que arruinam e desprezo da fami-lia que crearam e que assim des-moralisam.

Este beneficio á agricultura pó-de ser avaliado em $100\times200\times52$=réis 1.040$000, o que em du-zentas povoações perfaz a quantia de 208:000$000 rs. ou 2080000000 de réis em dez annos, que se tra-duziriam em enormes beneficios aos lavradores, os quaes realmen-te bem dignos são de que no seu interesse se lhes faça este benefi-cio. Esta quantia emprestada aos pequenos lavradores com um juro modicissimo, arrancaria da agio-tagem milhares de victimas que, contrahindo um pequeno empres-timo com juro elevado, prepararam o abysmo que lhes ha de absorver todos os seus haveres.

J. M. Casqueiro.

Muito vinho

Deve ser a divisa do viticultor para a quan-tidade compensar a escassez do preço.

Um viticultor do concelho da Barqui-nha diz:

«O aspecto da minha vinha em ter-«ra d'areia adubada com phosphato Tho-maz e Kainite é simplesmente tudo quan-«to póde haver de mais formoso.

«A producção este anno sobre o pas-sado será conforme a amostra de 2 terços a mais. Ha uma differença visi-«vel sobre as mais cepas que não fo-ram adubadas, em aspecto e producção.

O adubo potassico Kainite vende se em Lisboa o maximo 17 réis cada kilo.

Espalhal-o a lanço immediatamente a seguir á vindima, á rasão de 300 ki-los por milheiro de cepas. Não é pre-ciso enterral-o.

Esmagador d'uvas—O «Ideal»

O «Ideal» é o nome de um en-genhoso apparelho construido pe-lo sr. Bastos Junior, de Gaya, destinado a desengaçar e, esmagar uvas, dos quaes já existem alguns que teem dado os melhores resul-tados.

Falando d'este apparelho o «Commercio do Porto», em artigo firmado pelo sr. Antonio Batalha Reis diz:

Desde que a uva estiver verdoenga, ou que, pelo menos, o seu engaço não estiver escuro, e portanto maduro, é preferivel desengaçar toda ou parte d'ella, porque o engaço verde não tem tanino e só pode communicar ao vinho os acidos que possue.

Como desengaçador, e egualmente esmagador de uvas, devemos lembrar um construido pelo snr. Bastos Junior, em Gaya, e que é conhecido por (Ideal).

Este esmagador-desengaçador é mais bem concebido do que os seus compe-tidores. Tanto nos identicos apparelhos feitos por Gaillot, por Mabille, como nos construidos por muitos outros, é a uva esmagada primeiro e desengaçada depois.

E d'este modo viciam o fim a que se propõem, visto que, na esmagadella, passam para o mosto os succos do en-gaço, de que nós procuravamos livrar pelo desengaçamento da uva. D'esse modo, quando se aparta a engaço da uva, já está se acha contaminada d'a-quillo de que a desejavamos libertar. No desengaçador-esmagador (Ideal) não ha esse perigo, porque o desengaço faz-se antes do esmagamento, e, portanto, é utilisado por completo e sem a menor quebra de perfeição no trabalho. No estrangeiro, só conheço o apparelho es-magador e arejador de Menudier, que satisfaz egualmente ao fim proposto.

Sebes vivas

São de duas classes os melho-ramentos que pode experimentar o terreno com o fim de augmentar os seus productos. Uns são tran-sitorios, de effeitos pouco duradou-ros, desapparecem de prompto, e torna-se necessario renoval-os fre-quentemente. A esta classe perten-cem as lavouras, os adubos e ou-tros trabalhos culturaes que as plantas exigem para a sua com-pleta vegetação. Ha outros, ao contrario, chamados *permanentes*, cujos effeitos se prolongam por mais tempo, que se aggregam ao terreno, augmentando consideravelmente o seu valor, e que, apesar de exigirem maior despesa relativa para a sua plantação, só necessitam, em troca, de pequenos desembolsos para a sua conservação. Os trabalhos tendentes ao aproveitamento das aguas de rega, os saneamentos e as vedações por meio de sebes podem servir de typo para esta classe de melhoramentos.

E' uso antigo vedar as propriedades, e em algumas nações, principalmente n'aquellas cujo clima favorece a producção de plantas pratenses e onde a creação e multiplicação dos gados constitue a base da sua agricultura, são essas vedações justamente consideradas o complemento indispensavel de uma cultura aperfeiçoada. Deve-se a ellas o aproveitamento em melhores condições da erva dos prados por permittirem proporcionar á sua área o numero de animaes, evitando os inconvenientes que apresenta o systema commum de deixal-os em completa liberdade nas pastagem de grande extensão, onde a quantidade de erva que inutilisam é superior áquella que aproveitam. Economisam-se além d'isto os salarios dos guardas, comquanto nos paizes a que nos referimos seja respeitada a propriedade e a segurança individual; os animaes ficam assim encerrados no espaço comprehendido por essas vedações, sem que os proprietarios d'elles tenham a recear coisa alguma.

Se as estas circumstancias accrescentarmos as não menos importantes do limitar as propriedades, formando verdadeiras fronteiras permanentes que impedem as invasões dos visinhos e evitam disputas e litigios, sempre dispendiosos e enfadonhos, comprehender-se-ha sem custo as suas vantagens. As vedações impedem a entrada aos amigos do alheio e aos animaes estranhos ao dono do terreno, são verdadeiros abrigos contra o vento, completam por assim dizer a propriedade. Não é

de estranhar, portanto, que nas localidades ou regiões de pastos, nos terrenos visinhos de povoações e n'aquelles que se encontram proximos de caminhos e sitios de grande movimento, nas localidades onde reinam ventos impetuosos e frequentes, nas vinhas, hortas e pomares, e em geral nas terras em que se cultivam fructos mais ou menos cubiçados, as vedações sejam consideradas como importante auxiliar da cultura.

Muitos dos inconvenientes que as vedações apresentam, ao lado das vantagens enumeradas, não tem realmente a importancia que lhes dão os seus detractores. Occupam uma parte aliquota do terreno, tanto maior quanto mais pequena é a superficie do campo vedado; se a sebe tem um metro de largura, cobre n'um campo quadrado de um hectare, 400 metros de terreno, ou uma 4/400 parte da superficie total: n'uma terra de meio hectare, 300 metros ou uma 6/100 parte; n'uma quarta parte de hectare, 200 metros ou uma 8/100 parte etc. etc.

Esta é a objecção mais grave que pode oppôr-se ao melhoramento de que tratamos, porque os productos da sebe, na hypothese de que o lavrador vede os seus terrenos com plantas de algum rendimento, não compensam em geral a renda do espaço que occupam; este inconveniente, porém, é de pouca monta quando se trata da segurança das colheitas e dos casos já indicados.

A esta perda de terreno pelo espaço occupado, deve addicionar-se a que é proveniente de não poder o lavrador chegar com o arado mesmo até ao pé da sebe, quando lavra. Esta razão é menos attendivel do que a primeira, porque o lavrador intelligente, sobretudo quando a sebe está bem disposta, pode lavrar no sentido da direcção d'ella, approximando-se-lhe o mais possivel. Os restantes inconvenientes que se attribuem ás sebes não diminuem, em nossa opinião, a sua importancia, visto serem inferiores ás vantagens que d'ellas advêm.

Assim se pensava n'outros tempos quando de toda a parte se levantavam pretestos contra privilegios e leis, em cujo numero se comprehendia a prohibição de vedar as propriedades contra o gado. O conde de Gasparin, ao citar uma ordem de Filippe IV sobre esta ponto, diz: «que parece um sonho recordar actos semelhantes, e vêr um governo insensato sacrificar á producção da lã a cultura de uma grande parte de um grande reino.» Succede hoje exactamente o contrario, e esses privilegios, que para sempre desappareceram, são de facil explicação n'uma época em que, abundando elles para outras classes, era natural que os creadores de gado os tivessem tambem; o arado vae a pouco e pouco fazendo desapparecer as veredas, passagens e servidões para gados.

Se é permittido, e até desculpavel, o emprego de valiosos materiaes de construcção nas quintas e parques de recreio, não acontece outro tanto quando se trata de terras lavradias. O lema do lavrador deve ser o *necessario* e *nunca o superfluo*, cumprindo-lhe por isso escolher o material mais adequado para levantar a vedação da sua propriedade, consoante as condições da localidade em que vive. Casos haverá em que, pela abundancia de pedra, seja economica uma parede d'este material. Quando nas proximidades de um monte escassear a pedra mas não a madeira, as estacas terão rasão de ser. Se o terreno for demasiado humido, as vallas ou fossos servirão simultaneamente para vedal-o e saneal-o, recolhendo as aguas excessivas.

Acontece tambem ao reduzir um terreno a cultura encontra-se pedras grandes, que constituem um obstaculo á vegetação das plantas: n'esse caso ao desempedrar a terra, melhorando-a por esta fórma, póde egualmente aproveitar-se aquelle material para fazer a vedação.

Mas se estas classes de cercas podem ser vantajosas em determinados casos, a *sebe viva ou natural* é aquella que deve chamar de preferencia a attenção do lavrador, procurando escolher plantas cujo producto compense quanto possivel, se não no todo, a renda do terreno por ella occupado.

Para formar uma sebe viva empregam-se todos os meios de multiplicação, quer natural quer artificial, tornando-se preciso preparar devidamente o terreno antes de fazer a plantação. Para isso, deve abrir-se durante o verão uma sanja com a largura de $0^m,60$ a um metro e com $0^m,80$ de profundidade, deixando nas bordas a terra extraída para ser ventilada e meteorisar-se até ao momento de fazer a plantação. Escolhidas as plantas, que devem ser de dois annos e de viveiro, é preciso prepara-las aparando com umas tesouras de podar as extremidades das raizes e cortando as que estiverem doentes ou mortas: para dar-se o devido equilibrio entre as raizes conservadas e o caule, apara-se este tambem tirando-lhe a terça parte do comprimento. Feito isto, vão-se dispondo as plantas na base da sanja, depois de ter removido a terra, lançando no fundo uma porção da que foi tirada, procurando que fique soterrada a parte que o estava em quanto ellas se achavam no viveiro e evitando que a plantação fique muito funda. Para conseguir-se um alinhamento perfeito, estende-se antecipadamente uma corda, tornando-a tensa por meio de duas estacas, e vão-se dispondo as plantas na direcção marcada pela corda, acabando de encher a sanja com o resto da terra.

(Continúa)

A. Faria.

A potassa

é um dos principaes alimentos das plantas.

Os lavradores devem exigir os adubos que lhes são fornecidos para trigo, oliveiras, vinha, batata, etc., contenham altas dosagens de potassa.

Contra o insecto destruidor da luzerna

O sr. Vialla, vice-presidente da sociedade de agricultura do Herault (França), preconisa contra o insecto destruidor de luzerna (colapsis atra) um processo tão simples como vulgar. Consiste elle em ceifar o luzernal invadido, deixando 20 em 20 metros, linhas de luzerna não cortada de 15 a 20 centimetros de largura. Se se quer evitar que o insecto emigre do campo invadido, póde-se deixar circumdando-o uma linha de luzerna continua, formando como que um muro. Desde que a luzerna tem sido ceifada, o insecto converge naturalmente para as linhas restantes que se tornam negras d'aquelle. Basta então ter mulheres armadas dos mesmos apparelhos com que se dá caça ao pulgão das vinhas (altica ampelo-phaga), isto é, de um prato afunilado, communicando com um sacco. Cada mulher, munida d'um d'esses instrumentos, percorre a sua linha, e sacudindo as hastes da luzerna, atira para o funil, e portanto para o sacco, com os insectos que se accumulam nas sumidades da planta. Logo que o sacco esteja cheio não ha senão mergulhal-o em agua a ferver. Algumas horas depois de um primeiro tratamento, as linhas de luzerna enegrecem de novo, reinvadidas pelo insecto; repete-se a operação tres ou quatro vezes por dia e durante os dias precisos até exterminar, senão por completo ao menos na sua maior parte, o insecto damninho. O exterminio completo quasi nunca ou nunca se realisa, mas chega-se a um resultado em que a planta póde dar um novo córte sem ser muito incommodada pelo inimigo.

As linhas de luzerna deixadas de pé tambem não são completamente perdidas: ellas não tardam a rebentar e a cobrir-se de folhas novas e mesmo de flores

O sr. Vialla tem empregado com successo este meio por mais de uma vez, e por isso o recommenda de preferencia aos diversos pós

insecticidas, nomeadamente a cal, nos quaes não tem a maior confiança.

É um meio pouco dispendioso, de facil execução e sem inconvenientes. Mas, para que seja praticavel, convem que a luzerna tenha attingido uma certa altura: muito curta, não é facil dobrar-lhe os caules sobre os funis. Além d'isso é preciso que as linhas de luzerna que se deixam ficar não tenham além dos 20 centimetros que dissemos: mais largas, os caules muito affastados do funil não podem ser sufficientemente curvados sobre elle, caindo ao solo uma grande porção de insectos, o quo representa um trabalho perdido.

O principio e a vantagem d'este processo, como se vê, consiste em fazer com que os insectos se accumulem sobre superficies restrictas, onde é facil apanhal-os e destruil-os.

Ernesto Freire.

Viticultura

Escolha do terreno na plantação da vinha

A aptidão de um terreno para a cultura da vinha está intimamente ligado e dependente da sua natureza, situação e exposição e das condições climatericas.

Na natureza do solo ha a considerar não só as suas propriedades phisicas, como tambem as suas qualidades chimicas. As primeiras, isto é bem assim a situação, exposição e condições climatericas reconhecem-se á primeira vista. Não assim as qualidades chimicas, cujo reconhecimento demanda o auxilio da analyse.

É por intermedio d'esta que se póde determinar com toda a segurança, se a vide achará no solo as condições necessarias á sua vegetação prospera, isto é, se encontrará a cal, a potassa, o acido phosphorico, o oxido de ferro, etc.

Esta analyse tão geralmente desprezada até hoje, mas tão precisa, tão indispensavel para se attingir a maxima producção vinicola no menor espaço de terreno, emfim para se saber se o solo é naturalmente rico e se contentará com adubações ordinarias, ou se demandará adubações extraordinarias que tornem anti-economica a cultura, póde hoje e deve ser feita pelos agronomos regionaes.

Actualmente não se póde ou não se

deve fazer o que se fazia n'outro tempo, em que ninguem se preoccupava, ou preoccupava-se muito pouco com a natureza mineral do solo e com a sua origem geologica, tendo decerto em attenção a variedade de terrenos em que a vinha vegetava melhor ou peor. Onde houvesse terreno que se prestasse aos trabalhos culturaes, lá era levada a vide, abandonando-se apenas, (quando se abandonavam) os solos puramente areentos, de areia solta, os cascalhudos, etc.

De resto, pelo facto de se vêr prosperar a vinha em terrenos geologicamente tão diversos, por exemplo: feldspathicos e graniticos em Ribeira d'Ourra (Traz-os-Montes), Dão (Beira Alta), graniticos em Basto (Minho), e Cuba (Alemtejo), schistosos metamorphicos em Borba (Alemtejo), de rochas calcareas, grés, margas e até basalto como no termo de Lisboa, pelo facto, diziamos de ver prosperar a vinha, em terrenos de tão differente constituição geologica, nem por isso a sua cultura é ou pode vir a ser egualmente economica em todas ellas.

Quando mesmo não interviessem a situação e exposição do terreno e as castas das vides cultivadas, tinhamos ainda as condições orographicas a influirem poderosamente na economia da cultura.

Serve-nos um só exemplo: o Douro, a afamada região vinicola de Portugal, offerece no seu solo de detrictos de schistos argilosos do periodo siluriano, as melhores condições á cultura da vide; mas sua orographia sendo favorecer o empobrecimento do terreno, difficulta por tal fórma o seu cultivo e toda a mão de obra, que só a qualidade privilegiada de seus vinhos (quando não sejam sacrificados a uma concorrencia desleal), que não a quantidade, póde tornar lucrativa esta cultura.

A natureza do solo, tanto pelas suas qualidades physicas, como pela sua composição chimica e constituição mineralogica, tem uma influencia incontestavel sobre a quantidade e qualidade do vinho, vigor e duração da cepa.

Assim è que os melhores vinhos brancos são os de terrenos calcareos, cretaceos e os de argilas brancas, e que os mesmos vinhos differem entre si segundo são produzidos em terras ferruginosas ou não ferruginosas; os vinhos provenientes de terrenos ferruginosos adquirem uma côr mais brilhante; que em uma mesma região e nas mesmas condições de cultura, exposição, etc., uns vinhos são melhores do que os outros, não podendo tal facto deixar de attribuir-se a differença de composição chimica do solo; que a vinha adquire maior duração nos terrenos que lhe offerecem meio mais propicio ao facil desenvolvimento das suas raizes, etc., etc, E, não podemos deixar de chamar

desde já toda a attenção para este ultimo ponto, que adquiriu toda a sua importancia, depois que está provado que o restabelecimento dos vinhos phylloxerados pelo sulfureto de carbonio é mais facil e mais economico em taes terrenos. Comprehende-se a razão d'isto, sabendo que a phylloxera vive só nas raizes superiore; ha portanto, toda a conveniencia que a vide leve uma boa parte de suas raizes atè onde o phylloxera não desça, o que só se póde realisar, se o solo se deixa facilmente atravessar por ellas.

Determinada a natureza do solo para saber-se a que mais convem á cultura da vinha, resta ainda saber qual a melhor situação e exposição, condições estas que tanto influem tambem na quantidade do producto. Em solos alagadiços bem como n'aquelles onde reinam habitualmente os nevoeiros, embora n'elles a vide possa adquirir uma vegetação vigorosa, está contra-indicada a cultura da vinha, não só pela qualidade inferior do seu producto, como ainda pelos muitos accidentes e doenças parasitarias a que a planta está sujeita. O mesmo nas grandes altitudes desabrigadas, onde as condições meteorologicas deixam sujeita a muitos contingentes a plantação da vinha.

Os sitios mais proprios a esta cultura são, quando se attende só á quantidade do producto, as veigas e os terrenos planos ou ligeiramente ondolados, onde a terra seja fundavel e onde as machinas modernas possam funccionar, a fim de baratear a mão d'obra; é isto hoje absolutamente indispensavel para não se ficar batido na concorrencia dos mercados. Quando se attende á qualidade do producto, são as collinas e as encostas suaves até meia altura, sobretudo proximo de rios ou ribeiros, cujos vapores aquosos exercem durante o calor estival uma benefica influencia na vegetação das plantas e maturação dos fructos.

Pelo que respeita á exposição, está esta em grande parte dependente não só do clima e situação e natureza do solo, como das castas que queremos plantar.

Assim é que, nas regiões do norte a exposição preferivel é a que olha ao sul, que favorece a vegetação e adianta a maturação do fructo; nas regiões do sul, contrariamente, deve preferir-se a exposição ao norte, para evitar os grandes rigores do estio e por conseguinte a queima do fructo, assim como, pelo atraso da rebentação, o pernicioso effeito das geadas da primavera. N'este ultimo caso, deve o terreno offerecer uma inclinação suave e não abrupta, a fim de que a acção benefica dos raios solares se faça melhor sentir. Ha, porèm, excepções, que nos confirmám a regra a seguir na exposição do terreno destinado á vinha, excepções determi-

nadas pela influencia d dos terrenos. Effectivam ção da vinha póde ser modificada, tanto pelas graphicas do proprio ter que o defrontam ou circu Douro fornece-nos exem cepções na sua margem uma orientação ao norte via, produzem vinhos d dem, taes são, ou taes e das quintas de Roriz, Ve

Erne

Creação de

Amamentação artificia

Estudos pratic

Uma questão que preo individuos possuidores d ras, quer sejam destinad de leite para venda em para fabrico de manteig a da alimentação dos v meiros mezes de edade.

É incontestavel que c obtem de futuro um bon tal época se lhe não disp os cuidados de tratamen fóra de duvida que o m que convém, nos primei leite das mães, á discre quando as mães forem t

Será isto, porém, tole paiz e na especie bovina os seus derivados obteen não logrando os vitello excepção, ser pagos por que este, quando desmar ou sexto mez, vala 40ƒ rèis pelo menos, isto p todas as despezas além em Portugal os vitellos

Os machos por 6ƒ00 e as femeas, embora da ças inglezas, não attin 27ƒ000 réis. Portanto, des desprovidas de via cação e de relações com do o consumo local è p te, se torna exequivel r o aleitamento natural d

Demais, o systema da artificial não offeréce dif

Em tres épocas differ fazer a separação do vi 1.ª immediatamente de rem, sem mesmo dar log ca o veja; 2.ª depois de se fazer approximar a cria da mãe e d'esta a ter lambido, operação que tem por fim desembaraçar o recem-nascido das mucosidades de que se acha coberto e, além d'isso, excitar-lhe a circulação pela fricção que a lingua aspera da mãe exerce sobre as differentes partes do corpo; 3.ª oito dias depois de nascido, de modo que o vitello tenha bebido o leite da mãe que n'este primeiro periodo é laxante e pouco nutritivo, não convindo para outros usos, sendo aliás o mais apropriado á cria, pois tem a propriedade de a purgar, fazendo-lhe evacuar o meconium, materia excrementosa contida nos intestinos, quando a cria nasce.

Todos estes processos teem a sua vantagens e inconvenientes: O primeiro convém por não dar tempo ás vaccas de criarem amizade aos filhos, visto não chegarem a avistal-os; pecca porém pelas crias não poderem mamar nas proprias mães o colostrum, cuja temperatura mais conveniente é a que apresenta á sahida dos tetos, de modo que embora se ministre aos vitellos, por outro qualquer meio, aquelle leite, elles, pela difficuldade que a principio teem de beber, só a custo de esforços e paciencia o conseguem tomar, mas então já a temperatura do leite tem descido muito. Além d'isto, é bem sabido quão preferivel é deixar as vaccas lamberem as crias, a ter de enxugar estas com pannos ou d'outro qualquer modo. O segundo processo só tem como vantagem, sobre o primeiro, a circumstancia dos vitellos recem-nascidos serem convenientemente enxutos. O terceiro, que achamos preferivel a qualquer dos outros e por isso o temos adoptado quasi sempre, tem, é certo, o inconveniente da vacca sentir a separação do filho, não querendo por isso, a principio, dar o leite ou dando-o em menor quantidade: temos, porém, tido occasião de observar que, passados dois ou tres dias, desapparecem as saudades e a secreção volta ao seu estado normal. Uma das principaes vantagens de separar a cria sómente aos oito dias provém d'ella, ao mamar na mãe, lhe favorecer a extensão dos vasos lacteos, augmentando a producção e tornando mais facil a mungidura: isto é de grande importancia, sobretudo nas vaccas primiparas.

De differentes substancias póde ser composta a bebida destinada á amamentação artificial dos vitellos, sendo incontestavel que quanto mais essa bebida, na sua composição chimica, se approximar do leite natural, mais ella convém aos vitellos.

Quasi sempre tem-se empregado ultimamente, com optimo resultado, como adeante teremos occasião de vêr, o leite desnatado morno, nos primeiros dias só, e mais tarde com farinha de milho. Está calculado que a quantidade de lei-

te necessario para um vitello de um a tres mezes de edade é de 7 a 8 litros diarios e que 80 a 100 grammas de farinha de linho, ou de milho, por cada litro de leite desnatado, formam um liquido que serve de alimento muito reparador para os vitellos de tenra edade, por ser tão util em principios respiratorios como o leite natural. 900 grammas de farinha com 10 litros de leite desnatado equivalem a 20 litros de leite puro, emquanto a principios mineraes, e a 14, em relação a principios azotados.

O aleitamento artificial póde-se fazer por intermedio de mamadeiras, ou então empregando pequenas celhas ou gamellas. As mamadeiras, especialmente as de modelo inglez, são muito bem construidas e é certo que os vitellos se habituam com grande facilidade a mamarem n'ellas, devido á semelhança que o teto de gutta-percha tem com os das vaccas. Offerecem, porém, a desvantagem de fazer absorver desnecessariamente aos vitellos grande quantidade d'ar.

A mamadeira ingleza é composta d'uma bacia cylindrica de zinco, com tampa, á qual se adapta um teto de gutta-percha, que atravessa a tampa e entra até ao fundo da vasilha: ha-as tambem com dois tetos, servindo para dois vitellos beberem ao mesmo tempo, mas n'este caso as bacias teem dobrada capacidade.

Para habituar os animaes a beberem nas celhas ou gamellas, quando elles o não fazem espontaneamente logo a principio, mette-se-lhes um dos dedos da mão direita na bocca e com a mão esquerda, apoiada sobre a cabeça, faz-se-lhes mergulhar os labios no liquido, havendo o cuidado de lhes não mergulhar tambem as ventas, porque n'este caso não poderiam respirar nem beber. Havendo bastante doçura e paciencia da parte do individuo encarregado d'este serviço, os vitellos, em geral, habituam-se facilmente a beber, e ao segundo ou terceiro dia nada mais é necessario do que deitar-lhes a bebida na gamella.

Não deve haver receio em recommendar-se a amamentação artificial, sempre que se queira aproveitar o leite das vaccas para qualquer fim, mas longe de nós o intuito de affirmarmos que os vitellos não lucrariam mais deixando-lhes todo o leite das mães á discreção, sendo ellas boas leiteiras. Isto, porém, só excepcionalmente se faz, sendo o mais vulgar deixar-se-lhes, depois das vaccas mungidas, umas pequenas sobras ainda assim só quando o egoismo dos vaqueiros ou dos donos o permittem.

J. Felgueiras.

Creação de aves

As gallinhas e os ovos

Segundo o nosso collega «L'Italia agricola», as condições que um gallinheiro deve reunir para a producção d'ovos podem compendiar-se nas seguintes: boa escolha d'aves, alimentação conveniente, e o maximo cuidado da parte da pessoa que tratar d'ellas.

Quando os ovos constituem o principal producto do gallinheiro, é indispensavel pôr as aves em condições favoraveis á postura.

Ha quem entenda que para cada grupo de cinco ou seis gallinhas é necessario um gallo, pelo menos; não tem fundamento esta idéa, porque a postura está sempre demasiado estimulada pelo contacto da gallinha com o gallo.

Para se obter bom rendimento, o melhor systema é o que consiste em conservar as aves n'um logar quente, o que é facil nas propriedades onde as gallinhas podem andar pelos estabulos e cavallariças, e encontram, para se aquecerem, o estrume em fermentação, e estimulante no inverno, como trigo, milho, aveia, restos de carne e de hortaliças da cosinha, etc. Quando as gallinhas teem de viver reclusas, convem destinar-lhes um recinto fechado com vidraças, abrindo ás horas do calor. A temperatura mais conveniente varia entre 16º e 18º c.

As gallinhas devem ser substituidas depois de dois ou tres annos de postura, porque esta, quando é excessiva e por effeito de estimulantes, destroe-lhes em pouco tempo o organismo.

Em condições normaes, uma gallinha em reclusão, bem alojada e alimentada, póde pôr muitos ovos, variando sempre o numero conforme a raça, a comida, o tratamento e outras circumstancias. Em média, calcula-se a postura em 80 ovos no primeiro anno, 120 no segundo, 80 no terceiro, e depois menos.

É mais duradoura a fecundidade da gallinha quando vive em plena liberdade, não sendo raro que produza durante quatro, cinco e seis annos. Em regra, deve sacrificar-se o gallo ou a gallinha que chegue ao quarto anno de edade.

Quanto ao numero de gallinhas que podem destinar-se a um gallo, para fecundação dos ovos, varia segundo as aves, o clima e a alimentação. Geralmente, quanto maior é a liberdade em que vivem, maior é a actividade das suas funcções.

Para um gallo, de um ou dois annos, bastam em reclusão seis ou sete gallinhas; em liberdade, porém, póde dar-se-lhe dez, doze e até quinze gallinhas.

O ovo destinado a incubação deve ter a casca regular, dura e resistente, pondo sempre de parte os de casca muito delgada, informes e excessivamente volumosos.

Os ovos devem ser retirados da capoeira uma vez ao dia, pelo menos, porque o calor das gallinhas sobre o ninho contribue para o desenvolvimento do germen, que morre. E' conveniente conservar sempre um ovo de porcellana no ninho.

Retirados os ovos, devem guardar-se em logar fresco, sem ser humido, com pouca luz, e sobre uma camada de grão. Os ovos perdem geralmente o seu poder germinativo ao fim de quinze dias; naturalmente, quanto mais frescos são, maior é a probabilidade de que produzam frangos.

E' vulgar, mas erronea, a idéa de que os ovos não podem ser transportados, impunemente, a grandes distancias.

Affirma Darest que basta deixar os ovos em repouso por dois dias para que entrem em condições normaes; os abalos que soffrem nos caminhos de ferro e outros vehiculos exercem uma influencia nociva que o descanço repara.

Os ovos, empacotados para incubação, devem ser postos em caixas com serradura de madeira, em sentido vertical, com a ponta para baixo.

Noticias dos campos

BARCELLOS.—Estão quasi concluidas as vindimas n'este concelho. O vinho é de magnifica qualidade e a producção superior á das outras colheitas.

A colheita do milho é infelizmente lamentavel. A maior parte dos lavradores nem ao menos colhem o preciso para a sustentação das suas casas, apesar de terem, com o magnifico tempo que tem corrido, aproveitado bem o pouco que se creou.

O vinho já tem sido procurado por algumas casas de exportação, oscillando o preço do vinho novo entre 12$000 e 15$000 réis. O milho regula por 750 os 20 litros.

SABROSA.—Terminaram as vindimas. A colheita foi inferior á do anno passado. Os preços do vinho branco regularam entre 14$000 e 22$000 réis cada pipa de 550 e 660 litros, e o tinto a 13$000 réis, variando a medida segundo a paciencia e necessidade do lavrador.

A casa Calen do Porto adquiriu vinhos a 17$000, 18$000 e 19$000 réis cada pipa de 550 litros As casas a Silva e Cosens e Graham não fizeram agora preço, como é de costume.

O sr. Cypriano Augusto da Cunha comprou a 13$000 réis «alta manada», isto é, tinto e branco junto.

Ainda ficou metade por vender, pois alguns lavradores não o quizeram dar por um preço insignificantissimo.

MALHOU.—Já trabalham os lagares de azeite, rendendo cada fanga de azeitona 5 litros.

O vinho novo regula ao preço de 500 a 550 réis e é de muito boa qualidade.

BAIÃO.—A nova colheita é excellente e foi mais productiva do que a do anno passado, mas não ha procura para os vinhos, vendendo-se alguns, poucos, a 6$000 e 7$000 rs. e os mais finos a 12$000 réis, o que é uma desgraça para os lavradores.

O stock do milho e trigo é pequenissimo, motivo por que se estão vendendo a altos preços. A colheita foi má, havendo freguezias em que o lavrador nem sequer aproveitou as sementes, de tal maneira a secca queimou as plantas.

FELGUEIRAS (MARGARIDE).—Podem-se considerar terminadas as vindimas n'esta região. A producção foi em geral abundante e de superior qualidade. Os preços de cada pipa regulam de 8$000 a 15$000 réis. Ha pouca saida.

A colheita do milho novo corre vagarosa, principalmente nas terras fundas ; a da terras seccas já está quasi concluida e é bastante deficiente. E muito natural que o preço tenha de augmentar.

MAÇÃO.—Terminaram as vindimas n'este concelho, sendo a colheita muito rasoavel.

REGOA.—Terminaram as vindimas n'este concelho. Com um tempo esplendido se fez toda a colheita, pelo que mais uma vez se confirma a opinião dos mais abalisados provadores, de que a sua qualidade ha de marcar nome para lote de vinhos generosos.

Poucas transacções se fizeram, mas ainda assim beneficiaram-se muitos vinhos, na espectativa de se venderem em melhores condições.

MOURÃO.—Terminaram as vindimas n'este concelho, sendo a colheita relativamente pequena, comparada com a dos annos anteriores.

Os olivedos apresentam bom aspecto, sendo de esperar uma boa novidade se as grossas chuvas ou trovoadas não os vier ainda prejudicar.

CADAVAL.—A uva branca está toda vindimada e a tinta está muito adentada. A

producção é menor que a do anno passado a respeito de preço não se fala.

A uva ferral foi aqui vendida á razão de 500 réis a caixa, sendo este o maior preço que attingiu.

GOUVEIA.—Está a findar a colheita do vinho. A qualidade é excellente e a quantidade regular.

MONCORVO. — Continuam as vindimas sendo a colheita muito abundante, vendo-se alguns proprietarios em apuros por não te rem onde o metter.

As vendas poucas, que se tem realisado regulam a 15$000 réis a pipa.

RIBEIRA DE PENA. — Espera se uma colheita regular e de optima qualidade.

A maior parte dos lavradores ainda tem as adegas abarrotadas de vinho da colheita anterior, regulando o seu preço entre réi 12$000 e 15$000 cada pipa de 560 litros.

MINDE.—Estão a concluir as vindimas n'esta região, sendo a colheita relativamente regular, apesar da queima dos ultimos dias de julho ter prejudicado bastante os vinhedos, não só aqui como em outras partes.

O vinho attentas as boas condições em que a vindima é feita, é de superior qualidade.

CONDEIXA.—A despeito do sol abrasador em alguns dias do mez passado ter crestado uma grande parte dos vinhos, que ficaram bastante deteriorados ; as vindimas fazem andar radiantes os seus proprietarios com a enorme abundancia, posto que os contrarie bastante a falta de vasilhas.

A producção é de optima qualidade.

PERNES.—Activam-se as vindimas, não devendo a colheita ser inferior á do anno passado.

Os olivaes tambem estão bonitos.

FIGUEIRÓ DOS VINHOS.—Começaram com grande actividade as vindimas n'este concelho. A graduação é regular e de boa qualidade.

ANADIA.—Estão quasi findas as vindimas n'esta região. A colheita tem-se feito regularmente com tempo secco.

CANTANHEDE.—Estão quasi terminada as vindimas n'este concelho.

A producção, ao contrario do que se espe rava, é magnifica.

VIANNA DO CASTELLO.—«Mantem-se a cotação dos vinhos verdes, que démos em um dos nossos ultimos numeros. E apezar da procura nos ultimos dias, para o consumo interno, o seu preço longe está de subir, antes com todos os indicios de diminuição.

Assim podemos dar a cotação existente nos differentes concelhos.

Vianna do Castello, 10 a 14$000 réis a pipa Ponte do Lima, 9 a 12$000 réis a pipa vendendo-se muito a 8$000 réis á sahida dos lagares, e em virtude da falta de vasilhame Monsão, entre 10 a 12$000 réis a pipa vendendo-se a da uva moranga a 4$000.

O seu preço, como se vê, não sahirá das cotações indicadas e um dos nossos collaboradores fornece-nos os dados por que foram fornecidas pelos jornaes das differentes localidades.

ARCOS DE VAL-DE-VEZ.—Vae quasi terminada, no concelho dos Arcos de Val-de-Vez, a colheita vinicola.

Como se esperava e haviamos já noticiado é abundante e o vinho é de boa qualidade.

Apesar de os tanoeiros não terem tido mãos a medir a fazer vasilhas novas, muitos vinicultores tem-se visto em apuros para envasilhar a colheita, servindo-se de vasilhas improprias, ou vendendo o vinho ao desbarato por não terem onde o envasilhar.

Os preços regulam entre 8$000 e 14$000 réis.

5.º ANNO. — N.º 157   A Gazeta publica-se nos dias 10, 20 e 30 de cada mez   OUTUBRO—1908

GAZETA DOS LAVRADORES

ORGÃO DE PROPAGANDA E DEFEZA DOS INTERESSES DA AGRICULTURA NACIONAL

Com a collaboração de muitos agricultores, agronomos, medicos veterinarios, horticultores, viticultores e regentes agricolas

DIRECTOR e PROPRIETARIO: *JOSÉ ERNESTO DIAS DA SILVA*

Medico veterinario — Antigo professor da Escola de Agricultura da Real Casa Pia de Lisboa

Assignaturas
(pagamento adeantado)

Um anno................... 1600 réis
Um semestre................ 800 »
Numero avulso.............. 50 »

As assignaturas começam sempre no principio de cada mez.
Toda a correspondencia deve ser dirigida ao director do jornal.
Os originaes recebidos quer ou não publicados não se restituem.
COMPOSIÇÃO na séde da Gazeta.—IMPRESSÃO—imprensa
Africana—Rua de S. Julião, n.º 58 e 60.

Annuncios
(TYPO CORPO 8)

Por uma só inserção.............. 40 réis cada. linha
Repetição até 6 publicações............. 30 » » »
Annuncios permanentes, folhas soltas, réclames e annuncios
intercalados no texto—contracto especial.
Os srs. assignantes gosam do abatimento de 20 %.
A administração accoita correspondencia em todas as terras do paiz

Redacção e Administração, C. de Santo André, 100, 1.º

EDITOR—Dias da Silva

SUMMARIO

Agricultura geral

A constituição da cooperativa de vinicultores

Segundo nos consta, a commissão organisadora da cooperativa de vinicultores tem muito adeantados os seus trabalhos, tendo visto, por toda a parte, a sua iniciativa acolhida com o maior applauso. Não ha duvida que essa empreza está destinada a ter o maior alcance economico, desde que se torne n'uma realidade pratica, por que os vinicultores poderão obter facil venda para a sua produção.

A commissão organisadora, constituida por mais de cem dos nossos principaes lavradores, cujos nomes são garantia bastante da seriedade da empreza, tem distribuido uma circular por todos os vinicultores do paiz, cujo texto é o seguinte:

E' escusado encarecer as enormes vantagens da immediata constituição da cooperativa de vinicultores, que até hoje não tem sido possivel levar á pratica pela falta de capital para as installações e trafego dos vinhos. Agora, porém, com o subsidio que por lei lhe é concedido, póde finalmente realisar-se a nossa legitima e necessaria aspiração.

Se os signatarios conseguirem, como tudo o faz crêr, obter a adhesão d'um sufficiente numero de subscriptores, será adjudicado á nossa empreza o beneficio legal da emissão de 2:000 contos de réis em obrigações com o juro de 5 por cento garantido pelo Estado, importante capital este que será todo destinado a valorisar os nossos vinhos.

O capital d'esta sociedade será representado por acções, as quaes poderão ser pagas em vinho, que a cooperativa receberá ao preço de 600 réis o duplo decalitro de vinho tinto e de 500 réis o vinho branco, de graduação de 12º, e proporcionalmente conforme as graduações.

Desde que se consiga que do mercado seja retirada, pela subscripção de acções, uma terça parte da colheita, os preços elevar-se-hão por tal fórma, que a importancia da venda do restante vinho que o vinicultor não entrega á sociedade, será egual ou superior á que elle receberia se a cooperativa se não organisasse, lucrando assim o subscriptor tudo quanto as suas acções vierem a valer.

Esperamos pois que v. ex.ª, no seu interesse e no da viticultura em geral, subscreverá pelo menos um numero de acções equivalente a um terço da sua colheita. E se v. ex.ª tambem subscrever em dinheiro uma ou mais quotas de 10$000 réis, ficará n'este caso gosando do maximo das vantagens de socio fundador, conferidas pelo artigo 164, § 3.º do Codigo Commercial.

As respostas deverão ser endereçadas á Commissão Organisadora da Cooperativa União dos Vinicultores de Portugal, ou a qualquer dos signatarios da circular, para a séde da Real Associação da Agricultura, no Largo de S. Carlos.

A industria leiteira

A producção do leite está tomando grande importancia, muito mais depois que diminuiu tão extraordinariamente a exportação do gado bovino; se este ramo de commercio, por alguma circumstancia enesperada, não readquirir a importancia que teve em melhores tempos, os lavradores do Minho e Beira, que se applicavam á industria da producção da carne serão obrigados a dedicar-se á producção do leite, porque o consumo d'elle no paiz dá margem ampla para uma razoavel compensação, attenta a valiosa importação estrangeira de lacticinios.

Sobre este ponto, o interesse dos proprietarios é commum ao dos rendeiros, e, se não houver o necessario accordo entre ambos, nunca será possivel realisar convenientemente a transição.

È preciso que os senhorios, se quizerem participar dos bons resultados da evolução, auxiliem os rendeiros na transformação das habitações do gado, as chamadas córtes; a vida, geralmente sedentaria, das nossas vaccas, exige estabulos com as necessarias condições hygienicas, recommendadas pela sciencia pecuaria, conforme as regiões.

As vaccas destinadas para leiteiras requerem muita limpeza; não devem estar durante um dia inteiro (quanto mais semanas e mezes!) sobre um montão de estrume, como acontece geralmente n'esta provincia, quer com os bois de trabalho quer com os de engorda.

As vaccas devem viver em alojamentos bem ventilados, embora durante o estio e nas horas do calor haja necessidade de conserval-as na escuridade ou com pouca luz para as proteger da praga das moscas, que tanto as tormenta, muito principalmente havendo immundicie.

Ora, para obter estas condições de hygiene é preciso que caiba aos senhorios uma parte da despeza, sem o que a industria leiteira não progredirá satisfactoriamente.

Já ha tempos, chamamos a attenção dos leitores d'este jornal sobre este assumpto, apontando os perigos que podem advir do consumo de leite de máo proveniencias; basta attender à possibilidade de que um leite, viciado pela tuberculose da vacca, ou pela lavagem das vasilhas com aguas provenientes de habitações aonde existam o typho, a variola, a diphteria, a escarlatina, etc., communique a gerencia d'essas terriveis molestias. A simples circumstancia de guardar o vasilhame de transporte no mesmo quarto aonde existam doentes com taes enfermidades já constitue um grande risco de infeccionamento do leite.

Parece que o meio mais simples e mais facil será estabelecer n'estas regiões as fructuarias, associações de leiteria, que tenham um pessoal habilitado, que forneçam o proprio vasilhame, e promovam uma verdadeira propaganda para convencer os lavradores da necessidade de uma escrupulosa limpeza, começando pelas pessoas que tratam e mungem as vaccas.

E' uma revolução completa nos costumes, mas é uma revolução indispensavel para se offerecer em toda a sua pureza, nos mercados, um dos productos mais importantes de entre os que constituem a alimentação humana.

Este assumpto está hoje merecendo os maiores cuidados em algumas nações adiantadas, e é por isso que ahi até se trata de corrigir os defeitos da constituição das novilhas destinadas á lactação ou á creação, alimentando-as com um composto de oleo de figado de bacalhau da Noruega, preparado expressamente para esse fim pela casa Jensen, curando por esse meio a disposição lymphatica de algumas vaccas, principalmente das raças extraordinariamente leiteiras.

Em geral as ervas e palhas das pastagens do norte de Portugal são pobres em cal e acido-phosphorico, principalmente aonde não chegam os adubos das cidades ou os mexoalhos, e mesmo assim são raros os lavradores que compensam por essa fórma o deficit da exportação, para fóra das suas propriedades, dos elementos nobres da constituição do solo, necessarios para *crear e alimentar as boas vaccas leiteiras*, de modo que o leite se componha de todos os elementos que lhe são proprios para o fim a que é destinado.

A responsabilidade moral dos proprietarios de leitarias é grande, e se essa industria vae alargar-se, como é de suppôr, pela falta actual da exportação dos bois, deve aproveitar-se a occasião para principiar bem, e fundar entre nós estabelecimentos que for[...] te, garantindo a sua [...] limpeza desde que é n[...] chegar a casa do cons[...]

Se algum dia hou[...] continuar na importan[...] da exportação para o [...] o lavrador, alem de te[...] do de um ramo da la[...] rá habilitado a tratar [...] nalmente do gado, co[...] a obter a sua creação [...] feiçoada; em logar de [...] boi, só depois de elle [...] nos, poderá economis[...] juro do capital e cread[...] riodo de dois annos, [...] gado, de 3 a 4 anno[...] egual em tamanho e [...] que tem exportado at[...]

Logo que isso se f[...] verá razão para tem[...] rencia dos outros pa[...] ctores, que agora nos [...] sáberem mais do que[...] não sobrecarregarem [...] ctos com as despezas, [...] rias, de uma creação [...] vimento vagaroso.

Estaremos no caso [...] á vontade entre a cre[...] e a manutenção de va[...] uma e outra cousa de[...] veitosas com as condi[...] so solo e clima.

V.

Sebes viv[...]

II

Esta operação dev[...] no outono, sendo pref[...] de novembro, salvo [...] argillosos e humidos, [...] te caso deve retardar [...] cipio de março. Em [...] só linha de plantas co[...] locar-se duas, tornar[...] sebe mais espessa e ir[...] no primeiro caso, di[...] plantas espaçando-as [...] damente dez centimet[...] outras, e no segundo [...] centimetros, collocar[...] á mesma distancia e [...] que, em logar de fic[...] frente de outra, venh[...] da planta de uma linh[...]

plantas da linha immediata.

Se o terreno fôr de regadio, deve dar-se uma rega depois da plantação, e se houver éscassez d'agua deve a plantação ser feita em tempo humido e chuvoso, ou quando o terreno estiver sufficientemente meteorisado. Os cuidados que uma sebe pode exigir nos primeiros annos são os communs a qualquer boa cultura, mondas e limpeza das ervas ruins, regas sendo possivel, e algùma sacha durante o outono nos terrenos compactos, e durante a primavera nos ligeiros, isto afim de facilitar o accesso do ar e déstruir as raizes das plantas vivazes. No fim do segundo anno deve aparar-se a sebe, cortando todos os caules, e cravam-se de espaço a espaço, a uns tres metros de distancia, estacas de altura egual áquella com que tenha de ficar a sebe, as quaes servem para sustentar, por meio de varas transversaes, os rebentos das plantas. .

E' necessario inclinar os primeiros rebentos de modo que fórmem um angulo de cerca de 45°, em vez de deixal-os crescer no sentido vertical, e ir entrelaçando-os ou enxertando-os por approximação á medida que crescem todos os annos, formando assim uma parede impenetravel. Quando se deixam em sentido vertical, torna-se facil separar os caules ou hastes e penetrar no interior do terreno, não se attingindo, portanto, um dos principaes fins da vedação.

Formada a sebe, e aparada á altura com que ha de ficar, deve obstar-se a que ella adquira demasiada largura; fazendo com que os ramos se estendam no sentido longitudinal, e para isto com umas tesouras de jardineiro, ou instrumento cortante, aparam-se no terceiro anno da plantação as duas faces lateraes, repetindo esta operação de dois em dois annos, durante o periodo do lethargo da vegetação, e nunca quando as plantas se achám em plena seiva. De dois em dois annos, apara-se egualmente a parte superior, cortando os rebentos que excedam a altura marcada. São estes os cuidados

successivos de que necessita uma sebe, além do de preencher os claros resultantes de plantas mortas, substituindo-as por outras novas.

Quando se pretende aproveitar os productos da sebe para lenha, deve fazer-se a apara ou poda de tres ou de quatro em quatro annos; dá-se-lhe tambem mais vigor e obtem-se maior porção de lenha, cortando a sebe rente com a terra, de certos em certos periodos, que naturalmente devem variar conforme a especie de planta que a constitue.

Se a sebe é formada por duas linhas de plantas, alternam-se os cortes de modo que se conserve sempre uma d'ellas para résguardo da propriedade.

As dimensões que ordinariamente costuma dar-se ás sebes vivas são de $1^m,50$ a $2^m,0$ de altura e 40 centimetros de largura, variando segundo a disposição do terreno. Em vez de deixar as plantas ao nivel do solo, cómo se faz ordinariamente, abre-se um fosso, collocando a terra que d'elle se extrae na borda do lado da propriedade, e fazendo a plantação sobre essa borda, o que lhe augmenta consideravelmente a altura. Outras vezes abre-se a sanja em volta da propriedade, deixando-a de modo que as suas duas paredes formem dois planos inclinados ou taludes, e pondo no fundo as plantas que hão de formar a vedação.

O plantio exige naturalmente a formação de viveiros que subministrem ás arvores e arbustos, quando não podem aproveitar-se plantas que vegetam espontaneamente nos bosques e terrenos incultos, as quaes se arrancam e transplantam com as necessarias precauções. Egual cuidado exigem as sebes vivas quando se emprega a estaca como meio de multiplicação.

Faz-se tambem a sementeira definitiva para formar uma sebe viva com a vantagem de que não tendo a soffrer transplantação, as plantas nascidas de semente conservam o eixo ou raiz central, e as raizes lateraes não se estendem

tanto, occupando por isso menos terreno. Adoptando este methodo, prepara-se a terra com uma boa lavra, tirando-lhe as pedras e as raizes, e na primavera faz-se a sementeira em linhas, de modo que fiquem á distancia que aconselhamos quando nos referimos á plantação. Se o terreno não tem a humidade sufficiente, e póde dispôr-se de agua, dá-se uma rega e no fim do verão uma cava, que se repete ao terminar o primeiro inverno. Estes trabalhos repetem-se todos os annos, depois de preencher os claros ou espaços em que não tenha germinado a semente, e já no terceiro anno se vão forçando os ramos a tomar a posição inclinada, amparando-os e entrelaçando-os. Quando a sebe não apresenta, n'essa occasião, o necessario desenvolvimento, aparam-se os ramos por fórma egual á indicada com referencia á plantação, sendo tambem eguaes os cuidados a empregar para que se conserve.

São muitas as especies vegetaes que podem aproveitar-se para formar sebes vivas, tornando-se preferiveis aquellas cujas raizes não se estendem muito pelo terreno, e que produzem grande numero de rebentos que lhe guarnecem a base, tornando a vedação mais impenetravel. Rara é a arvore ou arbusto que não possa servir a este effeito, mas o lavrador deve attender ao clima e qualidade do terreno para escolher a mais conveniente, procurando, sempre que possivel seja, que alem de vedar a propriedade possa dar algum rendimento. Preferem-se geralmente as plantas de espinho por tornarem mais difficil o accesso a propriedade, e por isso se empregam o espinheiro, a sarça ou silva, a cambroeira, a roseira brava, a piteira, a faveira, o azaruleiro, a nespereira, a romanzeira, e a cidreira. Entre as não espinhosas contam-se a amoreira, o olmeiro, a azinheira, a faia, a carpa, o marmeleiro, a aveleira, o sabugueiro, o buxo, a murta, o alecrim, a tamargueira e o cypreste. Nos terrenos seccos e aridos aproveitam-se principalmente o damasqueiro, a romanzeira, a alfena, o loureiro, o azaruleiro e amendoeira, e nos terrenos frescos ou frios a faveira, a azinheira, o sandim, pereiras e macieiras, o espinheiro, o lodão, a faia, o carvalho, a grozelheira, o abrunheiro, o tojo, a cambroeira, o sabugueiro, a sorveira, o marmeleiro, a carpa, o medronheiro, o bordo, o freixo e a thuia.

Alem das sebes vivas de que nos temos occupado, outras ha que se plantam para servirem de abrigo ás terras cultivadas nas localidades onde reinam ventos impetuosos, dispondo-as em linhas que formam verdadeiras cortinas ou, o que é preferivel, em massiço ou grupos de arvores na direcção do vento. O pinheiro maritimo nos terrenos siliciosos, e o lariço nos calcareos, formam excellentes abrigos, como tambem o loureiro e o cypreste. Nas terras de ribeira, situadas á margem dos rios, as sebes feitas de massiços de salgueiros, vimeiros e mesmo da canna commum constituem uma grande defeza que attenua, quando não evita, os desastrosos effeitos das enxurradas por occasião das grandes cheias.

Existe desde muito tempo em algumas localidades o costume de plantar em volta dos terrenos lavradios alamos, choupos, freixos, azinheiras, e salgueiros com o intuito de formar sebes de rendimento, que se deixam crescer em plena liberdade. As raizes d'estas arvores alastram-se a grande distancia, favorecidas pelas lavras e adubos dados á terra, e dahi resulta o empobrecimento do solo diminuindo notavelmente as colheitas de cereaes. E comquanto forneçam madeiras e materiaes para construir os arados e outros objectos da alfaia agricola, lenha para queimar e folhas que o gado consome, pagam-se sempre demasiado caros estes productos, attenta a circumstancia indicada. Mais convém formar as sebes vivas pelo modo e nas condições que apontamos, e effectuar essas outras plantações em terrenos que não se aproveitam e que, com pequeno

dispendio, dariam ao lavrador grandes beneficios.

Como vimos, nada mais simples do que formar uma sebe viva. A sua duração varia conforme a especie da planta empregada, e conforme os cuidados que se lhe prodigalisem; em geral, sendo bem dirigida, pode durar de cincoenta a cem annos. Se ás circumstancias expostas accrescentarmos a de que é raro o terreno em que não possam cultivar-se uns ou outros vegetaes, sempre que haja tino e prudencia na eleição d'elles, comprehender-se-ha facilmente que é um dos melhoramentos mais uteis para a lavoura e em que o capital mais proveitoso emprego pode encontrar.

(Continúa)

A. Faria.

Floricultura

Exposições de Dahlias Cactus

O distincto amador portuense Aurelio da Paz dos Reis, inaugurou em Lisboa, nas vitrines de uma casa de modas ao Chiado, uma interessante exposição de dahliaa cactus, cultivadas com esmero e profundo conhecimento do métier nos seus jardins, o seu nome não é desconhecido entre nós e ainda nos recordamos com saudade das exposições da antiga Sociedade de horticultura, onde o distincto expositor muitas vezes se fez representar n'aquelles certamens. Lembramo-nos bem dos concursos das antigas dahlias, que sómente a diversidade de colorido nos despertava a attenção, e da transformação que vagarosamente, mas scientificamente a antiga dahlia veio dar nos exemplares de hoje, em que não sabemos que mais admirar, se as suas graciosas formas ou a correcção e viveza das suas côres, que os confundem com certos chrysanthemos. As pesadas e desgraciosas antigas dahlias foram substituidas pelas flores, que hoje o certamen nos apresenta, e cuja variedade tanto nos captivam pelo seu porte mais gentil, mais artistico e mais delicado, pelo seu aspecto mais alegre e pelas qualidades, emfim, que todas as flores devem possuir, de graça e de encanto. E entre as modernas variedades, quantas maravilhas e bellezas se não encontram.

A forma e o desenvolvimento, por vezes desencontrado das petalas, os seus suggestivos coloridos, que abrangem

todas as côres, excepto o azul, são outros encantos e attractivos para o cultivador. De resto a sua cultura nada tem de difficil, pois que ellas dão-se perfeitamente em todos os terrenos, devendo-se ter em conta que as plantas nos terrenos arenosos, soltos, são sempre de contextura mais forte, mais pequenas, mas mais floriferas, do que aquellas que são cultivadas nas terras fortes e muito adubadas, onde de ordinario produzem muita folhagem e poucas ou nenhumas flores. Por isso os terrenos de mediana composição, convenientemente adubados, devem ser preferidos para a cultura das dahlias.

Os magnificos exemplares de Aurelio da Paz dos Reis são cultivados nas condições mencionadas, apresentando-se por isso bem conformados e em condições de rivalisarem com as dahlias cactus dos amadores universalmente conhecidos e que teem obtido excellentes premios em exposições internacionaes.

A exposição de agora foi muito concorrida de visitares, sendo geraes os louvores ao sympathico amador portuense, Amelio da Paz dos Reis.

Nos jardins da Escola Polytechnica

Na estufa do jardim botanico da Escola Polytechnica inaugurou-se tambem com grande esplendor, a exposição de dahlias-cactus, carinhosa e proficientemente organisada pelo sr. Henry Cayeux, jardineiro-chefe e, sem duvida, um dos floricultores mais distinctos e por esse motivo digno das recompensas que em varios certamens tem alcançado para os seus exemplares expostos.

Grande concorrencia, como não é habito notar em exposições d'esta natureza, foi ao lindo jardim observar detidamente esses exemplares, todos elles formosissimos, demonstrando as transformações successivas da flor. A exposição merecia bem uma visita, quer pelas quantidades das flores expostas quer pelo encanto dos exemplares, desde a velha, compacta e pesada dahlia á flor leve, transparente, velutina e tingida n'uma variada escala de côres.

São verdadeiros primores as dahlias cactus madame Cayeux, d'um vermelho pallido encantador; as D. Alice Lobo, d'um amarello desvanecido. São tambem lindissimas as D. Laura Arbuès Moreira, exemplares crème, estriado de vermelho, e as D. Ascensão Franco, em vermelho raiado de branco. Não encantam menos a vista os exemplares Maria Thereza Lopes, rosa pallido; Luiz Sommer, vermelho rubro; Augusto J. da Cunha, vermelho retinto.

Os exemplares de 1908 são magnificos e denominam-se viscondessa de Monserrate, condessa da Ribeira, Malicha, Mirifique, D. Alda de Carvalho, Suzanne Cayeux.

As nossas felicitações ao Sr. Cayeux.

Forragens

As folhas das arvores como forragem

As folhas de algumas arvores são um recurso precioso para a alimentação do gado nas localidades e nas estações, principalmente, em que escasseiam outras forragens.

Os antigos romanos aproveitavam-as, recolhendo no verão e outono as folhas de algumas arvores, que guardavam para darem no inverno aos animaes domesticos.

Escriptores antigos e modernos recommendam esta pratica, seguida ainda hoje em alguns paizes. E como ella merece ser generalisada, comtanto que a tiragem das folhas não prejudique as plantas e se effectue antes de perderem as suas boas qualidades, julgamos opportuno expor aqui alguns preceitos sobre o assumpto.

*

Podem aproveitar-se como forragem as folhas de quasi todas as plantas arboreas, quando tenham alguma parte dos principios nutritivos necessarios á alimentação do gado, qualquer que seja a funcção economica d'elle, isto é, quer se destine á lavoura, quer á producção de leite ou de lã, e ainda, até certo ponto, á engorda.

Mas nem todas as folhas são egualmente appetitosas ao gado. Geralmente, rejeita elle as que conteem substancias pronunciadamente odoriferas, com sabor tão desagradavel que não seja possivel disfarçal-o por meio de outra substancia ou que sejam rijas e de difficil mastigação.

Dão boa folha para forragem: a amoreira branca, a falsa acacia, o choupo preto e o piramidal, o bordo, o amieiro, o carvalho, o vidoeiro, o freixo, a tilia, a vide, a figueira, a oliveira, etc.

Estas arvores não se cultivam com o fim exclusivo de fornecerem folhas para o gado; mas, exceptuando a amoreira cujas folhas, como se sabe, são principalmente apro-priadas á alimentação do bicho da seda, todas as outras se destinam a differentes fins. Assim o olmo, o choupo preto, o freixo, o bordo, entre as arvores indicadas, servem para apoio das videiras; a falsa acacia, o bordo, o ulmeiro, o platano bastardo, etc. servem para ornamento e sombra; outras conservam-se nas bordas dos campos e ao longo das correntes d'agua para formarem vedações, e outras como essencias. As folhas de algumas d'estas plantas teem apenas usos secundarios.

Cultivar taes plantas com o unico fim de aproveitar-lhes as folhas, á excepção da amoreira, não offerece actualmente vantagens; apesar de Berti-Pichat dizer que um olmedo creado como deve ser, e um amoreiral podem dar annualmente um rendimento liquido de 400 lyras (a lyra corresponde a 1×0 réis), sem contar os proventos da poda. Será, porém, muito conveniente, de preferencia ás plantas que não fornecem boa folha para o gado, empregar o olmo, a falsa acacia, o choupo preto, o carvalho, o amieiro, etc. por meio de plantios nas bordas dos campos, e junto dos cursos d'agua, ou intercalar estas arvores nas sebes de espinheiros bravos, de bordos, das azinhas e aproveitar-lhes a folha.

Já disse que as folhas de algumas plantas arboreas contéem boa dose de principios nutritivos para o gado. A analyse chimica prova-o plenamente, como se vê do seguinte quadro cujos algarismos exprimem a quantidade, por cento, de azote, principal elemento nutriente, que as folhas verdes e seccas contéem, segundo a analyse dos auctores indicados á margem:

	Verdes	seccas
Folhas de amoreira branca..	1,36	4,56
Sestini F.		
Folhas de amoreira brava....	1,52	5,32
Sestini.		
Folhas da falsa acacia........	1,02	—
» do ulmeiro..., ...	0,95	1,66
Boussingault.		
Folhas do choupo pyramidal..	0,86	1,79
Boussingault		
Folhas do carvalho..........	0,92	1,18
Boussingault.		
Folhas da tilia..............	1,45	—
Boussingault.		
Folhas da oliveira...........	—	2,11
Bechi E.		
Folhas da videira...........	0,95	1,55
Pedro I.		

Estes algarismos mostram que o valor nutritivo de algumas d'essas folhas verdes é superior ao do feno dos prados naturaes, que contéem, termo medio, 1,15 por cento d'azote.

Ha, pois, fundados motivos não para despresal-as, mas sim para colhel-as e, sendo possivel, conserval-as bem, principalmente nos annos e nas regiões em que escassearem as forragens das plantas erbaceas.

*

E' facil colher as folhas, e muito principalmente quando as arvores são decotadas. E' indispensavel, porém, saber escolher a occasião opportuna, não só para obter as folhas emquanto tenras e sufficientemente ricas de principios nutritivos, mas tambem para nunca offender a vitalidade da planta ou prejudicar o seu principal rendimento.

As folhas, na verdade, como muitos outros productos do campo, perdem successivamente do seu valor nutritivo quando se tiram muito depois de haverem attingido o seu completo desenvolvimento. Provam-o as experiencias feitas com as folhas do olmo e da videira, as quaes mostram que as primeiras, colhidas em setembro, contéem:

azote por cento........	0,95
colhidas em novembro....	0,75
folhas de videira colhidas	
em outubro.........	0,46
colhidas em novembro....	0,35

Não conheço analyses de folhas d'outras arvores, importantes como forragem, que possam concorrer para demonstrar melhor a influencia da edade das folhas sobre o seu poder nutritivo. Todavia, parece-me estar sufficientemente comprovado que, no geral, as folhas perdem successivamente de valor nutritivo á medida que se tornam mais velhas.

Nem sempre, porém, será possivel aproveitar a occasião em que estão tenras e muito ricas d'azote, para colhel-as, principalmente quando forem de plantas cujo producto principal careça d'ellas para elaboração de alguns principios que devam assimilar-se-lhes.

Ninguem ignora que as folhas são os orgãos indispensaveis á elaboração dos principios nutritivos das plantas, principios que servem não só para o desenvolvimento das partes vegetativas, mas tambem, em muitos casos, para o desenvolvimento e maturação do fructo. E' por isso que deve retardar-se a colheita das folhas da figueira e da videira especialmente, até que os fructos d'estas arvores, por causa dos quaes se cultivam, tenham adquirido tal grau de maturação que já não careçam d'essas folhas.

A epoca para a tiragem varia conforme as arvores, a localidade e a escassez de outras forragens; geralmente, porém, é entre fins do verão e principios do outono. Portanto, approximadamente entre julho e agosto, podem colher-se as folhas da falsa acacia, do choupo, do bôrdo, salgueiro, tilia, lodão e do ulmeiro, não tendo sido podado n'esse anno; entre setembro e principio d'outubro as do ulmeiro podado n'esse mesmo anno, e as da figueira, freixo, carvalho, amieiro e vidoeiro; em outubro as da videira, amoreira e algumas vezes ainda as dos carvalhos, amieiros, freixos e outras arvores das quaes não tenha sido possivel fazer a colheita mais cedo; nos ultimos mezes de inverno ou principio da primavera, entre fevereiro e abril, podem aproveitar-se as folhas dos ramos podados da oliveira.

—As folhas da falsa acacia, leves, numerosas, e muito nutrientes, são comidas com avidez pelo gado grosso e miudo, ou sejam frescas ou séccas. Antes, porém, de as dar ao gado, é indispensavel tirar-lhes os espinhos que tem na base e que facilmente podem ferir a bocca dos animaes.

—As folhas do choupo pyramidal ou d'Italia e do choupo preto servem como forragem verde ou sécca não só para o gado miudo, como tambem para os bois e cavallos. Para conserval-as séccas,

costumam em algumas provincias cortar os ramos, pelo mez de setembro, e deixal-os seccar á sombra; conservam-as em feixes bem apertados e n'um logar sadío e ventilado. Durante o inverno podem esses ramos ser dados até ás ovelhas que os comem avidamente.

—As folhas da giesta commum são de tamanho regular, abundantissimas e d'um tecido muito compacto. Os animaes não teem difficuldade em comel-as verdes ou séccas, e n'este ultimo estado conservam-se bem para o inverno. Os ovinos gostam muitissimo d'ellas, e crê-se que, de preferencia a outras forragens séccas, exercem acção especial em favorecer a secreção do leite nas ovelhas, cabras e até nas vaccas.

—As folhas do salgueiro, transparentes, estreitas e leves, são consideradas como pouco nutritivas, e os animaes, á excepção das ovelhas e cabras, não as comem voluntariamentenem em grande quantidade.

—As folhas da tilia são abundantes, largas e delgadas; consideram-se como muito nutritivas por conterem não só grande dóse d'azote, excedente á do bom feno de prado, mas tambem muita substancia saccharina e outros principios que as tornam agradaveis, em verde ou mesmo séccas, a todos os animaes domesticos. Algumas vezes, no verão, cobrem-se estas folhas de um humor viscoso, proveniente talvez dos muitos aphidios que se encontram na arvore; é por isso conveniente antecipar um pouco a tiragem da folha. Linneu observou que ellas dão um sabor desagradavel ao leite dos animaes que as comem em abundancia. Evita-se este inconveniente misturando essas folhas em diminuta quantidade com outras que sejam boas e aromaticas.

—As folhas da lodão (Celtis australis, L.) são grandes mas pouco espessas, e constituem um bom alimento para o gado lanigero.

—O ulmeiro dá folhas do tamanho regular, um pouco rusticas mas abundantes; são muito nutrientes e procuradas pelo gado, especialmente quando verdes. Na alta Italia são justamente apreciadas para este effeito, e tiradas da arvore com todo o cuidado nos mezes de setembro, outubro e ainda em principios de novembro para alimento do gado, misturadas com outras forragens. Estas folhas conservam-se bem para o inverno, e não perdem a côr verde, sendo os ramos séccos á sombra. Quando os seccam ao sol, e um pouco demais, conservam-se mal e reduzem-se facilmente a pó: tornam-se por isso menos agradaveis como forragem e até ás vezes são nocivas ao gado, provocando a tosse nos animaes que d'ellas se alimentam.

Affirma Berti-Pichat que o ulmeiro livre, não podado, pode dar folhas com um peso, nos annos da sua maior florescencia, excedente a 100 e 150 kilogrammas, emquanto nos ulmeiros podados, vigorosos, a producção da folha não passa annualmente de 30 a 40 kilos.

—As folhas de figueira, largas e consistentes, são de grande recurso para o gado bovino e ovino. Como dissemos, colhem-se as folhas entre setembro e os primeiros dias de outubro, ou ainda mais tarde conforme o verão, logo que começam a caír. O gado bovino come-as verdes, e o ovino até mesmo quando séccas, embora n'este estado percam todo o sabor e se tornem por isso menos appetitosas.

A. Faria.

A festuca pratensis

Esta graminea é de raiz encorpada, e propria para formar massiços de relva, produzindo grande quantidade de hastes perfeitamente unidas e compactas. Os involucros das folhas inferiores apresentam na base uma côr vermelha purpurina e brilhante, e ao seccarem decompõe-se em filamentos de côr escura. As hastes costumam attingir a altura de 45 a 90 centimetros; as folhas são lisas, finamente estriadas na pagina anterior; florescem em fórma de pani-cula ramosa, tendo os ramos mais fracos de uma a tres pequenas es-pigas e de sete a oito flores lanceo-ladas de um verde esbranquiçado; o verticillo é curto. Na época da maturação, aquellas pequenas es-pigas desarticulam-se e soltam muitos fructos.

Esta planta, oriunda dos paizes do norte, encontra-se apenas nos prados humidos e frios dos nossos climas, em algumas terras frescas de alluvião e nos pontos mais al-tos e expostos ao norte.

E' planta muito rustica, e nem teme os frios do inverno, nem as geadas tardías. Resiste perfeita-mente á humidade, e a sua raiz, penetrando bastante no terreno, subministra á planta o frescor de que necessita nas épocas de estia-gem. Não serve para climas sêc-cos e terrenos expostos ao sul.

Segundo Witting, 1.000 kilog. de feno d'esta planta tiram do ter-reno os seguintes elementos:

Nitrogeneo, 13 kilog.; acido phosphorico, 7 kilog.; potassa, 25 kilog.; soda, 5 kilog.; magnesia, 3 kilog.; cal, 9 kilog.; acido sul-furio, 1 kilog.; silica, 22 kilog.

Diz Wollny que em duas par-cellas de egual extensão, uma das quaes foi adubada com 75 hecto-litros de estrume fresco, se colhe-ram os seguintes productos:

Na parcella estrumada, 267 quintaes de erva ou 67 quintaes de feno; na parcella sem estrume 90 quintaes de erva ou 27 de feno.

Nenhuma graminea exige mais regas do que a festuca pratensis, e convem tel-a em abundancia nos prados de regadio.

A semente é tardia em germi-nar, e a planta só adquire o seu completo desenvolvimento ao se-gundo ou terceiro anno. Diz Vian-ne que no primeiro anno colheu 335 e no segundo 650 quintaes de erva por hectare.

Começa a vegetar na primave-ra, e, quando o tempo corre favo-ravel e o terreno é de boa quali-dade, póde dar tres cortes por anno. Floresce em fins de maio e convem aproveitar esta occasião para segal-a, visto que, passados

dias, as hastes endurecem, dando feno de má qualidade.

Sprengel calcula o producto de um hectare de boa terra em 100 quintaes de erva.

E' consideravel o valor nutriti-vo d'esta graminea, segundo os algarismos que abaixo indicamos tirados das observações de chimi-cos eminentes:

Materia organica de 77 a 80, constituindo a parte principal a albumina, diversas substancias ex-tractivas, etc.

A festuca dá grande quantida-de de semente, que deve recolher-se em julho. Pinkert obteve por hectare 16 quintaes de semente ou uns 75 hectolitros, mas, em média, não chega a metade d'estes algarismos.

Para semear um hectare são ne-cessarios uns 60 kilog. de semen-te, quando só pretenda obter-se esta planta; é porém pratica se-guida associal-a a outras grami-neas e por isso a quantidade de semente depende da combinação que se fizer.

A. Faria.

Legislação agricola

Projecto Vinicola

Artigo 1.º É relevada a responsabi-lidade em que incorreu o Governo pe-la promulgação do decreto n.º 1 de 10 de maio de 1907, e do decreto de 2 de dezembro do mesmo anno, ácêrca da suspensão, durante tres annos, da fa-culdade de plantação de vinha.

Art.º 2.º As mesmas providencias continuarão em vigor, excepto na par-te modificada nas artigos seguintes.

Art.º 3.º Para os effeitos d'esta lei a região dos vinhos generosos do Douro é formada pelos concelhos de Mesão Frio, Peso da Regua, com a excepção da freguezia de Sedielhos, Santa Mar-ta de Penaguião, com a excepção da freguezia de Louredo, e pelas fregue-zias de Celleiroz, Covas do Douro, Gou-vães, Gouvinhas Paradella de Guiães, Provezende, Sabrosa, S. Christovam do Douro, Villarinho de S. Romão, S. Martinho de Antas, Souto Maior e Pas-sos, do concelho de Sabrosa; de Abba-ças, Ermida, Filhadella, Guiães, No-gueira, Villa Real de Matheus, do con-celho de Villa Real; de Alijó, Amieiro,

Carlão, Castedo, Casal de Loivos, Cot-tas, Favaios, Sanfins do Douro, Santa Eugenia, S. Mamede de Riba Tua, Val-le de Mendiz, Villar de Maçada e Vil-larinho de Cottas, do concelho de Alijó; de Noura, Candedo e Murça, do conce-lho de Murça; de Castanheiro, Ribal-longa, Linhares, Beira Grande, Carra-zeda, Seixo, Parambos, Pereiros, Pi-nhal do Douro, Pinhal do Norte e Pom-bal, do concelho de Carrazeda de An-ciães; de Assoreira, Adeganha, Cabeça Boa, Horta, Lousa, Penedo, Torre de Moncorvo e Urros, do concelho de Mon-corvo; de Assares, Lodões, Roios, Sam-paio, Santa Comba de Villariça, Villa Flor e Valle Frechoso, do concelho de Villa Flor; de Ligares, Poiares e Frei-xo de Espada-á-Cinta, do concelho de Freixo de Espada-á-Cinta, na margem direita do Rio Douro; pelas freguezias de Seixas, Numão, Freixo de Numão, As Mós, Villa Nova de Fozcoa, Touça, Cedovim, Sebadelhe, Muxagata, Horta, Almendra, Castello Melhor, Custoias, Murça e Santo Amaro, do concelho de Villa Nova de Fozcoa; de Longroiva, Meda e Poço do Canto, do concelho de Meda; de Casaes do Douro, Ervedosa, Nagozello, Pesqueira, Sarzedinho, Sou-tello, Valle de Figueira, Castanheiro do Sul. Espinhosa, Paredes da Beira, Trevões, Vallongo, Varzéas e Villarou-co, do concelho de S. João da Pesquei-ra; de Adorigo, Tabuaço, Valença do Douro e Barcos, do concelho de Tabua-ço; de Fontello, Armamar, Felgosa, Santo Adrião e Villa Sêca, do conce-lho de Armamar; de Valdigem, Sande, Penajoia, Parada do Bispo, Cambres, Samodães e Lamego, do concelho de Lamego, e do Barrô, do concelho de Rezende, na margem esquerda do Rio Douro.

§ 1.º Podem ser incluidas na região dos vinhos generosos do Douro as pro-priedades situadas na região do vinho de pasto do Douro que se reconheça que devem gosar d'esse privilegio.

§ 2.º As inclusões na região do Dou-ro, a que se refere o § 1.º, serão re-queridas á commissão de viticultura d'essa região, que resolverá depois de ouvido o technico que, para esse fim, for especialmente nomeado pelo Gover-no.

§ 3.º Das decisões de commissão de viticultura haverá recurso para o Go-verno, devendo sobre este ser consul-tada a commissão agricola-commercial dos vinhos do Douro. O recurso pode-rá ser interposto pelos interessados ou pelo funccionario do Estado.

Art.º 4.º A commissão de viticultu-ra da região do vinho generoso do Dou-ro terá a seguinte composição:

Dois representantes de cada um dos seguintes concelhos: Mesão Frio, Peso da Regua, Santa Martha de Penaguião, Sabrosa, Alijó, Villa Nova de Fozcoa e S. João da Pesqueira, e um representante de cada um dos restantes conce-lhos d'esta região.

Art.º 5.º Continuarão inscriptas, no registo dos exportadores de vinhos do Porto, as entidades que actualmente são consideradas exportadoras do mesmo vinho, nos termos do regulamento em vigor, e ficarão autorisadas a exportar as quantidades de vinho generoso que constituem os saldos das respectivas contas correntes.

Art.º 6.º É prohibida a entrada, na região do vinho de pasto do Douro, a que se refere o artigo 12.º, aos vinhos generosos ou de pasto e aos mostos e uvas provenientes do resto do paiz, podendo comtudo ser ahi admittidos os vinhos engarrafados destinados ao consumo local. Exceptuam-se os vinhos dos concelhos ou freguezias limitrophes da região duriense, que, dentro d'esta, terão livre transito com as precauções que no regulamento se determinarem.

§ unico. Será applicado a todas as regiões de vinhos, generosos ou de pasto, legalmente reconhecidos, o disposto n'este artigo.

Art.º 7.º A exportação de vinhos generosos, sem typo regional legalmente reconhecido, continuará a fazer-se livremente por todas as barras e portos do paiz, com excepção da barra do Douro e porto de Leixões e do porto do Funchal, devendo comtudo as respectivas vasilhas ter a indicação do porto de saída, devidamente expressa nos rotulos ou em marca de fogo, conforme a exportação for feita em garrafas ou em vasilhas de madeira, tendo sempre em vista que não possam usar-se designações que se confundam com qualquer marca regional.

Art.º 8.º Região de Carcavellos: é a formada pelas freguezias de S. Domingos de Rana e Carcavellos, do concelho de Cascaes e pela parte da freguezia de Oeiras, que é tradicionalmente reconhecido produzir vinho generoso.

Art.º 9.º E, para todos os effeitos, considerado como vinho do typo regional de Collares o produzido em toda esta freguezia e nos terrenos de areia solta das freguezias de S. Martinho e S. João das Lampas do concelho de Cintra.

§ unico. O vinho com a marca regional de Collares só poderá ser exportado pela barra de Lisboa, ou por qualquer outra, apresentando o exportador certificado de procedencia passado pela alfandega d'esta cidade.

Art.º 10.º A região dos vinhos verdes é a formada pelos districtos administrativos de Vianna do Castello e Braga e pelos concelhos de Mondim de Basto, no de Villa Real; de Santo Thyrso, Villa do Conde, Povoa de Varzim, Bouças, Maia, Vallongo, Paredes, Paços de Ferreira, Lousada, Felgueiras, Penafiel, Amarante, Marco de Canavezes, Baião e Villa Nova de Gaya, no

do Porto; Castello de Paiva, Macieira de Cambra, Arouca, Ovar, Feira, Oliveira de Azemeis e Estarreja, no de Aveiro; e Oliveira de Frades, Vouzella e S. Pedro do Sul, no de Vizeu.

§ 1.º Dentro da região dos vinhos verdes e suas sub-regiões, cada proprietario pode addicionar ao nome da região o do concelho, freguezia e propriedade productora.

§ 2.º Ficam assignaladas como sub-regiões especiaes de vinhos verdes as seguintes:

a) A de Monção, constituida pelos concelhos de Monção e Melgaço, com a marca «Vinho verde de Monção»;

b) A do Lima, constituida pelos concelhos de Vianna do Castello, Ponte do Lima, Ponte da Barca e Arcos de Val de Vez, com a marca «Vinhos verdes do Lima»;

c) A de Amarante, constituida pelos concelhos de Amarante e Marco de Canavezes, com a marca «Vinhos verdes de Amarante»;

d) A de Basto, constituida pelos concelhos de Celorico de Basto, Cabeceiras e Mondim de Basto, com a marca «Vinhos verdes de Basto»;

e) A de Braga, constituida pelos concelhos de Barcellos, Braga, Guimarães, Amares, Povoa de Lanhoso, Villa Nova de Famalicão, Villa Verde e Espozende, com a marca «Vinhos verdes de Braga».

§ 3.º A demarcação da região dos vinhos verdes pode ser alterada, em virtude de reclamação de alguma camara municipal ou syndicato agricola, por decreto publicado no Diario do Governo, com inserção do parecer do Conselho Superior de Agricultura.

Art.º 11.º A região dos vinhos de pasto do Dão é demarcada do modo seguinte:

Região do Dão: a comprehendida nos concelhos do districto de Vizeu, que não façam parte da região do Douro; os concelhos de Tábua e Oliveira do Hospital no districto de Coimbra, e o concelho de Fornos de Algodres no districto da Guarda.

(Continúa).

Noticias dos campos

LAGOS.—As vindimas vão muito adeantadas e a colheita é abundante e de boa qualidade. O preço da uva regula entre 260 e 280 réis a arroba.

O figo teve este anno boa secca, e, se não é tão grande como nos mais annos, é em compensação muito mais claro e de melhor qualidade para enceirar. O seu preço regula a 800 réis a peça

VILLA MENDO DE TAVARES.—Concluiram as vindimas n'esta localidade, sendo a produção superior á do anno findo e a qualidade do vinho excellente, devido ás uvas estarem bem sazonadas e enxutas.

TORRES VEDRAS.—Continuam com actividade as vindimas. Espera-se que os vinhos sejam de superior qualidade, devendo a producção orçar por cerca de 60:000 pipas.

MACEIRA (FORNOS DE ALGODRES) —Terminaram as vindimas.

O tempo conservou-se admiravel, contando-se que as colheitas não sejam inferiores ás do anno passado.

ANADIA.—Estão findas as vindimas, sendo a colheita um pouco inferior á do anno passado.

SOURE.—Estão terminadas as vindimas n'esta região, sendo a producção, apesar da queima, superior á do anno passado.

VIZEU.—A chuva, ha muito esperada, caiu abundantemente a noite passada e esta manhã. As vindimas estão concluidas, sendo optima a qualidade e a producção regular. A colheita dos milhos vae adeantada.

ESPOZENDE. — Concluiram as vindimas n'este concelho. O vinho é de magnifica qualidade e muito abundante a producção.

Tem feito um tempo magnifico para a conclusão das colheitas.

CANTANHEDE.—Na feira mensal que aqui se realisou os preços dos generos foram os seguintes: trigo mouro, 15 litros, 720 réis; tremez, 700; milho branco, 560; amarello, 540; centeio, 700; cevada, 600; aveia, 500; arroz, 1$300; feijão branco, 960; amarello; 960; vermelho, 1$000; rajado, 900; frade, 600; chicharo, 500; grão de bico, 860; fava, 540; batata, 400; sal, 120; vinho branco, 20 litros, 650; tinto, 550; aguardente, 2$000; vinagre, 800; e azeite, 10 litros, 2$800 réis

FREIRIA (TORRES VEDRAS). — Por aqui estão quasi concluidas as vindimas, calculando-se haver menos uma quarta parte do anno passado.

Quanto a preços de vinhos não se fala n'isso embora sejam de optima qualidade, como poucos annos têm succedido. Pena é não darem para as despezas do amanho.

NABAES (GOUVEIA).—Tivemos aqui tres dias de grande vendaval, que muito prejudicou a agricultura. Caiu muita azeitona, que está ainda verde, não podendo por isso aproveitar-se.

Estão concluidas as vindimas, sendo a colheita d'este anno um pouco inferior em quantidade á do anno passado, mas superior em qualidade.

PROVEZENDE.—Estão quasi terminadas as vindimas n'esta importante região vinhateira. A novidade deve ser uma das que deve marcar nome, mas que ao infeliz lavrador nada aproveita, pois ao preço vil de 20 a 21$000 réis não chega para fazer os granjeios. O praso de requerer para cultivar tabaco no proximo anno de 1909 termina em 31 do corrente.

É esta cultura muito remuneradora; mas para isso é preciso que o governo obrigue a Companhia dos Tabacos a comprar o tabaco do Douro pelo seu justo valor e que mande a guarda fiscal para as fronteiras, pois o verdadeiro fiscal é o cultivador. Todos sabem que em Portugal entraram centenares de contos de réis de seda da visinha Hespanha sem pagar direitos, e o tabaco só depois de preparado é que póde ser consumido. Mande, pois, o governo regressar onde façam falta os militares que estão na ociosidade empregados na cultura do tabaco e deixe ao cultivador a liberdade de proceder como entender, embora n'uma zona restricta, e verá augmentar a receita consideravelmente.

GAZETA DOS LAVRADORES

ORGÃO DE PROPAGANDA E DEFEZA DOS INTERESSES DA AGRICULTURA NACIONAL

Com a collaboração de muitos agricultores, agronomos, medicos veterinarios, horticultores, viticultores e regentes agricolas

DIRECTOR e PROPRIETARIO: *JOSÉ ERNESTO DIAS DA SILVA*

Medico veterinario -- Antigo professor da Escola de Agricultura da Real Casa Pia de Lisboa

Assignaturas
(pagamento adeantado)

Um anno.................... 1600 éis
Um semestre................ 800 »
Numero avulso............. 50 »

As assignaturas começam sempre no principio de cada mez.
Toda a correspondencia deve ser dirigida ao director do jornal.
Os originaes recebidos quer ou não publicados não se restituem.
COMPOSIÇÃO na séde da Gazeta.—IMPRESSÃO—Imprensa
Africana—Rua de S. Julião, n.º 58 e 60.

Annuncios
(TYPO CORPO 8)

Por uma só inserção......................... 40 réis cada linha
Repetição até 5 publicações................ 30 » »
Annuncios permanentes, folhas soltas, réclames e annuncio
intercalados no texto—contracto especial.
Os srs. assignantes gosam do abatimento de 30 %.
A administração acceita correspondentes em todas as terras do pair

Redacção e Administração, C. de Santo André, 100, 1.º

EDITOR—Dias da Silva

SUMMARIO

Agricultura geral

A policia rural

Entre tantos assumptos que
temos dissertado ainda em nenhuma se encarou a questão sob um
ponto para o qual vamos chamar
a attenção do governo e a dos lavradores, na certeza de que será
de reconhecidissimas vantagens
para estes, para o Estado e, por
consequencia, para o paiz.

Portugal poucos productos tem
que possa destinar á exportação;
e os poucos que exporta pesa sobre elles taes encargos que quasi
tornam impossivel o alargamento
da sua acção. Os governos do nosso paiz, quando estabelecem negociações para tratados de commercio, nunca estudam as vantagens
que devem ser reciprocas entre os
paizes contractantes, e teem-se
apenas preoccupado com as impor-

tações, porque olham exclusivamente para os rendimentos das
alfandegas, despresando as riquezas que o nosso solo contém.

Este, pelas suas excepcionaes
condições climatericas, podia muito bem transformar-se n'uma vasta seára e ao mesmo tempo apresentar uma das maiores vinhas e
um dos mais abundantes pomares
do mundo. Os productos agricolas
são ainda os unicos recursos das
pequenas nações e ultimamente as
grandes potencias não se consideram desdouradas em applicar á
cultura das terras os mais afano-
sos estudos para as desenvolverem,
porque é d'ellas que esperam o
seu equilibrio economico, a prosperidade das suas finanças.

Como essas potencias, Portugal
tambem já teve n'outros seculos
a sua preponderancia commercial.
Lembremo-nos que outr'ora o maior
imperio do mundo, quando da India chegavam ao Tejo os carrega-
mentos colossaes das suas riquezas
E actualmente o que é o nosso
commercio comparado com o que
foi então?

Comtudo ainda podemos resur-
gir para um commercio activo e
rendoso com as outras nações. Da
prosperidade da agricultura e dos
tratados negociados com criterio
depende esta capitalissima questão
Dissémos acima que Portugal
poderia ser um abundantissimo pomar; e accrescentaremos agora que
d'esse pomar nos poderiam vir al-

guns milhares de contos, que constituiriam um precioso recurso para as circumstancias economicas
que atravessamos.

Ha grandes nações, como a Inglaterra e a Allemanha, que precisam importar a quasi totalidade
das fructas que consomem. Actualmente não podemos competir nem
com a França nem com a Italia
na producção de fructas, dada a
escassez a que ellas chegaram entre nós, pelos constantes vandalis-
mos e rapinagens que teem tortu-
rado os proprietarios, alguns dos
quaes abandonaram a cultura das
arvores fructiferas, emquanto outros mandaram arrancal-as para
ellas não servirem de pasto a gulosos ou ao sustento de rebanhos.

Ora, desde que a policia rural
seja um facto, os proprietarios poderão retomar a cultura das arvores fructiferas, porque terão mercados certissimos para os seus productos. Apesar da pouca fructa
que ha alguns annos estamos produzindo—pouca e de ruim qualidade—ainda fazemos para fóra,
e sobretudo para a Inglaterra e
para o Brazil, bellas remessas de
maçãs, pecegos, laranjas, etc.

Desde que aperfeiçoassemos os
varios exemplares de fructas, com
certeza conseguiriamos o mercado
da Allemanha, incontestavelmente
o mais importante da Europa, e o
qual a America procura por todos
os meios captar, e talvez o conse-
guisse, se não tivesse como com-

petidoras a França, e a Italia, visinhas do grande imperio germanico.

Para se conhecer a grandeza d'este mercado, bastará dizer que a Allemanha importa por anno fructas na importancia quasi fabulosa de 30:000 contos, não vindo d'esta verba nem cinco réis para Portugal, emquanto nós de lá mandamos vir tantos productos industriaes.

Os paizes que para ali exportam, por ordem de mais avultadas remessas, são a França, a Italia, a Russia, a Austria e a Hespanha, e até a Hollanda, que nos ultimos annos tem querido fomentar e alargar por todas as fórmas a sua agricultura, pretende tambem conquistar para si uma parte d'aquella importantissima verba que a Allemanha paga pela fructa que annualmente consome.

A' vista d'estes factos, havia toda a vantagem em produzir fructas que, com os vinhos, constituiriam os dois principaes productos de exportação.

Temos em Portugal regiões que são privilegiadas para a cultura de fructas, isto tanto na Beira como no Minho, tanto no Douro como no Algarve.

A dois passos de Lisboa temos Collares, uma das mais justamente afamadas regiões para fructas, onde as plantações são extensas, mas ás quaes se não dispensam os cuidados que merecem para serem aproveitadas com utilidade e vantagem.

A mistura das especies prejudica consideravelmente a qualidade dos fructos. E o que observamos no nosso paiz é justamente a promiscuidade da cultura, havendo poucas pessoas que cultivem especialidades que se imponham pela sua belleza e pelo seu sabor.

As arvores precisam ser limpas, convenientemente podadas, desembaraçadas das lenhas que as não deixam produzir. E nada d'isto se observa, porque dá alguns trabalhos que os lavradores não consideram compensadores pelas contigencias a que os fructos estão sujeitos e porque não é facil

promover a sua exportação.

Temos tido um excesso de vinho consideravel, como ainda ha dois annos succedeu, e apesar da Allemanha ter importado em 1905 8.963:000 kilos de uvas para mesa e 115.188:000 kilos de uvas para vinho, nós, que não sabiamos o que deviamos fazer áquella superabundancia, não enviámos para a Allemanha nem um só bago de uva.

O mesmo paiz importou em 1901 uvas na importancia de 1:100 contos, e no anno passado a importação d'este fructo elevou-se a 1:600 contos.

Pois do nosso paiz não foram uvas nenhumas para a Allemanha, porque as uvas portuguezas pagam de entrada n'aquelle paiz 15 marcos, ou sejam 3$300 réis por cada 100 kilos, direito por assim dizer prohibitivo para a nossa exportação.

O que acabamos de expôr prova evidentemente quanto seria vantajosa a cultura intensiva das arvores de fructa e a negociação de um tratado favoravel para a admissão das nossas fructas no mercado allemão e em outros paizes onde a sua producção seja insufficiente.

A policia rural contribuiria em muito para o desenvolvimento da cultura das arvores de fructo, pois, havendo uma boa guarda ás propriedades, os proprietarios com certeza lhes dariam o maior incremento.

Os passaros amigos e inimigos da agricultura

Muito se tem escripto a respeito dos passaros, diz um dos ultimos numeros do *Bulletin des Halles*, e de todos os estudos e de todas as observações feitas deduz-se haver notavel beneficio para o lavrador e horticultor em conservar quasi todos os passaros, e em favorecer-lhes a multiplicação, comquanto convenha destruir alguns em determinadas épocas.

As aves de rapina, que constituem a cubiça dos caçadores, não

são as menos uteis. O butio, o mocho, o gavião, o falcão, o bufo e a coruja prestam importantes serviços á lavoura por destruirem grande numero de arganazes e ratos; são estes o principal alimento, e o consumo que d'elles fazem parecerá talvez inacreditavel ás pessoas que nunca visitaram os esconderijos d'aquellas aves.

O butio e o gavião tornam-se algumas vezes culpados de leves furtos de perdigotos, verdade é; mas os lavradores teem muito a lucrar em deixar-lhes algumas perdizes novas como recompensa dos innumeros roedores que destroem.

As corujas, que são muitas vezes para recear na visinhança dos pombaes, consomem annualmente mais de dois mil roedores. Torna-se indispensavel matar as que se introduzem nos pombaes para comerem os pombos novos, mas convem poupar aquellas que se conservam á distancia.

A fuinha penetra tambem muitas vezes nos pombaes e as suas depredações são quasi sempre attribuidas á coruja, que gasta a maior parte do tempo em apanhar e comer os ratos que apparecem nos telhados.

Os corvos e as gralhas comem egualmente grande quantidade de vermes de toda a especie. Os corvos estragam bastante os prados e os trigos, mas quantos milhares de vermes não comem elles?! Todavia, são mais os estragos que os beneficios por elles causados nas localidades que frequenta em grandes bandos.

O animal damninho por excellencia, o genio do mal, é a péga; destroe, pelo prazer de destruir, os ninhos dos outros passaros, não merecendo por este motivo a mais leve compaixão. As pégas devem matar-se sempre, porque os serviços que prestam não compensam os estragos que causam.

Quando se commette a falta de plantar cerejeiras e ameixieiras na visinhança de bosques ou mattas, torna-se indispensavel fazer guerra sem tréguas ás pégas, melros e gaiós, para se colherem alguns fru-

i passaros é,
essidade tem-
io não deve
las colheitas.
uentes, mas
e, o que não
sim um cal-
rar:
ros, antes do
s cerejas e
gulosos, téem
numero suf-
ntir uma boa
uinte. Exter-
rque comem
nservem-se os
struição das
rvas durante

oingarda, da-
o de dois ou
as ou tres se-
ós gaios e os
estragos que

uenos, exce-
pisco e o pin-
le toda a nos-

hos de *bico fi-*
outinegras de
melharucos,
são os melho-
mem na des-
formam d'el-
:clusivo e *não*

ça numerosa,
grãos nem le-
struido pelos

a ignorancia,
ra dar conta
do alguns la-
andorinhas;
olheitas, essa
a e activa que
la guerra que

des no vosso
sses pequeni-
vos e contae
s viagens do
ando de cada
m verme pa-
hecereis que

zentas viagens por dia e destroem,
portanto, seiscentos insectos desde o nascer ao pôr do sol.

Então, convencidos do que acabo de dizer-vos, prohibireis vossos
filhos de roubar os ninhos d'esses
pequeninos passaros.

Em qualquer recanto do jardim,
plantae lilazes e malvaisco que formem um massiço, cujo aroma neu-
tralise o do estrume, e poupae
simultaneamente as toutinegras e
os rouxinoes que vos deleitarão
com o seu canto; por este meio fi-
caes livres dos insectos, e tendes
a certeza de que os vossos fructos
e legumes duplicarão em quantidade e melhorarão em qualidade.

Attrahir por todos os meios possiveis os pequeninos passaros aos
campos e jardins, é dar a estes a
riqueza e a abundancia.

Aos Lavradores

A *potassa* é um dos elementos
mais importantes na alimentação
das plantas. Os lavradores devem
exigir que os adubos lhes sejam
fornecidos com altas dosagens garantidas de *potassa.* Em *trigo* as
melhores colheitas possiveis, em
relação á média do anno, tem sido
obtidas com adubos, contendo alta dosagem garantida de potassa.

Novo processo de seccagem dos fenos

Todos os agricultores sabem os
inconvenientes que tém a sêcca
demoradas dos fenos, e os sérios
perigos que a forragem corre se
apanha chuvas quando está cortada e espalhada. Ultimamente o sr.
E. Masson, em França, lembrou-
se de promover a rapidez da seccagem, pulverisando primeiro o
feno, antes de cortado, com liquidos causticos, que o emmurcheçem
de fórma tal que pouco tempo depois do córte póde ser armazenado,

Os liquidos que melhor effeito
produziram foram os acidos sulfurico e chlorhydrico, sobretudo o
primeiro; estes acidos empregaram

ções de 5 a $10\,\%$, juntando-se ao
mixto sabão branco, na quantidade de 1 gram. por litro, para melhor o fixar sobre as folhas. Um
hectare de prado artificial consu-
miu n'este tratamento uns 500 litros de agua acidulada com acido
sulfurico a $10\,\%$.

Passada uma hora depois da
pulverisação, os caules e as folhas
estavam quasi enxutos. Tres horas
depois, tendo sido feito o córte
n'este intervallo, o feno achava-se
em estado de ser recolhido no pa-
lheiro.

Para não expôr os animaes á
absorpção de tão grandes quantidades de acidos, aconselha o auctor do processo que se misturem
estes fenos com forragens verdes,
nas proporções ponderaes de 6
partes de forragem verde para 1
de feno acido, ou nas proporções
volumetricas de 2 para 1.

Os animaes comeram estes fenos com avidez, e durante o tempo da experiencia estiveram sem-
po de saude; apenas foi necessario augmentar-lhes a ração da
agua. Estas forragens parece não
exercerem a acção meteorisante,
não augmentarem nem diminuirem
a secreção lactigena, mas o leite
que forneceram foi julgado mais
perfumado e saboroso. O gado co-
meu por esta fórma plantas grosseiras, que aliás regeitaria; e as
plantas que costumam dar mau
gosto ao leite perderam essa propriedade com o tratamento acido.

O snr. E. Masson promette continuar as suas experiencias; na
verdade são ellas interessantes, e
a seu tempo informarei os leitores
dos resultados d'esses novos estudos. A titulo de curiosidade aqui
deixo registradas as primeiras communicações; mas, accrescentarei
que precisa ter cuidado quem quizer repetir estes ensaios: não se
póde misturar sem algumas precauções o acido sulfurico e a agua,
a pulverisação precisa ser bem regular; deve haver cautela na administração das forragens, para
não comprometter a saude dos
animaes. Depois, o acido sulfurico

ruraes nem sempre se obtem com rapidez e facilidade. Por todos estes motivos, acredito que semelhante processo não póde entrar—pelo menos n'estes tempos mais chegados—nas nossas praticas agricolas.

As batatas séccas

O *Technologiste* publica um interessante artigo ensinando o meio mais racional de preparar as batatas seccas, actualmente usado em França com o fim de evitar que este importante tuberculo soffra as alterações a que, em certas e determinadas épocas, esté sujeito no seu estado natural. Pelo processo da seccação, consegue-se que as batatas, diminuindo de peso e volume, o que é muito attendivel para os transportes, não apodreçam nem germinem, nem mesmo se tornem escuras.

Na escolha dos tuberculos destinados a este processo deve attender-se a duas circumstancias essenciaes, que tornam o descascamento menos difficil; terem a pelle limpa e liza e serem pouco fundos os olhos.

Esse descascamento faz-se geralmente á machina, lavam-se as batatas em agua fresca, cortam-se em quatro pedaços e depois para tirar-lhes parte da agua que contenham e evitar que se tornem escuras, lançam-se n'uma solução concentrada de sal commum.

Retirando-as do banho salino, deixam-se escorrer convenientemente, e põem-se a seccar n'um quarto ou sala que seja bastante desafogada e com a temperatura média de 80 a 90°, collocando-as depois de bem séccas em caixas ou barris de modo que fiquem muito comprimidas, para evitar quanto possivel a circulação do ar.

As batatas assim preparadas podem empregar-se em todos os usos culinarios de que são susceptiveis as frescas, mas pondo-as antes de môlho por espaço de doze horas para perderem todo o sal, e para que a polpa absorva a quantidade de agua necessaria.

As molestias contagiosas das plantas cultivadas e do gado

I

As affecções transmittidas por virus volateis que causam tão graves estragos nas sociedades vegetaes, animaes e humanas, provocaram sempre fundados terrores. O seu berço parecia limitado a um ponto suspeito, muitas vezes mal conhecido e sempre mal determinado. Mas o mal, com rapidez apparente, estendia-se a uma provincia, contaminava um paiz inteiro, passando de uma a outra região com caprichos attribuidos ás condições meteorologicas da occasião.

Desde a primeira invasão do destruidor flagello, impozera-se aos poucos espiritos pensadores, que estudaram o temivel phenomeno, a ideia de um contacto entre o doente e o germen da molestia. Na falta de observações exactas, e materialmente impossiveis nos seculos anteriores, attribuiram a origem do mal a um virus, ao contagio, aos miasmas, isto é, a liquidos inficiosos ou a volumes de ar empestados. Pondo de parte o sentido erroneo que ligavam a estas diversas palavras, tinham razão. O grande purificador, o fogo, foi o unico remedio que opposeram ás epidemias reinantes.

Observações isoladas, colligidas por espiritos investigadores, estudos variados e experiencias confirmativas ou contradictorias, lançaram luz sobre os sombrios mysterios dos contagios. Hoje a sciencia arma-se cada vez melhor para a defensiva, e até se encontra já sufficientemente preparada para tomar uma offensiva feliz e proveitosa.

A importancia d'estes estudos é tão capital para os interesses agricolas como para a medicina humana.

As considerações philosophicas e scientificas que summariamente vamos expor, longe de constituirem um conjuncto theorico sem alcance immediato, devem, ao contrario, servir de fundamento aos meios mais praticos e mais econo-micos de anniquillar o flagello.

Na universalidade dos mundos está a materia sujeita a perpetuas modificações de fórmas. No universo nada existe que seja estavel e fixo. O mineral, em quanto não é organisado nas fórmas vivas, é como que um brinquedo dos phenomenos physicos. O ser organisado, constituido pela assimilação de elementos brutos, não faz mais que passar por uma fórma transitoria que cessa com a morte e o restitue ao seu estado primitivo. Entra na logica das nossas concepções admittir que tudo quanto é mineral tomará vida um dia, como tudo quanto é organisado volta já á fórma mineral, pela morte. O decurso das transições, a intensidade das transformações serão mais sensiveis para certos elementos que para outros, como testemunham os termos *longevidade, assimilação, affinidade*, applicados correntemente para caracterisar os factos de observação mais notaveis.

Impõe-se, porém, immediatamente uma distincção: o mineral soffre a influencia dos meios, e o ser organisado provoca-os. D'ahi, nos seres vivos essa intensidade de lucta que, do mais alto ao infimo da immensa escala organica, se compraz n'uma confusão apparente que encontra na destruição e na morte novos elementos de vida.

Aos organismos simples de contextura, ás dimensões apenas sensiveis ao microscopio, é attribuido um papel importante n'essas transformações. Sob aspectos apenas dissimilhantes, o que torna a sua classificação um laborioso problema, exercem acções evidentemente caracteristicas. Atacam a rocha, a planta e o animal para satisfazerem as condições da sua existencia. Mas no estado actual dos nossos conhecimentos vemos que elles apresentam uma contextura tanto mais complexa quanto o seu meio alimentar offerece maior resistencia á desaggregação: é a bacteridia, cellula simples de algum modo, para o organismo animal de elementos tão assimilaveis; é o cogumelo microscopico, cellulas aggregadas em fórma de rosario, para o organismo vegetal de elementos mais resistentes; é a cryptogamica organisada, lichen e musgo, para a rocha refractaria ou para a casca, camada morta de cortiça impermeavel.

Estes organismos parecem ser os auxiliares indispensaveis da transformação de tudo que tem vivido; não ha decomposição em que elles deixem de encontrar-se. Onde elles faltam, mumifica-se ou petrifica-se o corpo animal, carbonisa-se o vegetal, e a rocha fica chimicamente intacta.

Estes organismos devem á simplicidade de sua estructura, a uma grande connexão entre as funcções de nutrição e de geração, multiplicar-se ao infinito em curto espaço de tempo. Mas é necessario oxygenio (o ar, portanto), humidade, um calor moderado.

Encontram o oxygenio no ar, no solo pulverisado, no terriço, nos corpos porosos, nos canaes intercellulares, e até no sangue.

Garantem-lhes a humidade as chuvas, os nevoeiros, os liquidos alimentares. A sombra dos bosques a escuridão dos coutos, o ceu nublado protegem-os contra a sêcca.

O fim da primavera, o verão humido, o começo do outomno, as soluções quentes, as fermentações ou combustões lentas das materias organicas, o calor do corpo animal, procuram-lhes a temperatura necessaria á sua evolução.

A infinita pequenez dos seus esporos reproductores dá-lhes uma densidade que se approxima á do ar: o ar quente, o pó em suspensão no ar, as teias das aranhas, os pellos tenues, a penugem, os nevoeiros, as correntes de ar, o halito, as emanações cutaneas, e os ventos levam-os sem alterar a transparencia do ar. Os ventos humidos disseminam-os intactos; os ventos sêccos, que lhes são geralmente prejudiciaes, podem seccal-os e deixar-lhes apenas uma vida latente; que elles tornem a encontrar as necessarias condições de ar, de humidade e de calor, e voltarão á vida propagando o mal e levando a ruina a toda a parte.

(Continúa)

Arboricultura

Curativo das arvores doentes

Muitas e mui diversas são as molestias que atacam actualmente as arvores em geral, o que para o horticultor é um verdadeiro tormento.

Essas molestias manifestam-se por bem differentes caracteres, taes como enfraquecimento ou definhamento da arvore enferma, proveniente umas vezes da pobreza natural da seiva da propria arvore, outras do empobrecimento do solo. Em qualquer dos casos, a arvore começa a ser invadida por parasitas da ordem animal ou vegetal; a formiga, os insectos nocivos em geral, as cryptogamicas de varios generos d'ella se apossam, e, se não se lhe acudir a tempo, a arvore será victima bem depressa d'aquelles seus terriveis inimigos.

Na minha qualidade de jardineiro horticultor e encarregado em geral de velar pela cultura, tive a infelicidade de vêr-me no anno passado a braços com o terrivel flagello. E bem terrivel era elle, pois ameaçava já de morte muitas e boas arvores fructiferas, e sobretudo as larangeiras pouco antes robustas, viçosas e cheias de vida. Os ramos despidos totalmente de folhagem ou apresentando alguns restos d'ella, amarellada, crespa e coberta de alforra; o tronco despindo-se da casca e o proprio pau esfarellando-se junto á terra, como se fôra accommettido pelo caruncho, tal era o estado miserando dos pobres vegetaes.

N'este desesperado transe de querer a todo o custo salvar tantas arvores que tanto tempo e trabalho haviam dispendido para chegarem a attingir o desenvolvimento que apresentavam, veio-me ás mãos um processo indicado por M. Payen e tratei desde logo de experimental-o.

Com effeito, a experiencia mostrou-me bem depressa qua as substancias aconselhadas por M. Payen são as mais proprias para melhorar o solo empobrecido, e ao mesmo tempo para favorecer a vegetação prejudicada.

Eis como procedi para com todas as arvores que se achavam despidas já da folha e da casca, e bem assim para com as que começavam a despir-se ou ameaçavam vir a perdel-as.

Cavei a terra em volta da arvore até á profundidade de 1^m,00 a 1^m,50 conforme o seu desenvolvimento, para que as raizes pudessem receber facilmente a seguinte preparação:

	kg.
Sulphato de ferro pulverisado	0,525
Sal de cosinha	1,500
Alumen de rocha	0,525

Diluido tudo em quarenta litros de agua commum. Com esta dissolução reguei as arvores, lançando uma porção quanto bastasse em cada uma das covas, duas vezes em cada um dos primeiros dias, tendo sempre o cuidado de modificar as quantidades segundo a força dos individuos. Dentro em poucos dias tive a satisfação de observar que com este tratamento vigoraram as raizes que ainda não estavam enfermas, que as atacadas levemente tomaram novo vigor, e que as mais atacadas foram completamente destruidas.

D'este modo pude salvar da destruição de que estavam ameaçadas na maior parte as arvores da quinta confiada aos meus cuidados.

Almeida Leitão.

Vinicultura

A trasfega dos vinhos

Esta operação vinicola é das mais importantes para a boa conservação dos vinhos, principalmente depois dos mezes de inverno.

O frio exerce uma influencia especial sobre os vinhos; nada lhes accrescenta nem tira, mas modifica-lhes as condições de meio em que se encontram as substancias estranhas que contéem, permittindo, portanto, que se forme um juizo mais seguro sobre elles. O vinho novo contém muitas materias em suspensão que, por effeito do repouso e da baixa temperatura, formam borras ou sedimentos que caem no fundo das pipas. Constituidas por materias azotadas, albuminosas, fermentos e germens nocivos, essas borras condensam-se sob a influencia do frio, tornam-se mais espessas, e são precipitadas, arrastando comsigo todas aquellas materias diversamente prejudiciaes. O vinho, assim despojado, torna-se limpido e claro.

E conservar-se-hia sempre n'esse estado se a primavera e o verão não succedessem ao inverno. Com o calor, essas borras põem-se em movimento, perdem a cohesão e deixam subir á massa do vinho esses fermentos nocivos que, anteriormente, haviam attrahido, e que depressa se desenvolvem e alteram o vinho.

As trasfegas são o unico meio de obstar a tão grave inconveniente.

Procede-se da seguinte fórma:

1.º Por meio d'uma torneira collocada na parte inferior do tonel, passa-se o liquido para balsas, e d'ahi trasfega-se a cantaros para outro tonel por um funil posto no orificio do batoque.

2.º Por meio de syphões, introduzindo um dos braços no tonel, que tem de ser trasfegado, a alguns centimetros acima do nivel das borras, emquanto o braço mais comprido lança o liquido na vasilha para que elle tem de passar.

3.º Por meio de bombas aspirantes e prementes ou de rotação, com um tubo de coiro ou de caoutchouc.

O primeiro systema é defeituoso, por ficar o vinho em contacto muito directo com o ar ambiente que póde introduzir n'elle germens de doenças ou, pelo seu oxygenio, dar novo vigor aos fermentos.

Tornam-se preferiveis os outros dois systemas. O vinho fica preservado durante a trasfega e não corre o risco de alterar-se mais tarde.

Qualquer que seja o processo adoptado para as trasfegas, é indispensavel a maxima limpeza, sendo lavados com o maior cuidado todos os utensilios de que se faça uso.

As bombas, tubos, syphões e balsas devem ser lavados com agua a ferver para que desappareçam completamente todas as impurezas que tenham adherido a esses utensilios. Os toneis devem acharse egualmente em perfeito estado de conservação e limpeza.

Importa suspender o trabalho logo que se manifeste a mais leve alteração na limpidez do vinho, para evitar que se introduza no tonel a minima porção de borra. Convém fazer sempre este trabalho em tempo secco e com vento norte porque, em taes condições, sendo mais elevada a pressão atmospherica, a borra está mais densa e tem, por isso, menos facilidade em subir e misturar-se com o liquido. Este nunca deve ser agitado, cómo egualmente convém mover as bombas com todo o cuidado e vagar; o contrario daria logar a grandes agitações do liquido que necessariamente o perturbariam.

A utilidade das trasfegas é reconhecida por todos os viticultores, que d'ellas esperam sempre bons resultados; alguns, porém, entendem que o vinho, sobre essas borras, ganha vida e côr, o que é um erro. O vinho não adquire mais côr com a trasfega, mas póde tambem affirmar-se que não a perde depois d'essa operação, emquanto que, permanecendo sobre as borras, ha de perdel-a diariamente a ponto de apresentar uma differença notavel a par d'aquelle que foi convenientemente tratado.

Os vinhos trasfegados teem sempre mais procura.

Tratamento das vasilhas em que tenha azedado vinho

As vasilhas em que tenha azedado vinho necessitam de um tratamento energico antes de serem utilisadas; a acidez penetra facilmente na madeira e é urgente destruil-a.

Primeiramente torna-se necessario enxugar os cascos com agua quente antes de qualquer preparação para d'essa fórma fazer desaparecer os vestigios do vinho az[...] do, vestigios que ficam adherenás paredes interiores. Em seguid para saturar a acidez, tomam 500 grammas de subcarbonato soda e depois de os dissolver dois litros de agua a ferver, e co pletada a dissolução, lança-se se liquido na pipa, a cujo san[...] mento se procede. Agita-se b esse liquido e rola-se a pipa—todos os sentidos para ficarem b impregnadas todas as superfic interiores com a solução de so[...] Este trabalho deve ser renova[...] muitas vezes nas vinte e qua[...] horas; depois enxuga-se a vasil

E' preferivel fazer-se duas vagens com agua quente rola[...] bem o casco e deixando perma[...] cer a agua n'elle durante algun horas; uma ultima lavagem c[...] agua fria terminará este traba[...]

Para a boa conservação da p[...] depois de concluido o process[...] que acabamos de fallar, basta [...] xar escorrer o casco, seccar i[...] riormente e queimar á extremi de de uma mecha, e depois tap[...] bem.

Quando pode dispor-se de gerador, lança-se na parte inte[...] da pipa um jacto de vapor p[...] completar perfeitamente a op[...] ção.

Legislação agricol[...]

Projecto Vinicola

Continuado da pag. 144

Art.º 12.º A região dos vinho pasto do Douro (virgens) será for[...] pelos concelhos de Mesão Frio, [...] Martha de Penaguião, Villa Real[...] gua, Sabrosa, Alijó, Carrazeda d[...] ciães, Mirandella, Murça, Valpaço[...] la Flor, Alfandega da Fè, Torr[...] Moncorvo, Freixo de Espada-á-C[...] na margem direita do Rio Dour[...] freguezia de Barró, do conselho d[...] zênde, e pelos concelhos de Lan[...] Armamar, Tabuaço, S. João da[...] queira, Meda, Figueira de Castell[...] drigo e Villa Nova de Fozcoa, na[...] gem esquerda do mesmo rio.

Art.º 13.º É o Governo autoris[...] restituir aos viticultores da regiã[...] vinhos generosos do Douro, dura[...] prazo de dois annos, o imposto d[...] de agua que pagar, á entrada da[...]

de do Porto, o vinho produzido n'essa região, devendo, em regulamento especial, ser fixadas as condições em que será feita esta concessão.

Art. 14.º Será applicada, em cada anno, a quantia de 45 contos de réis a premios aos vinhos exportados para o estrangeiro e cuja graduação alcoolica não exceda 17º centesimaes. Dois terços d'esta quantia serão destinados aos vinhos cuja graduação esteja comprehendida entre 14º e 17º e o terço restante aos vinhos de 9º a 14º. A importancia d'este premio não poderá exceder 1$000 réis por hectolitro de vinho exportado para os vinhos de 14º a 17º; 500 réis, para os de 11º a 14º; e 200 réis, para os de 9º a 11º.

Art.º 15.º A parte da verba de 180 contos de réis, inscripta no orçamento, para os diversos fins indicados n'esta lei, que, em qualquer anno, não for applicada á esses fins, será, no anno economico seguinte, destinada ao estabelecimento de estações experimentaes de agricultura, devendo em primeiro logar installar-se as que possam, mais vantajosamente, promover o fabrico de passas e desenvolver o commercio de uvas de mesa.

§ unico. A primeira estação, que se criar, será estabelecida na região dos vinhos generosos do Douro.

Art.º 16.º O fundo de fomento agricola é tambem destinado a custear as despesas da estatistica da producção vinicola.

Art.º 17.º Será feito, na Ilha da Madeira, o arrolamento de todo o vinho generoso existente nas adegas dos viticultores e nos armazens dos negociantes, devendo proceder-se á necessaria verificação da quantidade e da qualidade d'esse vinho.

Art.º 18.º A fiscalisação dos productos agricolas, a cargo do Ministerio das Obras Publicas. Commercio e Industria, e a fiscalisação sanitaria, a cargo do Ministerio do Reino, serão unificadas em normas, processos e serviços, conjugando-se, para este effeito, a Inspecção Geral dos Serviços Sanitarios do Reino e a Direcção da Fiscalisação dos Productos Agricolas.

§ unico. Presidirá superiormente á fiscalisação respectiva um Conselho Director da Fiscalisação dos Generos Alimenticios, constituido pelo inspector geral dos serviços sanitarios e um adjunto, e pelo director da fiscalisação dos productos agricolas e dois adjuntos. As funcções especiaes d'este Conselho não dão direito a remuneração alguma.

Art.º 19.º O serviço a cargo da Direcção da Fiscalisação dos Productos Agricolas será desempenhada por um director e dois adjuntos, coadjuvados por tres chefes de serviço, um chefe de secretaria e um chefe de serviço externo.

§ 1.º Ao pessoal, hoje empregado n'esta direcção, ficam garantidos os seus actuaes vencimentos, se continuar no desempenho dos mesmos serviços, esse pessoal será distribuido pelos diversos logares, segundo as suas aptidões, podendo comtudo ser dispensado o que não for necessario e pertencer aos quadros da Direcção Geral de Agricultura.

§ 2.º São supprimidas as delegações de Coimbra, Mirandella e Faro, devendo a fiscalisação das respectivas areas ser desempenhada pelo pessoal do serviço externo.

§ 3.º O chefe da delegação do Porto será um agronomo nomeado pelo Governo.

§ 4.º Da reforma da fiscalisação, indicada n'esta lei, não poderá resultar augmento de despesa orçamental, nem a nomeação de qualquer individuo estranho ao serviço.

Art.º 20.º Quando um genero seja condemnado, em face da analyse laboratorial, á parte interessada cabe recurso sobre a qualificação do producto, que será julgada em ultima instancia, pelo Conselho de Hygiene.

§ 1.º As attribuições conferidas á Direcção da Fiscalisação dos Productos Agricolas, no artigo 43º do decreto de 23 de julho de 1905, ficam pertencendo ao Conselho Director da Fiscalisação dos Generos Alimentícios.

§ 2.º As analyses dos generos alimenticios serão executadas pelos laboratorios do Ministerio do Reino e do Ministerio das Obras Publicas. Providenciar-se-ha, pelos dois Ministerios, para que sejam uniformes os methodos e processos analyticos empregados em todos os laboratorios.

§ 3.º No Boletim do Mercado Central dos Productos Agricolas será publicada mensalmente uma nota dos serviços realisados pela fiscalisação dos productos agricolas.

Art.º 21.º O Governo publicará os regulamentos necessarios para a completa execução do disposto n'esta lei ácêrca dos serviços de fiscalisação.

Art.º 22.º Fica suspensa, a contar da publicação d'esta lei, a faculdade de plantar vinhas até que, sobre este assumpto, seja tomada uma providencia legislativa, fundamentada no relatorio de uma commissão, que será nomeada pelo Governo logo que seja publicada esta lei, para proceder a um inquerito em todas as regiões vinhateiras do paiz.

§ 1.º Esta commissão deverá apresentar o seu relatorio no praso de seis mezes.

§ 2.º Se no prazo de um anno, a contar da data indicada n'este artigo, não for approvada a providencia a que o mesmo se refere, fica restabelecida a liberdade de plantação da vinha.

§ 3.º Não abrange a região dos vinhos verdes, demarcada conforme esta lei, a suspensão de plantação de vinha a que se refere este artigo.

§ 4.º Nas vinhas existentes é permittido substituir as cepas que se inutilisem.

Art.º 23.º O Governo poderá autorisar a constituição de um gremio dos exportadores de vinho do Porto, do qual farão parte as entidades a quem é permittida a exportação d'esse vinho.

Art.º 24.º A exportação de vinhos generosos, pela barra do Douro, far-se-ha sob fiscalisação especial do Governo.

Art.º 25.º O gremio elegerá, triennalmente, uma commissão directora para o representar em qualquer acto que importe a sua existencia legal, nos termos d'este projecto.

§ unico. A commissão directora gosará da mesma faculdade que é concedida ás commissões de viticultura pelo § 1.º do artigo 2.º do decreto de 10 de maio de 1907.

Art.º 26.º As reclamações ácêrca da inscripção do registo dos exportadores de vinho do Porto, a que se refere o § 3.º do artigo 3.º do decreto de 10 de maio de 1907, serão informadas pela commissão directora do gremio dos exportadores.

Art.º 27.º É criada uma commissão agricola-commercial dos vinhos do Douro, composta de quatro vogaes eleitos pelo gremio dos exportadores, quatro pela commissão de viticultura duriense e quatro nomeados pelo Governo, á qual incumbe:

1.º Informar os recursos ácêrca da inclusão de novas propriedades na região dos vinhos generosos do Douro;

2.º Consultar o Governo sobre quaesquer assumptos que interessem o regime especial do commercio do vinho do Porto.

§ 1.º Se não se constituir o gremio dos exportadores, o Governo nomeará os quatro vogaes, que deviam ser eleitos por este, podendo sómente recair essa nomeação em exportadores de vinhos do Porto.

§ 2.º Os vogaes nomeados pelo Governo, dois deverão ser agronomos com conhecimentos especiaes de œnologia.

Art.º 28.º Installar-se-hão no estrangeiro, mas dependentes do Mercado Central dos Productos Agricolas, depositos ou feitorias de venda dos productos agricolas nacionaes, e especialmente dos nossos vinhos e azeites.

Art.º 29.º Em cada feitoria haverá um empregado portuguez, encarregado da gerencia e escripturação commercial do respectivo deposito, e caixeiros viajantes oriundos do paiz onde a feitoria estiver installada.

Art.º 30.º O estabelecimento dos depositos, a que se refere o artigo 28.º, fica dependente da previa consignação de verba, para a respectiva despesa, no Orçamento Geral do Estado.

Art.º 31.º Serão opportunamente publicados os respectivos regulamentos para a installação e funccionamento das feitorias ou depositos de venda.

Art.º 32.º Fica autorisado o Governo a garantir o juro de 5 por cento de 2:000 contos de réis, em obrigações amortizaveis em 99 annos, a uma Sociedade Vinicola Portugueza, cujos socios serão de preferencia viticultores, a qual se occupará principalmente da preparação e venda dos vinhos de pasto e das aguardentes.

§ unico. O Governo, em regulamento especial, determinará as condições do funccionamento d'esta sociedade, em harmonia com o fomento vinicola do paiz, devendo comtudo observar-se as condições seguintes:

1.ª A sociedade, a que se refere este artigo, será organisada sob a forma de cooperativa, da qual sómente são socios os viticultores e associações vinicolas e cujas acções não poderão ser transferidas sem autorisação da sociedade;

2.ª A sociedade deverá obrigar-se a ter em deposito 150:000 hectolitros de vinho, pelo menos, e a criar typos de vinhos regionaes, e não poderá fazer transacções sobre vinhos verdes ou generosos, nem collocar vinhos em mercados estrangeiros para os quaes actualmente haja exportação de importancia;

3.ª O Governo, dez dias depois da publicação d'esta lei, abrirá concurso para a criação da sociedade indicada n'este artigo, sendo preferida a cooperativa que, para o mesmo capital, tiver maior numero de socios.

Art.º 33.º Os socios d'esta cooperativa não estão sujeitos á restricção consignada no artigo 212.º do Codigo Commercial.

Art.º 34.º O Governo fiscalisará as operações commerciaes da dita companhia.

Art.º 35.º Quando o juro das acções da sociedade for superior a 6 por cento será metade do excesso destinada a compensar o Governo das quantias, que tiver abonado, para pagamento de juro de obrigações.

Art.º 36.º No caso de se organisar a sociedade a que se refere o artigo 32.º, deixará de se fazer o desconto de warrants sobre a aguardente e alcool vinicos, e de se dispender annualmente a quantia de 30 contos de réis destinada á construcção de depositos de aguardente e alcool vinico e aos premios de exportação dos vinhos de 11º a 14º.

Art.º 37.º Será autorisado o desconto de warrants emittidos sobre vinhos depositados nos armazens das adegas sociaes e regionaes de forma cooperativa e das companhias vinicolas fundadas em harmonia com prescripções de leis especiaes, e que pelos seus estatutos se obriguem a receber vinhos dos seus accionistas, pela qsantia correspondente a 60 por cento do valor do alcool contido n'esses vinhos, á razão de 2,62 por grau alcoolico e por litro.

§ 1.º Da verba indicada no § 1.º do artigo 6.º do decreto de 10 de maio de

1907 serão destinados, até 100 contos de réis, ao desconto dos warrants, a que se refere este artigo, podendo esta quantia ser elevada a 200 contos, emquanto o permitta o serviço da garantia de juro estabelecido no artigo 32.º.

§ 2.º Os warrants serão emittidos nas condições do decreto de 25 de janeiro de 1906, sendo os armazens das sociedades, a que se refere este artigo, considerados para este effeito como armazens geraes do Governo.

§ 3.º Os vinhos, a que se refere este artigo, devem ter sido produzidos e estar armazenados fóra da região do Douro.

Art.º 38.º O Governo concederá um bonus de 50 por cento das respectivas tarifas para os transportes dos vinhos e de aguardentes, nos caminhos de ferro do Estado, entre a cidade do Porto e as estações situadas na região dos vinhos generosos do Douro.

Art.º 39.º Que no decreto de 10 de maio de 1907 se façam as seguintes eliminações:

1.ª «O Governo nomeará a primeira commissão de viticultores, que funccionará até 31 de dezembro de 1910» do § 4.º do artigo 2.º

2.ª O artigo 13.º

Art.º 40.º Que ao decreto de 10 de maio de 1907 se eddite o seguinte:

1.º Ao § 5.º do artigo 3.º: a seguir ás palavras «com ou sem designação regional»—«sendo responsavel por perdas e damnos no caso do arguido próvar a sua innocencia».

2.º Ao § 12.º do artigo 6.º: «Poderá o Governo, sob proposta do conselho do fomento commercial dos productos agricolas, reduzir a margem a que se refere esse paragrapho, quando da applicação da que é marcada puder resultar prejuizo para a economia viticola nacional».

3.º Ao § 14.º do artigo 6.º:

«a) A verba de 15:000$000 réis, a que se refere o § 14.º, ou o seu saldo que esteja disponivel no fim de cada anno economico, transita successivamente para os annos immediatos, a fim de ter a applicação que lhe é destinada;

b) Qualquer dos armazens a que se refere este paragrapho poderá, ouvido o Conselho Superior de Agricultura, ser construido dentro ou fóra da região a cujo serviço é destinado».

4.º Ao artigo 12.º:

«§ 2.º O saldo do fundo de fomento agricola, de que trata o § 22.º do artigo 6.º, que houver em cada anno, será addicionado ao rendimento do mesmo fundo do anno immediato».

5.º Ao artigo 16.º:

«§ unico. O disposto n'este artigo considera-se sem prejuizo dos impostos municipaes, cuja cobrança as leis permittem, devendo por isso as repartições de fazenda fazer o lançamento do imposto predial por vinhas, como se elle

fosse cobrado, a fim de sobre elle ser fixada a percentagem para as camaras municipaes, conforme a respectiva autorisação legal».

6.º O disposto na alinea a) do § 14.º do artigo 6.º e no § 2.º do artigo 12.º é applicavel ao saldo, que ficar, da verba de 180 contos de réis annualmente descripta no orçamento do Ministerio das Obras Publicas.

§ unico. No orçamento para 1908-1909 será descripto, para ter a devida applicação, o saldo existente da referida verba no anno de 1907-1908.

Art.º 41.º Que no decreto de 10 de maio de 1907 se façam as seguintes substituições:

1.ª Que o § 10.º do artigo 6.º tenha a seguinte redacção:

«O desconto será feito por prazo não superior a um anno, mas, se o depositante assim o desejar, poderá ser prorogado por mais outro anno, tendo-se em attenção as quebras reaes que tenha havido no genero.

O Governo, por uma providencia geral, prolongará o prazo de dois annos quando, ouvido o Conselho Superior de Agricultura, parecer necessario para evitar no mercado uma baixa de preço do alcool vinico».

2.ª Que o § unico do artigo 10.º seja substituido pelo artigo seguinte:

«Será concedido um bonus, que não poderá exceder 75 por cento das respectivas tarifas, para transporte dos vinhos de pasto, produzidos na região vinicola do centro, composta dos districtos de Aveiro, Coimbra e Castello Branco, e da parte dos districtos de Vizeu e da Guarda que fica fóra da região do Douro.

§ 1.º A despeza annual, com o bonus a que se refere este artigo, não poderá exceder a 10:000$000 réis.

§ 2.º Só terão direito ao bonus os vinhos regionaes legalmente reconhecidos e os que forem expedidos por adegas regionaes ou companhias vinicolas, organizadas nos termos de leis especiaes».

3.º Que o § 1.º do artigo 5.º seja substituido pelo seguinte:

«§ 1.º Só podem considerar-se, e como taes expostos á venda, vendidos, armazenados, expedidos, ou exportados, com as designações indicadas, os vinhos de pasto provenientes das respectivas regiões, e aos infractores serão applicaveis as penas comminadas aos falsificadores de generos alimenticios».

4.º Que no § 9.º do artigo 3.º: as palavras «e os mostos» se substituam pelas seguintes: «os mostos e os vinhos de graduação alcoolica superior a 13º centesimas, que não sejam caracteristicamente de pasto».

5.º Que no art.º 9.º: as palavras «e Lisboa» se substituam pelas seguintes: «Braga, Vianna e Lisboa».

(Continúa)

5.º ANNO. — N.º 159   A Gazeta publica-se nos dias 10, 20 e 30 de cada mez   OUTUBRO—1908

GAZETA DOS LAVRADORES

ORGÃO DE PROPAGANDA E DEFEZA DOS INTERESSES DA AGRICULTURA NACIONAL

Com a collaboração de muitos agricultores, agronomos, medicos veterinarios, horticultores, viticultores e regentes agricolas

DIRECTOR e PROPRIETARIO: *JOSÉ ERNESTO DIAS DA SILVA*

Medico veterinario -- Antigo professor da Escola de Agricultura da Real Casa Pia de Lisboa

Assignaturas
(pagamento adeantado)

Um anno.................... 1600 réis
Um semestre.............:.... 800 »
Numero avulso.............. 50 »

As assignaturas começam sempre no principio de cada mez.
Toda a correspondencia deve ser dirigida ao director do jornal.
Os originaes recebidos quer ou não publicados não se restituem.
COMPOSIÇÃO na sede da Gazeta.—IMPRESSÃO—Imprensa
Africana— Rua de S. Julião, n.º 55 e 60

Annuncios
(TYPO CORPO 8)

Por uma só inserção............................ 40 réis cada linha
Repetição até 6 publicações.................. 30 » »
Annuncios permanentes, folhas soltas, reclames e annuncio intercalados no texto—contracto especial.
Os srs. assignantes gosam do abatimento de 20 %.
A administração acceita correspondentes em todas as terras do pair

Redacção e Administração, C. de Santo André, 100, 1.º

EDITOR—Dias da Silva

A todos os lavradores que receberem a Gazeta dos Lavradores e não nos quizerem honrar com a sua assignatura pedimos a fineza de dévolver os numeros recebidos, acompanhados da competente cinta, para facilidade do nosso expediente.

———

Para facilitar o nosso expediente e evitar extravio de recibos, o pagamento de assignaturas da Gazeta dos Lavradores é sempre accusado n'esta secção.

POR UM SEMESTRE

Bernardo Dias, Antonio José Pereira Godinho, Francisco Mantero, Abecassis, Irmão, J. Santos Lima, O. Herold & C.ª, Pereira Rosa. Filhos, José Paiva Manso de Sanea e Carvalho, Pedro José Alfredo Cambournac, Bernardino Ferreira dos Santos, Bento Pereira, Duque de Palmella, Marquez do Fayal, José Maria Severo, Manoel Joaquim Alves Diniz, Pedro Mauricio de Almeida, João B. Mendes, José Feliz Pereira, Manoel Joaquim d'Abreu Antonio P. Paim dos Reis, Francisco Antonio Lucas, Joaquim Vieira Junior, Conde de Cabral, Antonio Hygino de Queiroz, Antonio José Jorge Junior, Eugenio Nunes de Sousa, Manoel Francisco Pina, Anselmo de Sousa Betencourt da Silveira, Luiz Patricio Correia Gomes, Manoel Aguedo Gomes de Muranda, José Manoel Alvares, Antonio dos Santos Silva, Dr. Manoel José Vieira, Francisco Antonio Correia d'Albuquerque.

Antonio Augusto de Figueiredo, Joaquim Pereira de Mattos, Joaquim Eugenio Judice, Dr. Manoel dos Santos Gascão, Luiz Duarte da Conceição, Joaquim Eduardo Nunes Barata, Manoel F. Valladares, Alexandre Pessoa Dias Galvão, Asylo Agricola Conde de S. Bento, Antonio Joaquim Campos de Miranda, Adriano Alves Sant'Iago, João Moniz Feijó F. Torres Pereira, Francisco Martins da Lomba, J. B. Bello de Carvalho, José Maria dos Santos, Marquez de Val Flor, Silvain Bessieie, José Rodrigues Sampaio, Tarujo, Filippe

Tormenta, Administração da Casa Real, Conselheiro Ernesto Driesel Schroeter, D. Pedro Manique, Conde de Cuba.

SUMMARIO

Agricultura geral.—Programma do concurso de uma monographia sobre a cultura e commercio de productos horticolas.—Monomento a Foex.—Sebes vivas.

Arboricultura.—Como se avalia a altura de uma arvore?

Congressos agricolas — Congresso internacional de leitaria.

Creação de aves.—A cidade das gallinhas.

Exposições agricolas.—Exposição de cereaes em Lisboa.

Floricultura.—A celebração do crysanthemo em Paris.

Hygiene rural.—Da transmissão possivel da tuberculose pelo emprego de sangue fresco na clarificação dos vinhos.—As molestias contagiosas das plantas e do gado.

Legislação agricola.—Projecto vinicola

Noticias dos campos.

Agricultura geral

CONCURSO DE MONOGRAPHIAS

Programma

A Real Associação Central da Agricultura Portugueza, confere um premio de *200:000 réis* ao auctor portuguez de uma monographia sobre—*A Cultura e commercio de primores, hortaliças, fructas e flores,* (condições culturaes, condições do mercado interno, condições do mercado externo, transportes, preços, emballagem, etc.)

—que tenha sido primeiro classificada pelo jury.

Egualmente confere um premio de *200.000 réis* ao auctor português de uma monographia sobre —*Organização pratica em Portugal da policia rural*—que tambem egualmente tenha sido primeiro classificado pelo jury.

Este jury será composto de 5 membros, presidido pelo presidente da Real Associação, que será um dos cinco, e do qual farão parte dois vogaes nomeados pela Direcção d'esta Associação e mais dois technicos de reconhecida competencia.

Os melhores trabalhos apresentados serão publicados com os nomes dos auctores, ficando a Real Associação com a propriedade exclusiva das obras, dispondo d'ellas como lhe aprouver, não podendo os seus auctores fazer nova edição sem auctorização da Real Associação, nem ainda refundil-as ou publical-as sob outro qualquer titulo, sem que para isso hajam sido previamente auctorizados.

Aos auctores dos trabalhos premiados serão entregues *dez* exemplares das suas obras depois de impressas.

Os originaes completos deverão estar *impreterivelmente* em poder do Director-Secretario da Real Associação até ao dia *15 do mez de dezembro* do corrente anno de 1908.

Os auctores não deverão, por nenhuma forma, revelar os seus nomes, assignando apenas os seus trabalhos por meio de divisa ou pseudonymo por elles ainda não usados. Cada original será acompanhado de um sobescripto fechado, dirigido egualmente ao Director-Secretario da Real Associação e encimada peļa divisa ou pseudonymo com que firme o original e indicação de—*concurso n.º 1 ou concurso n.º 2.* N'esse sobscripto se conterá o nome do auctor e sua morada e será aberto depois de conhecida a solução do jury; os subscriptos correspondentes ás divisas ou pseudonymos dos auctores não premiados serão entregues inctatos aos seus signatarios ao mesmo tempo que os originaes, logo que forem reclamados na séde da Real Associação e mediante assignatura de recibo.

O premio será entregue em dia não ulterior a 20 de janeiro de 1909.

Os motivos de rejeição dos originaes não premiados manter-se-hão reservados.

Lisboa, 20 de maio de 1908.— O presidente da Direcção, *Francisco Augusto d'Oliveira Feijão.*

Monumento a Foex

Em um dos numeros d'este jornal referimo-nos á justa homenagem, que os amigos, discipulos e admiradores do grande propagandista da cultura da vinha, Gustave Foex, antigo director da éscola de viticultura de Montpellier, projectam erigir um monumento á sua memoria, perpetuando assim os seus inolvidaveis serviços, prestados durante annos, á agricultura internacional.

Nomeou-se uma commissão para angariar os meios necessarios para a realisação do seu intento, tendo já contribuido alguns paizes com valiosos donativos. Em Portugal o delegado d'essa commissão, é o illustre professor de botanica da Universidade de Coimbra, o sr. dr. Julio Henriques, que está encarregado de receber as adhesões e a subscripção para este monumento.

Sebes vivas
Continuado da pag. 140

II

Ha provincias em que os lavradores, por habito ou com receio de que os insectos nocivos ás sementeiras se acolham nas sebes, ou ainda pela abundancia de materiaes que barateiam o levantamento de um parede, preferem esta construcção, sobrepondo as pedras sem argamassa alguma; quando os lavradores aproveitam para esse trabalho o pouco tempo que lhes sobra das suas fainas agricolas, quebrando as pedras que encontram nos terrenos e transportando-as para as extremidades dos campos, obtéem dois beneficios: desobstruem os terrenos das pedras que impedem uma boa lavra, e ficam dispondo de material barato para construir vedações que estorvem a entrada aos animaes, destruidores das colheitas.

Estas vedações exigem, porém, frequentes reparos, porque, como as pedras não estão ligadas entre si, desprendem-se facilmente, arrastando outras, de modo que o desabamento é rapido quando não ha todo o cuidado em reparar de prompto os estragos, o que não fica barato. As chuvas, o vento, os animaes que passam proximos e eté as pessoas que saltam essas paredes mal seguras, occasionam o desabamento. Para obstar a taes estragos, convem ligar as pedras com argamassa de cal ou simplesmente com barro. Como a cal não é barata, essa argamassa só pode ser empregada em terrenos pouco espaçosos ou em propriedades de recreio, parques e jardins; nas grandes propriedades pode usar-se de uma mistura de terra e agua para ligamento.

Nas localidades em que não ha abundancia de pedra, e as chuvas são escassas, emprega-se o adobo e a taipa para construir vedações, dando, especialmente a ultima, excellentes resultados, porque, alem de ser rapida a construcção, o seu custo não é elevado.

Essas paredes devem ser cober-

tas na parte superior par dir que a chuva, entrandc ma, vá destruindo pouco as pedras que fórmam a que o sol e os ventos cor esses estragos.

Para evitar isto, colloca parte superior do muro amontoados e sujeitos cor des pesos, ou então telha los, ficando n'este ultim mais dispendiosa a constr

Nos paizes humidos séri sario rebocar as taipas cc mistura de cal hydraulic de evitar que ellas se des não podem por isso ficar ec cas estas construcções. 1 deve attender-se, antes de mendar o systema de tap sub-divisão da propriedac seu valor na região, circu cias estas muits important

Nas provincias do sul c panha, as grandes propr não são vedadas pelo eleva pendio a que essas consti obrigariam; apenas os esp servados aos gados que s nas devezas são cercados sebes vivas ou por muros, pessura é indifferente porq da que occupem maior su como o terreno é de pouc não se olha á perda dos tos que d'elle poddem co Nas provincias do norte porém, o caso contrario p pouco terreno aravel em ao consideravel numero d tantes faz com que o va terras seja elevado, e, con habitante não possue mais uma ou varias parcellas tada extensão, emprega t esforços para defender a s priedade, e pela convenie aproveitar o terreno em toc extensão adopta a tapage estreita, empregando ape dras grandes em casos ex naes e reservando a tapag sanjas para os terrenos mt midos, pois n'este caso n recorrer a outro systema, q rasões: a primeira, porque jas servir-lhe-hão para exp aguas que sobejem das sua ande só lhe são prejudici segunda, porque, amontoando a terra extraida das sanjas para o centro do camalhão levantado entre ellas, evita a passagem dos gados que possam vir de campos alheios para o seu, e mais perfeito ficará este resguardo cravando na parte superior da terra amontoada postes com arames que elevem a vedação mais um metro.

Não se dando, porém, as circumstancias apontadas, deve empregar-se vallos de pequena espessura e de facil conservação, como se usam em França, Inglaterra e particularmente os Estados Unidos, onde as vedações apresentam notaveis aperfeiçoamentos.

Na maior parte das propriedades o levantamento de novas tapagens e a conservação das antigas constituem um capitulo importante das despezas annuaes. Os americanos téem o maior cuidado em conservar sempre em bom estado as vedações, procurando sobretudo construil-as com solidez, a fim de evitarem despezas de conservação e frequentes reparos.

Um dos meios, que mais geralmente empregam, consiste em enterrar um poste de azinheira, ou de outra qualquer arvore forte a 0,66 ou 0,99 de profundidade e calcar bem a terra em volta. Como maço, usam de uma viga de carvalho ou azinheira, arredondada na parte superior para ser manejada mais facilmente. Esse maço bem applicado deixa o terreno tão consistente como antes de ter sido revolvido. A' distancia de dois ou tres metros, colloca-se outro poste do mesmo modo que o descripto anteriormente, cravando depois as travessas com dois pregos nas extremidades e um no centro, e, melhor ainda para mais solidez, com tres pregos nas extremidades e dois no centro, visto como o excesso da despeza ficará compensado pela mais prolongada duração. Collocados os postes e pregadas as travessas, devem serrar as extremidades salientes, nivelando-os de modo que possam ficar ligados por um pranchão que obste ao seu desvio e garanta a solidez de todo o tapume.

E' necessario preparar bem os postes antes de enterral-os, para durar mais tempo, e o melhor meio é carbonisar a parte que tem de ser soterrada, ou impregnal-os de sulfato de cobre ou de sulfato de zinco, preparado que, sendo bem feito, lhes dá uma duração superior a vinte annos. Algumas vezes é indispensavel proteger as plantas contra os ataques dos roedores, sendo n'esse caso insufficiente a vedação que acima indicamos. E' então mais conveniente um tapume de construcção muito simples. Escolhe-se um certo numero de paus de 0,99 a 1,32 por 0,0550 a 0,0825 de diametro, e, depois de convenientemente alcatroados, enterram-se no solo até á profundidade de 0,17, pouco mais ou menos, e collocam-se uns ao lado dos outros de fórma que pelos intervallos, que medeiem entre elles, não possa passar nenhum roedor dos que mais nocivos são aos campos; esses paus ligam-se por um arame grosso na altura de 0,33 acima do solo, ligando tambem as extremidades superiores com outro arame muitissimo tenso a fim de que todas as estacas se conservem verticaes. Para dar mais solidez a esta tapagem é conveniente cravar na terra, de tres a tres metros, um poste para que o vento não derrube a estacada.

As extremidades dos postes fincados na terra apodrecem ordinariamente no fim de quatro ou cinco annos, sobretudo nos climas humidos, e, quando isso acontece, póde reparar-se a vedação pregando umas taboas que tapem os buracos abertos pela humidade.

Hoje, que o fabrico do arame está tão generalisado e se vende por preços tão baixos, podem construir-se vedações com postes e tres ou quatro ordens de arame, conforme a altura d'aquelles, devendo os arames ficar muito tensos quando são collocados, para se conservarem horisontaes e não exigirem muitos postes.

Para collocar e estirar o arame emprega-se um parafuso solido com rosca movel que o comprime e, conforme se faz girar a rosca,

vae-se operando a tensão e grau necessario. Os arames de passar por argolas collocada postes, e assim se obtem a sontalidade desejada.

Em algumas localidades vem-se de arames que teem d paço a espaço pontas aguça obstando assim a que o gad encoste a elles. Este systema tem vantagens para encerrar do bovino, não é conveniente ra encerrar gado lanar que ferir-se facilmente, sobretudo olhos, porque os animaes d especie costumam encostar-se aos outros quando ha frio, forn do assim uma massa compacta vae de um a outro ponto, sem possam evitar aquelle perig que caminham na frente, imp dos pelos que se lhes seguem

Ha tambem tapagens feita grade de arame e de rede me lica: são as mais apropriadas ra as aves da capoeira nos ques, mas não nos campos causa do seu excessivo custo.

Ao installar-se uma vedi com arame, deve attender-se pre a que os postes colloc nos angulos precisam de offer maior resistencia, tendo por de ser mais fortes do que os tros, e de ficar estacados com deiros, para não inclinarem e fraquecerem o tapume.

Cercados moveis.—E' de g de vantagem em muitos casos ver um cercado que possa tr portar-se facilmente atraz dos dos, que se procura encerrar. pregam-se para isso taboas fo dispostas em fórma de tesour ligadas na parte superior por de uma cavilha de madeira. tesoura está unida a outra s lhante por quatro travessas de metros; as quaes constitue cercado. As travessas são lig e por isso de facil transporte carro. Resistem perfeitament vento e até o effeito d'este l proveitoso, porque, no em contra o ripado, firma-o com força no terreno.

Uma outra especie de ved movel consiste n'uma série d pas unidas por dois madeiros tes, a que ficam solidamente pregadas. As ripas sustentam-se umas contra as outras dando-se-lhes uma pequena inclinação; mas como este tapume, quando empregado n'um campo, pode cair facilmente por effeito do vento ou de um empuxão, por pequeno que seja, costuma collocar-se de dois em dois metros um poste fincado no solo, e apoiar n'elle os cercados moveis de que fallamos, tornando assim verdadeiramente util o seu uso.

Além das tapagens descriptas, existem muitas outras de diversos feitios e materiaes, sendo sempre as mais convenientes aquellas que forem solidas, baratas e que occupam menor espaço. Nas regiões em que não escasseia a madeira, é logico dar-se a preferencia a este material; se é o ferro que predomina e ha na localidade fundições que fabriquem em grande escala grades de ferro, mais ou menos lavradas, devem ellas merecer a preferencia, pois que, apesar de parecer que este material fica mais caro, como a vedação formada por elle é de duração quasi illimitada e não exige grandes reparações, quando fica bem feita, o resultado será vantajoso para o espaço resguardado.

A. Faria.

Arboricultura

Como se avalia a altura de uma arvore?

Não só para satisfazer a uma simples curiosidade, mas não poucas vezes por necessidade, convem avaliar a altura de uma arvore sem ser mister trepar a ella.

Ha para isso varios meios que vamos apontar.

Supponhamos que a arvore projecta sombra no solo; mede-se esta é aponta-se na carteira. Depois d'isto, mede-se tambem o comprimento da sombra projectada no solo por uma bengala, cuja altura é já conhecida, e com os tres elementos conhecidos temos

uma proporção, uma simples regra de tres que nos dá a conhecer o x, isto é a altura da arvore. Exemplo: a bengala tem 1 metro, a sombra d'esta mediu 2 metros e a sombra da arvore 10 metros; teremos:

$$\frac{2: \quad 1: \quad 10: \ x}{2} \quad x = 1 \times 10 = 5 \ \text{metros}$$

A altura procurada é de 5 metros.

Quando a falta de sol não permitte a projecção da sombra da arvore no solo, é claro que não podemos lançar mão d'este processo innegavelmente de uma simplicidade extrema.

Em tal caso póde ser substituido por est'outro, tambem simples.

Consiste este em introduzir no solo duas estacas de desegual altura, distanciadas entre si e da arvore que se quer medir, sendo a mais alta proxima da arvore. Da extremidade superior da estaça mais curta o observador dirige o olhar, de fórma que enfie no mesmo raio visual a extremidade superior da estaca mais alta e e cume da arvore.

Feito isto, e averiguado que as duas estacas estão bem verticaes, o que se aprecia por um fio de prumo, mede-se o comprimento d'estas, a distancia que as separa e a distancia do pé da arvore á estaça mais curta, ou seja até os pés do observador. e teremos a seguinte proporção: *a differença da altura das duas estacas está para a distancia entre ellas, como a differença da altura entre a arvore o a estaca mais curta está para a differença existente entre esta e a arvore.*

A' altura achada junte-se a da estaça mais curta, e ter-se-ha a da arvore.

Um exemplo:

Suppunhamos que a altura da estaca mais pequena é de 2 metros e a da maior de 4 metros; que estas se acham distanciadas entre si 3 metros, e que a distancia da arvore á primeira é de 9

metros. Designando por H a altura da arvore que vai da linha visual partindo da extremidade superior da estaca mais curta, como ponto de mira, e passando pela estaca maior e pelo tronco da arvore, isto é a differença entre a altura da arvore e a altura da estaca mais curta, teremos:

$$\frac{2: \quad 3: : \ H: \ 9}{3} \quad H = 2 \times 9 = 6 \ \text{metros}$$

Juntando a este resultado os 2 metros de altura da estaca mais curta, isto é a distancia do solo ao ponto de mira, teremos a altura total da arvore que nos propunhamos medir.

Congressos agricolas

Congresso internacional de leitaria

Deve reunir no mez de junho de 1909 em Budapest o quarto congresso internacional de leitaria.

Este congresso comprehenderá as seguintes secções:
1.ª secção — *Legislação e regulamentação.*
2.ª secção — *Hygiene e sciencias veterinarias.*
3.ª secção — *Industria.*

As adhesões devem ser enviadas ao secretario geral o dr. Etienne Koerfer, V., Orszaghaz-tér, II, Budapest, até 1 de maio de 1909 e com a quantia de 10 coroas.

Creação de aves

A cidade das gallinhas

Uma cidade com mais de um milhão de gallinhas e apenas 6:000 habitantes, é caso digno de registo. Essa curiosa cidade é Petaluma, a unica no mundo que apresenta semelhante particularidade.

Petaluma está situada na California, a uns 75 kilometros de S. Francisco. A sua unica riqueza consiste na creação de gallinhas.

Só durante o anno passado, produziram-se na região mais de 120 milhões de ovos ou sejam 10 milhões de duzias. Que collossal omelette se poderia fazer

D'ella podiam participar todos os habitantes dos Estados-Unidos e ainda sobrava!

Tres quartas partes, pelo menos, da população de Petalume, dedica-se á exploração de gallinhas.

Os homens adoptam alli esta occupação, como em outras partes a de advogado, a de medico, ou a de commerciantes. E não se supponha que essa occupação é facil.

Ella requer muito tacto, muita experiencia e muitos conhecimentos; mas é lucrativa, dando consideraveis lucros em relação á pequena despeza que exige.

Alguns creadores chegam a ter nas capoeiras 10 ou 15 mil aves, o que suppõe um ganho de seis contos e quinhentos mil réis annuaes, sem que para cuidar d'ellas sejam necessarios mais de dois ou tres homens. As capoeiras estão installadas nas ladeiras de verdes collinas. Alli vivem milhares de gallinhas brancas que a certa distancia parecem uma enorme mancha de neve. Todas estas aves pertencem á raça heghorn branca. Estas gallinhas começam muito cêdo a pôr ovos e são das raças mais productoras.

Olhando do alto de qualquer dos montes que rodeiam Pataluma, em toda a extensão que abrange a vista, não se veem senão ranchos immensos alguns d'elles de mais de 200 hectares, cada um dos quaes composto de 3 mil a 15 mil gallinhas. Quando as gallinhas attingem tres annos e meio matam-nas para o mercado e substituem-nas por pintos. Todos os ranchos teem as suas incubadoras, onde se deitam ao mesmo tempo milhares de ovos. Junto d'ellas, ha departamentos especiaes para os pintainhos que podem alli correr á vontade e recolher-se á noite debaixo d'uma cobertura de algodão em rama que lhes presta o mesmo abrigo que as azas d'uma gallinha.

Alguns creadores compram os pintainhos na cidade, onde ha estabelecimentos exclusivamente dedicados a este ramo industrial.

São edificios d'um só andar, com grandes salas, onde se veem filas interminaveis de incubadoras mantidas artificialmente a uma temperatura constante. Uma d'estas «fabricas de pintos» pôde incubar 100:000 ovos, isto é, em caso de necessidade podem produzir cem mil pintainhos cada tres semanas. D'estes morrem uns 10 % e 35 a 50 % são machos, que se preparam para a venda, mortos nos mercados.

Os pintos nascidos na cidade, despacham-se immediatamente para os ranchos. Collocados em compartimentos, são mettidos no cambio e vão muitas vezes com destino a povoações situadas a quinhentos ou mil kilometros de Petaluma a New-York, Mexico e Ca-

nadá. O alimento que tomam antes dá lhes para dois dias e todos chegam em bom estado.

Muitas incubadoras dedicam-se tambem a chocar ovos de pato. Em S. Francisco é enorme o consumo d'estas aves. O anno passado, um creador de Petaluma, vendeu 60:000 ao preço de um dollar cada um. Só durante as nove primeiras semanas lhe compraram em S. Francisco 16:000!

Praticada em tão grande escala, deve comprehender-se que a creação das aves de curral é proveitosa. Com effeito, só em 1907, os ovos e as aves produzidos em Petaluma, calcula-se que tivessem um valor de dois mil e oitocentos de reis.

E' um bonito rendimento para um povo composto de 6:000 pessoas.

Ahi está uma industria que podia crear-se em Portugal com a certeza de se tornar importantissima.

Exposições agricolas

Exposição de cereaes

Promovida pela Real Associação de Agricultura e pela Sociedade de Sciencias Agronomicas de Portugal, deve realizar-se no fim do corrente anno em Lisboa uma exposição de cereaes (trigo, cevada, centeio, aveia e milho.

Téem sido distribuidos aos socios e lavradores os convites, acompanhados dos questionarios a preencher por aquelles que quizerem expor os seus productos.

Na séde da Associação prestam-se todos os esclarecimentos sobre o assumpto e fornecem-se impressos a quem os requizitar.

Floricultura

A celebração do crysanthemo em Paris

O crysanthemo, como flôr da moda campeia em toda a parte, na presente quadra do anno, na estravagancia da sua fórma, no fulgôr do seu colorido.

Vae consagrar-se-lhe uma festa que, posto que nada se pareça a apotheose de que elle é objecto no oriente, será, todavia, uma celebraçeo feerica, maravilhosa, que reunirá todo o Paris artistico e

mundano.

O crysanthemo foi trazido da China em 1789 por Blancard, um marselhez, que offertou á imperatriz Josephina um exemplar d'essa planta exotica. Mais tarde, algumas hastes de crysanthemo foram enviadas para Londres, onde, objecto de excepcionaes cuidados, produziram flores deslumbrantes.

Todavia, não são descendentes immediatos da flôr trazida por Blancard os actuaes exemplares. Estes procedem da Hollanda, e vieram, a pouco e pouco, sendo aperfeiçoados até aos que ahi se encontram em todos os salões, em todos os theatros, em todos os vestibulos.

Paris vae agora, entretanto, consagrar Blancard na pessoa d'uma das suas descendentes. A essa festa concorrerá por convite especial o presidente da republica, a quem, á semelhança do que foi offerecido á imperatriz Josephina, será entregue um portentoso bouguet de chrysanthemos de differentes côres.

A celebração do crysanthemo é promovida pela Sociedade Nacional de Horticultura de França.

Hygiene rural

Da transmissão possivel da tuberculose pelo emprego de sangue fresco na clarificação dos vinhos

O assumpto que vai occupar-nos é, como do titulo se depreende, da mais alta importancia para a hygiene publica.

Como se sabe, no numero dos clarificadores dos vinhos está o sangue das rezes bovinas, o qual, segundo affirma Galtier, quando provém de animaes tuberculosos é por vezes virulento. Dil-o não só o microscopio, mostrando o bacilio de Koch pelos reagentes apropriados, como ainda as inoculações em coelhos que teem produzido a tuberculose d'estes animaes. E apresenta-se assim o sangue não só no seu estado natural, isto é, dentro dos vasos, como ainda, em muitos casos, em virtude de, no acto da sangria, a faca interessar os ganglios e os tecidos tuberculisados e o sangue trazer comsigo germes tuberculosos.

Ora succedendo que o sangue n'estas circumstancias é logo misturado com outros, não podendo ser inutilisado, embora o seja a rez na sua inspecção *post mortem* é facil avaliar o perigo para a hygiene publica, se esse sangue é destinado ao fim indicado—á clarificação dos vinhos, quer se empregue desfibrinado, quer sob a fórma de sangue dessecado é reduzido a pó depois de submettido a estufa, n'uma temperatura que não esterilisa os germes morbigenos.

Resistirão estes quando empregados nos vinhos que marquem de 6 % a 12 %? Galtier pronuncia-se pela affirmativa: para elle o virus tuberculoso resiste durante um certo tempo á acção alcoolica. Da mesma opinião é H. Martin.

São convenientes as experiencias que n'este sentido levou a effeito o primeiro d'aquelles auctores.

Misturou elle materia tuberculosa com alcool, com soluções, de alcool e com vinhos de differentes graus alcoolicos; depois de um contacto mais ou menos prolongado, inoculou por injecção intraperitonial em cobayas e por injecção intra-venosa em coelhos a dita materia; nunca obteve a tuberculisação com a materia submetida á acção prolongada do alcool, que tinha demorado mais de quatro dias no alcool a 92.° ou nas misturas compostas de agua e alcool, desde que o volume d'este excedesse o d'aquelle. Mas produziu a tuberculose lenta em cobayas com um virus que tinha soffrido por tres dias o contacto de uma mistura de volumes eguaes de agua e alcool a 92°; e determinou a tuberculisação lenta em coelhos inoculando-lhes materias tuberculosas conservadas durante muitos mezes em misturas á razão de 1/5 de alcool por 4/5 de agua ou de 1/3 de alcool por 2/3 de agua;

etc., etc.

As experiencias que mais utilisam para o caso de que estamos tratando são os realisados com o vinho. Os resultados obtidos em vinhos de proveniencia diversa variando desde 7.° a 10.° tem sido muitas vezes negativos, quando feitas as experiencias um certo tempo depois de os haver tuberculisado. Entretanto, se a inoculação dos vinhos tuberculisados tem ficado sem resultado, quando decorrido um anno, alguns mezes, um mez, quinze dias ou mesmo sómente quatro ou cinco dias depois da addição de virus tuberculoso, caso ha em que a tuberculisação tem logar como vinhos infectados de algumas horas, e mesmo depois de um, dois, tres dias. Convem, porém, dizer que no maior numero de casos a infecção só se dá tendo a precaução de agitar o vinho antes de retirar a dóse destinada á inoculação, a fim de pôr em suspensão os germes depostos no fundo da vasilha ao cabo um certo tempo.

Inoculações em vinho a 9°,7 (1 litro) addicionado de um liquido tuberculoso (20°°), obtido pela expressão de lesões frescas, e feitas ao cabo de um lapso de tempo comprehendido entre duas e vinte e quatro horas, produziram bellos exemplares de tuberculose em coelhos; e diversamente produziram uma tuberculisação lenta, quando feitas passados quatro, trez e dois dias após a addição da materia virulenta.

D'estas ligeiras considerações motivadas nas citadas experiencias de Galtier, resalta o perigo que póde advir ao homem do consumo de vinhos que tenham sido recentemente clarificados com sangue proveniente de vaccas tuberculosas.

Ao leite, á manteiga e ao queijo póde juntar-se, pois, mais outra fonte da tuberculose da especie humana, explicando-se n'esta multiplicidade de origens a frequencia d'esta doença que está chamando a attenção de todos os homens da sciencia medica nos grandes centros.

As estatisticas mortuarias são desoladoras e tristemente convincentes!

F. F.

As molestias contagiosas das plantas cultivadas e do gado

Continuado da pag. 148.

II

Tal é, muito succintamente, uma das faces das grandes luctas que se passam na natureza. O homem, por falta de discernimento, viu essas luctas estenderem-se pouco a pouco aos seus estabulos, e ganharem tanto terreno em curto periodo de annos que póde legitimamente recear as mais simples ameaças para o futuro.

Os nossos cereaes, o trigo particularmente, são atacados pela carie, fungão, ferrugem, o *alternaria tenuis* e o *Tusiarium graminearum;* a sarna, o *Fusisporium solani*, o *Peronospora infestans* e outras quatro ou cinco cryptogamas atacam a batata; o oidium, o mildew, o blackrot (podridão negra) e ainda outras assolam a vinha; o linho está sujeito á ferrugem; o cancro, a gomma, a ferrugem etc., apoderam-se das nossas arvores fructiferas. São cryptogamas microscopicas—e a sua lista augmenta apesar das difficuldades da sua determinação — que preparam o terreno a outras legiões de destruidores (phylloxera, doryphora, nematodos e muitas larvas e insectos perfeitos) ou que os acompanham. Não é contra o ser doente que se dirige a reunião das pequenas forças que só acham campo para desenvolver-se onde encontram menos resistencia?

Trata-se sempre e em toda a parte de um organismo simples, designado familiarmente segundo a coloração que reveste no estado maduro, de um cogumelo nascido de uma cellula, desenvolvendo-se em fórma de rosarios simples ou anastomosados nos tecidos da planta, e vivendo unicamente da decomposição do orgão atacado.

Quando o flagello ataca sem encontrar obstaculos, o mal conserva-se, passando o inverno frio e o estio secco n'um estado lethargico, prompto a reapparecer quando a planta retomar a sua vez de rotação. Não só o mal subsiste, mas o campo contaminado torna-se o centro de uma rapida propagação nos terrenos mais ou menos proximos, conforme o estado e a intensidade dos ventos.

Os germens invisiveis d'estes vegetaes minusculos são dotados de extraordinaria vitalidade; conservam-se disseminados sobre o solo nú ou soterrados pelas lavras, permanecem intactos nos restos das colheitas abandonadas no local; encontram-se no pó das propriedades ruraes e dos celleiros, na palha, nas sementes, nas forragens; resistem na maior parte ás funcções digestivas do animal e passam no estrume; e se este é mal preparado, mal cortido e meio secco, é sobre todo o terreno explorado que elle propaga o mal parasitico.

Nos meios nutritivos constituidos por mineraes de um grau superior de assimilação e em que a fórma liquida precipita as transformações chimicas, o organismo parasitico reduz-se a uma extrema simplicidade; é a bacteridia dos botanicos, o microbio dos zoologistas.

A' sua extrema simplicidade de contexturas são devidas as controversias que separam os naturalistas em dois campos, um reinvindicando a bacteridia e o outro o microbio. Talvez que ambos tenham razão; tudo depende da evolução ulterior, do modo de aggregação cellular possivel no futuro, e podendo prosseguir no sentido animal. Isto, porém, não passa de hypothese e probabilidade. O que é positivo é que a bacteridia existe, que ella é tão simples, se não mais simples, que a cryptogama mais primitiva; que se multiplica como elle com uma rapidez e abundancia extraordinaria, e que conserva um notavel poder vital. Mas são-lhe indispensaveis os alimentos mais assimilaveis; encontra-os no sangue, na lympha, no pús, nas secreções, no leite, nos

succos ou nas infusões resultantes da industria, no leite e manteiga alterados pelo calor, no queijo mal preparado, pouco comprimido e mal conservado; acha-se ainda a bacteridia no proprio terriço muito adeantado, principalmente n'aquelle cujo calcareo tira a acidez e apressa a humificação (nitrificação das terras araveis). As bacteridias, algumas vezes associadas ás cryptogamas, encontram pois os seus elementos nutritivos os corpos mortos: productos vegetaes mais assimilaveis (humus, mostos); productos animaes: carne, sangue, leite, manteiga, queijos; e nos seres vivos do reino animal. Como o organismo humano não differe do organismo animal, as fórmas microbianas hão de serlhe communs (tisica, raiva, carbunculo, mormo, tétano, escarlatina, variola), com intensidades maiores em um ou em outro. Não nos surprehenderá que, relativamente a generalisar esta propagação do animal ao homem, a sciencia se mostre cada vez mais affirmativa. A responsabilidade dos creadores só poderá aggravar-se.

Da mesma fórma que os germens das cryptogamas, os germens invisiveis das bacteridias encontram-se em toda a parte: nas raspaduras das almofadas, no pó e no ar dos estabulos, nas rações das manjadouras pouco limpas, nos poços contaminados por infiltrações, no pello dos animaes, nas roupas dos operarios etc.

Se attendermos a que, por via de progressão geometrica, uma bacteridia produz milhões de descendentes em curto espaço de tempo, não é para admirar que os germens bacterianos e cryptogamicos contaminem todas as atmospheras em medonhas proporções. Os espaços contam de 300 á 1:000 bacterias por metro cubico; os logares circumscriptos, ainda que ventilados, de 50:000 a 100000 segundo os meios. A atmosphera das cidades contém muitissimos mais do que a das aldeias, os estabulos mais que os campos, os valles mais que as planicies, as planicies mais que as montanhas,

os logares pantanosos mais que os terrenos bem cultivados, as terras do interior mais que o littoral. Tudo isto se comprehende; mas o que deve fixar a immediata attenção dos agronomos e dos hygienistas é que essa espantosa pollunação de germens morbidos não causa a morte de todas as culturas, de todo o gado, nem a humanidade. Apesar dos desastres que occasionam, a agricultura, pensando bem, parece ser relativamente poupada.

Leva-nos a inquirir, a bacteridia e á cryptogama cellular são a causa das molestias que dizimam as culturas, os gado se o proprio homem, ou as consequencias de um mal latente. Da localisação maior ou menor do mal, da sua marcha caprichosa alliada aos accidentes das estações, do seu retrocesso deante dos tratamentos racionaes e da judiciosa e boa pratica, póde logicamente inferir-se que, ainda n'este caso, esses organismos nefastos desempenham o papel que lhes pertence; atacam não o ser são e robusto mas o ser já ferido na sua força vital, apesar das mais enganadoras apparencias, o ser condemnado pela natureza a uma morte mais ou menos proxima, e é como emissaria da morte que a bacteridia ou o espóro se domiciliam nos tecidos, é com o fim de apressar a decomposição d'estes em elementos mineraes que aquelles nefastos organismos se introduzem na praça; é como agentes selectores que elles depuram as sociedades vegetaes e animaes das suas individualidades enfermas, viciosas e condemnadas como improprias de sustar uma lucta em que succumbem outras mais robustas.

Verificar o mal nada é. O agricultor deve poder cural-o se quer viver, deve fazer mais, deve prevenil-o se deseja converter os seus pesares, as suas angustias e a sua ruina em quietação e prosperidade.

É o que vamos estudar.

A. Faria.

Legislação agricola

Projecto Vinicola

Continuado da pag. 152

Art. 42.º É expressamente prohibido no fabrico, preparo ou tratamento dos vinhos e das geropigas, o emprego da sacharose, da glucose industrial ou de qualquer outra substancia sacharina que não provenha da uva, seja sob a forma solida, seja em solução (licorejo).

Art. 43.º É expressamente prohibido no fabrico, preparo ou tratamento dos vinhos e das geropigas o emprego de quaesquer principios còrantes, que não prevenham da uva ou dos residuos da fabricação do vinho.

Art. 44.º É expressamente prohibido o emprego do alcool, que não seja vinico, no fabrico e preparação dos licores e das aguardentes simples ou preparadas.

Art. 45.º É absolutamente prohibida a venda, no reino e possessões ultramarinas, da baga de sabugueiro.

§ 1.º A fiscalização dos productos agricolas empregará, alem da analyse chimica, todos os meios ao seu alcance que julgue uteis e necessarios, para a repressão das fraudes em que incorrem todos os que não respeitem as prohibições a que os quatro artigos precedentes se referem.

§ 2.º Serão rigorosamente punidos com prisão e elevadas multas, que uma regulamentação especial ha de determinar, todos os que não respeitarem as prohibições a que os quatro artigos precedentes se referem.

Art. 46.º A liquidação e cobrança do imposto do real de agua, no continente do reino, fóra das cidades de Lisboa e Porto, será feita, de futuro, nos termos seguintes:

1.º O imposto do real de agua será fixado annualmente no Orçamento Geral do Estado, na sua totalidade e para cada concelho, a partir do anno civil de 1909.

Para este anno é calculada essa importancia em quantia igual á que o Estado arrecadou no anno economico de 1907-1908.

2.º Para o lançamento do imposto, assim determinado, será feito o arrolamento de todos os contribuintes, que vendam generos sujeitos ao real de agua, a fim de se constituirem em gremio para distribuirem entre si a importancia d'aquelle imposto que for fixada para o concelho.

3.º Se os contribuintes, que devam formar gremio, não se reunirem ou, reunindo-se, não fizerem a repartição do contingente do referido imposto no

prazo legal, será esta feita pela junta de repartidores da contribuição industrial.

4.º Ficam addidos ao Ministerio da Fazenda os empregados da fiscalização do real de agua, a quem são garantidos os seus vencimentos.

Art. 47.º O Governo, a requerimento da maioria dos agricultores de qualquer concelho, ouvido o governador civil do districto e a respectiva camara municipal, poderá autorizar que seja criada, nesse concelho, uma junta municipal de agricultura, com o fim de organizar e dirigir um serviço privativo de fiscalização dos productos agricolas e seus derivados e dos productos auxiliares, e de consultar sobre todas as questões que interessem a agricultura do concelho, podendo tambem propôr o que julgar mais conveniente.

a) A junta municipal de agricultura será eleita, annualmente, pelos quarenta maiores contribuintes da contribuição predial;

b) A organização do serviço de fiscalização, a que se refere este artigo, será approvada pela Camara Municipal, que deverá inscrever no seu orçamento a verba que fôr necessaria para occorrer ás despesas com esse serviço, a qual será coberta por uma percentagem sobre a contribuição predial ou sobre algum ou todos os generos sujeitos ao imposto do real de agua;

c) Os empregados da fiscalização, dependentes da junta municipal de agricultura, tèrão attribuições identicas ás dos fiscaes da direcção da fiscalização dos productos agricolas.

Art. 48.º Fica revogado o artigo 7.º do decreto de 26 de novembro de 1907, que permitte a incidencia do imposto do consumo em Angola e Lourenço Marques, sobre os vinhos communs, tinto e branco, nacionaes.

§ unico. Fica de novo em pleno vigor a base 10.ª da carta de lei de 7 de maio de 1902, que não permitte qualquer imposto addicional ou municipal, nas provincias portuguesas de Africa, sobre os vinhos de produção nacional.

Art. 49.º Fica o Governo autorizado a contractar com o Banco de Portugal a criação de um serviço especial, no mesmo Banco, destinado a operações de credito agricola.

§ 1.º Poderá elevar-se a importancia de notas em circulação até réis 77.000:000$000, sendo esse aumento sobre o limite legal, agora vigente, de 2.000:000$000 réis, exclusivamente destinado ás operações de credito agricola.

§ 2.º Servirão de garantia ao aumento de circulação, e á medida que este se fôr effectuando, titulos de divida fundada interna de 3 por cento, cuja emissão fica autorizada; mas só para este fim e na importancia estric-

tamente necessaria. Os respectivos juros vencidos pertencerão ao Estado.

§ 3.º O juro dos emprestimos não excederá 5 por cento e o seu prazo poderá ir até seis meses, renovavel por mais seis meses, quando haja circunstancias attendiveis pelas estações officiaes competentes.

§ 4.º Os lucros liquidos serão destinados á constituição de um fundo de reserva até 500:000$000 réis. Attingida esta quantia serão destinados a providencias de fomento agricola.

§ 5.º O Governo fixará, de acordo com o Banco de Portugal, a importancia compensadora para este, das despesas que lhe advirão pelo exercicio d'estas novas funcções e decretará, ouvidas as estações competentes, a forma e condições em que se devem realizar e regulamentar as operações de credito agricola, para sua efficaz diffusão e segurança, tendo em vista particularmente o auxilio a dar ao pequeno agricultor.

§ 6.º Estabelecido o credito agricola, cessará o desconto dos warrants, a que se referem os decretos de 27 de fevereiro de 1905, 25 de janeiro de 1906, 10 de maio de 1907, e o artigo 37.º d'esta lei.

Art. 50.º Proceder-se-ha a um inquerito para averiguar a produção vinicola da proxima colheita, e ao arrolamento das cepas existentes nas differentes regiões do pais.

Art. 51.º Fica o Governo autorizado a colligir num só diploma as disposições d'esta lei e as dos decretos a que ella se refere.

Art. 52.º Fica revogada a legislação em contrario.

Mandamos, portanto, a todas as autoridades, a quem o conhecimento e execução da referida lei pertencer, que a cumpram e guardem e façam cumprir e guardar tão inteiramente como nella se contém.

O Presidente do Conselho de Ministros, Ministro e Secretario de Estado dos Negocios do Reino, e os Ministros e Secretarios de Estado dos Negocios Ecclesiasticos e de Justiça, da Fazenda, e das Obras Publicas, Commercio e Industria a façam imprimir, publicar e correr. Dada no Paço, aos 18 de setembro de 1908.=EL-REI, com rubrica e guarda.=Francisco Joaquim Ferreira do Amaral=Arthur Alberto de Campos Henriques=Manuel Affonso de Espregueira=João de Sousa Calvet de Magalhães.—(Logar do sello grande das armas reaes).

NOTICIAS DOS CAMPOS

ANADIA.—O tempo chuvoso tem beneficiado muito os prados. É abundante a colheita da azeitona. O vinho tem preço muito baixo.

MORTAGUA.—Está quasi concluida a colheita do milho, que foi escassa, nem metade talvez da do anno passado.

(pagamento adeantado)

Um anno..................... 1600 réis
Um semestre................ 800 »
Numero avulso.............. 50 »

As assignaturas começam sempre no principio de cada mez.
Toda a correspondencia deve ser dirigida ao director do jornal.
Os originaes recebidos quer ou não publicados não se restituem.
COMPOSIÇÃO na séde da Gazeta.—IMPRESS₂O—imprensa
Africana—Rua de S. Julião, n.º 58 e 60

(TYPO CORPO 8)

Por uma só inserção......................... 40 réis cada linha
Repetição até 6 publicações................. 30 » » ».
Annuncios permanentes, folhas soltas, réclames e anuncio
intercalados no texto—contracto especial.
Os srs. assignantes gosam do abatimento de 20 %.
A administração acceita correspondentes em todas as terras do paiz

Redacção e Administração, C. de Santo André, 100, 1.º

EDITOR—Dias da Silva

A todos os lavradores que receberem
Gazeta dos Lavradores e não nos qui-
rem honrar com a sua assignatura
limos, a fineza de devolver os nume-
recebidos, acompanhados da compe-
ıte cinta, para facilidade do nosso ex-
liente.

Para facilitar o nosso expediente e
itar extravio de recibos, o pagamento
assignaturas da Gazeta dos Lavra-
res é sempre accusado n'esta secção.

POR UM SEMESTRE

José Pedro Ribeiro Telles, Miguel José da
ve Santos, Francisco P. Ribeiro Vieira de
stro, Thomaz Martins Ramos Guimarães,
tonio Corsino Caldeira, Dr. José Gomes de
neida, Joaquim Pereira de Menezes, Ac-
io Pinto da Silveira, Ignacio M. Xavier,
io de Brito e Cunha, Roberto Jacob da
aseca, Bernardo Pinto & Irmão, Antonio
iz dos Santos Junior, José Antonio Lobo
Carvalho, Joaquim Manoel Caldeira, José
no Ferreira e Silva, Luiz Couto.

Deodato Antonio de Vargas, Angel Ribei-
Gomes, José Maria Affonso, Raphael José
Costa, Antonio Figueiredo Junior, Manoel
iz Pinto Fragoso, Antonio Ribeiro Casal,
tonio J. Judice e Irmão, José Antonio Fa-
Vellozo.

SUMMARIO

Agricultura geral

Seguro agricola obrigatorio

A lavoura nacional lucta infelizmente com dois grandes males,
que muito a prejudicam, e que são:
a escassez de conhecimentos technicos e uma absoluta e completa falta da mais rudimentar previdencia.

Seguindo velhas praticas que
se não coadunam com a necessidade moderna de produzir muito
e barato, os lavradores portuguezes não retiram das terras o bom
proveito que poderiam alcançar,
se fizessem uso do machinismo
aperfeiçoado e se se utilisassem
dos adubos chimicos indispensaveis a terras esgotadas por uma
constante cultura secular.

Vivendo ao *Deus dará*, não tem
certeza nas colheitas, e d'ellas não
obtem a recompensa segura que
os habilitaria com capitaes sufficientes para um constante e perfeito grangeio das suas terras.

Se o sol brilha aturado, durante semanas, n'um puro céu azul,
o lavrador treme com médo que
a estiagem lhe calcine e inutilise
as sementeiras e as plantações.

Se as nuvens se amontoam pesadas e escuras, pede a todos os
santos da sua devoção que levem
para longe a trovoada que lhes
póde trazes, com chuvas torren-
ciaes, furacões violentos ou sarai-
vadas devastadoras, a fome, e a
mais completa miseria.

E' um sobresalto constante, pois
basta um momento, para que o
vento, a neve ou a chuva façam
desapparecer o trabalho violento
de todo um anno, e deixem o lavrador impossibilitado de dar pão
á mulher e aos filhos, de pagar as
dividas, de introduzir o mais insignificante melhoramento nas
suas terras.

Quando os accidentes meteoro-
logicos se accentuam n'uma larga
área, os lavradores flagellados pedem anciosamente ao governo que
lhes acuda, perdoando-lhes impostos e distribuindo-lhes soccorros pecuniarios, que nem sempre
podem ser os bastantes para remediar a intensidade do mal.

Ora o lavrador não pode nem
deve viver atido á commiseração
do Estado, nem será equitativo
que parte do paiz que não possue
um palmo de terra seja forçada a
concorrer com o seu dinheiro para constante remedio de uma imprevidencia facil de remediar.

O proprietario urbano quando
o fogo lhe devora a casa, o arma-

dor quando o mar lhe engole um navio, e o negociante de gado quando as epizootias lhe matam os rebanhos, não vão sollicitar do Estado que lhes dê uma nova casa, um novo navio, ou novos animaes.

Recorrem ás companhias de seguros, onde, mediante uma insignificante cotisação annual, tem garantida a completa e perfeita estabilidade dos seus bens.

Os lavradores podem e devem fazer o mesmo, e, se o não fizerem, cumpre ao Estado sacudil-os do seu velho fatalismo optimista e conduzil-os á previdencia, e isso só se consegue por meio do seguro agricola obrigatorio.

E' possivel que esta doutrina desagrade aos que nada mais vejam n'ella do que uma nova contribuição. Mas é preciso considerar, antes de tudo, que uma contribuição redundaria em unico e exclusivo beneficio dos contribuintes, está por si mesma justificada e defendida.

Sociedades particulares em regiões onde só uma limitada parte dos agricultores d'ellas se utilisassem, ficando o maior numero na espectativa de que as suas colheitas não carecerão de protecção, não podem viver vida desafogada, pois estão sob a contingencia do primeiro sinistro importante, que de prompto as annquilará.

O Estado é que deve fundar uma unica sociedade de seguros agricolas, onde todos os lavradores, em troca de um pequeno premio annual, proporcional ás suas colheitas, tenham a certeza de nada soffrer com os varios accidentes atmosphericos.

Para essa sociedade devem contribuir todos os proprietarios ruraes do paiz com uma pequenissima quota annual, por cada hectare dos seus terrenos, quota a que se chamaria imposto do seguro agricola.

Com este insignificante seguro agricola obrigatorio o proprietario rural e o agricultor arrendatario lucrariam tendo, com as colheitas garantidas, o seu pão e o seu crédito assegurados.

O Estado, ao mesmo tempo que ficava liberto de comprometter as finanças publicas em casos de cataclismos graves, conseguia ter, rapida e facilmente, sem violencias nem aggravos, uma avaliação justa da propriedade rural.

O seguro agricola obrigatorio póde, pela importancia da receita geral que ha-de obter, fazer face aos prejuizos causados pelas forças cegas da natureza, e garantir aos trabalhadores ruraes uma remuneração certa e segura de todos os seus esforços e canceiras.

Eduardo Sequeira.

Da «Gazeta da Figueira».

O trabalho dos animaes

Como humilde, mas sincero e respeitoso, testemunho da muita consideração que nos merece o ex.ᵐᵒ sr. D. Eduardo Abela, lente cathedratico do Instituto do cardeal Cysneros, transcrevemos hoje do seu «Tratado de Economia agricola», as seguintes linhas que acabamos de ler no nosso apreciado collega madrileno «La Reforma agricola».

«A grande vantagem dos motores animaes, a que tambem se dá o nome de motores de sangue, consiste na generalidade das suas applicações a trabalhos diversos, e nas suas faculdades de intelligencia que se prestam ao ensino.

Todas as vantagens que se relacionam com o seu menor effeito util e com o seu maior preço de compra encontram-se sobejamente compensadas por estas duas qualidades: grande importancia em alguns trabalhos das artes e industrias e valor acima de todo o elogio nos multiplicos e variados serviços da agricultura.

O trabalho dos animaes domesticos, substituindo a força muscular do homem em todas as lidas que não exigem conhecimentos, desempenha uma missão civilisadora, para que tende a humanidade, em todos os resultados possiveis.

N'esta substituição de motores encontra-se tambem a vantagem de utilisar maior força, por ser a do homem ordinariamente inferior á de quasi todos os animaes que tem a seu serviço, não conseguindo nunca trabalho identico ao dos animaes e motores inanimados.

Calcula-se que um trabalhador com a sua familia póde cultivar dois e meio héctares de terreno por anno, entregando-se ás diversas operações que exige a exploração d'essa superficie. Calculam tambem todos auctores que um cavallo produz o trabalho de cinco homens e, portanto, que dois cavallos pódem cultivar 25 hectares.

Estes calculos acham-se assaz comprovados pela experiencia: em grande parte da provincia de Castella vê-se frequentemente uma parelha de machos cultivar, termo medio, 26 hectares; e na Andaluzia, das juntas de gado bovino e das parelhas de gado cavallar e muar resultam cultivados por cada junta ou parelha 25 hectares e 75 ares de terrenos.

A força muscular do cavallo depende da sua altura e do seu peso. A altura media varia entre 1,ᵐ50 e 1,ᵐ62. O peso é regularmente de 320 a 500 kilogrammas.

Na tracção de cargas pesadas o passo dos cavallos reduz-se a 0,ᵐ 40 por segundo, emquanto que, limitado ao seu proprio peso, o cavallo a galope póde percorrer 16 metros por segundo ou um kilometro por minuto.

Esta acção dura mais ou menos conforme a velocidade: um cavallo a passo póde resistir dez horas por dia; a trote largo tres ou quatro horas apenas; e a galope cança em quarenta e cinco ou trinta minutos.

Segundo as nossas experiencias assaz repetidas, a uma parelha de cavallos com a altura de 1,ᵐ50 póde calcular-se, lavrando, o esforço medio de 180 kilogrammas ou 90 kilogrammas por cavallo; se a velocidade fôr 0,ᵐ54 obtem-se o trabalho mechanico, de 48,60 kilogrammetros por segundo. Puxando uma ceifeira mechanica, o esforço de uma parelha vem a ser de 130 kilogrammas, e de 65 kilogrammas o de cada cavallo, caminhando com a velocidade de 0,ᵐ81, condições essa que produzem o trabalho de 52,65 kilogrammetros por segundo. O total de trabalho mechanico em oito ou nove horas diarias é por muitos praticos calculado de 1.200.000 a 1.800,000 kilogrammetros.

Trabalho comparado de varios animaes.— Com respeito ás applicações agricolas, o emprego mais favoravel do cavallo encontra-se nos serviços por elle prestados para sella e tiro, principalmente nos serviços leves de semear, gradar, ceifar e transportar em vehiculos de rodas. As suas applicações são mais limitadas para carga e para obrar pelo proprio pezo.

O custo do trabalho do cavallo, como tambem o dos outros animaes, depende do seu preço de compra representado pelo juro corrente d'esse capital durante o periodo de duração dos seus serviços, além do que se dispende em alimentos, cavallariça, trabador, ferragem, veterinario e arreios.

As melhores condições que o gado muar e cavallo offerece para carga dependem da curvatura do lombo, a qual permite que esses animaes transportem 0,41 do seu peso, emquanto que aos cavallos não deve calcular-se mais de 0,33. O esforço do gado muar e azinino è tambem mais firme e constante na tracção; o cavallo, porém, tem arranques mais impetuosos, permittindo a sua natural fogosidade que elle vença, quando é preciso, uma resistencia mais consideravel.

Outra especie existe como auxiliar efficacissimo da agricultura, como motor de grande força, superior na tracção á dos animaes de que acabamos de fallar, e não menos sóbria e remuneradora das despezas que occasiona: é o boi, animal em que, entre outros defeitos, se nota em primeiro logar a lentidão do passo, e ainda a indocilidade nas regiões em que se criam raças bravas. Mas quando o boi não é jungido pelas armas, e trabalha com os musculos peitoraes, a sua velocidade não é tão diminuta que elle deixe de alcançar facilmente 0,m84 por segundo.

O touro em estabulação e nas condições adequadas de domesticidade é tão manso e nobre como outros muitos animaes. Não escasseando os pastos, o boi está sempre gordo e vigoroso, com menos equivalencia de nutricção que os cavallos e muares. Além d'isso, o seu custo é menor, e mais inferior a percentagem para a amortisação, visto que, quando se inutilisa para o trabalho, o preço da sua carne compensa a final essa parte de valor. Exige menos despezas, até nos apeiros e, em resumo, o seu trabalho fica mais economico.

Uma junta de bois a lavrar desenvolve o esforço médio de 240 kilogrammas, profundando o 0m,25, o que corresponde a 120 kilogrammas por cada boi, e sendo a velocidade de 0m,45, dá o trabalho mechanico de 54 kilogrammetros, cifra superior á que representa normalmente o trabalho dos nossos cavallos e muares. As vaccas de boa constituição e raça escolhida produzem resultados analogos. Uma junta de bois ou d'essas vaccas póde lavrar 25 ares de terreno á profundidade já indicada, emquanto uma parelha de muares, lavrando a 0m, 16, percorre approximadamente 32 ares. Todavia o resultado definitivo do trabalho deve calcular-se om 624 metros cubicos de terra que uma junta de bois remove na extensão apontada, e uma parelha de muares apenas consegue remover 512 metros cubicos de terra.

Entre os extremos da debatida ques tão sobre as vantagens relativas do trabalho dos cavallos e dos bois ha termos de maior utilidade que representam indubitavel progresso e são de possivel execução para o agricultor que necessite de ter mais de uma ou duas juntas: assim as juntas de bois para os trabalhos pesados de lavrar, e as pa-

relhas de mulas ou eguas, estas, principalmente, para todos os trabalhos que exigem maior celeridade e certeza no trabalho, como as gradagens, sachas e sementeiras (nunca com charrua), e para as colheitas em que póde aproveitar-se o trabalho das especies animaes já referidas.

Custo do trabalho de um cavallo de um 1m,50 de altura

Dados para o calculo:

Peso do cavallo.	400 kilogrammas
Velocidade por segundo.....	0m,54, lavrando
Esforço de tracção..........	90 kilog. lavrando
Trabalho mechanico por segundo........	48 kilogrammetros
Tempo de trabalho.........	9 horas
Trabalho effectivo...........	6 »
Trabalho diario..	1.123:200 kiiogrammetros
Trabalho annual	280:800 tonel. metricas
Custo do cavallo	600 peset. (108$000.)

Feno secco

Alimento para 400 kilogrammas de peso..	6 kilog.
Idem para 1:123 toneladas metricas.............	7 »
Total.............	13 »

A ração alimentar fornece-se com :

Feno secco

5 kilog., ou 7 quartilhos de cevada, equivalentes....	10 kilog.
6 kilog., ou meia arroba de palha, equivalentes.....	3 »
Egual em feno......	13 »

Deve em conta o cavallo:

	Pesetas
Juro de 600 pesetas a 5 p. c..	30
Amortisação a 8 p. c.......	48
Cavallariça ou alojamento....	18
Tratador	18
Ferragem e veterinario......	23
Reparos de arreios..........	22
Total das diversas despezas.	153

Para alimento—367,8 de cevada a 6 pesetas (rs. 1$080)............. 321 pesetas ou...... 57$780 reis

184 arrobas de palha a 0,25 pesetas (45 reis) 46 »

Total dos alimentos.. 367 »

Despeza annual completa.... 520

Valor do estrume produzido .	20
Differença que representa o custo do trabalho annual. ,	500

A tonelada metrica fica a 0,0019 de peseta.

Sendo 250 os dias uteis de trabalho por anno, fica cada dia a 2 pesetas (360 reis) e o custo do sustento diario a 1,38 (250 reis).

Trabalho de um boi de 400 kilogrammas de peso

Esforço médio.	120 kilogram. lavrando
Velocidade por segundo....	0m,45 lavrando
Trabalho mechanico por segundo....	54 kilogrammetros
Trabalho de um dia....	10 horas
Effectividade do trabalho.	7 1/2 »
Trabalho diario	1:458 tonel. metricas
Trabal.º annual	291:600 » »
Valor do boi..	400 pes.ª (72$000).

Feno secco

Alimento para 400 kilog. de peso.................	6 kilog.
Alimento para 1:458 toneladas metricas............	6 »
Total................	12 »

Deve em conta o boi:

	Pesetas
Juro de 400 pesetas a 5 p. c..	20
Amortisação de 4 p. c.......	16
Estabulo ou alojamento......	12
Apeiragem.................	11
Tratador e veterinario.......	9
Total das diversas despezas	68

Alimentos: em forragens equivalentes a 4:380 kilogrammas de feno secco, a 6 pesetas por quintal........ 262,80

Despeza annual	320,80
Valor do estrume produzido..	12,80

Differença que representa o custo do trabalho annual ... 308

A tonelada metrica fica a 0,0011 pesetas.

Sendo duzentos os dias aproveitados annualmente no trabalho, sae cada um a 1,59 pesetas, e o custo do sustento diario a 0,87 pesetas.

Comparação de motores—condições de trabalho nos motores animados.—O que principalmente distingue o trabalho dos motores animados é o cansaço ou enfraquecimento de forças que reclama a necessidade do repouso. Os motores inanimados, ou dependentes das acções physicas, trabalham sem interrupção durante as vinte e quatro horas do dia; mas no homem, como nos animaes, a fadiga jornaleira limita o tempo do trabalho a uma fracção do dia, maior ou menor, e variavel nos diversos individuos e fainas, a que se dá o nome de acção jornaleira ou trabalho jornaleiro.

Da intermittencia resultante do trabalho dos motores animados e da permanente necessidade que elles teem de consumir certa quantidade de alimento para sustentarem as funcções vitaes, resulta tambem outra differença digna de notar-se. Ha sempre um excesso de despeza que não fica integralmente compensado pelo trabalho produzido ou pelo seu effeito util, ainda que os trabalhos sejam consecutivos, visto consumirem durante o tempo em que não trabalham. A perda é maior quando esses trabalhos se interrompem, sem poder prescindir de ministrar aos animaes a ração alimenticia necessaria á conservação da vida.»

A producção vinicola no Sul

Da excellente revista financeira e commercial publicada no Commercio do Porto, extractamos os seguintes periodos referentes á producção vinicola da região do sul:

A producção de vinhos maduros no sul apresenta-se pela seguinte fórma:

	Hectolitros	
	1907	1908
Castello Branco	8:500	9:800
Coimbra	75:000	88:000
Leiria	127:000	135:000
Lisboa	1.640:000	1.860:000
Total	2.200:500	2.448:800

No Alemtejo e Algarve, onde pela natureza do terreno e do clima os vinhos são eminentemente alcoolicos, registramos a constancia na declinação da producção nos ultimos annos, em consequencia do enfraquecimento dos bacellos e da sua perda total, o que se verifica no confronto das tres ultimas colheitas:

	Hectolitros		
	1906	1907	1908
Evora	123:000	95:000	78:300
Portalegre	19:000	13:500	12:700
Beja	83:000	54:000	48:000
Faro	115:000	85:000	79:000
Total	340:000	247:500	218:000

A perspectiva do mercado de vinhos, no anno de 1908-1909, apresenta-se mais animadora do que no anno findo, não só pela excellencia da novidade permittir a constituição de typos regionaes, mas tambem por se haver radicado a convicção de que só com a reducção de preço poderá ser augmentado o consumo.

Outra circumstancia accresce n'este anno, para melhorar as condições da venda, que é a da elevação do premio do ouro no paiz não ser acompanhado de egual movimento em Hespanha.

Nos ultimos annos, a concorrencia dos vinhos hespanhoes, em Inglaterra e no Brazil, era favorecida com o desvio de 12 a 16% no premio no ouro, ao passo que presentemente se dá o inverso, por serem as nossas exportações melhoradas com 23% na differença do cambio e as de Hespanha regularem por 11%.

As applicações para os vinhos d'esta colheita, segundo os elementos que temos colligido nas estatisticas do rendimento do imposto do consumo, informação do movimento dos negociantes, exportações e distillações, determinamol-as pela fórma que segue:

	Hectolitros
Para consumo no paiz	3.000:000
Para exportação	600:000
Para distillação	600:000
Em feitoria no Douro	213:960
Somma	4.413:960
Producção geral	4.709:800
Excedente	295:840
Stock de vinhos lisos, em 31 d'outubro ultimo	800:400
Stock no fim do anno de 1908-1909	1.096:240

Por este orçamento do consumo salta logo á vista que, tendo sido augmentado o stock de vinhos lisos existentes no paiz, com o provavel reliquat da colheita d'este anno, não se poderá contar com melhoria nos preços, a não ser que a exportação adquira grande desenvolvimento, desde que se consiga fazer competencia aos vinhos que nos movem concorrencia nos mercados onde temos dominado.

Influencia de algumas plantas

Segundo observações do sr. Joigneaux, parece que as raizes do meimendro negro afugentam os ratos dos graneis; a athanasia empregada na cama dos cães afugenta as pulgas d'estes animaes; a grande margarida dos prados, misturada á cama dos estabulos e cavallariças, produz o mesmo effeito em relação ás vaccas e cavallos; as folhas frescas do sabugueiro negro afugentam as lagartas das couves; o ricino, parece afugentar as toupeiras; a macella, as folhas de nogueira, a primeira em simples fricção, a segunda em decocção, afugentam os tabões e moscas que no estio flagellam os cavallos, etc., etc.

D'estas curiosas observações de P. Joigneaux vê-se que ha plantas antipathicas para certos insectos e outros animaes, antipathia que póde ser utilisada contra alguns dos muitos inimigos das plantas e dos nossos animaes domesticos. Basta tão sómente saber empregal-as em tempo opportuno e em proporções convenientes.

Arboricultura

Condições favoraveis ao bom exito da plantação das arvores de fructo e como se obtem ramos fructiferos.

Entre as condições favoraveis ao bom exito de uma plantação de arvores fructiferas (e tambem de ornamentação) figuram as seguintes, que achamos opportuno e interessante apontar aqui:

1.ª A arvore a plantar deve ser cuidadosamente arrancada, por fórma que as suas raizes não sejam destruidas n'esta operação.

2.ª Desde o arrancamento até o momento da plantação, a arvore, e especialmente as raizes, não devem estar expostas ao tempo, mas sim convenientemente resguardadas.

3.ª Emfim, que a plantação seja bem feita, é que sejam observados de principio uns certos cuidados culturaes.

A primeira condição realisa-se

arrancando por longe a planta, com bastante torrão, o que melhor garantirá a integridade das raizes

A segunda consegue-se conservando abacellada a planta, ou resguardando as suas raizes com musgo, que se conserva sempre humedecido.

A terceira condicção, emfim, realisa-se estendendo e distribuindo bem as raizes em terra convenientemente movida dentro da cova destinada a alojar a planta.

Um horticultor francez dá-nos uma interessantissima communicação sobre o modo de converter ou transformar na pereira os ramos de madeira em ramos de fructo.

Se se trata de ramos, depois de ter cortado todas as partes inuteis, poda assim as restantes: curtos os ramos vigorosos, ao contrario mais ou menos longos os que se quer transformar. Se se trata de modificar rebentos para os converter em partes fructiferas, então recorre-se a uma operação a que os francezes chamam *pinçage* e que não tem traducção apropriada na nossa lingua, mas que consiste em cortar ou torcer os ditos rebentos tanto mais longe da extremidade terminal quanto mais vigorosos elles são.

Creação de gados

Meio de augmentar a producção de leite das vaccas

Lemos na *Gazeta Agricola* que na escola de agricultura de Saint-Remy, em França, se tem feito curiosas experiencias que importa tornar conhecidas dos creadoree de vaccas leiteiras.

Duas vaccas, da mesma edade e de producção quasi egual, foram sujeitas ao mesmo regimen alimenticio, uma bebendo agua fria e outra só agua na temperatura de 45°, dando a segunda mais uma terça parte de leite do que a primeira.

Eguaes experiencias têem sido feitas em outros pontos da França, tambem com resultado satisfatorio.

Hygiene rural

Perigo da ingestão de ovos provenientes de gallinhas tuberculosas

Todo o mundo se preoccupa mais ou menos, com fundado motivo, com o uso de leite, sangue e carnes provenientes de vaccas suspeitas de tuberculose, e ninguem sequer se tem lembrado do perigo da ingestão de ovos quentes ou mesmo crus de origem desconhecida, e que muito bem podem provir de gallinhas tuberculosas. Pois a verdade é que tambem estes, ingeridos nas circumstancias apontadas, podem ser o vehiculo do bacillo tuberculoso, sendo como é frequente a tuberculose das gallinhas que cohabitam como pessoas tuberculosas, e que pelos escarros d'estas podem facilmente contaminar-se do mal, e tudo levando a crêr que esta doença, como tantas outras contagiosas, é susceptivel de se transmittir pela herança, sobretudo pela materna.

D'aqui uma indicação como garantia segura contra todo o risco possivel ou provavel: ou não comer ovos senão de gallinhas conhecidas e cujo bom estado de carnes desdigam abertamente a possibilidade de uma infecção, ou não comer ovos senão depois de haverem soffrido a acção esterilisante de uma temperatura, elevada, isto é, cozidos ou fritos.

As molestias contagiosas das plantas cultivadas e do gado

Continuado da pag 159

III

Depois de alguns seculos de cultura espoliadora, como ainda hoje vêmos na maior parte dos terrenos explorados, decorridos seculos de ignorancia e negligencia em tudo que dizia respeito ao aperfeiçoamento dos individuos, será para admirar que as especies vegetaes e animaes, apesar de apparentemente bellas, deixem de offerecer a robustez que testemunha uma fecunda vitalidade? Subtrahimol-as á selecção da nature-

za e á sua escola mortifera, mas se a agricultura tem sabido desenvolver o numero, reduzindo á impotencia a maioria dos seus inimigos, não selecciona sufficientemente os individuos para o fim da resistencia vital.

Com uma pratica judiciosa é ás culturas mais antigas que deveriamos pedir as melhores adaptações, o maximo de resistencia ás causas morbidas. Mas dá-se o caso contrario, e são as plantas de mais antiga cultura aquellas que encontram maior numero de inimigos (os cereaes em primeiro logar, principalmente o trigo, a vinha e as batatas). E todavia ninguem contesta haverem progredido estas culturas; mas o parasita obedece tambem ás leis da selecção, e se desde a sua apparição se opposeram obstaculos ao seu desenvolvimento, mais tarde adaptou-se cada vez melhor ás novas condições, e, graças á sua prodigiosa fecundidade, com o auxilio inconsciente dos ventos e dos meios de transporte, poder invadir uma zona consideravel e n'ella escolher livremente as suas victimas.

Comquanto a agricultura europeia haja progredido, contém muitas especies debeis. As mesmas especies, transportadas para outros paizes de clima analogo, vêem muitas vezes augmentar-lhes a sua resistencia.

E' assim que os grandes e pequenos parasitas que devemos á America são menos destruidores na sua patria originaria de que na Europa. Os gados que vagueiam nas immensas planicies d'além mar apresentam mais immunidade contra o contagio que os nossos. E até as culturas arbustivas das regiões quentes cedem diante do parasitismo dos infinitamente pequenos por effeito de uma degeneração devida ao modo vicioso de explorar o solo. Todas as causas que provocam o enfraquecimento dos vegetaes e animaes, os predispõe para os ataques dos seus infimos inimigos: as terras pobres, as chuvas excessivas, os nevoeiros prolongados e frequentes, o ceu toldado por muito tempo, os ventos e o calor humidos, as irregularidades das estações, a cultura serodia e a falta de cuidados.

Ao contrario, as terras ferteis, sem excesso, uma primavera lenta, o estio secco, o orvalho, a luz intensa de um ceu puro, os ventos leves, nem demasiadamente quentes nem muito humidos favorecem o crescimento normal da planta, a sua força vital, e são desfavoraveis ao desenvolvimento dos germens cryptogamicos para o vegetal, e da bacteridia para o animal. A planta é sã, a forragem melhor e indemne.

O homem é impotente contra os meteoros; mas tem os precisos documentos scientificos e dispõe de factos para augmentar, com a resistencia vital das culturas e do gado, a qualidade, a quantidade e o valor venal dos seus productos. O lavrador que gasta muito tempo e dinheiro para assegurar productos mediocres tem todo o interesse em destinar esse dinheiro e esse tempo ao aperfeiçoamento de tudo que constitue a sua exploração.

Tem perdido muito tempo. Hoje o lavrador é obrigado a applicar todos os recursos ás experiencias que procuraram a preservação immediata dos productos. Recorre á cal viva que obra como caustico e como seccante (a applicação da cal aos cereaes, arvores fructiferas, batatas, prados pantanosos, etc.). Mas a cal é de effeito passageiro, e por isso apenas um palliativo insufficiente. O enxofre só é energico para combater molestias pouco resistentes, (o oïdium, etc.); só principia a exercer a acção quando se oxyda ao ar, exigindo por isso uma temperatura secca, calma e quente, condições que, de per si, são pouco favoraveis ao desenvolvimento da molestia. Substituem-n'o algumas vezes pelo acido sulfuroso que é de duração mais ephemera e de mais perigosa applicação. O acido sulfurico, mais energico, é sempre perigoso. Os compostos de cobre são muito efficazes, particularmente o sulfato, mas exigem muita prudencia no seu emprego.

Das innumeras experiencias feitas, resulta que a associação d'estes diversos elementos sob a fórma de sulfato de cobre e leite de cal (calda bordeleza) póde considerar-se o melhor remedio contra todas as molestias cryptogamicas, convindo calcular-lhe a dóse conforme a resistencia das especies vegetaes, as suas variedades e as estações. Succede talvez o mesmo que com o emprego dos correctivos e dos adubos, e deve attender-se menos á força do remedio que á sua perfeita distribuição. A parte dos orgãos não preservada verá reaparecer o mal, e ha de exigir novas insufflações ou pulverisações do liquido salvador. Qualquer que seja o remedio e a sua efficacia, a planta fica em condições antinaturaes, soffrendo em certa porção, mas menos gravemente do que pela molestia. E' indispensavel conciliar simultaneamente a suppressão do mal, o interesse da vegetação e a economia de trabalho, por meio de uma unica applicação, feita em tempo opportuno e que não poupe espaço algum.

Combatendo a molestia, é necessario prevenir a volta do contagio o que se consegue queimando os terrenos muito affectados; formando adubos compostos, muito calcareos, com os residuos suspeitos, o pó dos celleiros, e das tararas, regando-os, em caso preciso, com agua sulfatada ou vitriolada; preparando bem o estrume que determina a decomposição de todas as suas partes e o torna bem homogeneo; promovendo a sua fermentação até ao estado gordo por ser o estrume mal cortido mais perigoso de que o outro; fazendo o tratamento preventivo da cultura por meio da calda bordeleza mais ou menos diluida, conforme o estado da planta e as condições mais ou menos consideraveis da estação.

E entre os meios decididamente preventivos, tudo que determina na planta a força e a vida: terrenos sãos e ferteis, drenados, surribados, sem excesso de terriço, caulados, providos de adubos chimicos com misturas bem ponderadas (o azote em excesso é prejudicial); sementes arejadas (em linhas, quinconcios); sementeiras precoces que tornam a vegetação mais regular e produzem tecidos mais resistentes; cuidadosa selecção de sementes; sachas, arrendas, a perfeita maturação da cultura, os solicitos cuidados de conservação.

Para o animal, os meios curativos são do dominio do veterinario, mas o agricultor deve empregar todos os recursos para conseguir que o seu gado adquira uma immunidade cada vez maior, seguindo as prescripções da sciencia zootechnica: sã alimentação (melhoramento de culturas, composição de rações, sal marinho, drenagem e caulagem dos pastos); extrema limpeza nas pias de beber, agua pura; aceio completo dos estabulos e manjadouras etc.; ventilação perfeita e melhor luz; escolha judiciosa de reproductores; a limpeza diaria dos animaes feita ao ar livre, e frequentes lavagens com esponja; fricção do pello (decocção insecticida) contra as moscas, lavagem dos humores e feridas, com agua muito pura e ao abrigo do pó, por meio de pannos antisepticos, lavagem dos uberos antes de mungir as femeas; exercicios na pastagem e não sobre o estrume dos pateos, drenagem do pavimento das cavallariças, renovação frequente das camas dos animaes, evitar-lhes o cansaço e dar-lhes bom tratamento; aceio nos adubos e utensilios destinados á limpeza, lançar n'uma caixa, que se despeja nos adubos compostos, todas as raspaduras da almofaça. Havendo receios de epizootia: inoculação preventiva e isolamento pela estabulação contra tudo que é estranho á localidade (gente, gado e objectos.)

Ás individualidades animaes ou vegetaes que, apesar de tudo, pouco aproveitem com estes cuidados, podem ainda ser condemnadas, mas constituirão apenas casos isolados—que, por prudencia urge fazer desapparecer—e na prosperidade do conjuncto dar-se-hão unicamente casos ligeiros pouco sensiveis.

A. Faria.

Ha microbios no pão?

Negam-no terminantemente bacteriologistas de renome universal, taes como Roussel e Melchnikoff. Cozido o pão a uma temperatura não inferior a 250 graus, todos os bacillos morrem. Desde o da tuberculose, que morre entre os 55 e os 60 graus, até ao do carbunculo, que resiste a 120, todos morrem, com todos os seus espóros. Fica, portanto, o pão, ao sair do forno, inteiramente isento de qualquer bacteria.

Não basta, porém, esta descoberta: torna-se necessario ampliar mais o campo da nossa investigação.

Nada escapa, certamente, á paciente analyse de um microbiologo. E se, nos productos que parecem mais puros e esterilisados, descobre o microscopio legiões de bacillos, embora inoffensivos, o que não succederá com artigos, como o pão, que são objecto de um constante manuseio?

Seria para desejar que n'esta questão se detivessem os hygienistas, para julgarem se realmente haverá motivos que justifiquem o alarme.

Effectivamente, desde que o pão sae do forno até que chega á posse do comprador, é manuseado um sem numero de vezes. Poderá, portanto, sair do forno em perfeitas condições para ser ingerido, mas quem nos garante que, ao chegar ao nosso poder, se encontra no devido estado de pureza?

O operario que o fabrica, o encarregado da sua distribuição na padaria, o que o leva aos consumidores ou o entrega a estes nos estabelecimentos da venda, todos, mais ou menos, manuseiam o pão. E ha ainda que contar com o comprador, que lhe toma o peso, como apalpa, para verificar se está bem ou mal cozido, se é fresco ou retardado. Quando lhe não agrada, entrega-o ao vendedor, e submette um outro pão ao mesmo exame, que realisa com umas mãos que nem sempre se encontram em recommendavel estado de asseio.

E o pão rejeitado, e que por outras pessoas virá a ser ingerido, fica assim impregnado dos miasmas, dos bacillos de muitas enfermidades. Deverá consentir-se que o pão, em vez de substancia nutritiva, se converta n'uma ameaça a nossa saude e á nossa vida?

N'algumas cidades do estrangeiro começou-se já a obviar a esta anomalia envolvendo o pão em papel de seda, tendo sido esta innovação, no seu duplo aspecto de hygiene e de esthetica, bem acolhida pelo publico. Fica assim preservado o pão de toda a acção externa, e é esta a garantia unica que pode dar o consumidor de que todo o germen pathogenico desappareceu d'elle.

Este assumpto, que tão directamente se relaciona com a saude publica, deve merecer, ao que nos parece, um pouco de attenção.

Contrafacções ou falsificações do vinho e meios de as reconhecer

Continuado da pag. 127.

Cochonilha.—O carmim dos insectos *cocus cacti*, apesar de caro, é algumas vezes usado com a ammonia, *cochonilha ammoniacal* ou *carmim ammoniacal*, para mudar os vinhos brancos em tintos. Descobre-se a fraude:

1.° Com o hydro-sulphato de sodio, que descóra todas as tintas vegetaes e deixa sómente persistente o carmim.

2.° Descorando o vinho com albumina, filtra-se, deitam-se dez ou vinte gotas d'este vinho em 250 centimetros cubicos d'agua ordinaria, com algumas gotas de borato de cal, mudaremos a côr do liquido em violeta.

3.° Os alcalis mudam a côr do liquido em violeta, e os acidos voltam esta a amarella avermelhada.

4.° Segundo o sr. Duclaux, a materia corante da cochonilha apresenta ao spectroscopio bandas de absorpção differentes das do vinho.

Malvaisco preto (altæa rosa).—As flores d'este são empregadas para tingir os vinhos brancos e para realçar a côr dos tintos palhetes; communicam-lhes um cheiro particular e um sabor chato e desagradavel. Segundo o sr. Faliére, pharmaceutico em Libourne, reconhece-se a sua existencia no vinhe:

1.° Pelo acetato básico de alumina, que faz passar ao violeta puro a côr da *altæa* negra.

Coagulando o vinho pela albumina, esta reacção torna-se mais sensivel.

Alguns vinhos ao sahirem da cuba e a baga de sabugueiro comportam-se do mesmo modo, o que traz duvidas n'este caso.

2.° Conforme o sr. Duclaux, a materia corante do malvaisco torna-se cada vez mais soluvel debaixo da influencia do oxygenio, ao contrario da côr dos vinhos.

Myrtillos ou baga de murta.—Alguns sophisticadores juntam ao vinho as bagas de murta para lhes dar mais côr. Reconhece-se a sua presença:

Pelo acetato de aluminia, que esverdeia fortemente o vinho.

Productos colorantes extrahidos da hulha.—Os que se empregam para os vinhos são os seguintes:

A *fuchsina*, vermelha e a violeta, e a *safranina*, escarlate e violeta, unidas ou separadas, segun-

do se quer a côr vermelha ou a roxa;

A *azulina*, azul de fuchsina, para dar um tom azul aos vinhos muito vermelhos;

A *phenylénediamina*, côr de castanha, e a *chrysotoluidina*, côr de laranja, para darem a apparencia de velhos aos vinhos muito rubros.

Estas tintas, misturadas com o caramello ou glucose, formam os *caramellos* ou *colorinos*, que teem sido utilisados para este fim. Muitas vezes ligam-se com tintas vegetaes e outras, como a urzella e a cochonilha, para difficultarem a sua pesquiza.

A fuchsina, imitando tanto a côr natural dos vinhos, passado algum tempo, ás vezes menos de um anno, descombina-se e arrasta comsigo na queda a côr natural dos mesmos.

Passemos em revista os principaes processos de reconhecer a sua presença nos vinhos.

Processo de Romei e Labiche.—Precipita-se o vinho pelo sub-acetato de chumbo e filtra-se; ao liquido filtrado junta-se-lhe alcool amylico e agita-se; pelo repouso, separa-se o alcool amylico, que se mostrará incolor se o vinho é puro, e a côr de rosa se é fuchsinado.

Para verificar isto, deita-se no alcool amylico algumas gotas d'ammonia, o que faz desapparecer a côr vermelha, que tornará a vir pela addição de algumas gotas de acido acetico.

Processo de Pasteur, Wurtz e Balard.—Deite-se agua de baryta no vinho até que dê um precipitado esverdeado; depois reuna-se-lhe alcool amylico e agite-se. Se houver fuchsina, o alcool amylico deve apresentar-se rosado ou vermelho depois do repouso; mas ainda mesmo que fique incolor, só poderemos affirmar que não tem fuchsina, se depois de lhe termos deitado algumas gotas de acido acetico continuar a ficar incolor.

Processo de Girard.—E' similhante o anterior, com a differença de se substituir o alcool amylico pelo ether acetico. Decantando depois o ether acetico, aquece-se n'um tubo fechado n'um dos topos, onde se deixa um pedacinho de seda em rama, que se tingirá de vermelho mais ou menos intenso, segundo a quantidade de fuchsina que o vinho tiver, e ainda mesmo que tivesse vinho incolor este ethere.

Processo de Fallére.—Deitem-se oito gotas d'ammonia e quinze centimetros cubicos de ether em seis centimetros cubicos de vinho ; agite-se e deixe-se em repouso. Na camada de ether formada, mergulha-se um floco de seda branca sobre o qual se deita acido acetico, que fará avermelhar a seda se houver fuchsina no vinho, côr que tornará a perder sendo mergulhada em ammonia.

O emprego da seda crua com o chloreto de estanho ou o sulfato de alumina é de bom uso n'estas pesquizas. A seda, assim preparada e posta em maceração durante 24 a 48 horas no vinho, fixa as materias colorantes animaes e mineraes e a fuchsina n'um precipitado que as lavagens em agua distillada não levam emquanto que arrastam a côr natural do vinho. Esta seda tambem se impregnam das côres vegetaes, que se reunem ao vinho, ou a dos malvaiscos negros, das papoulas vermelhas, etc., tornando-se azul-violeta, e verde carregado ou verde amarellado se foi o succo d'algum fructo que se introduziu no vinho.

(Continua)

A. Faria.

Virtude therapeutica da couve

Não passa a couve d'um misero producto horticola, o mais democrata possivel.

Figura a pobre sem aparatos nas praças e nas hortas, sempre modesta mesmo quando frisada.

E' tem excellentes qualidades, a crucifera em referencia.

Desde a culinaria á medicina, se estende a sua larga utilidade.

Das gentes do torrão lusitano são bem conhecidos os predicados culinarios, mas de certo de muitas as propriedades medicinaes são desconhecidas.

Uma revista ingleza assegura, que não ha nada melhor, para a cura radical e rapida das ulceras das pernas.

Não sómente as dôres se attenuam, mas a cicatrisação começa de prompto sem que o paciente seja obrigado a guardar o leito,

nem a interromper o seu trabalho; o que constitue evidentemente uma vantagem inestimavel para as pobres gentes que teem o seu braço para viver.

A technica é simples :

Depois de lavada a folha de couve, enxuga-se cuidadosamente e abatem-se as nervuras mais salientes.

Achata-se em seguida ligeiramente com um cylindro, ou uma simples garrafa, sem no entanto a esmagar. Lava-se depois em agua borica a 40 por cento durante uma noite.

Assim preparada applica-se sobre a chaga, préviamente desinfectada.

Este penso deve ser renovado pela manhã e á noite—lavando de cada vez, cuidadosamente a ferida.

Para as pequenas ulceras, por vezes tão dolorosas, tudo termina em quinze dias; para as maiores o praso vae até seis semanas.

Tal o tratamento preconisado para as chagas pela gazeta medica citada.

E bem uma revivescencia do que em epocas largamente distantes Hypocrates e Erasitrato disseram.

Este ultimo aventava mesmo que a pobre couve gosava de meritos para acalmar nervos.

Até o bom Pythagoras, segundo Plinio, dissertou ácerca da couve.

Catão, estendia os milagres da crucifera por todas as enfermidades; só o cheiro, afiançava, dava vigor e alentos.

Vinicultura

Como em casa se faz bom vinagre

De boa qualidade, obtem-se por meio d'um barril, que contenha já algum vinagre, e ao qual se vae juntando o deposito das garrafas, e todos os restos dos vinhos que já se não podem beber, sendo comtudo os vinhos brancos os mais proprios para se arranjar bom vinagre. Mas, quer elle seja feito com vinho branco ou vinho tinto, convem baixar o gráu alcoolico a 8°, no caso d'elle ser superior, para obtel-o bom, filtrando-o seguidamente, não estando limpido, antes de deital-o no barril.

Esse barril, revestido de peliculas micodermicas, constitue o que se chama *mãe vinagreira*, e o vinho que se lançar pouco a pouco vae transformando-se em vinagre, devido á acção do *Micoderma aceti* que abunda no interior.

E' preciso não os confundir, porém, com as *Anguilulas*, que algumas vezes dão saltos gymnasticos no vinagre. O *Micoderma aceti* é o que produz a acetificação ou avinagramento, ao passo que as *Anguilulas* só impedem a sua acção, tornando ao mesmo tempo

o vinagre repugnante.

E é por esta razão que convem filtral-o, libertando-o assim de todas as impurezas que o turvam; todavia, se se desejar obter um vinagre perfeito, é conveniente aquecel-o a 55°, antes da filtragem, afim de destruir todos os germens que elle contém.

Deve evitar-se collocar o barril em sitio fechado, pois o arejamento é preciso para favorecer a acetificação. Póde-se até facilitar esse arejamento, fazendo varios furos no tampo superior do barril.

O melhor será tel-o n'um quarto proximo da cozinha, accrescentando-o sempre, á medida que se fôr gastando o vinagre, para uso de todos os dias.

A torneira deve ser de pau, porque o acido acetico ataca todos os corpos metalicos; e não se deve ter o barril onde haja vasilhas com vinho, porque póde facilmente transmittir-lhes a acetificação.

NECROLOGIA

João Antonio da Luz Robim Borges

Na sua magnifica propriedade da Villa Robim, Figueira da Foz falleceu em todo o vigor da existencia, o sr. João Antonio da Luz Robim Borges.

O sr. Robim Borges nasceu em Lisboa, onde por muitos annos viveu, sendo conhecido como um dos mais distinctos sportsmens do seu tempo.

Herdando de seu tio o sr. dr. José Joaquim Borges, antigo advogado n'aquella cidade, a quinta da Varzea, transformara-a com grande dispendio na vasta e rica propriedade que hoje existe. Coração generoso e aberto a todas as manifestações altruisticas, o sr. Robim Borges espalhou largamente parte dos seus fartos cabedaes que herdara, em auxiliar os que á elle se dirigiam, e que nunca bateram em vão á sua porta. Fixando a sua residencia na Figueira, nunca se recusou a auxiliar qualquer emprehendimento de que resultasse algum beneficio para a sua patria adoptiva.

Paz á sua alma.

NOTICIAS DOS CAMPOS

MAÇÃO.—Terminou o varejo dos castanheiros e começou a apanha da azeitona, cuja colheita é bem mais abundante do que se esperava, o que se tem feito baixar o preço do azeite.

As sementeiras vão adiantadas.

AGUIM (BAIRRADA).—Tem-se vendido algum vinho a 400 e 450 réis os 20 litros, preço baixo e nada remunerador.

ALEMQUER.—N'este concelho está-se procedendo já á apanha da azeitona.

A colheita é mais abundante do que a do anno anterior, e a qualidade é boa.

Os lagares já trabalham no fabrico de azeite, que este anno deve ser de melhor qualidade.

5.º ANNO.— N.º 161   A Gazeta publica-se nos dias 10, 20 e 30 de cada mez   NOVEMBRO—1908

GAZETA DOS LAVRADORES

ORGÃO DE PROPAGANDA E DEFEZA DOS INTERESSES DA AGRICULTURA NACIONAL

Com a collaboração de muitos agricultores, agronomos, medicos veterinarios, horticultores, viticultores e regentes agricolas

DIRECTOR e PROPRIETARIO: *JOSÉ ERNESTO DIAS DA SILVA*

Medico veterinario -- Antigo professor da Escola de Agricultura da Real Casa Pia de Lisboa

Assignaturas
(pagamento adeantado)
Um anno................... 1600 réis
Um semestre.............. 800 »
Numero avulso............ 50 »
As assignaturas começam sempre no principio de cada mez.
Toda a correspondencia deve ser dirigida ao director do jornal.
Os originaes recebidos quer ou não publicados não se restituem.
COMPOSIÇ O na séde da Gazeta.—IMPRESS O—Imprensa
Africana—Rua de S. Julião, n.º 56 e 60

Annuncios
(TYPO CORPO 8)
Por uma só inserção......................... 40 reis cada linha
Repetição até 6 publicações.................. 30 » »
Annuncios permanentes, folhas soltas, réclames e annuncio
intercalados no texto—contracto especial.
Os srs. assignantes gosam do abatimento de 20 º/₀
A administração aceita correspondentes em todas as terras do paiz

Redacção e Administração, C. de Santo André, 100, 1.º

EDITOR—Dias da Silva

A todos os lavradores que receberem a Gazeta dos Lavradores e não nos quizerem honrar com a sua assignatura pedimos a fineza de dévolver os numeros recebidos, acompanhados da competente cinta, para facilidade do nosso expediente.

Para facilitar o nosso expediente e vitar extravio de recibos, o pagamento de assignaturas da Gazeta dos Lavradores é sempre accusado n'esta secção.

POR UM SEMESTRE

Condessa da Junqueira, José da Silveira Proença Saraiva, João Carlos de Abrunhosa, D. Maria da Piedade O. Caldeira Mascarenhas, Robim Borges, José Marques Alves Diniz, J. J. Soares Mendes, Luiz M. da Nova e Filhos, José Alves Moreira Pinheiro, Joaquim Francisco Pinto, Francisco R. Pinto Guimarães, Manoel Hypolito Ferreira, Mauricio Lopes, Companhia de Moagem do Rio Ferreira, Augusto Henriques Simões, José Maria Dantas Pimenta, Antonio Casimiro Serrão, Dr. Jacintho de Freitas Môma, Santos e Jacintho, Visconde da Esperança, Alexandre de Almeida Peres, Antonio Joaquim Monta, João Joaquim Antunes Franco, Agostinho Viegas, Joaquim Garcia Pinheiro, Joaquim Berardo da Silva, Manoel Rodrigues dos Santos.

SUMMARIO

Agricultura geral

Importação de trigo

Tendo-se verificado as hypotheses previstas no artigo 28.º e respectivos paragraphos do regulamento de 26 de julho de 1899, e havendo sido observadas as formalidades a que se referem os seus artigos 33.º, 34.º e 35.º:

Hei por bem decretar o seguinte:

Art. 1.º É autorizada a importação de 50.000:000 kilogrammas de trigo exotico para panificação, para o fabrico de massas e para o de bolachas e biscoitos, desde a data da publicação do presente decreto até o dia 15 de janeiro do proximo futuro anno.

§ 1.º Da quantidade de trigo menciodada neste artigo serão destinados 2.000:000 kilogrammas para o fabrico de massas, e 500:000 kilogrammas para o fabrico de bolachas e biscoitos.

§ 2.º O rateio do trigo importado será regulado pela tabella annexa ao presente decreto.

§ 3.º Só será permittida a importação aos fabricantes que, nos termos legaes, hajam adquirido as respectivas quotas partes do trigo nacional em todos os rateios do corrente anno cerealifero.

Art. 2.º É fixado o direito de 9 réis por cada kilogramma de trigo importado por virtude do disposto neste decreto.

Os ministros e Secretarios de Estado dos Negocios da Fazenda e das Obras Publicas, Commercio e Industria, assim o tenham estendido e façam executar. Paço, em 12 de novembro de 1908.—REI.══Manuel Affonso de Espreguéira══João de Sousa Calvet de Magalhães.

Nova Companhia Nacional de Moagem, Sacavem, 8.79; A. J. Gomes &

Commandita, Caramujo, 8.09; Nova Companhia Nacional de Moagem, Lisboa (Rua Vinte e Quatro de Julho n.º 644), 7.09; João de Brito, Limitada, Beato, 7.09; José Antonio dos Reis, Lisboa, 3-69; Companhia de Moagem «Invicta», Porto (Villa Nova de Gaia), 3.64; Companhia de Moagem «Invicta», Porto (Freixo, Campanhã), 3,43; Nova Companhia Nacional de Moagem, Lisboa (Travessa do Pinheiro), 329; Nova Companhia Nacional de Moagem, Xabregas, 2.82; Nova Companhia Nacional de Moagem, Santa Iria, 3.02; Companhia de Moagem de Vianna do Castello, Vianna do Castello, 2,67; Reis & Reis, Lisboa, 2;12; Nova Companhia Nacional de Moagem, Lisboa (Rua Vinte e Quatro de Julho n.º 374), 2,15; Companhia de Moagem «Harmonia», Porto, 2.13; Barreto, Filho & Genro, Porto, 1.91; Companhia de Moagem «Invicta», Porto (Ribeiro do Abbade, Valbom), 1.89; Nova Companhia Nacional de Moagem, Lisboa (Arco de Jesus n.º 3), 1.75; Eduardo Conceição Silva & Irmão, Lisboa (Rua Cascaes n.º 20), 1.22; Marques Lima & C.ª, Porto, 1.23; João Augusto da Silva Martins, Abrantes, 1.23; Companhia de Moagem «Invicta», Porto (Rua de S. Jeronimo), 1.19; Fabrica de Moagem do Rio Tinto, Limitada, Rio Tinto, 1.06; Joaquim Francisco Pinto, Senhora da Hora (Matozinhos), 1.05; Manuel Hipolito Ferreira, Viseu, 0.84; Rison Trevejano & C.ª, Portalegre, 0,93; Nova Empreza de Moagem de Castello Branco, Castello Branco, 0.;1; Christo, Rocha, Miranda & C.ª, Aveiro, 0,86; José Mendes Callado & Filho, Alter do Chão, 0,77; Parceria de Vallongo, de Moreira Monteiro & C.ª, Vallongo, 0,77, Marques Castro Pereira & C.ª, Soares Pinto & C.ª, Limitada, Ovar, 0,75; José Marques Alves Dias, Porta (Lordello do Ouro), 0,58; Areosa & C.ª, Coimbra, 0,60; Sousa

Rego & Irmão, Caminha, 0,64; Companhia de Moagem da Covilhã, Covilhã, 0,62; Constantino Francisco Pinto. Bouças (Maia), 0,58; Companhia Tavirense de Moagem, Tavira, 0,53; Alfredo Augusto da Costa Barroso, Portimão, 0,55; Companhia Elvense de Moagem, Elvas, 0,49; Alfredo Infante Pessanha, Lamego (Quinta do Valle de Abraham), 0,35; João Torres Pinheiro, Thomar, 0,43; Alice Cannel Rodrigues, Lisboa, 0,38; José Godinho Jacob, Alcacer do Sal, 0,37; Joaquim José Perdigão Queiroga, Evora, 0,39; Guedes Nobre & Vilhena, Beja, 0,34; Companhia de Moagem Farense, Faro, 0,32; Nova Companhia Nacional de Moagem, Seixal, Breyner, 0,31; Cooperativa de Moagem do Rio Ferreira, Vallongo, 0,27; Brites Pinto & C.ª, Maia, 0,26; Manuel Luis Fernandes, Seixal, 0,25; Augusto Castro & Ferreira, Maia e Vallongo, 0,24; José Guilherme Morão, Castello Branco, 0,25; Francisco Affonso da Silva, Bouças de Gondomar, 0,19; Brites Pinto & C.ª, Gondomar, 0,23; Brites Pinto & C.ª, Maia, 0,22; Manuel Antonio de Miranda & Filho, Odemira, 0,22; Teodora Inês do Carmo Marques Passos, Palhaes, 0,21; Barreto, Filho e Genro, Porto, Paço do Rei, 0,17; Isidro Freire, Verderena, 0,16; Sá & C.ª, Crato, 0,15, Costa & Irmão, Portelegre, 0,15; Alfredo Cambournac, Cacem, 0,14, Lino M. da Nova & Filhos, Lordello do Ouro, 0,14; José Pedro Naria da Costa, Barreiro, 0,14; Maria Adelaide Pereira do Carmo Chaves Lobo, Alemquer, 0,14; Antonio Joaquim Mouta, Povoa de Varzim, 0,10; J. Cupertino Ribeiro, Rio de Mouro, 0,12; Antonio Marques Nogueira, Calheiros & C.ª, Gaia, 0,10; Joaquim Pedro Marques, Torres Vadras, 0,11; Manuel dos Reis França, Odivellas, 0,11; Antonio dos Santos Revesso, Odivellas, 0,11; Viuva de Antonio Ferreira, Odivellas, 0,11; Joaquim Ribeiro da Silva, Vallongo, 0,11; Prazeres & Irmão, Castro Verde, 0,10; Luis José Frade de Simas Cardoso, Cabeço de Vide, 0,10; Henrique dos Santos Quelhas, Maia, 0,10; João dos Santos, Logar do Arco (Milheirós), 0,10; José Francisco da Silva, Cuba, 0,08; Seara Fontes & C.ª, Vallongo, 0,08; Constantino Francisco Pinto e Antonio Gomes Ramalho, Maia, 0,08; Jose Mendes Callado, Alter do Chão, 0,09; Alvaro dos Reis Ginja, Odivellas, 0,08; Manuel Ferreira, Odivellas, 0,08; Manuel Hipolito Ferreira, Viseu, 0,06; Manuel Hipolito Ferreira, Viseu, 0,04; Nuno Camillo Alves, Bucellas, 0,05; Camillo Lelis Alves, Bucellas, 0,05; João do Rego e Silva, Campanhã, 0,03; Manuel Gonçalves Pereira Junior, Porto, 0,02; Antonio Soares Pinto, Ovar, 0,03; Joaquim Martins Ferreira, Campanhã, 0,02; Manuel Pereira da Rocha

Paranhós, Granja (Campanhã), 0,56; Antonio da Cruz, Estremoz, 0,31; José Augusto de Pina Carvalho, Portalegre, 0,22; Empresa de Moagem Portelense Limitada, Portel, 0,16; Visconde Altas Moras, Moura, 0,14; José Antonio de Oliveira Soares, Evora, 0,11; Guimarães Carvalho & C.ª, Oliveira de Azemeis, 0,11; Augusto Sobral, Maia, 0,09; Manuel José Moreira da Ascensão, Vallongo (Maia), 0,09; Guilherme Duarte Ferreira, Ericeira, 0,10; Thomás Martins Ramos Guimarães, Bouças, 0,07; Joana Martins de França e seus filhos Manuel e José, Pontelhas (Valbom), 0,03; Antonio Dias Estevinha Costa, Castello Novo, 0,78; José Antonio Pereira, Porto (Rio Este) 0,75; Francisco Barreiro da Costa, Barcellos, 0,74; Antonio Rodrigues da Costa Soares, Beja, 0,66; Galhardo & C.ª, Limitada, Escalhão, 0,45; Galhardo & C.ª, Limitada, Escalhão (Figueira de Castello Rodrigo e Mata de Lobos), 0,18; Antonio Guerra, Moncorvo e Freixo de Espada-á-Cinta, 0,37; José Ferreira de Magalhães, Paços de Ferreira, (Rio Ferreira), 0,35; Alexandre Marques de Oliveira, Almarjão (Portalegre), 0,34; Mauricio Lopes, Villa do Conde (Rio Ave), 0,29; Antonio de Sousa Pauperio, Barcellos, 0,28; Henrique da Conceição Bragança (Rio Sabor), 0,26; José Antonio Lobo de Carvalho, Vidigueira, 0,24; Alexandre de Almeida Peres, Mação de Canavezes, 0,15; Marcolino Augusto, Bragança (Rio Fervença), 0,15; José Paes de Vasconcellos Abranches, Torre (Evedal), 0,15; Santos & Jacinto, Silves, 0,10; Antonio de Castro Neves Aguiar, Vallongo (Vizinhança), 0,07;

Fabrica de Massas

Nova Companhia Nacional de Moagem, Lisboa (24,76; Nova Companhia Nacional de Moagem, Seixal (Breyner), 12,99; Nova Companhia Nacional de Moagem, Lisboa (Rua Vinte e Quatro de Julho n.º 644), 9,08; Nova Companhia Nacional de Moagem, Lisboa (Arco de Jesus n.º 3), 6,93; Nova Companhia Nacional de Moagem, Lisboa (Rua Cascaes n.º 20), 6,51; Nova Companhia Nacional de Moagem, Lisboa (Rua da Cadeia, Belem), 5,91; Companhia de Moagem «Invicta», Porto, 6,51; J. V. B. Miranda, Coimbra, 4,00; Nova Companhia Nacional de Moagem, Coimbra, 1,28; Costa & Irmão, Portalegre, 2,30; Companhia Elvense de Moagem, Elvas, 2,30; Companhia Tavirense de Moagem, Tavira, 1,33; Areosa & C.ª, Coimbra, 6,51; João Augusto da Silva Martins, Abrantes, 7,61; Francisco Franco & Nogueira, Pernes, 1,97.

Fabrica de bolachas e biscoitos

João de Brito Limitada, Lisboa, 45,13;

Eduardo Conceição Silva & Irmão, Lisboa, 29,02; Companhia de Moagem «Invicta», Porto, 22,53; Pauperio & C.ª, Vallongo, 3,32.

Paço, em 12 de novembro de 1908.
=João de Sousa Calvet de Magalhães.

O Orvalho

As emanações humidas da terra são a causa originaria do orvalho que, no principio e madrugada das noites serenas e de calma, se fórma pelo descenso dos vapores aquosos.

Este meteoro, que poderosamente influe na natureza vegetal, é mais commum nos logares baixos e humidos que nos altós e seccos. Não se dá nas noites ventosas e nubladas e é rarissimo durante o verão.

O vento não permitte a queda dos vapores humidos e dissolve-os na atmosphera, e no verão o calor do ar conserva-se ainda durante as noites e evita a formação d'elles.

Na primavera e outono são os orvalhos mais frequentes sempre que ha calma e o céu está claro. As nuvens attrahem a humidade para devolvel-a depois em fórma de chuva, e evitam a queda do orvalho.

Este apparece em pequenas gottas de agua clara e transparente sobre as plantas, dando-lhes um brilho encantador ao serem banhadas pelos primeiros raios do sol; realça por esta fórma a belleza das flores e aformosea os prados, sementeiras, arbustos e tudo quanto cobre a superficie da terra.

O orvalho, como a chuva, não é agua pura; compõe-se de muitas partes heterogeneas que transpiram de todos os corpos, dos vegetaes sobretudo. Contém não só terra, agua e sass como também uma materia oleosa o enxofre, e os acidos muriatico e nitrico, sendo do estes os que formam a agua regia com que se dissolve o ouro. Resulta d'ahi uma parte corrosiva que por isso branqueia a cera, o linho e as teias, queima as pelles, dissolve e purga os corpos, limpa estes, e occasiona dysenterias mortaes nos rebanhos; deve por isso evitar-se o apascentamento dos gados emquanto ha orvalho.

Além d'estes inconvenientes, como o orvalho se compõe de materias oleosas, espirituosas e propriamente vegetaes, não só refresca mas tambem nutre as plantas, supprindo em alguns climas a falta de chuvas.

Se durante o período de uma longa estiagem se produzem orvalhos continuados, observar-se-ha que as plantas não cessam no seu desenvolvimento, nem murcham por falta de humidade no solo, mas fenecem nas localidades em que aquelle metóoro não se dá com frequencia.

Com os elementos que elle contém, segundo dissemos, fertilisam-se as terras visto serem elles substancias assimilaveis ás plantas e que vem a compensar as perdas occasionadas pela absorpção do solo.

Podemos dizer que o orvalho é mais fecundo do que a agua das chuvas, pois contém maior numero de gazes convenientes ás plantas do que ella; assim como a chuva miuda e ligeira é superior á agua dos rios, e a d'estes ás que sahindo das fontes se empregam nas regas, são as menos fertilisadoras as que se extraem dos poços.

O orvalho, todavia, comquanto não seja frequente no verão, é prejudicial ás colheitas como tambem o são os nevoeiros que impregnam de humidade, produzindo a ferrugem, uma das doenças mais perniciosas. Dá-se isto sempre que ao despontar do sol não haja ventos que dissipem o orvalho e permittam que um calor forte proporcione ás plantas novo ar, deixando um sedimento esbranquiçado que depois escurece fendendo-lhes a casca e epiderme.

Deduz-se, do que acabamos de dizer que as humidades produzidas por qualquer classe de meteoros são prejudiciaes no periodo da maturação das colheitas e de toda a classe de fructos.

A. Faria.

Culturas industriaes

CULTURA DO LUPULO

O lupulo *Humulus lupulus*, da familia das Cannabiaceas) é uma planta perenne de caule delgado, ramoso-sarmentoso, voluvel, e que attinge alguns metros de comprimento. As folhas são oppostas, pecioladas, lisas na pagina superior, asperas na inferior, em fórma de coração na base, palmo-lobadas em 3,5 lobulos dentados, ovoide-ponteagudas. As flôres mas culinas dispostas em cachos auxiliares oppostas ou terminaes; as femininas teem a fórma de calices pedunculados, que se tornam conico-ovoides simulando estrobilos compostos de escamas largas, de côr amarella, ovaes e reticuladas. Akenio ovoide comprimido, aquilhado, cujo pericarpo se acha provido de glandulas resinosas amarelladas, lustrosas, odoriferas e muito amargas, sendo essas as que produzem o amargo e tonicidade que caracterisam a cerveja e lhe dão valor, em muitos casos, como bebida medicinal.

As raizes d'estas planta tomam a fórma de cabellame, de cujo centro se destaca um tufo que póde dizer-se permanente, pois dura uns trinta annos; dando origem na primavera a grande numero de rebentos que se estendem á distancia de dois e tres metros da planta mãe, formando novos caules que podem transplantar-se para sitio appropriado; devendo haver todo o cuidado, depois de concluida a plantação, em destruir annualmente essas pequenas raizes para que os caules não enfraqueçam demasiadamente, e apressem o completo aniquilamento e morte da planta.

O lupulo vegeta debaixo da terra durante o inverno, e, ao chegar da primavera, manifestam-se nas raizes umas excrescencia carnosas, de que nascem os sarmentos. Estes, que alcançam um diametro de dois centimetros quando favorecidos pelas condições do clima e do solo, são ôcos e conteem uma

seiva saccharina; compõem-se de entre-nós que distam uns dos outros de 25 a 40 centimetros; a casca é rugosa e coberta de vergonteas que auxiliam a dobrar e trepar pelos tutores, enroscandose da esquerda para a direita de fórma a seguir a mesma direcção que o sol na sua carreira.

A côr dos sarmentos do lupulo varía conforme a variedade que se cultiva e a qualidade do terreno.

No principio do seu desenvolvimento, isto é, antes da formação das folhas, podem comer-se como os espargos. Concluido esse desenvolvimento, e depois da colheita, preparam-se como os caules do canhamo, extrahindo-se d'elles uma fibra textil muito apreciada; empregam-se tambem, e muito proficuamente, como alimento das vaccas leiteiras por augmentarem a secreção lactéa n'estes animaes.

As flôres masculinas estão dispostas em cachos pendentes dos pequenos ramos que sáem junto do peciolo das folhas, e compõem-se de um calice com cinco folliculos sem corolla, provido de cinco estames encerrados no calice que, antes de abrir, tem a fórma de uma bola muito lisa e de côr verde carregado. Abrem em julho, espalhando na atmosphera grande quantidade de pollen que o vento e os insectos depositam nas flôres femininas, fecundando-as.

Estas apparecem em julho ou agosto e formam grupos unidos dois a dois e oppostos entre si. Cada flôr compõe-se de uma pequena aza em cuja base se acha o ovario provido de dois estigmas.

D'estas flôres se fórmam os cones de fórma oblonga e de cinco a seis centimetros de comprimento, constituidos por uma série de escamas que contéem na base um grão ou semente cercada, na época da maturação, de um pó sobre o amarello, impregnado de um oleo aromatico muito acido, conhecido pelo nome de lupulina. Os cones fecundados encerram grãos volumosos pardacentos ou negros e um pó abundante de côr vermelha; as escamas abrem-se quando se acham maduras, deixando caír na terra os grãos e pó de que fallamos. Nos não fecundados, a lupulina conserva uma bonita côr de ouro, não perdendo a côr nem a força, e tornando-se por isso muito apreciada, senão preferida, pelos fabricantes de cerveja.

Variedades.—Os cones do lupulo espontaneo ou em estado silvestre são menos aromaticos que as cultivados e, por isso, menos apreciaveis para a industria.

Entre os cultivados, merecem especial menção o *temporão* ou *spalt*, de caules verde escuro, cones esbranquiçados e de rapido desenvolvimento. O producto é de boa qualidade e de muita procura no mercado.

O *semi-temporão*, com caules da mesma côr que o anteriormente indicado e cones pequenos.

O *vermelho*, de caules d'esta côr desde a base, cones largos, ricos em materia amarellada, solitarios, tardios; producto abundante, de boa qualidade e de muita procura.

O *serodio*, com os caules vermelho claro, cones pequenos: amadurece em fins de agosto e é muito productivo.

Composição chimica.—Segundo Sprengel, o lupulo colhido durante a florescencia contém as substancias seguintes:

Agua............... 73,800
Substancias soluveis em agua............... 1,460
Substancias soluveis em lixivia alcalina...... 14,432
Cera, resina e partes verdes............... 0,720
Fibra vegetal....... 9,588
                    _____
                    100,000

e 100 partes em peso da planta verde (26,2 d'ella depois de secca) reduzidas a cinzas contéem:

Potassa............ 0,169
Soda............... 0,078
Cal................ 0,644
Magnesia........... 0,094
Oxydo de ferro..... 0,017
Alumina............ 0,019
Oxydo de manganez.. 0,001

Silica............. 0,048
Acido sulphurico... 0,217
 » phosphorico..... 0,091
Chloro............. 0,117

O pó amarellado compõe-se de cera, resina, uma essencia amarga, gomma, substancias nitrogenadas, um oleo essencial aromatico, acetato de ammoniaco, etc. Os cones contéem uns 10 por 100 de peso d'esta substancia, conhecida pelo nome de *lupulo*.

Clima.—Não é muito exigente quanto ao clima, pois encontramos o lupulo como planta espontanea na Noruega e no norte da Hespanha; exige apenas alguma humidade atmospherica e temperatura egual.

Terreno.—Dá-se bem em qualquer terreno de consistencia mediana, preferindo o que fôr mais solto e que contenha marnas calcareas.

Correctivos e adubos.—O lupulo é planta muito exgotante; se 100 kilogrammas de cones seccos, 259 de folhas e 354 de caules seccos constituem o producto de uma parcella de terreno, segundo as experiencia de Crautz, corresponderão a um hectare 1:700 kilog. de cones, 4:443 de folhas e 6:018 de caules, cuja colheita extrae do solo os seguintes elementos:

Nitrogenio 275 kilogrammas, potassa 195, acido sulphurico 49,50, acido phosphorico 46, e cal 411.

Conseguintemente, é indispensavel reparar, pela applicação de adubos adequados, as perdas que o terreno soffre annualmente. Se com este fim empregarmos estrume de curral, teremos de applical-o na quantidade de 70:000 kilog. para dar á terra o nitrogenio absorvido, ministrando-lhe ao mesmo tempo 360 kilogrammas de potassa ou soda, 88 kilogrammas de acido sulfurico, 138 kilogrammas de acido phosphorico e 397 kilogrammas de cal. Se com este adubo compensamos a perda de nitrogenio, não succede o mesmo quanto á cal, que entra em quantidade inferior á precisa, convindo por isso addicionar a estes estrumes a substancia calcarea que

lhes falta, não só para completar as exigencias da planta como para neutralisar os acidos que n'elles se encontram em excesso; e, attendendo a que os caules e folhas ficam sobre o solo, devolvendo-lhe o que lhe tiraram, póde calcular-se como adubo sufficiente por hectare de plantação uns 30000 kilogrammas de estrume regular de curral, juntando-lhe 200 kilogrammas de cal apagada.

Quanto ao emprego de outros adubos, deve attender-se á cómposição d'elles para abater a quantidade que convenha applicar.

Plantação.—Para effectual-a são necessario rebentos com raizes que podem haver-se de tres modos: 1.° cortando das cepas de plantas velhas as raizes de um a dois centimetros de grossura e vinte de comprimento, que tenham tres ou quatro gemmas, e enterrando-as logo no sitio em que teem de ficar definitivamente; 2.° pondo estas raizes em viveiro á distancia de 30 centimetros para transplantal-as depois de um anno; por este meio assegura-se o bom resultado da plantação e adianta-se notavelmente a producção; 3.° escolhidas as plantas mais frondosas, cortam-se-lhes os caules em pedaços de 40 centimetros, enterrando-as á distancia de 30 centimetros uns dos outros em logar que reuna as condições exigidas para viveiro. No anno seguinte podem mudar-se para o terreno em que tenham de ficar de vez.

Escolhida a planta, prepara-se o terreno com lavouras fundas, de 80 a 90 centimetros, aduba-se com estrume muito decomposto, e traçam-se as linhas que téem de ser occupadas pela plantação, attendendo a que estas devem orientar-se de norte a sul que o sol banhe bem as plantas. A distancia entre ellas deve medir dois metros, pouco mais ou menos.

Em cada cova, que hade ter a profundidade de 40 centimetros, deve lançar-se no fundo um pouco de terriço, por cima terra pulverisada, e cinco centimetros abaixo do nivel do solo a planta coberta de terra até á altura de 15 a 20 ntimetros sobre a superficie do rreno, para conservar a sufficien-. frescura e enraizar facilmente. A plantação póde fazer-se em is de março, e em outubro ou >vembro, conforme os climas.

(Continúa).

Creação de aves

Meio de conservar os ovos

Os ovos podem conservar-se, brindo-os com substancias que i ponham ao abrigo do contacto acção da atmosphera, e deixan->os em logar secco e fresco.

Lançam-se em mel, em semen-s miudas, em serradura de ma-ira, e cobrindo-os com palha. onservam-se tambem em areia, nos climas meridionaes e seccos nprega-se o sal.

Conservam-se egualmente em eite ou gordura derretida.

Os subterraneos são muito apro-iados á conservação dos ovos r largo espaço de tempo, como mbem os logares muito seccos e mpletamente expostos ao ar. a Suissa usam-se taboleiros com ificios em que se mettem os ovos uito aó de leve; d'esta fórma nservam-se por muitos mezes.

Emprega-se tambem o *silicato* : *potassa;* embebem-se n'elle os i ovos e collocam-se sobre um ipel de modo que não toquem is nos outros, pois do contrario gar-se-hiam de tal modo que ria impossivel separal-os sem os iebrar. O silicato obtura os pó-s; petrifica a superficie e obsta contacto do ar, podendo os os conservar-se assim sem alte-ção alguma por espaço de um no.

Empregava-se antigamente a rradura de madeira, o farelo, o igo, etc., mas todos estes meio am imperfeitos.

Actualmente os negociantes que entregam a este ramo, e que nservam de 10 a 12 milhões de os por anno, fazem o seguinte: Começam por tocar ao de leve ovos frescos um contra o outro ra ver se teem bom som; depois,

collocam-se n'uma vasilha de bar-ro com a parte mais ponteaguda para baixo e, quando a vasilha está completamente cheia, preen-chem os intervallos que ficamen-tre os ovos com composto de 6 a 8 grammas de cal apagada por cada litro de agua.

A cal dissolvida atravessa a casca calcarea do ovo e, posta em contacto com a primeira pellicula, torna-a impermeavel. Depois, col-locam as vasilhas n'uma adega ou subterraneo, vedadas de modo que não lhes penetre a luz. Para isto, a melhor temperatura é a 7 a 8 graus centigrados de calor cons-tante. Decorrido certo tempo, for-ma-se á superficie da agua uma especie de camada (carbonato de cal), que só deve quebrar-se quan-do se tiram os ovos.

Por este processo saem elles tão frescos, depois de 6 e 8 mezes, como se acabassem de ser postos, e a conservação é tão proficua que a perda média dá, quando muito, de quatro a cinco por mil, quando essa média era, anteriormente, de seis a 8 por cem.

Hygiene rural

Contrafacções ou falsificações do vinho e meios de as reconhecer

O sr. Husson achou um metho-do muito simples de reconhecer a fuchsina no vinho. Junta-se um pouco de ammoniaco ao vinho e obtem-se uma coloração verde. Mette-se dentro do liquido um fio de lã branca, da que se emprega na tapessaria, e em seguida põe-se esse fio verticalmente e faz-se-lhe correr uma gota de acido aceti-co em todo o seu comprimento. Quando o vinho tem a sua côr natural a lã retoma a sua côr branca depois de lavada pelo aci-do acetico; porém se fica mais ou menos avermelhada é porque no vinho ha a fuchsina.

Vinhos de imitação.—Em muitos paizes fabricam vinhos com o fim de imitarem os vinhos finos e pre-

ciosos de certas regiões privilegia-das, e para os venderem, umas vezes, como se fossem os proprios que arremedam, o que em verda-de constitue falsificação e roubo e utras com a declaração leal de quoe são imitações, falsificação ad missivel e em harmonia com a li-berdade industrial; ninguem n'es-te caso é enganado nem roubado.

Com outros vinhos, e algumas vezes sem vinho algum, imitam e contrafazem a maior parte dos vinhos do mundo mais afamados, preparando-lhes as côres, grau alcoolico. e o *bouquet* ou aromas proprios

Em Hamburgo, Londres, S. Petersburgo, no Brazil e nos Es-tados-Unidos, compõem-se vinhos de imitação que fazem séria con-correncia aos vinhos genuinos. E' sobretudo nas cidades francezas Mese, Cette e Narbonne, onde ha mais falsificadores.

Os processos empregados são os seguintes :

1.º Escolha de vinhos naturaes, um pouco alcoolicos e saccharinos;

2.º Adubação d'estes vinhos com geropigas ou arrobes de mosto;

3.º Addição com diversas com-posições aromaticas para lhes dar o *bouquet* especial do vinho imita-do ;

4.º Envelhecimento pelo calor do sol ou da estufa, ou pelo aque-cimento, segundo o processo do sr. Pasteur;

O *bouquet* postiço que lhes dá o sainete caracteristico é arranja-do com differentes substancias combinadas entre si, taes como:

Tintura alcoolica de casca ver-de das nozes ; idem de cascas d'a-mendoas amargas torrificadas; idem de milho miudo torrificado; —para dar o gosto do vinho ve-ho.

Tintura alcoolica de raiz de li-rio florentino, para o toque de violeta.

Tintura alcoolica de cachú
    »   »   ou essencia de girofle
    »   »   de framboezes
    »   »   de flores de cidreira
    »   »   de flores de sabugueiro
    »   »   de resedá

Essencia de sassofraz

Espirito de alcatrão
Infusão de café

Além de varios ethers e de gly-cerina para unir tudo isto.

Assim se illudem os incautos, ás vezes mesmos os entendidos; mas taes sophisticações não lo-gram conservar-se por demorado tempo, e este, tarde ou cedo, vem a descobrir a verdade.

Correia de Barros

12 SEMENTES DE TRIGO

ou seja a bella producção em com-paração com a media d'este anno, obtiveram-se no conselho de Ou-rique em terras adubadas com os 3 elementos principaes, que cons-tituém a alimentação das plantas: azote, acido phosphorico e *potas-sa*.

Terras pegadas a estas mas adu-badas só com superphosphatos de-ram só 3 e 4 sementes.

Os lavradores devem exigir que os adubos chimicos lhes sejam for-necidos com alta dosagem de *po-tassa*.

Vinicultura

A lavagem das garrafas e o engarrafamento

«Acontece muitas vezes terem ser-vido as garrafas para diversos usos, tornando-se por isso indispensavel la-val-as o melhor possivel, trabalho a que é tambem necessario proceder, e com todo o cuidado, mesmo ao rece-bel-as da fabrica.

Na verdade, defeitos de fabrico e de cozedura deixam muitas vezes sub-sistir nas paredes das garrafas man-chas negras e gordurosas, formadas de carbonio e impregnado d'alcatrão mi-neral ou coaltar, manchas que commu-nicam ao vinho um sabor pouco agra-davel. Para remover este inconvenien-te, é necessario mergulhar as garrafas durante um ou dois dias em agua que contenha 200 grammas de potassa ou de soda para 100 litros de agua; en-xaguam-se depois uma ou duas vezes com agua limpa.

Em regra, as garrafas novas, ainda que nada apresentem de anormal, de-vem conservar-se por algum tempo em celhas cheias de agua antes de serem enxaguadas por meio de escovas de

mão ou mechanicas. E' essencial lim-pal-as do pó que póde adherir ás pare-des interiores, visto como a presença d'elle occasiona muitas vezes alteração no vinho ou provoca a formação de se-dimentos.

Ora se devem tomar-se taes precau-ções com as garrafas novas, mais na-tural é ainda que se empreguem com aquellas que hajam servido a vinho, pois podem estar revestidas de bolor, conter porções de tartaro, de borra, de rolha ou de qualquer outra materia es-tranha, ou terem contrahido mau sa-bor que è indispensavel extinguir com-pletamente. As garrafas que, apesar de bem e fortemente enxaguadas, não perderem qualquer cheio desagradavel que tenham adquirido devem ser pos-tas de parte.

Para estes enxaguamentos empre-gam-se geralmente a cadeia de metal, a escova, o chumbo em grão, e para as garrafas novas com manchas gor-durosas faz-se uso de alguns agentes chimicos como a soda e a potassa. Em prega-se tambem algumas vezes a ser-radura da madeira do carvalho e agua muito quente que se agita dentro do vidro, meios que são proveitosos para desengordurar e fazer perder o mau sabor. Mas, se a cadeia e a escova é até os saes sodicos ou potassios—ha-vendo o cuidado de proceder depois a uma perfeita enxaguadura—não offe-recem perigo algum, o mesmo não suc-cede com o chumbo de caça cujo uso está todavia muito vulgarisado.

Introduzindo-se este chumbo no in-terior de uma garrafa, acontece fre-quentemente que pelo forte movimento que se lhe imprime na enxaguadura um ou mais grãos ficam entre a parede e alguma fenda do fundo, conservan-do-se ahi sem cair quando se volta a garrafa para despejar a agua, accidente que é mais grave do que se pensa. Em presença dos acidos do vinho dissolve-se o chumbo pouco a pouco, dando ori-gem em curto periodo á formação do acetato de chumbo excessivamente peri-goso.

Diversos accidentes téem demons-trado o fundamento d'estas apprehen-sões, e para evitar o mal procurou-se galvanisar os grãos de chumbo. Esse meio seria excellente se a galvanisa-ção persistisse, o que não acontece porque, decorrido pouco tempo, ficam esses grãos despojados mais ou menos da sua superficie protectora, oxidando-se depois como os outros.

Um medico que estudou este ponto propoz, não ha muito tempo, á Aca-demia das Sciencias a substituição do chumbo de caça por pequenos fragmen-tos de fio de ferro e de quatro a cinco millimetros de comprimento. Na opi-nião d'aquelle clinico, a lavagem com esta especie de granulos de ferro seria mais rapida e mais perfeita, não se

tornando de fórma alguma nocivo á saude qualquer bocado de ferro que por acaso ficasse na garrafa.

O que está hoje mais generalisado é o emprego do chumbo galvanisado, e por isso deve haver todo o cuidado em examinar as garrafas depois de laval-as, isto para procurar expellir qualquer grão que possa ter ficado no fundo, o que se consegue sem difficuldade olhan-do para o fundo da garrafa na direcção da luz.

Só depois d'isto, e de haver deixado seccar as garrafas, é que as devemos considerar em estado de lhes confiar o vinho.

O engarrafamento é operação muito delicada e exige diversas condições ex-teriores e interiores.

Examinemos as primeiras.

Como o trasfego, o engarrafamento deve fazer-se quando a temperatura es-tá calma e fresca e nunca quando ha ameaços de tempestade.

Julien no seu «Manual do despen-seiro» conta que um vinho branco de Chably, de primeira qualidade, engar-rafado n'uma occasião de tempestade, perdeu a limpidez, tomando em menos de doze horas uma côr de chumbo e de-pois leitosa.

Na Champagne, no Saumurois e no Anjou dá-se a preferencia aos mezes de fevereiro e março, durante a lua, para engarrafar os vinhos brancos do-ces. D'este modo os vinhos tornam-se espumosos de tal fórma que, não ha-vendo as necessarias cautelas, quebram muitas garrafas pela pressão do gaz corbonico. Para obstar a este inconve-niente, lançam estes vinhos em garra-fas novas de vidro grosso e que não pezam menos 850 a 900 grammas.

Nas grandes propriedades do Giron-da procede-se ao engarrafamento du-rante os mezes de setembro e outubro, em que ordinariamente reina bom tem-po.

No commercio fazem-se os engarra-famentos todo o anno, sendo por isso indispensavel prevenir os inconvenien-tes da estação com alguns cuidados que passamos a indicar:

1.º Engarrafar o vinho ao abrigo do contacto do ar.

2.º Proceder ao trabalho do engar-rafamento de manhã cedo, por ser a parte mais fresca do dia.

Isto no tocante ás condições exte-riores que devem ser escrupulosamente observadas. As condições interiores são mais complexas.

A primeiro é que o vinho não esteja completamente feito; expliquemos.

Primitivamente, pesado, espesso e aspero, o vinho limpa pouco a pouco, tornando-se claro e fino até adquirir completa perfeição ao cabo de alguns annos.

N'este estado, o vinho pouco tempo se conserva estacionario, começando

declinar; a suá côr modifica-
2 o gosto da fructa e a suavi-
sapparece o tanino que lhe da-
, e o sustentava, e, guardado
to tempo, o vinho acaba por
ir.
ipleto desenvolvimento do aro-
quet) é indicio seguro de que
attingio o mais alto grau da
eição, que nada póde ganhar
s e que está em vesperas de
) periodo de decrescimento.
então demasiado tarde para o
imento.
se deve deixar os vinhos des-
em-se completamente na pipa
momento em que a côr ver-
modificando-se, tende para o
côr de tijolo, primeiro signal
encia.
ho deixado por muito tempo
não se conservará bem nas
ha de durar pouco e tornar-
eve muito secco.
m por isso engarrafar o vinho
elle possue ainda toda a fres-
ividade e gosto a fructa, quan-
aroma (bouquet) não tem attingido
o desenvolvimento.
d'isso, o viticultor deverá cer-
de que o vinho está limpo,
ransparente.
r da sua limpidez, é necessa-
preceder o engarrafamento
s preparos dados ao vinho.
ramente, deve proceder-se á
cuja composição ha de variar
os vinhos forem tintos ou
e depois a um trasfego segui-
1 repouso de quinze dias.

amento dos vinhos novos

'inhos novos, particular-
'esta epoca do anno, estão
a diversas alterações. O
m que o commercio, por
1po, procura os vinhos no-
uz o viticultor a antecipar
na, a apressar a cozedura,
ler productos cuja existen-
é garantida de fórma al-

a-se indispensavel toda a
contra as complicações
sso resultam; convem esti-
fermentações secundarias
lem manifestar-se e é então
fazem necessarias as tras-
rematuras. Esses vinhos
os, muitas vezes toldados,
a influencia das materias
as que se encontram em
ão na sua massa.
os do inverno, geralmente,

tornando mais pesadas essas substancias, precipitam-as no fundo
dos toneis, mas, como nem todas
são levadas, é preciso recorrer ás
collagens energicas. Em seguida
a cada uma d'estas, é conveniente
proceder a novo trasfego nos vinhos de uma constituição pouco
robusta, visto haver sempre a recear novos fermentos.

Os productos bem constituidos
de uma vindima perfeita não teem
por certo necessidade de ser assim
tratados, pelo contrario, não ha
perigo em deixal-os sobre a mãe
durante o inverno.

O unico cuidado a que obrigam
é o de conservar as vasilhas sempre cheias, atestando-as quando
seja conveniente: essa atestadura
deve fazer-se com vinho da mes-
maş colheita e que participe dos
mesmos principios e da mesma
constituição.

Cumpre observar, todavia, que
em muitos casos não deve prescindir-se das trasfegas mesmo nos
vinhos provenientes de vindimas
sãs.

Quando ás trasfegas prematuras, que temos por uteis nos vinhos mal formados, cujo futuro é
incerto, não deixaremos de recommendar que ellas se façam sempre ao abrigo do ar.

E' mau o costume de empregar
canecos para esse effeito. Pondo
em contacto com o oxygenio do
ar os mycodermas nocivos dos vinhos doentes, restitue-se-lhes a
actividade que estavam talvez
quasi a perder, tornando-os assim
origem de novas complicações.

E' por meio de uma bomba,
atravéz de tubos de caútchu, que
devem trasfegar-se sempre estes
productos defeituosos. Os toneis
destinados a recebel-os teem de
ser, antecipadamente preparados
no que toca á limpeza e perfeita
mechagem, por ser esta um meio
de sustar o desenvolvimento dos
fermentos.

Não dispensando a esses vinhos
os cuidados que acabamos de indicar, e que devem ser prestados
desde logo, em pouco tempo os
veremos deteriorarem-se progressivamente: a côr modifica-se-lhes

cada vez mais, o estado turvo accentua-se e o seu sabôr tornar-se-
ha detestavel em pouco tempo.

Prevalecem os fermentos nocivos; encontrando-se no meio de
uma massa que não soube defender-se, começam a viver á custa
d'ella, adquirem de minuto a minuto novo vigor, multiplicando-se
infinitamente e dando origem ás
doenças conhecidas e temiveis que
poucas vezes teem cura.

Os cuidados especiaes que, na
summula, acabamos de apontar,
quando dispensados opportunamente, evitarão na maior parte
das vezes, aquelles accidentes, e,
se não consolidarem vinhos de má
natureza, terão ao menos a vantagem de conservar-lhes a vida
approximadamente até á occasião
em que devam ser consumidos.

Julgamos mais conveniente que
os possuidores de taes vinhos os
vendam sem demora. Até ao fim
do inverno serás ainda acceitaveis
no consumo, e mais tarde talvez
só possam aproveitar-se para a
vinagreira.

Estas indicações baseiam-se na
propria observação de factos averiguados.

Está geralmente admittido pela
maioria dos œnologos que o vinho
é um liquido vivo, cuja existencia
regular se acha subordinada ás
menores variações dos meios.

Esta hypothese, muito verosimil, sustentada por M. Pasteur
nos seus doutos escriptos relativos
ao sumo fermentado da uva, não
podia deixar de attrahir a attenção dos especialistas sobre a
a pratica com a theoria, chegaram
a formular uma serie de preceitos
vinicolas, fóra dos quaes só ha de
encontrar-se o acaso e perdas.

São estas as prescripções que
devem estar sempre presentes ao
espirito dos vinicultores.

O vinho, *principalmente no principio da sua vida*, é uma bebida delicada, cujas transformações convem acompanhar attentamente para estar sempre prompto a prestar-lhe os soccorros que o seu
estado exige.

Quantos proprietario não vêem
annualmente comprometido o pró-

ducto da sua vindima por haverem despresado estes principios que devem ser considerados como absolutos?!

TODO O ADUBO PARA FAVAS

deve contar alta dossagem garantida de *potassa*.

A *potassa* é o elemento mais importante na adubação das leguminosas.

Os lavradores devem exigir que os adubos para fava lhes sejam fornecidos com pelo menos 7,5 % de potassa e não acceitar os chamados adubos baratos para fava que só conteem uma dosagem muito baixa de acido phosphorico, elemento este que na adubação da fava occupa o terceiro logar.

Conhecimentos uteis

Meio pratico para distinguir o ouro do cobre

Deixar cahir uma gôta de agua forte ou de vitriolo sobre o metal. Se o acido fermenta e tinge o metal de verde, é cobre; se pelo contrario a côr fica intacta, e o metal não é atacado, é ouro.

Modo de fazer reviver a escrita velha

Toma-se uma onça de espirito de vinho e metade de noz de galha reduzida a pó; põe-se ao vapor d'agua e pergaminho ou papel cuja escritura se quer avivar e passa-se depois sobre a escrita um pincel molhado na mistura de espirito de vinho e de galha. Havendo, pois pergaminhos velhos ou papeis cuja escrita custe a ler, mergulhem-se em uma dissolução aguosa de capa rosa verde e deixe-se secar: a capa rosa tornará visivel a escritura.

Destruição das vespas

Geralmente destroem-se os ninhos de vespas, com um pouco de sulfureto de carbone ou de petroleo; os ninhos dependurados das arvores por meio do fogo; mas os ninhos que estão nos telhados de colmo, ou nos buracos de madeira, são mais dificeis de eliminar. Eis um processo novo para o conseguir: Colocar no fundo de um frasco de largo gargalo alguns bocados de sulfureto de ferro e uma pouca d'agua. Fechar o frasco com uma rolha atravessada por um tubo de vidro, continuado por um tubo de cautchouc. A' noite quando todas as vespas tenham

entrado no ninho, deitar um pouco d'acido chlorydico no frasco, rolhal-o e introduzir o tubo de cautchouc na entrada do ninho. Tapar depois esta entrada com uma pouca de argila. As vespas serão asfixiadas pelo hidrogenio sulfurado que se produziu.

Fotografia em marmore

O Photographisches Archiv dá o seguinte processo para imprimir uma fotografia em marmore.

Aplica-se numa placa de marmore não polido a solução que se segue:

Benzina.............. 500 partes
Essencia de terebentina.. 500 »
Asfalto.............. 50 »
Cera pura............ 5 »

Depois da aplicação ter secado, expõe-se ao sol durante 20 minutos a placa, tendo por cima uma prova negativa. Despega-se esta depois com essencia de terebentina ou benzina, lavando em bastante agua.

Cobrem-se em seguida as partes da placa que devem ficar brancas com uma solução alcoolica de goma laca e imerge-se numa tintura soluvel em agua:

Depois de se dar o tempo necessario para que a materia corante tenha penetrado nos póros da pedra, tira-se e pule-se esta.

Obtem-se, segundo dizem, belos resultados.

Culinaria

Receitas e conselhos

Alcachofras á italiana

Depois de bem lavadas tira-se-lhes o tallo e põem-se ao lume com agua e sal; entretanto faz-se um picado de carne ou peixe com que depois se recheiam tendo o cuidado de lhes prender em volta um fio que ampare. N'uma torteira de barro untada de manteiga, prepara-se uma calda como para as almondegas, em seguida põem-se-lhe dentro as alcachofras, juntam-se-lhe algumas gemas de ovos, um pouco de queijo rafado, e levam-se ao forno; quando a calda está sufficientemente apurada, deita-se todo o conteudo da torteira sobre pequenas fatias de pão torrado que devem ficar completamente ocultas pelas alcachofras. Uns pós de canela terminam este acepipe.

Maneira de cozer as alcachofras

Cortam-se em bocados e deitam-se com sal e agua numa cassarola onde devem ferver durante tres quartos de hora ou uma hora. Decorrido este tempo, examina-se se estão cozidas, no ca-

so afirmativo tiram-se da agua, põem-se a escorrer e tira-se-lhe tudo que não seja aproveitavel.

Assorda á andaluza

Põe-se ao lume numa cassarola, tres decilitros de azeite, quando este fumega deitam-se-lhes seis dentes de alhos e alguns bocados de miolo de pão, que préviamente devemos ter partido. Quando os alhos e o pão principiam a enegrecer, temperam-se de sal e juntam-se-lhes de sal e juntam-se-lhes pouco mais ou menos quatro decilitros de agua fervente: em seguida deita-se-lhe pão em proporção com a quantidade da agua; depois de tudo ferver adicionam-se-lhe algumas pitadas de colorau e serve-se.

Conservação do caldo

E' ás vezes util conservar uma certa quantidade de caldo de carne durante algum tempo, sem que elle azede. Eis o processo: Deitar o caldo em garrafas bem limpas; pôr essas garrafas num caldeirão que se encheu de agua fria, a qual se faz, em seguida, aquecer até que ferva durante quinze minutos. Tirar as garrafas e rolhar cuidadosamente.

O caldo conservar-se-ha durante mezes.

Maneira de conservar o peixe fresco por muito tempo

Rala-se uma porção de miolo de pão e deita-se em espirito de vinho, de modo que faça tudo em especie de papas; enchem-se com esta massa a boca e as guelras do peixe e envolve-se o peixe numa camada de ortigas frescas e numa outra camada de palha, a qual se deve borrifar com agua de duas em duas horas.

O peixe, graças a este processo, conserva-se fresco por muitos dias, ainda que seja no verão.

E' systema de toda a vantagem nas remessas de peixe para grandes distancias.

Lombo de porco assado

Quem quizer comer lombo de porco bem assado e não carne encortiçada, como muitas vezes sae do forno, mande assal-o á hora; ordenando á creada que acenda um bom lume na chaminé, e que a elle sujeite o espeto com o lombo levemente golpeado e salpicado, voltando-o, para o repassar bem do calor por todos os lados sem o queimar, e indo, de quando em quando, constipal-o á janela, para lhe conservar a qualidade de tenro. Faça isto, e verá que minutos depois está perfeitamente assado.

5.º ANNO. — N.º 162

A Gazeta publica-se nos dias 10, 20 e 30 de cada mez

NOVEMBRO—1908

GAZETA DOS LAVRADORES

ORGÃO DE PROPAGANDA E DEFEZA DOS INTERESSES DA AGRICULTURA NACIONAL

Com a collaboração de muitos agricultores, agronomos, medicos veterinarios, horticultores, viticultores e regentes agricolas

DIRECTOR e PROPRIETARIO: *JOSÉ ERNESTO DIAS DA SILVA*

Medico veterinario — Antigo professor da Escola de Agricultura da Real Casa Pia de Lisboa

Assignaturas
(pagamento adeantado)

Um anno.................... 1600 réis
Um semestre................ 800 »
Numero avulso.............. 50 »

As assignaturas começam sempre no principio de cada mez.
Toda a correspondencia deve ser dirigida ao director da jornal.
Os originaes recebidos quer ou não publicados não se restituem.
COMPOSIÇÃO na séde da Gazeta. — IMPRESSÃO — imprensa
Africana — Rua de S. Julião, n.º 58 e 60

Annuncios
(TYPO CORPO 8)

Por uma só inserção......................... 40 réis cada linha
Repetição até 6 publicações................. 30 » » »
Annuncios permanentes, folhas soltas, réclames e annuncio
intercalados no texto—contracto especial.
Os srs. assignantes gosam do abatimento de 20 %.
A administração aceita correspondentes em todas as terras do paiz

Redacção e Administração, C. de Santo André, 100, 1.º

EDITOR—Dias da Silva

A todos os lavradores que receberem a Gazeta dos Lavradores e não nos quizerem honrar com a sua assignatura pedimos a fineza de devolver os numeros recebidos, acompanhados da competente cinta, para facilidade do nosso expediente.

Para facilitar o nosso expediente e evitar extravio de recibos, o pagamento de assignaturas da Gazeta dos Lavradores é sempre accusado n'esta secção.

POR UM SEMESTRE

Albano Baptista da Cunha.
Albino Simões Dias Cardoso.
Luiz Dias Ferreira.
José da Costa Marques.
Thomaz Ferreira.
Frederico Fernandes.
João Marques Antunes.
José Relvas.
José Pereira Machado.
Callixto Poyares.
Francisco Tello Rasquilha.
Antonio Ribeiro de Carvalho.
Salvador Alves Dias.
Conselheiro Ferreira Margarido.
Eduardo A. Ribeiro Casal.
José Godinho Jacob.
Carlos A. Castro Barrot.
Francisco Pedro Barata.
Dr. Arthur Roviseo Garcia.
J. Figueiredo & Silva.
José Zuzarte da Silva.
Mario Costa.
José Martins Poças Falcão.
Manoel Joaquim Cardoso.
Eduardo Veiga de Araujo.
Visconde do Ervedal da Beira.
José Avelino Martins.
Candido J. Fernandes Basto.
João Duarte Gadanho.

SUMMARIO

Oleicultura.—Classificação e conservação da azeitona.
Legislação agricola.—Edital prohibindo o plantio da vinha.
Conhecimentos uteis.

Producção e hygiene do leite

Conferencia do sr. Miranda do Valle

Em todos os paizes em que a saude publica merece alguma consideração aos governos, a hygiene do leite é merecedora dos mais desvelados cuidados. Os governos centraes, as municipalidades, as agremiações scientificas, as revistas especiaes e os estudiosos procuram, cada um na sua esphera d'acção, melhorar sempre a producção do leite, de fórma a garantir a sua perfeita higiene.

Em Portugal passa-se coisa differente. O governo, por successivas leis em que a ignorancia dos progressos scientificos e o despreso pelos conselhos dos especialistas se mantém com uma persistencia assombrosa, impede completamente qualquer acção sobre o melhoramento higienico da producção leiteira.

O primeiro municipio do paiz, julgando naturalmente que este importante assumpto está bem entregue ás repartições oficiaes, que entre si se agatanham para superintenderem n'esse serviço, tem-o descurado tambem.

Agremiações scientificas, algu-

mas se tém ocupado do assumpto, mas sem conseguirem que o ruido feito desperte e interesse o publico ou elucide os legisladores.

O serviço de fiscalisação do leite tem sido uma especie de bolo que todos reclamam, de fórma que o legislador pouco se tem preocupado em o regular por fórma a obter algum beneficio scientifico, tratando apenas de o repartir entre o ministerio do reino e o das obras publicas, dando uma fatia aos medicos, outra aos veterinarios, outra aos engenheiros e outra aos agronomos, de fórma a calar todas as bocas, para que ninguem se aperceba da falta de espirito scientifico com que o regulamento está organisado.

A mais recente formula conciliatoria d'estes interesses, a que o bem geral é estranho, é o «Conselho Director da Fiscalisação dos Generos Alimenticios», producto hibrido da conjunação parcial da «Inspecção Geral dos Serviços Sanitarios do Reino» e da «Direcção da Fiscalisação dos Productos Agricolas».

Analisando o regulamento, nota-se a par de algumas disposições uteis outras exageradas e até inuteis; mas onde as deficiencias e os exageros se tornam mais prejudiciaes é no que respeita á lucta contra a tuberculose pecuaria.

A regulamentação higienica do leite, apesar das suas repetidas reorganisações, mantém o preceito de mandar abater sem demora toda a vaca que reaja á tuberculina. Semelhante medida é inexequivel sob o ponto de vista economico e scientificamente é escusada.

A sciencia contentar-se-ia que as vacas com mamite tuberculosa ou com tuberculose aberta, reconhecida pelos exames clinicos ou bacteriologicos, fôssem abatidas e as que tivessem reagido, mas não revelassem a existencia de lesões mammarias ou fócos abertos, continuariam a ser exploradas, sendo o leite convenientemente esterelisado e as crias entregues ao matadouro na edade propria. E certo que este processo é criticavel e tem pontos fracos, mas é um plano economicamente exequivel e que já tem dado magnificos resultados. Emquanto que, mantendo as disposições actuaes, a hygiene humana não encontra nenhumas garantias e a tuberculose pecuaria alastra livremente.

N'um estabulo sueco em que se poz em pratica este processo a tuberculose desappareceu rapidamente, segundo a estatistica seguinte:

Em 1895 reagiram.... 74 p. c.
Em 1896   »   .... 30,5 p. c.
Em 1897   »   .... 17,3 p. c.
Em 1898   »   .... 10 p. c.
Em 1899   »   .... 3,7 p. c.
Em 1890   »   .... 4,7 p. c.
Em 1901   »   .... 1,5 p. c.

Nos annos seguintes nenhum animal reagiu, podendo portanto considerar-se o estabulo limpo de tuberculose.

Como se vê, em Portugal a hygiene do leite não tem sido tratada com o saber e cuidado necessarios e comtudo este assumpto tem uma alta importancia.

As diarrheias, que dão tão pesado contingente para as estatisticas da mortalidade infantil, tem por causa principal infecções do leite.

No districto de Colombia as estatisticas acusavam de 1880 até 1894, 162 a 175 obitos por diarrheia infantil em cada lustro.

Em 2 de março de 1895 organisou-se um serviço de inspecção de leite que custa annualmente 15:804 dollars. De então para cá o numero de obitos em cada lustro tem descido progressivamente de 135 e 97 casos.

A tuberculose infantil é, frequentes vezes, devida á ingestão de leite proveniente de vacas tuberculosas, como se demonstra n'um relatorio da Liga belga contra a tuberculose.

Poder-se-iam citar outros exemplos e apresentar mais estatisticas, mas o que ficou dito é suficiente para mostrar a gravidade do assumpto e para desculpar a minha ousadia de vir importunar o auditorio e a temeridade de acusar de defeituosa a legislação oficial.

Não me movem intuitos politicos, nem o desejo da notoriedade; ambiciono apenas agitar a opinião publica por forma a obter a remodelação d'estes serviços que, taes como estão, são uma vergonha para a sciencia oficial, um perigo para a saude publica e um entrave ao melhoramento pecuario.

Para descrever o que é o leite consumido em Lisboa, dividirei este estudo em 3 capitulos.

1.º—Leite produzido fóra de Lisboa;

2.º—Leite de vaca ambulantes;

3.º—Leite das vacarias de Lisboa.

O primeiro é na maioria dos casos o peor de todos.

E' produzido por vacas que a inspecção veterinaria não toleraria na sua area de acção, os animaes são mal alimentados e mal estabulados.

Este leite é distribuido por vendedores ambulantes e é tambem vendido nas vacarias de Lisboa, misturado com o leite d'ellas produzido.

O leite das vacas ambulantes, se pelas qualidades dos animaes productores e pela hygiene habitacional d'estes excede um pouco o primeiro, perde todas as vantagens na fórma como é colhido.

A mungidura—que deve ser uma operação feita nas mais escrupulosas condições de limpeza —realisada nas ruas lamacentas ou poeirentas da cidade, por um homem que vem fumando e cujas mãos não evitam nenhum contacto infectante, deve infalivelmente dar um leite onde rapidamente se cultivam os mais variados microbios.

Sem oontar com os inconvenientes de uma mulsão fraccionada.

Este processo de venda, que os preceitos hygienicos condemnam e que nenhuma razão economica obriga a respeitar, deve ser prohibido.

O leite produzido nas vacarias de Lisboa, apesar de estar muito longe de merecer a aprovação do mais complacente hygienista, é relativamente o melhor. Porque as vacarias de Lisboa são aquellas em que a hygiene estabular é melhor atendida, as vacas são de melhor qualidade, os serviços fazem-se com um certo simulacro de limpeza e a fiscalisação veterinaria exerce-se regularmente.

O defeito por alguns apontado da falta de exercicio das vacas estabuladas em Lisboa, existe tambem na maioria das vacas dos arrebaldes. Nas quintas tambem a vaca nasce e morre no estabulo, saindo apenas para ser coberta; raro é o proprietario que tem um pequeno logradouro para recreio das vacas e só muito longe da capital é frequente estes animaes andarem a pasto.

Por isto a pretendida modificação de regimen entre a vaca da cidade e a do campo é mais ficticia do que real.

Devem porem descontar-se nas vantagens da vacaria urbana o facto de grande parte do leite vendido ser produzido fóra de Lisboa por vacas nas condições já descriptas.

Não quer isto porem dizer que a vacaria urbana seja o ideal; muito antes pelo contrario, a tendencia deve ser afastar os estabulos para pontos onde a aglomeração humana seja menos densa, exigindo-se que todas as vacarias tenham um logradouro ao ar livre para passeio das vacas. As vacarias dos centros populosos sejam substituidas por simples leitarias.

Vista porem em globo a produção leiteira, e descontando algumas excepções, temos que o leite consumido em Lisboa num pessimo produto que não oferece as minimas garantias de salubridade e a regulamentação hygienica é insuficiente para exercer qualquer modificação favoravel, sem deixar por vezes de ser draconiana.

Os estabulos actuaes não reunem os requisitos indispensaveis á boa hygiene animal.

A fiscalisação do estado sanitario dos animaes fornecedores de leite para a capital não está assegurada e os preceitos que regem a lucta contra a tuberculose bovina tem empatado qualquer iniciativa particular e não tem permittido uma acção eficaz por parte dos delegados oficiaes.

As matriculas das vacas e dos vaqueiros base indispensavel para qualquer fiscalisação séria, ainda não se praticou,

A educação do leiteiro e no consumidor está inteiramente por fazer, dando em resultado que a iniciativa particular tem-se empenhado em manter as suas explorações n'um luxo inutil para a hygiene sem nada fazer no sentido de garantir a salubridade do seu producto.

Procura-se uma vacaria artisticamente montada, exige-se leite mungido á vista e ninguem encontra uma vaccaria composta de vacas tuberculinisadas e ninguem exige que o vaqueiro lave as mãos antes de executar a mulsão.

A maioria dos productores desconhece a influencia que a alimentação e a mungidura, têm na composição chimica do leite e não avalia a influencia que a hygiene habitacional e corporal tem sobre a salubridade do leite.

Muitos vaqueiros ignoram que o leite atalha muitas vezes por causa da má lavagem das bilhas.

Tudo isto torna urgente uma campanha educativa que torne conhecidos os preceitos a atender na hygiene do leite, de fórma que o productor os possa executar e o consumidor os saiba exigir. Sem este trabalho prévio a influencia dos regulamentos, embora bem feitos, é restricta e demorada nos seus effeitos.

Sem entrar em detalhes technicos a que a amabilidade dos meus ouvintes não resistiria, vou enunciar rapidamente as regras a que deve sujeitar-se a producção leiteira.

O leite deve provir de vacas em perfeito estado de saude, d'ahi a necessidade d'uma fiscalisação veterinaria permanente.

Todas as vacas leiteiras devem ser tuberculinadas, eliminando-se as tuberculosas pelo processo de Asterty.

As vacas devem ser alojadas, mantidas e alimentadas segundo as exigencias da higiene pecuaria.

Os vaqueiros devem ser individuos saudaveis e asseiados, sabendo mungir segundo as regras higienicas, isto é desinfectando as mãos e as tetas das vacas, vestindo um fato lavado antes de começar a operação e cobrindo as vacas com um panno, de forma que as

moscas as não atormentem, ou imnobilisando-lhe a cauda.

A limpeza e mulsão das vacas deve ser feita fóra do estabulo.

As bilhas devem ser lavadas e escaldadas convenientemente.

As vaccas devem passear ao ar livre todos os dias.

O leite depois de colhido deve ser immediatamente filtrado, refrigerado e posto ao abrigo de inquinações.

Qual o meio de conseguir que estes serviços melhorem?

Submeto á critica competente o plano seguinte:

Reivindicar para as camaras municipaes a superintendencia d'estes serviços;

Aproveitar o que de bom se acha já legislado, enjeitando o que fôr excessivo ou inutil.

Adoptar o methodo de Asterty no combate contra a tuberculose bovina;

Obrigar os mugidores a fazerem exame;

Estabelecer de facto a matricula obrigaria de vacas e vaqueiros;

Exigir a inspecção medica dos vaqueiros e a inspecção veterinaria das vaccas;

Auxiliar todas as iniciativas particulares no intuito de melhorar a producção leiteira;

Impor o preceito de passear as vaccas todos os dias e de as mungir e limpar fóra do estabulo;

Tornar obrigatoria a filtração e refrigeração de todo o leite e a pasturisação do que provier de vacas suspeitas de doença contagiosa;

Promover os concursos de vacarias.

Culturas industriaes

CULTURA DO LUPULO

Continuado da pag. 173

Cultura.—Em principios de maio devem fixar-se os tutores, que mais tarde hão de servir de guia aos caules da planta. Para este effeito, pode empregar-se a madeira, (preferindo sempre as especies resinosas) e o ferro. No primeiro caso, as suas dimensões serão de uns 15 centimetros de diametro na baze, e 4 a 6 metros de altura, tendo sempre o cuidado de despojal-os da casca para evitar que ella sirva de abrigo a insectos nocivos á planta.

Os tutores de ferro só tem applicação nas localidades em que a madeira fica muito cara, e quando se empregam, deve haver o

cuidado de revestil-os de alguma substancia para evitar que os caules do lupulo, enroscando-se n'elles, soffram por effeito do oxydo que se lhes manifesta á superficie em consequencia da humidade atmospherica.

O emprego da madeira e do arame galvanisado é o processo que dá melhores resultados nas explorações estrangeiras melhor dirigidas. Formam-se cavalletes de madeira dispostos á distancia de vinte metros uns dos outros, e sobre as suas cruzes estende-se um arame preso de antemão á duas estacas inclinadas, com um apertador para lhe dar a necessaria tensão. Umas travessas de madeira, collocadas junto do pé de cada planta, dirigem os caules para o arame horisontal em que se enroscam na extensão de uns tres metros, e tornam a cair para o solo, percorrendo assim cinco metros, por isso que as travessas teem de altura dois metros. Este systema fica muito economico e é recommendavel nas localidades em que reinam ventos fortes que facilmente derrubariam postes de cinco e seis metros.

Outro processo, sanccionado pela pratica, consiste no emprego de postes de madeira e arame galvanisado em substituição dos cavalletes e travessas que que fallamos. Os postes devem ter a altura de sete a oito metros, reduzindo-a a cinco ou seis quando os arames são postos com a inclinação de 60°, conseguindo assim que a planta percorra a mesma distancia sem ter de elevar-se a tão consideravel altura, e se, em vez de um arame por planta, se collocarem dois, poderá ella attingir um comprimento de treze a quatorze metros, augmentando assim a producção quando lhe são favoraveis as condições de terreno e de clima.

Escolhido o systema de tutores e installado no campo da plantação, é necessario vigiar o crescimento do lupulo, para ir dirigindo e enroscando da esquerda para a direita os caules emquanto alcançam o comprimento de 50 centi-

metros, mas deve observar-se que
no primeiro anno da plantação
não convem deixar mais de um só
caule a cada planta e dois nos annos seguintes, para que o desenvolvimento se effectue de um modo regular, e os productos correspondam ás esperanças do agricultor.

As lavouras que esta planta
exige são: no primeiro anno duas
a tres muito superficiaes para limpar o terreno das hervas ruins; nos
outros annos, e pôr meados de outubro, depois de feita a colheita e
limpo o terreno das hastes e folhas, aduba-se com a quantidade
de estrume que indicamos no principio d'este artigo, e cava-se á
profundidade de 20 a 25 centimetros, procurando amontoar alguma terra sobre as plantas para
abrigal-as das geadas e neves. Em
março dá-se outra cava de 10 a
15 centimetros, e em julho uma
terceira com a mesma profundidade. Estas cavas e as necessarias mondas completam a cultura
que o lupulo requer para desenvolver-se em boas condições.

Não devem os lavradores prescindir de dois trabalhos importantes que, alem dos já descriptos,
contribuem para a perfeita conservação da planta. Esses trabalhos são o recalque e a poda; o
primeiro faz-se no outomno e a
poda em março, e esta da seguinte fórma: depois de descobrir a
planta cortam-se os caules que
fructificaram no anno anterior, e
bem assim todas as raizes ascendentes que só contribuiriam para
aniquilal-a; depois de limpo o
principal grupo de raizes, cobre-
se com terra nova lançando-lhe
em cima algum estrume cortido,
que tambem será necessario coberto com terra necessaria para
formar um monticulo de 15 a 20
centimetros de altura.

O lupulo desenvolve-se com
grande rapidez e a sua frondosi-
dade em terrenos frescos pode prejudicar a produção do fructo,
aconselhando por isso alguns auctores o córte das extremidades
dos caules e das folhas que n'elles se desenvolvem até um 1m,50

de altura, para que a seiva se con-
centre e dê fructos em vez de folhas e caules. Parece que este
systema tem sido vantajoso.

Outra observação importante,
e que não devemos omittir, é a
que se refere ao processo que mais
convenha empregar para substituir por uma planta sã outra enferma que forçosamente tenhamos
de tirar; com respeito a este ponto diremos que o melhor meio é o
da mergulhia, isto é, o de enterrar
dois caules das plantas mais proximas, operação muito conhecida
na agricultura e especialmente
dos viticultores.

Para concluir esta parte diremos ainda que as plantanções do
lupulo devem ser regadas nas regiões não demasiado humidas,
comtanto que as regas se façam
com pouca agua e no menor espaço de tempo possivel, visto as
raizes superficiaes da planta serem delicadas e poderem adoecer
permanecendo por muito tempo
em contacto com a agua.

Doenças e inimigos.—Varias são as
enfermidades que atacam o lupulo, contando-se entre as mais recear a conhecida pelo nome de
ferrugem, que provem de uma alteração na marcha da seiva e consiste na atrophia de alguns vasos,
occasionando a transformação d'a-
quella n'um liquido viscoso e as-
sucarado que attrae grande quantidade de pulgões que difficultam
a marcha regular da vegetação.
Um aguaceiro forte lava as folhas
e restitue a saude á planta.

A *chlorose* é outra enfermidade
produzida por excesso de humidade no terreno, mas que desapparece logo que elle secca.

O *cancro* é um fungo que se
desenvolve nas raizes quando se
encontram rodeadas de terrenos
muito humidos. O remedio é o
mesmo que acabamos de indicar.
A *queima* é devida á presença de
outro fungo, e manifesta-se em
terrenos excessivamente seccos sob
a fórma de uma efflorescencia es-
branquiçada, que cobre as folhas
e o caule; combate-se este mal
applicando á plantação duas ou
tres regas ligeiras. Os orvalhos

abundantes causam tambem graves prejuizos quando o lupulo começa a florir.

Entre os insectos perniciosos
ao lupulo figura em primeiro logar o escaravelho, que destroe
completamente a planta quando
a vegetação se atrazou por qualquer motivo. A serradura de madeira impregnada de brêu ou de
oleo de camelina, posta em volta
da planta, afugenta o damninho
insecto.

As larvas do bezouro destroem
as raizes do lupulo, mas é seu inimigo encarniçado a toupeira que
aqui presta verdadeiros serviços,
comendo grande quantidade d'essas larvas.

O lacrau alimenta-se egualmente das raizes do lupulo, mas póde
ser destruido na epoca da poda,
lançando em volta das raizes oleo
de amelina, breu ou cinza de carvão.

Os caracoes e as lesmas são
egualmente prejudiciaes nos annos humidos, e podem destruir-se
collocando de espaço a espaço alguns pequenos feixes de palha
molhada, em que esses molluscos
se refugiam, sendo facil então ex-
tinguil-os.

Colheita e preparo do lupulo.—A maturação dos cones manifesta-se
por uma ligeira mudança na côr
das folhas; tornam-se de um verde amarellado e exhalam um cheiro forte e aromatico. As escamas
apertam-se e assentam na base
uma secreção sobre o amarello, a
qual adhere facilmente aos dedos.
O grão está duro e completamente formado.

A occasião opportuna para a
colheita deve fixar-se conforme o
destino que hajá de dar-se aos
cones. Quando teem de ser vendidos em Inglaterra, convém fazer a colheita antes do fructo amadurecer totalmente, escolhendo a
epoca em que apresenta uma côr
verde pallido, pois é n'esse estado
que os inglezes o empregam para
a sua afamada cerveja *pale ale*. Se
o lupulo se destina a outros paí-
zes, póde esperar-se a epoca da
maturação completa para fazer a
colheita.

'e dois modos se procede a es-
iperação: cortando a planta a
centimetros do solo e desem-
içando depois os caules para
er os cones, ou arrancando os
res.

. colheita deve realisar-se des-
meados de agosto até princi-
de setembro, e por tempo sec-
cortando com os dedos os co-
um por um e levando-os im-
iatamente ao seccadoiro; evi-
e assim a fermentação que por
o se ¡n¡c¡ar¡a permanecendo
s muitas horas em saccos ou
os, sujeitos a que o oleo es-
ial se decomponha inutilisan-
o producto. Convém, portanto,
, conforme se vão colhendo,
evem para o seccadoiro onde,
meio de uma ventilação abun-
te e voltando-os varias vezes
lia, os cones adquiram as cones que o mercado exige.
Jm hectare de terreno planta-
i lupulo requer um seccadoiro
a superficie de 10 ares; con-
iintemente, e vista a impossi-
lade de dispôr de tamanho seu
o coberto, será necessario cons-
r uns taboleiros de madeira e
ne galvanisado que suspensos
tecto de um celleiro, pódem,
nando grande numero de pa-
entos, perfazer a superficie
essaria.
íos paizes em que a cultura do
ilo se acha muito generalisa-
empregam-se camaras de ar
nte para seccar os cones.
) trabalho de que fallamos é
ortantissimo, pois facilmente
drecem os cones que conser-
i humidade, recommendando
isso todos os auctores a sec-
io perfeita; se o producto tem
ser exportado, convém enxo-
-se com dois kilogrammas de
ofre por 100 kilogrammas de
es seccos, o que os conserva
bom estado por muito tempo.
'm outubro deve empacotar-se'
ipulo, lançando-o em saccos,
rensando-o em em seguida,
a não perder aroma, ainda que
ia de ficar armazenado por
ou dez mezes.
i lupulo dá uma producção
varia entre 800 e 4:000 kilo!

grammas, e termo medio uns
1:700. kilogrammas de cones seccos que se reduzem a 100 kilog.
pela seccação.

A. Echeverria.

Oleicultura

Classificação e conservação da Azeitona

Seguindo a doutrina exposta
ácerca da colheita e conservação
da azeitona pelo dr. Eustachio
Mingioli no seu *Manuale pratico
di Oleificio*, vamos tratar em primeiro logar da classificação da
azeitona.

Este fructo communica ao oleo
d'elle extrahido todas as qualidades que possue no momento de
ser submettido á prensa. Portanto:

1.º A azeitona que não está ma
dura dá um azeite acre e estypti-
co, como acres e estypticos são os
fructos submettidos á elaboração.

2.º A azeitona no seu justo
justo grau de maturação azeite
doce e facil de conservar-se.

3.º A azeitona muito madura
dá um azeite facil de rançar em
curto periodo.

4.º A azeitona bichosa ou atacada de insectos dá um azeite
nauseabundo.

5.º A azeitona fermentada e bo-
lorenta produz azeite de mau cheiro e repugnante.

Quando a colheita é geral, especialmente se é feita por uma só
vez, encontram-se confundidas na
grande massa de azeitonas todas
as qualidades de que acabamos
de fallar.

O azeite resultante da extracção
de uma mistura tão confusa não
poderá certamente ser bom: ha de
offerecer um conjuncto de má qualidade, prejudicando não só o bom
azeite da azeitona sã, mas fazendo
tambem com que elle se altere.

Não deve extrahir-se azeite de
uma tal mistura de azeitonas, porque ha de apresentar os defeitos
do fructo excessivamente maduro
e os d'aquelle que ainda não está
bem azonado.

Indiscutivel como é este ponto,
torna-se indispensavel escolher e
classificar as azeitonas antes de
submettel-as ao moinho, devendo
verificar-se esta classificeção ao
destinal-as aos sitios em que tem
de conservar-se até chegar-lhes a
vez.

Devem ser postas de parte as
azeitonas deterioradas, separando-
as não só das resequidas, como
tambem das que se acham mais
ou menos esmagadas, tocadas ou
contusas: o azeite proveniente de
azeitonas deterioradas é pessimo,
e não convem mistural-as com as
seccas e geladas que devem ser
sujeitas a um tratamento especial
para extrahir-lhes o azeite que é
sempre menos mau.

De mais, se a azeitona esmagada e contusa não dá azeite da mesma qualidade que a boa, é certo
que elle será superior ao produzido pela azeitona alterada ou secca. Portanto, separando a azeitona segundo a sua qualidade, lu-
crar-se-ha na qualidade e quantidade do azeite mais fino. Com
quanto a classificação da azeitona
seja sempre uma das praticas mais
racionaes, recorre-se a ella raras
vezes e com pouco cuidado, principalmente quando essa classificação é feita depois da colheita.

O trabalho da classificação no
lagar deve ser precedido de um
outro por occasião da colheita,
afim de simplificar as operações
e tornal-as mais faceis.

Na classificação convem apartar os fructos segundo a qualidade d'elles e tirar todos os corpos
estranhos que se encontrem misturados com a azeitona. Para li-
vral-a d'esses corpos fazer a
classificação todas as vantagens
desejaveis; o processo de despejar
os cestos desde certa altura, segundo alguem aconselha, para
que a acção do vento possa separar os corpos estranhos, como se
faz ao ventilar os cereaes, apresenta dois inconvenientes:

1.º As azeitonas soffrem algumas contusões.

2.º Os corpos misturados com
o fructo nem sempre são tão leves
como as folhas e as palhas, mas

pezados, caindo por isso ao mesmo tempo que as azeitonas no mesmo sitio e sem separar-se. E' preciso além d'isso que haja vento.

A azeitona reunida em pannos e transportada nos cestos deve ser lançada immediatamente nas mesas em que se faz a escolha para classificar-se definitivamente no lagar, separando não só os corpos estranhos como tambem os fructos deteriorados e contusos. Depois d'esta segunda classificação, as azeitonas inteiras e sãs podem conservar-se sobre canniços.

N'esta selecção ficarão separadas as azeitonas seccas e os pedunculos, folhas, etc., que com ellas venham de mistura.

O engenheiro Bianchedi tem colhido excellentes resultados do apparelho de selecção a que chama *mondatoio*, o qual consiste n'um bastidor de madeira de rebordo levantado á altura de dez a doze centimetros.

E' um rectangulo de dois metros de comprido por um de largo com estreitamento do rebordo, á distancia de um metro do lado menor, terminando em uma das extremidades por uma abertura de trinta centimetros. O fundo é formado por um canniço ou grade de cannas delgadas que se apoiam em duas ou tres estacas de madeira. Colloca-se o bastidor sobre dios valletes, ma;s baixo um do que o outro, conservando-o d'esta fórma inclinado para o lado do estreitamento.

Sobre esse bastidor podem despejar-se os cestos logo que se tiram dos carrós que os transportam, sendo sufficiente uma pessoa para cada bastidor. Logo que está carregado com a quantidade de azeitona contida n'um cesto, imprimir-se-lhe-ha um movimento alternado para cima e longitudinalmente pelos espaços que ha entre as cannas passará toda a azeitona pequena, secca, imperfeita e alternada, as folhas, pedunculos e outros corpos estranhos, como se fossem passados por peneira.

Depois, poderão apartar-se á mão as azeitonas deterioradas e

bichosas, fazendo correr os bons fructos pelo lado inclinado do apparelho para o cesto afim de collocal-os nos canniços que adeante descreveremos.

E' inutil mencionar as grandes vantagens que resultam d'esta classificação, como inutil é tambem asseverar que o custo dos utensilios indispensaveis não é tão elevado que obrigue a pôr de parte este systema.

O *mondatoio* e os *canniços* asseguram a qualidade e a quantidade do azeite depois de uma colheita normal. Mas se o anno fôr chuvoso e a azeitona se cobrir de terra, devem lavar-se os fructos n'uma tina cheia de agua logo que os cestos sejam tirados dos carros e antes de conduzil-os para o *mondatoio*, afim de que a terra secca forme lodo e se precipite no fundo; depois de esvaziar a agua, despejar-se-hão os cestos da azeitona sobre o *mandatoio* e, escolhidos os fructos, lançar-se-hão nos canniços ou grades para escorrerem quanto seja possivel.

Conservação da azeitona.—Pretender conservar a azeitona por muito tempo equivale a querer conservar a uva amontoada para pisal-a em boas condições e fazer vinho.

A azeitona é tão delicada como a uva; uma e outra se acidificam quando amontoadas e aquecidas. A unica differença é ser a azeitona um pouco mais resistente, não pela natureza do seu conteudo que é tão alteravel como o sumo da uva, mas por ser o tecido do fructo mais resistente que o folhelho da uva e, por conseguinte, deixar-se moer facilmente para expellir o succo; a azeitona pisada, esmagada, contusa e accumulada altera-se tão depressa como a uva.

Por este motivo, seria necessario que a azeitona fosse conservada o menos tempo possivel depois de colhida e antes de ser moida, e que a sua conservação fosse tal que preenchesse as condições mais convenientes para não aquecer nem fermentar.

Posto isto, deve ser pisada no

menor espaço de tempo e não conservada por longo periodo. Assim, o mechanismo da extracção do azeite tem de ser proporcionado á quantidade de azeitona que ha de tratar-se n'uma dada região ou n'um determinado lagar.

Com rasão diz o sr. Massa:

«Um proprietario de vinhas quando planta dois ou trez hectares procura logo construir uma adega com os indispensaveis accessorios e tudo que é necessario ás operações da uva com que ha de fabricar o vinho. Succede o contrario com os proprietarios que plantam oliveiras, pois não se dão ao cuidado de fazer construir tudo quanto diz respeito ao lagar ou moinho de azeite em que tem de manipular-se a quantidade de azeitona de uma safra regular.» E accrescenta o Dr. Mingioli: que, pretendendo-se conservar a azeitona por muito tempo para moel-a quando lhe chegar a vez, não deve esperar-se obter azeite fino e proprio para meza.

Tudo se reduz a serem proporcionados os meios que se empregam para extrair o azeite com a quantidade de azeitona que deve elaborar-se n'um determinado tempo, e não segundo o capricho do lavrador teimoso.

Mesmo quando os mechanismos forem proporcionados ás necessidades da materia prima que tem de ser elaborada, ha de sempre acontecer que se conserve a azeitona por algum tempo antes de ser submettida ao moinho, especialmente nas grandes propriedades. Portanto, a conservação terá por objecto principal, sempre que se trate de azeite para usos de mesa, conservar a azeitona dentro dos limites da possibilidade, de modo que o azeite não se altere. Isto só póde conseguir-se por meio dos canniços. Outro qualquer systema é duvidoso, irreflectido, caprichoso, e considerado util unicamente por haver merecido a approvação de alguns admiradores credulos.

O methodo commum de conservação, quando a massa não póde ser trabalhada durante a época da colheita, consiste, em lançar a azeitona em dornas nas quaes, por effeito da humidade e accumulação, ella aquece depressa e fermenta, adulterando o azeite que contem,

E' escusado lembrar que a azeitona não deve ser conservada em armazens por se corromper com a fermentação. Não é acceitavel nenhum dos meios propostos para se conservar a azeitona sem se adulterar. O Dr. Mingioli expõe o verdadeiro methodo racional a que deve prestar-se toda a attenção para elle corresponder ao seu fim. Esse systema é o dos canniços. Não ha de, porém, ser indefinido o tempo dado para conservar a azeitona; está elle fixado por limites que a pratica tem ensinado.

A conservação da azeitona em armazens, onde fica comprimida e exposta ao desenvolvimento de certo grau de calor, só póde provocar a sua alteração.

Com o tão fallado processo da agua, em que se macera o tecido cellular interior e se forma uma mistura com a materia oleaginosa e os albuminoides, a alteração é certa, apesar de contestada por alguem. E não deve ligar-se grande importancia á renovação da agua, porque não produz outro effeito mais que retardar por algum tempo essa alteração pela baixa temperatura que occasiona, sem todavia obstar a ella, provocando tambem a desorganisação cellular e, não raras vezes, a mistura dos succos.

Ha quem aconselhe o uso de andaimes que, comquanto se prestem até certo ponto á conservação da azeitona por algum tempo, não são todavia aproveitaveis:

1.º Por exigirem grande espaço, ainda que se reduzam os canniços collocados uns sobre outros formando castello e encurtando a distancia e altura.

2.º Pela menor ventilação que tem a azeitona nos andaimes, sendo maior e mais completa nos canniços, e serem estes melhores para revolvel-a fazendo-se esse trabalho com mais commodidade do que nos andaimes.

Para expôr a azeitona á ventilação nos andaimes revolvendo-a, é preciso empregar o ancinho, o que nem sempre a deixa indemne; nos canniços é facil proceder-se a esse trabalho á mão e com mais cuidado do que com os ancinhos, poupando até ao operario a posição inclinada por muito tempo.

Póde confiar-se de mulheres e até de creanças o trabalho de mexer a azeitona nos canniços e, sendo estes um pouco altos, facil será chegar-lhes por meio de escadas.

Ha quem aconselhe, em vez dos andaimes, taboas com orificios sobre as quaes se estratifica a azeitona; ha egualmente quem para esse fim prefira as esteiras,

Qualquer d'estes systemas parece conveniente, mas nenhum d'elles leva vantagem ao dos canniços,

A azeitona colhida com todas as precauções indicadas, póde conservar-se, sem alteração e durante um mez, nos canniços sobrepostos, formando camadas ligeiras em sitio fresco e ventilado.

O uso dos canniços não é favoravelmente acolhido por aquelles que entendem ser impossivel esse processo de conservação nas localidades em que a azeitona constitue um grande elemento de producção, exigindo por isso muito espaço para conservar grandes quantidades. Mas, quando se dá a proporção entre os moinhos e respectivos mechanismos e a producção local, não ha necessidade de muitos espaços para guardar a azeitona, principalmente por poder conservar-se no olival a quantidade que tem de elaborar-se n'um mez, o maximo, depois da colheita.

O sr. Massa diz ainda que a Toscana, principalmente a provincia de Lucca, produz azeites delicados, por serem os lagares proporcionados á producção, além de haver todo o esmero na apanha e nas demais manipulações feitas de um modo racional.

Não se dispondo de espaço e capital sufficiente para collocar a azeitona sobre canniços, que é o processo mais conveniente, póde

ella ser disposta em estratos ou camadas sobre pavimento batido e abrigado, comtanto que a espessura das camadas não seja superior a 8 ou 10 centimetros e haja cuidado de revolvel-a com frequencia por meio de ancinhos de madeira com dentes arredondados para offender o menos possivel a azeitona ao ser exposta á ventilação.

Na falta dos meios indicados como preferiveis, podem os fructos ser espalhados nas ruas dos jardins ou outros locaes proximos dos moinhos, processo este menos prejudicial que o das cubas ou dornas que aquecem e adulteram a azeitona.

E' conveniente que nos estratos ou camadas de azeitona se disponham pequenos thermometros para ser conhecida a temperatura que se desenvolve. Não será tambem inutil a collocação de um thermometro nos estratos de azeitona sobre os canniços para saber-se quando ella deve ser arejada.

A exposição da azeitona sobre canniços não só favorece a boa e racional conservação e moagem pelos mechanismos de que se dispõe, como tambem, segundo o conselho dos technicos, a exposição do fructo durante trez ou quatro dias sobre os canniços torna-o menos aquoso, e portanto mais espesso na moagem.

Apesar de ser proveitosa a moagem da azeitona logo depois de colhida, convirá todavia que o fructo esteja arejado por espaço de trez ou quatro dias antes de moido, a fim de perder parte da agua de vegetação, especialmente quando a azeitona é aquosa n'esse anno, defeito que a torna menos adequada a uma moagem uniforme. Calcula-se em trez ou quatro dias, pelo menos, o espaço de tempo em que a azeitona deve estar sobre os canniços, e o limite maximo em trinta dias; por mais do que isto, o fructo corre o perigo de adulterar-se.

Conservando a azeitona sobre canniços durante um mez, é menor a exigencia de machinismo, de que ha urgente necessidade quando se torna preciso moer toda a colheita á medida que esta se realisa.

Com os canniços póde demorar-se a colheita por um mez, moendo primeiro a azeitona que foi collocada sobre elles, e depois a que foi colhida mais tarde.

A. Faria.

Legislação agricola

Prohibição do plantio de vinha

Por ordem superior e para conhecimento dos interessados se faz publico que, nos termos da carta de lei de 18 de setembro corrente, publicada no **Diario do Governo** n.º 215 de 24 do mesmo mez, está suspensa, a contar da publicação da referida lei, a faculdade de plantar vinhas até que, sobre este assumpto, seja tomada uma providencia legislativa fundamentada no relatorio da Commissão nomeada para proceder a um inquerito em todas as regiões vinhateiras do paiz, ficando restabelecida a liberdade de plantação da vinha no prazo de um anno, a contar da data indicada, se fôr approvada a providencia mencionada.

A suspensão do plantio da vinha não abrange a região dos vinhos verdes que, nos termos da referida lei, é formada pelos districtos administrativos de Vianna do Castello e Braga e pelos concelhos de Mondim de Basto, no de Villa Real; de Santo Thyrso, Villa do Conde, Povoa de Varzim, Bouças, Maia, Vallongo, Paredes, Paços de Ferreira, Lousada, Felgueiras, Penafiel, Amarante, Marco de Canavezes, Baião e Villa Nova de Gaya, no Porto; Castello de Paiva, Macieira de Cambra, Arouca, Ovar, Feira, Oliveira de Azemeis e Estarreja, no de Aveiro e Oliveira de Frades, Vouzella e S. Pedro do Sul, no de Vizeu.

Nas vinhas existentes é permittido substituir as cepas que se inutilisem.

Quando se verifique a contravenção d'estas disposições, será o infractor intimado a fazer o arranque da vinha no prazo de cinco dias, sob pena de a elle se proceder por ordem da fiscalisação official, e á custa do mesmo infractor, ao qual, no caso de reincidencia, será tambem imposta a multa 100 réis por cada pé de vinha plantada.

Direcção Geral da Aricultura, em 26 de Setembro de 1908.

Pelo Conselheiro Director Geral— **Joaquim Ferreira Borges.**

Conhecimentos uteis

Aceio dos utensilios de ferro —O ferro limpa-se com areia e agua, esfregando-o com um trapo grosso ou com uma pequena prancha de madeira branca.

Aceio dos utensilios de ferro branco. —Os objectos de ferro branco não podem limpar-se com areia; é, pois, mister fazer-lhe uma especie de barrela com agua e cinza, esfregando-os depois com um boeado de panno; em seguida mergulham-se n'um banho feito de agua de cal viva, e deixam-se seccar depois de que ficam tão brilhantes, como quando saem novos da officina.

Modo de tornar as nozes seccas á sua frescura primitiva.—Deixam-se cinco ou seis dias de molho em agua pouco salgada. O interior da noz incha e podemos então tirar-lhe a pele tão facilmente como a noz verde.

Processo para tirar da seda as nodoas de gordura.—Se a nodoa tiver uma certa espessura tira-se primeiramente a gordura com uma raspadeira ou faca. Depois estenda-se o tecido sobre uma meza ou taboa e cubra-se de uma camada de cré de Briançon bem pulverisada, colloque-se por cima uma folha de papel pardo ou mata-borrão e passa-se com um ferro quente. A nodoa derrete-se e o cré absorve a gordura. Se o ferro não estiver com calor sufficiente recomeça-se a operação.

Para limpar os bordados de ouro ou de prata.—Pôr o bordado no bastidor, sendo possivel, ou estendel-o muito bem sobre uma meza. Aquecer n'uma frigideira, bem miolo de pão duro. Quando este estiver bem quente, deital-o sobre o bordado, esfregal-o com a palma da mão, esfarelal-o, e espalhal-o de modo a cobrir todo o bordado. Tapar com um panno bem limpo, deitando por cima um cobertor. Deixar esfriar lentamente. Depois bater o bordado pelo avesso, e escoval-o docemente.

Verniz para os instrumentos de musica, cofres em madeira preciosa, etc.— Fazer dissolver, ao banho-maria, em 500 gr. de espirito de vinho: sandaraca, 128 grammas; gomma laca, 64 grammas; mastique, 64 gr.; resina elemi, 32 gr. Retirar do banho e juntar 64 grammas de terebentina de Veneza.

Copia de desenhos.—É de extrema simplicidade o seguinte processo, pelo qual se podem obter reproducções de desenhos facil e economicamente. Faz-se uma solução de extracto de ferro ammoniacal, 40 grammas; prussiato vermelho de potassio, 40; agua distillada, 750. Este liquido conserva-se em uma botija de côr para não ser alterado pela luz.

O papel em que se quer reproduzir o desenho impregna-se d'esta solução e secca-se; colloca-se-lhe em cima o desenho, depois se tê-põe-se uma chapa de vidro e expõem se ao sol. As linhas do desenho ficam brancas em fundo azul ferrete, conhecido pelo nome de azul da Prussia. Basta uma exposição de 15 a 20 minutos; depois lava-se o papel em agua, para eliminar os restos do reagente empregado na operação.

Nodoas em papel.—Não ha nada mais desagradavel e feio do que uma nodoa de oleo ou gordura, sobre a pagina de um livro, ou sobre um papel que se deseja conservar. Meio facil para remediar: Applica-se sobre a nodoa um pouco de barro diluido em agua, e tendo a consistencia de creme. No fim de quatro horas o nodoa tem desaparecido.

A electricidade sem apparelhos.—Le Monde de la Science e de l'Industrie,

diz que para se obter uma faisca electric basta aquecer uma simples folha de papel bom fogo, n'um fogareiro ou n'um fogão. depois d'isso se leva para um logar escur e se approxima do papel a falange de u dedo, vê-se logo saltar uma faisca acomp nhada por um pequeno estalido.

Um outro meio consiste em tomar simple mente duas folhas de papel, e collocar ent ellas uma folha de ouro. Depois de as ter el ctrisado, como se acaba de dizer, basta passar-lhes por cima em zig-zag a ponta um lapis, para se desenhar logo um tra luminoso de uma intensidade consideravi

Estas experiencias, ao alcance de todi são exemplos sufficientes das leis fundame taes da electricidade estatica.

Modo de tirar as nodoas produzid pelo contacto do cabello na gola d casacos.—Deita-se n'uma tijela um copo agua e uma colher de sopa de ammoniaco quido. Esfrega-se a gola com um panno toalha molhada n'esta preparação e vae tirando a escuma formada com uma faca, papel ou taboa que passa pela gola com for Repete-se a operação tres ou quatro vez tendo o cuidado de mudar cada vez o pan ou molhar outra parte. Depois da limpe passa-se por sobre a gola com um pan limpo levemente molhado em agua pura.

REMEDIO PARA DESTRUIR OS INIMIGOS DAS LARANGEIRAS

Para combater as cochonilhas, assim co os piolhos e pulgões que invadem as lara jeiras, tangerineiras e limoeiros, póde-se e pregar, com bom resultado a fórmula guinte:

Sabão negro	1 kilogramma
Petroleo	1 litro
Agua	30 litros

Dissolve-se o sabão n'uma pequena qui tidade de agua quente, depois junta-se-l a pouco e pouco, o petroleo, mechendo b com um pau, a fim de obter uma emuls bem leitosa. Depois junta-se-lhe o resto agua, mechendo tudo muito bem.

A pulverisação deve fazer-se ao fin tarde para evitar que a evaporação se fi muito rapidamente.

MANEIRA FACIL DE DESTRUIR O GORGUI

O Gorgulho (Calandra granaria) é pequeno coleoptero, que por vezes cau grandes estragos nos cereaes que estão celleiros. A femea põe um ovo na ranh de cada grão, do qual sae a larva passa tres a oito dias. Esta faz-lhe ovo no g e introduz-se dentro d'elle, devorando t parte farinosa. O insecto perfeito é ta bem tão prejudicial como a larva, pois rô parte exterior do grão. A creação da lá só femea, de março a outubro, póde destri acima de 6:000 grãos. É dificil combate larvá, que, como acima dissémos, se aloja interior do grão.

Para combater o insecto perfeito indic se dois modos faceis. Sao:

1.º—Impregnar a superficie de uns pe ços de táboas com alçatrão de madeira de hulha e collocal-as no celleiro próxi dos montes de cereaes. Algumas horas pois vêem-se os Gorgulhos fugir em to as direcções, incommodados, sem duvida, lo cheiro do alcatrão.

2.º—Colloca-se ao lado de cada monte cereal invadidos pelo Gorgulho, um peq no monte de grãos, ligeiramente humid no qual não se deve tocar; ao contrario, montes grandes, devem-se revolver frequ tes vezes com a pá. Os Gorgulhos, pert bados por aquelle trabalho, refugiam-se monte pequeno, onde depois se destroem via de agua a ferver.

Adolpho Moller.

ZETA DOS LAVRADORES

ÃO DE PROPAGANDA E DEFEZA DOS INTERESSES DA AGRICULTURA NACIONAL

ɔração de muitos agricultores, agronomos, medicos veterinarios, horticultores, viticultores e regentes agricolas

DIRECTOR e PROPRIETARIO: *JOSÉ ERNESTO DIAS DA SILVA*

Medico veterinario -- Antigo professor da Escola de Agricultura da Real Casa Pia de Lisboa

Assignaturas
ɪgamento adeantado)
.... 1600 réis
ɔ.............. 800 »
lso.............. 50 »
começam sempre no principio de cada mez.
ɪdencia deve ser dirigida ao director do jornal.
ɔbidos que ou não publicados não se restituem.
ɪ sede da Gazeta.—IMPRES_.O—imprensa
de S. Julião, n.º 58 e 60.

Annuncios
(TYPO CORPO 8)
Por uma só inserção............................ 40 reis cada linha
Repetição até 6 publicações.................. 30 » » »
Annuncios permanentes, folhas soltas, réclames e annuncio
intercalados no texto—contracto especial.
Os srs. assignantes gosam do abatimento de 20 %ₒ.
A administração acceita correspondentes em todas as terras do pair

Redacção ę Administração, C. de Santo André, 100, 1.º

EDITOR—Dias da Silva

UMMARIO

ɪ geral.—Cooperativa vinico-
ɔcimento das terras em azote.
das plantas —Modo de prepa-
ɔnte o estrume de curral.
—O bromo inerte.
ɪ.—Adubos da vinha.
ɪ.—Um meio de trasfegar os
ɪuos da vinificação.—Doenças
ɪmargor.
os campos.

cultura geral

ɪRATIVA VINICOLA

ɪa Real Associação Central
ɪra Portugueza reuniu, re-
a União dos viticultores Por-
ɔciedade cooperativa a no-
ɪponsabilidade limitada, que
ɪnisar, nos termos da lei vi-
vada na ultima sessão par-

o sr. dr. Justino Freire,
viticultor do visinho conce-
es Vedras, secretariado pe-
ɪquim d'Azevedo e Conde

sessões, uma diurna e ou-
ɪ, discutiu-se o projecto de
ɪue haviam sido elaborados
ɪto advogado de Lisboa, sr.
os Pinto Coelho.
ɪrga discussão sobre os es-
ɪdo alterados e additados
seus artigos.
ɪa questão previa levantada
é Maciejra, é regeitada pela
fallaram os srs. Conde da
Coelho Ribeiro, Gonçalves
ɪibeiro Ferreira, José Ma-
ɪção Guimarães, Visconde

de Coruche e dr. Pinto Coelho.

A assembléa resolveu que só podessem ser socios da cooperativa os que
fossem exclusivamente viticultores, al-
terando assim o n.º 5.º do art. 12.º do
projecto dos estatutos.

Por proposta do sr. D. Manoel de
Noronha, foi resolvido que a sociedade
se não constitua, sem que seja publicado o regulamento da lei vinicola,
ultimamente votada no parlamento.

Depois de approvados os estatutos
procedeu-se á eleição dos corpos ge-
rentes, sendo eleitos para a

ASSEMBLEIA GERAL

Presidente, Francisco Augusto d'Oliveira Feijão; vice-presidente, Patricio Eugenio Judice; 1.º secretario, Francisco
Avelino Nunes de Carvalho; 2.º secretario, Domingos Briffa; 1.º vice-secretario,
Julio Pereira da Silva; 2.º vice-secretario,
Abel Anachoreta.

DIRECÇÃO

Effectivos:—Albino Herculano Sequeira de Sepulveda, Antonio Fernandes
de Gambôa Rivara, Conde de Porto
Covo, Conde da Ribeira Grande, Justino Xavier da Silva Freire, Luiz Ferreira Roquette e Visconde de Coruche.
Supplentes: Arthur de Menezes Correia
de Sá, Guilherme Nunes Godinho, Joaquim Rasteiro, João Jacintho Seabra,
Josè Vaz Monteiro, Julio Cesar Torres
e Manoel Francisco Marques.

CONSELHO FISCAL

Effectivos:—João Affonso de Carvalho,
D. José de Bragança e João Baptista
Ribeiro Coelho. Supplentes: Antonio Agos
tinho da Silva Henriques, Duarte José
d'Oliveira e Carmo e José Gónçalves
Dias Neiva.

Segundo nos consta, o sr. Visconde
de Coruche não pode ser vogal da direcção, por ser deputado e ter votado

a lei vinicola, e vae ser substituido pelo sr. Sebastião Francisco Falcão de
Lima Mello Trigoso.

Todos os eleitos para os corpos ge-
rentes são viticultores importantes do
paiz, homens independentes que, estamos convencidos, hão de empregar todos os seus esforços para a prosperidade da cooperativa.

*

Quem ainda se não tiver inscripto
como socio da cooperativa, pode fazel-
ainda, dirigindo-se á Real Associação
Central da Agricultura Portugueza.

O capital subscripto è já importante,
tanto em vinho como em dinheiro, mas
quanto mair fôr, maiores serão os beneficios para os socios.

O enriquecimento das terras em azote

Entre os muitos problemas entregues á solução da sciencia agronomica, poucos ha que hajam sus-
citado mais discussões do que
aquelle que se refere ao enriquecimento das terras araveis em materias azotadas. Ha perto de cincoenta annos que téem sido de-
fendidas e abandonadas as opiniões mais contradictorias e expostas as mais variadas hypotheses, sem se fixar uma doutrina
determinada. Por muito tempo os
agricultores, tomando por base as
experiencias de alguns chimicos,
julgaram que certas plantas, sobretudo as da familia botanica
das leguminosas, dispunham de
um poder especial para haurir
directamente do ar atmospherico

uma parte do azote que entra na sua composição. Esta hypothese está hoje abandonada.

O mesmo succede com a opinião, não menos especiosa, de que o ammoniaco existente no ar era absorvido directamente pelos orgãos aereos dos vegetaes. Volveu-se então novamente á conclusão de que, com referencia ao azote como aos principios mineraes, o solo é o reservatorio em que as plantas bebem esse elemento necessario á formação de seus tecidos. Como conciliar, porém, esta theoria com o facto, absolutamente incontestavel, do enriquecimento do solo em materias azotadas sob a influencia de certos destinos, principalmente quando elle se dá em prados artificiaes durante um periodo mais ou menos longo? Por largo espaço de tempo prevaleceu a doutrina de Mr. Schœsing, segundo o qual o ammoniaco, tirado ás aguas do mar e espalhado na atmosphera, se fixava no solo contribuindo assim para enriquecel-o. Perante os estudos a que Mr. Berthelot se tem dedicado, com o genio especial que caracterisa os seus trabalhos, ha muitos annos que essa theoria deve, ao que parece, haver perdido toda a sua importancia.

N'um pequeno relatorio que este illustre chimico, Mr. Berthelot, apresentou á Academia das Sciencias, em uma das suas sessões, expoz elle as condições geraes em que deveria ter logar a fixação do azote pela terra vegetal. Resulta das suas longas experiencias que algumas terras argillosas, e certos solos arenosos, possuem a propriedade de fixar o azote atmospherico e de enriquecer-se, lenta e progressivamente, em materias azotadas organicas, pertencentes a seres organicos ou derivadas d'esses seres: a terra não seria considerada como uma materia mineral, inerte e invariavel, na sua composição, mas sim com uma materia cheia de seres vivos, e cuja composição chimica, e especialmente a riqueza em azote, variam e oscillam conforme as condições que presidem á vitalidade d'esses seres; realmente, taes compostos organicos parecem pertencer aos tecidos de certos microbios contidos no solo. Para se manifestarem taes phenomenos, a terra deve ser porosa, isto é, accessivel á circulação do ar, conter uma dóse limitada de agua e achar-se a uma temperatura comprehendida entre 10 e 50 graus. O phenomeno do enriquecimento do solo em materias azotadas seria portanto intermittente segundo o correr das estações. Demais, seria elle limitado quando não se desenvolvesse no solo vegetação alguma propriamente dita, visto como a aptidão para o promover, da parte d'esses seres ou das materias que a terra contém, parece exgottar-se além de um certo termo. Quanto ao caso de ser o solo a séde de uma vegetação mais ou menos activa, confessa Mr. Berthelot não serem ainda as suas experiencias bastantes numerosas nem assaz variadas para que lhe permittam responder desde já sobre tal ponto, mas que a resposta parece dever variar conforme a natureza das especies vegetaes.

Tal é, actualmente, o resumo dos interessantes estudos de Mr. Berthelot. E' provavel que elles elucidem um ponto que a sciencia não tem até hoje resolvido. Quanto ás conclusões com referencia á pratica agricola, seria temeridade deduzil-as actualmente de trabalhos cujos resultados são ainda incompletos. E', porém, conveniente ponderar que esse problema se apresenta completamente distincto do da nitrificação nas terras araveis; confundem-se muitas vezes dois pontos, e essa confusão induz os espiritos insufficientemente preparados a conclusões mais ou menos erroneas.

A. Faria.

Enfermidade das plantas

A medicina das plantas é um estudo de grande importancia, e d'elle vamos tratar com o possivel desenvolvimento:

Em medicina, quer vegetal quer animal, vale mais prevenir que remediar, não devendo nunca abandonar-se á sua má sorte individuo algum quando pode tentar-se qualquer meio racional de dar-lhe allivio ou cura.

Nas plantas annuaes a doença é quasi a morte, ou, o que é o mesmo para o caso, a sua inutilisação até ao ponto em que a enfermidade póde produzil-a; os remedios preventivos são, conseguintemente, os unicos razoaveis.

Nos solos recentemente arroteados, sobretudo quando teem tido azinheiras, carrasqueiros e carvalhos, n'aquelles em que se crearam roseiras silvestres e abrunheiros, de natureza granitica, ainda que sejam de fundo, em que se haja plantado fetos, carvalhos e madresilvas, terrenos humidos, não é raro encontrar trigos com alforra e sujos. Abunda n'elles o tanjno, isto é, são acidos e stypticos, pobres de carbonatss calcareos, silicatos e phosphatos alcalinos.

A má qualidade das sementes, as que procedem de regiões mais calidas e ventiladas do que aquellas em que são semeadas, e o lixo pouco decomposto e com bolor por falta de humidade e de recalque, ou proveniente de restos de plantas atacadas, são as causas mais communs de muitas enfermidades.

As plantas estão sujeitas ás influencias exteriores, muitas d'ellas tão necessarias ao exercicio das funcções e á conservação da vida vegetal como capazes de occasionar alterações mais ou menos graves, quando na acção dos agentes exteriores ha excessiva fraqueza ou demasiada força, pouca ordem ou má applicação.

E' assim que nas plantas se manifestam enfermidades que provém de causas communmente beneficas, juntando-se a essas enfermidades outras produzidas por causas constantemente nocivas.

A luz, a electricidade, o calor, o ar, a agua e o solo, indispensaveis á vida vegetal, tendem a destruil-a quando não operam no grau ou fórma conveniente; a acção mechanica ou chimica dos corpos, brutos ou não brutos, sobre os vegetaes, a de umas plantas sobre outras e a dos animaes sobre todas ellas, são sempre origem de alterações mais ou menos prejudiciaes.

A luz muito intensa dá ás plantas demasiado viço, desenvolve-lhes notavelmente o cheiro e sabor, endurece-lhes o lenho mas não permitte que os caules se desenvolvam como ordinariamente, e activa a exhalação aquosa ao mesmo tempo que a absorpção radical, tornando-se assim mais perigosos os effeitos da sêcca e muito facil o desbotamento.

A luz muito forte e acompanhada de calor póde seccar os ovarios e os ovulos emquanto são novos, dando causa á doença conhecida pelo nome de seccação dos germens e tambem á aspermia ou oligospermia isto é, falta ou escassez de sementes, que outras causas podem egualmente produzir.

A anasarca ou hydropisia geral é devida á fraqueza da luz que tira ás plantas o seu verdor natural, rouba-lhes o cheiro e sabor, diminue-lhes a consistencia, prolonga-lhes demasiado os caules e permitte que se encham de agua todos os seus orgãos, do que resulta aquella enfermidade. Antes de chegarem a tal ponto pela escassez de luz, mais frequentemente soffrem as plantas uma outra doença a que se dá o nome de chlorose ou pallidez, e tambem desfallecimento, quando os caules se prolongam demasiado. Como se vê, são enfermidades mais faceis de prevenir que de curar, e muito convem fazel-o, salvo quando se procura branquear certas hortaliças que se criam mais tenras e saborosas sem a acção da luz, isto é, em circumstancias adequadas a tornarem-se chloroticas e hydropicas.

O desbotamento é devido a uma excessiva exhalação aquosa que a luz activa ao mesmo tempo, e só a agua applicada ás raizes ou posta em contacto com as folhas póde remediar o mal; prolongando-se, porém, quando as plantas não se encontrem completamente privadas de alimento, adoecem de amarellidão ou ictericia, como póde acontecer por outras causas, vindo por fim a dar-se a desseccação.

Succede tambem seccarem algumas vezes, no verão, os germens de plantas creadas em climas mais quentes e seccos que os do seu paiz natal.

O abrazamento dos gômos e a seccação das gemmas, despojadas ou cobertas de escamas muito herbaceas, são devidos egualmente a um calor demasiado secco.

A seccação das folhas é tanto mais facil quanto mais debeis e herbaceas ellas forem; a do liber dá-se quando os raios de um sol muito ardente ferem cascas herbaceas, ou as já lenhosas de arvores delicadas.

A seccação das raizes resulta da estiagem e do calor do solo, principalmente quando aquellas são muito superficiaes; impedir a acção directa dos raios solares e regar convenientemente são remedios efficazes para estes males.

A queda prematura das folhas, além de ser produzida por um frio anticipado, depende de outras causas, e, conforme estas, é que os remedios teem de ser applicados.

A congelação é o ultimo effeito que o frio produz nas plantas, variando quanto ás partes atacadas e á extensão do mal; as geadas leves podem matar as partes muito herbaceas e tenras, produzindo a esterilidade quando gelam tambem as flores ou os seus botões, que, como as folhas tenras e os rebentos em identicas circumstancias, ganham uma côr escura e se tornam debeis, attribuindo-se a queimaduras ou chamuscas esses resultados, tanto mais de recear quanto maior fôr a claridade do ar; é particularmente ao romper do sol, hora em que as folhas estão cobertas de orvalho e em que é muito baixa a temperatura atmospherica, que as geadas fortes penetram até o interior das arvores, atacando primeiramente o alburno por ser a parte lenhosa mais proxima da superficie, e por ter, em relação á casca, muita

agua, com menos carbonio, terras e succos resinosos, de forma a gelarem-se mais facilmente algumas camadas de alburno, que, cobertas depois por outras, ficam bastante distinctas para notar-se o que se chama duplo alburno. D'aí resulta outro alburno ou lenho morto, que, depois de velho, toma o nome de lenho falso e o de descolamento quando desapparece e deixa um vacuo circular, como tambem o de lenho falso ou descolamento entremeado quando ha interpolação de partes sãs; as geadas podem ser taes que produzam effeitos no liber, o que é bastante para matar as arvores ou os ramos atacados, por gelar ao mesmo tempo todo o alburno ou por ser o liber por si só muito necessario, occasionando a congelação total das gemmas.

As lesões externas que os agentes mechanicos produzem nas plantas, com visivel solução de continuarem ou sem ella, são susceptiveis de complicar-se, umas e outras, degenerando em ulceras, que tambem são directamente produzidas nas arvores por outras causas, taes como o excesso de adubo, tomando a doença n'este caso os nomes de gangrena e caries humidas. Entre as acções mechanicas contam-se as picadas, contusões, compressões, torções, curvaturas, amputações, fracturas, incisões e outras devidas aos agentes inorganicos ou aos organicos, comprehendendo o homem, por serem identicos os resultados.

As lesões que as plantas podem receber accidentalmente são mais ou menos perigosas conforme os orgãos atacados, a extensão d'ellas, e a influencia das circumstancias exteriores. Teem pouca importancia as feridas dos orgãos appendiculares quando são atacados em pequeno numero, e, ao contrario, quando é geral a construcção d'elles, como pode acontecer com os rebentos e folhas cuja acção nutritiva é tão consideravel que a desfolha e o desbaste dos rebentos ou desparra total produz um verdadeiro damno devido a causas incidentaes ou á mão do

homem, e n'esse caso é remedia-
vel só pela natureza, mediante o
desenvolvimento de novas gemmas e folhas.

As *feridas* que se limitam ás
partes exteriores da casca das exo-
gyneas não offerecem, geralmente,
perigo algum, porque essas mesmas partes, quando seccas, teem
de cair mais tarde ou mais cedo,
e de qualquer fórma a contextura
e materias contidas na casca fa-
cultam-lhes meios de resistencia
á acção da agua e do ar; essas
lesões apresentam, porém, certa
gravidade quando d'ellas resulta
a *extravasão* de succos leitosos,
gommosos ou resinosos, e quando
fica descoberto algum tecido susceptivel de apodrecer mais depressa.

(Continúa).

Modo de preparar racionalmente o estrume de curral

Diz o jornal belga «L'agriculture rationelle»:

Assistindo a encher os carros
que devem levar o estrume para
os campos, presenceamos muitas
vezes um espectaculo singular;
uma carrada de estrume fresco, e
ao lado uma outra de estrume velho, decomposto, de modo que o
terreno que os recebe apresenta
diversas côres.

O estrume não fica bem carregado, não se procura compôr com
o ancinho os lados da carrada, de
fórma que as porções que não se
acham um pouco comprimidas
vão cahindo successivamente pelo caminho, onde deixam vestigios
da sua passagem. E' frequente ficar durante semanas o estrume
em pequenos montes no terreno,
onde a chuva o humedece, continuando alli a fermentar, perdendo por evaporação os seus mais
preciosos elementos. Quando o estendem não é elle mais que uma
substancia meia secca, que o vento mistura e levanta e que a charrua não consegue enterrar convenientemente, mesmo quando o lavrador procura completar e aperfeiçoar esse trabalho. Torna-se

assim impossivel a boa distribuição do estrume; por muito que
se faça, a porção de palha que sae
dos sulcos prejudica deveras a regularidade da gradagem. Todas
essas imperfeições se revelam no
aspecto da colheita, cuja variedade de côres accusa grande irre-
gularidade na estrumação. Ao ver
certos campos, mais parece que
foram talados por javalis que lavrados por homens.

E' certo que esses defeitos tos-
cos não são, geralmente commettidos ao mesmo tempo e com a
gravidade que apontamos; ha,
sem duvida, lavradores praticos
que sabem evital-os completamente, mas esses mesmos estão habi-
tuados a uma pratica defeituosa
e que não perdem: o *emprego da
palha comprida* para as camas do
gado, e, portanto, para o fabrico
do estrume, o que offerece os inconvenientes seguintes:

1.º A divisão e o arranjo regular da palha debaixo dos animaes
constitue um trabalho fatigante;

2.º Não se aproveita toda a capacidade de absorpção da palha,
visto não ser o interior d'ella accessivel aos liquidos senão por
uma parte insufficiente em relação
ao comprimento do tubo;

3.º Quando se levantam as camas para aproveitar a parte que
se acha emporcalhada, vae juntamente com ella uma porção, mai-
or ou menor, de todo inaprovei-
tavel, o que occasiona perda de
tempo e de palha;

4.º Os obstaculos que a palha
comprida oppõe á divisão do estrume tornam difficil repartir perfeitamente o adubo ao formar as
pilhas no pateo, como tambem
carregal-o e. *descarregal-o* e ainda
distribuil-o;

5.º Ao lavrar, o estrume de palha comprida amontoa-se deante
da charrua, constitue um obstaculo, e não é possivel deital-o no
rego; torna-se necessario fazer seguir a charrua por um trabalhador que, apesar dos seus esforços,
não consegue repartir uniformemente o estrume nos sulcos, isto
por causa do comprimento das
palhas;

6.º A metade d'este estru
comprido é levado pela grad
pela grelha do semeador; o t
balho d'estes instrumentos r
progride e o aspecto d'esses ca
pos é sempre triste.

Pódem, porém, evitar-se to
esses inconvenientes á custa
um trabalho muito simples e,
mesmo tempo, muito producti
qual é o de partir a palha
fragmentos de 15 a 20 centi
tros, trabalho compensado p
facilidade no arranjo das cam
Obsta-se assim, sem despesa n
fadiga, ao emprego da palha cc
prida, por isso que aquelle tra
lho não exige uma installação c
pendiosa. Para este effeito, ha r
chinas destinadas a cortar a pa
e que pódem empregar-se
grandes explorações, quando.i
convenha. Por toda a parte se
contra a machina mais simple
economica, que é o machado; c
este utensilio, o vaqueiro ou pe
quer creado velho, incapaz de
tro serviço, póde preparar as
mas para 50 ou 60 animaes.

E' de suppôr que alguns lav
dores, principalmente os das
giões onde o uso da palha c
prida está admittido desde tem
immemoriaes, encolham os h
bros e mofem até dos nossos c
selhos. Sentimol-o devéras,
elles Quanto áquelles que p
tam attentos ouvidos a um alvi
e que o experimentam antes
julgal-o, convidamol-os com
penho a ensaiarem uma pra
que nem lhes impõe sacedicio
gum nem os sujeita a invonveni
tes.

A. Faric

Forragens

O BROMO INERTE

O brono inerte ou sem espiri
(bromus inermis) é conhecido t
bem pelo nome de bromo da H
gria ou bromo gigante, comqu
to esta ultima denominação
mal applicada, pois que o *i
mus giganteus* é uma planta
apresenta grande numero de a

tas de qualidade muito inferior e que abunda nos sitios sombrios; o commercio, porém, para dar no-mes pomposos e convidativos aos generos que vende, não se cohibe em trocar assim-tão notavelmente as variedades.

E' planta muito util para con-solidar taludes e terrenos moveis por se estenderem as suas raizes, -como as da grama, a grande dis-tancia. Para alimento do gado la-nigero é uma das melhores.

Nos terrenos e climas seccos em que não prosperam outras plantas mantem-se esta louçã e viçosa durante 14 ou 16 annos no mesmo solo, sem que a sua pro-ducção diminua sensivelmente; o seu valor nutritivo não é todavia muito grande, e torna-se preciso segal-a muito cedo, no principio da primavera, para que o feno não seja muito duro e repugnante aos animaes.

A sua altura varía conforme o clima e o terreno entre 30 e 140 centimetros de altura; a ligula é curta, troncada e sulcada no sen-tido longitudinal, e a panicula formada por grande numero de pequenas espigas que chegam al-gumas vezes a 27 millimetros de comprimento.

O bromo inerte prospera em ter-renos soltos, especialmente nos si-lico-argillosos e emprega-se para fixar os terrenos movediços das immediações dos rios e lagos, em que as suas raizes possam encon-trar alguma humidade. Resiste bem ao frio e ás grandes estiagens, tornando-se por isso preferida a outras plantas para semear em ter-renos pobres e climas extremos.

Mil kilogrammas de bromo ex-trahem do solo:

Nitrogenio . . . .   7 kilog.
Acido phosphorico   8   »
Potassa. 16   »
Cal.   3   »
Acido sulfurico.   2   »
Acido silico 30   »

Esta planta vegeta perfeita-mente, desenvolve-se em pouco tempo podendo dar dois córtes por anno; o seu producto calcula-se

em 6:000 ou 7:000 kilogrammas de feno por hectare.

Alguns vendedores costumam misturar a semente com outras de qualidades mais inferiores, como são as do bromo aspero, *Brachy-podium pinnatum*, *Bromus secali-nus*, distinguindo-se estas ultimas em ser a primeira um pouco ama-rellada, a segunda sobre o redon-do e mais descorada, e a terceira pela sua fórma especial.

Semeia-se na primavera ou no outono, de mistura com alguma leguminosa para formar prados permanentes que se conservam em bom estado por grande nume-ro de annos, havendo o cuidado de dar-lhes algumas gradagens na primavera.

Pela sua rusticidade e produc-ção torna-se esta planta muito re-commendavel para o centro e sul da peninsula.

A. Faria.

Viticultura

ADUBOS DA VINHA

Nunca é de mais tudo quanto se diga ou se escreva sobre este assumpto da actualidade. Por isso, e apesar de por varias vezes e por differentes pennas auctorisadissimas esta questão já aqui ter sido tratada, ainda hoje voltaremos a ella. Se não houver novidade n'este artigo, não deixará, comtudo, de ter a utilidade de evidenciar, pela insisten-cia, a importancia d'este assumpto, prejuizo de suppôr que a vinha não estava, contrariamente a todos os ou-tros vegetaes, sujeita ás leis de resti-tuição. Todos ou quasi todos sabem hoje que se deve annualmente fornecer ao solo de uma vinha o que se lhe rouba nas uvas e sarmentos; mas o que nem todos sabem é que a composição e fór-ma dos adubos deve ser subordinada ao genero de producção. Assim é que, se procura obter-se de preferencia co-lheitas abundantes, se deve empregar materias susceptiveis de ser prompta-mente assimiladas e em quantidade an-tes superior que inferior; contrariamen-te, se se olha primeiro de tudo á qua-lidade, á finura de producto, facto que em geral só se concilia em producções pouco elevadas, cenvem usar adubos de decomposição lenta e em dóse pou-co elevada.

São o azote, o acido phosphorico e a po-tassa os elementos que annualmente con-vem fornecer á vinha. Egualmente ne-

cessarios todos tres á existencia da planta, os dois primeiros destinam-se especialmente ao desenvolvimento da planta e do apparelho foliaceo, e o ul-timo favorece sobretudo a fructificação e a producção do assucar nas uvas.

Todos os adubos, pois, que conte-nham os tres elementos apontados, em proporções convenientes e sob uma fórma assimilavel e adaptada ao gene-ro da producção que se pretende, estão nos casos de ser empregados.

O consumo annual em azote, potas-sa e acido phosphorico, segundo um trabalho de H. Marès, e referido a ca-da hectolitro de vinho da casta aramon é o seguinte:

	kilogrammas
Potassa	0,197
Azote	0,176
Acido phosphorico	0.060

Nos seus calculos aquelle auctor não inclue a percentagem de azote e potas-sa e acido phosphorico, segundo que elle despresa por insignificante.

Aquelles algarismos, porém, são só approximativos, poisque o peso dos sar-mentos, o dos bagaços e o do vinho nunca estão n'uma relação constante : a natureza das cepas, as condições do clima, as condições atmosphericas, an-nuaes, e ainda a constituição do solo fazem variar aquelles elementos dentro de limites muito extensos, modificando portanto os resultados. Todavia estes dados podem reputar-se a média, e como taes serviram de base á fixação da quantidade de adubos a empregar annualmente.

São de-diversas proveniencias as ma-terias fertilisantes a empregar na adu-bação das vinhas. Assim podem ser for-necidos pelo reino animal, reino vege-tal e reino mineral.

Nos adubos de origem animal entram os residuos das lãs e detrictos de cou-ros, dejecções e excrementos, o guano e os estrumes de curral que, como se sabe, tambem são constituidos por ma-terias de origem vegetal.

Os estrumes do curral devem em-pregar-se n'um estado adiantado de de-composição quando se trata de fertili-sar terras de consistencia mediana ou ligeira, sobretudo quando calcareas, e no estado palhoso nas terras argillosas e impermeaveis.

Nos adubos de origem vegetal entram os bagaços das sementes oleosas, os bagaços de uvas, os sarmentos, as can-nas, as plantas marinhas, o tojo, a ra-ma de pinho, os ramos de arbustos verdes, etc.

Os bagaços de sementes oleaginosas conteem principalmente azote e acido phosphorico, sendo necessario juntar-lhes potassa.

Os bagaços de uvas conteem 1,71 de azote e 0,50 de potassa por 100.

Em geral tem uma reacção acida, resultante da presença do acido acetico que se fórma na presença do ar; por isso ou se deitam em terrenos calcareos, ou se lhes junta cal em pó ou cinzas antes da sua applicação.

Os sarmentos podem empregar-se, ou simplesmente dividido em pequenos fragmentos, nas terras argillosas e compactas, ou, depois de misturados com a cal e tendo soffrido uma decomposição previa, em mêdas regadas com materias fecaes fermentadas ou leiivias alcalinas, nos terrenos ligeiros e permeaveis. Tambem podem empregar-se, depois de utilisados como combustivel, sob a fórma de cinzas, sós ou associados.

As cannas, muito empregadas em França, conteem 0,43 por 100 de azote, sendo preciso associal-as a substancias que forneçam os outros elementos. São muito uteis nos terrenos compactos, seccos e cascalhudos.

As plantas marinhas, quando frescas, conteem 0,40 a 0,55 por 100 de azote.

Os adubos mineraes teem adquirido n'estes ultimos annos uma grande importancia na fertilisação das vinhas, e são umas vezes applicadas sós quando reunem todos os elementos, ou associados a outros adubos incompletos em proporções convenientes.

Na opinião de distinctos agronomos, os nitratos dão o azote sob uma fórma mais favoravel á producção saccharina, do que os compostos azotados organicos.

O sulfureto de potassio e sulfato de potassa parece exercerem uma acção mais accentuada sobre a vegetação da vide que os outros saes de potassa, porventura em razão da facilidade com que se diffundem na maior parte dos terrenos.

Os superphosphatos são preferiveis nos terrenos calcareos, em que os phosphatos neutros não produzem effeitos sensiveis.

Os adubos empregam-se no fim do inverno, e tanto mais tarde quanto elles são soluveis, approximando assim o momento em que entram em dissolução d'aquelle em que as radiculas primaveraes começam a apparecer. Podem ser lançados ou em covas conicas, aos pés das cepas, em valas ou fossos, abertos no meio das entrelinhas, ou, emfim, sobre toda a superficie da vinha. É este ultimo o preferivel, pois que além de offerecer a vantagem de levar a acção do adubo a toda a parte onde ha raizame, o que não realisa o primeiro processo, não tem o inconveniente que apresenta o segundo, qual é o de destruir muitas radiculas.

Ernesto Freire.

Vinicultura

Um meio de trasfegar os vinhos

E' inutil insistir sobre a necessidade de trasfegar os vinhos, pois é geralmente reconhecida a importancia d'este uso e raros são os viticultores que o não adoptam. O que hoje se torna indispensavel é conhecer os meios que devem empregar-se para realisar esse trabalho em boas condições.

Ha quem supponha que basta trasfegar os vinhos em qualquer estação e qualquer tempo e passal-o por meio de cantaros, ou por um tubo ao novo casco que elle tem de occupar, para assim conseguir inteiramente o resultado que se deseja. E' isto um erro; o vinho, cujas trasfegas não tenham sido feitas convenientemente e em tempo proprio, póde contrair graves doenças e adulterar-se. O que sobretudo deve evitar-se é a exposição ao ar. O vinho contem substancias que é indispensavel pôr quanto possivel ao abrigo do oxygenio da atmosphera.

E' no intuito de evitar os accidentes que podem sobrevir em consequencia das trasfegas mal dirigidas que constantemente temos recommendado : proceder a este trabalho por meio de uma bomba ou de tubos, e, no caso de empregar o cantaro ou a torneira, activar esse serviço para não prolongar a exposição ao ar, e sempre em dias seccos e claros, porque é geralmente n'estas circumstancias que a precipitação da borra no fundo das vasilhas vinarias é completa; não deixar cair o vinho de grande altura quando é tirado por meio de cantaros, para não o enfraquecer; finalmente ter o cuidado de nunca deixar passar sedimento algum, o que acontece quando se não attende, no fim da operação, á vasadura feita nos cascos trasfegados.

São estas precauções que é necessario adoptar, e os cuidados minuciosos a que deve attender-se na trasfega, para ella se realisar convenientemente.

No intuito de tornar mais facil este trabalho, um distincto viticultor da Argelia, M. U. Fallet, proprietario em Médéah, imaginou um systema engenhoso que póde facilmente applicar-se aos cascos.

Consiste na juncção de um tonel de capacidade muito inferior ao que tem de ser trasfegado; esse pequeno tonel fica assente sobre um canteiro mais baixo que o tonel com que se põe em communicação no momento da passagem do liquido por um tubo; este «despeja no tonel no seu ponto mais baixo, de modo que, á medida que se vae formando a borra, mais pezada do que o vinho, corre lentamente pelas paredes do tonel para ganhar inevitavelmente o orificio destinado a dar-lhe sahida. Porisso, a borra corre para o pequeno tonel em que substitue egual quantidade de vinho que sobe ao tonel maior pelo mesmo caminho, e isto dá-se emquanto se acha aberta a communicação entre os dois recipientes».

Chegada a epoca da trasfega, diz M. Fallet na sua descripção, fecha-se a communicação entre os dois recipientes que, achando-se então separados, contém, um vinho claro e livre de sedimento, e o outro—toda a borra com uma pequena porção de vinho á superficie, que, facil e rapidamente, se decanta por meio de um tubo de cautchouc.

Effectua-se então a extracção da borra do pequeno tonel, expellindo-a pelo batoque, e, em seguida, lava-se cuidadosamente o tonel, recipiente da borra. Feito isto, e para preparar a trasfega seguinte, nada mais é preciso do que restabelecer a communicação entre os dois recipientes.

Para bem se comprehender este processo, basta imaginar um canteiro um pouco alto em que assenta o tonel, disposto assim de modo que o seu ponto mais baixo, fique acima do pequeno tonel. Tanto este como aquelle acham-se munidos de uma torneira, e ambos ligados por um tubo de reunião que communica os dois recipientes. No pequeno tonel ha um indicador de nivel que deixa apreciar o aspecto do liquido e a quantidade de borra formada. O pequeno tonel tem na parte superior um batoque-torneira, que permitte encher-se ou esvasiar-se mais facilmente.

Para dispôr uma trasfega por este processo, diz ainda M. Fallet, abrem-se as torneiras e dá-se entrada ao vinho, deixando-o em repouso até á época da trasfega. N'essa occasião, fecham-se as torneiras para isolar o pequeno tonel que póde então levantar-se para ser mais facilmente esvasiado, ou tirar-lhe a borra n'esse mesmo sitio; em qualquer dos casos, torna-se indispensavel uma lavagem. Substitue-se depois o pequeno tonel, e restabelece-se a communicação para proceder de egual modo a outra trasfega.

Uma das vantagens d'este processo é poder-se, em qualquer occasião e instantaneamente, isolar a borra do vinho claro, fechando as torneiras, o que é importante quando, em consequencia de uma mudança atmospherica, a borra e o vinho se põem em movimento e chegam a misturar-se, com grande prejuizo para a boa conservação do vinho.

Este novo processo de trasfega offerece originalidade e não exige muita attenção, pois basta vigiar os pequenos toneis.

Atravanca talvez um pouco as adegas, vistos essas vasilhas terem de occupar certo espaço junto dos toneis que se pretende tirar a borra; além d'isto, está averiguado que a borra procurará «inevitavelmente o orificio destinado á sua evacuação?» Não ficará alguma nas aduelas inferiores? E' este um ponto para estudar, comquanto seja indubitavelmente que o systema proposto não deixa de ser curioso e digno de ser convenientemente experimentado.

E. G. S.

Residuos da vinificação

Dos residuos do fabrico do vinho podem extrahir-se diversos productos muito procurados no commercio, taes como alcool, vinho ordinario, vinagre, cremor-tartaro, acido tartrico, oleo de grainhas e adubo.

Alcool.—Para extrahir o alcool basta lançar n'uma cuba a massa resultante da prensa, diluil-a em agua e, depois de se haver convertido pela fermentação todo o assucar dos residuos, prença-se de novo e passa-se o liquido que d'ahi resultar para a caldeira de um alambique, onde se proceda á distillação por meio de calor suave e uniforme, recolhendo em vasilha separada os primeiros e os ultimos productos, por conterem em dissolução oleos essenciaes e etheres que communicam mau sabor ao liquido distillado.

Quando se prefere distillar a parte solida (pelle ou folhelho das uvas, borras, etc.), juntamente com os liquidos, deve proceder-se, como anteriormente indicamos, exceptuando a prensa que é desnecessaria n'este caso, e lançando as massas no falso fundo da caldeira para evitar que ao aquecer o producto se requeimem as partes solidas e communiquem mau sabor e peores condições hygienicas á aguardente assim obtida.

Oleo de grainhas.—Concluida a destillação com as precauções que indicamos, e depois do residuo estar frio, retira-se da caldeira e separam-se as sementes ou grainhas por meio de crivos ou cirandas que lhes dêem facil passagem.

Estas grainhas são muito aproveitaveis na alimentação das aves de capoeira e podem tambem destinar-se ao fabrico do oleo que contém, procedendo para isso da seguinte fórma:

As grainhas, depois de bem seccas, são pisadas até ficarem reduzidas a uma polpa muito fina. Lança-se esta n'uma caldeira de ferro ou cobre juntando-lhe 25 litros de agua quente por cada 100 litros de pôlpa; põe-se ao fogo e, quando a temperatura tem chegado a 800 e principia a notar-se na superficie do liquido algumas particulas de oleo, retira-se do fogo e lança-se a massa n'uma prensa de grande força, e ahi, augmentando a pressão até chegar ao maximum, obter-se-ha a maior parte do oleo contido nas grainhas. Terminada a passagem de todo o liquido (agua e oleo), retira-se da prensa, dilue-se novamente em egual quantidade de agua; e repete-se seguidamente este processo até extrahir todo o oleo.

A massa que fica serve para alimento dos animaes domesticos, especialmente para aves e porcos.

100 litros de grainha dão em média 6 litros de oleo; a despeza regula por 670 réis e o oleo póde vender-se por 1$120; serve para alumiar, sendo economico o seu emprego quando préviamente tenha sido clarificado por meio do acido sulfurico.

Agua-pé.—Os residuos da vinificação podem aproveitar-se para o fabrico de um vinho de qualidade inferior, chamado agua-pé, que serve para consumo dos trabalhadores, sem inconveniente para a saude d'elles e com grande economia para o proprietario.

A agua-pé póde obter-se por dois modos, misturando as borras, depois da trasfega, com egual quantidade de agua pura e filtrando a mistura, ou juntando ás cascas das uvas que saem dos balseiros de fermentação agua, assucar ordinario, e alguma farinha para actuar a fermentação. Oito dias depois, trasfega-se e filtra-se o liquido que d'ahi resulta, obtendo-se assim um vinho leve, de bom sabor e com excellentes condições para o fim a que se destina.

Vinagre.—As cascas, diluidas em agua, e provocando na massa uma fermentação activa, produzem uma quantidade apreciavel de bom vinagre que, depois de feito, se separa lançando-o em balseiros especiaes, exclusivamente destinados a esse fim, e procede-se em seguida á calcinação da parte solida, que dá uma boa quantidade de cinzas muito ricas em principios mineraes.

(Continúa)

Doenças dos vinhos

Amargor

Não consta que esta doença tenha atacado os nossos vinhos.

E' doença que se tem manifestado particularmente nos finos vinhos de pasto de Borgonha, principalmente os feitos com as apreciadas castas Pinot e Gamay.

Os vinhos atacados d'esta doença, apresentam no principio um cheiro caracteristico, e insipido ao paladar, e a sua côr torna-se menos viva; passado algum tempo manifesta-se o amargor, que cada vez mais se accentua, e um ligeiro gosto picante a fermentação, devido á presença de acido carbonico.

Pela continuação da doença fórma-se um deposito volumoso na materia corante, que se altera completamente, ficando o vinho com a côr amarellada, o tartaro decompõe-se e o vinho torna-se impotavel.

Verguette Lamotte, distinguia duas especies de amargor; a primeira, a que affecta os vinhos no 2.º ou 3.º anno de edade, e a outra, a que se encontra nos vinhos muito velhos já engarrafados.

A gravidade d'esta ultima, é de muito menor importancia, não só em si, mas por só affectar os vinhos de muita edade, que teem já passado muitos annos nas garrafas, conservando-se bons até então; e por isso designavam esta doença com o nome de gosto a velho.

A primeira, ao contrario, produz estragos de maior consideração, por se manifestar ainda quando o vinho está nas vasilhas, logo nos primeiros annos, chegando a alteral-os profundamente e acabando por destruil-os.

Foi ainda Pasteur quem em 1864, estudando esta doença, lhe attribuiu uma origem microbiana.

Examinando ao microscopio os abundantes depositos que estes vinhos deixavam nas garrafas, encontrou ahi um microorganismo formado de tenues filamentos, d'aspecto rijo e immovel, não tendo mais que 1/1000 de millimetros de diametro.

Estes filamentos, acham-se enredados uns com os outros, e ao principio, quando são de recente formação, apresentam-se divididos por uma série de articulações flexiveis, n'um certo numero d'articulos mais ou menos curtos, depressa, porém, o deposito da materia córante que os vem cobrir, os transforma, dando-lhes um aspecto ramoso.

Para pôr a descoberto estes filamentos e estudal-os com cuidado, basta laval-os com alcool acidulado, que dissolve o deposito córado que os cobre.

Pasteur achou que nos vinhos atacados d'esta doença, a glycerina era em menor quantidade que nos vinhos sãos e o acido tartrico não diminuia.

O sr. Duclaux provou n'um estudo feito sobre o vinho de Pommarad, um augmento bastante sensivel na acidez do vinho doente, e nos acidos volateis.

	Acidez total	Acidez acetico	Acido butyrico	Acido volatil
Vinho doente em 1866..	1,01	4,40	0,97	0,04
Vinho são............	1,50	5,18	0,97	0,04
Depois em 1873........	1,95	6,67	1,83	0,19

O augmento da acidez total, era superior á dos acidos fixos, e a doença provocava o desenvolvimento d'acidos fixos e d'acidos volateis.

D'ahi veiu a presumpção que a glycerina era o principio affectado pela doença, presumpção que acha apoio no facto encontrado por Pasteur, de a glycerina no vinho doente ser em menor quantidade que no vinho são.

Os srs. Bordas, Joulien e Rackowrsks apresentaram recentemente os resultados dos seus estudos com o fermento d'um vinho amargo, que elles isolaram e cultivaram. O fermento por elles isolado, era um bacillo com os caracteres do fermento isolado por Pasteur.

Este bacillo foi semeado n'um vinho préviamente esterilizado por uma vela Chamberland; o vinho apresentou depois os perfeitos caracteres de amargor.

O seu grau alcoolico não tinha variado, mas as proporções de glycerina e de glucose, eram notavelmente menores, a acidez tinha augmentado consideravelmente e o augmento era sobre-

tudo devido á acidez volatil; tambem apareceram pequenas quantidades d'ammoniaco.

N'um vinho privado d'alcool por distillação, o bacillo produziu a doença com grande rapidez.

Nos meios de cultura, a temperatura que pareceu mais favoravel ao desenvolvimento do bacillo, foi a de 30.°, e, como já antes o tinha previsto o sr. Duclaux, o bacillo do amargor exerceu de preferencia a sua acção sobre a glycerina, dando logar no vinho á producção dos acidos acetico e butyrico.

Estes auctores notaram diminuição do tartaro, mas em menor quantidade que costuma ser na toldagem, e cultivando este bacillo sobre a glucose, tambem encontraram acido lactico, acido carbónico e ammoniaco.

O amargor distingue-se da toldagem e do refervimento, pela presença do acido butyrico, que não se acha n'estas duas doenças, e pelo facto do tartaro não ser aqui atacado, ou sel-o em muito pequena quantidade.

Como meio preventivo, aconselha-se a hygiene na vindima e na vinificação; escolha dos bagos podres, fermentação regular, e perfeita sanidade das vasilhas onde o vinho é feito e d'aquellas em que será depois conservado.

A pasteurisação, tambem n'esta doença produz os seus beneficos resultados preventivos.

Quando a doença está adeantada, o melhor é distillar o vinho.

Quando está ainda incipiente, póde-se empregar o aquecimento que destruirá os fermentos existentes, e dizem que dá bom resultado, a juncção de cal, trasfegando depois para vasilhas convenientemente lavadas.

Tambem aconselham a passagem do vinho por bagaços frescos, juntando assucar e acido tartrico, e deixando soffrer ao vinho uma nova fermentação, collando-o depois cedo. Isto só dará resultado, quando a decomposição do vinho não estiver muito adeantada.

Na Borgonha, quando engarrafam os vinhos, nota-se ás vezes o apparecimento de um amargor, devido talvez á acção do oxygenio, a este accidente, que não tem importancia, porque o amargor desapparece, dão o nome de doença da garrafa.

S. Balão.

Noticias dos campos

BOMBARRAL.—Sabemos que em vista da enorme baixa que o commercio está fazendo aos preços dos vinhos de queima—22 réis cada grau por 20 litros—grande numero de viticultores d'aqui vão distillar por sua conta e enviar o aguardente para os armazens geraes. Oxalá que em outras regiões viticolas assim procedam para melhorar a

angustiosa situação da viticultura. Com os preços actuaes é impossivel resistir e sustentar os trabalhadores.

MONTEMÓR-O-NOVO.—O azeite novo regula ao preço de 1$800 réis o decalitro, com tendencia para descer.

RAMALHAL.—Está concluida a colheita da azeitona, sendo a producção diminuta. Teem-se feito grandes sementeiras de trigo.

ALQUEIRÃO DE SANTO AMARO.—Começou a colheita da azeitona, que promete ser muito abundante. Os lagares estão já funccionando.

MORTAGUA.—Promette ser muito abundante a colheita da azeitona, que já principiou n'este concelho. O azeite ainda não teve baixa sensivel, regulando o seu preço entre 2$800 e 3$000 réis o decalitro.

MONTEMÓR O-NOVO.—O preço do azeite novo regula a 1$800 réis o decalitro.—E.

ESPOZENDE.—Teem baixado de preço os cereaes nos mercados d'este concelho.

VILLA MENDO DE TAVARES.—Trabalha-se activamente na apanha da azeitona, sendo a colheita regular. Já estão em laboração todos os lagares, e, ao que nos dizem, a funda é animadora e o azeite de excellente qualidade.

Os vinhos teem sido pouco procurados.

O preço do milho regula a 560 e 580 réis o alqueire de 16,5 litros e o centeio a 700 e 740 réis.

PROVEZENDE.—Principiou a apanha da azeitona, que é abundantissima e funde bem. Pena é que se use ainda o antiquado processo de varejar a oliveira, o que tanto a prejudica.

Os generos alimenticios regulam pelos seguintes preços: azeite, 30 litros, 7$000 réis, batatas, 15 kilos, 360; milho grando, 16 litros, 650, e centeio, 650 réis. Os jornaleiros ganham 160 e 180 réis e as mulheres 100 réis, comida.

MARCO DE CANAVEZES.—Começaram já a trabalhar os lagares para o fabrico do azeite, que no geral é bastante abundante.

FIGUEIRA DA FOZ.—É muito animadora a safra do azeite. Devido á abundancia de azeitona, os preços baixaram consideravelmente.

POVOA DE SANTA IRIA.—Findou a apanha da azeitona, estando a trabalhar com a maior actividade todos os lagares. O azeite, cuja qualidade é regular, tem o preço de 300 réis o litro, nada barato attendendo á quantidade que houve. O vinho está sendo vendido a retalho a 40 e 50 réis o litro, regulando o duplo decalitro entre 400 e 450 réis, sem transportes.

CERTÃ.—Está já em laboração o lagar a vapor montado na Varzea Pequena, pelo importante lavrador e capitalista sr. José Vaz, que é um importante melhoramento para esta villa.

ALCACER DO SAL.—Terminaram as sementeiras temporãs, principiando as serodias. Já terminou a apanha da azeitona, que foi um pouco inferior á do anno passado. A funda é regular e o azeite de boa qualidade, correndo o preço á bica do lagar a 2$200 rs. o decalitro.

MONFORTE.—Estão terminadas as sementeiras temporãs e procede-se á apanha da azeitona, havendo já vendas feitas a 2$000 réis por cada decalitro de azeite novo.

GAZETA DOS LAVRADORES

ORGÃO DE PROPAGANDA E DEFEZA DOS INTERESSES DA AGRICULTURA NACIONAL

Com a collaboração de muitos agricultores, agronomos, medicos veterinarios, horticultores, viticultores e regentes agricolas

DIRECTOR e PROPRIETARIO: *JOSÉ ERNESTO DIAS DA SILVA*

Medico veterinario — Antigo professor da Escola de Agricultura da Real Casa Pia de Lisboa

Assignaturas
(pagamento adeantado)
Um anno.................. 1600 réis
Um semestre............... 800 »
Numero avulso............. 50 »

As assignaturas começam sempre no principio de cada mez.
Toda a correspondencia deve ser dirigida ao director do jornal.
Os originaes recebidos quer ou não publicados não se restituem.
COMPOSIÇÃO na séde da Gazeta. — IMPRESSÃO — Imprensa
Africana — Rua de S. Julião, n.º 58 e 60

Annuncios
(TYPO CORPO 8)
Por uma só inserção........................ 40 réis cada linha
Repetição até 6 publicações........... 30 » » »
Annuncios permanentes, folhas soltas, réclames e annuncio
intercalado no texto—contracto especial.
Os srs. assignantes gosam do abatimento de 20 %.
A administração acceita correspondentes em todas as terras do pair

Redacção e Administração, C. de Santo André, 100, 1.º
EDITOR—Dias da Silva

Agricultura geral

Enfermidade das plantas

Continuado da pag. 188.

As feridas provenientes do descasque que despe o lenho, sujeitando-o ás influencias exteriores, devem considerar-se graves pelo amollecimento que a humidade atmospherica n'elle produz, demorando-se mais ou menos em manifestar-se conforme o seu grau de dureza e a quantidade de materias resinosas, terrosas, e silicosas que contenha. As feridas feitas verticalmente nos troncos ou ramos curam-se conforme a propria direcção do *cambium*, cobrindo-se dos lados até fecharem e apresentarem cicatrizes, tanto mais depressa quanto mais estreitas forem aquellas, e demorando-se muito quando são demasiado largas. N'este caso, é necessario resguardal-as, empregando para isso o unguento de enxertador ou um composto, em partes eguaes, de terra argillosa e excremento de gado bovino, ou outra mistura em que este excremento se ligue ao gesso, cinza e areia fina, conseguindo-se com este preservativo a cicatrisação gradual.

As *hemorrhagias* e *carcinomas* abertos, tambem chamados fungões ou cancros, bem como as contusões por effeito do rompimento do tecido interior da casca, originam *lagrimas ulceradas* que produzem, ás vezes, a morte das arvores, provindo esta enfermidade de qualquer solução de continuidade ulcerada que dá saida a succos capazes de corroer em certas arvores os tecidos que humedecem.

O *choro* ou *lagrimas* da videira e outros vegetaes uteis é o resultado da poda tardia, e torna-se necessario evitar que as gemmas sejam molhadas pelo succo extravasado, fazendo para isso córtes em direcção conveniente.

As plantas parasitas que vivem á custa da seiva de outras plantas, ou simplesmente sobre ellas, sugam a seiva das suas victimas, pois n'isso consiste o verdadeiro parasitismo. Ha *parasitas phanérogamicas* e *cryptogamicas*, as primeiras com folhas ou sem ellas, e as segundas desenvolvidas no interior ou exterior das plantas que atacam.

As plantas *parasitas phanérogamicas chlorophyllas*, ou com folhas, estão desprovidas dos meios necessarios para observer de per si a seiva da terra, e por isso precisam de se unir ás outras plantas para d'ellas tomarem a seiva ascendente que pódem modificar no seu proprio tecido; os *agaricos* e muitas das *loranthaceas* são as parasitas que vivem nas arvores e cujos damnos só podem evitar-se cortando estas, o que é preciso fazer mais de uma vez quando nas immediações se encontram arvores atacadas, das quaes podem ser levadas as sementes das parasitas que facilmente germinam na casca depois de adherirem a ella.

As verdadeiras parasitas cryptogamicas pertencem todas ás plantas fungosas e, portanto desenvolvem-se muito facilmente sob o influxo da excessiva humidade; chamam-se *parasitas superficiaes* as que vivem no exterior das suas victimas, e parasitas intestinaes as que existem no interior d'ellas. Não devem considerar-se fungos as massas de substancia tuberosa ou cortical que apresentam exteriormente os ramos dos ulmeiros e outras arvores, bem como as raizes e tuberculos de algumas plantas herbaceas: é a isto que se dá o nome de *felosia* ou *suberosia*, que não causa damno, sendo accidental nas plantas indicadas e constante nos sobreiros.

As *parasitas superficiaes*, cuja influencia é transcendente, comprehendem os *erysiphos*, os *evin-cos* e oidium, como tambem os rhizostomas que atacam as raizes, emquanto as outras atacam principalmente as folhas e chegam a invadir os fructos, como o oidium, na vinha, de que adeante fallaremos.

O *bolor* que ataca as raizes de varias arvores, bem como as das roseiras, pertence aos fungos chamados *byssos*, e é uma doença geralmente mortal; podem, porém, salvar-se alguns dos vegetaes atacados, sobretudo as roseiras, arrancando-os para lhes cortar e levar as raizes antes de mettel-as novamente na terra.

As *parasitas intestinaes* são bastante numerosas e desenvolvem-se sob a epiderme que rompem, saindo para o exterior e espalhando no ar um pó destinado a reproduzil-as; é difficil demonstrar como esse pó penetra no interior das plantas atacadas, e não são convincentes as rasões expostas por aquelles que pretendem serem taes enfermidades independentes do desenvolvimento das parasitas. Poucos são hoje os naturalistas que assim pensam, por se acharem bem caracterisadas as muitas especies de puccinias, uredos, ustilagos etc., que atacam as plantas mais uteis; convem principalmente fixar a attenção sobre os parasitas que produzem as enfermidades conhecidas pelo nome de ferrugem, murrão, caries e cravagem dos cereaes, como tambem sobre a mangra ou negrura das oliveiras que tão distinctamente se observa em muitas localidades.

A ferrugem ataca sobretudo os trigos e cevadas, cobrindo a superficie das folhas de pustulas muito pequenas e numerosas que, abrindo, dão sahida a um pó ao principio amarellado e depois sobre o vermelho; o uredo loiro-avermelhado é o fungo microscopico de cujo desenvolvimento procéde a ferrugem, e juntamente com elle encontra-se também outro qualquer uredo e a puccinia das gramineas, vulgarmente conhecida pelo nome de alforra ou fungão, que do mesmo modo con-

tribue para damnificar as plantas, conhecendo-se apenas um meio de as preservar—não semear cereaes em terrenos baixos e humidos.

O murrão não perdôa a nenhum cereal e fixa-se nas glumas ou na superficie dos grãos que cobre de um pó negro muito abundante e inodoro; sem alterar completamente as partes atacadas, diminue-lhe muito a producção, não sendo possivel nem debellar o mal nem evital o; o milho é atacado de um murrão especial a que se dá o nome de *uredo* ou *ustilago do milho*.

A carie procede do outro fungo, o *uredo caries*, que se desenvolve principalmente nos grãos do trigo, enchendo-lhe o interior de um pó negro e fétido, emquanto fresco; permanece dentro d'elle durante a sua vegetação, e póde transmittir-se aos outros grãos depois da colheita, passando assim o mal ás plantas d'elles nascidas no anno seguinte; escolher grãos bem sãos ou embeber os suspeitos em leite de cal, ou n'uma solução de vitriolo azul (sulfato de cobre) é o que ha de mais proficuo para evitar as caries.

A *cravagem* ou *esporão* observa-se mais communmente no centeio, e consiste n'uma excrescencia dura com a fórma de esporão do gallo, que occupa o logar do grão, communicando á farinha qualidades muito nocivas, ha quem considere a cravagem como um fungo sob o nome de *esclorocio clavo*, semelhante a outros que se desenvolvem em diversas plantas; Leveillé, porém, considera a cravagem como um grão monstruoso por n'elle se haver desenvolvido um fungo, o *sphacélia*. De qualquer dos modos, é necessário, para evital-a, escolher a semente e peneiral-a com todo o cuidado.

A mangra ou ferrugem das oliveiras provém principalmente de um pequeno fungo que se lhes desenvolve nas folhas e ramusculos, com a fórma de *lepra*, prejudicando a producção ulterior; este fungo, descripto por Castagne, é ás vezes acompanhado de outras

especies que, quando favorecidas pela humidade e falta de ventilação, apresentam uma enfermidade mais facil de prevenir que de curar, tornando-se frequentemente necessario dar sahida ás aguas, cavar um pouco a terra e limpar e podar as arvores.

Doenças das batatas.—As plantas que de ordinario se reproduzem por bolbos, gemmas, estacas de sarmentos estão expostas a enfermidades que se generalisam e tornam persistentes a ponto de constituirem uma verdadeira calamidade, ainda que o tempo pouco favoreça o seu desenvolvimento.

Gangrená das batatas.—Logo que se observem os primeiros symptomas caracteristicos d'este mal, parece-me que poderá ser elle atalhado cortando a rama da planta por meio de um cylindro destorroador muito pesado, que se passe duas ou tres vezes sobre o terreno. Em seguida, divide-se o campo em duas partes, alporcando uma d'ellas e rega-se com abundancia como deve fazer sempre que se torne preciso. Os tuberculos aproveitam-se quanto possivel, cortando-lhe a parte sã e comendo-os em salada.

Não confiamos absolutamente na efficacia do meio indicado, porque as plantas ephemeras, quando atacadas, difficilmente se restabeleçem.

Os meios preventivos são muito mais seguros e, em todo o caso, proporcionam uma colheita abundante e de boa qualidade.

O que nos parece mais recommendavel é o seguinte:

Os terrenos destinados a batatas devem ser abundantemente adubados com estrumes por cortir e a que possam juntar-se quaesquer detritos. Dividem-se em montes de pequeno tamanho dispostos em linhas, e estas á distancia de 1^m,70 umas das outras; cobrem-se-lhes os lados com terra e queimam-se na primeira estação até que todo o combustivel se consuma e a terra se calcine e fume.

Depois de queimados, deixam-se assim até chegar a época da

sementeira, espalhando-os então regularmente, e cavando ao pé para semear as batatas inteiras ou partidas, que alporcam á proporção que vão crescendo, de modo que o campo venha a formar uma série de pequenos promontorios cobertos de verdura ao longo de grandes camalhões. Sendo possivel, regam-se em abundancia ás tardes, aproveitando para isso, os dias encobertos.

Entendemos que avisadamente andará aquelle que, presentindo a approximação do mal, o combater por meio de variedades selectas provenientes de terrenos bem preparados e de boa qualidade.

Congelação.—A batata é muito sensivel ao frio como oriunda de paizes equinociáes, cuja altura sobre o nivel do mar e a proximidade de enormes refrigerantes apenas mitigam o ardor do sol. E' por isso que ha sempre a recear das sementeiras temporãs das batatas por causa das geadas tardias que costumam cair nos valles abrigados do vento.

A planta damnificada pelas geadas cobre-se de manchas sobre o vermelho, que se espalham rapidamente, adquerindo então uma côr escura, quasi negra; a parte visivel da planta fica muito offendida.

O melhor remedio contra a congelação é não expôr as plantas aos azares de uma temperatura incerta. As plantas semeadas nos primeiros dias de abril, raras vezes soffrerão com os gelos, emquanto que as semeadas mais cedo poucos annos chegarão incolumes aos primeiros dez dias d'esse mez.

E' possivel salvar as já atacadas, espalhando sobre ellas cal e gallinhaça ou excremento de gallinhas, cinzas vivas e areia na seguinte proporção: estrabo de gallinha oito hectolitros, de pomba quatro, cinzas vivas ou quadruplo do peso, e areia humida quanto baste para espalhar com egualdade em sessenta e quatro ares. Deve dar-se uma lavoura ligeira para cobrir o adubo e favo-

recer o desenvolvimento dos rebentos subterraneos.

Enfermidades da videira.—Referir-nos-hemos apenas ao oidium tuchery.

O remedio mais efficaz é, sem duvida, o enxofre em pó, cuja applicação é de todos conhecida.

A. Faria.

CULTURA DA AVEIA

Estrumação e lavras.—Pelo que respeita á estrumação e lavras recommendamos com instancia que se applique e enterre quanto possivel o estrume de curral destinado a esta cultura, estrume que deve ser bem decomposto e espalhado convenientemente.

Quando a estrumação é tardia e, sobretudo, quando o estrume é muito fresco e difficil de espalhar com certa uniformidade, os terrenos semeados de aveia apresentam um aspecto irregular desde a apparição das plantas até á sua maturação. Esta desegualdade torna-se ainda mais notavel nos cereaes de verão, que em alguns mezes percorrem todas as phases da vegetação, do que nos cereaes de inverno, nos quaes a estrumação tem tempo de exercer acção mais completa.

De resto, a estrumação tardia obriga a lavras tardias, quando os cereaes de verão exigem, como os trigos, um solo muito pisado para produzirem bem. Finalmente, a estrumação fresca afofa demasiado o terreno que então aquece excessivamente nas épocas de estiagem, com o que muito soffrem as aveias.

Finalmente, a estrumação verde só raras vezes lhes é proveitosa; convém, como força, para as beterrabas e outras plantas que lhe succedam.

Aconselharemos ainda que se applique á superficie um estrume muito palhiço. Esta estrumação não opera como adubo, mas póde dar bons resultados pelos seus effeitos physicos: protegendo as plantas novas e creando no solo

condições particularmente vantajosas ao desenvolvimento da vegetação.

Todavia este systema não deve ser usado na cultura intensiva que dispõe de outros meios, e não quererá deixar de tratar as aveias novas com a grade ou com o ancinho.

Adubos chimicos complementares.—Com respeito aos adubos complementares que na cultura intensiva devem applicar-se ás aveias que succedem ou precedem as beterrabas saccharinas, numerosas experiencias teem demonstrado que a mais rica estrumação nas beterrabas, como tambem uma copiosa estrumação directa, não dispensam a applicação de adubos chimicos complementares. Se a exploração é intelligentemente dirigida, o excedente dos adubos phosphatados e potassicos, applicados ás culturas precedentes, poderá satisfazer as exigencias da aveia.

Quaesquer que sejam as condições da cultura, mesmo em terrenos extraordinariamente ricos, é sempre de vantagem o emprego de uma dóse de nitrato de soda, variando entre 100 e 300 kilog. por hectare conforme o estado de fertilidade do solo.

Deve recorrer-se a uma estrumação ligeira quando a muita fertilidade do terreno expõe os cereaes a acamarem; a dóse de 300 kilog. convém a um terreno medianamente rico. Nas boas culturas recommendamos o emprego de 150 a 200 kilogrammas de nitrato de soda para obter o rendimento maximum.

O nitrato de soda applica-se por occasião da sementeira ou, á superficie, quando as plantas novas teem lançado a terceira ou a quarta folha.

As dóses fortes devem ser fraccionadas, applicando-as parte na occasião das sementeiras e parte á superficie.

Epoca da sementeira.—A melhor época para as sementeiras de aveia meio serodia é o mez de março. Nada, porém, póde estabelecer-se como invariavel n'este ponto, porque uma das primeiras condições de bom resultado é que a terra esteja sufficientemente enxuta de modo que permitta boas lavras, e a superficie esteja cuidadosamente tratada; e mais vale semear bem em abril que semear mal em março.

Quantidade de semente.—Com respeito a quantidade de semente que deve empregar-se por hectare, não é possivel estabelecer uma regra fixa. A quantidade de semente depende da sua qualidade, da fertilidade das terras, do clima e da altitude da região, da época das sementeiras etc., etc.

Sementeira. — Vê-se ainda frequentemente semear aveia nos regos das grandes lavouras; é um erro que não deixaremos de combater expondo os inconvenientes de tal pratica: dá em resultado o desperdicio da semente, uma germinação desegual e, portanto, uma maturação das mais irregulares. O que é possivel para os cereaes de inverno, não é permittido para os cereaes de verão. A terra antes de receber aveia deve ser bem alisada e preparada pelo rôlo e grade.

Semeando á mão, deve enterrar-se a semente com o extirpador, de 5 a 10 centimetros segundo a natureza do solo. Em todas as culturas bem dirigidas ha de semear-se a aveia, por meio de machina, em linhas que distem de 15 a 22 centimetros segundo o grau de fertilidade das terras. A semente, distribuida por machina, é perfeitamente coberta de terra; n'estas condições diz-nos a experiencia ser de tres centimetros a profundidade media a que deve ser enterrada.

Depois da sementeira.—Se a superficie do terreno se cobre de hervas ruins ou endurece em excesso, torna-se indispensavel uma ligeira gradagem para destruir as plantas adventicias e desfazer a crusta, ainda antes de dar-se a germinação da planta, comtanto que a semente tenha sido enterrada a uma profundidade conveniente.

A' sementeira em linhas applicar-se-ha com vantagem o ancinho ou o sacho. Os cuidados ulteriores consistem no arranco das hervas ruins e, principalmente, dos *senes* e dos *cardos*.

Colheita.—A maturação da aveia é muito desegual, porque as plantas, como tambem as paniculas e grãos de uma mesma haste, amadurecem desegualmente. — Além d'isso o valor nutritivo do grão é proporcional ao grau de maturação, e os grãos mais pesados e mais perfeitos formam-se na extremidade dos ramos.

D'aqui resulta que a aveia não deve ser colhida muito cedo.

E. G. Silveira.

Propriedades da cebola

A cebola, usada como alimento, é tambem considerada por muitos hygienistas como um vegetal saudavel que de certo se generalisaria se não fosse o seu cheiro desagradavel. Como substancia medicinal, tem varias applicações de reconhecida efficacia que não devem ser ignoradas no lar domestico, por constituir um remedio simples, modico e util.

Para os catarrhos de peito não ha melhor remedio do que a cebola, cosida ou assada, applicando-a exteriormente como cataplasma; comida, allivia muito a tosse, conservando os bronchios limpos quando se acham obstruidos de mucosidade, que é a causa da tosse, e, comida frequentemente no começo do catarrho, impede que elle se desenvolva. Um medico distincto recommenda, n'um jornal de medicina, que ás creanças se dê a comer duas ou tres vezes por semana cebolas tenras, cruas ou cozidas, bem maduras, pois que assim se evitam varias enfermidades peculiares da infancia. Um outro facultativo prescreve o uso constante da cebola como preventivo contra a diphtheria e outras enfermidades contagiosas, emquanto durarem estas epidemias. Recommenda tambem que durante a primavera deve comer-se cebola ao menos uma vez por semana, por serem muitas as suas propriedades prophylacticas fortificantes, e accrescenta que nunca acontece um caso fatal de diphtheria, angina ou escarlatina nas creanças cujas mães lhes deem frequentemente cebolas a comer, e que até algumas creanças atacadas d'aquellas enfermidades curam-se quando se lhes applica a cebola como acima indicamos.

A. Faria

Creação de gados

O EMPREGO DE PHOSPHATO DE CAL NA CREAÇÃO DE GADOS

Já por vezes temos alludido n'este jornal á degeneração visivel em quasi todas as raças de animaes importados, as quaes de geração em geração vão perdendo as bellas e distinctas fórmas que as caracterisavam. Suppomos isso devido em grande parte á insufficiencia do acido phosphorico nos terrenos em geral, principalmente nas regiões em que se faz exportação de gados e cereaes, sem trazer adubos de curral, de fóra, ou fazer uso dos adubos chimicos. Parece-nos portanto de interesse publicar o meio de remediar essa falta, o que pode ser muito util aos creadores e apuradores de raças. As formulas são as que Mr. Joulie apresentou em 1886, e que vieram publicadas nos annaes da sociedade de agricultores de França. A dóse para os animaes novos deve variar, segundo a composição dos elementos que recebem; para as vitellas e pôtros em lactação, dando-se-lhes de 5 a 7 grammas d'acido phosphorico por dia, attingir-se-ha o limite extremo do util; para os animaes de certo desenvolvimento, a dóse póde ser de 6 a 8 gr., e para os adultos pode chegar até 10 grammas. Alguns fabricantes preparam o phosphato de cal precipitado especialmente para esta applicação; tem elle de 37 a 38

ido phosphorico. Para minis-
pois de 5 a 10 grammas d'a-
› phosphorico, necessario con-
ne os casos, tem de dar-se aos
naes de 12 a 24 grammas d'a-
lle phosphato. Segundo o mes-
sabio chimico, a addição de
grammas de phosphato a ra-
seria mais que sufficiente na
oria das circumstancias. Mis-
ı-se o phosphato em pó a uma
ılada bastante liquida, ou a
a pasta feita com bagaços oleo-
humedecidos com agua; póde
ıbem humedecer-se o grão da
ἰο, pulverisando por cima o
ısphato e mexendo bem. Quan-
as rações se compõem de pro-
tos humidos, pulverisem-se es-
com o phosphato

Vão ha trabalho feito que de-
ne *mathematicamente* dóses que
em ser empregadas, e fica a
erminação das mesmas e a in-
·upção da applicação á intelli-
ιcia e criterio dos creadores.
Para as gallinhas e outras aves
tará dar-lhes diariamente os
os em pó grosseiro, misturados
ı farelos.

Lacticinios

MANTEIGA CASEIRA

Attenta a facilidade com que
la um pode fazer manteiga
:a o seu consumo, tenha ou não
:cas de seu, nenhuma desculpa
:ontramos para que se esteja a
ısumir a manteiga do commer-
, alimentando assim as falsifi-
:ões de que aquella é suscepti-
. e que tornam insuportavel,
ando não prejudicial á saude,
ı alimento de si tão saboroso.
Ainda que diariamente se tenha
comprar o leite necessario pair fabricando manteiga, con-
ınte as necessidades de cada
nilia, não é isso preferivel mil
zes a ingerir a cré de combina-
ɔ com a margarina, o sebo ou
rdura de animaes, que, pôr ve-
s, succumbiram a doenças con-
çiosas? Cremos não haver se-
ò uma unica resposta, e essa
irmativa.

Posta a questão, pois, n'este pé,
vamos indicar abreviadamente um
processo facil de fabricar manteiga, mediante o qual uma boa do-
na de casa, por si ou com o auxilio de creado, póde occorrer ás
necessidades caseiras.

E que o exemplo se generalise,
e lucraremos de duas maneiras:
primeiramente pôrmo-nos a salvo
de falsificações que nos podem
custar a vida, communicando-nos
a tuberculose, a febre typhoide, o
carbunculo, etc., em segundo logar evitando que a grande exportação de manteigas estrangeiras
nos levem annualmente sommas
enormes de dinheiro que nos faz
falta.

Por tres modos se pode fabricar manteiga: batedura de creme,
depois de separado do leite; batedura do leite em natureza; batedura do leite coalhado em totalidade ou em parte.

A batedura do leite em natureza, sobre demandar mais força, dá
menor rendimento. O ultimo meio
dá uma manteiga misturada de
materias caseosas que a fazem
rançar depressa. E' preferivel a
batedura do creme.

Vamos, pois, dizer d'este methodo.

Comprehende as operações seguintes: *descremação* ou *desnatação* (separação do créme ou nata
do leite); *batedura* (agitação do
créme para agglomerar os globulos butyrosos); *espremedura* (trabalho de dessoramento da manteiga).

A—*Desnatação.*—Esta operação realisa-se independentemente
das machinas desnatadeiras, e pelo simples abandono do leite fresco ao repouso. Em breve sobrenada á superficie do vaso a materia gorda contida no leite, e
com ella um pouco de caseum e
sôro, formando uma camada amarellada, mais ou menos espessa,
que constitue o *créme*. Se, porém,
se quer lançar mão da *desnatação*
mechanica, preferindo-se esta á
simples, em tal caso recommen-
dariamos a *Desnatadeira centrifu-
ga* de Laval.

A desnatação mechanica fun-

da-se na propriedade dos corpos
gordos, mediante a qual e sob
um movimento de rotação,
se separam em camadas distinctas segundo sua densidade. Ora,
sendo o leite formado de um liquido tendo em suspensão globulos de gordura mais ligeiros, é
claro que imprimindo-lhe um movimento de rotação muito rapido,
tal como o que realisa, entre outras, a desnatadeira citada, em
quanto esses globulos tendem
reunir-se no ponto mais proximo
do eixo de movimento, o liquido
mais denso, é repellido para as
paredes do recipiente.

B—*Batedura.*—Esta operação
póde ser immediatamente feita,
ou só decorrido algum tempo.
Dá-se o primeiro caso, se a desnatação se fez pelo repouso, e do
modo atraz indicado; o segundo
tem logar, se a desnatação foi
mechanica, ou se, mesmo simples,
teve logar mediante um abaixamento de temperatura do leite,
em vasos refrigerantes, processo
de que não fallamos e que é usado nos paizes do norte, nomeadamente da Dinamarca. N'este
caso, a demora, que alcança 24
e 30 horas, tem em vista que o
leite, dentro de vasos de grés e á
temperatura de 14° e 15° do thermometro centigrado, adquira uma
reacção ligeiramente acida indispensavel ao seu aroma.

A *batedura* é effectuada em instrumentos conhecidos pela designação de *batedeiras*, das quaes
este jornal tambem tem descripto
algumas. Ha, como se sabe, muitas variedades d'estes instrumentos, inscriptas umas no numero
das *verticaes*, quer de *movimento
de vae-e-vem vertical*, quer de *movimento rotativo do agitador ou ba-
tedor*, outras nos das *horisontaes*,
quer *fixas de movimento rotativo
do agitador*, quer *moveis do movimento de rotação*. Mas, como se
trata de uma industria, em que
tem de attender-se sobretudo ao
preço, parece-nos indicada para
o nosso caso a *batedeira bretã de
braço*, a mais simples das do primeiro grupo. Consta ella de uma
especie de barril de madeira em

cone truncado, sendo o fundo a base do cone, formado de aduelas circuladas de arcos de ferro ou de madeira, como os barris ordinarios, e de uma cobertura superior, com uma abertura que dá passagem á manga d'uma haste que tem na sua extremidade inferior um disco crivado ou não de buracos, á guiza de embolo. Esta batedeira é ordinariamente de 1 metro de altura e tem por diametro nas duas bases respectivamente 0,^{m}40 e 0,^{m}33.

Lançado o créme dentro da batedeira, e collocado na parte superior por onde atravessa a manga um pequeno vaso para evitar que o liquido no movimento de vae-e-vem salte fóra, começa-se a operação, fazendo descer e subir alternadamente o embolo. Em consequencia, dá-se a agitação desejada do créme, que soffre d'est'arte a operação da *batedeira.*

Como esta operação é um tanto demorada e fatigante, tem-se buscado facilitar-lhe o trabalho mediante uma transformação, segundo o qual o movimento, em vez de ser transmittido directamente a braço, é feito por intermedio de uma manivella, que por uma roda de engrenagem faz rodar uma lanterna e mover um volante a que se prende excentricamente um braço de alavanca. E' este que, abaixando-se ou elevando-se segundo as circumstancias, põe em jogo a haste e embolo do instrumento.

Não é indifferente a temperatura a que se bate o créme: a temperatura mais conveniente, como a pratica tem demonstrado, é a comprehendida entre 12º e 14º centigrados. Esta temperatura póde obter-se, mesmo que a do ambiente seja inferior, pelo successivo funccionamento do instrumento. Se a temperatura se eleva acima de 14º, é conveniente baixal-a pela addição de agua fria ou mesmo gelo.

C — *Dessoramento.* — Batido o créme, passa-se a uma operação que denominaremos *dessoramento* de preferencia a *espremedura,* operação que tem por fim desemba-

raçar a manteiga do sôro que contém entremeando os globolos butyrosos agglomerados. Póde isto conseguir-se, deitando a manteiga em agua fresca e lavando-a, isto é, massando-a por varias vezes e em sentidos diversos com espatulas de madeira até que saia completamente clara, como se pratica em muitos pontos, ou a *secco* e mediante apparelhos proprios *dessorador* primeiro, e seguidamente, a completar a operação, o *amassador).*

Como no nosso caso é preferivel o primeiro processo, nada diremos do segundo nem dos instrumentos que o realisam.

Quem se prenda com a coloração da manteiga e só goste da que apresenta a côr que póde relacionar-se com a qualidade das pastagens, póde juntar á manteiga um pouco de açafrão, o succo das cenouras, etc. Feita a manteiga, resta conserval-a, o que no nosso caso não deve preoccupar muito, visto que se trata de fabricar pequenas porções, e durante oito a dez dias conserva-se ella facilmente no seu estado de frescura, independente de outros cuidados ou precauções, que não sejam as de envolver em cassa, furtando-a assim á acção do ar.

Para a conservar por mais tempo, porém, seria necessario salgal-a, o que se realisa amassando-a até o sal se encorporar bem com ella, ou derrétel-a a banho-maria, coal-a em seguida para retirar-lhe as impurezas, e deital-a em vasos de grés, recobrindo-a, apoz o resfriamento, com uma ligeira camada de sal, e fechando-a seguidamente. Este segundo meio é o preferivel para os usos culinarios.

Ernesto Freire.

Medicina veterinaria

A FEBRE VITULAR

E' uma doença grave, quasi sempre mortal em mui poucos dias (2 a 5), que ataca as vaccas um ou dois dias depois do parto.

Ha bons vinte e tres anno lembro-me de ter visto n'uma d enfermarias do nosso hospital v terinario duas lindissimas vacc *aldernei,* paridas de fresco, este didas como massas inertes sob a camá, tendo ambas a cabe revirada sobre um dos lados corpo, com os olhos cerrad(frias, completamente immoveis insensiveis a qualquer excitaçã N'aquelle tempo este quadro syr ptomatologico capitulava-se paraplegia; e o tratamento, ain hoje classico para esta, consisi no uso de todo o arsenal de i vulsivos internos e externos, e citantes diffusivos, antispasmoi cos, etc., etc. As vaccas morrerai para não fazerem excepção á i gra geral, que se dá em tal trat mento.

Todavia, o quadro symptom tologico da paraplegia differe que acabo de esboçar; n'esta doe ça, que póde apparecer antes depois do parto, a paciente co serva a cabeça erguida e o olh vivo, come, move-se, sente as e citações cutaneas; o que não p de é erguer-se sobre o quarto tr zeiro, e, emfim, a doença cura muitas vezes, ao fim de seis oito dias de tratamento.

E', portanto, bem distincta paraplegia da febre vitular.

Esta tem ultimamente attraí do a attenção do mundo veterin rio, pelo tratamento hydrothei pico, enthusiasticamente precoi sado pelo sr. Hartenstein; sen que dois partidos se teem form do, um confirmando, com fact eloquentes, aquelle tratamento outro exhibindo casos fataes, ç ra o desautorisarem.

Ultimamente o sr. George, c nico veterinario em Sainte-Mar hould, refere cinco casos succes vos de cura hydrotherapica (ai da assim, não exclusivamente) verdade notavel, cura que obte ve ao fim de dois a tres dias tratamento rigorosamente con nuado. O sr. George fazia coll car um sacco com gelo sobra cabeça, preso aos cornos; manc va fazer fortes e prolongadas fr ões revulsivas, com linimento ammoniacal, sobre a columna lorso-lombar. e mandava admiistrar vinho quente alcoolisado, repetidos clysteres tambem quenes. Com vista aos medicos veteinarios portuguezes, que tiverem ... clinica.

Vinicultura

Como tirar o gosto acido ás aguardentes

Para tirar o gosto acido que uma pipa em más condições pode communicar á aguardente n'ella envasilhada, ha um meio conhecido de ha muito tempo e vamos indicar, comquanto não nos satisfaça:

N'um litro de aguardente que se tenha tornado acida por uma addição de vinagre forte, lançam-se algumas gottas de ammoniaco liquido e em seguida desapparece o acido, deixando a aguardente suave e de uma bella côr um pouco mais carregada.

Tomemos, por exemplo, um litro de aguardente para corrigir, e lancemos n'ella dez gottas de ammoniaco liquido. Agita-se a mistura e, decorridos alguns minutos, prova-se para vêr o effeito do alcali; persistindo ainda o sabôr acido, é necessario empregar cinco gottas de ammoniaco e augmentar progressivamente a dóse até que a acidez desappareça.

Desde que se conheça o numero de gottas de ammoniaco necessario para desacidificar um litro de aguardente, facil será fixar a quantidade de alcali necessaria para uma pipa.

O ammoniaco a 32°, vulgarmente conhecido pelo nome de alcali volatil, encontra-se a preço baixo nas pharmacias e drogarias.

A. Faria.

Legislação agricola
Projecto Vinicola

— — ❋ — —

Regulamento para o commercio do vinho do Porto

CAPITULO I
VINHO DO PORTO E SUA PROVENIENCIA

Artigo 1.º É considerado vinho do Porto, para todos os effeitos legaes, o vinho generoso regional, que a tradição firmou com essa designação, proveniente da região do Douro.

Art. 2.º região do Douro é a formada pelos concelhos de Mesão Frio, Pezo da Regua, com excepção da freguezia de Sediellos, Santa Maria de Penaguião, com excepção da freguezia de Louredo, e pelas freguezias da Celleiroz, Covas do Douro, Gouvães, Gouvinhas, Paradella de Guiães, Provezende, Sabrosa, S. Christovam do Douro, Villarinho de S. Romão, S. Martinho de Antas, Souto Maior e Passos, do concelho de Sabrosa; de Abbaças, Ermida, Filhadella, Guiães, Nogueira, Villa Real de Matheus, do concelho de Vil!a Real; de Alijó, Amieiro, Carlão, Castedo, Casal de Loivos, Cottas, Favaios, Sanfins do Douro, Santa Eugenia, S. Mamede de Riba Tua, Valle de Mendiz, Villar de Maçada e Villarinho de Cottas, do concelho de Alijó; de Noura, Candedo e Murça, do concelho de Murça; de Castanheiro, Ribalonga, Linhares, Beira Grande, Carrazeda, Seixo, Parambos, Péreiros, Pinhal do Douro, Pinhal do Norte e Pombal, do concelho de Carrazeda de Anciães; de Assoreira, Adeganha, Cabeça Boa, Horta, Lousa, Penedo, Torre de Moncorvo e Urros, do concelho de Moncorvo; de Assares, Lodões, Roios, Sampaio, Santa Comba de Villariça, Villa Flor e Valle Frechoso, do concelho de Villa Flor; de Ligares, Poiares e Freixo de Espada-á-Cinta, do concelho de Freixo de Espada-á-Cinta, na margem direita do Rio Douro; pelas freguezias de Seixas, Numão, Freixo de Numão, As Mós, Villa Nova de Fozcoa, Touça, Cedovim, Sebadelhe, Muxagata, Horta, Almendra, Castello Melhor, Custoias, Murça e Santo Amaro, do concelho de Villa Nova de Fozcoa; de Longroiva, Meda e Poço do Canto, do concelho de Meda; de Casaes do Douro, Ervedosa, Nagozello, Pesqueira, Sarzedinho, Soutello, Valle de Figueira, Castanheiro do Sul, Espinhosa, Paredes da Beira, Trevões, Vallongo, Varzeas e Villarouco, do concelho de S. João de Pesqueira; de Adorigo, Tabuaço, Valença do Douro e Barcos, do concelho de Tabuaço; de Fontello, Armamar, Folgosa, Santo Adrião e Villa sêcca, do

concelho de Armamar; de Valdigem, Sande, Penajoia, Parada do Bispo, Cambres, Samodães e Lamego, do concelho de Lamego ; e de Barrô, do concelho de Resende, na margem esquerda do Rio Douro.

§ 1.º Podem ser incluidas na região dos vinhos generosos do Douro as propriedades situadas na região do vinho de pasto do Douro que se reconheça que devem gosar d'esse privilegio.

§ 2.º As inclusões na região do Douro, a que se refere o § 1.º, serão requeridas á commissão de viticultura d'essa região pelos respectivos viticultores que, aos seus requerimentos, poderão juntar quaesquer documentos comprovativos da qualidade do vinho produzido na sua propriedade. A commissão sómente resolverá depois de ouvido o technico que, para esse fim, fôr especialmente nomeado pelo Governo e de ter procedido a um exame completo de amostras authenticas d'esse vinho.

§ 3.º Das decisões da commissão de viticultura haverá recurso para o Governo, devendo sobre este ser consultada a commissão agricola-commercial dos vinhos do Douro. O recurso poderá ser interposto pelos interessados ou pelo funccionario do Estado.

Art. 3.º Só pode ser exposto á venda, vendido, armazenado, expedido ou exportado, como vinho do Porto, o que satisfizer ás condições indicadas no artigo 1.º e ás restantes disposições d'este regulamento.

Art. 4.º É expressamente prohibido exportar, pela barra do Douro e pelo porto de Leixões, quaesquer outros vinhos generosos que não sejam os do Porto, Madeira, Carcavellos e Moscatel de Setubal, podendo, porém, exportar-se os vinhos não generosos, com graduação alcoolica não inferior a 14 graus centesimaes, com as restricções prescriptas, quanto aos vinhos de pasto regionaes, pela carta de lei de 18 de setembro ultimo ou pelos respectivos regulamentos.

§ 1.º Compete á Alfandega do Porto fiscalisar o exacto cumprimento do disposto n'este artigo, devendo fazer se, para esse effeito, com respeito aos vinhos declarados não generosos, as necessarias verificações, no acto de embarque ou na occasião que fôr mais conveniente. Nas verificações indicadas n'este paragrapho poderá dispensar-se a extracção de quaesquer amostras ou a abertura das vasilhas quando os vinhos forem espumosos e engarrafados sempre que, pela marca ou designação indicada n'estas, não possa haver a menor confusão sobre a qualidade dos vinho que se pretende exportar.

§ 2.º É obrigatoria a declaração expressa nos despachos relativos aos vinhos não generosos, de que são de graduação alcoolica inferior a 14 graus centesimaes. Se as vasilhas a exportar contiverem vinhos que, no todo ou em parte, não confiram com as declarações feitas nos despachos respectivos, não será permittida a saida d'esses vinhos, considerando-se o facto como transgressão dos regulamentos fiscaes e não podendo a multa ser inferior a 50$000 rs.

§ 3.º Os vinhos da Madeira, de Carcavellos e o moscatel de Setubal somente poderão ser exportados pela barra do Douro e pelo porto de Leixões, quando for apresentado, na Alfandega do Porto, certificado de procedencia passado pelas respectivas alfandegas, nos termos que forem indicados nos regulamentos relativos a esses vinhos, salvo transitoriamente o disposto no artigo 53.º

Art. 5.º É prohibido exportar, com a marca Porto ou Douro, ou com designação em que se contenham esses nomes ou semelhantes, vinhos que não sejam da região indicada no artigo 2.º e seu § 1.º e exportados na conformidade d'este regulamento. Esta disposição não é extensiva á designação Douro, quando applicada a vinhos de pasto da região d'esse nome.

§ 1.º Para os vinhos de pasto poderá empregar-se a palavra «Porto» nas vasilhas ou rotulos quando esteja ligada ao nome ou marca registada dos exportadores e desde que os armazens d'estes sejam situados no Porto, Villa Nova de Gaya ou proximidades do Porto de Leixões.

§ 2.º O vinho encontrado em contravenção do disposto n'este artigo será apprehendido e o contraventor punido com a multa de 500 réis por cada litro do mesmo vinho, applicada nos termos do decreto n.º 2 de 27 de setembro de 1894 pelas autoridades fiscaes competentes.

CAPITULO II
EXPORTAÇÃO DO VINHO DO PORTO

Art. 6.º A exportação do vinho do Porto só é permittida aos exportadores já inscriptos e aos que se inscrevam no registo especial, existente na 1.ª Repartição da Alfandega do Porto.

§ 1.º Uma commissão composta pelo director da alfandega respectiva, que servirá de presidente, e por dois funccionarios, um delegado da Administração Geral das Alfandegas e outro do Conselho do Fomento Commercial de Productos Agricolas, e que será denominada Commissão Inspectora da Exportação de Vinhos do Porto, superintenderá na organisação do registo dos exportadores.

§ 2.º No impedimento do director da alfandega, servirá de presidente da commissão o sub-director, e os outros dois vogaes serão substituidos nos seus impedimentos por funccionarios respectivamente escolhidos pela Administra-

ção Geral das Alfandegas e pelo Conselho do Fomento Commercial de Productos Agricolas.

Art. 7.º Podem ser inscriptos no registo a que se refere o artigo 6.º:

1.º Os productores de vinhos generosos da região do Douro;

2.º Os commerciantes que adquirirem esses vinhos.

§ unico. Para qualquer individuo ser considerado como productor de vinho generoso será necessario que prove, por certidão passada pela Repartição de Fazenda de um concelho da região do Douro, que está collectado por producção viticola na região demarcada, ou que apresente certificado da commissão de viticultura d'essa região, mostrando que fez a declaração da quantidade de vinho produzido, nos termos do n.º 4.º do artigo 23.º Para os effeitos d'este artigo será considerado commerciante qualquer entidade que prove ter adquirido vinho do Porto a outrem já inscripto no registo, e que lhe tenha cedido o direito á exportação d'esse vinho, nos termos do artigo 18.º, ou ainda que mostre ter apresentado, á verificação por entrada, nas estações aduaneiras a que se refere o artigo 14.º e nos termos d'esse regulamento, vinho adquirido na região do Douro.

Art. 8.º A inscripção no registo dos exportadores será feita em qualquer epoca do anno, devendo, para isso, as entidades que desejarem ser inscriptas requerêl-o á commissão a que se refere o § 1.º do artigo 6.º, mostrando que satisfazem ás condições indicadas no artigo 7.º

§ 1.º Será, annualmente, publicada, no Diario do Governo, até 15 de janeiro, a lista dos exportadores inscriptos, sendo, sobre essa lista, permittidas reclamações ás entidades que na mesma inscripção tiverem direito a ser incluidas.

§ 2.º O prazo das reclamações será de trinta dias, sendo essas reclamações julgadas pela commissão Inspectora da Exportação do Vinho do Porto, havendo recurso para o Conselho da Administração Geral das Alfandegas, que será informado pela commissão Directora do Gremio dos Exportadores a que se refere o artigo 34.º, ou, se este se não constituir, pela commissão-agricola-commercial dos vinhos do Douro.

§ 3.º O registo só se tornará definitivo depois de decididas as reclamações.

§ 4.º Serão eliminadas do registo as entidades que, no fim de qualquer anno, não tiverem vinho do Porto em deposito, se durante esse anno, não houverem exportado qualquer quantidade do mesmo vinho.

Art. 9.º Continuarão inscriptas, no registo a que se refere o artigo 6.º, sem que precisem de requerêl-o, todas

as entidades que actualmente são consideradas exportadoras de vinho do Porto, ficando auctorisadas a exportar as quantidades de vinho generoso que constituam os saldos das respectivas contas correntes.

Art. 10.º A exportação do vinho do Porto só será permittida pela barra do Douro e pelo porto de Leixões, podendo o ser, com certificado de procedencia, por qualquer outra barra ou porto do paiz, ou ainda pelas competentes estações aduaneiras terrestres habilitadas a fazer as expedições para Hespanha.

§ 1.º Os certificados sómente serão passados aos exportadores inscriptos no respectivo registo, deduzindo-se, nas contas a que allude o artigo 15.º, as quantidades exportadas.

§ 2.º Os certificados de procedencia, que serão de caderneta e do modelo junto n.º 1, somente serão passados depois de verificadas, por sahida, as respectivas remessas nas estações de caminho de ferro ou nos postos da alfandega a que o artigo 14.º se refere, na delegação de Leixões, ou nas estações aduaneiras a que allude o artigo 22.º nos casos indicados n'esse artigo.

§ 3.º Os certificados, que serão entregues aos expedidores, terão tres talões e um talonete. O terceiro talão, com o talonete, deverá ser enviado officialmente á alfandega ou estação aduaneira de destino, que devolverá, á 1.ª Repartição da Alfandega do Porto, o talonete, depois de effectuada a exportação. O segundo talão será tambem enviado a esta repartição pela delegação ou posto que tiver passado o certificado, acompanhado do competente requerimento, deferido pela 1.ª Repartição da alfandega, e o primeiro ficará na respectiva caderneta.

§ 4.º Os certificados de procedencia serão requeridos á direcção da Alfandega do Porto, que só deferirá depois da 1.ª Repartição informar que o requerente deve ter em deposito quantidade equivalente áquella a que terão de se referir os mesmos certificados. Serão dispensadas da apresentação do requerimento as entidades que exportarem vinho do Porto, nos termos do § 1.º do artigo 17.º

§ 5.º A alfandega ou delegação aduaneira por onde se fizer a exportação do vinho deverá verificar, ao levantar a remessa ou no acto de embarque, se a mesma remessa confere com o respectivo certificado, e exercer a necessaria vigilancia para que não haja alteração n'esta, até chegar ao navio em que tiver de ser embarcada ou até o seguimento da remessa para Hespanha pelo caminho de ferro.

(Continúa).

5.º ANNO. — N.º 165　　　A Gazeta publica-se nos dias 10, 20 e 30 de cada mez　　　DEZEMBRO—1908

GAZETA DOS LAVRADORES

ORGÃO DE PROPAGANDA E DEFEZA DOS INTERESSES DA AGRICULTURA NACIONAL

m a collaboração de muitos agricultores, agronomos, medicos veterinarios, horticultores, viticultores e regentes agricolas

DIRECTOR e PROPRIETARIO: *JOSÉ ERNESTO DIAS DA SILVA*

Medico veterinario — Antigo professor da Escola de Agricultura da Real Casa Pia de Lisboa

Assignaturas
(pagamento adeantado)

Um anno................ .... 1600 réis
Um semestre................. 800 »
Numero avulso.............. 50 »

As assignaturas começam sempre no principio de cada mez.
Toda a correspondencia deve ser dirigida ao director do jornal.
Os originaes recebidos quer ou não publicados não se restituem.
COMPOSIÇÃO na séde da Gazeta. — IMPRESSÃO — Imprensa
Africana — Rua de S. Julião, n.º 58 e 60

Annuncios
(TYPO CORPO 8)

Por uma só inserção........................ 40 réis cada linha
Repetição até 6 publicações................ 30　»　»　»
Annuncios permanentes, folhas soltas, réclames e annuncio
intercalados no texto—contracto especial.
Os srs. assignantes gosam do abatimento de 20 °/₀.
A administração acceita correspondentes em todas as terras do pair

Redacção e Administração, C. de Santo André, 100, 1.º

EDITOR—Dias da Silva

A redacção e administração

*desejam aos seus collaboradores
tores, assignantes e annunciantes
izes festas, e um novo anno cheio
prosperidades.*

SUMMARIO

Agricultura geral. —Importação de adu-
s falsificados.—A formação dos nitratos nos
renos araveis.
Arboricultura. — Córte das arvores des-
adas á industria.—A plantação das ma-
iras.
Industrias agricolas.—Aproveitamento
lustrial da laranja e dos seus despojos.
Vinificação.—Conselhos praticos.—Resi-
os da vinificação.
Legislação agricola.—Regulamento pa-
o commercio de vinhos do Porto

Agricultura geral

importação de adubos hespanhoes falsificados; acautelem-se os que ainda os tiverem

Constou em tempo que entrava
a Portugal por Villar Formoso,
ande quantidade de adubo de
oveniencia hespanhola e mais
rde que esses adubos vinham
candalosamente falsificados.

A Fiscalisação dos Adubos to-
ou conhecimento do caso e por
ermedio dos seus agentes man-
u tirar amostras em differentes
alidades nos devidos termos le-
es.

Mais tarde soube-se que as analyses officiaes confirmavam a fraude e que aos delegados de differentes comarcas foram enviadas
as devidas participações.

Hoje é um facto averiguado e
confirmado em audiencia publica
realisada em 2 do mez de novembro d'este anno, no Tribunal da
Comarca da Figueira da Foz, que
tudo quanto se suspeitava e se dizia era pouco em comparação da
verdade dos factos.

E' publica a sentença que re-
produzimos para ellucidação do
publico em geral e dos lavradores
em particular:

Sentença: —«Pela discussão e pelo
mais que dos autos consta e em vista
dos documentos agora juntos aos mesmos autos, não pode a meu vêr, ter-se
como provado que, o reu Isaac Gonzales Curto, tambem conhecido por Isaac
Gonzales, casado, agenciario, de Le-
desma, Provincia de Salamanca, Reino
de Hespanha, falsificasse os adubos chimicos que tinha exposto á venda e ven-
dia n'esta cidade e cuja falsificação devidamente constatada serve de base ao
presente processo, pois sendo simples
agente e concessionario da venda dos
ditos adubos por conta do fabricante
Lizardo Sanches residente em Doñinos
de Salamanca é antes, pela defeza produzida, de presumir, que o mesmo reu
nem sequer tinha conhecimento da falsificação dos mesmos adubos e assim
só o referido fabricante e fornecedor
d'estes é por ella responsavel. N'estes
termos julgo improcedente e não pro-
vada a accusação contra o dito réu, a
quem absolvo de toda a pena e mando
vá em paz do Juizo, sem custas. Tendo, porém, em consideração o que fica
ponderado e o disposto no artigo trinta
e um do Regulamento de vinte e dois
de julho de mil novecentos e dois mando que os actos continuem com vista
ao Ministerio Publico para os devidos
effeitos.

Figueira da Foz, dois de novembro
de mil novecentos e oito—José Diniz
da Fonseca—É o que contém a dita
sentença a que me reporto—Figueira
da Foz, seis de Novembro de mil novecentos e oito. E eu Antonio Augusto
d'Andrade Barbosa, escrivão, a escrevi
e assigno António Augusto d'Andrade
Barbosa.»

O artigo 31 do regulamento de
22 de julho a que se refere a sentença supra determina que o processo seguirá contra quem pela
discussão se mostrar que é culpa-
do na alteração ou falsificação etc.

Entretanto, ao que se diz, mais
de 500 toneladas de adubos hespanhoes falsificados entraram em
Portugal com guias de alfandega
de Villar Formoso e se encontram
espalhados por differentes
localidades, mais ou menos ás cla-
ras ou ás occultas esperando a
melhor opportunidade para, a coberto da fiscalisação, entrarem no
consumo.

Urge que o governo adopte providencias urgentes que evitem o
ser posta em circulação esta nova
moeda falsa.

Pelas alfandegas portuguezas
não podem continuar a passar impunemente com o titulo de adubos
toda a porcaria com que hespanhoes pouco escrupulosos se lem-
brem de presentear a lavoura portugueza com o engodo de grandes

abatimentos e largos prasos.

A' Fiscalisação do Governo cumpre evitar que os *adubos falsificados* sejam vendidos aos lavradores, como verdadeiros, logro para elles, descredito para as adubações na devida ordem e prejuizo para o commercio honrado e licito.

Os *adubos hespanhoes* falsificados que existem em differentes localidades da Beira, Bairrada e immediações não podem nem devem por modo algum serem objecto de quaesquer transacções; os que não foram já apprehendidos urge que o sejam para nos termos da lei serem beneficiados com as percentagens d'elementos nobres que lhes escasseiam ou no caso dos possuidores não se quererem sujeitar a isso serem legalmente inutilisados.

Depois de publica sentença declarar falsificada uma determinada mercadoria, esta é que não póde continuar a ser impunemente vendida.

Quem tiver adubos hespanhoes e os não beneficie ou inutilise nos termos da lei, não póde, continuando a conserval-os em deposito ou a vendel-os alegar boa fé e por isso estão sujeitos, uma vez que as auctoridades cumpram simplesmente o seu dever, a serem réus d'um processo correccional e a irem parar com os ossos á cadeia.

Previnam-se pois emquanto fôr tempo os que ainda tiverem adubos hespanhoes.

Prova isto, mais uma vez, que os revendedores da provincia, devem ter todo o cuidado nos adubos que revendem, não acceitando adubos que não sejam de casas de reconhecida honestidade.

A formação dos nitratos nos terrenos araveis

Se a natureza é parca das suas reservas accumuladas durante seculos, póde o homem até certo ponto forçal-a a abandonal-as a pouco e pouco ás plantas, graças a uma serie de estratagemas que nos foram ensinados pela longa observação de nossos avós ou pelas investigações dos nossos chimicos que passam a vida á descobrir, um por um, cs segredos e os mysterios da vegetação. Tão fortes são a pratica e a sciencia quando alliadas entre si, como fracas quando procedem isoladamente. Juntas, caminham lenta mas seguramente para o progresso, como o cego e o paralytico da fabula seguiam ao mesmo fim. Que cada uma d'ellas preste o seu auxilio, e em pouco tempo saberemos attribuir á verdadeira causa tantos factos inexplicados ou mal interpretados até hoje.

Tão importante é a parte que o azote desempenha na vegetação que a sua origem ou formação nas plantas tem, desde longos tempos, attrahido a attenção dos agronomos. Suppoz-se primeiramente que a materia azotada contida no solo e que produz o humus, era directamente assimilada pelas plantas, resultando necessariamente d'ahi que, quanto mais rica em humus fosse uma terra, mais fertil ella seria. Todavia Izidoro Pierre, Liebig, Lawes e Gilbert Dehérain mostraram não ser raro que um terreno contenha 15 a 20:000 kilog por hectare, etc., ou 200 vezes mais do que lhe tira uma colheita ordinaria, sem que tamanha quantidade seja tão sensivel ás plantas como uma pequena dose de adubo complementar, addicionada sob a forma de nitrato.

Na opinião de Boussaingault, entre as materias azotadas contidas no solo ha apenas os nitratos e os saes ammoniacaes como assimilaveis, parecendo ainda que estes devem ser transformados em nitratos antes de aproveitados pelas plantas.

Explicado está o phenomeno por que uma parte da materia azotada do solo se transforma em nitrato sob a influencia de um fermento particular, tal qual como o assucar dos mostos da uva se transforma em alcool pela influencia do fermento alcoolico. O fermento nitrico, como todos os outros fermentos, permanece inerte n'um solo em que não encontra as condições necessarias á sua acção. Muitas vezes se tem insistido sobre o facto de o fermento nitrico não operar nas terras acidas, como são as muito ricas em humus dos pantanos seccos, de surribas etc., e assim se explica eomo ellas se tornam tão productivas depois de cultivadas e tratadas pela cal que lhes tira a acidez.

Qualquer, porém, que seja a natureza do sólo, chega um momento em que a nitrificação parece estacionar.

M. Dehérain, nos seus ultimos trabalhos publicados nos *annaes agronomicos*, confirma as experiencias de Schlœsing mostrando que a nitrificação é tanto mais activa quánto mais pulverisado está o sólo; essas experiencias evidenciam claramente que a nitrificação prosegue n'um solo em que estava suspensa, comtanto que elle seja lavrado, passado com a grade e rôlo, n'uma palavra, que fique pulverisado o mais finamente possivel.

O mesmo auctor demonstrou tambem que as regas são muito favoraveis á nitrificação das materias azotadas. Portanto, a agua não actúa unicamente tornando mais assimilaveis pelas plantas os saes soluveis, mas criando por assim dizer, e pondo á sua disposição, nitratos que não existiam. Não é por isso de admirar que a vegetação herbacea augmente muito nos terrenos regados.

M. Dehérain acaba tambem de mostrar que a actividade da nitrificação augmenta com a temperatura, comtanto que a materia azotada esteja em condições normaes de nitrificação. Eis mais uma vez justificado o uso tão recommendado das lavras de verão, como agentes appropriados não só á destruição das hervas ruins, como tambem a augmentar a fertilidade dos alqueives.

Seria muito interessante saber se a nitrificação póde ser favorecida ou suspensa pela acção de certos adubos chimicos. Fazem-se experiencias sobre este ponto, e os ensaios já tentados em Grignon, dão-nos conta da influencia do sal marinho, tão preconisado por uns e tão condemnado por outros. Essas experiencias estabelecem que na dóse de 1 millésimo, etc., de 1 gramma por kilog. de terra elle não exerce acção nociva, parecendo até que a nitrificação se mostra mais forte durante algumas semanas depois da applicação do sal, na dóse de 0 gr. 250 por 100 grammas, etc., de 2 millésimos 1/2, a sua influencia começa a fazer-se sentir desfavoravelmente ao cabo de pouco tempo. Finalmente na dóse de 5 millésimos, a nitrificação deixa de produzir-se. A' acção prejudicial do chlorureto muito abundante junta-se a penuria dos nitratos que não podem formar-se.

Em resumo:

1.º Ha na maior parte dos sólos araveis uma enorme reserva de azote, que, para ser utilisado pelas plantas, tem de passar ao estado de nitratos sob a influencia do fermento que produz a nitrificação;

2.º Este fermento fica quasi inerte nos terrenos acidos e a sua acção começa logo que estes recebem uma dóse de cal sufficiente para destruir-lhes a sua acidez;

3.º A nitrificação que havia estacionado prosegue n'um terreno cultivado com tanta mais força quanto mais finamente estiver pelos meios culturaes;

4.º E' activada pelas regas;

5.º Augmenta com a temperatura sempre que o estado do sólo fôr favoravel ao desenvolvimento do fermento que a produz. As lavras do estio são-lhe muito uteis;

6.º Finalmente pode ser activa ou suspensa pela acção de certos adubos chimicos empregados mais ou menos em dóses fortes. O sal marinho ou chlorureto de sodio em particular, applicado na dóse de 1 gramma por kilog. de terra, parece durante algum tempo mais favoravel do que prejudicial, mas na dóse de 5 grammas apenas faz estacionar completamente a formação dos nitratos.

A. Faria.

Arboricultura

Córte das arvores destinadas á industria

A época em que se derribam as arvores cuja madeira se destina á construcção de edificios, e applicações industriaes, exerce grande influencia sobre a tenacidade, resistencia e porosidade das fibras lenhosas e, portanto, sobre a sua duração.

Alguns lavradores attribuem á phase da lua em que se faz o córte uma grande influencia sobre as propriedades da madeira; nem a observação nem a experiencia tem confirmado esta opinião.

Em França procedeu-se, ha pouco tempo, a uma serie de experiencias sobre este ponto, convindo tornal-as conhecidas para servirem de guia na escolha da época em que devem abater-se as arvores destinadas á industria.

Para determinar as variações que essa época póde ter na resistencia da madeira á flexão, escolheram-se quatro pinheiros da mesma edade, sãos, e que se haviam desenvolvido em eguaes condições e em egual terreno, cortando-os successivamente, o primeiro em fins de dezembro, o segundo em fins de janeiro, o terceiro em fevereiro, e o quarto em março. As quatro arvores foram trabalhadas do mesmo modo, formando quatro vigas de egual comprimento, e secção transversal, e pozeram-se a seccar em circumstancias identicas. Collocaram-se depois sobre esteios e foram carregadas com pezos na sua parte central.

Representando a resistencia da primeira viga, que era a maior, por 100, a segunda resistiu 88, a terceira 80 e a quarta 62.

De modo que a resistencia maxima correspondeu á arvore abatida em dezembro, e foi diminuindo na proporção que se adeantava a época do córte.

Obtiveram-se os mesmos resultados com respeito á duração e solidez de estacas formadas com a madeira de arvores cortadas nos mesmos mezes. As primeiras conservaram-se perfeitamente durante dezeseis annos, e as segundas quebraram ao menor esforço tres ou quatro annos depois de mettidas na terra. Foram todas cravadas no mesmo terreno e em egualdade de condições.

Em outra serie de experiencias, as estacas provenientes de arvores cortadas em fins de março apodreceram ao cabo de oito annos, emquanto que, as correspondentes aos córtes de dezembro estavam perfeitas ainda dezeseis annos depois.

Para experimentar a influencia que a estação do corte exerce sobre a tenacidade e porosidade, escolheram-se quatro azinheiras o mais semelhantes possivel, e em identidade de condições. Os quatro troncos foram cortados respectivamente em fins de dezembro, janeiro, fevereiro e março. Na mesma altura de cada uma d'essas arvores cortou-se um disco de egual espessura, e com elles se formaram fundos de vasilhas, de feitio e dimensões identicas, cujo contorno era feito por laminas de ferro fundido; essas vasilhas foram cheias de agua.

Pelo fundo da madeira cortada em dezembro não filtrou agua alguma, mostrando-se todos os outros fundos mais ou menos permeaveis. O disco correspondente ao mez de janeiro deixou passar a agua depois de quarenta e oito horas, o de fevereiro ao segundo dia, e pelo disco cortado em março passou o liquido duas horas depois.

Portanto, sobre este ponto os resultados foram concordes com os que se havia obtido quanto á resistencia e duração.

Para confirmar as ultimas experiencias cortaram-se, em dezembro e janeiro, duas azinheiras que se achavam nas mesmas condições etc., e com ellas se fizeram aduelas para vasilhas da capacidade de dois a tres hectolitros que foram cheias de vinho na mesma occasião. As primeiras vasilhas (as feitas de madeira cortada em dezembro) perderam n'um anno quatorze centilitros, dando as outras uma differença de sete litros e dois decilitros.

As experiencias anteriores devem julgar-se concludentes por concordarem perfeitamente nos seus resultados, mostrando que a madeira de arvores cortadas em dezembro tem mais solidez, duração e tenacidade do que a madeira de arvores abatidas mais tarde, podendo d'aqui inferir-se que as qualidades da madeira diminuem progressivamente desde de dezembro até março, o que talvez se explique pela cessão das funcções vitaes que durante o inverno se dá nas plantas dos climas frios.

A plantação das macieiras

M. J. Nanot recommenda a profundidade de 1^m,0 a 1^m,20 para a escavação dos terrenos de subsolo impermeavel, em que se pretenda plantar macieiras altas.

Plantando-as em covas muito pequenas, cujas paredes lateraes ou inferiores sejam impermeaveis, as raizes crescem muito lentamente e entrelaçam-se como as de uma flor plantada n'um vaso demasiado pequeno; é por isso que todos os arboricultores estão de accordo em affirmar que, quanto mais impermeavel é o subsolo, mais necessario se torna revolvel-o em grande extenção e a muita profundidade.

Se nos limitarmos a fazer pequenas escavações, as paredes lateraes e o fundo impermeavel reterão no ponto de contacto das raizes um excesso de humidade que ha-de originar a decomposição dos tecidos, e os ventos derrubam as arvores cujos orgãos subterraneos pouco tenham profundado no solo.

Um facto em apoio d'esta opinião é o que se deu, ha já alguns annos, nos jardins do Ring, em Vienna d'Austria; todos os ailantos morreram por causa da podridão das raizes e da parte inferior dos troncos. Essa decomposição era devida, segundo as observa-

ções de arboricultor celebre, ao excesso de agua retida, nas proximidades das raizes, pelas paredes impermeaveis das covas estreitas e pouco fundas.

O revolvimento do subsolo impermeavel não só é necessario para permittir que o excesso de agua circule e penetre nas camadas profundas, mas torna-se até indispensavel para conseguir uma vegetação luxuriante; e na verdade as raizes estendem-se tanto mais facilmente puanto mais revolvido se achar o subsolo, e todos sabem que o desenvolvimento dos orgãos foliaceos é proporcional ao dos orgãos subterraneos.

Para plantar macieiras n'um solo pouco profundo, assente n'um subsolo impermeavel, em que a agua possa accumular-se em excesso, não basta revolver a camada da superficie e abacellar um pouco a planta; é necessario, ao contrario, escavar muito fundo e dispor uma camada de pedragulho no fundo da cova para estabelecer uma especie de drenagem. As raizes que se houverem enterrado a 1^m,20 não subirão e podem dispor de uma grande massa de terra que lhes proporcione vigoroso desenvolvimento. Na plantação deve ficar o collo ao nivel do terreno e não soterral-o, a 0^m,10 ou a 0^m,20, costume tão commum como prejudicial.

Nos terrenos muito humidos e pantanosos entendemos que não deve cavar-se de fórma alguma, e que convem plantar e abacellar fortemente com terra trazida de outra parte, até 0^m,40 de altura sobre o solo e 1^m,50 a 2^m,0 de diametro na base.

Quando o terreno está coberto de relva no sitio onde a arvore tem de ser plantada, traçam-se duas circumferencias concentricas: o diametro de maior varia entre 1^m,50 e 2^m,0, e o da mais pequena deve corresponder a metade d'aquelle. Com uma pá corta-se a relva segundo a circumferencia interior e as linhas.

As placas da coroa ficam dobradas lançando a principal raiz sobre um eixo imaginario forma-

do pela circumferencia exterior. O solo levantado pela cava é coberto de boa terra, tirada das proximidades, sendo sufficientes para isso oito ou dez pequenas carradas, e é n'essa terra que se planta a arvore. Os torrões e as hervas levantam-se e apoiam-se contra a parte abacellada, para que a consolidem; nos intervallos applica-se relva.

Plantando uma macieira por abacellamento ou em terreno commum, é necessario fazer o revestimento da raiz, isto é, cortar á fouce a extremidade de algumas raizes grossas quebradas ou offendidas.

Supprimindo a extremidade das raizes grandes, obsta-se ao seu crescimento, e d'ahi resulta desenvolver-se grande numero de radiculas que augmentam o poder absorvente.

A suppressão das partes quebradas ou offendidas tem por fim substituir as feridas por secções perfeitamente sãs que cicatrisam rapidamente.

Industrias agricolas

Aproveitamento industrial da laranja e dos seus despojos

A technologia agricola, como diz o eminente professor italiano E. Mingioli, é a synthese dos estudos e dos trabalhos agricolas.

Investiga e reune em volta de si, como materias primas, os productos fornecidos pelo solo, pelas plantas e animaes, devidos aos esforços e cuidados do agricultor e do creador de gado, que procuram o modo de obtel-os nas melhores condições.

A technologia agricola modifica e transforma esses productos a fim de dispol-os convenientemente para o uso ou melhor destino possivel.

A agronomia, a agricultura, a zootechnia, a botanica e a chimica agricola fornecem principios para a direcção mais racional dos trabalhos agricolas com o fim de obter os mais aperfeiçoados productos. A technologia, guiada pela chimica, póde conservar, transformar e utilisar esses productos da economia.

As alterações e transformações que os productos agricolas experimentam são devidas á chimica, que explica a razão dos factos observados, podendo, ao mesmo tempo, verificar os meios necessarios para que não se verifiquem alterações nas materias primas.

A technologia agricola resume as noções em que se funda a chimica e applica-as opportunamente. A *technologia agraria é*, portanto, *a sciencia que emana directamente da chimica e occupa-se de preservar e utilisar os productos que a agricultura obtem do solo e dos animaes domesticos.*

Considerada a technologia agraria sob este aspecto, torna-se a sciencia agricola mais importante entre os estudos ruraes, visto ser aquella que se propõe resumir e ensinar os ultimos segredos ao lavrador, ao creador de gados e ao industrial campestre, e indicar-lhes a maneira de aproveitar o que obtiveram do solo e do estabulo com tantas fadigas, perseverança e sacrificios durante os seus trabalhos.

No estudo da technologia agricola, os productos obtidos do solo e dos animaes podem classificar-se, segundo o sr. Mingioli, nas seguintes cathegorias que constituem os principaes pontos da sciencia que investiga:

Parte 1.ª Fructos, gemmas e flôres.
»   2.ª Succos extractivos.
»   3.ª Succos fermentados.
»   4.ª Sementes, folhas e raizes.
»   5.ª Tronco, casca e fibra vegetal.
»   6.ª Residuos dos productos vegetaes e seu aproveitamento.
»   7.ª Productos dos animaes.
»   8.ª Residuos dos productos animaes e seu aproveitamento.
»   9.ª Substancias mineraes que se empregam na agricultura.

Exposto o programma, segundo o qual pode desenvolver-se este ramo da sciencia agricola, vamos tratar dos pontos que se referem á generalidade, começando pelos productos da laranjeira.

Fabrico do vinho de laranja.— Com quanto o vinho de laranjas seja fabricado desde muito tempo, mas em pequena escala, na Andaluzia, Valencia e nas Ilhas Baleares, vinho que póde ser hoje um valioso recurso para os lavradores ante a concorrencia de Italia, Grecia, Egypto, Argelia, Florida, California e Açôres, relativamente ás laranjas frescas comestiveis, vamos recopilar os melhores escriptos modernamente publicados sobre este importante assumpto.

Começaremos pelos trabalhos do professor Mauro Turrisi, publicados no jornal *L'Italia Agricola.*

Antes, porém, de entrar no assumpto julgamos interessante expor alguns estudos do professor L. Moschini, de Reggio na Calabria, que podem ser uteis áquelles que tentem novas experiencias.

Na laranja, diz este professor, encontra-se a essencia que reside na casca, e na parte interior do fructo encontra-se o succo que contém o assucar e o acido citrico.

E' natural que o sumo da laranja tenha mais ou menos assucar e acidos, conforme o grau de maturação que haja attingido. De 200 laranjas espremidas, e com o peso total de 23,800 kilog., obteve-se 3,050 de casca, e d'esta 84 grammas de essencia por meio de distillação. Os fructos descascados, que pesavam 18,750 kilog., foram espremidos sem grande pressão, dando 9 1/2 litros de sumo e 9,200 kilog. de polpa, como residuo, incluindo as sementes.

Um litro de sumo deu:

Assucar...... 80,10 grammas
Acido....... 16,26   »

Fez-se arejar bem o sumo e poz-se a fermentar n'um ambiente cuja temperatura se elevou de 24 a 26 graus centigrados.

A fermentação durou só quatro dias e, depois d'isto, lançando o liquido n'um pequeno alambique Salleron, deu 4,30 de alcool em volume, ou 4,30 litros por hectolitro de sumo fermentado.

D'estes dados resulta um facto muito interessante que poderá servir de norma para estudos posteriores, comtanto que o vinho obtido pelo professor Mochini, só pela fermentação do succo da laranja, contenha 4,30 por 100 de alcool. Esta bebida, porém, não pode considerar-se verdadeiramente alcoolica, nem garantir-se-lhe a duração, porque a propria cidra do norte não se conserva melhor, salvo contendo 9 por 100 de espirito, e os vinhos mais fracos da zona mais alta não devem conter menos de 10 a 12 por 100 para serem apreciados.

Não póde inferir-se regularmente d'esta observação que ao succo da laranja pura seja necessario addicionar antes da fermentação uma dóse determinada de assucar com o fim de augmentar ao vinho a sua propria força alcoolica.

Prepara-se o xarope de assucar com 65 litros de agua e 18 kilog. de assucar. Reduz se o assucar a metade, ou 28 kilog. de assucar para 100 litros de agua. Faz-se depois uma decocção de casca de laranja. Os 65 litros de agua e os 18 kilogrammas de assucar reduzem-se pela ebullição á metade do liquido.

Descascam-se as laranjas e estrahe-se-lhes o succo pela pressão n'uma prensa, misturando 65 litros de succo com o xarope de assucar e a decocção da casca, e lançando tudo n'uma pipa bem acondicionada e posta n'um ambiente da temperatura constante, quanto possivel, de 18 a 19,50° centigrados.

A pipa deve-se conservar descoberta durante seis semanas, mas tapa-se antes quando ha a certeza de haver terminado a fermentação tumultuosa.

Dois mezes depois, trasfega-se o liquido, decantando-o, para separar as materias albuminosas que se precipitam em fórma de borra, assim succede com o mosto de uvas fermentadas.

Decorridos alguns dias, póde beber-se como vinho já feito. Querendo conserval-o por muito tempo convirá trasfegal-o segunda vez, dois mezes depois do primeiro trasfego.

Para fabricar-se este vinho deve pôr-se de parte a fructa que não estiver sã, evitando assim que lhe dê mau gosto; todos os productores de vinho e de cidra sabem que, quanto maior é a pipa e a quantidade de mosto que fermenta junto, mais abundante é o producto e melhor se conserva.

Adoptando as noções incompletas dos periodicos hespanhoes sobre o meio de fabricar este vinho, preparou o sr. Turrisi o xarope, dissolvendo 28 kilógrammas de assucar em 100 litros de agua e, expondo este liquido á ebulição, reduziu-o a 50 litros,

Em seguida, preparou a decocção fazendo ferver em 100 litros de agua 28 kilógrammas de cosca até reduzir o liquido a metade. Depois sujeitou á prensa a laranja descascada que julgou necessaria para obter 100 litros de sumo.

Depois de tudo reunido é bem misturado, lançou-o n'uma pipa de capacidade pouco inferior a 200 litros, deixando o vacuo necessario para o augmento de volume que o liquido adquire durante a fermentação, e ficando a pipa n'um sitio com a temperatura regular de 18 a 19,50 graus centigrados.

A fermentação tumultuosa durou uns 15 dias; dois mezes depois trasfegou-se pela primeira vez, encontrando-se-lhe borra em quantidade superior áquella que o mosto da uva costuma depositar. Dois mezes depois do primeiro trasfego, verificou-se o segundo e, provando-se o vinho d'ahi a um mez, encontrou-se completamente feito. Submettida esta bebida alcoolica á distillação no pequeno alambique de Salleron, accusou 13,5 de alcool em volume ou 13,5 litros por 100. Este vinho conservou todavia muita acidez e um gosto amargo sensivel que fazia lembrar o aroma da laranja, mas livre de outro qualquer.

Esse excesso de acidez procurou Turrisi tirar-lh'o por meio do pó de marmore, mas, apesar de praticar duas vezes essa opera-

ção, não conseguiu tirar-lhe completamente o acido. O vinho conservou uma côr clara de *palha;* era uma bebida confortante mas não inteiramente grata ao paladar.

O sr. Turrisi fez ainda uma segunda experiencia pelo mesmo systema, substituindo, porém, o xarope de assucar por egual quantidade de mosto cosido (uns cincoenta litros). Submettido ao alambique, o vinho obtido por este processo deu 14,4 por 100 de alcool ou 1 por 100 mais que o fabricado com o xarope de assucar; era menos acido e mais amargo e, como o primeiro, apresentava um certo aroma da laranja ou uma certa essencia agradavel que se requer como qualidade essencial nas bebidas fermentadas. Era de uma côr vermelho claro, e melhor que o primeiro. Ficou mais caro porque o mosto cosido e reduzido a um terço do seu volume, por meio da ebullição, foi de preço mais elevado n'aquelle anno.

Procedeu ainda a uma terceira experiencia applicando o mel em vez do assucar, e na mesma proporção; o resultado não foi feliz porque o vinho ficou tão acido como o primeiro; no alambique Salleron deu 13,7 por 100 de alcool e apresentou uma côr mais accentuada de *palha* do que o primeiro, mostrando-se a bebida confortante mas amarga e insipida.

O sr. Turrisi não ficou satisfeito com os primeiros ensaios e convenceu-se, como muitas pessoas competentes, de que os jornaes hespanhoes não quizeram ou não pudera revelar o *verdadeiro segredo* da fabricação do vinho de laranja em Hespanha, ou que, como succede na infancia de qualquer industria, ha ainda necessidade de estudar e experimentar porque, ordinariamente, aquelle que faz uma descoberta tem interesse em não a revelar. Proseguindo n'estes estudos homens mais competentes do que elle, diz o sr. Turrisi, conseguirão determinar o systema de fabrico do vinho de laranja, que constituirá para a classe pobre uma bebida alcoolica hy-

gienica e barata, que deverá se elaborada pelos proprietarios d grandes laranjaes, com os fructo que ficam actualmente sem valo e com aquelles que cáem por ef feito do vento, sendo essa bebid misturada com uma terça ou quar ta parte de vinho, muito apropris da para os trabalhadores ruraes

(Continúa)

A. Faria.

Vinicultura

CONSELHOS PRATICOS

Os vinhos engarrafados ganha um deposito ou sedimento, ma ou menos consideravel, conform é maior ou menor a vinosidad Esse sedimento não prejudica qualidade do vinho sempre qu haja o cuidado de abrir a garraf com um saca-rolhas de parafus inclinando-a sobre o mesmo lad em que se encontrava na adega, sem a agitar.

Depois de desarrolhada, con serva-se a garrafa inclinada sob o mesmo flanco e contra a luz, assim se decanta para uma garr fa completamente limpa, até qu o sedimento, que fórma uma pa te negra na parede da garrafa, e teja proxima do gargalo.

Deve então suspender-se a d cantação, porque o sedimento c pé misturado com vinho lhe ro ba o aroma e lhes transmitte m sabor.

Póde tambem deixar-se a ga rafa de pé durante vinte e quat horas, desarrolhal-a depois n'es posição, o que é mais facil, e é seguida decantar o liquido.

A decantação deve ser fei sempre com toda a cautela, po que o vinho novo perde todo valor quando é bebido turvo. garrafas nunca devem ficar d tapadas.

*

Deve haver sempre o cuida de lavar uma pipa logo que d' la se retira o vinho; essa limpe é facil então, e trabalhosa quan a borra se tem solidificado e da origem, á formação de bolôres que se incrustam nas fendas e póros la madeira.

N'estes casos:

Lava-se a pipa com agua fria;

Depois esfregam-se as paredes d'ella com uma vassoura para desprender a borra já sècca;

Enxagua-se em seguida.

Lançam-se depois na pipa 30 grammas por hectolitro de chlorureto de cal dissolvido n'um litro le agua fria;

Depois dois litros de agua em que se tenha lançado gotta a gotta trinta grammas de acido sulfurico.

Tapa-se hermeticamente a pipa e agita-se fortemente.

O chlorureto atacado pelo acido sulfurico desenvolve o chloro que destroe completamente o booror.

Decorridas seis horas, destapa-se a vasilha com toda a precaução;

Enxagua-se em muitas aguas, e deixa-se seccar.

Antes de envasilhar o vinho é conveniente lançar na pipa meio litro de alcool ou aguardente, e agital-a bem para que as paredes fiquem impregnadas.

A limpeza das pipas pode fazer-se tambem por meio de uma solução de acido sulfurico, mas uma pequena addição de chlorureto é de effeito mais energico.

M. J.

Residuos da vinificação

Continuado da pag. 191.

Cremor-tartaro.—Nas explorações agricolas de alguma importancia devem aproveitar-se os residuos da vinificação para extrahir cremor-tartaro e, ainda melhor, acido tartrico, producto que tem diversas applicações na industria, alcançando por isso bons preços no mercado.

Tem-se aconselhado differentes processos para obter este producto, mas, a meu vêr, o mais simples e economico é o descripto por M. Robinet na sua interessante obra sobre vinhos, e que transcrevemos em seguida:

«As cascas ou as borras depois de bem escorridas, como tambem os residuos procedentes da distillação, lançam-se n'uma caldeira de cobre de mistura com dobrado volume de agua pura. A caldeira é posta ao fogo e, quando o liquido começa a ferver, deitam-se na caldeira 2 kilogrammas de acido chlorhydrico do commercio por cada 100 kilogrammas de massa. Deixa-se ferver durante uns dez minutos, e em seguida procede-se á filtração do liquido da caldeira, havendo o cuidado de que elle não esfrie, e empregando um filtro de malha grossa que permitta rapida passagem.

O liquido d'ahi resultante conterá fermentos, acido tartrico, tartrato acido de potassa, chloreto, etc., e para obter d'elle o tartrato de potassa concentrar-se-ha o liquido até reduzil-o a metade do seu volume, lançando-o depois em cubas de madeira de muita superficie e pouco fundo, onde o tartaro crystalisará obtendo-se assim uns 80 p. c. dos productos uteis.

Acido tartrico.—As cascas ou borras lançam-se n'uma caldeira e, seguindo o processo que indicamos para obter o tartaro, junta-se-lhes dobrada porção de agua, faz-se ferver, addiciona-se-lhe 2 kilogrammas de acido chlorhydrico por cada 100 de massa, e deixa-se ferver durante uns dez minutos; filtra-se rapidamente, e deixa-se cair o liquido n'uma cuba de madeira.

Ao liquido ainda quente junta-se carbonato de cal em pó (cal apagada). Esta addição deve fazer-se por pequenas fracções e agitando fortemente. Produz-se em seguida grande effervescencia, finda a qual se continúa a lançar cal até que cesse aquella; agita-se a massa e deixa-se repousar. Vinte e quatro horas depois, tem-se formado no fundo da cuba um deposito abundante; decanta-se o liquido que contém em dissolução chloreto de potassio aproveitavel na industria; deixa-se seccar o sedimento, extrahindo-o depois de

bem secco.

Para extrahir o acido tartrico d'esta massa é preciso diluil-a em agua dentro d'uma cuba de madeira, juntando-lhe acido sulfurico depois de ella estar muito fluida. A massa decompõe-se então em sulfato de cal ou gesso, ficando o acido tartrico. Deixa-se repousar por vinte e quatro horas, decanta-se o liquido e lança-se n'uma caldeira de cobre para concentrar-se. Reduzida a metade do seu volume primitivo, passa-se para vasilhas de madeira muito largas e pouco fundas, e ahi se deixa em repóuso por muitos dias, separando-se em seguida as aguas em excesso e deixando nas vasilhas formosos crystaes de acido tartrico.

Estas aguas mães podem aproveitar-se para diluir novas quantidades de tartrato de cal, economisando assim grandes porções de acido sulfurico quando tem de tratar-se outros residuos da mesma origem.

100 kilogrammas de tartrato de cal contém 22 kilog. effectivos de cal que exigem, para ser neutralisados, 32 kilog. effectivos de acido sulfurico.

Com estes dados torna-se facil, por meio de uma simples proporção, verificar a quantidade de acido sulfurico que deva empregar-se em qualquer caso.

Adubos.—Todos os residuos, que não tenham sido aproveitados para obter alguns dos productos que acabamos de indicar, juntam-se n'um pequeno forno onde se procede á sua calcinação, recolhendo as cinzas para empregal-as como adubo das vinhas, por isso que a grande quantidade de saes de potassa e soda que elles contém os tornam de grande utilidade para aquelle effeito.

Além dos productos mencionados, alguns outros ha que podem extrahir-se dos residuos da vinificação, como o tanino, a enocianina ou materia corante, e outros; mas, como para obtel-os exigem conhecimentos e cuidados especiaes, não trataremos aqui de descrevel-os, dando por concluido o assumpto que procuramos tratar com a possivel concisão.

A. Faria

Legislação agricola

Projecto Vinicola

Continuado da pag. 200.

Regulamento para o commercio do vinho do Porto

Artigo 11.º No extremo da região duriense, em Barqueiros, continuará a funccionar um posto fiscal, para verificar o numero de vasilhas, contendo vinho generoso, que forem transportadas pelo rio Douro, fazendo-lhes a apposição das estampilhas necessarias, e para passar as respectivas guias, conforme o modelo n.º 2, que serão entregues na estação aduaneira onde tiver de fazer a verificação por entrada.

§ 1.º A verificação, no posto de Barqueiros, indicada neste artigo, e a passagem da respectiva guia, para os effeitos d'este regulamento, só se realisarão quando os interessados ou quem os represente declararem que o vinho é generoso.

§ 2.º O pessoal d'este posto será escolhido pelo director da Alfandega do Porto, e fornecido pela guarda fiscal, sendo os seus vencimentos pagos pelo Ministerio das Obras Publicas para o que se descreverá annualmente a respectiva verba no orçamento d'esse Ministerio.

§ 3.º Quando for superiormente determinado, deverão, neste posto, tirar-se amostras do vinho apresentado, sendo estas, immediatamente, remettidas á Alfandega do Porto, para os effeitos fiscaes d'este regulamento.

Art. 12.º A partir do posto de Barqueiros e até as estações aduaneiras de destino, será prohibida qualquer alteração ou substituição nos vinhos, para que tenha sido pedida guia, e nas respectivas vasilhas, que, em caso de contravenção, serão apprehendidos e considerados em descaminho. As multas a impor serão do duplo do valor do vinho e das taras, elevando-se ao decuplo em caso de reincidencia, e deverão ser applicadas, nos termos do decreto n.º 2 de 27 de setembro de 1894, pelas autoridades fiscaes competentes.

§ unico. Em casos de sinistro ou força maior poderão fazer-se as baldeações indispensaveis sob vigilancia dos empregados fiscaes, quando possivel, ou fazendo-se logo communicação comprovada da occorrencia, com declaração circumstanciada das alterações praticadas.

Art. 13.º Apenas, será considerado como vinho generoso proveniente da região do Douro, e, como tal, contado para os effeitos especificados neste regulamento, o vinho que tiver saido da respectiva região com graduação alcoolica não inferior a 16,5 graus centesimaes e assim for apresentado á verificação nas estações aduaneiras de entrada.

Art. 14.º A Alfandega do Porto fará a verificação da quantidade e da graduação alcoolica dos vinhos provenientes da região do Douro, nas estações do caminho de ferro Porto-Campanhã e Porto—A por intermedio das estações aduaneiras ali existentes, na estação das Devezas, no posto especial destinado a esse fim, e nos postos estabelecidos, para esse effeito, nos caes de Villa Nova de Gaia.

§ 1.º Nos postos aduaneiros do Esteio de Campanhã e dos Guindaes e na delegação de Leixões, tambem eventualmente poderá ser permittida a verificação pelo director da Alfandega do Porto, quando requerida pelos interessados, relativamente a vinhos que se destinem a depositos dentro da cidade ou nos concelhos de Gondomar e Bouças, tomando o mesmo director, em cada caso, as providencias especiaes que forem necessarias.

§ 2.º Os postos especiaes, a que alude este artigo, serão guarnecidos por pessoal do quadro interno ou da guarda fiscal, auxiliado pelo necessario pessoal do trafego, e inspeccionados repetidas vezes, pelo funccionario aduaneiro encarregado da inspecção permanente dos postos das barreiras do Porto.

§ 3.º Só serão verificados os vinhos a respeito dos quaes se apresentar guia do posto de Barqueiros ou carta de porte directa de alguma das estações de caminho de ferro, situadas dentro da região do vinho generoso do Douro, excepto no caso indicado no paragrapho seguinte.

§ 4.º É obrigatoria a apresentação dos certificados de procedencia indicados no artigo 38.º, para que possam ser verificados os vinhos generosos a respeito dos quaes tenha sido enviado á Alfandega do Porto um dos talões dos mesmos certificados, nos termos do referido artigo. Os vinhos generosos que forem expedidos de qualquer estação de caminho de ferro situada na região dos vinhos de pasto do Douro, mas fóra da região do vinho generoso, a que alude o artigo 2.º, somente serão verificados quando tiver sido recebido, pela Alfandega do Porto, o talão do certificado de procedencia relativo á respectiva remessa e for apresentado esse certificado.

§ 5.º Quando o vinho verificaco satisfizer ao disposto do artigo 13.º, se-

rá passada, ao seu possuidor, uma guia de verificação por entrada, conforme modelo n.º 3, fazendo-se a respectiva communicação, por meio do talão competente, á 1.ª Repartição da Alfandega do Porto.

§ 6.º Os vinhos, a que se refere este artigo, que entrarem para depositos estabelecidos dentro do Porto, pagam sempre as respectivas imposições de barreiras, mantendo-se assim a prohibição consignada no decreto de 13 de janeiro de 1898.

Art. 15.º A cada uma das entidades inscriptas no registo a que se refere o artigo 6.º, será aberta, na Alfandega do Porto, uma conta corrente, para conhecer a quantidade de vinho de Porto que pode exportar.

§ 1.º A' quantidade de vinho que cada um for permittido exportar, nos termos do artigo 9.º, será augmentado todo o que receber da região do vinho generoso do Douro, verificado segundo o disposto no artigo 14.º e seus paragraphos, e o que adquirirem nos termos do artigo 18.º, e diminuido o que tiver exportado, cedido a outrem, nos termos desse mesmo artigo, ou entregue ao consumo nacional conforme disposto no artigo 42.º

§ 2.º No fim de cada anno, para attender á quantidade de aguardente empregada na beneficiação usual nos mazens, será augmentada a conta corrente de cada um dos exportadores com a quantidade equivalente á percentagem de 9 por cento do vinho que durante esse anno, tiver recebido da região do Douro, nos termos do artigo 14.º

(Continúa)

Noticias dos campos

COVAS (TABOA).—A apanha da azeitona está quasi concluida, sendo a safra abundante e a funda elevada. O azeite regula 1$800 a 2$000 réis o decalitro.

CAMBRES.—Começou já o fabrico do azeite. A colheita d'este anno é abundante baixando por isto o preço do azeite velho. Por estes dias abre as suas contas de vinhos a Companhia de Vinhos do Alto Douro.

ALEMQUER.—Estão feitas todas as menteiras, que estão bonitas. Os vinhos em tido alguma saida, regulando o preço entre 380 e 400 réis o tinto e o branco de a 320 o duplo. O azeite tem-se vendido 4$000 réis, medida de 20 litros.

ARMAMAR.—Começou em alguns pontos do concelho a colheita da azeitona, que ve ser abundante. O preço do azeite regula de 4$500 a 5$000 réis o almude.

MONCORVO.—Continúa a apanha da azeitona, cuja producção é muito regular e boa qualidade, fundindo muito.

.— N.º 166   A Gazeta publica-se nos dias 10, 20 e 30 de cada mez   JANEIRO—1909

ZETA DOS LAVRADORES

ÃO DE PROPAGANDA E DEFEZA DOS INTERESSES DA AGRICULTURA NACIONAL

)ração de muitos agricultores, agronomos, medicos veterinarios, horticultores, viticultores e regentes agricolas

DIRECTOR e PROPRIETARIO: *JOSÉ ERNESTO DIAS DA SILVA*

Medico veterinario — Antigo professor da Escola de Agricultura da Real Casa Pia de Lisboa

Assignaturas
gamento adeantado)
.... 1600 réis
.... 800 »
lso.............. 50 »
começam sempre no principio de cada mez.
dencia deve ser dirigida ao director do jornal.
bidos quer ou não publicados não se restituem.
e sède da Gazeta.— IMPRESS..O — imprensa
le S. Julião, n.º 58 e 60

Annuncios
(TYPO CORPO 8)
Por uma só inserção............................; 40 reis cada linha
Repetição até 6 publicações................. 30 » » »
Annuncios permanentes, folhas soltas, réclames e annuncio intercalados no texto—contracto especial.
Os srs. assignantes gosam do abatimento de 30 %.
A administração acceita correspondentes em todas as terras do pair

Redacção e Administração, C. de Santo André, 100, 1.º

EDITOR—Dias da Silva

ultura geral

LISMO AGRARIO

cial n'outros paizes—Entre
ação é—Necessidade de in-
i terra—A educação profis-
acompanhar a instrucção

imo agrario é democra-
pratica que se amolda
todos os credos politi-
das as crenças religio-

ta Allemanha, a catho-
l, a monarchica Italia,
glaterra, a republicana
lemocratica Suissa são
os campos de expansão
ria.
ios campos, porém, o
igrario nem vaga aspi-
ima tradição de seculos
lga-se reduzido á sim-
io de machina, traba-

lha, não pensa. Apenas em seu cerebro acanhado bruxoleia a vaga
e indecisa miragem da cidade, da
capital.

Para em tudo andarmos no couce da civilisação até n'este come-
zinho phenomeno social.

Emquanto lá fóra se dá já o re-
gresso á terra, entre nós estamos
em pleno exodo para as cidades.

A primacial *démarche*, pois, junto do nosso povo rural, é radicar-
lhe o amor á terra. Para isso, porém, é mister melhorar-lhe as condições de vida e levantar-lhe o nivel intellectual, erguendo-o da baixa condição de instrumento. Para
isso diffunda-se a grandes haustos
a instrucção, mas bem orientada,
sadia e pratica. Bem hajam os que
pacientemente ensinam o *a, b, c.*

A educação profissional impõe-
se tambem. E' preciso adestral-o
na exploração racional do solo,
com menos esforço e mais lucro.
Mas não esqueçamos a educação
moral e civica.

Esta santa cruzada deve ser o
objectivo primeiro do Estado, dos
municipios, das associações e até
dos proprios cidadãos conscientes.

Essa patriotica missão tem de
exercer-se junto do sexo masculi-
no e do feminino. Dos nossos bons
camponezes devem fazer-se bons
proletarios agricolas e bons chefes
de familia e das nossas aldeãs boas
donas de casa, boas mães, n'uma
palavra *mulheres fortes.*

A repartição equitativa dos baldios é ine-ficaz sem a educação prévia—A agricul-tura deve ser uma industria transformado-ra—Missão das mulheres e creanças

Dada a miseria intellectual do
nosso povo rural se, n'uma dada
aldeia, se fizesse a repartição equi-
tativa dos latifundios e dos baldios
pelos habitantes, havia muitos que,
afeitos à jorna, não saberiam tirar
todo o fructo da sua quota parte
e continuariam na mesma vida de
privações.

E', pois, necessario ensinar-lhes
a grangear beneficamente a terra,
a semeal-a e a estabelecer a rotação cultural, para não a esgottar
em breve passo, a espalhar adubos
n'uma intelligente e parcial resti-
tuição, a usar processos manuaes
e mechanicos mais perfeitos, ex-
peditos e baratos para tirar o maior
proveito com o menor dispendio
de trabalho e de capital. Ao mesmo tempo deve fazer-se vêr ao fa-
zendeiro que tem tudo a ganhar
na transformação dos productos
que extrae da terra.

A agricultura não é méra industria extractiva, é tambem, e em
larga escala, uma industria trans-
formadora. Assim emquanto o homem cultiva os prados, os rega, os
ceifa, pode a mulher mungir as
vaccas, e fazer a manteiga e o queijo.

A mulher pode, mesmo, no lar,
crear umas pequenas receitas que
augmentem os recursos da familia.

Por exemplo, ajudada pelas crianças, tratar da creação do bicho da seda, das aves, das abelhas. O alimento d'aquelles uteis insectos podem provir de sebes vivas, constituidas por amoreiras convenientemente educadas, por plantas melliferas que delimitem e rodeiem os casaes.

Nos instantes de vagar, que o labor caseiro proporciona, ella pode fazer sericicultura, avicultura e apicultura. Curando, ao mesmo tempo, do conforto e da hygiene domestica, a mulher consciente e boa pode fazer do lar o paraizo.

A vida da familia, perfeita e integrada no conforto pelo trabalho consciente e justo, dá-nos a ideia do bem-estar communal, do bem-estar da patria, emfim.

Utilidade da associação e do cooperativismo—A assistencia e previdencia ruraes —O credito agricola e a solidariedade

As faltas, as insufficiencias que se possam dar na vida commum supprem-se pela *Associação* e pela *Solidariedade*.

Pelo *Cooperativismo*, isto é, pela alliança em mutuo proveito, ou seja pelo trabalho junto para um fim commum, podem realisar-se as mais arrojadas aspirações humanas.

O cooperativismo é não só a defeza dos interesses mutuos, mas um programma de renovação social, dil-o Charles Gide.

Os lavradores associados podem cultivar a terra, fazerem as colheitas em commum, etc. Ha syndicatos que teem ceifeiras, debulhadoras e outras machinas adquiridas por capital em subscripção ou em quotas para o trabalho conjunto das searas e productos dos co-oparticipantes. Póde-se fabricar o vinho (adegas sociaes), a azeite (lagares communs), a manteiga ou o queijo (fructuarias) em cooperativa.

Por via d'ellas, emfim, se pode fazer uso de machinas e processos que barateiam, aprimoram e uniformisam os productos, condições essenciaes de mais remuneradora e facil venda.

Mas não pára aqui a acção do cooperativismo. O seu caracter mutualista levam-nos até á *Assistencia* e *Previdencia ruraes*, não esquecendo o *Credito*.

As desegualdades sociaes, as anomalias physicas e moraes e os accidentes no trabalho (risco profissional) crearam os indigentes, os invalidos, que a caridade official e particular (muitas vezes praticada como sport) tenta supprir. O socialismo impõe ao Estado, á sociedade, a assistencia aos velhos, doentes, aleijados, ás viuvas, aos orphãos como obrigação social e legal. Mas isto são aspirações de remoto exito; a Assistencia, em todas as suas modalidades, inclusivé as créches ruraes, póde crear-se espontaneamente por solideriedade.

A esperança d'um viver social perfeito— A sociedade sã só póde provir da terra sã e fecunda—A renovação social e a boa propaganda democratica—A «terra bemdita» e o «Trabalho bemdito»

No meu espirito indisciplinado radica-se um ideal, uma philosophia toda cheia de esperança n'uma vida social perfeita, tendo a bondade e a razão como principios fundamentaes e a harmonia do trabalho como materialisação.

Eu concebo vagamente uma aldeia de lavradores, d'alma pura e franca, vivendo uma vida de trabalho voluntario e intelligente, por via do qual brotará uma encantadora felicidade em meio das arcas cheias de pão bom, nutriente e robustecedor, physica e moralmente, d'uma raça de athletas, d'onde irradiará o resurgimento d'esta patria abastardada.

Proclamo e sinto que a sociedade sã só póde provir da terra sã e fecunda pelo trabalho intelligente e nobilitante e pelo capital parcimonioso e honesto.

Não são os latifundios senhoriaes, não é o exhaustivo esforço dos servos, nem ainda o ouro dos usurarios que fazem brotar da *terra bemdita* as colheitas fartas...

O privilegio, o sacrificio (voluntario ou imposto) e a ganancia só fazem uma felicidade restricta e muita expoliação e desgraça.

Não é a baixa politica, que tudo malsina e esterilisa, que póde regenerar as nações abatidas.

E' um programma de renovação social, onde estejam inscriptas todas as nacionaes reinvindicações, tendo como dogma *Solidariedade* e como principio politico o *Cooperativismo*.

E' esta a boa propaganda democratica, consentanea com a indole boa do nosso povo e com as condições economicas do nosso paiz essencialmente agricola.

E' esta a doutrina sã que se divulga nos livros evangelisadores «Terra Bemdita» e «Trabalho Bemdito», de D. Virginia de Castre e Almeida, que ao Estado e ás sociedades patrioticas e litterarias incumbe espalhar pelas aldeias como uma biblia moderna.

Façamos, cada um dentro dos seus recursos, n'um grande gesto reciprocista, a repartição do pão sagrado da bocca e da lympha etherea do espirito, provindos da terra bemdita, pelo trabalho perfeito.

E a fórma grata da voluntaria socialisação das riquezas, deixando o seu ao seu dono, está no cooperativismo, pois elle mantem a propriedade individual com os seus principaes attributos. Além d'isso, congraça recursos para emprehendimentos, para que os esforços individuaes isolados seriam inefficazes.

Arthur de Figueirôa Rego.
Alumno do Instituto de Agronomia e Veterinaria e diplomado pela Escola Nacional de Agricultura

Importação de trigo

A proposito de umas noticias publicadas na imprensa diaria, subordinada a este titulo, a proposito da recente importação de trigo, recebemos a seguinte nota officiosa:

A fixação dos direitos para a importação de trigo exotico é feita nos termos do artigo 34 do regulamento de 26 de julho de 1899.

Em conformidade com o disposto neste artigo, o direito a fixar para o despacho do trigo exotico, para consu-

è proposto ao governo pelos con-
s superiores da agricultura e do
ıercio e industria, reunidos em ses-
observando-se o seguinte:

preço medio do trigo, nos princi-
mercados exportadores, calculado
preços dos ultimos 30 dias, ac-
ıdo das despezas accessorias (fre-
iguro, quebras, carga e descarga,
ıissão e carretagem e outras devi-
nte justificadas) e da importancia
reito a cobrar nas alfandegas, se-
ual a 60 réis o kilogramma.

ıstas condições foi fixado o direito
réis por kilogramma para os
0:000 kilos de trigo, cuja impor-
foi auctorisada pelo decreto de 12
ıvembro de 1908 e pelo decreto
l de dezembro ultimo foi auctori-
egual importação, mediante o di-
de 7 réis, tambem por kilogram-

nédia das cotações, referentes aos
ıdos de New-York e Buenos-Aires,
sido excluido o de Odessa, por
da epidemia do cholera, deu como
do trigo ctf. Tejo 50 rs. e 8 de-
por kilogramma, havendo, pois,
ırença de 9 rs. e 2 decimos para-
ıer o preço estabelecido na lei, is-
o de 60 rs. por kilogramma.

ıireito fixado foi, como já se in-
o de 9 rs. para a primeira im-
ıão.

o que respeita á segunda impor-
a média dos preços dos mesmos
ıdos, Buenos-Aires e New-York,
ndo ainda o de Odessa, foi de 53
um decimo, havendo assim a dif-
ıa de 6 rs. e 9 decimos para per-
o preço legal de 60 rs. por kilo-
na.

ıireito fixado foi, pois, de 7 rs.
ısta importação.

ıazão que deu logar á differença
rs., entre a primeira e segunda
tações, explica-se facilmente.

ıeira importação: a media dos
ıos, tomada desde 7 de outubro e
novembro de 1908, foi, Lisboa á
de 43,6648, e a média das cota-
oi, para o mercado de New-York,
9,355 «schillings» por buschel, e
o mercado de Buenos-Aires, ao
ɔ cambio, 170 «schillings» por
da cft. Tejo.

unda importação: média dos cam-
tomada desde 24 de novembro a
dezembro de 1908, Lisboa á
42,54, e a media das cotações
ra o mercado de New-York, 111,12,
ıngs» por buschel, e para o mer-
le Buenos-Aires, ao mesmo cam-
74 «schillings» por tonelada.

estes numeros vê-se que não só
ıo do trigo augmentou no ultimo
o acima indicado e em que foi
ıo o calculo para a segunda im-
ão, como no mesmo praso houve
ʼamento cambial, visto que o cam-
o é, nos termos do regulamento,

formado na occasião em que as importações são auctorisa das mas sim pela
média dos ultimos 30dias.»

Duas palavras sobre a multiplicação das plantas em geral

As plantas multiplicam-se por
alguns d'estes meios ou processos:
*divisão dos rhizomas, bolbos e tuber-
culos, separação de rebentões, sementeira, mergulhia ou alporque, estaca
ou bacello e enxertia.*

Digamos resumidamente de cada uma d'estas operações.

1.º *Multiplicação por divisão de
rhizomas.*—Consiste este processo,
em dividir um *rhizoma* quer á mão,
quer com um instrumento cortan-
tè, obtendo-se assim um certo numero de partes. Procede-se em seguida á replantação d'estas, que
serão n'um futuro proximo outras
tantas plantas, como aquella d'onde o rhizoma procedeu.

2.º *Multiplicação por divisão de
bolbos.*—Tem a l g u m a analogia
com a operação precedente. Consiste em destacar e enterrar separadamente as pequenas cebolas ou
bolbilhos que nascem na base de
certos bolbos, como succede, por
exemplo com a tulipa, os jacinthos,
etc., obtendo-se assim tantas novas plantas quantos foram os bolbilhos destacados.

3.º *Multiplicação por tuberculos.*
—Na pratica confunde-se sob a
designação de tuberculos orgãos
muito differentes.

Assim é que se chama tuberculo, tanto á *dilatação radicular* da
dahlia, por exemplo, como á *dilatação caulicular subterranea* da batateira.

A operação de que se trata differe segundo se refere a um ou a
outro caso. No primeiro, isto é se
os tuberculos são dilatações da
raiz, não ha senão a separar estas,
deixando a cada uma uma porção
de collo; no segundo, isto é se se
trata de dilatações subterraneas
da haste da planta, como succede
com a batateira, cada dilatação ou
tuberculo pode ser dividido em
tantas partes quantos os olhos apresenta. Cada porção, em ambos os

casos, convenientemente enterrada reproduz a planta-mãe.

4.º *Multiplicação por esladroa-
mento.*—Consiste esta operação,
que é feita na primavera, em destacar os *rebentões ou ladrões* que
affloram em volta do tronco de
certas plantas, tendo percorrido
um trajecto subterraneo e procedentes do pé-mãe.

Multiplicam-se por este processo as alcachofras, os jasmins, os
lilazes, etc., etc.

5.º *Multiplicação por sementeira.*
—Sobre esta nada diremos. Apon-
taremos apenas os cuidados que a
devem preceder e os modos como
ella pode ser feita.

Os cuidados são: colheita opportuna, escolha e conservação da
semente, época em que convém
semear, preparação do terreno. Os
modos de sementeira são: a *lanço*,
em *linha.*

6.º *Multiplicação por mergulhia.*
—A *mergulhia* tambem chamada
alporque, é uma operação pela qual
se provoca a producção de raizes
em um ou mais ramos de uma
planta, afim de os separar opor-
tunamente da planta-mãe e obter
assim outras tantas plantas.

A mergulhia pode ser *lenhosa,*
ou *herbacea,* segundo é praticada
em um ramo *atempado,* ou não
atempado.

A mergulhia pode ser *subterranea* ou *aérea,* segundo as circumstancias. No primeiro caso é a planta enterrada no solo; no segundo,
porque os ramos ou estejam muito altos, ou sejam muito duros e
quebradiços para poderem ser abai
xados, é a terra que se approxima
dos ramos a alporcar.

A mergulhia pode ser *simples,*
com *torsão,* com *estrangulação,* com
incisão.

A. — *Mergulhia simples.* Pode ser
por talos ou rebentões, em *arco,* em
serpente, e *chineza.*

a) *Por talos.*—O momento opportuno é o fim do outono. Consiste a operação em dobrar, ao nivel do solo, a haste de uma arvore ou arbusto, e recobril-a de terra appropriada. Sobre este tronco
desenvolve-se um certo numero
de rebentões que darão um tufo

de talos ou rebentões que no outono, ou no anno seguinte, separados do pé-mãe devidamente enraizados, irão ter vida independente, sobre si.

Os cuidados ulteriores á operação limitam-se a regas, quando os grandes calores as tornam necessarias.

b) *Em arco.*—Abre-se no solo uma valla estreita, com a profundidade de cerca de 80 centimetros, e de comprimento proporcional ao do ramo que se quer mergulhar.

Despoja-se este da folha, e baixa-se, curvando-o pouco e pouco, até deital-o no fundo da valla, onde se mantem com uma forquilha de madeira. Feito isto, endireita-se a extremidade do ramo, e terra para dentro, até encher a valla. A extremidade do ramo mergulhado é conservada verticalmente com o auxilio de um tutor. E' esta a mergulhia geralmente empregada na vinha.

Pode ser feita no outono, ou na primavera, conforme os climas. Passado um anno, cada ramo pode ser *desmamado*, isto é dispensar a planta mãe e ser d'ella separado, pois as raizes adquiridas garantem-lhe vida independente.

c) *Em serpente.*—E' a mesma que a precedente, com esta differença apenas, que em logar do ramo curvado e mergulhado formar um só arco, fórma dois, ou mais, conforme lh'o permitta o seu comprimento. Este processo tem a vantagem de com um unico ramo se obter mais de uma nova planta.

(Continúa.)

Ernesto Freire.

Arboricultura

A DESARBORISAÇÃO

Em quasi todos os paizes tem-se dado n'esta ultima metade do seculo um facto anormal que consiste na desarborisação ou córte de madeiras e florestas em uma escala espantosamente excessiva. Esta vandalica extinção de florestas é devida, principalmente, entre outras, ás seguintes causas:

1.º Por, em virtude da extenção consideravel da industria em geral, a madeira e o carvão vegetal obterem preços excessivamente elevados que despertaram o desejo de gran-

des e promptos ganhos nas populações dos campos.

2.º Porque o agricultor pensava que cortando as suas madeiras e fazendo desapparecer as florestas, não só realisava immediatamente uma grande somma, mas tambem convertia um terreno á monte, em uma exploração agricola propriamente dita, que poderia produzir annualmente um rendimento certo, emquanto que os montados só dariam resultado muito tarde, talvez epois da sua morte.

Este raciocinio que á primeira vista parece justo é espautosamente egoista, por isso que sendo levado a excesso, traz comsigo resultados mui funestos.

Com effeito o abuso da desarborisação causa graves e prejudiciaes perturbações nas condições climatericas de um qualquer paiz, ressentindo-se tambem os productos agricolas que baixam muito de preço emquanto que os productos silvicolas adquirem tanto maior valor quanto mais raros se tornam, e por conseguinte mais difficeis de obter. Quantos proprietarios lastimam hoje não terem, ha 30 ou 40 annos, em logar de transformar os terrenos arborisados em terrenos araveis, realisado novas e boas plantações florestaes! Que bello capital, augmentando anno a anno, não teria agora promptamente realisavel!

Todos os paizes do velho e novo mundo se preoccupam ao presente com a falta de arvoredo, que causa graves perturbações atmosphericas e grandes irregularidades nas estações, e procuram por todos os meios remediar taes inconvenientes.

H. Van Hulle.

A arborisação do paiz

Propriedades que vão ser submettidas ao regimen florestal

Vão ser submettidas ao simples regimen florestal as seguintes herdades:

No districto de Castello Branco: Montes de Valle de Meira, Acceitada, Pardal, Baliza, Cruzinhas, Casitas, Negraes e Valle de Paço, pertencentes ao sr. dr. Gonçalo de Almeida Garrett; no de Beja: Fontes do Corço e Monte do Outeiro, pertencentes ao sr. Fernandes de Oliveira; Zanga, Magdalenas e Galhana, de D. Anna José d'Araujo Lacerda Parreira, e Aplaçana, de D. Margarida d'Araujo Lacerda Parreira Costa; no de Evora: Varzea e Carujeiras, do sr. José Luiz da Veiga; Pincaros, de D. Maria Archayollo Cardoso Feio, e Matta, do sr. Antonio R. Mexia Castro; no de Santarem: Pincaes, Pincalinhos, Coelheiras e Chapellarinho, do sr. Francisco Manoel de Brito Motta, e Camarate, do sr. Estevão Augusto de Oliveira; no de Villa Real: Quinta da Ruéda, dos srs Croft & C.ª; no de Portalegre: Pintos, Valle Verde, Monte Branco, Chanchiuho e annexos, do sr. Antonio Fernandes, e no da Guarda: Quinta do Vezuvio, do sr. conselheiro Wenceslau de Lima.

A area total d'estas propriedades é de 12.042,3907 hecta es.

Exposições agricolas

Em Turim, agricultura, commercio e industria—Em Roma, arte e archeologia

Como noticiámos, no proximo anno de 1911 deve realisar-se em Turim uma exposição internacional de agricultura, commercio e in-

dustria. Ao mesmo tempo realisar-se-ha em Roma outra exposição de arte e archeologia.

O governo portuguez acceitou o convite para se fazer representar n'esses certames, tendo encarregado da representação, em Turim, o nosso consul n'aquella cidade, sr. Barão Nasi de Cóssembrato, e em Roma o sr. Lambertini Pinto.

A exposição de Turim occupará as duas margens do Rio Pó, sendo a direita destinada aos pavilhões dos diversos paizes e a esquerda para os productos da Italia. Na parte destinada á Italia serão construidos magnificos palacios, entre os quaes os da agricultura, machinas, electricidade, industrias, instrumentos nauticos, do jornal e da arte da imprensa, instrumentos de precisão, horticultura e viticultura, sendo este ultimo no meio de uma grande avenida, que se denominará da agricultura.

A exposição tem por fim commemorar o 50.º anniversario da unificação da Italia. Não se sabe, porém, apesar dos trabalhos para a realisação, da exposição estarem muito adeantados, se esta ficará adiada, em consequencia da catastrophe de Messina.

Industrias agricolas

Aproveitamento industrial da laranja e dos seus despojos

Continuado da pag. 206.

II

O sr. Turrisi procura saber:

1.º Se pode extrahir-se a essencia da casca, antes de extrahir o succo para a vinificação.

2.º Se convirá espremer o fruto descascado e reduzido a fragmentos n'um esmagador mechanico de uvas, antes de mettel-o em saccos á prensa.

3.º Se será possivel prescindir da decocção da casca, usada em Hespanha, e que ha de dar forçosamente ao vinho um certo amargor desagradavel.

4.º Se, em vez de seguir o systema hespanhol de adicionar a 100 litros de succo de laranja outros 100 litros de agua, metade em fórma de xarope de succo e metade em decocção da casca, convirá, para reduzir a metade os 16 ou 20% de acido proprio, desacidificar o succo antes da fermentação.

5.º Qual a quantidade de assucar que deve addicionar-se em fórma de xarope ao succo da laranja para adquirir por meio da fermentação o duplo de alcool, pelo menos, que possa dar pela propria substancia saccharina, ou, d'outra fórma, quanto assucar será precizo empregar para que os 4 ou 5 por 100 de alcool que. deva produzir se elevem ao menos a uns 10 por 100.

6.º Se a polpa da laranja, depois de extrahido o succo destinado á vinificação, poderá converter-se em boa forragem para alguns animaes domesticos, quando sécca e misturada com farelo.

Ha um outro ponto difficil a decidir, cuja resolução o sr. Turrisi deixa a pessoas mais competentes: é encontrar o modo de aproveitar o acido citrico contido no succo da laranja que se pretende reduzir a vinho. Ninguem pode deixar de reconhecer o interesse que deve haver na solução d'este problema; julga poder affirmar desde já que, se do fructo da laranja que não encontra facilidade de embarque, fôr possivel extrahir primeiramente a essencia da casca, depois o acido citrico e mais tarde o vinho e uma forragem, não poderá duvidar-se da utilidade d'esta industria.

Para solução d'estas questões, e para conseguir instrucções seguras na nova industria, o sr. Turrisi julga indispensavel encontrar um methodo facil para determinar preventivamente a quantidade de assucar e de acidos que contém o succo destinado a ser convertido em vinho.

Melhor se comprehendem as suas observações se attendermos a que o succo da laranja, como o da uva, contém mais ou menos assucar e acidos, segundo o maior ou menor grau de maturação attingido pelo fructo. Devemos lembrar-nos de que esta industria consiste na transformação em vinho do sumo do fructo que não póde exportar-se, e que excede as necessidades do consumo interno como fructa fresca, e que, tendo de operar com laranjas que não se acham ainda completamente maduras, é preciso fixar préviamente as quantidades de assucar e de acidos que contém o sumo que ha de converter-se em vinho. A arte de fabrical-o com o mosto da uva em perfeito estado de maturação encontra na experiencia, principalmente

no clima meridional da Italia, uma norma quasi constante, levando em conta as vicissitudes atmosphericas dos diversos annos. Por este motivo, os habitantes de um a outro extremo da Italia pouco conhecem os methodos e apparelhos da œnologia moderna, com a qual se acham familiarisados os homens da arte e da industria do norte da Europa, para determinar preventivamente o assucar e os acidos que contém o mosto da uva que se quer transformar em vinho.

No caso especial de que tratamos, querendo transformar em vinho o sumo da laranja que ainda não attingiu a maturação perfeita, somos obrigados a recorrer áquelles methodos e apparelhos simples e pouco dispendiosos que podem dar nosma segura para supprir o assucar que falta no sumo, ou eliminar os acidos que se encontrarem em excesso. Será, porém, indispensavel indicar esses instrumentos e os methodos mais generalisados e mais exactos.

(Continúa).

A. Faria

Legislação agricola

Projecto Vinicola

Continuado da pag. 208.

Regulamento para o commercio do vinho do Porto

Art. 16.º A quantidade de vinho do Porto, que é permittido exportar as entidades inscriptas no registo especial dos exportadores, é limitada á equivalencia dos saldos das respectivas contas correntes, organizadas conforme o disposto no artigo anterior.

§ 1.º A Commissão Inspectora da Exportação do Vinho do Porto verificará, sempre que o julgar conveniente, e, pelo menos, uma vez em cada mez, a escripturação das contas correntes, lavrando uma acta ácerca do resultado d'essa verificação.

§ 2.º Até 15 de janeiro de cada anno, a commissão communicará, a cada um dos exportadores, os saldos das suas contas correntes no fim do anno anterior, tendo elles o direito de reclamar no prazo de oito dias.

§ 3.º As reclamações serão decidi-

das pela commissão, havendo, da decisão, recurso para o conselho da Administração Geral das Alfandegas.

§ 4.º Cada entidade inscripta no registo de exportação tem o direito, em qualquer epoca do anno, de pedir certidão da sua conta corrente com a alfandega, devendo, n'essa certidão, haver as necessarias indicações de referencia ás guias de verificação, por entrada, e aos devidos despachos e certificados de procedencia, quanto ás sahidas, bem como ás participações de que trata o artigo 18.º

§ 5.º Tudo o que se refere ás contas correntes dos exportadores é de caracter confidencial, sendo considerado abuso do cargo fornecer quaesquer notas ou certidões, sobre esse assumpto, a particulares que não sejam as entidades a quem a conta corrente disser respeito.

Art. 17.º Os despachos da exportação do vinho do Porto serão feitos em bilhetes de modelo e côr especiaes, que, salvo o caso previsto no § 1.º d'este artigo, só poderão ter seguimento, depois da 1.ª Repartição da Alfandega ter exarado, nos mesmos bilhetes, a declaração de que os exportadores respectivos devem ter, em deposito, quantidade equivalente áquella que pretendem exportar.

§ 1.º As entidades inscriptas no registo, a que se refere o artigo 6.º, poderão exportar o vinho do Porto, sem a necessidade do averbamento da declaração indicada n'este artigo, desde que, por termo de fiança ou por caução prestada perante a alfandega, se obriguem a não exceder a quantidade que lhes é permittido exportar, nos termos do artigo 16.º, e a pagar 500 réis, como receita do Thesouro, por cada litro de vinho que se reconhecerem terem exportado a mais.

§ 2.º Quando as entidades a que se refere o paragrapho anterior, na forma indicada no artigo 42.º, pretenderem expedir ou vender vinhos generosos da região duriense, para revenda, com destino ao consumo nacional, o termo de fiança ou caução não pode ser dispensado.

Art. 18.º As entidades inscriptas no registo a que se refere o artigo 6.º poderão ceder, entre si, ou a outrem que se pretenda inscrever no mesmo registo, o direito de exportar a totalidade ou parte do vinho generoso cuja exportação lhes é permittida, devendo, tanto a entidade que cede como a que adquire, participar a cedencia effectuada, dentro de quarenta e oito horas, á 1.ª Repartição da Alfandega, em impressos dos modelos juntos, n.º 4 e n.º 5, que fará os necessarios lançamentos nas contas correntes respectivas quando reconhecer que se não excedeu a capacidade de exportação do cedente, devolvendo, no caso contrario, immediata-

mente, as participações aos interessados.

Art. 19.º A lista dos exportadores
do vinho do Porto será, annualmente,
publicada pelo governo, separata especial, e officialmente communicada aos
representantes diplomaticos e consulares de Portugal e ás camaras de commercio estrangeiras a que seja conveniente fazer essa communicação.

Art. 20.º O vinho generoso do Douro verificado, com destino aos armazens
de exportação, deverá dar entrada n'esses armazens, quando não siga immediatamente para embarque, e o que estiver depositado nos mesmos armazens
só poderá d'ahi sair, quando não seja
destinado a consumo para revenda, para exportação ou para entrada emme-
diata n'outro deposito de identica natureza, do mesmo possuidor ou não,
nas circumstancias em que isso è permittido por este regulamento, considerando-se como transgressão dos regulamentos fiscaes e infracção d'estes preceitos.

Art. 21.º A fiscalisação, nas estações
de caminho de ferro das Devezas, Porto-Campanhã, Porto-S. Bento, Porto-A,
Boa Vista, Leixões e quaesquer outras
das linhas do Minho e Douro, procurará, por todos os meios ao seu alcance,
impedir que sigam, para a região duriense, remessas de vinhos generosos
sob a designação de aguardentes ou de
qualquer outros liquidos; e o mesmo
se fará no posto de Barqueiros e em
quaesquer outros locaes do Rio Douro,
julgados convenientes, com respeito ás
remessas que sigam pela via fluvial.

§ 1.º Identica fiscalisação se fará,
nos alludidos pontos, com respeito aos
vinhos de pasto, mostos e uvas, a que
se refere a prohibição indicada no artigo 50.º

§ 2.º Os chefes das estações de caminho de ferro do Minho e Douro fornecerão á Alfandega do Porto os esclarecimentos necessarios para a fiscalisação
de que trata este artigo.

§ 3.º As tentativas de fraude, a que
allude este artigo, serão punidas, nos
termos do artigo 10.º do decreto n.º 2
de 27 de setembro de 1894, como descaminho, não podendo em caso algum
a multa ser inferior a 50$000 réis.

Art. 22.º As remessas de vinho saido, para exportação, de depositos existentes dentro do Porto, ou vindo em
circulação, atravez de barreiras, de depositos existentes nos concelhos de Bouças e Gondomar, continuarão a ser conferidas nas estações aduaneiras da margem direita do Douro, habilitadas actualmente para esse effeito, devendo ser
tomadas pela direcção da Alfandega as
providencias que forem necessarias, em
vista do disposto no presente regulamento.

CAPITULO III

COMMISSÃO DE VITICULTURA DA REGIÃO DO VINHO GENEROSO DO DOURO

Art. 23.º Será criada uma commissão
de viticultura da região do vinho generoso do Douro, com os seguintes fins:

1.º Exercer a necessaria fiscalisação
sobre a entrada dos vinhos e aguardentes na respectiva região;

2.º Fiscalisar, com o maior rigor, se
é cumprido o disposto nos artigos 50.º
e 51.º;

3.º Fazer o registo das propriedades
que produzam vinhos generosos, segundo as declarações dos proprietarios;

4.º Elaborar a estatistica da producção dos vinhos generosos, na região demarcada, acceitando as declarações que,
sobre a existencia desses vinhos nos armazens da região todos os proprietarios
ou rendeiros d'esses armazens lhe deverão entregar até os dias 15 de novembro e 15 de maio de cada anno, e
empregando outros meios de informação ao seu alcance;

5.º Passar certificados de procedên-
cia aos vinhos da região, quando lhe
sejam pedidos pelos proprietarios, ou
negociantes que os adquirirem;

6.º Dar baixa na estatistica da região, á saída dos vinhos, indicando,
sempre que seja possivel, o local do
destino, nome do destinatario e meio de
transporte;

7.º Requisitar da commissão inspectora da exportação do vinho do Porto
uma nota da totalidade do vinho que,
em cada anno, tenha sido recebido no
Porto, Villa Nova de Gaya, Gondomar
e Bouças, como vinho generoso do Douro, em cada um dos periodos decorridos desde 15 de novembro até 15 de
maio e d'ahi até 15 de novembro seguinte;

8.º Elaborar um relatorio annual, em
que aprecie os resultados do funccionamento do presente decreto.

Art. 24.º A commissão de viticultura terá a seguinte composição: dois representantes dos viticultores de cada
um dos seguintes concelhos: Mesão
Frio, Peso da Regua, Santa Martha de
Penaguião, Sabrosa, Alijó, Villa Nova
de Fozcoa e S. João da Pesqueira, e
um representante de cada um dos restantes concelhos d'esta região.

Art. 25.º Os representantes dos viticultores serão eleitos pelos quarenta
maiores viticultores de cada concelho,
não podendo ser eleitores nem eleitos
commerciantes de vinhos, nem seus
commissarios, agentes e empregados de
qualquer cathegoria.

§ 1.º O presidente da commissão será um representante dos concelhos,
eleito para esse cargo, pelos membros
da respectiva commissão.

§ 2.º A relação dos quarenta maiores
viticultores de cada concelho que pos-

sam ser eleitores será organizada, nos
annos em que devam effectuar se as
eleições da commissão de viticultura,
pelos vogaes concelhos em exercicio, e
affixada nos logares publicos da sede
do concelho respectivo, durante todo o
mez de julho. As reclamações acêrca
d'essas relações poderão ser apresentadas por qualquer viticultor, e serão re-
solvidas pela commissão de viticultura,
havendo recurso para o Conselho Superior da Agricultura. Os recursos devem ser resolvidos até o dia 15 de outubro seguinte.

§ 3.º A eleição será feita no segundo domingo do mez de novembro, quando se reuna, pelo menos, dois terços
dos eleitores; se não realisar a eleição,
será effectuada no domingo seguinte
com o numero de eleitores que estiver
presente.

§ 4.º As commissões de viticultura
serão eleitas por dois annos

§ 5.º As eleições dos representantes
dos concelhos serão feitas nas casas da
camara respectiva, sendo o presidente
das mesas que devem presidir ao acto
eleitoral nomeados oito dias antes pelas camaras municipaes. A eleição será feita segundo as disposições vigen-
tes para a eleição dos corpos administrativos.

Art. 26.º A commissão de viticultura terá uma commissão executiva
composta de cinco membros effectivos
e de cinco substitutos, em
sessão ordinaria, uma vez em cada anno, no dia 3 de janeiro, independentemente de convocação, na localidade que
tiver sido escolhida para sede na reunião do anno anterior. A commissão de
viticultura poderá, tambem, reunir extraordinariamente, quando for convo-
cada pelo presidente da commissão executiva.

§ unico. Na primeira reunião ordinaria, posterior á eleição, serão eleitos
os membros da commissão executiva,
que servirão por dois annos, podendo
ser reeleitos os que estiverem em exercicio e poderá mudar-se a sede da commissão, sempre que assim o resolva a
maioria dos seus membros. Nessas reuniões, será discutido e votado o relatorio annual a que se refere o n.º 8.º do
artigo 23.º

Art. 27.º No praso de vinte dias a
contar da publicação d'este regulamento, deverão os escrivães de fazenda dos
concelhos que fazem parte da região
dos vinhos generosos do Douro, organisar e enviar aos presidentes das camaras municipaes respectivas as relações dos quarenta maiores contribuintes da contribuição predial do concelho
ou da parte d'este que estiver incluido
nessa região.

§ 1.º Depois de entregues as relações, a que se refere este artigo, o Governo marcará o dia em que se deverá
effectuar a eleição da primeira commis-

viticultura, que será realisada
ne o disposto no artigo 25.°
° A commissão que for eleita,
o o disposto no paragrapho an-
terá a sua primeira reunião, con-
pelo director geral da Agricul-
a sede do Governo Civil do dis-
de Villa Real e, nessa reunião,
eleger á sua commissão execu-
escolher a localidade onde será
sede e a d'esta commissão.
28.° Compete á commissão exe-

Exercer a fiscalisação dos vinhos
rdentes entrados na região e ve-
o exacto cumprimento do dispos-
artigos 50.° e 51.°, devendo pa-
requisitar os serviços que jul-
cessarios ao pessoal da fiscalisa-
s productos agricolas;
Fazer o registo das propriedades
produzam vinhos generosos, segun-
informações que lhe forem da-
los vogaes concelhios e pelos ou-
eios ao seu alcance;
Elaborar a estatistica da produc-
s vinhos generosos da região de-
la, reunindo as declarações indi-
no n.° 4.° do artigo 23.°, e ser-
se de outros meios de informa-

Passar certificados de procedên-
vinhos da região;
Dar baixa, na estatistica, aos vi-
aidos da mesma região;
Elaborar o relatorio annual;
Propor as instrucções regulamen-
que julgar necessarias para a com-
execução do serviço que incumbe
missão de viticultura, as quaes,
de approvadas por esta commis-
erão enviadas á Direcção Geral
ricultura·
° Para o fim indicado no n.° 1.°
artigo e para fiscalisar os vinhos
ites nas propriedades a¹ que se
o § 1.° do artigo 2.°, haverá,
ião do vinho generoso do Douro,
oal indispensável da Direcção da
isação dos Productos Agricolas.
se d'esse pessoal mandará effe-
todos os serviços de fiscalisação
ie forem requisitados pela com-
executiva, salvo quando enten-
o não pode fazer, devendo, n'es-
o, participál-o á mesma commis-
á Direcção da Fiscalisação, para
esolver o que julgar mais conve-
, depois de ouvir, sobro o assum-
commissão executiva.
.° Para a execução dos serviços
ompetem á commissão executiva,
i, como auxiliares, tres emprega-
e secretaria e um servente, que
fornecidos, pelo Ministerio das
publicas, do pessoal addido, e
vencimentos serão pagos pela ver-
que se refere o § 5.° do artigo 3.°
reto de 1 de outubro do corren-
o.
. 29.° Compete aos vogaes concelhios:
1.° Receber as declarações dos proprietarios e dos donos ou rendeiros dos
armazens de vinho para o registo das
propriedades e para a estatistica da producção e existencia dos vinhos generosos, enviando-as á commissão executiva, com o seu parecer;
2.° Dar, á commissão executiva, todos os esclarecimentos que esta lhes solicitar para a melhor execução dos serviços que lhe incumbem;
3.° Recolher todas as informações acêr
ca dos vinhos e aguardentes entrados
na região dos vinhos generosos e sobre
os depositos d'esses vinhos que existam
na parte da região dos vinhos de pasto
do Douro que não está comprehendida
n'aquella região, enviando-as á commissão executiva, e podendo, em casos urgentes, requisitar, directamente, o serviço do pessoal da fiscalisação dos productos agricolas.
Art. 30.° Os logares da commissão
de viticultura serão gratuitos, devendo,
comtudo, ser dado aos seus membros
um passe nos caminhos de ferro do Estado, na região, e abonados, a cada um
dos membros da commissão executiva,
quando estiverem em exercicio e para
compensação das despesas que teem de
fazer dez dias de ajuda de custo a 2$500
réis, em cada mez, e, a todos os restantes membros e para o mesmo fim,
tantos dias de identica ajuda de custo,
até cinco dias em cada anno, quantos
aquelles em que houver reunião da
mesma commissão de viticultura, e,
além d'isso, as despesas de transporte.
§ 1.° Ao presidente da commissão
serão abonados quinze dias de ajuda de
custo em cada mez.
§ 2.° A despesa que resultar do disposto n'este artigo será satisfeita pela
verba a que se refere o § 5.° do artigo
3.° do decreto de 1 de outubro do corrente anno.
Art. 31.° A commissão de viticultura, ou a sua commissão executiva deverá communicar, á direcção do Mercado Central de Productos Agricolas,
o relatorio annual, a estatistica da producção e existencia e tudo o que possa
interessar á boa execução das disposições d'este regulamento.
Art. 32.° A commissão de viticultura terá legitimidade para accusar em
juizo, gosando as regalias do Ministerio Publico, as infracções d'este regulamento, committidas pelos productores
e commerciantes.

CAPITULO IV

DISPOSIÇÕES DIVERSAS

Art. 33.° O Governo poderá autorisar a constituição de um gremio dos
exportadores de vinho do Porto, do
qual farão parte as entidades a quem é
permittida a exportação d'esse vinho.

Art. 34.° O gremio elegerá, triennalmente, uma commissão directora
para o representar em qualquer acto
que importe a sua existencia, nos ter
mos da carta de lei de 18 de setembro
de 1908.
§ unico. A commissão directora gosará da mesma faculdade que é concedida ás commissões de viticultura pelo
artigo 32.°
Art. 35.° É creada uma commissão
agricola commercial dos vinhos do Douro, composta de quatro vogaes eleitos
pelo gremio dos exportadores, quatro
pela commissão de viticultura duriense
e quatro nomeados pelo Governo, à
qual incumbe:
1.° Informar os recursos acêrca da
inclusão de novas propriedades na região dos vinhos generosos do Douro;
2.° Consultar o Governo sobre quaesquer assumptos que interessem o regime especial do commercio do vinho do
Porto.
§ 1.° Se, no prazo de trinta dias a
contar da publicação d'este regulamento, não se constituir o gremio dos exportadores, o Governo nomeará os quatro vogaes, que deviam ser eleitos por
este, podendo somente recair essa nomeação em exportadores de vinhos do
Porto.
§ 2.° Dos vogaes nomeados pelo Governo, dois deverão ser agronomos com
conhecimentos especiaes de œnologia.
Art. 36.° Os proprietarios viticultores cujas propriedades tenham sido incluidas na região do Douro, nos termos
do § 1.° do artigo 2.°, são obrigados a
apresentar, aos vogaes da commissão
de viticultura do respectivo concelho ou
do mais proximo, ou á commissão executiva d'esta, desde a vindima até ao
dia 15 de novembro seguinte a declaração da quantidade de vinho generoso
que tiverem fabricado e proveniente das
respectivas propriedades.
§ unico. No calculo da quantidade
de vinho deverá attender-se-á aguardente que será necessario addicionar-
lhe para que a sua graduação alcoolica
seja elevada a 16,5 graus centesimas.
Art. 37.° A entidade que receber as
declarações indicadas no artigo 36.° deverá passar ao apresentante um certificado de producção conforme o modelo n.° 6, pela totalidade do vinho de-
clarado, sendo o segundo talão d'esse
certificado enviado á commissão executiva da commissão de viticultura
quando o documento for passado pelos
vogaes concelhios d'esta comissão, e
ficando os dois talões na caderneta respectiva quando for passado pela propria commissão executiva.
§ 1.° Compete á commissão executiva mandar verificar a exactidão das
declarações feitas, devendo ser immediatamente corrigidas as differenças que
forem encontradas.
§ 2.° Quando se averiguar que a de-

claração da quantidade de vinho generoso está errada, por excesso, em mais de 10 por cento, será levantado auto para se provar a contravenção, sendo o proprietario declarante punido nos termos do artigo 39.º do decreto de 22 de julho da 1905.

Art. 38.º Os proprietarios a quem tiverem sido passados os certificados de producção indicados no artigo 37.º, deverão, quando pretenderem fazer sair dos seus armazens a totalidade ou parte do vinho de que são possuidores, requisitar á commissão executiva da commissão de viticultura que lhe sejam passados certificados de procedencia, conforme o modelo n.º 7, para a quantidade de vinho que desejarem expedir. Estes certificados são documento indispensavel para que esses vinhos possam atravessar a região dos vinhos generosos e ser recebidos nos armazens dos exportadores de vinho do Porto e creditados nas respectivas contas correntes.

§ 1.º Os certificados a que se refere este artigo sómente deverão ser passados mediante a apresentação do certificado de producção a que allude o artigo 37.º, devendo ser averbadas n'este documento as quantidades de vinho para que forem concedidos aquelles certificados.

§ 2.º Os certificados de procedencia terão praso de validade e serão passados em caderneta especial com dois talões, ficando um na respectiva caderneta e sendo o outro enviado à Alfandega do Porto.

§ 3.º Os certificados indicados n'este artigo deverão, antes de se effectuar a expedição, ser visados na repartição de fazenda do concelho em que estiver situado o armazem e acompanhar a remessa em transito, sendo sempre apresentados ao pessoal da fiscalisação que o solicitar.

§ 4.º A apresentação de qualquer remessa dos vinhos generosos, a que se refere este artigo, em estação aduaneira diversa d'aquella que, segund a declaração do interessado, tiver sido mencionada no respectivo certificado de procedencia, quando se não tenha requerido á Alfandega do Porto a competente transferencia para a estação aduaneira onde se pretende que a remessa seja verificada, considerar-se-ha como transgressão punivel, nos termos d'este regulamento.

§ 5.º Se dois dias depois de terminados os prasos indicados nos talões dos certificados de procedencia não houverem sido apresentados á verificação por entrada as remessas respectivas, serão os mesmos talões enviados á 1.ª Repartição da Alfandega do Porto com as competentes participações que terão o devido seguimento.

§ 6.º Os escrivães de fazenda, o pessoal da fiscalisação do real de agua e

o pessoal da fiscalisação dos productos agricolas, a que se refere o § 1.º do artigo 28.º, devem providenciar, pelos meios ao seu alcance, para que tenha cumprimento o disposto neste artigo e seus paragraphos.

§ 7.º A' contravenção do disposto neste artigo e seu § 3.º será applicada a penalidade estabelecida no § 8.º do artigo 50.º

Art. 39.º Por annuncios publicados no Diario do Governo, e por outros meios de publicidade, serão convidados os viticultores e os commerciantes de vinhos generosos, produzidos e armazenados na região dos vinhos generosos do Douro, a declarar, dentro do praso de vinte dias, posteriores à publicação d'esses annuncios, as quantidades d'esses vinhos que possuem e o local em que se encontram armazenados.

§ 1.º Os viticultores e os commerciantes que possuam vinhos generosos armazenados na parte da região dos vinhos de pasto do Douro, que não está incluida na dos vinhos generosos, poderão tambem apresentar as declarações, a que se refere este artigo, acerca da existencia dos vinhos d'essa qualidade que possuirem e tiverem sido produzidos n'essa região, anteriormente á publicação do decreto de 1 de outubro ultimo.

§ 2.º Para os effeitos deste artigo serão considerados vinhos generosos os que tiverem graduação alcoolica não inferior a 15.º centesimaes e a respectiva forma oenologica.

§ 3.º As declarações serão feitas perante a Direcção da Fiscalisação dos Productos Agricolas, podendo ser entregues nas suas delegações ou aos agronomos dos districtos respectivos, sendo logo remettidas áquella direcção.

§ 4.º Não serão considerados, para qualquer effeito legal, os vinhos generosos do Douro acêrca dos quaes não sejam apresentadas as declarações indicadas neste artigo, dentro do praso marcado.

§ 5.º As declarações que, nos termos do n.º 4.º do artigo 23.º, devem ser entregues até 15 de novembro, ficam substituidas, no actual anno, pelas que serão apresentadas conforme o disposto neste artigo.

(Continúa).

Noticias dos campos

ANCIÃO.—A feira de gado suino em Ribeiro de Vide esteve pouco animada. A carne regulou entre 3$000 a 3$500 réis a arroba.

Teve grande procura, mantendo bom preço, o gado de creação.

AVIZ.—No mercado de gado suino, as compras isoladas realisaram-se a 3$600 e 3$700

réis a arroba; os creadores não aceeitaram os preços offerecidos por varas.

EVORA.—No mercado do gado suino, regulou o preço da arroba para marchantes a 3$700 e 3$800 réis e para a venda a miudo á 3$900 e 4$100 réis.

SEVER DO VOUGA.—Está concluida a colheita da azeitona que foi regular.

Por aqui trata-se muito pouco da plantação de oliveiras, o qué é um erro. O bom e previdente agricultor deve plantar, pelo menos, uma oliveira por cada duas videiras que lança á terra.

Vêem para aqui annualmente alguns contos de réis de azeite que poderíamos produzir.

—O tempo apresenta-se invernoso, favorecendo a nossa agricultura, porque não havia aguas para os prados de azevém.

TABOAÇO.—Está-se apanhando com afinco a azeitona. As azenhas já funccionam e não obstante a abundancia, o preço da azeitona conserva-se elevado,—pois regula a rs. 4$500 e 5$000 cada 25 litros, antigo almude.

—As freguezias que ficavam fóra da região que produz vinho fino vão representar, para lhes ser reparada a injustiça da exclusão.

—O tempo continúa bom, mas as geadas e o frio são intensos.

—O vinho vae tendo preço um pouco meis elevado que no anno findo.

Aos senhores lavradores

Prevenimos por esta forma tódos a quem interésse, que no dia 2 de Fevereiro de 1909 termina de mutuo accordo e amigavelmente o nosso contracto com o agronomo, Ex.ᵐᵒ Snr. Ramiro Larcher Marçal.

A secção agronomica da nossa casa continua porém a tratar dos assumptos da sua especialidade como d'antes, indicando adubações, visitando as propriedades, installando campos de ensaio, fazendo analyses de terras, etc., etc., trabalhos estes que são confiados a agronomos e chimicos agricolas versados no assumpto e que já ha annos trabalham pela nossa casa na dita secção.

A nossa revista «O Fertilisador» continua a ser publicada e remettida aos senhores lavradores como até agora.

Lisboa, 11 de Janeiro de 1909.

O. Herold & C.ª

Adubos chimicos de toda a especie.

LISBOA E PORTO.

NO. — N.º 167 · A Gazeta publica-se nos dias 10, 20 e 30 de cada mez · JANEIRO—1909

ZETA DOS LAVRADORES

ᴚGÃO DE PROPAGANDA E DEFEZA DOS INTERESSES DA AGRICULTURA NACIONAL

aboração de muitos agricultores, agronomos, medicos veterinarios, horticultores, viticultores e regentes agricol

DIRECTOR e PROPRIETARIO: *JOSÉ ERNESTO DIAS DA SILVA*

Médico veterinario — Antigo professor da Escola de Agricultura da Real Casa Pia de Lisboa

Assignaturas
(pagamento adeantado)
.... 1600 réis
stre................ 800 »
wuliso............... 50 »

tras começam sempre no principio de cada mez.
spondencia deve ser dirigida ao director do jornal.
recebidos quer ou não publicados não se restituem.
) na séde da Gazeta. — IMPRESS..O — impressa
ua de S. Julião, n.º 58 e 60

Annuncios
(TYPO CORPO 8)
Por uma só inserção..................... 40 réis cada linha
Repetição até 6 publicações............ 30 » » »
Annuncios permanentes, folhas soltas, reclames e annunc
intercalados no texto—contracto especial.
Os srs. assignantes gosam do abatimento de 30 º|₀
A Administração aceita correspondentes em todas as terras do p
Redacção e Administração, C. de Santo André, 100, 1
EDITOR—Dias da Silva

icultura geral

Ministro da Agricultura

ılheiro D. Luiz de Castro

n'este momento voltadas
ıvo titular das obras pu-
attenções dos nossos la-
Ha pouco as situações
succediam-se umas apoz
em o proposito de fazer
ver a industria mãe, o
ıortante e mais natural
economia nacional —a
ra. Ao actual governo pa-
uma nova orientação
a presidiu á sua organi-
o sendo descurada a agri-
escolhendo-se para a sua
direcção, um novo, crea-
cado na escola moderna,
ım profundo conhecimen-
ıs os seus variados e com-
mos, a uma vontade de-
firme, tantas vezes posta

em prova, em luctas mantidas e
sustentadas com sabio exiterio no
apostolado de propangandista be-
nemerito.

A agricultura sendo a primeira
fonte de riqueza do paiz, necessi-
tava principalmente que no respectivo ministerio onde se tratam
momentosos questões, de que depende o augmento da riqueza publica estivesse um ministro á altura da missão social, que é chamado a superintender.

Muitas providencias de fomento se tornam indispensaveis. A agricultura precisa todavia de illus-
trar-se e de enriquecer-se. E' necessario que os nossos campos forneçam os cereaes indispensaveis ao
consumo, afim de nos livrarmos
da grande exportação de ouro,
que temos de adquirir e que sahe
novamente para o estrangeiro,
que se desenvolva a creação de
gados destinados à alimentação
publica; que se aperfeiçoe a producção vinicola, de forma a dar-
nos typos verdadeiramente defe-
ridos; que o credito agricola se
estabeleça entre nós, a livrar o
cultivador da agiotagem; que se
abra, sustente e alargue mercados
proprios para os productos que a
lavoura felizmente hoje apresenta
a rivalizarem com os similares
estrangeiros.

Para que tudo isto se consiga
é preciso diffundir muito a instrucção profissional e elementar;

fundar campos experimentaes e c
demonstração pratica com mode
tos laboratorios chimicos; é indi
pensavel fomentar a cultura e cᴐ
lonisação dos grandes terrenos iı
cultos, que tanto, em abundance
possuimos no Alemtejo, bem com
o regimen das aguas e a fórma c
seu aproveitamento; a organisaçi
da propriedade, os onus que a aৃ
gravam e a fórma de a alliviar
de organizar as caixas rurae
destinadas a facilitar o capital a
cultivador.

Mas para attender a esta mu
tiplicidade de assumptos, mui
confiamos no actual ministro dᴐ
obras publicas, o sr. D. Luiz ৃ
Castro, que no parlamento se te
distinguido pelo aturado estuc
das questões agricolas.

Eleito pela primeira vez depı
tado em 1895, fez sempre par
da camara d'essa data por dea
te, com excepção da penultima l
gislatura, tendo sido relator ৃ
orçamento do ministerio dos n
gocios estrangeiros, da lei de s
bretaxa e de quasi todos os proj
ctos de interesse agricola. Foi d
legado do governo junto do In
tituto Internacional de Agricult
ra, de Roma, commissario de Po
tugal na secção agricola da exp
sição universal de Paris, e org
nisador do primeiro congresso v
nicola que se realisou em Lisbo

Tomando sempre parte mui
activa em todas as reuniões agı

coias e promovendo na imprensa largas discussões sobre questões economicas, o sr. D. Luiz de Castro, actual presidente da Sociedade de Sciencias Agronomicas de Portugal, tambem foi por vezes delegado da Real Associação de Agricultura em varios congressos da especialidade.

Como socio da Associação dos Jornalistas, combateu energicamente ao lado dos representantes dos jornaes de Lisboa a lei dictatorial de imprensa do sr. conselheiro João Franco, tomando parte activa em todas as reuniões de protesto que a imprensa promoveu.

Actualmente é lente da cadeira de economia rural e legislação do Instituto Agricola, socio da Academia Real das Sciencias, commendador de S. Thiago e official da Legião de Honra. Entre muitos outros trabalhos, o sr. D. Luiz de Castro tem feito publicar os seguintes:

«A producção cavallar portugueza e o seu melhoramento», «Chronicas Agricolas», «A Producção e a cultura do trigo em Portugal», «Plantações definitivas e cultura da vinha», «A Vinha americana», «Tratados de commercio», «Mercados para os nossos vinhos», «Le régime du blé en Portugal», «O Syndicato Agricola», «Mercados exoticos e tratados de commercio», L'enseignement supérieur de l'agriculture en Portugal», «Le Portugal au point de vue agricole», «Le crédit agricole et le mouvement associatif rural», «La législacion du blé», «Les syndicats agricoles en Portugal», «L'Union vinicole et oleicole du Sud», «La coopération en Portugal», «Les boucheries municipales de Lisbonne», «La législation portugaise des caves sociales», «Rudimentos de agricultura pratica», «O movimento associativo rural», «Jardins coloniaes», «Aspectos economicos do projecto vinicola», «La crise vinicole en Portugal», etc.

N'um banquete, offerecido pelos seus collegas agronomos e silvicultores, o novo ministro, á serie de brindes levantados em sua honra, respondeu brilhantemente, produzindo um discurso, definindo o seu programma ministerial. Não nos furtaremos a publical-o.

Simplesmente fazemos votos, para que comsiga ver coroados de bom exito os seus esforços e o paiz, que tanto tem a lucrar com a sua presença no ministerio, saiba corresponder com reconhecimento, a quem sempre se mostrou um dos seus mais denodados defensores da sua prosperidade economica.

O discurso do snr. D. Luiz de Castro

Nada de mais agradavel me podiam proporcionar os meus collegas agronomos e silvicultores, meus camaradas da mesma escola, do que esta reunião fraterna que se impõe ao meu coração como lembrança de saudosos tempos de mocidade, como testemunho de sentimentos amigos de discipulos dedicados, como prova de consideração dos mais antigos que eu, na carreira nobilissima que é a de nós todos.

A todos, juntando-os no mesmo abraço, agradeço esta grande manifestação do seu apreço por quem tem procurado sempre servir o paiz no campo da sua actividade maior e a classe que tem a vida ligada á prosperidade da agricultura, que só isso procura e só isso quer, amando a sua profissão que é a fórma pratica e efficaz do patriotismo.

Nada de mais agradavel me podiam proporcionar do que esta reunião affastada de qualquer intuito politico, que me faculta o ensejo de dizer a um publico de todas as parcialidades politicas illustrado e conhecedor de assumptos economicos e technicos, o que pensa d'essas questões e o que pretende fazer alguem que sendo um convicto monarchico liberal, nunca foi, nem é, nem será um politico faccioso e que tem tido sempre como preoccupação da sua vida modesta de trabalho o bem estar economico e social das populações do reino collaborando de boa vontade com todos, venham d'onde vierem, que procurem sinceramente a consecução d'esse ideal.

Agricultura commercio e industria — O ministerio de fomento

E' inutil fazer avultar peránte auditorio tão sabedor a importancia da agricultura na economia geral do paiz. Nem mesmo era esta a occasião propria de apontar numeros revolvendo estatisticas. Apenas quero accentuar o valor da industria fabril que sustenta alguns millhares de operarios, alguns milhões de habitantes da nossa terra, que é aguentada por quantiosos capitaes e por iniciativas e energias que são honra e gloria da nação.

Tão sómente quero bem marcar o papel de um commercio que em ruins condições mercantis tanto internas como externas, com a producção e o consumo desordenados, com falta de um regimen de tratados que só agora véem, apoz perto de trinta annos de abstenção de relações internácionaes em circumstancias rasoaveis, tem conseguido atravez inumeras difficuldades de todo o genero manter honrados e equilibrados as suas firmas e os seus balanços, dos quaes depende em grande parte o equilibrio da economia geral.

Agricultura, industria e commercio, tres ramadas reaes do tronco economico nacional, teem de ser cuidadas com egual interesse, com egual assiduidade, com egual intuito, com egual processo.

As sciencias de applicação fornecem aos economistas e aos sociologos imagens verdadeiras tiradas da observação da natureza, que são exemplos e ensinamentos a applicar nas resoluções de muitos problemas da vida economica e social dos povos.

Quando n'uma arvore fructifera se não olha ao equilibrio de seus ramos, quando se deixa enfraquecer um d'elles, todos nós, agronomos, bem sabemos porque a sciencia e a pratica o dizem, que soffrem os outros tambem e a planta que distribuiu mal a seiva vê ameaçada dentro de pouco tempo a producção e até a vida.

Por isso eu quero juntar n'um só ministerio todos os serviços res-

ites á agricultura, ao com-
o e á industria, para que o
tro como um bom fructicul-
tentamente vele sobre o equi-
da producção das troncadas
ciaes da querida arvore e a
attençãonãoseja distraida pa-
ras questões por certo interes-
simas e utilissimas, mas que
viam do curso intenso de
que urge encaminhar com
to de continuidade para a
como se produz, se distri-
se consome a riqueza patria.

ito agricola industrial e commercial recenseamento geral dos gados—O stro e os serviços de estatistica

ado o orgão, é preciso vêr
que materias é que elle tra-

i inquerito agricola, indus-
mpõe se absolutamente. Pre-
r trabalhar a economia por-
za ás apalpadelas, como o
feito até aqui, é persistir
t pratica ruim cujas provas
recem dadas de sobejo para
peteça continual-as.
inquerito agricola de 1887
ie ultimou; os documentos
ficaram d'essa investigação
serem já hoje antigos, são
itos e incompletos.
nquerito industrial de 1890,
apesar de nunca se ter con-
), compendiado n'um relato-
lho de 17 annos.
querito commercial nunca se

recenseamento geral dos ga-
u quasi 40 annos de edade.
i reconhecimento do paiz eco-
:o é medida de necessidade
ia, acompanhado pela orga-
io de serviços hoje dispersos
lêem cabal garantia de con-
) ao pleno estudo natural do
sem dispersão de verbas,
nutilidade de esforços.
l remodelação que nos con-
á a cadastrar o paiz como em
inha se está fazendo, ligando
serviço com o das conserva-
, tal remodelação de todos os
lhos de estatistica, que deve-
car pertencendo ao ministe-
fomento, teem de obedecer

ao criterio de serem organismos
vivos, conhecido pelo publico nas
suas manifestações multiplas de
actividade direi quasi diarias, onde se possa sentir o pulsar do nosso sangue vital e d'ahi tirar as
ellações precisas sobre o estado de
saude do corpo nacional.

Não é possivel continuar-se no
espectaculo constante da nossa insufficiencia de meios estatisticos,
quando por exemplo annualmente teem de se decretar importações
de cereaes. E' deprimente para os
nossos brios de nação civilisada e
é de resultados deploraveis para a
economia interna. E' caminhar
com os olhos vendados.

O ensino agricola—O Instituto—O ensino secundario—Estações experimentaes—Cathedra ambulante

O ensino agricola, as instituições do fomento rural o povoa-
mento florestal do reino, a pecuaria, certas culturas, como a do arroz, certas industrias ruraes, como
a dos lacticinios, constituem outros tantos capitulos pelos quaes
dividirei immediatamente a minha
actividade.

Só destes vos falarei porque não
esqueço que estou falando perante agronomos e silvicultores, a
quem por ventura não interessa a
minucia de especialisações commerciaes e industriaes.

Sobre o ensino é minha inten-
ção encaral-o não apenas sob o
ponto de vista escolar propriamente dito como é vulgarfazer-se entre nós.

Os laboratorios, as estações agro
nomicas, os campos experimentaes,
os postos zootechnicos as escolas
desde a cathedra ambulante até á
cupula do edificio agronomico e
silvicola ao instituto superior são
todos para mim representativos de
uma energia de ensino que irma-
mente me ha de marcar o maior
cuidado.

O Instituto da Agronomia não
pode continuar a viver nas condições em que está.

A sua missão é muito alta e
muito proveitosa para as desapro-
veitar na mesquinhez dos seus recursos actuaes de acção.

E' preciso, é innadiavel que a
nossa escola superior de agricultura seja posta á testa, como guia
e como chefe, de todo o movimento scientifico agronomico do reino.

Em torno d'ella, recebendo o
seu calor, seu amparo, enxamiarão
todas as instituições de ensino.

Escolarmente o Instituto tem
de chamar a si pela importancia e
efficacia do seu ensino os filhos
dos lavradores, dos grandes proprietarios transviados para outros
cursos d'onde não tiram proveito
pratico para a vida agricola e apenas a van gloria d'um titulo que
a nossa escola tambem poderá dar.

Materialmente o instituto tem
de installar-se em edificio especial
rodeado de alguns hectares de terrenos cercado pelas estações experimentaes de que absolutamente
carecemos, como as de ensaio de
sementes, de machinas, de zootechnia e hygiene pecuaria, etc.

Impõe-se uma remodelação do
ensino secundario agricola e a creação de escolas especialisadas como
por exemplo, de horticultura e po-
micultura no Algarve, o estabelecimento da cathedra ambulante
por iniciativa do Estado, já que,
infelizmente, a iniciativa municipal, districtal, associativa não tem,
a não ser no norte do paiz e ao
contrario do que succede no norte
da Italia, podido ou querido insu-
flar-lhe a vida.

Essas cathedras, porém, teem
de partir de estações experimentaes como a que foi creada no Douro e que organisarei gostosamente.
Sem isso a missão que lhes compete enfraquece sobre modo, tornando-se por ventura desvaliosa a
propaganda. O exemplo da Italia
a esta conclusão nos leva.

Cultura cerealifera—Trigo, milho, centeio, arroz—As industrias ruraes

Campos de experiencia, postos
de propaganda, procurarei estabelecer nos centros especiaes de culturas importantes.

A cultura cerealifera necessita
de aturada attenção agronomica,
technica, para que as leis economicas de protecção que sobre ella
incidem tenham exito duravel.

O grande deficit de pão da nossa vida interna se tende a diminuir pelo trigo inclina-se para augmento pelo milho e pelo centeio e se as leis economicas (carecendo, de resto no seu detalhe de uma revisão a que me não furtarei) momentaneamente servem ás vezes para evitar um desiquilibrio, só a sciencia pode tornar fixas essas vantagens garantindo um maior e melhor rendimento por unidade de superficie.

Um benefico papel póde e deve desempenhar na regularisação do commercio d'estas mercadorias e de todas as agricolas, impedindo a repetição de factos deploraveis que periodicamente se dão entre nós, o Mercado Central de Productos Agricolas, para o qual é preciso olhar a sério, valorisando-o no seu justo merecimento.

A cultura do arroz, de proscripta que é deve ser educada e regulada de harmonia com as ultimas descobertas biologicas para salva-guarda da saude publica e de harmonia com a imprescriptivel urgencia de abaixar a importação de substancias alimenticias na qual o arroz figura por quantia superior a mil contos.

Se das culturas passamos ás industrias ruraes encontramos logo uma, cujo desenvolvimento libertando-nos da importação exotica marca uma pagina gloriosa na historia da nossa actividade agricola : a dos lacticinios.

Entretanto não rende ao paiz tudo quanto pode e deve dar não só no seu principal producto como na exploração de multiplas industrias accessorias, taes como creação de suinos, carne salgada, salchicharia, creação de gallinhas, producção de ovos, etc.

A industria frigorifica, que tem revolucionado o commercio mundial de substancias alimenticias, é chamada a uma larga acção no desenvolvimento da industria dos lácticinios e connexamente, da fructicultura, da caça, de carnes . . .

A industria do azeite necessita de ser encaminhada diffundindo-se mais o bello esforço de muitos oleicultores progressivos da nossa

terra que já hoje não poucos lagares modelos possue.

Sobre o vinho muito se tem legislado. Empenharei meus esforços en regulamentar urgentemente essas legislações votadas pelos representantes da nação e tão sómente cumpril-as como é dever meu.

Pelo lado technico nos serviços do ensino ligarei a maior attenção a esse capitulo das artes agricolas nacionaes. Pelo lado economico, procurarei, de accordo com o sr. ministro dos negocios estrangeiros, facilitar e promover um commodo e facil commercio.

A industria pecuaria requer toda a attenção do governo pela importancia da sua riqueza e pelo desconhecimento em que ainda hoje estamos quanto aos elementos que a compõem e quanta á fórma de mais os valorisar. Raças de animaes agricolas possuimos que julgamos preciosas, mas que nunca mereceram um aturado estudo, nem um ligeiro incentivo de melhoria. Urge saber o que temos e saber como havemos de administrar technica e commercialmente o bem pecuario da nação.

Com a industria pecuaria se ligam estreitamente questões de alimentação: de cultura, de industria fabril, de defeza nacional, que não podem relegar-se eternamente para um plano mais que secundario.

Riqueza florestal—A hulha branca

Outras riquezas, porém, possuimos, como a florestal, a que uma legislação proficua proposta pelo conselheiro Manoel Francisco de Vargas, cujo nome gostosamente pronuncio aqui, porque deixou uma obra agricola de incontestavel valor no ministerio a que presido hoje—deu um notavel impulso, mas que necessita de complementos que a pratica mostrou necessarios e que o seu proprio desenvolvimento impõe; a hulha branca, os nossos cursos d'agua (Tejo e Sado), bens com que nos dotou a natureza o que é necessario dotar, aproveitar, successivamente chamarão o meu cuidado, contando, pelo menos, sobre quedas d'agua

á seu aproveitamento apresentar es camaras um projecto de lei na proxima sessão.

Crédito agricola—Cooperativas, mutualidade, syndicatos agricolas

Com as escolas com as estações, com os laboratorios, com os campos de experiencia, com as cathedras ambulantes, com a acção pertinaz de agronomos, de especialistas, tão intensa quanto possa ser dentro dos recursos do thesouro, crear-se-ha um pessoal de direcção esclarecido para as explorações agricolas do paiz.

Com a dessiminação dos principios scientificos applicados á agricultura, conseguiremos em Portugal, como lá fóra é correntia pratica, pela melhoria do producto, pelo barateamento da producção assegurar mercados certos, tanto internos como externos, auxiliados por leis economicas que hoje governam o mundo commercial. Não me contentarei, porém, para conseguir esse fim, em cuidar só da producção. Descerei a minucias. Procurarei trazer aqui operarios adestrados no preparo e acondicionamento de certos productos. E' sabido que alguns correntes nossos nos levam de vencida em mercados exoticos por virtude exclusiva da nossa imperfeita e deselegante maneira de acondicionar e apresentar determinadas mercadorias.

Não esqueço, é claro, que para esta obra de renovação são imprescindiveis capitaes sufficientes que tão sómente o estabelecimento do credito agricola pode fornecer.

N'este campo tenho a fortuna de encontrar o caminho desbravado pela proposta approvada na sessão passada pelas côrtes sob iniciativa do conselheiro Moreira Junir, e que o governo vae aproveitar contractando com o Banco de Portugal as condições de emissão de cinco mil contos de réis, estudando a fórma de melhor fazer aproveitar á lavoura grande e pequena essa quantia, para o que de commum accordo trabalham n'este momento os ministros da fa-

'zenda e das obras publicas. To-
cando n'este ponto, não posso deixar de agradecer na sua presença
aqui ao mestre de nós todos em
questões economicas e mormente
de credito, o sr. conselheiro Anselmo de Andrade, que não sendo
agronomo diplomado é um distin-
ctissimo agronomo, cujo saber
apenas se pode medir pela sua intelligencia e pelo seu caracter.

E' a unica especialisação de
pessoa que faço agora, apesar de
tantas outras se imporem á nossa
consideração, mas não desejo tirar
o caracter de camaradagem a esta festa fraterna enaltecendo dentro da nossa familia profissional
quem quer que seja.

Para a obra do credito agricola
espero a honra da collaboração
do sabio director da nossa escola
superior de agricultura e as indicações das pessoas que já o teem
praticado entre nós. Eu quero.ape-
nas servir o meu paiz. Não tenho
vaidades, nem pruridos pessoaes
de engrandecimento. Acceito e
procuro os alvitres de quem pela
sua competencia especial se impo-
nha á minha consideração.

A' associação em diversos grau s
se terá de ir buscar o meio seguro
e profícuo de fazer chegar a todas
as classes agricolas o beneficio do
credito, e não só para este fim mas
para muitos outros.

Por todos os meios ao meu alcance hei de fazer levar ás populações ruraes a propaganda efficaz
d'um regrado movimento associativo nas suas multiplas e bem ditas fórmas, para o que tenciono
apresentar ao parlamento uma serie de projectos que permittam a
facil organisação de sociedades
cooperativas e mutualistas, de simples agrupamentos de productores
e estendendo as attribuições e poderes dos syndicatos agricolas.

Pela associação o pequeno, o
pobre adquire o poder da sciencia
e do capital e em boas condições
de luta pode commerciar os seus
generos e viver. E' inadiavel levar ao seu conhecimento esta verdade indiscutivel e depois dar-lhe
todas as facilidades de realisál-a.

A luta pela vida—União para a vida

Um governo liberal como aquelle de que tenho a honra de fazer
parte, não pode desinteressar-se
de tudo quanto seja o bem estar
da população menos favorecida
da fortuna, e, em toda a parte, é
pela associação pelas normas so-
lidaristas, que se caminha em ca-
ta d'esse ideal d'um salutar socialismo.

E quem ha hoje no mundo que
não seja socialista?

A palavra ainda assusta é certo, mas na verdade em todos os
corações bem formados e em todos
os cerebros bem mobilados con-
temporaneamente se abrigam e
medram os sentimentos d'um puro e fraterno amor do proximo.

Como o javali foge para longe
á proporção que o matagal é ar-
roteado e entregue á cultura, assim o lemma brutal da luta pela
vida desapparece diante da educação moderna dos espiritos.

Em seu logar luminosamente
surgem as palavras consoladoras
de «União para a vida».

E' unindo-nos nós todos agronomos e agricultores, unindo-nos
para a vida, com a fé, com o ardor de convicção de modernos
apostolos, impeccaveis nas nossas
virtudes civicas, ferventes no patriotismo, e unindo-nos para a vida, que havemos de conseguir dias
melhores para a grey agraria nacional.

Comvosco conto como vós podeis contar commigo, forte com a
vossa companhia, animado para
cumprir a missão espinhosa de
que fui encarregado e é á nossa
união, queridos camaradas, que
eu bebo á prosperidade da agricultura patria, á qual a da nessa
classe indissoluvelmente está ligada, agradecendo-vos uma vez mais
esta festa que ficará para sempre
gravada na minha memoria reconhecida.

O tratado do commercio germano-portuguez

Le Monde Economique publicou
ha poucos dias a seguinte carta de

Lisboa sobre o tratado celebrado
com a Allemanha e que na integra
transcrevemos:

O tratado do commercio germano-portuguez

Lisboa, 15 de dezembro.—O novo accordo commercial que o sr.
conde de Taitenbach acabou de
assignar, foi, para o celebre diplomata, uma maneira delicada de
despedir-se da monarchia lusitana,
antes de ir occupar o logar de ministro na Allemanha em Madrid,
para onde foi transferido.

A maioria da imprensa portugueza tem-lhe manifestado algum
reconhecimento e inclina-se, principalmente a celebrar a habilidade do ministro dos negocios estrangeiros, sr. Wenceslau de Lima,
que acertou em levar a bom fim
uma obra tão delicada e d'um tal
interesse para o paiz.

O tratado não será, por ora,
publicado, porque está dependente da ratificação dos parlamentos
respectivos dos dois Estados.

Mas, o que d'elle já se conhece
permitte comprehender a importancia das vantagens concedidas
pelo gabinete de Berlim.

Até aqui, Portugal era o unico
Estado, na Europa, ao qual a Allemanha se recusava a conceder o
tratamento de nação mais favorisada: é assim que para os vinhos
communs, até 15 graus, que á
França, á Italia, á Hespanha e á
Austria-Hungria, apenas se appli-
cava um direito de 15 marcos por
100 kilos, os vinhos portuguezes
viam-se sobrecarregados d'uma taxa, que não era inferior a 24 marcos!

Isto explica que ao passo que
Portugal exportava, em 1898, com
destino á Allemanha, para mais de
3 milhões de kilos de vinhos, esta
exportação baixou em 1906, depois de postas em vigor as novas
tarifas das alfandegas e a conclusão pelo governo de Berlim de tratados commerciaes com a maior
parte dos Estados da Europa central e meridional, a kilos 1.750:000
apenas!

Pelo contrario, as exportações
allemãs para Portugal não cessa-

ram de augmentar: teem augmentado estes dez ultimos annos, passando de *15 a 35 milhões de marcos*, isto é, attingem perto da metade das importações inglezas! Ellas consistem principalmente (algarismos de 1907, em milhões de marcos): em assucar (2,9), arroz (2,2), armas de fogo (1,6), fio de ferro (1,3), rails, cabos electricos, etc., (1,1), fogões, tubos, etc., (1), tecidos de lã (0,9), anilinas e alcatrões, couros, verniz, ferros em barras, (0,7), 9.450:000$000 réis.

Em permuta, Portugal expede para a Allemanha cortiças (valor 4,9 milhões de marcos), mineral e enxofre (2,1), ananazes e vinho em barris (1,5), rolhas (0,7). peles de carneiro e lãs (0,6), sardinhas em latas d'azeite (0,5), *2.781:000$000* réis.

O artigo mais importante do nosso tratado é o que se refere aos *vinhos*. Por este artigo, Portugal será considerado para o futuro, sobre o mesmo pé que os outros paizes importadores: isto é, em conformidade com a tarifa actual da Allemanha será beneficiado com uma reducção de 49% para os vinhos de lotação (coupage), de 25% para os vinhos de meza, de 50 e 55% para os *Portos* e os *Madeiras*, que serão, com effeito, comparados aos vinhos ordinarios. Além d'isso o governo allemão empenha-se em não deixar vender, *sob o nome de Porto e de Madeira, vinhos que não tenham vindo effectivamente de Portugal e que não possam provar a sua «autenticidade» por meio d'um certificado d'origem.* Este artigo do qual soffrerão naturalmente as consequencias em primeiro logar todos os incomparaveis falsificadores do porto de Hamburgo—*constitue um beneficio especial a Portugal que nunca foi concedido até aqui a nenhum outro paiz.*

Por compensação, quaes são as concessões feitas por Portugal á Allemanha?

Parecia, depois d'uma nota semi-official que se contentaria em lhe garantir a continuação das tarifas de 1882, no que concerne pelo menos, a cinco artigos visados pelo artigo 1.º, numeros 2 e 3 da lei das sobretaxas de 25 de setembro de 1908, Esta lei concedeu um verdadeiro *signal em branco*, armou o ministro dos negocios estrangeiros, permittindo-lhe de augmentar 50% os direitos sobre as importações das nações, que não concederam a Portugal o tratamento da nação mais favorisada.

A importancia das vantagens feitas em *Berlim*, em comparação das concessões, tão insignificantes em apparencia, concedidas por *Lisboa* tem causado aprehensões a certos jornaes de Portugal.... e d'outros paizes d'uma imaginação suspeitosa que lhes fez acreditar em pretendidos beneficios politicos, consentidos pelo governo portuguez á Allemanha; principalmente da cessão ou arrendamento das pequenas ilhas *Berlengas*, situadas ao norte de Lisboa, ou de certas garantias em Lourenço Marques.... Não é preciso *sublinhar* o absurdo de semelhantes boatos.

A noticia dos esponsaes do joven rei Manoel com a princeza Victoria, filha de Guilherme II, parece mais provavel, mas não foi confirmada.

Serià-o se isso não trouxesse de modo algum para Portugal «transtorno ás duas allianças». Pode-se estar certo que ficará fiel á amisade britanica, na qual vê a condição essencial da sua existencia nacional, a salvaguarda da sua independencia continental e colonial.

A Inglaterra constitue tambem para os exportadores luzitanos um cliente imcomparavel. E uma das razões do contentamento dos portuguezes pela conclusão do novo tratado com a Allemanha, é a esperarem que elle contribuirá para atenuar a terrivel crise viticola; e vêem ainda, principalmente, um primeiro passo para as negociações d'um tratado, egualmente importante, com a Grã-Bretanha.

O que temos dito acêrca da importancia das importações allemãs em Portugal é sufficiente—por si só—e sem recorrer a boatos in-

fundados ou absurdos que Berlim se tenha mos descendente, nas recente ções.

O receio de cair sob da terrivel *lei de sobreta* buiu tambem a obviar a do accordo.

Esta lei é uma arma vel nas mãos do ministi gocios estrangeiros por este tratado com a Aller lhe uma força nova na ções que elle vae prose outros paizes, especialm glaterra e a França.

Estas negociações v numa nova fase de activ Nós devemos prestar a nossa attenção. E[?] e desejar com effeito, no p teresse das nossas boas politicas com Portugal possuimos tão vivas sim e do nosso futuro econo te paiz, que nós assign fim com elle um accord duravel.

E' uma questão, de re teremos bem cedo occasi tar.

Angel M

Duas palavras sobre a mu das plantas em ge

Continuado da pag. [?]

d) *Mergulhia chineza.* mergulhia multipla, c em mergulhar em uma co profunda um ramo os seus raminhos, ante primaveral, sujeitando numero sufficiente de de madeira; quando a arbusto entra em vegete se desenvolvem os botõ se os *mergulhões* com al timetros de terra, rega-se de palhiço. No outou proceder ao desmame, i tacar do ramo tantos : enraizados quantos os b envolvidos.

B. — *Mergulhia com* N'esta antes de se deit ou *mergulhão*, torçe-se n de se deseja provocar a formação de raizes. Esta convém aos vegetaes de casca delgada e fibrosa.

C.—*Mergulhia com estrangulação.*—N'esta a torsão é substituida por um obstaculo á marcha da seiva, ainda com o intuito consignado na antecedente. A estrangulação ou ligadura é feita abaixo de um olho, com um fio de linha, ou arame.

D.—*Mergulhia por incisão:*

a) *Incisão em fenda simples.*—Fenda longitudinal feita com instrumento cortante, abaixo de um olho, na qual se introduz uma pedra afim de conservar as partes separadas.

b) *Incisão talão.*—Faz-se esta em ramos da penultima rebentação, no ponto onde uma dilatação indica a extremidade d'aquelle e o começo do da ultima rebentação. Dá-se primeiro uma incisão horisontal, separando o ramo em dois só até meia espessura, e depois outro longitudinal de cêrca de dois centimetros, subindo para a extremidade do ramo.

Quando se faz a mergulhia, curva-se o ramo no ponto da incisão, de modo que o talão resultante das duas incisões tome e conserve uma direcção perpendicular.

c) *Incisão annullar.*—Duas incisões circulares espaçadas de 3 a 12 centimetros; uma terceira cortando e unindo perpendicularmente aquellas, e *descascamento* de toda a porção do ramo comprehendida entre as duas incisões circulares.

Ha ainda a *mergulhia de incisão em talão, complicada,* e *mergulhia por incisão e amputação;* de que não fallaremos.

Na mergulhia por incisão tem-se ainda em vista, como na por torsão, etc., favorecer o enraizamento.

Mergulhia aérea.—Esta é muito empregada sempre que se trata de uma planta que não é facil curvar, ou porque os seus ramos estejam muito altos, ou porque quebrem facilmente, não sejam flexiveis.

E' muito empregada nas came-lias. Consiste esta operação em, mediante o auxilio de vasos de folha, de barro, ou mesmo de cortiços, convenientemente, cheios de terra, fazer radicar os ramos das plantas a certa altura do solo.

E' indispensavel ao bom exito das mergulhias aéreas o mantel-as em um grau moderado, mas constante, de humidade. Ha um meio facil de o realisar: é collocar a pouca distancia d'aquellas um vazo cheio de agua, e pôl-o em relação com a terra das mergulhias por intermedio de uma mecha de algodão, cuja uma extremidade mergulha na terra d'estas, e a outra immerge na agua do vaso.

(Continúa.)

Ernesto Freire,

Industrias agricolas

Aproveitamento industrial da laranja e dos seus despojos

Continuado da pag. 213.

III

A'cerca das vantagens que podem colher-se do fructo das *Aurancáceas,* fóra as que offerecem o commercio de exportação, vamos expor alguns processos a respeito do fabrico do vinho de laranja, extractados de um artigo que o sr. Mina Palumbo publicou, em abril ultimo, na *Italia Agricola.*

Ha muitos annos que se fabrica vinho de laranjas, mas sem poder conseguir-se que o succo deixe de ter uma excessiva quantidade de acidos que impedem a fermentação alcoolica; por varios processos e modificações chegou-se, por ultimo, a extrair das laranjas derribadas pelo vento ou tocadas pelos espinhos da arvore, um vinho ou licor que se vende no commercio, ignorando-se todavia o meio de fabrical-o. Em Hespanha prepara-se e vende-se hoje o laranja A casa Reinhart de Bordeus vende-o a tres francos (540 réis) a garrafa; ha quem tenha substituido o assucar, como ha tambem quem tenha conseguido a combinação do acido com o alcool. Os

hespanhoes extraem o succo e fazem-o fermentar sem addição alguma.

Briosi tirou o excesso de acidez por meio de uma fermentação opportuna e de varias operações, obtendo um vinho de laranja para seu consumo, e um de seus filhos aperfeiçoou esse fabrico. Portanto, a preparação de tal vinho não é um problema.

Sormani escreve o seguinte:

1.º Toma-se a casca exterior de cem laranjas, separando a parte branca, e lançam-se sobre ella uns quarenta litros de agua a ferver, deixando tudo em repouso por oito ou dez horas; coa-se depois o liquido por um panno que esteja um pouco quente; junta-se-lhe o succo da polpa ou sumo da laranja, 12 kilogramas de assucar e um quarto de litro de levedura de cerveja, e deixa-se fermentar n'uma pipa durante cinco dias até terminar a fermentação; quando o vinho se mostra limpido, trasfega-se e guarda-se.

2.º O xarope prepara-se com vinte kilogrammas de assucar e cinco litros de agua; toma-se a parte amarella da casca de quarenta laranjas, quinze litros de agua e outros quinze de sumo de laranjas; macéra-se á parte a casca de laranjas em agua e, depois de alguns dias de infusão a frio, junta-se-lhe o sumo das laranjas. Para tirar a casca deve empregar-se uma faca de madeira ou marfim, porque o ferro enegrece o liquido.

Depois de alguns dias de maceração, addiciona-se á mistura o sumo da laranja, a agua aromatisada e o xarope já preparado, lançando-se tudo n'um recipiente de madeira que não se tapa completamente durante a fermentação, e esta prolonga-se por seis semanas, conservando o local da temperatura de 20º centigrados. Decorrida aquelle tempo, fecha-se hermeticamente o vaso; continúa a fermentação lenta por espaço de tres mezes; depois clarifica-se o liquido e conserva-se em pipas. Querendo diminuir-lhe a força alcoolica, deve empregar-se menor quantidade de assucar.

3.º Carpentier de Cassigni aconselha espremer o succo de 36 laranjas, fazel-o passar por uma peneira de seda ou crina, lançal-o depois n'um vaso grande de louça, cortando em pequenos bocados a casca e lançando-os em outro vaso pequeno de madeira com um litro de agua quente; esfriada a infusão misturar-se ha com o succo das laranjas; faz-se uma segunda infusão que se mistura com a primeira, juntando-lhe dois e meio litros de aguardente de 22º e um litro de agua de sementes com tres hectogrammas de assucar por cada litro.

D'este modo obtem-se oito ou nove litros de liquido que pode beber-se, dias depois, melhorando sempre com a edade.

(Continúa).

A. Faria

Legislação agricola

Projecto Vinícola

Continuado da pag. 216.

Regulamento para o commercio do vinho do Porto

Art. 40.º Compete á Direcção da Fiscalisação dos Productos Agricolas verificar, por inspecção directa effectuada nas adegas ou armazens, quando o julgar conveniente, qual a quantidade de vinho generoso que tem effectivamente armazenada as entidades que fazem as declarações a que se refere o artigo 39.º

§ 1.º Os donos das adegas ou armazens são obrigados a apresentar, antes de começar a visita de inspecção, a indicação escripta de qualquer alteração da existencia do vinho, posterior á apresentação da respectiva declaração.

§ 2.º A verificação da quantidade de vinho será feita pelo calculo da capacidade das vasilhas, fazendo-se o desconto necessario nas que não estiverem cheias.

Art. 41.º A Direcção da Fiscalisação dos Productos Agricolas communicará á commissão de viticultura da região do vinho generoso do Douro a quantidade de vinho generoso que possuir cada uma das entidades que tiver

apresentado as declarações a que se refere o artigo 39.º

§ unico. Serão passados certificados identicos aos indicados no artigo 37.º ás entidades que tiverem feito as declarações de existencia nos termos do § 1.º do artigo 39.º e aos possuidores d'estes certificados será applicavel o disposto no artigo 38.º

Art. 42.º A's entidades inscriptas no registo a que se refere o artigo 6.º, só será permittido expedir ou vender vinho do Porto para revenda, com destino ao consumo nacional, quando por termo lavrado na Alfandega do Porto, se obriguem a enviar a esta casa fiscal, dentro dos primeiros cinco dias de cada mez, uma declaração, em impressos fornecidos pela alfandega, da quantidade d'este vinho assim expedido ou vendido no mez anterior, especificando, para cada localidade, as quantidades remettidas e os nomes e moradas dos destinatarios. Quando as remessas forem feitas para as cidades de Lisboa e Porto, será dispensada a indicação dos destinatarios.

§ 1.º A obrigação da assignatura do termo não existirá para os interessados que participarem á alfandega, em requerimento, que não pretendem expedir ou vender vinho do Porto para o consumo do paiz.

§ 2.º Nos armazens sujeitos ao regime indicado neste artigo, haverá uma escripturação especial em que se indiquem diariamente todas as quantidades de vinho do Porto saidas desses armazens, para o consumo nacional A alfandega poderá, sempre que julgar conveniente, mandar examinar essa escripturação e tirar as indicações que julgar necessarias.

§ 3.º Quando os armazens a que se refere este artigo forem situados fóra do Porto e dos concelhos de Villa Nova de Gaya, Bouças e Gondomar, as declarações serão entregues aos respectivos escrivães de fazenda que, sob sua responsabilidade, as enviarão á Alfandega do Porto.

§ 4.º A falta da entrega das declarações ou da escripturação, a que se refere o § 2.º, ou a existencia d'esta com atraso superior a tres dias, constituirá transgressão dos regulamentos fiscaes.

§ 5.º Quando se prove que as quantidades realmente expedidas ou vendidas são superiores ás que constam das declarações enviadas á alfandega, serão as quantidades não declaradas consideradas em descaminho. As multas a impor serão do duplo do valor do vinho assim considerado, mas nunca inferiores a 50$000 réis, sendo applicadas, nos termos do decreto n.º 2 de 27 de setembro de 1894, pelas auctoridades fiscaes competentes.

Art. 43.º Os vinhos generosos nacionaes, com excepção dos indicados no

artigo 4.º e dos que transitarem engarrafados para a região duriense, que, transportados por mar, entrarem em qualquer porto ou barra ao norte de Aveiro, serão logo armazenados separadamente de quaesquer outros, nas localidades a que se destinarem, em depositos especiaes fiscalisados, sob a responsabilidade dos seus possuidores, se não seguirem immediatamente para estabelecimentos de venda, sob regime de manifesto, quando fóra das barreiras do Porto.

§ 1.º Estes depositos, quando situados no Porto e nos concelhos de Villa Nova de Gaya e de Gondomar, terão escripturação official na alfandega d'aquella cidade, quando no concelho de Bouças, na delegação aduaneira de Leixões, e, nos demais concelhos, nas respectivas repartições de fazenda, servindo nestas a referida escripturação, cumulativamente para os effeitos no disposto no § 10.º do artigo 4.º do decreto de 1 de outubro corrente e para os fins indicados nos artigos 21.º e 32.º do regulamento de 29 de dezembro de 1879.

§ 2.º Nas repartições aduaneiras, os lançamentos das entradas nos depositos especiaes serão feitos pelos respectivos bilhetes de despacho de cabotagem, em que serão exigidas para esse effeito, todas as declarações necessarias; e, nas repartições de fazenda, pelas repartições a que allude a portaria de 2 de maio de 1898, conferidas com as remessas pela fiscalisação do imposto do real de agua. Para este effeito, serão sempre descriptos, separadamente, pelas estações aduaneiras, nas referidas participações, os vinhos de graduação superior a 14 graus centesimaes.

(Continúa).

Noticias dos campos

ELVAS.—A carne de porco vendeu-se no mercado semanal a 3$800 réis cada 15 kilos, e em Villa Boim, a 3$650 egual peso. Os ovos venderam-se de 210 a 260 a duzia.

CHAMUSCA.—A feira que se realisou n'esta villa esteve muito concorrida de gado, mas pouco animada de transacções. Os preços foram, por vara, 3$300 a 3$400 réis a arroba, e á perna 350 réis o mesmo peso. A baixa de preço foi motivada por conluio dos compradores.

VILLA MENDO DE TAVARES.—Estão quasi concluidos os serviços da apanha da azeitona e dos lagares, regulando o preço do azeite de 5$500 a 6$000 réis o almude de 27 litros.

MAÇÃO. — Terminou n'este concelho a apanha da azeitona, que foi muito escassa, regulando actualmente o preço do azeite a 2$100 réis o decalitro.

MIRANDA DO CORVO.—Está quasi concluida a apanha da azeitona, regulando o preço do azeite, que é de boa qualidade, entre 1$950 e 2$000 réis o decalitro.

GAZETA DOS LAVRADORES

ORGÃO DE PROPAGANDA E DEFEZA DOS INTERESSES DA AGRICULTURA NACIONAL

Com a collaboração de muitos agricultores, agronomos, medicos veterinarios, horticultores, viticultores e regentes agricolas

DIRECTOR e PROPRIETARIO: *JOSÉ ERNESTO DIAS DA SILVA*

Medico veterinario — Antigo professor da Escola de Agricultura da Real Casa Pia de Lisboa

Assignaturas
(pagamento adeantado)
Um anno.................... 1600 réis
Um semestre................ 800 »
Numero avulso............. 50 »
As assignaturas começam sempre no principio de cada mez.
Toda a correspondencia deve ser dirigida ao director do jornal.
Os originaes recebidos quer ou não publicados não se restituem.
COMPOSIÇÃO na séde da Gazeta.—IMPRESSÃO—imprensa
Africana—Rua de S. Julião, n.º 58 e 60

Annuncios
(TYPO CORPO 8)
Por uma só inserção........................ 40 réis cada linha
Repetição até 6 publicações................. 30 » » »
Annuncios permanentes, folhas soltas, réclames e annuncio
intercalados no texto—contracto especial.
Os srs. assignantes gosam do abatimento de 20 %.
A administração acceita correspondentes em todas as terras do paiz

Redacção e Administração, C. de Santo André, 100, 1.º

EDITOR—Dias da Silva

Agricultura geral

A crise duriense

O passado e o presente.---Sem trabalho e sem pão.---Acuda-se ao Douro.

Treme-nos a mão ao traçarmos
estas palavras, que nunca suppu-
zémos pudessem conjugar-se: *Mizeria e Douro*.

Sempre nobre pela fidalguia dos
seus solares e afamada pela gene-
rosidade dos seus vinhos, que não
teem parelhos no mundo inteiro,
tinha aquella região privilegiadas
tradições seculares de abundancia
e de riqueza em que nenhuma outra provincia a egualava. Aquelle
torrão abençoado conquistou-nos
renome universal; e não só os seus
vinhos licorosos de exquisito e delicado sabor, todos os seus fructos,
que não parecem creados em vei-

gas e encostas fertilissimas, mas
sim um caprichoso producto de
laboriosas abelhas, que n'ellas pu-
zéssem toda a doçura e todo o
perfume rebuscados no calix de
mimosas e odoriferas flôres ; tudo
emfim quanto aquella terra produz
constituia o orgulho d'esse povo
sobrio e trabalhador, insensivel ás
inclemencias do tempo, por incan-
savel na dureza das fainas do amanho agricola.

Era a viticultura, porém, a melhor fonte da sua felicidade, d'essa
felicidade que, nas populações ruraes, se traduz no lume da lareira,
no caldo de parcimonioso adubo, e no pão com magro presigo.
E vivia contente e satisfeito en-
quanto poudé usufruir este parco
bem-estar!

Mas a adversidade inveja até o
pão do pobre. Vieram, pois, doenças que definharam a vide, entre
as quaes a phylloxera, que asso-
lou os vinhedos. Era um rebate de
fome.

Tornou-se mister um esforço
herculeo, sobrehumano, para reconquistar tamanha perda, para
rehaver o pão que o milhafre da
desgraça pretendia arrebatar. E
os lavradores do Douro empenha-
ram-se, individaram-se, sujeita-
ram-se aos dilacerantes gryphos
da usura, na esperança de fazerem renascer a prosperidade perdida. Eram dignos da sorte que
tiveram : os vinhedos reverdece-

ram, refloriram, fructificaram. O
sol da felicidade aquecia de novo
o seio uberrimo d'aquella região,
e o trabalhador readquiria o alen-
to, que viva quasi desfallecido,
para lhe desentranhar as incomparaveis riquezas.

*

O mal do Douro invadira tambem regiões extranhas. A calamidade extendera-se além fronteiras.
Veio, pois, pressurosa a sciencia
em auxilio da viticultura e conseguiu, mercê dos aturados ensaios
no campo experimental, extirpar
o cancro que corroia as raizes das
cepas.

Reconhecera-se que o remedio
séria replantar os vinhedos de novo bacello exotico, considerado
refractario á acção corrosiva da
phylloxera. E foi providencial a
intervenção da sciencia. Os novos
vinhedos desentranharam-se em
fructo. Renasceu a abundancia.
Voltou o bem-estar ao lar do pobre.

Infelizmente, porém, a notoriedade do facto tentou a indolencia.
O bacello americano não tardou a
invadir as terras que até então o
arado sulcára. Rendia mais e era
menos trabalhoso. Aconteceu, portanto, que diminuiu o pão e augmentou o vinho em todas as terras do paiz. Mas, a consequente
superabundancia determinou uma
situação precaria, que veiu aggravar profundamente as condições

economicas da região duriense, unica que vivia exclusivamente da exploração d'este producto agricola.

Em face da crise que se evidenciava por modo tão assustador, pediram-se providencias ao Estado. E promessas foram feitas de que se estudaria o assumpto, afim de o resolver convenientemente, como era de justiça e necessario.

Aguardaram-se as decisões das estações superiores. Mas os alvitres eram desencontrados; parecia haver um entrechoque de interesses. E nada se resolvia. Os clamores entretanto cresciam; no horizonte entrevia-se um negrume de calamidade que punha nos corações receios graves. Era forçoso acudir á desgraça imminente. E, já depois de muito soffrer, de durissimas provações, assentou-se em conceder um lenitivo á desventurada gente. O Douro ia vêr emfim minorada a sua angustia.

*

Foi um fugaz lampejo de esperança. As promessas, que pareciam irisadas de ventura e que encobriram durante tanto tempo, traiçoeiramente, os abysmos da desgraça, transmudaram-se na mais negra e horrorosa realidade. O Douro, essa risonha e florida região, geme agora esmagado pela maior das desventuras. O Douro, —que horror!—o Douro debate-se nas vascas da fome!

Braços fortes, creados no trabalho e para o trabalho, desfallecem á mingua de pão. E o pão falta-lhes porque a terra não consente a enxada. O seu amanho torna-se impossivel, porque o invejado fructo que ella produz regressa, depois de apodrecido pelo abandono, ao mesmo seio em que foi gerado. O Douro empobreceu, por falta de collocação dos seus productos. E os seus rijos trabalhadores, cujas mãos se ennobreciam com as callosidades do seu rude labutar, extendem-se agora á caridade, que elles desconheciam, não sabendo sequer onde encontral-a, porque em toda aquella região só ha miseria, só se ouve

um côro afflictivo de vozes, umas pedindo pão, outras uma enxerga, outras ainda o soccorro extremo para a ancia derradeira dos filhos moribundos. Horrendo quadro!

*

Não nos detenhamos em recriminações, áquelles a quem caibam responsabilidades por este doloroso estado de coisas.

Se porventura a politica,—para muitos, venenosa serpe com que tudo contamina—concorreu de algum modo para esta afflictiva situação, sejamos generosos, e esqueçamol-a.

A gravidade do momento obriga a cerrar fileiras, encorporando-se na mesma phalange de combatentes os soldados e os marechaes de todos os partidos. Perante um inimigo que não conhece lei nem respeita a virtude, não ha bandeiras de côr differente, ha apenas o lábaro amoroso de irmãos em prol de irmãos. Unamo-nos, pois, animados do mesmo ardor, e tentemos suavisar as suas dôres, a enormidade da sua desdita. Elles estão soffrendo crudelissimamente.

Acuda-se ao Douro, quanto antes!

A fome em Lamego

Uma situação desesperada—Os commerciantes, proprietarios, industriaes e agricultores pedem urgentes providencias ao governo.

Em Lamego, outr'ora uma das mais ricas regiões do Douro, lavra agora a mais intensa miseria. Não ha trabalho e as classes proletarias luctam com a maior adversidade, havendo muitos lares em que existe a fome—má conselheira sempre!—não sendo de estranhar que muitos honestos trabalhadores, se o governo não attende á sua desdita com providencias immediatas, pratiquem qualquer acto de desespero.

E tão grave a situação em Lamego, que todos os homens que ali teem preponderancia não hesitaram em pôr de parte rancores e divergencias politicas—o que é tão difficil em terras de provincia—e, n'um brado unisono, reclamam do governo que attenda á

afflictiva situação das classes operarias de Lamego. Juntando-se todos, dirigiram ao sr. presidente do conselho o seguinte telegramma:

Ex.mo sr. presidente do conselho. — Nós proprietarios, commerciantes, agricultores e industriaes da região do Douro, concelho de Lamego, não podendo abrir trabalho ás classes pobres, uns, por terem as suas transacções quasi paralysadas, outros, pela prohibição do plantio da vinha, apesar de tudo a mais remuneradora cultura da região, pedimos ao governo da presidencia de v. ex.ª para urgentemente mandar começar trabalhos publicos em estradas ou outros, a fim de, nas classes proletarias, se atalhar a fome, da qual, a emigração dos que ainda tiverem o pouco dinheiro da viagem, não será, dentro de breve, o unico nem o peor effeito.

Manuel Monteiro, David Augusto Guedes, Antonio Feliciano de Lacerda, João da Silva Amaro, João Pinto de Mesquita, Luiz Pinto de Almeida, D. José de Serpa Pimentel, José Mendes da Silva Magalhães, João Joaquim Pinto da Fonseca, João Pina de Moraes, Antonio Bemquerença Ferreira Mendes, Antonio Guedes Pereira, José Teixeira Pereira Pinto, Manuel Garcia da Silva, Antonio Pinheiro da Silva, Joaquim de Almeida Monteiro, Affonso Teixeira Mancilha, Antonio Luiz de Sousa Telles, Pedro Rodrigues de Mendouça, Manuel de Almeida Monteiro, Antonio Rodrigues Correia, Manuel José Tavares, José Pinto da Silva Monteiró, Antonio Garcia da Silva Junior, João Carlos Guedes, Manuel Paschoal, Bernardo de Gouveia Santa Barbara, Manuel Ferreira Pinto, Antonio de Oliveira Gomes, Manuel Cardoso Cortes, Antonio Cardoso Cortes, José de Magalhães, Alfredo Teixeira de Carvalho, João Guedes de Magalhães, Abel Cardoso Coutinho, Joaquim Guedes de Magalhães (sobrinho), Antonio Bernardo Ferreira (abbade de Samodães), Joaquim Guedes de Magalhães, Joaquim Tavares Junior, José Constantino Bastos, Manuel Monteiro, Manuel Pinto de Almeida, Thomaz Cardoso de Mesquita, João de Magalhães, Antonio Pereira Martins, José Pina de Moraes, Antonio de Sousa, Albino Pinheiro Guedes do Amaral, Alfredo Ribeiro de Carvalho, Manuel Rocha, Joaquim Rodrigues, Arthur Mendes de Magalhães Ramalho, Augusto da Fonseca Almeida, J. A. Ferraz, successor, João Baptista da Costa Gouveia, Daniel dos Santos Figueiredo, Teixeira Rebello, Filho & C.ª Successor, Fortunato dos Santos Fries, Francisco d'Almeida Ferreira de Carvalho, João Augusto Cardoso, Joaquim Pereira Gomes, Francisco José S. Braga, Joaquim Monteiro da Fonseca, Jayme Soares Braga, José Bento Fernandes Vieira, Francisco Stanislau Menezes de Carvalho, Augusto Adriano Pereira, Manuel Leitão Teixeira, Baldomero da Fonseca Mello, Valentim Duarte Cerdeira, Antonio da Silva Noronha, Luiz Lopes Roseira, Domingos Fernandes, Joaquim Fernandes Mirandella, Angelo Pinto Aragão, Eugenio Cesar Osorio, Manuel d'Almeida Azeredo, Manuel d'Oliveira Barros, Joaquim Lopes Fernandes, Joaquim do Carmo Ferreira, Candido Maria Pinto de Oliveira, Eduardo Mendes Rocha, Jacintho da Cruz, Melchior Guedes, Manuel Ferreira Machado, Manuel José Soares Braga, Antonio Ferreira & C.ª, Manuel Jaaquim do Carmo e Silva, Elisiario Rodrigues Lisboa, Manuel da Silva Junior, Luiz P. Correia Guedes, José do Couto, Manuel Lourenço da Fonseca, João Pinto Corz, Manuel Ribeiro, Diogo Ruy Lopes de ırvalho, Antonio Pinheiro Osorio, João Roigues Coelho, João Maria Cardoso, padre anuel Marques Pereira, Francisco Tavei-, Manuel dos Santos, Antonio Pereira da lva, Antonio Caeteno de Sousa Girão, dolpho Pinheiro da Fonseca e Francisco erfeito de Magalhães.

Noticias agrícolas officiaes

Por ordem superior se annuncia que é á uma hora da tarde do dia 18 de vereiro, e na sede dos Serviços de xploração das Mattas Nacionaes, na arinha Grande, se recebem propostas carta fechada para o arrendamento, r cinco annos, da exploração da reıagem dos córtes finaes do pinhal naınal de Leiria, e que até ás 3 horas tarde do referido dia, se recebem ualmente propostas em carta fechaı para o arrendamento, por tres anıs, da exploração da resinagem dos rtes finaes do pinhal nacional do Urso, do com ıo as clausulas e condições que ram publicadas no «Diario do Goırno» n.º 20 de 27 de janeiro, e se ham patentes na supra citada Direco Geral e na séde dos referidos serços, na Marinha Grande.

*

A secção agronomica do conselho surior de agricultura, na sua ultima reião, tomou em consideração os autos ıvantados a proposito das vinhas planıdas, em contravenção do disposto na arta de lei de 18 de setembro de 1908, ıdo de parecer que todas as vinhas lantadas n'essas condições devem ser ıandadas arrancar.

*

Tendo se verificado que o milho es-´angeiro, que está á descarga em Lisôa, não está, em grande parte, nas ındições exigidas para a panificação, everá, hoje, uma commissão de congnatarios de milho açoreano procurar sr. ministro das obras publicas, afim e representar-lhe sobre a justiça que ıes assiste para ser despachado esse ıilho, que, por ser proveniente dos çôres, não é, em nada, inferior ao ım milho exotico, devendo, além d'isı), notar-se que o milho de provenienı estrangeira, que está á descarga e improprio para a panificação, com ım direito ao imposto de 2 réis em ilo, só applicavel em tal caso, mas ao e 18 réis, que paga aquelle cereal, ıando destinado a quaesquer outros ıs.

A proposito de cereaes, diremos que ı proxima reunião da secção agronoıica do conselho superior de agriculırá vae ser tomada em consideração importação de trigo em Ponta Delıda e de farinha na Horta.

*

Para facilitar aos lavradores do Douo manifesto dos seus vinhos foram expedidas ordens telegraphicamente á alfandega do Porto para que forneça, gratuitamente, os impressos necessarios que para esse fim lhe forem requisitados.

Real Associação Central de Agricultura Portugueza

Reuniu se ultimamente em assembléa geral esta Associação á qual presidiu o sr. dr. Pinto Coelho.

Aberta a sessão foi lido o relatorio da gerencia finda que teve plena approvação, seguindo-se a eleição que deu o seguinte resultado:

Commissões permanentes

1.ª cereaes—Presidente, visconde de Coruche; vogaes: Filippe de Vilhena, José Luiz de Saldanha d'Oliveira e Sousa, Antonio Roberto Rodrigues Casaleiro, Tancredo Mendes Maldonado Trancoso.

2.ª viticultura e cenologia — Presidente, dr. Francisco Miranda da Costa Lobo; vogaes : Raul Correia Bettencourt Furtado, João Soares Branco, Francisco Avelino Nunes de Carvalho, Luiz Alberto Côrte Real.

3.ª culturas arvenses e horticolas— Presidente, Abel Fontoura da Costa; vogaes: João Jacintho Seabra, Marcolino Teixeira Marques.

4.ª arboricultura, silvicultura e artes agricolas respectivas—Presidente, Arthur de Menezes Correia de Sá e Castro; vogaes: Manuel Braancamp de Sobral, D. Fernando de Almeida.

5.ª instrucção agricola, economia e associações—Presidente, dr. João Henrique Ulrich; vogaes : Christovam Moniz, dr. Eduardo Fernandes d'Oliveira.

6.ª zootechnia, commercio de gados e industrias accessorias—Presidente, Eduardo Placido; vogaes : dr. Antonio Fernando de Gambôa Ravara, Antonio da Silva Lapa.

Mesa da assembléa geral—Presidente, dr. Domingos Pinto Coelho; vice-presidentes, dr. Justino Xavier da Silva Freire, conde de Penha Garcia, secretarios, Joaquim José de Azevedo, conde de Oeiras; vice-secretarios, José Victorino Gonçalves de Sousa, Eloy Castanha.

Direcção — Dr. Francisco Augusto d'Oliveira Feijó, Joaquim Rasteiro, Julio Cesar Torres, Antonio Pires Casqueiro, Virgilio Roquete Costa.

Commissão revisora de contas—Carlos Augusto de Campos, Eduardo San ta Martha, dr. Antonio Soares Franco Junior.

A Junta do Credito Agricola

Na ordem da noite o sr. Levy Marques da Costa lê um projecto para a creação da Junta do Credito Agricola.

Antes da leitura d'este trabalho, o sr. dr. Levy Marques da Costa faz breves considerações sobre o assumpto, salientando a sua capital importancia, pelos serviços que esse estabelecimento vem prestar á classe e á nação.

Fala depois sobre a organisação das caixas de credito rural no estrangeiro, e, como consequencia, chama a attenção para o estado ruinoso da agricultura portuguesa.

Recorda ainda que o actual ministro das obras publicas, sendo, como é, membro d'aquella associação e um dos seus principaes ornamentos, saberá dispensar a esta causa toda a dedicação e protecção para o seu completo exito.

Por ultimo, faz a leitura dos artigos em que se baseia o projecto de lei, em numero de quatro, que são do teor seguinte :

«Com o disposto no artigo 49.º da lei de 18 de setembro de 1908 é creada uma junta de credito agricola, á qual competirá administrar e applicar os fundos destinados ás operações do credito agricola.

Art. 2.º A junta será composta de nove vogaes, nomeados triennalmente, sendo tres de entre os directores das caixas de credito agricola existentes ou, na sua falta, dos syndicatos agricolas, dois pela Associação de Agricultura e um pela Sociedade de Sciencias agronomicas.

Ao governo compete nomear os vogaes representantes das caixas de credito agricola ou, na sua falta, dos syndicatos agricolas e, de entre os vogaes da junta, o respectivo presidente.»

Os dois ultimos artigos referem-se exclusivamente ás funcções a exercer por parte da junta.

Seguidamente, o sr. visconde de Coruche propõe um voto de louvor á commissão, que é unanimemente approvado.

Pronunciam-se ainda sobre as vantagens da Junta de Credito Agricola, frizando que o protesto perante o governo seja energico no caso de não serem attendidos, os srs. D. Manuel de Noronha, conselheiro Oliveira Feijão, dr. João Ulrich e Brito Camacho.

O sr. dr. Costa Lobo propõe que uma commissão manifeste o seu reconhecimento ao sr. dr. Moreira Junior como auctor da lei de 19 de setembro — Esta proposta levanta acalorada discussão.

A seguir, o sr. dr. Costa Lobo encarece os serviços que o sr. dr. Moreira Junior prestou á agricultura com a lei de 19 de setembro de 1908, base fundamental do projecto que acabava de ser elaborado.

A proposito, alonga-se ainda em considerações, terminando por propôr a nomeação de uma commissão que seja interprete, perante o sr. dr. Moreira Junior, do reconhecimento da associação pela promulgação da referida lei.

Manifestam-se, applaudindo esta résolução, os srs. drs. João Ulrich, D. Manuel de Noronha e conselheiro Oliveira Feijão, e, contra, os srs. drs. Brito Camacho e Levy Marques da Costa, falando de novo, para justificar a sua proposta, o sr. dr. Costa Lobo, que diz estranhar a discussão levantada.

Replicam ao orador, para explicar as razões da sua attitude, affirmando todavia a sua sympathia e relações de amizade com o sr. dr. Moreira Junior, os srs. drs. Marques da Costa e Brito Camacho.

Ambos se declaram intransigentes na sua resolução, allegando o primeiro a insufficiencia da lei, manifestamente revelada no actual projecto, e declarando o segundo que, tendo-a combatido no parlamento, onde ella apparecera a hora tão inopportuna, estava, implicitamente, inhibido de dar o seu voto.

Por ultimo, a proposta é votada, sendo approvada por maioria, visto que votaram contra os srs. dr. Brito Camacho e Marques da Costa.

A commissão nomeada para esse fim ficou composta pela meza da associação e pelo sr. conselheiro Feijão.

Commercio de productos agricolas portuguezes em Pernambuco

Em Pernambuco nunca se fez verdadeira propaganda de artefactos e mercadorias portuguezas. Rarissimo apparece por aqui um caixeiro viajante encarregado de alargar o credito e a venda de generos de industria e agricultura da nossa terra, como se dá relativamente a muitos outros paizes.

Nunca vi por cá uma pequena exposição, um modesto mostruario de quaesquer d'esses generos, posto que alguns d'elles façam honra á actividade intelligente dos nossos industriaes.

E no entanto tudo isso seria facil e muito necessario, attenta a séria concurrencia que aos nossos productos estão fazendo os similares de outras procedencias nos mercados brazileiros.

Pelo que em Pernambuco se passa, parece-me poder assegurar, dado o nosso velho e prejudicial systema das consignações, que só o patriotismo dos negociantes portuguezes pode ter impedido o completo annihilamento do nosso commercio no Brazil.

Talvez com excepção dos vinhos e do azeite, a respeito dos quaes gosamos de grande vantagem natural, tendo mais em nosso favor a preferencia que lhes dá

uma população ao uso d'elles habituada desde seculos, todos os demais productos importados de Portugal tendem a occupar aqui logar inferior aos vindos de outras nações europeias.

Seria de grande alcance economico para o nosso paiz convencer os exportadores d'ahi da necessidade que elles teem de imitar os de outras nações, em relação ao desenvolvimento da procura das respectivas mercadorias nos diversos Estados d'esta republica, para onde a immigração vem trazendo individuos de todas as origens, naturalmente interessados no progresso industrial e mercantil das patrias de que fazem parte.

Vinho. No mercado dos vinhos de pasto occupa Portugal, por emquanto, o primeiro logar em Pernambuco.

O typo «Alcobaça» é por certo o mais procurado. Vem em seguida o de «Collares», na ordem da importancia do consumo. As quantidades aqui importadas d'essas marcas parecem convencer de que não são todas das regiões indicadas pelos exportadores. Não é crivel que tão pequenas terras sejam susceptiveis de tamanha producção.

Como quer que possa ser, a verdade é que os vinhos annunciados d'essas procedencias vão tendo admiravel saida. Supportam vantajosamente toda a concurrencia, tanto mais quanto nenhuma outra marca de vinhos estrangeiros é aqui importada em vasilhame.

Está tendo, porém, alguma acceitação nos differentes mercados brasileiros o vinho fabricado no Rio Grando do Sul. Consta-me que esse vinho, por falta de corpo, é traçado com outro de origem hespanhola.

Comquanto saidos pela barra de Leixões, os vinhos do Porto aqui mais geralmente consumidos, não são oriundos do Douro, segundo informação que tenho de respeitaveis commerciantes nossos patricios. Fazem suspeitar essa fraude os baixos preços por que chegam aos mercados d'este paiz.

O custo em moeda forte das qualidades mais conhecidas varia aqui entre 2$200 e 4$500 réis. D'este ultimo preço ha uma ou duas marcas, e teem, em geral, pouca saida.

Referindo-me agora ao vinho de pasto engarrafado direi, em vista das mesmas informações, que tem aqui alguma saida o typo Collares F. C. e varias marcas de Bordeus.

Azeite.—Raro chega a Pernambuco azeite italiano e hespanhol importado como tal. E emquanto entre o assignalado como de origem portugueza haja algum bem pouco recommendavel é, todavia, este o que conserva a primazia no mercado.

Vinagre.—O fabrico local d'esta mercadoria tem afastado da praça de Pernambuco o similar estrangeiro de qualquer procedencia. A sua importação aqui, posto que não totalmente anniquilada, é cada vez mais diminuta. Ha nesta capital e em muitas outras do Brazil, grande quantidade de fabricas de vinagre, que vendem os seus productos a preços reduzidissimos, porque são extrahidos do alcool da canna do assucar. O vinagre nacional é branco e tinto; este ultimo com o auxilio da baga de sabugueiro importada de Portugal.

Alhos.—Só teem acceitação aqui os que chegam do Porto em canastras.

Cebolas.—E' pequeno o consumo d'essa mercadoria de procedencia estrangeira.

A elevação dos direitos alfandegarios que o oneram tira-lhe a possibilidade de luctar em preço com egual genero do Rio Grande do Sul, que se vende aqui baratissimo.

Batatas.—No tempo proprio é procurado aqui esse producto vindo de Lisboa.

Mas todos lhes preferem o similar allemão, dominador do mercado em concorrencia com outros de qualquer origem que sejam.

Outras mercadorias. — Parece-me

que nem Portugal, nem qualquer outro paiz, exportarão mais para o Brazil o sal grosso de cosinha. Refinado, em frascos, ainda aqui se importa algum por emquanto, principalmente de procedencia franceza. Ha hoje no Brasil extenso numero de salinas, que produzem o sufficiente para consumo nacional, e até para exportar.

O consumo das compotas portuguezas diminue por cá consideravelmente. Podiamos ter em nossa patria as melhores fructas do mundo se os pomares fossem ahi tratados com o esmero e intelligente solicitude que outros paizes, menos favorecidos da natureza, costumam dispensar aos que possuem. Especialmente a nossa conserva ou compota de peras tem aqui poderoso competidor em igual genero importado dos Estados Unidos da America do Norte, e que é na verdade excellente.

São tambem os Estados Unidos que tambem presentemente teem em Pernambuco a preferencia no mercado do toucinho, porque o vendem mais barato e o prepararam melhor que em Portugal, que já foi no entanto o quasi unico exportador d'esse genero para os mercados brasileiros, como se deduz até do facto de ser ainda hoje chamado pelo geral da população toucinho do reino a toda essa mercadoria de origem estranreira. Preços reduzidos e melhor acondicionamento do genero, eis as condições necessarias para que os exportadores da nossa terra reassumam, n'este particular, a sua antiga posição no commercio do Brazil.

Celestino de Menezes.
(Consul de Portugal).

Exportação de gados

Segundo uma estatistica publicada no £00 nomista Portuguez, o nosso paiz importou, no anno de 1907, animaes vivos de differentes especies no valor de 2:391 contos, sendo a exportação, no mesmo anno, no valor de 1:745 contos. Houve portanto uma differença a favor da exportação, de 1:354 contos, o que é relativamente importante, provando se assim ser grande a nossa riqueza pecuaria, mas maior o podia ser, se a creação e engorda de gado estivesse tão desenvolvida em todo o paiz, como no Minho e Alemtejo.

Duas palavras sobre a multiplicação das plantas em geral

(Continuado da pag. 223.)

7.º **Multiplicação por estaca ou bacello: Abacellamento.**—E' a reproducção d'uma planta com os ramos d'ella separados. Estes dizem-se *estacas* ou *bacellos*. Funda-se sobre o mesmo principio da mergulhia, a saber: provocar em um ponto a accumulação da seiva, e subtrail-o á acção da luz, e quanto possivel á do ar, afim de se obter o lançamento de raizes. Ha apenas esta differença: o ramo sobre o qual se opéra fica desde logo desligado da planta-mãe, contrariamente ao que se dá na mergulhia.

A época mais favoravel ao abacellamento varia com as especies vegetaes e os climas. Para os vegetaes de folhas caducas e para um grande numero das de folhas persistentes é em fins de inverno. Nos vegetaes que entram tardiamente em vegetação é preferivel o outono. Para os restantes a época ordinaria é a primavera.

O abacellamento pode ser definitivo, isto é no proprio terreno onde as plantas teem de ficar; em viveiro, para replantamento posterior; ou em estufa ou sobre campanulas, segundo a rusticidade e facilidade de radicação das plantas. Com a vide pode empregar-se um ou outro dos dois primeiros processos, segundo as circumstancias.

As estacas ou bacellos são herbaceos, ou lenhosos, conforme as especies vegetaes.

Digamos duas palavras sobre cada processo de abacellamento em particular.

a) **Abacellamento simples.**—Escolhe se d'entre os ramos do anno precedente os mais desenvolvidos e vigorosos; cortam-se estacas de 0^m,15 a 0^m,25 cada uma com 4 a 6 olhos, sendo o córte logo abaixo do ultimo olho; e plantam-se á sombra á distancia umas das outras de 0^m,15 a 0^m,20, n'uma terra ligeira, um pouco areenta, introduzindo-as no solo por fórma a ficarem acima d'este sómente 2 ou 3 olhos.

b) **Abacellamento com talão.**—Consiste este processo em arrancar as estacas da planta-mãe por fórma que tragam comsigo uma base de empastamento ou *talão*, que muito favorece o desenvolvimento de raizes, em razão de conter muito tecido utricular.

Comprehende-se que nem sempre se possa lançar mão d'este processo, que prejudica a planta-mãe, deixando-a ferida.

c) **Abacellamento com cruzeta ou muleta.**—Consiste este processo em deixar na base das estacas uma porção de madeira de 2 annos, de comprimento de 0^m,01 a 0^m,02. Convem aos vegetaes cujos ramos de 2 annos enraizam mais facilmente do que os de 1 anno.

A plantação das estacas faz-se em regos de 0^m,15 a 0^m,20 de profundidade, os quaes se enchem de boa terra, ou de terriço.

Convém este processo á vide, á groselheira, a certas roseiras, etc.

d) **Abacellamento com bordelete.**—Emprega-se sómente nas arvores duras, que não lançam raizes em estacas simples. Consiste em escolher, um anno antes, o ramo que se tem de abacellar, e sem o separar da planta-mãe, ligal-o fortemente na sua base com um fio de arame, ou praticar n'elle uma incisão annullar. Esta primeira operação faz-se em maio ou junho. Como consequencia d'isto, fórma-se uma saliencia mammelonada contornando a ligadura, ou a incisão, que se chama *bordelete*.

Assim preparado o ramo, corta-se antes do inverno a 0^m,05 abaixo do bordelete, e planta-se, tomando a precaução de o abrigar das geadas. Na primavera arranca-se, corta-se-lhe a parte que fica inferior ao bordelete e procede-se novamente á plantação como se se tratasse de uma estaca simples, tendo o cuidado de não lhe deixar senão 4 a 6 olhos, *cegando-lhe* os restantes.

e) **Abacellamento de raizes.**—Cortam-se troços de raizes de cêrca de 0^m,10 e enterram-se, com o gros so para baixo, n'uma posição ligeiramente obliqua.

As araucarias, por exemplo, podem assim multiplicar-se.

f) **Abacellamento por folhas.**—Consiste em destacar as folhas de um ramo e collocal-as em um vaso como qualquer outra estaca.

Algumas begonias reproduzem-se muita bem por esta forma.

(Continúa).

Industrias agricolas

Aproveitamento industrial da laranja e dos seus despojos

Continuado da pag. 224.

IV

A flor da laranjeira.—Ao começar a florescencia na primavera, podem aproveitar-se as petalas ou folhas; logo de manhã, mas já quando o sol principia aquecer a terra, estende-se uma manta debaixo da arvore e sacodem-se levemente os ramos; as flôres abertas nos dias antecedentes, e cujo ovario tenha sido fecundado, perdem a corolla que facilmente cae sobre a manta; essas petallas ou folhas aproveitam-se nas pharmacias para preparar a agua de flor de laranja, e servem tambem para conservas e para preparar a agua e oleo destinados ao toucador.

Casca de laranjas.—Em Palermo seccam-se com todo o esmero as cascas de laranja. e o *Gardener's Chronicle* diz que ellas servem para falsificar ou adulterar conservas, essencias e licôres; só a preparação do *plumpudding*, que é um prato puramente inglez, absorve pouco menos de dois milhões de cascas de laranja por anno, o que é importante. Na Italia, em vez de aproveital-as, lançam-as ao lixo; as mulheres que habitam nas proximidades dos laranjaes podem apanhar todas as manhãs a fructa que tenha cahido durante a noite, por effeite do vento, e que não seja aproveitavel para a mesa, preparando depois as cascas para os usos que indicamos.

Preparados com limões.—O *Citrus Medica* offerece muitas vantagens mais ou menos apreciadas: o limão de Florença, que conserva o aroma por muito tempo, emprega-se geralmente para usos de pharmacia e para dôces; o limão ordinario, cortado aos pedaços, quer seja só a casca, ou só a polpa, e até o interior, é tambem preparado de diversos modos, especialmente para consumo dos confeiteiros.

A casca do limão azeda é muito usada para dôces cobertos, e a do limão doce, que é grossa, serve para condimentos; do limão commum extrae-se um excellente oleo essencial. O limão aproveita-se cortando-o aos pedaços e pondo-o em celhas com sal para ser depois exportado; o succo acido serve para preparar o acido citrico muito usado nas pharmacias e nas artes, e principalmente necessario para preparar o citrato de cal de que se servem algumas industrias, o citrato de quinina e de cafeina para a medicina, etc. etc.

Da bergamota extrae-se egualmente a essencia que é muito procurada.

Augmenta annualmente a producção do oleo essencial na Grecia e, em geral, em todo o Oriente, onde se prepara em grande escala.

Na Corsega cultiva-se o limão e d'elle se exporta annualmente mais de meio milhão de kilogrammas em fructa fresça e cascas, é cêrca de milhão e meio do fructo preparado de diversas formas.

As laranjas da China, pelo cheiro caracteristico que exhalam, teem grande procura nas confeitarias para a preparação de doces; alguns d'esses estabelecimentos preferem as menos maduras por serem mais ricas no oleo essencial que as glandulas vesiculares fornecem; servem tambem para sorvetes.

Da casca das laranjas pouco maduras extrae-se oleo essencial que, depois de distillado, é vendido com o nome de essencia de laranja, e o mesmo se obtem da casca do limão. Estes dois productos constituem um commercio activissimo na provincia de Messina, d'onde se exportam n'um valor approximado de quinhentos contos de réis, por anno, o que mostra a importancia dos laranjaes. Quando a exportação da laranja era menor na provincia de Palermo, preparava-se a essencia, mas eram os industriaes de Messina que vinham comprar a laranja e extrair o oleo essencial.

O Curaçáo, que tambem se prepara na Italia, tem por base a casca da laranja.

D'esta pequena revista deduz-se que podem tirar-se differentes vantagens dos fructos das *Auranciáceas*, que a cultura deve dirigir-se a alimentar um activo commercio de exportação, e tambem a luctar com a concorrencia das nações mais productoras, em que essa cultura tem attingido notaveis proporções, como na Florida, California, Açôres e Argelia. Fazendo com que as *Aurancíácias* forneçam ao commercio flôres e fructos uteis ao homem, á medicina, á industria, essencias e doces variadamente preparados e de geral consumo, ha de colher-se importante lucro.

N'estes ultimos tempos crearam-se egualmente novas industrias com o vinho de laranja, o oleo de sementes de limão e de laranja e com os residuos da polpa dos limões, de que se tenha extraido o sumo, para dar como forragem aos animaes, encilando-os de mistura com outras forragens.

A. Faria.

Legislação agricola

PROJECTO VINICOLA

Continuado da pag. 224.

Regulamento para o commercio do vinho do Porto

§ 3.º Os lançamentos das saidas serão feitos pelas declarações que diariamente forem apresentadas pelos proprietarios dos depositos especiaes de que se trata, indicando essas declarações os nomes dos individuos a quem tiverem sido feitas as vendas, os locaes dos respectivos estabelecimentos, o numero e a qualidade das vasilhas em que tenham sido transportados os vinhos para esses estabelecimentos, e as quantidades dos mesmos vinhos.

§ 4.º As declarações serão apresentadas até o dia immediato áquelle em que se effectuarem as saidas, ou até o primeiro dia util posterior, se, no immediato on immediatos, estirem fechadas as respectivas repartições.

§ 5.º Os vinhos generosos, a que se refere este artigo, que entrarem na cidade do Porto para serem depositados em armazens especiaes, nas condições referidas, estão sujeitos, como quaesquer outros destinados ao consumo, ao pagamento, na barreira, das competentes imposições fiscaes.

§ 6.º A liquidação do imposto do real de agua sobre os vinhos generosos, a que se refere este artigo, que forem vendidos para consumo nos concelhos fora do Porto será somente feita por manifesto, ficando os escrivães de fazenda responsaveis pela exacta execução d'este preceito.

§ 7.º As repartições de fazenda concelhias e a fiscalisação do imposto do real de agua fornecerão, á Alfandega do Porto, todos os esclarecimentos e informações que a mesma Alfandega lhes requisitar relativamente aos assumptos de que trata este artigo, praticando tambem, sempre que seja possivel, todas as diligencias que essa alfandega solicitar para maior efficacia da fiscalisação especial estabelecida no presente regulamento.

Art. 44.º Aos vinhos generosos nacionaes, com excepção dos indicados no artigo 4.º, e dos que transitarem engarrafados para a região duriense, que passarem no caminho de ferro alem da estação de Aveiro é tambem applicavel o disposto no artigo antecedente e seus §§ 1.º, 3.º, 4.º, 5.º, 6.º, 7.º Os possuidores d'estes vinhos serão obrigados a manifestar, nas estações aduaneiras ou repartições de fazenda a que allude o § 1.º do mesmo artigo, as remessas que retirarem das estações de caminho de caminho de ferro, onde não houver casas fiscaes, cumprindo ao pessoal da fiscalisação, quer da guarda fiscal, quer do corpo do impostos, que fizer serviço nessas estações do caminho de ferro, avisar, respectivamente, aquellas estações aduaneiras ou repartições de fazenda do seguimento para qualquer ponto de todas as remessas de vinho, com os esclarecimentos que na occasião puderem ser colhidos, a fim de se providenciar convenientemente. Se as remessas descarregarem em estações de caminho de ferro onde haja estação aduaneira, será a esta que competirá receber as declarações dos interessados e enviál as para a repartição competente, depois de effectuadas as conferencias que forem julgadas necessarias.

§ 1.º Os escrivães de fazenda envia-rão á Alfandega do Porto os talões dos avisos impressos que receberem com respeito ás remessas de que trata este artigo, dentro do prazo de oito dias.

§ 2.º Nas estações do caminho de ferro do norte, proximas de Villa Nova de Gaya, haverá sempre o pessoal de fiscalisação necessario para evitar que, pelas estradas ordinarias sigam das mesmas estações para a referida villa quaesquer remessas de vinhos generosos procedentes de estações para aquem de Aveiro, accumulando esse serviço com o que teem de desempenhar, nos termos d'este artigo.

§ 3.º Os chefes das estações do caminho de ferro do Minho e Douro communicarão, por escripto, á 1.ª Repartição do Alfandega do Porto todas as reexpedições de vinho, de quantidades superiores a 500 litros, que, tendo vindo do sul, se pretenderem fazer seguir para as estações do Porto ou de Villa Nova de Gay·. Egual communicação dará o chefe da estação do caminho de do Minho, em Famalicão, relativamente ás remessas que seguirem pela linha da Povoa para Leixões.

§ 4.º Na estação do Porto-Campanhã serão verificadas, pela respectiva delegação aduaneira, todas as remessas de vinhos que, sendo procedentes do sul, seguirem para qualquer estação do norte, a fim de serem competentemente avisadas as repartições que tenham de fiscalisar o destino dos mesmos vinhos, quando generosos, não engarrafados.

Art. 45.º É extensivo ás geropigas, aos mostos e aos vinhos de graduação alcoolica inferior a 13 graus centesimaes, que não forem caracteristicamente de pasto, o disposto nos dois artigos antecedentes.

§ unico. Continúa prohibida a entrada dos mostos pelas barreiras do Porto.

Art. 46.º A introducção e a simples tentativa de introducção dos productos, a que alludem os artigos 43.º, 44.º e 45.º, nos armazens destinados aos vinhos generosos do Douro, serão consideradas como descaminhos, e punidas, nos termos do artigo 10.º e seu paragrapho do decreto n.º 2 de 27 de setembro de 1894, não podendo a multa applicavel ser inferior a 50$000 réis por cada hectolitro.

Art. 47.º Todos os productores e exportadores inscriptos, no registo a que se refere o artigo 6.º, são competentes para demandar e fazer punir, em juizo, os que exportarem ou venderem, no paiz, como vinho do Porto, vinhos de outras proveniencias, com ou sem indicação regional, sendo responsaveis por perdas e damnos, no caso do arguido provar a sua innocencia.

Art. 48.º Á fiscalisação do Estado compete averiguar se o vinho do Porto exportado ou consumido no paiz satisfaz ás condições indicadas no artigo 1.º

e ás restantes disposições d'este regulamento.

Art. 49.º As entidades que tiverem arrolado vinho do Douro, nos termos do § unico do artigo 1.º da carta de lei de 3 de novembra de 1906 e que estejam inscriptas no registo a que se refere o artigo 6.º, continuam autorisadas a exportar, pelas alfandegas do Porto ou de Lisboa, os saldos das respectivas contas correntes, nos termos da legislação actualmente em vigor.

Art. 50.º É prohibida a entrada na região dos vinhos de pasto do Douro, a que se refere o artigo 18.º do decreto de 1 de outubro do corrente anno aos vinhos generosos ou de pasto aos mostos e ás uvas provenientes do resto do paiz, podendo comtudo ser ahi admittidos os vinhos engarrafados dostinados ao consumo local.

§ 1.º Os vinhos dos concelhos ou freguezias limitrophes da região do vinho de pasto do Douro poderão atravessar esta região até ser embarcados no rio Douro ou carregados em qualquer estação de caminho de ferro, desde que sejam acompanhados de certificados de transito, conforme o modelo n.º 8, que serão passados na repartição de fazenda do concelho por onde os vinhos entrarem.

§ 2.º Os certificados serão passados em caderneta especial com tres talões, ficando um na respectiva caderneta, sendo outro enviado á commissão de viticultura e o terceiro remettido ao posto de Barqueiros ou á estação do caminho de ferro por onde se pretende fazer o transporte, conforme a remessa seguir pelo rio Douro ou pela via terrestre. O certificado será entregue ao interessado, acompanhará a remessa em transito, e deverá ser sempre, apresentado ao pessoal de fiscalisação que o solicitar.

§ 3.º O certificado indicará o nome e a residencia do possuidor do vinho e da pessoa encarregada da sua expedição para fora da região, o numero, qualidade, marcas e numeros das vasilhas, a quantidade declarada do vinho, o praso de validade, o caminho a seguir os meios de transporte e o local para onde se dirige.

§ 4.º É obrigatoria a apresentação dos certificados de transito nas estações do caminho de ferro por onde se faça a expedição dos vinhos, indicados no § 1.º, devendo mencionar-se que esses vinhos não procedem da região do Douro, na respectiva carta de porte. Os certificados deverão tambem ser apresentados no posto de Barqueiros, a fim de lhes ser posto o visto nas remessas de vinho que seguirem pela via fluvial.

§ 5.º O seguimento das remessas para estação de caminho de ferro ou local de embarque no rio Douro differentes dos indicados no certificado ou o transporte para os referidos pontos por caminhos diversos dos que tiverem sido mencionados nos mesmos certificados de harmonia com as declarações feitas pelos expedidores, será considerado como tentativa de descaminho punivel nos termos do decreto n.º 2 de 27 de setembro de 1894, salvo havendo motivo fundamentado que justifique a alteração.

§ 6.º É expressamente prohibido conservar, ou entregar ao consumo, na região, o vinho para que tenha sido pedido o certificado de transito a que se refere o § 1.º d'este artigo.

§ 7.º Os escrivães de fazenda, o pessoal de fiscalisação do real d'agua dos concelhos da região e o pessoal da fiscalisação dos productos agricolas, a que se refere o § 1.º do artigo 28.º, devem providenciar, pelos meios ao seu alcance, para que tenha cumprimento o disposto neste artigo e seus paragraphos.

§ 8.º A contravenção do disposto n'este artigo e seus §§ 4.º e 6.º será considerada descaminho e punida com a multa de 500 réis por cada litro de vinho apprehendido, applicada nos termos do decreto n.º 2 de 27 de setembro de 1894, pelas autoridades fiscaes competentes.

Art. 51.º É prohibido o fabrico de vinho generoso na parte da região dos vinhos de pasto do Douro que não estiver incluida na região do vinho generoso, sem que previamente se participe á repartição de fazenda do respectivo concelho, que se vão fabricar aquelles vinhos.

§ 1.º Compete á repartição de fazenda verificar qual a quantidade de vinho generoso fabricado.

§ 2.º É applicavel aos vinhos a que se refere este artigo o disposto nos §§ 1.º a 8.º do artigo 5.º

Art. 52.º Quando pelas estações dos caminhos de ferro de Foz-Tua a Bragança e da Regua a Chaves, situadas na região dos vinhos generosos do Douro, tiverem de se effectuar reexpedições, para o Porto ou Villa Nova de Gaya, de remessas de vinhos vindos pelos mesmos caminhos de ferro de fora d'aquella região, é obrigatoria a declaração de «reexpedição» na respectiva carta de porte, feita por modo bem visivel.

§ unico. Não serão consideradas cartas de porte directas, para os effeitos do disposto no § 3.º do artigo 14.º, as que, procedendo das alludidas estações, trouxerem a indicação de «reexpedição».

Art. 53.º É permittida a exportação do vinho da Madeira, pela barra do Douro e pelo porto de Leixões, sem o respectivo certificado de procedencia, emquanto não for publicado o regulamento especial para o commercio desse vinho, desde que o exportador prove que recebeu d'aquella ilha, quanti-

dade equivalente, pelo menos, á que pretende exportar.

Art. 54.º As taxas de trasfego aduaneiro, que se pagarem por effeito das disposições d'este regulamento, terão o abatimento de 50 por cento.

Art. 55.º Para verificar a graduação alcoolica dos vinhos, será empregado, em regra, o ebuliometro de que trata o artigo 8.º do regulamento de 5 de junho de 1905, admittindo-se, na graduação verificada, a tolerancia estabelecida no mesmo artigo.

§ 1.º A verificação nos concelhos, fora do Porto, Villa Nova de Gaya e Bouças, poderá ser feita com o vinometro Delaunay ou com outro que venha a ser officialmente adoptado.

§ 2.º Quando a repartição de fazenda ou o pessoal de fiscalisação do real de agua tiverem duvidas sobre a graduação de quaesquer vinhos, determinada por meio de vinometros, serão tiradas amostras dos mesmos vinhos, e immediatamente enviadas á Alfandega do Porto, para ali se effectuar a verificação definitiva, se não for possivel, para o mesmo effeito, recorrer a outra entidade technica official mais proxima.

Art. 56.º O governo concederá um bonus de 50 por cento das respectivas tarifas para os transportes de vinhos e de aguardentes nos caminhos de ferro do Estado, entre a cidade do Porto e as estações situadas na região dos vinhos generosos do Douro, demarcada no artigo 2.º

Art. 57.º É prorogada, até 31 de dezembro de 1911 o disposto no artigo 29.º do decreto com força de lei de 9 de dezembro de 1886, considerando-se como terminado, n'aquelle dia, o prazo de dez annos no mesmo decreto marcado, é applicada a todas as vinhas, que existam na area de que trata o § 2.º do artigo 1.º do decreto de 1 de outubro, a isenção da contribuição predial por vinhas, que, á data d'este decreto, estiver em divida nos mesmos concelhos.

§ unico. O disposto n'este artigo considera-se sem prejuizo dos impostos municipaes cuja cobrança as leis permittem, devendo por tal as repartições de fazenda fazer o lançamento do imposto predial por vinhas, como se elle fosse cobrado, a fim de sobre elle ser fixada a percentagem para as camaras municipaes, conforme a respectiva autorisação legal.

Art. 58.º O Governo poderá publicar as alterações a este regulamento, que a experiencia aconselhe, quando não contrairem as disposições da carta de lei de 18 de setembro ultimo.

Art. 59.º Todas as infracções do disposto n'este regulamento, a que não haja sido attribuida penalidade especial, serão punidas nos termos do arti-

go 13.º do decreto n.º 2 de 27 de tembro de 1894.

Paço, em 27 de novembro de 19 ==Arthur Alberto de Campos Henriques== nuel Affonso de Espregueira==João de S Calvet de Magalhães.

Noticias dos campos

CASTELLEJO (FUNDÃO). — A apa da azeitona vae quási terminada. Era aj occasião de começar a surriba das terras ra vinhas.

Como, porém, o plantio está prohibic classe operaria luctará com uma grande se de trabalho, dando-se talvez accessos sados pela fome. Seria, pois, bom que o verno revogasse, desde já, especialmente sa região, essa lei, prestando assim um g de beneficio aos agricultores e jornaleir

TORTOZENDO.—O varejo está n'est gião quasi terminado, havendo ainda a muita azeitona. O azeite continúa a 2 réis os doze litros.

O milho tem subido espantosamente de ço dia a dia.

BECCO DE SANTO ALEIXO.—Os tes teem subido, oscilando actualmen preço, entre 2$100 e 2$200 o decalitro. A tanha pilada está sendo vendida a 9 1$000 réis cada arroba. A carne de p tem baixado, regulando de 3$100 a 3$3(a arroba.

ALFANDEGA DA FÉ.—O preço do na feira do dia 17, regulou entre 4$ 5$000 réis. Os lagares pararam, devic grande frio que tem feito nos ultimos d

FONTELLAS (REGOA).—A Compa dos Vinhos do Alto Douro ainda não ¡ as suas compras, apesar de já ha bast dias ter recolhido amostras.

AGUIM (BAIRRADA).—Procede-se afan aos serviços agricolas, taes como cavas, podas, empa e limpezas nas oliv falando-se em começar na proxima se as cavas das vinhas.

AVELLAR.—O azeite tem subido de ço. Cota-se actualmente a 2$100 réis o ¿ litro.

Este anno apparecem boas qualid abundando os que teem de 1,5 a 3 grau

MONTEMÓR-O-NOVO.—No ultimo cado a arroba do gado suino regulou de 3 a 3$800 réis.

—Teem já fechado alguns lagares c brico de azeite, regulando o preço do litro de 1$950 a 2$000 réis.

MONTEMÓR-O-VELHO. No mei de hoje regularam os seguintes preços Milho branco, 14,63, 540 réis ; aina idem, 490; feijão branco, meudo, idem, feijão graudo, idem, 820; feijão frade, 660; feijão patata, idem, 740; feijão e idem, 800; feijão mistura, idem, batata, idem, 500; trigo, idem, 660; cê idem, 600; tremoços, 20 l., 400 ; azeit 2$050; arroz em casca, 20 l., 480.

TELHADO (FUNDÃO). — Está fi colheita da azeitona. Começaram já os nhos das terras para as semauteiras. C gaes apresentam lindo aspecto.

ANCIÃO. — Está quasi terminada lheita da azeitona n'este concelho. A lagares interromperam a laboração d aos grandes frios.

O.—N.º 169   A Gazeta publica-se nos dias 10, 20 e 30 de cada mez   FEVEREIRO—1909

ZETA DOS LAVRADORES

GÃO DE PROPAGANDA E DEFEZA DOS INTERESSES DA AGRICULTURA NACIONAL

aboração de muitos agricultores, agronomos, medicos veterinarios, horticultores, viticultores e regentes agrícolas

DIRECTOR e PROPRIETARIO: *JOSÉ ERNESTO DIAS DA SILVA*

Medico veterinario — Antigo professor da Escola de Agricultura da Real Casa Pia de Lisboa

Assignaturas		Annuncios	
(pagamento adeantado)		(TYPO CORPO 8)	
....	1600 réis	Por uma só inserção.......................... 40 réis cada linha	
stre..................	800 »	Repetição até 6 publicações.................. 30 » » »	
ivulso...............	50 »	Annuncios permanentes, folhas soltas, réclames e annuncio	
		intercalados no texto—contracta especial.	
aras começam sempre no principio de cada mez.		Aos srs. assignantes gosam do abatimento de 20 °/₀.	
spondencia deve ser dirigida ao director do jornal.		A Administração aceita correspondentes em todas as terras do paiz	
recebidos quer ou não publicados não se restituem.		**Redacção e Administração, C. de Santo André, 100, 1.º**	
O na séde da Gazeta. — IMPRESS..O — Imprensa		EDITOR—Dias da Silva	
ua de S, Julião, n.º 56 e 60			

ricultura geral

vinicola: A's camaras muni-
cipaes

ẛ só no Douro que a mise-
a de uma maneira horro-
ui, nas regiões vinhateiras
ro e sul do paiz, a crise
tambem está produzindo
desastrosos effeitos.

anno algum os vinhos e
ıntes tiveram a deprecia-
actualmente teem.

·eços arrastados a que os

productos vinicos chegaram não
permittem que, os proprietarios
possam dar trabalho ás populações ruraes. Accentua-se, pois, a
miseria em quasi todo o paiz.

O commercio, em geral, está
paralysado, e uma nação sem commercio e sem agricultura tem os
seus dias contados.

E' necessario, é urgentissimo
que a viticultura se levante do
desanimo em que se encontra e
que é a principal causa da sua
ruina, e, assim, a do paiz.

A ultima colheita foi de superior qualidade, mas inferior em
quantidade, Se n'uma ou outra região a produção foi regular, mesmo superior á do anno passado,
em muitas outras regiões a differença para menos foi consideravel.

Nada, pois, explica a baixa geral dos preços dos vinhos, ou, antes, só tem explicação na imprevidencia, no desanimo do viticultor.

Nas circumstancias actuaes não
ha providencias de caracter legislativo que possam levantar os preços dos vinhos e os das aguardentes, e por isso, de dia para dia
mais a miseria se accentúa.

E, no entanto, o remedio para
um tal estado de coisas está nas
mãos dos proprios interessados,
que, com pequeno esforço, se podiam livrar da horrorosa situação
em que se encontram.

Vamos indical-o, e, oxalá, o
queiram pôr em pratica: a convite das respectivas camaras municipaes, deveriam reunir-se nas sé-
des dos concelhos os principaes
viticultores, e accordarem n'um
preço de venda para os seus vinhos. Estes preços nunca deveriam ser inferiores a 40 réis por
litro, para os vinhos tintos, e 35
réis por grau para os vinhos de
queima.

Determinados os preços de venda, tomariam os viticultores o
compromisso de não vender por
menos.

A seguir, e cada um na sua freguezia, villa ou aldeia, os viticultores que tivessem assistido á reunião na camara municipal, fa-
riam reuniões parciaes, para explicar a todos os productores, a conveniencia de não venderem os seus
productos a preços inferiores aos
que tivessem sido determinados.

Desde que isto se faça, e ao
mesmo tempo, em todos os concelhos do centro e sul do paiz, é
fóra de duvida que o commercio
terá de se subordinar aos referidos preços, com que, aliás, nada
tem a perder, e antes, tudo a ganhar, sendo opinião geral dos negociantes que «com vinho barato
perde o productôr e o commerciante».

Não ha, pois, um momento a
perder; tome por ex. : a cámara
municipal de Torres Vedras, que

tem auxiliado a grande commissão de viticultores, de que é presidente o illustre viticultor dr. Justino Freire, a iniciativa de «convidar já» todas as demais camaras para em dia proximo, se fazer nos respectivos concelhos, a reunião dos principaes viticultores, e a breve trecho teremos um preço remunerador para os nossos vinhos e aguardentes.

E' necessario, é urgentissimo reagir contra a situação que se tem creado e que só é devida á nossa imprevidencia e desanimo.

Que se reunam, pois, todos na defeza dos seus legitimos interesses, mas immediatamente.

J. B.

Noticias agricolas officiaes

Irrigação do Alemtejo. — Sobre assumptos relativos aos estudos que vão emprehender-se ácerca do aproveitamento d'aguas para irrigação no Alemtejo, tem conferenciado largamente com o sr. ministro das obras publicas, o illustre geologo sr. Paulo Choffat.

Parece que o sr. D. Luiz de Castro pensa em dotar desde já os serviços officiaes com o material preciso para auxiliar efficazmente as pesquizas d'agua por meio de poços artezianos, independentemente d'um plano mais largo d'aproveitamento d'aguas.

Tambem consta que será nomeada uma commissão para estudar as condições agrologicas, culturaes e agronomicas dos terrenos em que se poderia applicar, pela irrigação, a agua das albufeiras projectadas, a que nos referimos já, e que o sr. ministro pretende fazer construir, sem despeza para o Estado, por meio de adjudicão de construcções e exploração.

*

Extincção dos bombycideos. — Já foram arroladas nos districtos de Bragança e de Portalegre as propriedades que se acham invadidas por estes nocivos insectos, a fim de se proceder aos competentes tratamentos, voluntaria ou coercivamente, nos termos do respectivo regulamento.

Afim de auxiliar o agronomo do districto de Portalegre n'aquelle serviço, seguiu hontem para alli o regente agricola sr. Thomaz Ferreira, é brevemente irá tambem para o districto de Bragança o pessoal necessario.

*

A organisação do credito agricola. — O sr. dr. Oliveira Feijão, director da Real

Associação de Agricultura, e conde de Oeiras, secretario da mesa de assembléa geral, acompanhados pelo sr. D. Manuel de Noronha, um dos vogaes da commissão eleita, para elaborar o projecto do regulamento do credito agricola, creado pela lei de 18 de setembro ultimo, entregaram ao sr. ministro das obras publicas a representação e estudo para a organisação do referido serviço a que ha dias nos referimos.

O sr. D. Luiz de Castro declarou receber de braços abertos o referido projecto, pelo qual é creada uma Junta de Credito Agricola, para gerir o fundo de cinco mil contos de réis, cuja emissão o governo está auctorisado a contractar com o Banco de Portugal, e que vae empregar os maiores esforços, afim de attender ás justissimas reclamações da lavoura nacional, com a maxima brevidade.

Os representantes da agricultura fizeram sentir ao sr. ministro que era uma vergonha para o paiz ter de se recorrer a subscripções publicas e a beneficio nas casas de espectaculos, para attender á situação miseravel em que se encontram os trabalhadores da principal industria indigena.

Que não se acham dispostos a pedir e muito menos a acceitar esmolas, quando teem direito a que o Estado lhes conceda o credito de que dispõem outras industrias do paiz, elemento indispensavel para a lucta da offerta e procura, attendendo á natureza morosa da sua producção, e difficil collocação do fructo do seu trabalho.

E fizeram ainda vêr as tristissimas circumstancias que esta desegualdade de tratamento occasionou á população rural, o que originará conflictos graves por todo o paiz, se não forem tomadas providencias immediatas que livrem o capital interessado na agricultura da usura que a todos arruina.

Como prova das suas affirmações, frisaram differentes factos e entre elles o contracto das casas bancarias, distribuirem agora, em plena crise economica, maiores dividendos aos seus nos de vida desafogada das forças vivas da nação.

*

Gafanhotos.—Pelo sr. Antonio Filippe da Silva, agronomo do districto de Portalegre, foram encontradas nas margens do Guadiana numerosas parcellas de terreno, onde os gafanhotos vindos de Hespanha no anno findo depositaram avultadissima quantidade de ovas, cuja destruição se torna indispensavel fazer desde já, para evitar a respectiva eclosão.

Pela direcção geral de agricultura já foram tomadas providencias n'esse sentido.

A immigração em Pernambuco

Os paizes novos hão de attrahir perpetuamente a phantasia das massas populares europeias; desde que ellas, em geral, não encontram na adeantada civilisação do velho mundo o bem-estar relativo ás maravilhas do progresso que as rodeiam.

O apego á terra natal é vencido no coração d'essas massas pelo instincto mais vivo e mais urgente da conservação pessoal. O proprio temor ao desconhecido succumbe ante a realidade das privações que as opprime. Não foi outra, em grande parte, a razão que ha cinco seculos levou a população iberica aos arrojados emprehendimentos maritimos, com os quaes a nossa querida patria e a humanidade se hão de honrar eternamente.

Essas palavras explicam o motivo por que o Brasil se está tornando o centro de uma immigração poderosa. Especialmente o sul da nova região, graças á iniciativa do governo e de particulares, conta actualmente uma grande população adventicia, que tende a fixar-se no paiz, cujas grandezas naturaes são extraordinario incentivo para todas as actividades.

Até certa epoca, o maior d'essa immigração era portugueza, o que bem se comprehende, porque foram portuguezes que revellaram ao mundo, povoaram e civilisaram esta mais bella e rica das terras americanas.

Hoje, porém, outras regiões mais populosas que Portugal, e talvez mais infelizes que ella, supprem o Brasil dos braços de que elle instantemente carece para a realisação do seu futuro e immenso poder material.

Principalmente os Estados de S. Paulo e Rio de Janeiro contam presentemente com uma grande população de immigrantes, sobretudo italianos, pois que são estes, depois dos nossos patricios, os que, pela sua origem e educação latinas, melhor podem adaptar-se aos costumes dos naturaes, e mesmo ao clima brasileiro, attentas certas affinidades d'esse clima sobretudo com a parte meridional da patria de origem d'esses immigrantes.

O Estado de Paraná conta amplo numero de polacos e outros filhos dos paizes do norte do continente europeu.

Nos estados do Rio Grande do Sul e Santa Catharina é tal o numero e condições de existencia de populações de origem puramente germanica que o nativismo brasileiro já se vae mostrando, por esse lado, vivamente apprehensivo.

Ao norte da republica é insignificante o numero de immigrantes destinados á cultura do solo. Os que para aqui veêm permanecem de ordinario nas capitaes, onde se entregam a todos os misteres: commercio, artes, officios, pequenas industrias, etc., etc.

Em Pernambuco a immigração portugueza tem-se tornado quasi nulla nos ultimos annos.

Ha varios motivos para esse decrescimento, sendo talvez um d'elles o facto do augmento emigratorio da peninsula para as nossas possessões africanas. Além d'essas ha outras razões locaes para o caso que assignalo. Outr'ora o commercio por meudo da capital pernambucana era quasi que exclusivamente feito por portuguezes, os quaes por sentimentos explicaveis, e louvaveis até, preferiam para seus caixeiros e successores individuos da mesma nacionalidade.

Actualmente esse estado de cousas está profundamente alterado.

As casas de commercio a retalho de Pernambuco são actualmente, não sei se em maioria, porém com certeza em grandissimo numero, pertencentes a brasileiros e servidos por propostos da mesma nacionalidade.

Eis, quanto a mim, as causas do notavel enfranquecimento da corrente da immigração portugueza para esta capital, séde do consulado.

Parece-me que de hoje para o futuro (oxalá que eu me me enga-

ne!) os nossos patricios que para aqui vierem se hão de empregar na lavoura, ou em occupações ainda mais rudes; só excepcionalmente encontrarão boas collocações no commercio, pela concorrencia que a esses logares fazem os naturaes do paiz.

Celestino de Menezes,
(Consul de Portugal).

Exportação de fructas e legumes para a França

O consul de Portugal no Havre, sr. Demetrio Cinatti, enviou ao ministerio dos negocios estrangeiros um extenso e bem elaborado relatorio referente ao commercio de importação e exportação franceza.

Ao tratar do commercio de fructas e legumes, ramo da nossa agricultura que deveria ser seriamente fomentado para se valorisar esta riqueza nacional, diz aquelle districto funccionario consular o seguinte:

«A França importa annualmente cerca de 19:000 contos de réis de fructas e legumes frescos e seccos.

De umas e de outras é o nosso paiz productor e poderia alargar a cultura seguro de um vasto mercado a 36 horas de caminho de ferro, ou a 4 dias de viagem por mar, com frequentes meios de transporte.

Os vagons frigorificos e camaras frias dos transportes maritimos garantem, hoje em dia, a perfeita conducção sem receio de que se alterem a todos os productos de alimentação.

Mas não sómente se deve fomentar este ramo da nossa agricultura; carece-se de se estudar o mercado francez, para se conhecer bem o estado de maturação em que o fructo deve ser colhido, como acondicionado e conservado e em que épocas expedido.

E' negocio seguro e bom que importaria ser cuidado, para que não succeda, se fôr emprehendido, o que acontece em Lisboa, onde é raro encontrar certos fructos em devido estado de maturação para consumo, o que o mercado francez não acceitaria.

Em Portugal ha, por exemplo, pecegos bellissimos, como jámais vi em França; pois não me recordo de os encontrar em Lisboa senão quasi tão duros como pedras, o que nunca succede em França com os similares, muito menos perfeitos!

No Havre teem-se estabelecido nos ultimos tres annos oito casas hespanholas de fructas e legumes, e todas ellas fazem bom negocio.

Os motivos que nos impedem de explorar este rendoso ramo de commer-

cio, desde que possuimos um clima e solo magnificos, apropriados ás culturas de todas as fructas, legumes e hortaliças, são actuaes, mas não indestructiveis: differenças pautaes em França e restricta assim como imperfeita producção em Portugal, posto que possamos produzir muito, muito bom e muito bem.

Na esperança de que a desegualdade fiscal haja de vir a ser em breve transposta, de immediato momento seria estudarmos desde já o meio viavel de virmos a participar substancialmente no valor de 19:000 contos de réis que a França consome n'este genero de productos agricolas estrangeiros.

Todavia, por muito tenho em renovar a recommendação: é preciso que pessoas competentes venham estudar o mercado; descripções consulares de como a fructa é, como acondicionada, apresentada, etc., não podem habilitar nem a cultivar como convém nem a negociar com segurança de successos.

Uma cousa é curar por leitura em informações theoricas de profanos, outra por exame «de visu» feito por peritos.»

O sal na agricultura

As repetidas experiencias feitas em França e em outras regiões da Europa, principalmente na Allemanha, Inglaterra, Belgica e Suissa, e os respectivos relatorios, confirmam unanimemente os bons resultados da applicação do sal.

Em primeiro logar, devo fazer menção do eminente agronomo M. de Dombasle, de saudosa memoria. Traduzindo uma obra muito notavel, publicada em 1818 em Inglaterra, M. de Dombasle reconhece a utilidade do sal pelos seguintes motivos:

1.º Opera como correctivo nas terras de lavoura;

2.º E' util para excitar a fertilidade dos terrenos incultos;

3.º Constitue um remedio efficaz contra a carie;

4.º Misturado nas sementeiras preserva-as dos insectos;

5.º Favorece a vegetação das sementes oleaginosas;

6.º Augmenta a producção das pastagens e dos prados;

7.º Melhora a qualidade do feno;

8.ª Torna as forragens mais nutritivas, e os alimentos humidos menos nocivos ao gado bovino e cavallar;

9.º Livra os animaes de algumas doenças, e contribue para o seu bom estado de saude;

10.º Póde evitar a ferrugem ou alforra do trigo.

Além d'estas vantagens do sal, devemos accrescentar que elle activa a engorda, permittindo ao animal consumir mais alimento, o que é muito para attender, por isso que o lavrador tem sempre grande interesse em renovar o animal que está na céva. E' um capital que lhe convém collocar novamente, logo que d'elle tira o desejado juro, para assim augmentar os seus lucros.

A' auctoridade já respeitavel de M. de Dombasle poderia ainda accrescentar grande numero de relatorios e informações de agricultores distinctos de França, e tambem de sociedades agricolas que confirmam estas apreciações. Limito-me, porém, a fazer menção de um trabalho muito completo do secretario da Sociedade de Agricultura do departamento de Pas de Calais, que recommenda o sal para o trigo e como adubo. Diz elle que espalhou 50 kilogrammas de sal n'um campo de 85 ares, alternando por parcella de 21 ares para melhor julgar do effeito produzido. Em menos de 10 dias, as parcellas com sal offereciam á vista um contraste sensivel, differença que se manteve sempre até á colheita. O numero de paveias foi superior n'um quinto, e n'um quarto quanto ao peso. Em resumo, se a experiencia tivesse sido feita n'um hectare de terreno o rendimento apresentaria o excesso de 11 a 12 hectolitros.

A Sociedade Agricola d'Avesne, departamento do norte, fixa da seguinte fórma a ração de sal que deve dar-se diariamente por cabeça de gado:

Cavallo	90 grammas	
Boi	120	»
Vacca	100	»
Carneiro	15	»
Porco	25	»

Esta quantidade é um pouco modificada para menos por alguns praticos, mas a de 15 kilogrammas de sal para 1:000 kilos de forragem parece universalmente admittida.

O sal é sobretudo recommendado para os carneiros e tambem para as aves, ás quaes dá um sabor particular. E' sabido que os animaes que pastam nas proximidades do mar, ainda que a herva escasseie durante o verão, conservam-se em bom estado e dão melhor carne do que estando em pastagens muito mais abundantes, mas sem o ar impregnado do sal da beira-mar. Isto confirma o calculo que attribue o mesmo resultado, para a alimentação de um animal, de 5 kilogrammas de feno salgado a 8 kilogr. de feno sem sal.

Indicarei agora um facto acontecido na Baviera, que chamou a minha attenção, e comprova o que já nos havia dito M. de Vienne.

O nosso estimavel collega informou-nos de que havia applicado o sal a uma vinha que parecia atacada de doença, recuperando ella o seu antigo vigor, resultado que elle attribuiu ao sal.

Trata-se tambem de um vinhedo situado no territorio de Durkheim, o melhor, ao que parece, da Allemanha, do Rheno.

O sal é alli empregado como adubo, especialmente para as vinhas, e as observações feitas provam a sua efficacia.

O verão de um dos ultimos annos tinha sido quente, a terra estava sêcca e queimada, e as vinhas que não tinham recebido sal vegetavam pobremente, vendo-se-lhes as folhas amarellas e sêccas; pelo contrario, as vinhas estrumadas com sal apresentavam uma folhagem verde e brilhante, e já de longe se distinguiam das outras.

E', portanto, conveniente applicar sal ás vinhas ; por este meio, a quantidade de vinho augmentará consideravelmente, apresentando um sabor apreciavel, o que nem sempre succede com os adubos animaes.

Alguns veterinarios teem encontrado no emprego do sal um preservativo contra o terrivel flagello do fluxo periodico dos cavallos, notando que o sal lhes augmenta o vigor como tambem aos bois de trabalho. O sal é egualmente um grande preservativo contra as epizootias, como está reconhecido por todos.

Modo de applicação.—O sal deve ser misturado com outros adubos, estrume de curral, guano ou phosphatos, nas proporções seguintes: para cereaes e batatas, 300 a 400 kilogrammas por hectare. Obteem-se saes impuros ao preço de 810 a 1$080 réis os 100 kilogrammas.

Com respeito ás beterrabas, proporção é de 500 kilogrammas por hectare.

Os espargos dão-se tambem excellentemente com o sal.

Já indiquei as quantidades necessarias á alimentação do gado e melhoria das forragens.

Póde vêr frustradas as suas esperanças quem applicar o sal em dóses superiores ás que apontamos, e não misturado com estrume ou outros adubos. Não deve tambem empregar-se em terrenos compactos, frios e humidos, nem nas terras que já tenham sal como são as da beira-mar.

Resumindo, aconselho, como interprete de agricultores notaveis, a prudente applicação do sal, quer como adubo, quer nos alimentos dos animaes e na preparação das sementes.

A. Faria.

Conservação das bolotas para sustento dos porcos

São tão abundantes as Bolotas ou Glandes dos Carvalhos em alguns annos, que não podendo ser consumidas immediatamente, perdem-se com grave prejuizo do lavrador, que n'ellas tem um sustento muito rico em materias nutritivas para os porcos. Muitas pessoas seccam-as ao sol o que as faz perder muito das suas substancias boas; outros conservam-as em tinas cheias d'agua, mas este processo apresenta graves inconvenientes por isso que é preciso re-novar a agua amiudadas vezes e, apesar esta precaução, a Glande acaba sempre por ficar negra e por adquirir um cheiro desagra-davel.

Eis um processo facil, de ma-gnifico resultado, e ao alcance de todos, para a conservação das Glandes durante uns poucos de mezes.

Estendem-se as Glandes em sec-cadouros de madeira e introduzem-se em um forno, submettendo-as a um calor moderado.

No fim de tres dias estão muito seccas, muito duras, e a amendoa cessa de ser adherente ao enve-loppe; então dividem-se em duas partes e torna-se muito facil moel-as. Basta para isto levar as Glan-des ao moinho para obter-se uma farinha de um perfume agradavel, que, depois de ter sido peneirada, vale a farinha de milho, podendo com ella ser perfeitamente tempe-rada a lavagem para os porcos, por isso que, alem de ser muito nutritiva, convem magnificamente áquelles animaes, que particular-mente a apreciam, mostrando-se muito havidos d'ella. Alem d'isto tem a vantagem importante de ser baratissima, de um baixo preço, sem a menor comparação com a farinha de milho, trigo ou centeio.

Com a farinha das Glandes tambem se podem alimentar mui-tos outros animaes e até as aves.

As Glandes seccas ao forno te-em a vantagem de se conservarem muitos annos, desde que haja ó cuidado de as collocar em um lo-gar isempto de humidade. E' bom seccal-as no forno á medida que são apanhadas, afim de ficarem sem a menor podridão ou sabor man.

Esta farinha, diz-nos um agri-cultor que a tem empregado com o mais surprehendente exito, faz engordar espantosamente os por-cos; conhece-se-lhes dia a dia o augmento de carne.

Na medicina humana emprega-se com successo contra certas doen-ças o café das Bolotas doces, a que se attribue a propriedade de fazer engordar as pessoas que o tomam habitualmente.

Porque motivo a Glande, dada em farinha aos animaes, não deve produzir os mesmos resultados?

Eis por ultimo o que a respeito da Glande do Carvalho diz Nys-ten no Diccionario de medicina e arte veterinaria:

«Os herbivoros são avidos pela glande do Carvalho. Este fructo, esmagado, pisado, desfeito e cosi-do é procurado por todos os ani-«maes, a quem engorda preservan-«do-os de grande numero de doen-«ças. E' um precioso condimento «tonico quando associado a ali-«mentos aquosos.

«A transformação das Glandes «em farinha permitte empregal-as, «na epoca em que as Glandes, co-«meçando a germinar não podem «ser utilisadas.

«Póde ser dada, com exito, aos «cavallos que se quizerem engor-«dar e que o hydrocele ou outra «doença emagreceu, assim como «aos que passarem bruscamente «do secco ao verde.

Mario Pereira.

Duas palavras sobre a multiplicação das plantas em geral

(Continuado da pag. 230.)

Abacellamento em vasos, sob *campanulas*, ou *sob chassis*. E' o modo do abacellamento mais geralmente empregado nos vegetaes de folhas persistentes, plantas de estufa, etc. Exige muitos cuidados Opera-se em qualquer estação sobre camas quentes óu tépidas, mas é prefe-rivel o mez de maio e junho. Faz-se quer em terriço, quer n'uma mistura de tres partes de terriço para uma de terra normal, quer emfim em areia branca pura, pre-ferivel para as plantas que apo-drecem facilmente.

Cortam-se as estacas immedia-tamente abaixo de um nó, dando-lhe um comprimento proporcional á sua força, tira-se-lhes as folhas da parte inferior, deixando intacto o peciolo, e plantam-se nos vasos em um ou dois ranques circulares. Feito isto, os vasos são regados suave e miudadamente e postos ao abrigo do sol e do vento.

Logo que o vaso esteja enxuto, enterra-se á sombra em plena ter-ra, ou no terriço de uma cama e recobre-se com uma campanula. Quando a vegetação indica a ini-ciação do enraizamento, começa-se arejar um pouco as estacas.

Não se fazem regas até o com-pleto enraizamento, excepto se a falta de agua se faz absolutamen-te sentir.

E' preciso visitar com frequen-cia este abacellamento, afim de o limpar de quaesquer bolores que porventura se desenvolvam. Dado o enraizamento completo, cada es-taca é plantada sobre si, tendo o cuidado de a não fazer passar bruscamente para o sol.

8.º Multiplicação por enxertia.—Este meio de reproducção é por assim dizer um abacellamento em que o *solo* é substituido pelo *cavallo* ou *patrão*, isto é por uma planta, ou seja um meio biologico, e a estaca ou bacello é representado pelo *garfo.* Apenas invalida este modo de vêr uma variedade de enxertia—de *encosto* chamada—de que adian-te diremos, a qual muito bem po-de comparar-se á mergulhia, vis-to como o *garfo* não é n'este caso separado da planta-mãe antes da soldadura.

Para o bom exito da enxertia é preciso que se realisem as seguin-tes condições essenciaes:

1.ª Communidade de caracteres das duas plantas que teem de con-correr na operação. Por isso a en-xertia deve ser feita entre especies e variedades de um mesmo gene-ro, ou quando muito entre espe-cies de genero differente.

Alguns raros successos de en-xertia entre vegetaes de familias differentes, marcam excepções que podem talvez explicar-se por uma imperfeita classificação, ou, se es-ta é perfeita, por uma estreita ana-logia de seiva e de orgãos váscu-lares, a despeito d'aquella.

Além dos caracteres botanicos, é indispensavel que haja entre as duas plantas estreitas relações phy-siologicas, de modo que a vegetação seja a mesma e se effectue proximamente na mesma época. Assim não se deve enxertar uma variedade precoce sobre uma variedade tardia, ou vice-versa.

2.ª Analogia de contextura, ou anatomia. Com effeito, não se póde enxertar uma planta *herbacea* sobre uma planta *lenhosa,* embora pertencentes á mesma familia, ao mesmo genero e á mesma especie, pois não poderiam unir-se, *soldar-se.*

3.ª Pelo que respeita á operação em si; deve esta ser feita por forma que os vasos da seiva do garfo e cavallo, quer dizer das duas plantas, coincidam entre si.

4.ª A planta d'onde procede o garfo deve ter proximamente o vigor d'aquella que vae ser enxertada.

Só assim se dará um perfeito equilibrio funccional entre *garfo* e *cavallo.*

5.ª Convém escolher para esta operação as épocas mais vantajosas dos movimentos da seiva. Para os enxertos de *fenda, escudo, etc.,* convém a *seiva ascendente,* para outros, a *seiva descendente.*

Especies e variedades de enxertia

A.—Enxertia por encosto.—N'esta enxertia o homem não faz senão imitar a natureza, que por vezes exhibe este meio de reproducção. Consiste ella em approximar e ligar convenientemente ao *cavallo* o *garfo,* o qual não é separado do pé-mãe antes da *soldadura.*

As duas partes a approximar *(cavallo* e *garfo)* devem ter o mesmo diametro proximamente; exceptuam-se os casos em que a enxertia é feita entre elementos do mesmo pé.

Para effectuar a reunião das duas partes, pratica-se em cada uma um entalhe longitudinal, descascando desde a epiderme até ao alburno, e em certos casos até ao canal medular, por fórma que ambas se correspondam exactamente, e coincidam as cascas e as folhas do liber.

O comprimento dos entalhes regula em média por 0^m,04 a 0^m,08.

Applicado o *garfo* contra o ca-

vallo de fórma que se satisfaça aos requesitos citados, faz-se a ligadura, e afim de garantir o enxerto contra a acção do ar e da agua recobre-se com um *mastico, cera* ou *unguento* de *enxertar,* podendo ser o que recommenda Dubreuil e que tem a composição seguinte:

Pez negro	28	partes
Pez de Borgonha	28	»
Cera amarella	16	»
Sébo	14	»
Cinzas peneiradas	14	»

Este unguento, que se faz derretendo o pez, a céra e o sébo e addicionando as cinzas depois da fuzão, emprega-se a quente, isto é, emquanto liquido, mas não tão quente que possa alterar o tecido vegetal.

A enxertia de encosto é uma das mais usadas na multiplicação dos vegetaes de folhas persistentes. Faz-se de preferencia na primavera.

Para *desmamar* o *garfo,* isto é, separal-o do pé-mãe, é preciso que elle esteja completamente soldado ao cavallo, o que ordinariamente succede ao oitavo mez. Quando se trata de plantas muito delicadas, recommenda-se que a separação não se faça bruscamente, de uma vez, mas em varias sessões.

Assim, a primeira vez praticar-se-ha uma incisão até um terço de diametro, abaixo da soldadura, algum tempo depois profundar-se-ha a incisão até dois terços, e mais tarde completar-se-ha a separação. Feita esta, suprimir-se-ha a parte do *cavallo* que fica acima da soldadura.

a) Enxertia de encosto Sylvano.—E' uma enxertia muito empregada nas sebes vivas, na qual se vão encostando e ligando ramos cruzados, deixando-os intactos depois da soldadura, contrariamente ao que vimos se fazia na antecedente.

b) Enxertia de encosto inglez.—Empregado nos vegetaes de lenho duro. N'esta enxertia pratica-se ao meio do entalhe, tanto no *cavallo* como do *garfo,* mas em sentido inverso, um segundo entalhe obliquo de modo que o *cavallo* apre-

sente uma especie de lingueta dirigida de baixo para cima, e o *garfo* uma lingueta egual, dirigida de cima para baixo. D'est'arte as duas linguetas casam-se mutuamente e o *cavallo* e *garfo* como que engrenam entre si.

(Continúa.)

Ernesto Freire.

Vinicultura

Defeitos dos vinhos

Em duas ordens se podem grupar os defeitos dos vinhos: *defeitos de origem* e *defeitos adquiridos.*

Defeitos de origem

Estes defeitos referem-se principalmente aos vinhos de pasto, visto que para as outras especies de vinhos como os licorosos, os generosos, etc., só se devem aproveitar aquelles em que se apresentam certas qualidades originarias, que depois um tratamento adequado afina e aperfeiçoa.

Ora, como no vinho de pasto deve existir um justo equilibrio entre as suas diversas partes componentes, sem exagero de uma ou outra das suas forças, de modo que o todo se nos apresente harmonico, homogeneo e agradavel ao paladar, quando pois, alguns dos seus elementos soldam ou fica áquem do limite que lhe competia, diz-se que o vinho é defeituoso, e é isto o que constitue os defeitos de origem do vinho que, como se vê, podem provir das qualidades especiaes das cepas, do solo, ou ainda d'uma má vinificação, que passamos a descrever:

Austeridade, rascancia, esperza, vinhos travosos.—São assim designados os vinhos que se apresentam com uma certa adstringencia, devida a um excesso de tanino.

Este excesso de tanino é proveniente, ou das qualidades das uvas, ou d'uma demorada curtimenta com os engaços que são ricos n'esta substancia.

Quando os vinhos são retintos e encorpados, uma grande quantidade de tanino não é defeito; ás vezes pode ter vantagem a producção de vinhos com um excesso de tanino, um pouco rascantes, quando tenhamos com quem os juntemos, e a quem a sua lotação aproveite.

E' mesmo o melhor destino que podemos dar a estes vinhos, ou então collal-os; com a colla, irá uma parte do tanino, visto a sua propriedade de precipitar as combinações de gelatina e d'albumina.

Ainda se podem corrigir estes vinhos pela aguardentação, mas o melhor é, quando não se queiram lotar com outros, não lhes fazer nada, a não ser as trasfegas, porque, como é sabido, o tanino é um agente conservador dos vinhos, e a sua adstringencia diminue por precipitação do tanino em combinações insoluveis com a materia córante e com as substancias albuminoides do vinho, e pelo seu desdobramento em acido galhico e glucose.

Estes vinhos adquirem quasi sempre qualidades que os tornam distinctos.

Segundo alguns auctores, o vinho branco em boas condições deve ter 0gr.,5 a 0g.,8 de tanino por litro, e o vinho tinto 0g.,8 a 1gr.,3. Os vinhos brancos de Bordeus conteem apenas 0gr.,1 a 0gr.,2 por litro.

Seccura, falta de maduro.—E' o defeito de certos vinhos que não apresentam quasi nenhum assucar, defeito que se salienta quando ao mesmo tempo se apresentam pouco encorpados e um pouco travosos, affectando, então, bastante desagradavelmente o paladar.

A melhor correcção que se pode fazer a estes vinhos é lotal-os com outros que tenham bastante assucar por desdobrar, ou mesmo com geropigas ou abafados.

Tambem se podem corrigir juntando-lhes assucar.

Verdura.—E, a acidez demasiada, devida principalmente ao acido tartrico e ao acido malico.

Este defeito é devido a um estado incompleto de maturação das uvas.

Nos vinhos de pasto communs, a acidez, pode ir até 4°/₀₀, mas n'alguns vinhos pode ir até 6 e 7°/₀₀.

Em certos vinhos, como são os nossos vinhos verdes do Minho e certos vinhos italianos, a verdura pode não ser um defeito, quando esses vinhos teem certas qualidades especiaes que se harmonisam com ella.

Os nossos vinhos verdes, por exemplo, juntamente com a sua acidez teem certa grossura, devida a substancias azotadas que lhe dão um corpo especial que não teem os restantes vinhos de pasto do paiz.

A demasiada verdura, quando defeito, pode-se corrigir, neutralisando uma parte dos seus acidos com uma base que pode ser o tartrato neutro de potassio, ou qualquer outra como indicaremos quando tratarmos da azedia.

Como estes vinhos são quasi sempre pobres em alcool, é conveniente aguardental-os, para auxiliar a deposição do bitartrato de potassio, que se forma pela juncção do tartrato neutro de potassio, que se combina com o acido tartrico.

Póde-se attenuar este defeito, desengaçando as uvas ou deixando-as avellar, ou ainda por meio de arrôbamentos.

Insipidez, chateza, vinhos chatos.—São os vinhos que uma falta quasi completa de travo e de acidez torna sem expressão e insipidos, é por assim dizer, o mais defeituoso possivel.

Estes vinhos quasi sempre juntam á falta de tanino e d'acido tartrico uma grande quantidade de materia mucilaginosa que os torna mucosos, e que não precipita exactamente pela falta de tanino.

Segundo Ferreira Lapa, depende das castas das uvas ou da composição do terreno. Nós inclinamonos mais a que um dos factores mais importantes n'estes defeitos é o mau fabrico do vinho, a começar pela vindima que muitas vezes não é realisada nas condições adequadas.

Estes vinhos são infelizmente bastante vulgares no nosso paiz.

Pódem-se modificar um pouco juntando-lhe acido tartrico ou tanino, ou injectando-lhe um pouco de gaz carbonico, que lhe dá uma certa agulha e uma certa frescura e o torna menos insipido.

Os vinhos tambem se podem tornar insipidos por um demasiado arejamento que lhes faz perder o aroma, e parte do seu alcool, ficando chatos e desagradaveis ao paladar.

Falta de côr.—E' defeito que pode ter por origem uma grande desproporção entre as uvas tintas e as brancas, ou então as castas terem pouca côr, por qualidade ou por maturação imperfeita, ou ainda curtimentas pouco demoradas, pisa imperfeita ou falta d'alcool e d'acidos, que são os dissolventes naturaes da materia córante dos vinhos.

As collagens muito fortes e muito repetidas, tambem roubam côr ao vinho, mas então deixa de ser um defeito d'origem, que é os de que estamos tratando, para ser um defeito adquirido.

A falta de côr só constitue defeito quando se descasa por completo dos outros elementos do vinho.

Ha vinhos com pouca côr, designados sob a denominação de vinhos palhetes, que são optimos typos de vinho de pasto, apresentando-se muito agradaveis á vista e ao paladar.

Querendo prevenir este defeito, vê-se qual é a causa que o determina e evita-se.

Nos vinhos pode-se corrigir lotando-os com outros carregados em côr ou que a isto se prestem.

Tambem se pode obter a coloração mais carregada pela addição de córantes artificiaes, do genero vegetal considerados pelo sr. Gautier (Sophisticatin et analyse des vins, pag. 200) como inertes para a saude, e um dos quaes é bastante empregado no paiz, quasi sempre para encobrir uma fraude: é a baga de sabugueiro.

Segundo o sr. Gautier, o succo d'esta baga, quando em dose um pouco elevada, é purgativo.

Diz o sr. Ferreira Lapa que os vinhos tratados pela baga de sabugueiro, ficam muitas vezes amollecidos e com uma certa viscosidade, que lhes difficulta a depuração e a clarificação, devida á mucilagem e á pectina d'aquelles fructos, que ficam espalhados no vinho.

(Continúa.)

Legislação agricola

Juntas municipaes de Agricultura

Attendendo ao disposto no artigo 67.º do decreto de 1 de outubro de 1908 e convindo prescrever as disposições regulamentares para a constituição das juntas municipaes de agricultura a que se refere o artigo 60.º do mesmo decreto: hei por bem approvar o regulamento que, fazendo parte integrante d'este decreto, baixa assignado pelo Ministro e Secretario de Estado dos Negocios das Obras Publicas, Commercio e Industria.

O Presidente do Conselho de Ministros, Ministro e Secretario de Estado dos Negocios do Reino, e os Ministros e Secretarios de Estado dos Negocios Ecclesiasticos e de Justiça, da Fazenda e Obras Publicas, Commercio e Industria assim o tenham entendido e façam executar. Paço, em 14 de janeiro de 1909.—REI.—Arthur Alberto de Campos Henriques.—D. João de Alarcão Velasques Sarmento Osorio.—Manuel Affonso de Espregueira.—D. Luiz Filippe de Castro.

Regulamento para a constituição das juntas municipaes de agricultura

Artigo 1.º Nos termos do artigo 47.º da carta de lei de 18 de setembro de 1908, e do artigo 60.º do decreto de 1 de outubro do mesmo anno, as juntas municipaes de agricultura são destinadas a organisar e dirigir um serviço privativo de fiscalisação dos productos agricolas e seus derivados e dos productos auxiliares, dentro do respectivo concelho, e a consultar sobre todas as questões que interessem á agricultura concelhia, respectiva, podendo tambem propor o que julgarem mais conveniente sobre os mesmos assumptos.

Art. 2.º O Governo, a requerimento da maioria dos agricultores de qualquer concelho, poderá autorisar a criação da respectiva junta municipal de agricultura, nas condições seguintes:

1.ª O requerimento dos agricultores do concelho deverá ser entregue á camara municipal respectiva, acompanhado de certificado do escrivão de fazenda, em que este declare qual é o numero total dos agricultores do mesmo concelho, inscriptos na matriz predial, e que entre estes se comprehendem todos os signatarios do requerimento.

2.ª A camara municipal, depois de verificar se o numero dos signatarios do requerimento constitue effectivamente maioria dos agricultores do concelho e se as assignaturas são dos proprios, remetterá ao governador civil respectivo o mesmo requerimento e o certificado do escrivão de fazenda, acompanhados com a sua informação.

3.ª O governador civil, juntando o seu parecer ao processo constante da condição precedente, enviará á Direcção Geral da Agricultura o mesmo processo, a fim de ser submettido a resolução superior.

4.ª Tanto a informação da camara municipal como o parecer do governador civil versarão principalmente ácerca das vantagens ou inconvenientes da criação da junta, sob o ponto de vista dos interesses da agricultura, do consumidor e do contribuinte no concelho.

Art. 3.º As juntas municipaes de agricultura serão eleitas annualmente pelos quarenta maiores contribuintes da contribuição predial dos respectivos concelhos.

§ 1.º A reunião dos quarenta maiores contribuintes, para o effeito da eleição, far-se-ha por convocação dos presidentes das respectivas camaras municipaes, e realisar se-ha no primeiro domingo do mez de dezembro.

§ 2.º Quando succeda não se reunir a maioria, pelo menos, dos quarenta maiores contribuintes no dia e hora aprazados, o presidente da camara convoca-los-ha para uma nova reunião, que deverá realisar-se no domingo immediato, podendo nessa reunião effectuar-se a eleição desde que tenham comparecido, pelo menos, quinze dos quarenta maiores contribuintes. Não se verificando esta hypothese, proceder-se-ha successivamente por forma identica, marcando as reuniões para os domingos a seguir, até se proceder á eleição.

§ 3.º Os quarenta maiores contribuintes, a que se refere este artigo, ficam sujeitos ás penalidades estabelecidas no Codigo Administrativo para casos identicos, quando faltem ás reuniões para que hajam sido convocados nos termos dos paragraphos precedentes.

§ 4.º As juntas constituem-se no dia 2 de janeiro immediato ao mez da eleição.

§ 5.º As juntas que, porventura, sejam eleitas fora da epoca ordinaria, constituem-se no primeiro dia util depois do terceiro domingo posterior ao da eleição; mas só funcionam pelo tempo necessario para completar o anno em que tiver occorrido a sua elei-

ção e, alem d'este tempo, emquanto não forem legalmente substituidas.

Art. 4.º A organisação do serviço de fiscalisação, que incumbe ás juntas municipaes de agricultura, será por estas submettida á approvação das respectivas camaras municipaes, que deverão inscrever nos seus orçamentos as verbas necessarias para occorrer ás despesas d'esse serviço, podendo fazer face a esse accrescimo de despesa com uma percentagem sobre a contribuição predial ou sobre o real de agua de algum cu de todos os generos sujeitos a este imposto.

Art. 5.º Na organisação do serviço de fiscalisação, a que se refere o artigo precedente, será determinado o numero, qualidade e vencimento dos respectivos empregados, os quaes terão attribuições identicas ás dos fiscaes da Direcção da Fiscalisação dos Productos Agricolas.

§ unico. Estes empregados não poderão ser contractados por mais de um anno, podendo, porem, os seus contractos ser renovados se, pelo seu comportamento e zelo, convierem ao serviço.

Art. 6.º A organisação dos serviços de que tratam os artigos precedentes será feita de harmonia com o regulamento dos serviços da fiscalisação dos productos agricolas em vigor, e na reforma d'este regulamento, que tem de ser decretado nos termos do artigo 54.º do decreto de 1 de outubro de 1908, serão estabelecidas as normas e preceitos para as relações entre as juntas municipaes de agricultura, a Direcção dos Serviços de Fiscalisação dos Productos Agricolas e os laboratorios de analyses chimico-fiscaes.

Paço, em 14 de janeiro de 1909. — D. Luiz Filippe de Castro.

Noticias dos campos

MARCO DE CANAVEZES. — Os preços dos generos vendidos na ultima quinta feira, na praça do mercado d'esta villa, foram os seguintes:

Por cada medida de 20 litros:

Milho branco, a 800 réis; dito amarello a 760 réis.

Feijão branco a 1:200 réis; dito mistura a 950 réis.

Batata graúda a 600 réis; dita regular a 440 réis.

O mercado foi muito concorrido em milho branco, feijão mistura e batata.

No restante, foi pouco concorrido.

CARAPINHEIRA. — Acha-se concluida a colheita do azeite, que foi uma das mais abundantes que nos lembre, e ainda pela boa qualidade do azeite, segundo informam peritos habilitados, que teem procedido ás devidas analyses.

Preço da carne

Em Torres Vedras está a 230 réis o kilo; em Cintra e Leiria a 240 réis; no Barreiro a 260 réis.

5.º ANNO.—N.º 170   A Gazeta publica-se nos dias 10, 20 e 30 de cada mez   FEVEREIRO—1909

GAZETA DOS LAVRADORES

ORGÃO DE PROPAGANDA E DEFEZA DOS INTERESSES DA AGRICULTURA NACIONAL

Com a collaboração de muitos agricultores, agronomos, medicos veterinarios, horticultores, viticultores e regentes agricolas

DIRECTOR e PROPRIETARIO: *JOSÉ ERNESTO DIAS DA SILVA*

Medico veterinario — Antigo professor da Escola de Agricultura da Real Casa Pia de Lisboa

Assignaturas
(pagamento adeantado)

Um anno................ .... 1600 réis
Um semestre................ 800 »
Numero avulso.............. 50 »

As assignaturas começam sempre no principio de cada mez.
Toda a correspondencia deve ser dirigida ao director dó jornal.
Os originaes recebidos quer ou não publicados não se restituem.
COMPOSIÇ O na séde da Gazeta.— IMPRESS O — imprensa
Africana.— Rua de S. Julião, n.º 55 e 60

Annuncios
(TYPO CORPO 8)

Por uma só inserção............................ 40 réis cada linha
Repetição até 6 publicações.................. 30 » » »
Annuncios permanentes; folhas soltas, reclames e annuncio
intercalado no texto—contracto especial.
Os srs. assignantes gosam do abatimento de 20 %.
A administração acceita correspondentes em todas as terras do paiz

Redacção e Administração, C. de Santo André, 100, 1.º

EDITOR.—Dias da Silva

EXPEDIENTE

Estando em cobrança a importancia das assignaturas do nosso jornal, respeitantes ao semestre findo, rogamos aos nossos obsequiosos assignantes a fineza de satisfazerem a importancia dos seus recibos, que foram já para isso remettidos ás differentes estações telegrapho-postaes.

SUMMARIO

Agricultura geral

CALENDARIO DO LAVRADOR

Trabalhos agricolas

Nos campos.—Continuam os amanhos nas terras destinadas ás sementeiras da primavera e procede-se ainda á sementeira de cereaes. E' tambem occasião de se applicar o nitrato de sodio em cobertura, especialmente nos trigos que começam a afilhar. Da applicação do nitrato de sodio resulta um augmento na colheita, que compensa muito bem a despeza que se faz com a sua acquisição. Tambem se deve preparar e estrumas as terras destinadas á cultura de batatas. Na Extremadura, Alemtejo e Algarve principia-se já com tal cultura.

Nas hortas.—Continuam-se as cavas começadas no mez anterior. Abrem-se vallas nos sitios em que se manifestam indicios de humidade. E' n'este mez que se deve proceder á estrumação profunda dos canteiros. Esta estrumação tem logar de tres em tres annos, e nos intervallos lança-se o estrume por diversas vezes na superficie. Para isto deve haver provisão sufficiente de adubos de diversas qualidades.

Damos em seguida um formulario de adubos para horta, que vemos muito recommendado, depois de experiencias successivas

As quantidades indicadas referem-se á superficie de um are.

Para as plantas da familia das leguminosas:

Superphosphato de cal....... 2 kilos
Chloreto de potassio........ 5 »

Para as plantas da familia das solaneas:

Nitrato de soda.............. 1 kilo
Superphosphato de cal....... 7 »
Chloreto de potassio.......... 3 »

Para cebolas, alhos, etc.

Nitrato de soda.............. 3 kilos
Superphosphato de cal........ 2 »
Chloreto de potassio.......... 1 »

Para as plantas folhosas, saladas, couves, etc.

Nitrato de soda.............. 3 kilos
Superphosphato de cal........ 2 »
Chloreto de potassio.......... 1 »

Para as raizes alimentares, cenouras, rabanos, etc.

Nitrato de soda.............. 3 kilos
Superphosphato de soda....... 7 »
Chloreto de potassio.......... 1 »

Para os morangueiros:

Nitrato de soda............. 1 kilo
Superphosphato de cal....... 8 »
Chloreto de potassio...... ... 2 »

Estas formulas são as mais recommendadas para terrenos medianamente ferteis, terras d'horta, etc., devendo ser modificados no quantum dos seus elementos, em harmonia com a maior pobreza do terreno.

O hortelão cuidadoso deve passar revista ás suas sementes para se fornecer a tempo das que necessitar em estabelecimentos que lhe mereçam toda a confiança, pois é da boa semente que depende em grande parte o bom resultado da cultura.

Semeiam-se alfaces diversas, c e b o l a s, alhos, cenouras curtas e semi-longas, aipo, cerefolha, chicoria, espinafres, estragão, salsa, rabanos, rabanetes, escorcioneira, cardo de ouro, pastinaga, chirivia, couve saboia, favas, lentilhas, ervilhas, batatas e tupinambas.

Enterram-se batatas e plantam-se espargos, cebolas, alcachofras, cenouras, morangos, chalotas, cebolinhas e outras hortaliças que não temem as geadas.

Repetem-se as sementeiras feitas no mez antecedente, e durante o dia dá-se um pouco de ar ás plantas nascidas nas estufas, para não se estiolarem. Faz-se a primeira transplantação dos melões E' preciso que, n'este acto, a nova planta seja mudada com torrão, o que requer bastante cuidado da parte do cultivador; para facilitar esta operação, costuma-se semear uma ou duas pevides separadamente em pequenos vasos, que se enterram nas camas, podendo d'este modo mudar-se a planta sem risco de perder o torrão, quando está em estado de ser transplantada. Semeando raro na propria camara e dando á nova planta apenas a humidade sufficiente para se poder arrancar com torrão, os melões tambem pouco ou nada soffrem, nem se atraza a sua vegetação, sendo dispostos immediatamente e regados com precaução.

Nos pomares.—E' preciso ir adeantando a plantação das fructeiras e outras arvores.

Quando alguma fructeira se tiver desenvolvido mal, é bom substituil-a por outra; mas antes deve ver se a causa do atrazo da arvore. Póde ser a má terra, o estar a arvore muito enterrada, ou a bicharia. N'isto, como em tudo o mais, o lavrador deve ser curioso em vêr as coisas com cuidado.

Não haja descuidos com a póda das fructeiras, principalmente para lhes tirar os ramos seccos e os golutões, que não dão fructo e tiram força. As laranjeiras e figueiras não gostam de grandes córtes. N'esses córtes é bom passar uma agua em que se deite seis kilos de caparrosa verde (sulfato de ferro) e um kilo de caparrosa azul (sulfato de cobre) por cada almude de agua, desfazendo-se bem.

E' preciso fazer a limpeza dos troncos das fructeiras.

Dispõem-se agora na terra as estacas de marmelleiro, para serem enxertadas no anno seguinte.

Faz-se agora a talhadia da madeira dos castanheiros, carvalhos e salgueiros; é preciso attender a que os carvalhos e salgueiros rebentam cedo.

A macieira póde ser cultivada como a pereira, em fórmas de pleno vento, ou em fórmas pressa, mas prefere sempre as fórmas livres altas, a não serem algumas poucas variedades, que se prestam a fórmas presas, de que eu aqui não trato, por não estarem ao alcance de todos, e exigirem muitos cuidados.

A póda das pereiras póde ser applicada ás macieiras, porque estas duas fructeiras exigem trabalho identico de póda.

A póda da laranjeira é simples e consta do seguinte:

Distribuir-lhe bem a ramagem. Cortar-lhe todos os ramos interiores, que são improductivos, e todos os ramos que se desenvolvem a prumo, nascidos dos troncos. Dispôr a cópa da arvore por fórma que o ar e a luz penetrem com abundancia no seu interior.

Supprimir-lhe todos os ramos seccos e limpal-a bem dos musgos e lichens.

A póda do pecegueiro póde applicar-se para o damasqueiro, tendo em vista que este tem a tendencia de desenvolver muitos ramos na parte inferior do tronco, que devem ser supprimidos.

A amendoeira trata-se da mesma fórma que o pecegueiro, tendo em vista que, sendo a sua floração temporã, é conveniente que as pódas sejam feitas cedo, por fórma que n'essa operação não se destruam botões.

Nas vinhas.—Continua-se a plantação de bacellos, barbados e enxertos, á manta ou á covacho, se o terreno está bem preparado para esse fim, nos sitios permittidos pela lei.

Preparam-se estacas para servirem de tutores, para o que é necessario sulfatal-as.

Concluem-se as surribas para as plantações definitivas e activa-se a póda para que esteja concluida antes da rebentação da vinha.

Plantam-se os enxertos feitos na mão sobre estaca, convindo deixar este serviço para o fim do mez de março e e principios de abril, nos terrenos humidos.

Quando o terreno a que se destina o viveiro é compacto, convém mistural-o, na occasião dos trabalhos preparatorios, com palhiço ou uma porção de areia. Querendo isolar o enxerto por meio de uma leve camada de areia, no acto da plantação, deve fazer-se esta operação, de fórma que a camada de areia tenha a altura que vae desde alguns centimetros abaixo da ligadura até alguns centimetros acima da ponta do garfo.

Para melhor se conseguir esta estractificação, podemos servir-nos de um cylindro de folha ou antes de zinco, com a altura de 0^m,30 e diametro 0^m,10, que envolva o enxerto, depois de ter coberto a estaca até meio da altura com terra vegetal. Feito isto, enche-se de areia o cylindro, completa-se o amontoamento com terra e retira-se o cylindro.

Nas adegas.— E' conveniente que se realize a trasfega de todo o vinho armazenado, afim de evitar que a borrasse embrulhe com o vinho, em consequencia da elevação de temperatura d mez de abril, que provoca sempre nos vinhos novos uma fermentação mais ou menos sensivel.

Nos jardins.—A segunda quinzena de fevereiro é já entre nós, quasi sempre, um principio de primavera. Não admira, pois, que o jardineiro portuguez trate por esta occasião de dar ao seu ou alheio jardim a graça da estação das flôres. E' mesmo preceito de rigor para os mais aprimorados. Ensaibram-se de novo os passeios; adubam-se, reme chem-se e guarnecem-se de novo os taboleiros com plantas vivazes que vão florescer nos mezes seguintes, desdobrando os pés velhos das phlox, amores eternos, aconitos, arthemisia, heliantos, asters, cravetas e campanulas. Nos taboleiros mais bem expostos, distribuem-se as plantas de flôr precoce, como os amores-perfeitos, alleluias ou hepathicas dobradas roxas e azues, as quaes acompanham já n'este mez a bella florescencia da tulipa duque de Thol, do açafrão, dos narcisos de Constantinopla, da fritillazia imperial, dos formosos penachos dos jacinthos, dos lirios e ixias. Semeiam-se em cercaduras ou tapetes o mimosissimo topsyllium e a delicada mimophyllia. Principia-se tambem por este tempo a sementeira das plantas tardias em dar flôr, taes como a doiradinha, melindre, estrellas do Egypto, assembléias, araras, arthemisia, alfinetes de toucar, balsamina, cobea, cravos de defunto, campainhas, esporas, focinhos de coelho ou boquinhas, goivos, girasoes, manjari-

cão, myosotis ou orelha de rato, sa dades, valverdes, amaranthos, cruz Malta, cravos ou cravinas, e o apaix nado da burguezia portugueza, o vi dissimo e rescendente alecrim do n te. Este pega de estaca na primavei mas querendo obtel-o de sementei colhem-se as bagas em julho, antes abrirem; põem-se ao sol dentro de co tapado para que a semente não sa fôra; semeia-se esta no mez de fev reiro, ou mesmo em janeiro; conserv se a planta á sombra no verão, e tra planta-se passados dois annos, danc lhe sempre pouca agua.

Os arbustos floriferos que n'este m dão flôr, no clima de Lisboa, segun notas por nós tiradas, são:

Sida arborea, drymis Winterii, lygala myrtifolia, veronica lindleyar acacia arbustiva, geranio zonal, aloe medicago arborea, abutilon venosu correa speciosa, correa alba. raphio pis salicifolia, sedum holochysum, dum Dorame, echeveria metalica, ce tranthus macrosiphon, buddleya mac gascariensis, veronica salicifolia, te pletonia retusa, sarothamus baetict ulex europaeus, genista canariens malva umbellata, anagyris faetida, c phaea Torullensis, viburnum Linus, burnum suspensum, symphoricarp vulgaris, erica mediterranea, senec Giesbreghtii, arenaria pungens, A. W witschii, veronica media, arenaria sa guinea e camelia.

Nos curraes do gado. —vigiam-se as mas, de forma que nunca estejam m lhadas quando o gado se deitar. E tam-se as correspondencias de ar, pâ não produzir resfriamentos e constip ções ao gado, que consequentemen dão origem a corizas, bronchites e pne monias.

Nos gallinheiros.—Como no mez ant rior recolhem-se os ovos logo que s postos. Casam-se os patos e perú limpam-se as suas capoeiras; preparar se os ninhos e cestos onde as fême irão pôr.

Creação dos frangos que se pozera em incubação em janeiro e que nasce nos primeiros dias d'este mez. Prep ração das creadeiras ou camaras creação.

Incubação dos ovos destinados á cre ção na primavera, tanto de raças pur que começam a juntar-se, como de r ças destinadas á engorda. Colheita d primeiros ovos de pato, que é necess rio disporem-se convenientemente n armarios, ou qualquer logar sêcco, que sejam bastantes para uma incub ção.

Continuada limpeza, deitando pó d pyréthro nos ninhos.

Engorda e venda das aves nascid em outubro.

torrado, só se
na para com-
res de cabeça

são multiplos
iro effeito que
excitação ce-
amente o mais
. A este titu-
a todos os in-
regam a tra-
esclarece as
a mais agudo
a attenção en-
pensamento o
ra terminar a

, do habito de
icção torna-se
ido então pre-
se.

ia da proprie-
m de excitar,
para comba-

dores de ca-
propriedades
são momenta-
individuos que
tomal-o, pro-
s violentas de
quotidiano do
abito tyranni-

ral produzida
a em grande
mentos moti-

clias, encontram um auxiliar poderoso no café. Attenua a fadiga
muscular, combate-a tambem e
ajuda mesmo a dissipal-a.

Deve, porem, haver cautella em
não se tomar café em excesso, porque n'esse caso podem sobrevir as
tremuras musculares.

A industria pecuaria
e a riqueza nacional

Conferencia do sr. Miranda do Valle
na Associação Commercial dos Logistas

Póde parecer extravagante que venha tratar de questões de pecuaria n'u-
ma associação de logistas, principalmente sendo socio d'uma sociedade
agricola com séde em Lisboa; mas desde o momento que a Associação dos
Lojistas, n'um louvavel movimento pa-
triotico, resolveu agitar todas as idéas
de interesse nacional, ajudando assim
o despertar para o trabalho e para o
progresso de um paiz que, depois de
gloriosas aventuras, se deixou cahir
n'uma torpe inacção, o estudo da industria pecuaria não deveria ser esque-
cido.

Effectivamente, se esta collectivida-
de quer, por uma intensa propaganda
de conhecimentos, encaminhar a nação
para a conquista da riqueza e da felicidade, não póde esquecer a industria
pecuaria, que no nosso paiz representa
uma grande parte do patrimonio social.

Ha quem diga que o nosso paiz é
essencialmente agricola; pois, de todas
as culturas, aquella que pelas condições especiaes do solo, do clima e dos

Assim, deve regressar brevemente ao continente portuguez uma missão militar que foi comprar cavallos á Argentina.

Da Argentina tambem com frequencia importamos bois para talho.

Com a Hespanha estamos em constantes trocas, que muitas vezes, em algumas especies, se saldam com prejuizo nosso.

Assim, o nosso paiz, que tinha capacidade para satisfazer a sua procura de productos animaes, devendo até contribuir para preencher o «deficit» dos paizes industriaes, tem que recorrer ás disponibilidades dos paizes estrangeiros.

Poderá qualquer pessoa pouco versada n'este assumpto imaginar que a má qualidade das raças pecuarias que povôam o continente portuguez seja a causa d'este desequilibrio, por isso appressa-se a affirmar que não.

O facto do governo portuguez recorrer a importações estrangeiras poderia tambem levar qualquer observador superficial a tirar a conclusão que as qualidades do gado portuguez são inferiores ou insusceptiveis de melhoramento, e, comtudo, nenhum d'estes factos se dá, como se verá pela rapida exposição que vae fazer.

Raças que habitam o continente portuguez

Gado cavallar.—Ha no continente portuguez duas raças cavallares.

Ao norte, uma raça pequena, rustica e forte, verdadeiro cavallo montanhez, muito propria para galgar seguramente os asperos desfiladeiros de Traz-os-Montes.

Ao sul, o cavallo elegante de cavallaria, harmonioso de fórmas, fogoso de genio, proprio para as exhibições luxuosas, sem deixar de ser rijo para as fadigas; o valor d'este cavallo dil-o a tradição, que nos affirma ser o corcel de Alter muito estimado na côrte franceza.

Presentemente, porém, o ginete de Alter tem decahido tanto e no estrangeiro a equicultura tem progredido tanto, que a inferioridade relativa ao cavallo portuguez é tamanha que não será facil melhorál-o conveniente e rapidamente sem recorrer ao cruzamento com typos estrangeiros aperfeiçoados.

Gado bovino.—Os principaes productos que o homem utilisa dos bovinos são: a carne, o leite e o trabalho.

Em todas estas producções os bovinos portuguezes são excellentes.

Para produzir carne, onde ha melhor raça do que nas serranias do Barroso?

Temos ahi bois de grande corpulencia, cevando facilmente e dando uma carne deliciosa ao paladar, de facil digestão e altamente alimentar.

Não é carne secca, de gordura peripherica do boi Durham; no boi Barroso, a gordura, em tenue bainha, envolve uma a uma a fibra muscular; dando á carne uma qualidade e um aspecto altamente apreciados.

Para trabalho, temos o mirandez, que todos conhecem, arrancando pesados carretos pelas ruas da cidade e fazendo profundas lavras nos campos. Temos ainda o pequeno maronez, estreitamente jungido ao carro trazmontano, escalando invios e ingremes caminhos das serras.

Onde os ha com melhor aptidão natural?

Tem-os algum paiz com melhor vocação congenita?

Que eu saiba, não.

E vaccas leiteiras?

Temos as incultas jarmelistas, que dão magnifico leite manteigoso.

Temos a exhausta taurina, que fornece abundante leite para consumo immediato.

Ha todas as vocações no nosso armentio bovino.

Quasi todas as raças mesmo a tudo se prestam, tão pouco cultivadas estão, mal lhes destrinçam as vocações. Podia citar muitas, mas referir-me-hei á arouqueza, que dá tão boa carne, é tão abundantemente leiteira e trabalha com tanta energia, que seria embaraçoso dizer qual é a sua aptidão dominante. Faz tudo e tudo bem.

Gado arietino. — Tudo este abençoado paiz comporta: o merino de fina lã ou farta carne a á ovelha, que se desfaz em leite rico em cazeina. O que estes párias da creação pecuaria não encontram é quem os trate com os cuidados que elles merecem; para que elles comam é preciso que a natureza espontaneamente lhes ponha a meza ; abrigos só os accidentes do terreno lh'os fornecem.

N'estas condições, definha e mal produz quem podia prosperar e com a sua producção enriquecer o dono.

Gado caprino.—N'esta especie tambem é prodiga a natureza; cria a copiosa leiteira do Jarmello, a decantada vacca do pobre. E na charneca pauperrima, onde nenhum animal encontraria alimento, vivé alegremente a misera cabra, que dá leite, carne, estrume e pelles.

Gado suino.—E', ao norte, o mealheiro do pobre, a reserva alimentar do inverno. No sul é a grande industria do potentado, é o conforto e o luxo de numerosas familias.

Como se criam os gados em Portugal?

A creação pecuaria é intensiva ou extensiva?

Não ha uma fórma unica, typica.

Segue todas as gammas da escala, desde o creador de numerosas cabeças,

até á associação de creadores para uma só cabeça.

E nos creadores, que enormes differenças!

Desde o esfarrapado e analphabeto aldeão, até ao refinado diplomata.

D'um modo geral e salvando as excepções, ao norte a industria pecuaria é intensiva e extensiva ao sul.

No norte e centro é frequente dois ou mais visinhos quotisarem-se para mercar na feira um novilho. Outros sustentam a rez que um capitalista comprou, partilhando os lucros da empreza.

Uns teem uma pequena courella para apascentar o rebanho, outros só dispõem dos baldios, e ainda os ha que sustentam o proprio gado do que roubam pela visinhança.

Cria-se gado em bens proprios, em bens communs e até em bens alheios.

Para pagar ao senhorio, o rendeiro colloca o dinheiro na industria pecuaria, é a sua caixa economica.

Com o producto da venda do gado paga o senhorio as decimas.

No sul ha proprietarios de grandes rebanhos, espalhados por extensas herdades.

Causas que obstam ao melhoramento da industria pecuaria

a) Ignorancia do creador.

Uns, analphabetos rudes, guiam-se apenas pelos preconceitos que a lição oral dos paes lhes transmittiu.

Outros, ignorando os preceitos technicos, manteem-se na senda rotineira, ou enveredam pelos atalhos que a phantasia ou os maus conselhos lhes indicam.

O estudo dos bons preceitos e a observação persistente dos factos são praticas desprezadas pela quasi totalidade dos animalicultores portuguezes. Não acreditam na theoria e adquirem conhecimentos praticos pela posse de meia duzia de animaes e conversando com os tratadores.

Para elles o pastor é um oraculo e o seu rebanho uma encyclopedia de zootechnia.

b) Ausencia de espirito associativo.

Emquanto no estrangeiro as associações agricolas se multiplicam e prosperam, desde ás associações de credito até ás associações para o estudo do melhoramento das mais insignificantes especies animaes, em Portugal apenas vegetam uma ou outra.

As associações agricolas, de difficil constituição, por causa das numerosas peias burocraticas, definham quasi sempre por falta de dedicação dos seus dirigentes.

c) Incuria official.

Que tem o Estado feito a favor d'esta industria?

Recenseamento pecuario ha quasi quarenta annos que não se faz.

A divulgação official dos bons preeitos zootechnicos está inteiramente or fazer.

O ensino de zootechnia é deficiente or falta de elementos. Tem-se limitao a importar animaes de fraco valor ndividual ou de raças inadaptaveis no osso paiz.

Processos de melhorar a creação pecuaria

1.º—Educar as populações ruraes. Cumprir a lei da instrucção primaia obrigatoria. Individuos que não saem ler nem escrever são quantidades uasi despresiveis para o levantamento 'uma nacionalidade.

Depois, pelo exemplo, deve mostrare-lhes como se transforma e augmena o valor d'um prado natural.

Como se selecciona uma raça; como sta operação produz rapidamente optinos resultados; como os modernos proessos scientificos são superiores á aniga rotina.

2.º—Papel importante do cooperatiismo e do syndicalismo.

Em toda a parte em que a agriculura prospera e a pecuaria se valorisa, ncontramos a associação agricola,uma rezes boraceando as materias primas u facilitando a execução da industria, utras vezes collocando os productos u melhorando o seu fabrico.

As fórmas que o principio associati vo reveste são innumeras: assim, teem s syndicatos de creação as leiterias ooperativas, as caixas de seguro conra a mortalidade dos gados, as assoiações destinadas a evitar a propagaão das epizootias, as sociedades zoochnicas, as aggremiações para a coordenação de livros genealogicos, etc.

3.º—Acção das estações officiaes.

Em todos os paizes, mesmo nos accentuadamente industriaes, a pecuaria nerece os mais cuidadosos desvelos; nas a protecção governamental faz-se or uma fórma indirecta, muito mais fficaz, educativa e economica do que a acção directa.

Os governos, reconhecendo o valor l'esta importante parcella de riqueza ublica, cuidam solicitamente da sua onservação, fazendo cumprir cuidadosamente as medidas de policia sanitaria dos gados, disseminando os bons preceitos da hygiene e prophylaxia, rulgarisando as conquistas scientificas, guerreando os preconceitos, estimulando os bons emprehendimentos.

A acção directa e immediata essa abe aos individuos, ás associações agricolas, ás municipalidades; os governos centraes apenas lhes prestam uxilio, sem as tutelarem, sem lhes exorvarem as iniciativas.

O progresso da industria pecuaria em sido em toda a parte obra dos inlividuos ou das pequenas collectivida-

des locaes. O governo figura apenas como um auxiliar ou orientador; sempre que elle se mette a exercer uma acção directa, os seus esforços falham. A's pequenas associações agricolas locaes se deve quasi exclusivamente o melhoramento dos gados.

De fórma que, a meu vêr, em questões de melhoramento pecuario, o que se deve pedir ao governo não são sacrificios pecuniarios, energicas e immediatas intervenções, mas apenas liberdade de associação, propaganda dos beneficios associativos e instrucção.

E para conservação d'esta riqueza deve tambem exigir-se-lhe uma boa direcção dos serviços de prophylaxia e policia sanitaria.

N'estes assumptos aos governos está reservado um alto papel e educação e direcção, devendo, portanto, investirse na chefia d'estes serviços individualidades de reconhecida capacidade.»

O orador, que durante toda a sua conferencia foi frequentemente interrompido com applausos, ouviu, ao terminar, uma prolongada salva de palmas.

Duas palavras sobre a multiplicação das plantas em geral

(Continuado da pag. 238.)

c) Enxerto por encosto herbaceo.— Serve este para em uma planta, no pecegueiro por exemplo, preencher vasios, deixados entre os ramos de fructo, lateraes, etc. Operam-se em rebentos que não tenham attingido dois terços do seu desenvolvimento, rebentos pertencentes á mesma planta e que estejam inferiormente ao ramo desguarnecido.

B.—Enxertia de fenda.—N'esta ha a considerar as seguintes variedades:

a) Enxerto de fenda simples.—Effectua-se serrando horisontalmente a haste do *cavallo*, alisando o córte, praticando uma fenda vertical de cêrca de 0ᵐ,06 de profundidade, a todo o diametro d'aquella, e introduzindo n'essa fenda fenda o *garfo*, em fórma de cunha.

O garfo deve ter o comprimento de 0ᵐ,10 a 0ᵐ,20, segundo a grossura e vigor do *cavallo*, e apresentar dois ou tres olhos bem conformados, dos quaes um na extremidade superior; e o córte em cunha ou duplo bisel é praticado na sua base sobre um comprimento

de 0ᵐ,03 e de fórma que o lado que tem de ficar voltado para a peripheria do cavallo e coincidir com a casca d'este, seja um pouco mais espesso que o lado opposto.

Introduzido o *garfo* na fenda, por fórma que o olho da base fique á altura do córte do *cavallo*, e que a casca d'aquelle pareça a continuação da d'este, liga-se o enxerto e applica-se o unguento.

E' uma enxertia muito usada na vinha, onde o *cavallo* é serrado um pouco abaixo do solo, e o enxerto recoberto por um monticulo de terra, dispensando ligadura e unguento.

b) Enxerto de fenda dupla.—E' o mesmo que o precedente, com esta differença apenas; que em logar de um só garfo, se collocam dois no mesmo *cavallo*, um de cada lado da fenda.

c) Enxerto de fenda Lée (de entalhe lateral e triangular.—N'este enxerto, em vez da fenda, pratica-se lateralmente no cavallo um entalhe triangular, descendo em ponta ao longo da haste, e é n'esse entalhe que se adapta o garfo, cuja base é egualmente talhada triangularmente e em ponta, por fórma a prencher e a ajustar-se na lacuna do cavallo.

(Continúa).

Hygiene rural

Cemiterios para o gado

I

Quantos leitores, lendo esta epigraphe, não estarão já imaginando que pretendo inculcar ao nosso paiz algumas d'essas novidades estrangeiras, que chegam a pesar sobre o labio inferior do indigena com tal fórça, que, por largo tempo, o deixa de bocca aberta!

Cemiterios para o gado?!

—E' estupendo, dirão ironicamente os incredulos.

—E' justo, é muito bem entendido, dirão alguns membros das sociedades protectoras dos animaes. Porque, como o homem, não hão de ter a saudade e o respeito na morte, esses entes que tanto contribuem para a felicidade material e moral do que, sem elles, não fôra, decerto, o rei da creação?

—Apoiado! exclama um philosophopoeta. Apoiado! Porque não hão de ter cemiterio os animaes, e no cemiterio mausoléos? Dilatam-se os ambitos da arte e da poesia. A idéa nova curva-se perante a historia, perante a mythologia pagã, perante o Christianismo. Se Incitatus foi feito consul romano, porque não haviam de seus ossos ter perpetua e condigna sepultura? Se a burra de Balaã fallou em vida, porque não havia de fallar de seu mortal despojo, eterno monumento? Fallam quadros historicos de uma burrinha, que a Virgem cavalgou, fugindo para o Egypto, e da mulinha em que montava o Nazareno, quando entrou triumphante em Jerusalém; mas a carne de taés alimarias foi devorada talvez pelos cães famintos, e seus ossos ignotos ninguem sabe dizer onde estão! Modernamente, para gloria dos famigerados creadores inglezes, fallam os nomes immorredouros de «Darley-Arabian», o tronco primitivo da raça equidea (pur-sangue), e de «Hubback», o Abrahão da raça bovino (durham); mas repousarão acaso os restos mortaes d'estes benemeritos semi-deuses da pecuaria, não direi já à sombra do «feral cypreste», mas, ao menos, distinctos por significativo monumento, no meio de algum prado uberrimo da fria Albion?!

—Cemiterios para o gado! troveja, indignado e iracundo algum «bojudo fradalhão de larga venta». Honras funebres aos brutos! A pedra tumular a cobrir os ossos de um burro cacilheiro ou de um toiro de praça! Pois não nos bastavam já os enterros civis e as profanas commemorações a alguns transfugas do gremio romano? Querem, desgraçados, guardar tambem as bestas em cemiterios! Horror!

*

Perdão, meus senhores. Não se trata de honras funebres aos brutos, de resto mais merecidas de alguns d'elles, que de muitos vaidosos, inuteis ou perniciosos humanos. Trata-se apenas de uma simples medida de policia sanitaria, que a moderna sciencia aconselha, fundada em fáctos de observação e de experiencia, positivos e incontestaveis; e isto, no maior interesse dos possuidares de gado, interesse que no nosso pais assume proporções de primeira ordem. Eu vos explico como tudo isto é, em poucas e leves palavras; para não vos enfadar muito.

*

Fartos estareis de ouvir fallar em microbios, seres tão antigos como o mundo, mas que a sciencia do nosso seculo revelou, tornando-os uma novidade da moda. E tal revelação tem-se sido, que hoje o mundo dos microbios assoberba o mundo que se vê a olho nú, cerca-o, banha-o, imbebe-o, consubstancia-se com elle para lhe fazer uma

guerra de morte. O mundo dos microbios, considerado nos individuos que o compõem, só se póde vêr... por um oculo; é microscopico; é o mundo dos infinitamente pequenos. Ha quem não acredite na existencia d'este mundo, que se não vê naturalmente; e ahi vae uma prova:

Um dia mostrava eu, através do microscopico, um esplendido phylloxera poedeiro a um vogal de certa commissão phylloxerica districtal. Ora, seja dito de passagem, o phylloxera não é um microbio; á vista dos microbios o phylloxera é um masthodonte; vê-se á vista desarmada; o microscopio permitte-nos vêr-lhe distinctamente as partes que o constituem. Pois o nosso homem vendo um lindo bichinho doirado, do tamanho de um grillo, nem á mão de Deus Padre quiz crer que aquillo era uma creaturinha de Deus, destruidora praga das vinhas dos homens. Preferiu acreditar que era pintado por algum artista raro, possuidor de processo e meios secretos para tal fim! Como havia de elle crer nos microbios, ainda que lh'os mostrassem!

Vamos, porém, ao nosso assumpto. Porque não havemos de crer nos microbios, se para isso se não exige a sobrenatural virtude da Fé?

Tomae uma gottinha de sangue de boi ou de carneiro, morto pela febre carbunculosa; tomae outra de qualquer d'estes animaes, são e morto n'um matadouro. Examinae-as separadamente ao microscopio: na primeira encontrareis um grande numero de filamentos emmaranhados e de pequeninos pontos brilhantes; na segunda nada d'isto vereis. Aquelles filamentos são os microbios que se propagam na massa do sangue, á custa dos elementos d'este, transformando-o n'um verdadeiro veneno, que produz todas as desordens exteriores e internas que caracterisam a febre carbunculosa. Os pontos brilhantes são os germens do microbio, dos quaes hão de nascer microbios novos, e assim successiva e indefinidamente.

Quereis convencer-vos d'esta verdade? Pois bem, Tomae n'uma pequenina seringa (a seringa de Pravaz) o sangue do animal que foi morto de perfeita saude; injectae esse liquido sob a pelle de um carneiro ou de um boi sadio; repeti esta operação em quantos bois ou carneiros quizerdes: a saude d'esses animaes não soffrerá a mais leve alteração.

Fazei agora o mesmo, mas servindo-vos da rez que morreu de febre carbunculosa; e vereis que quantos animaes inoculardes, morrerão, apresentando todos os symptomas que observastes no que foi espontaneamente atacado. Bastar-vos-ha esta simples experiencia, que o sabio Pasteur e outros teem

lá fóra feito muitas vezes, para vos convencerdes de que a causa determinante da febre carbunculosa é o tal microbiosinho filamentoso, chamado «bacteridia. E, como a febre carbunculosa ataca e mata no nosso paiz todos os annos centenas de bovideos, milhares de ovideos e de caprideos, e isto sem que nenhum d'esses animaes seja inoculado, como vós inoculastes os que vos serviram na vossa experiencia, certo é e evidente que de algum processo a natureza se ha de servir para a inoculação espontanea em tão larga escala. Não menos evidente é tambem que, existindo o agente da febre carbunculosa nos animaes d'ella enfermos e nos seus cadaveres, uns e outros são indubitavelmente fócos de infecção para os animaes sãos.

—Mas (já d'aqui vos estou ouvindo mais uma vez) «morto o animal, morre a doença,» e do tal micobrio nem sombra ficará depois de o cadaver ter apodrecido.

Ora, effectivamente, vós pareceis ter muita razão, pois seria coisa incrivel que morresse um boi, tão grande e tão possante, que depois de morto se desfizesse em pó, terra, cinza e nada, e que a petulante «bateridia» invisivel se ficasse rindo da sua obra, muito bem vivinha da costa.

Pois bem: se morre a «bacteridia», como é que um cadaver carbunculoso, mesmo já decomposto, é um poderoso fóco de contagio? Vamos a vêr como isto é.

Annes Baganha.

A trichinose—Cautella!

Os intendentes de pecuaria dos diversos districtos do paiz teem-se occupado dos perigos do consumo da carne de porco atacada de trichinose. D'esses funccionarios, teem recebido os administradores dos concelhos recommendando toda a cautella que não se exponha á venda para consumo publico carne de algum porco que albergue em si o terrivel parasita da trichina, que, no homem, grande numero de victimas póde produzir; e que não se consinta que entrem nos mercados carnes de porco que não sejam inspeccionadas, — muito principalmente de «porcos alemtejanos», que são os mais perigosos.

A trichinose é uma doença produzida pela ingestão de carnes eivadas da terrivel *trichina spirales*.

Algumas prescripções prophylaticas

Deve procurar-se sempre que seja possivel fazer-se uso da carne que tenha sido examinada:

Eliminar da alimentação das carnes de porco cruas, como o chou riço, o presunto, etc. Coser ou fritar em peças delgadas, e durante o tempo bastante para que o interior da peça a côr sanguinea desappareça por completo, notando-se a côr branca;

A carne destinada a ser cosida deverá metter-se na agua fria e não quando ella sómente chegar ao ponto de ebulição;

A salgagem da carne é um meio de pouca importancia e confiança: por isso se deve ter com as carnes salgadas os mesmos cuidados que com as carnes frescas;

A fumagem é um meio destruidor maior que a salgagem; porem, não merece tambem confiança.

Vinicultura

O tratamento dos vinhos novos

Os vinhos novos, particularmente n'esta epoca do anno, estão sujeitos a diversas alterações. O afan com que o commercio, por este tempo, procura os vinhos novos induz o viticultor a antecipar a vindima, a apressar a cozedura, a vender productos cuja existencia não é garantida de forma alguma.

Torna-se indispensavel toda a cautela contra as complicações que d'isso resultam; convem evitar as fermentações secundarias que podem manifestar-se e é então que se fazem necessarias trasfegas prematuras. Esses vinhos mal feitos, muitas vezes toldados, soffrem a influencia das materias organicas que se encontram em suspensão na sua massa.

Os frios do inverno, geralmente, tornando mais pesadas essas substancias, precipitam-se no fundo dos toneis, mas, como nem todas são levadas, é preciso recorrer ás collagens energicas. Em seguida a cada uma d'estas, é conveniente proceder a novo trasfego nos vinhos de uma constituição pouco robusta, visto haver sempre a recear novos fermentos.

Os productos bem constituidos de uma vindima perfeita não teem por certo necessidade de ser assim tratados; pelo contrario, não ha perigo em deixal-os sobre a mãe durante o inverno.

O unico cuidado a que obrigam é o de conservar as vasilhas sempre cheias; essa attestadura deve fazer-se com vinho da mesma colheita e que participe dos mesmos principios e da mesma constituição.

Cumpre observar, todavia, que em muitos casos não deve prescindir-se das trasfegas mesmo nos vinhos provenientes de vindimas sãs.

Quanto ás trasfegas prematuras, que temos por uteis nos vinhos mal formados, cujo futuro é incerto, não deixaremos de recommendar que ellas se façam sempre ao abrigo do ar.

E' mau o costume de empregar canecos para esse effeito. Pondo em contacto com o oxygenio os mycodermas nocivos dos vinhos doentes, restitue-se-lhes a actividade que estavam talvez quasi a perder, tornando-os assim origem de novas complicações.

E' por meio de uma bomba, atravez de tubos de cautchu, que devem trasfegar-se sempre estes productos defeituosos. Os toneis destinados a recebel-os teem de ser antecipadamente preparados no que toca a limpeza e perfeita mechagem, por ser esta um meio de sustar o desenvolvimento dos fermentos.

Não dispensando a esses vinhos os cuidados que acabamos de indicar, e que devem ser prestados desde logo, em pouco tempo os veremos deteriorarem-se progressivamente: a côr modifica se-lhes cada vez mais, e estando turvo accentua se e o seu sabor torna-se-ha detestavel em pouco tempo.

Prevalecem os fermentos nocivos; encontrando-se no meio de uma massa que não souber defender-se, começam a viver á custa d'ella, adquirem de minuto a minuto novo vigor, multiplicando-se infinitamente e dando origem ás doenças conhecidas e temiveis que poucas vezes teem cura.

Os cuidados especiaes que, na summa, acabamos de apontar, quando dispensados opportunamente, evitarão na maior parte das vezes aquelles accidentes, e, se não consolidarem vinhos de má natureza, terão ao menos a vantagem de conservar-lhes a vida approximadamente até á occasião em que devam ser consumidos.

Julgamos mais conveniente que os possuidores de taes vinhos os vendam sem demora. Até ao fim do inverno serão bons e acceitaveis no consumo, e mais tarde talvez só possam aproveitar se para a vinagreira.

Estas indicações baseiam-se na propria observação de factos averiguados.

Está geralmente admittido pela maioria dos oenologos que o vinho é um liquido vivo, cuja existencia regular se acha subordinada ás menores variações dos meios.

Esta hypothese, mui verosimil, sustentada por M. Pasteur nos seus doutos escriptos relativos ao summo fermentado da uva, não podia deixar de attrahir a attenção dos especialistas que, alliando a pratica com a theoria, chegaram a formular uma serie de preceitos vinicolas, fóra dos quaes só ha de encontrar-se o acaso e perdas.

São estas as prescripções que devem estar sempre presentes ao espirito dos vinicultores. O vinho, principalmente no principio da sua vida, é uma bebida delicada, cujas transformações convem acompanhar attentamente para estar sempre prompto a prestar-lhe os soccorros que o seu estado exige.

Quantos proprietarios não vêem annualmente comprometido o producto da sua vindima por haverem desprezado estes principios que devem ser considerados como absolutos?!

A. Faria.

Defeitos dos vinhos

II

Gosto á terra. — É um gosto particular, (lembrando o gosto a terra de horta, com muita materia organica) com que se apresentam certos vinhos, provenientes de uvas muito carregadas de poeiras de materias organicas, como acontece ás vezes nas vinhas innundadas, ou ainda quando as vinhas, um pouco antes da vindima, receberam grandes estrumações com estrume de curral ou outros adubos organicos.

Ao que parece, os gazes desprendidos na decomposição d'aquellas substancias, fixando-se sobre as uvas, imprimem-lhe aquelle gosto especial, que depois se communica ao vinho.

Tambem quizeram explicar este gosto pela acção d'um fermento especial, mas até agora ainda não foi observado.

Comquanto as explicações anteriores não sejam satisfatorias, são, comtudo, as mais admissiveis.

Mach e Portelle, n'um vinho de uvas provenientes d'uma vinha onde tinha havido uma innundação nas proximidades da vindima, notaram o desenvolvimento das fermentações lactica e butyrica, e explicaram o facto pelos lodos que vinham agarrados ás uvas conterem grande quantidade de carbonato calcareo que, introduzido nos mostos, devia neutralisar uma boa parte da sua acidez, principalmente do acido tartrico.

Isto favoreceria o desenvolvimento d'aquellas fermentações anormaes, tanto mais que estudos anteriores tinham provado que o fermento butyrico podia vir nos lodos.

O sr. Brin cita o caso da ilha de Ré, em que os vinhos de sudoeste se apresentam perfeitos, ao passo que os de nordeste contrahem sempre o gosto a terra, (goût de terroir) devido ao costume que ha n'esta parte da ilha, de, antes das vindimas, transportarem os estrumes para os campos onde se ha de cultivar o trigo, nas proximidades das vinhas, e devido ainda a que o mar n'aquella parte da costa, no mez de setembro, depõe uma grande quantidade de plantas marinhas, principalmente sargaços, ficando em montes de um metro de altura até apodrecerem.

O vento, arrastando as emanações dos montes de estrume em fermentação e das plantas marinhas em decomposição, leva-os sobre as vinhas, e d'ahi o gosto caracteristico dos vinhos d'esta região, que tanto os deprecia.

O sr. Brin observou mesmo o engrecimento das parras onde existia o cobre do tratamento contra o mildio, devido a fixação de productos sulphurosos, que veem n'essas emanações.

Este sabor é bem difficil de tirar e mesmo de disfarçar.

O tratamento melhor parece ser a collagem, dando tambem algum resultado as trasfegas repetidas, a sulphuração, ou ainda a juncção de azeite, que n'este caso deve ser puro e isento de ranço, e deve-se misturar bem com o vinho para dissolver as substancias cujo sabor o maculam, e arrastal-as comsigo quando sobrenada.

O azeite não põe mau gosto ao vinho, e separa-se facilmente devido á sua menor densidade.

Aconselham meio litro de azeite por hectolitro de vinho.

Alguns aconselham ainda aguardentar o vinho e trasfegal-o depois, mas o que sobre todos estes processos nos parece preferivel é lavarem-se as uvas antes d'ellas entrarem para o lagar ou balseiros.

O sr. Viard diz que quando o gosto não é muito pronunciado, dá bom resultado uma collagem com gelatina, ajuntando por hectolitro de vinho 3 a 5 grammas de tanino, e 10 a 20 grammas de acido tartrico.

Legislação agricola

Direcção Geral da Agricultura
Repartição dos serviços agronomicos

Dispondo no artigo 25.º do regulamento para o commercio do vinho do Porto, approvado por decreto de 27 de novembro de 1908, que os representantes dos viticultores, vogaes da commissão de viticultura da região do vinho generoso do Douro, serão eleitos pelos quarenta maiores viticultores de cada concelho, não podendo ser eleitores nem eleitos commerciantes de vinhos nem seus commissarios, agentes e empregados de qualquer categoria;

Tendo, porém, a primeira eleição de ser effectuada pelos quarenta maiores contribuintes da contribuição predial de cada concelho ou da parte d'este que estiver incluida na mesma região, como dispõe o artigo 27.º do referido regulamento, mas pela fórma disposta no citado artigo 25.º, e constando que entre os quarenta maiores contribuintes de alguns concelhos foram designados individuos a que é applicavel a exclusão determinada no mencionado artigo 25.º:

Mande Sua Majestade El-Rei declarar, pela Secretaria de Estado dos Negocios das Obras Publicas, Commercio e Industria, que, em conformidade com o disposto no § 1.º do artigo 27.º do regulamento para o commercio do vinho do Porto, devam tambem ser excluidos, na primeira eleição dos vogaes da referida commissão de viticultura, quer como eleitores quer como elegiveis, os commerciantes de vinhos, bem como os seus commissarios, agentes e empregados de qualquer categoria, devendo ser remettidos á Direcção Geral da Agricultura, directamente ou por intermedio dos respectivos agronomos districtaes, quaesquer reclamações que sobre este assumpto possa haver, afim de serem submettidas a resolução superior, emquanto não esteja constituida a mesma commissão e não seja exequivel, por esse motivo, o determinado no § 2.º do artigo 25.º do regulamento.

Paço, em 6 de fevereiro de 1909.— D. Luiz Filippe de Castro.

Tendo já sido enviadas ás camaras municipaes dos concelhos comprehendidos na região dos vinhos generosos as relações dos quarenta maiores contribuintes da contribuição predial, a que se refere o artigo 27.º do regulamento para o commercio do vinho do Porto, approvado por decreto de 27 de novembro de 1908; ha por bem Sua Magestade El-Rei determinar que se realisem no dia 28 do corrente as eleições dos vogaes que hão de constituir a commissão de viticultura da região do vinho generoso do Douro, designada no artigo 23.º do citado regulamento; observando-se o disposto nos artigos 25.º e 27.º do mesmo regulamento e na portaria de 6 do presente mez de fevereiro.

Paço, em 12 de fevereiro de 1909.== D. Luiz Filippe de Castro.

Conhecimentos uteis

Previsão do tempo pelos movimentos dos animaes ou plantas.—Os animaes experimentam todos, mais ou menos, sensações variadas, que indicam mudança de tempo.

Citaremos as mais caracteristicas:

E' signal de mau tempo: Quando o pavão grita, as gallinhas se espojam, o gado procura abrigo, a andorinha vôa muito baixo e solta gritos, a rã deace ao fundo da agua e a sanguesuga se agita em todas as direcções.

As plantas pelos seus movimentos tambem podem predizer o tempo ao observador paciente. A carlina amarella, o cravo de defuncto plumal, o oxalis, a lunaria higrometrica abrem as suas folhas se o tempo está bom, mas fecham-se se a chuva se approxima.

Limpeza de rolhas.—Todas as rolhas que não tenham servido a liquidos gordurentos podem-se utilisar, lavando-as primeiramente com agua misturada com acido chlorhydrico, depois n'uma solução de hyposulfito de soda e acido chlorhydrico; e por ultimo passam-se n'um agua pura com um pouco de soda. Depois d'estas lavagens, ficam as rolhas como novas.

Noticias dos campos, Mercados e Feiras

MONTEMÓR O-NOVO. — Continúa baixando o preço da carne do porco. Hoje esteve a 3$000 réis a arroba.

BECO DE SANTO ALEIXO.—Foi muito concorrido o mercado de Ferreira do Zezero, regulando o preço do gado suino a 3$100 réis a arroba.

MARCO DE CANAVEZES. — O mercado quinzenal esteve concorrido, effectuando-se boas transacções em gado bovino, que regulou entre 4$500 e 5$000 réis a arroba.

ANCIÃO.—A feira de gado suino, que se realisou em Ribeiro da Vide, foi bastante movimentada. O preço da carne regulou entre 3$200 a 3$500 réis os 15 kilos, realizando-se grande numero de transacções.
—Já terminou a colheita do azeite, regulando o azeite de 2$000 a 2$100 réis o decalitro. A chuva que cahiu tem beneficio muito a agricultura. Procede-se agora com afan á póda das vinhas e á sementeira das batatas. O vinho continúa sem procura, mantendo o preço de 100 réis a medida de 20 litros.

LOUZÃ.—Fecharam os lagares d'este concelho, continuando apenas em movimento o da Ribeira Maior, propriedade dos srs. Baeta & Henriques. O preço do azeite regula a 2$000 réis por decalitro. O milho conserva o preço de 560 réis cada 13,745 litros.

CARQUEIJO (MEALHADA).—Os lagares continuam abertos, mantendo o azeite o preço de 2$000 a 2$100 réis o decalitro. O vinho regula de 450 a 500 réis a medida de 20 litros e tem pouca procura, razão por que os lavradores estão desanimados.

AZAMBUJA.—O vinho branco tem regulado entre 240 a 280 réis os 20 litros, preço ruim, que nem dá para as despezas. E nem assim tem tido venda, o que vem aggravar a crise que aqui se sente.

POMBAL.—Os preços dos generos n'esta villa foram os seguintes, por cada medida de 13 litros e meio:

Milho branco, 500; idem amarello, 450; Feijão branco, 900; idem encarnado, 950; idem frade, 800; idem pardo, 870; tripo, 640; cevada, 550; aveia, 300; tremoço, 340; fava, 550; grão, 600; batata, kilo, 30; arroz, idem, 100; azeite (10 litros), 2$700; vinho (20 litros), 800.

CANTANHEDE.—N'esta villa os preços da semana finda, foram por cada medida de 15 litros:

Trigo mouro, 680; dito tremez, 660; milho branco, 520; dito amarello, 500; centeio, 620; cevada, 500; aveia, 320; arroz, 1$300; feijão branco, 920; dito amarello, 910; dito vermelho, 960; dito rajado, 900; dito frade, 640; chicharo, 520; grão de bico, 800; favas, 600; batata, 380; sal, 50; vinho branco, (20 litros) 600; dito tinto, 500; aguardente, 2$000; vinagre, 800; azeite (10 litros) 2$600.

5.º ANNO.—N.º 171 — À Gazeta publica-se nos dias 10, 20 e 30 de cada mez — FEVEREIRO—1909

GAZETA DOS LAVRADORES

· ORGÃO DE PROPAGANDA E DEFEZA DOS INTERESSES DA AGRICULTURA NACIONAL

Com a collaboração de muitos agricultores, agronomos, medicos veterinarios, horticultores, viticultores e regentes agricolas

DIRECTOR e PROPRIETARIO: *JOSÉ ERNESTO DIAS DA SILVA*

Medico veterinario -- Antigo professor da Escola de Agricultura da Real Casa Pia de Lisboa

Assignaturas
(pagamento adeantado).

Um anno.................... 1600 réis
Um semestre................ 800 »
Numero avulso.............. 50 »

As assignaturas começam sempre no principio de cada mez.
Toda a correspondencia deve ser dirigida ao director do jornal.
Os originaes recebidos quer ou não publicada não se restituem.
COMPOSIÇ O na séde da Gazeta. — IMPRESS O — imprensa
Africana — Rua de S. Julião, n.º 58 e 60

Annuncios
(TYPO CORPO 8)

Por uma só inserção...................... 40 reis cada linha
Repetição até 6 publicações................ 30 » » »
Annuncios permanentes, folhas soltas, réclames e annuncio
intercalado no texto—contracto especial.
Os srs. assignantes gosam do abatimento de 20 %.
A administração acceita correspondentes em todas as terras do paiz

Redacção e Administração, C. de Santo André, 100, 1.º
EDITOR—Dias da Silva ·

EXPEDIENTE

Estando em cobrança a importancia das assignaturas do nosso jornal, respeitantes ao semestre findo, rogamos aos nossos obsequiosos assignantes afineza de satisfazerem a importancia dos seus recibos, que foram já para isso remettidos ás differentes estações telegrapho-postaes.

Agricultura geral

A propriedade d'Alemtem

Proximo de Louzada, seguindo a estrada de Felgueiras, fica a propriedade de Alemtem, onde existiu n'outros tempos uma das escolas regionaes, fundadas por um dos raros homens que n'este paiz teem merecido o nome de estadistas.

A escola, não seria preciso dizel-o, sumiu-se no tal poço escuro, agora chamado das coisas importunas, voando os edificios e o mais que não vale a pena referir para as mãos do proprietario do terreno, como era previsto no contracto, para o momento em que o Estado deixasse de aproveitar a installação.

Como foi que um plano consequente, traçado por um homem com os miolos no seu logar, se abandonou, á maneira de creanças voluveis, esquecendo um barquinho na agua do tanque, para irem brincar com a carroça de bois de papelão?

Acabou, como tudo acaba n'esta terra. Mudanças de ministros, substituição de vaidades, desprezo do que entra pela obra do que sae, diga-se de passagem, em regra sempre com razão, falta de tempo para pensar nas coisas minimas do fomento da riqueza nacional explicam a estranha decisão. Alem d'isto, as horas do dia são poucas, no Terreiro do Paço, para medir influencias a metro, a peso e a dinheiro, considerado o paiz como uma pelle de urso d'onde se talham as redeas do governo.

Fazemos ao Terreiro do Paço a justiça de nunca se ter informado, nem tão pouco percebido, a utilidade d'essa escola e todas as outras, seja qual fôr o ensino n'ellas professado.

Vamos adeante.

Em todos os pontos onde esses estabelecimentos existiram creouse a industria dos lacticinios e por lá ficou vegetando ás cegas, sem orientação, sem tendencias para se desenvolver, sem horisontes marcados pelas influencias modernas.

O productor do leite continúa a ser bronco, sem geito para fazer um calculo, sem ninguem que o instrua na selecção das raças leiteiras, na adaptação e cruzamento e no resto, que convem ser conhecido de quantos queiram viver de industrias agricolas.

Appareceu a industria dos lacticinios, como apparece um pinheiro bravo n'uma serra deserta, quando uma ave, de passagem, ahi deixa cair a semente.

Desconhecem-se os processos de fiscalisação e analyses dos leites, o que sejam fermentos, pastorisação, qual o tratamento mais conveniente ás vaccas leiteiras, sem falarmos na arte de mungir e tratar os uberes, summarias noções de hygiene e de physiologia, condições de estabulos, etc.

Não ha meio de perceber por ali vestigios da passagem de uma escola, nem qualquer influencia do espirito moderno, scientifico, que desenvolvesse faculdades de observação e algum respeito pelas conquistas da sciencia. Certamente a escola, emquanto durou, manteve-se um ninho de funccionarios, digerindo um ordenado; foi, como em regra são todos os serviços d'este paiz, um dos conventos onde se recolhem os pupillos dos taes homens de grande influencia, mais cedo ou mais tarde guindados pelas orelhas e pela cauda á altura de conselheiros.

Se assim era e assim tinha de continuar, não foi grande perda ter fechado e tiria tido razão o governo que, por economia, a tivesse mandado bugiar. Deve notar-se que, conforme me informaram no sitio, aquillo dava prejuizo ao Estado, e, portanto, segundo o criterio de que uma escola é uma casa de negocio, com obrigação de receita, praticou um acto em regra, livrando-se d'aquelle espeto o governo que tal ordenou. Deixemos o que lá vae.

Na propriedade de Alemtem, onde de novo existe a fabrica, em actividade, da produçcção da manteiga, tivemos occasião de travar relações com um medico, o sr. dr. Hermano de Carvalho, cuja situação nos parece interessante. E' elle o director da fabrica, cuidando da producção da manteiga e do tratamento das vaccas, bem disciplinado pelo espirito scientifico, dedicado ao estudo do seu novo ramo de actividade, com o mesmo interesse e a mesma cadencia de marcha com que seguiu pelos tortuosos caminhos da medicina.

A resolução do dr. Hermano, ao tomar conta dos trabalhos estranhos á sua especial educação litteraria, representa um principio de libertação, mostra um dos caminhos abertos á classe, para se livrar das difficuldades d'uma excessiva concorrencia e pode muito bem ser, no caso do exemplo ter imitações, um começo de nova orientação, d'onde se devem esperar mais cedo, ou mais tarde, novas, e enexhauriveis fontes de riqueza.

Ninguem desconhece o desajuizado numero de medicos, advogados e outros diplomados semelhantes que existem n'este paiz, levados á conquista da carta por seducções, n'outros tempos fun-

damentadas e hoje de todo fallidas. «Todos governam bem a sua vida», dizia-se dos medicos do seculo passado, e era verdade. Hoje, porem, é bom saber-se, já não são poucos os que soffrem privações e muitissimos os que não passam d'uma reles mediania. Os raros, cuja situação privilegiada fascina as ambições, ou equivalem a numeros da sorte grande, ou dispõem de meritos e talento, que os tornaria grandes em qualquer outra profissão. Em summa, o exercicio da profissão, industrialmente considerada, é negocio pouco lucrativo.

Se, porem, considerarmos o mediconão como um homem exclusivamente apto para clinico, mas como uma pessoa illustrada, de cerebro desenvolvido, com pratica das sciencias positivas e de espirito sufficientemente treinado para outras, mediante estudo, em qualquer assumpto, novos horisontes se abrem aos moços cheios de vida e de energia, que por mercê da rotina se encontram sobraçando uma carta, constituindo uma das raras habilitações que o ensino publico nos fornece.

Não existindo no paiz actualmente a quantidade que seria necessaria de commerciantes, industriaes e agricultores d'uma instrucção larga e moderna, porque não se resolvem os medicos, os engenheiros e advogados, aproveitando os conhecimentos adquiridos é fazendo-os valer na concorrencia, a entrarem em qualquer d'esses ramos de actividade, onde podem fazer fortuna, enriquecendo o paiz?

Os tolos preconceitos da aristocracia d'outras eras, que impediam um doutor de ser praticante d'uma industria, ou d'um commercio, vão felizmente passando e hoje as sociedades e os individuos, preoccupando-se menos com formulas e tudo com os factos, já chamam vadio ao fidalgo que vive parasitando e consideram honestos, apertando-lhes a mão, a quantos produzem, seja como fôr, o pão e os cigarros que consomem.

O doutor, segundo o modo de

midade do *cavallo* e a base do *gar-fo*, e abrindo transversalmente, n'uma e n'outra, duas fendas separando uma lingueta; d'esta fórma adaptando o garfo ao cavallo, as duas linguetas resultantes insinuam-se nas fendas que defrontam, havendo uma perfeita engrenagem entre os dois individuos enxertados. Em seguida faz-se a ligadura.

Ha quem descreva esta enxertia, limitando-a apenas ao córte em bisel do cavallo e garfo, e fazendo logo a adaptação, dispensando as fendas a que atraz nos referimos. A operação assim simplificada tem, quanto a nós, além porventura de outros inconvenientes, o de não garantir grande fixidez ao enxerto, e portanto contrariar a soldadura.

e) **Enxerto de fenda-estaca.**—Por esta operação, fica-se *agarrado a duas amarras*, como vulgarmente se diz, havendo consequintemente maiores probabilidades de exito.

Cóm effeito, não é provavel que não vinguem a um tempo a enxerto e a estaca.

Consiste a operação em cortar em bisel alongado a 0ᵐ,15 abaixo do solo a haste do *cavallo*, que se tem posto a descoberto até á profundidade de 0ᵐ,30; praticar ao meio do bisel uma fenda vertical; e adaptar-lhe um garfo-estaca com o comprimento de 0ᵐ,25, munido de talão, e no qual se tem aberto a meio comprimento um entalhe com uma lingueta de 0ᵐ,04 de comprimento que entra na fenda rasgada no bisel. Liga-se o enxerto e cobre-se de terra, não deixando aflorar no solo senão um unico olho do garfo, e tem-se assim a combinação do abacellamento com a enxertia.

Este processo é usado na vinha.

f) **Enxerto de fenda herbaceo.**—Convém principalmente ás arvores resinosas. A época propria é em maio, quando o *cavallo* está em plena seiva.

E' essencial que o garfo tenha o diametro do cavallo. Corta-se a haste d'este immediatamente abaixo do botão terminal do anno, fen-

de-se e introduz se-lhe o garfo (escolhido d'entre os rebentos ainda não atempados) ageitado em cunha na sua base.

Enxertia Champin.—E' uma modificação da enxertia de fenda ingleza, bastantemente empregada na vinha: Cortado o *cavallo* perpendicularmente a seu eixo, é fendido a cêrca dos dois terços do seu diametro, e a parte mais espessa é cortada em bisel ou plano inclinado, alongado até ao bordo superior da fenda. Faz-se o mesmo no *garfo*, e procede-se á adaptação e ligadura.

Enxertia de fenda cheia.—Tambem applicada na vinha, e em individuos de um anno. E' a enxertia de fenda ordinaria ou simples, apenas com esta differença, que o garfo tem o mesmo diametro do cavallo, e por isso occupa ou enche toda a fenda.

Enxertia de cavalleiro.—E' a precedente invertida; quer dizer: é uma enxertia de fenda, em que esta é rasgada no garfo e não no *cavallo*, sendo este e não aquelle ageitado em cunha.

A *enxertia Camuset* é uma modificação da precedente, em que a cunha do *cavallo* é fendida pelo meio, para receber uma lingueta que resulta do *garfo* bifendido.

Enxertia em corôa. — Faz-se cortando horisontalmente a haste do *cavallo*, e praticando em volta do córte tantas fendas verticaes quantos os *garfos* a collocar, distanciadas umas das outras de 0ᵐ,08 pelo menos. Estas fendas devem interessar o alburno, e ter o comprimento de 0ᵐ,08 pouco mais ou menos.

Os *garfos*, com quatro ou cinco olhos, são cortados á haste muito alongado na sua base. Com uma espatula levantam-se os dois labios da casca incidida e introduzse os *garfos* entre ella e o alburno. Collocados todos os garfos, emprega-se a ligadura e um unguento. Esta enxertia é muito empregada em arvores fructiferas, quando o tronco do cavallo tem um grande diametro.

C. **Enxertia de borbulha ou escudo.**—

E' a mais geralmente empregada nas plantas novas, com uma casca tenra, delgada e lisa, destacando-se facilmente do caule. Pratica-se quando as plantas estão em seiva, portanto nos mezes de abril ou maio a agosto. Escolhe-se e corta-se, nas plantas que se desejam multiplicar, rebentos, offerecendo na axilla das folhas olhos bem conformados; supprime-se a extremidade herbacea d'esses rebentos e as folhas, deixando d'estas uma porção do peciolo ou pé, resguardando os olhos que tem de ser enxertados. Assim preparados os rebentos, envolvem-se de musgo humedecido ou de hervas frescas, se se tem de utilisar no dia immediato, ou se tem de servir no proprio dia em que se cortam, collocam-se á sombra, e, o que é melhor, dentro de agua, d'onde se vão retirando á medida das necessidades.

Pratica-se com a lamina do enxertador sobre a casca do *cavallo* uma incisão em T, que chegue até ao alburno, e com a espatula do enxertador abrem-se os labios da incisão. Preparado assim o *cavallo*, circumscreve-se entre duas incisões transversaes, uma a 0ᵐ,01 acima, outra a 0ᵐ,013 abaixo, o olho que se quer extrair da planta a multiplicar, feito que se levanta cuidadosamente, engastado na casca comprehendida entre as referidas incisões.

E' indispensavel ao bom resultado da enxertia que n'esta operação se poupe e conserve a porção de tecido cellular que o olho tem agarrado na sua parte subadjacente, e sem o qual não se daria a soldadura.

(Continúa).

Ernesto Freire.

Exposições agricolas

EXPOSIÇÃO INTERNACIONAL
DE
AVICULTURA

Promovida por um grupo de amadores de Lisboa, constituidos em commissão

PROGRAMMA

Artigo 1.º — A exposição, dirigida exclusivamente pela commissão organisadora, realisar-se-ha no parque Eduardo VII e será inaugurada no dia 18 de março, devendo encerrar-se no dia 28 do mesmo mez, salvo se a commissão, de accôrdo com a maioria absoluta dos expositores, resolver prorogal-a.

§ 1.º Aos expositores que não concordarem com a prorogação prevista n'este artigo será permittido retirarem os exemplares que lhes pertencem no dia designado para o encerramento normal da exposição.

§ 2.º A faculdade concedida aos expositores pelo paragrapho precedente é extensiva a todas as pessoas que hajam realisado quaesquer compras na exposição.

Art. 2.º — Como expositores serão admittidos todos os avicultores nacionaes e estrangeiros, aos quaes, no acto da entrega da guia de inscripção e para a sua plena effectividade, nos termos do art. 9.º, incumbe o pagamento dos seguintes premios :

200 réis por cada compartimento a occupar —1.ª e 2.ª secções ;
100 réis por cada compartimento a occupar —3.ª secção.

§ 1.º A inscripção respeitante ás 4.ª e 5.ª secção é isenta de premio.

§ 2.º A não comparencia dos exemplares inscriptos não dá direito ao respectivo proprietario a ser reembolsado do premio correspondente.

Art. 3.º — A exposição comprehenderá as seguintes secções :

1.ª—Gallinaceos.
2.ª—Palmipedes.
3.ª—Columbideos.
4.ª—Aves canoras, ornamentaes, etc.
5.ª—Machinas e apparelhos de creação e qualquer material de avicultura, incluindo gaiolas passarinheiras.

§ 1.º As perdizes, e codornizes e quaesquer outros pequenos gallinaceos, para os effeitos das disposições contidas em todos os artigos subsequentes, consideram-se incluidos na secção 4.ª

§ 2.º As rôlas, para identicos effeitos, são incluidas na mesma secção.

Art. 4.º—Os gallinaceos deverão ser expostos em casaes, trios (um macho e duas femeas) ou grupos de mais de tres exemplares; os palmipedes e os columbideos, exclusivamente em casaes ; as demais aves, indifferentemente.

§ 1.º Poderá ser admittido fóra do concurso um individuo isolado pertencente a qualquer das tres primeiras secções, que se recommende por grande somma de predicados especiaes.

§ 2.º No julgamento e classificação dos gallinaceos deverá ser observado um preceito de preferencia dos trios sobre os casaes em egualdade de circumstancias.

§ 3.º Os grupos de mais de 3 exemplares serão julgados separadamente.

Art. 5.º—Não serão admittidos na exposição :
1.º Os individuos doentes;
2.º Os incapazes de procrear por muitos velhos ou novos, salvo, pelo que respeita a estes, se acompanharem as mães;
3.º Os reputados inferiores por falta de caracteres typicos de raça.

Art. 6.º A commissão fornecerá as competentes gaiolas para alojamento dos exemplares das tres primeiras secções, exceptuando os grupos de mais de tres specimens, para cujas installações a commissão apenas toma a responsabilidade de fornecer a vedação, ficando á conta do expositor o respectivo dormitorio.

§ 1.º O modelo do dormitorio, a que este artigo se refere, é da escolha do expositor, devendo, todavia, ser préviamente submettido ao exame da Commissão, que se reserva o direito de propôr quaesquer alterações que julgue convenientes.

§ 2.º As gaiolas que a commissão fornece a cada expositor não excederão a duas para cada variedade de raça.

Art. 7.º—O alimento e a limpeza, relativamente ás tres primeiras secções, incumbem á commissão, exceptuando a hypothese de querer o expositor tomar sobre si esse encargo, ficando n'este caso a commissão isenta de toda e qualquer responsabilidade; e, relativamente á quarta secção, é só e sempre ao expositor que importam os referidos cuidados, que deverão ser prestados todos os dias até ás 10 horas da manhã.

Art. 8.º—O recinto da exposição será vigiado durante o dia e a noite por pessoal incumbido d'essa funcção.

Inscripção — Art. 9.º — A commissão fornece, a quem requisitar, o programa da exposição, e bem assim as guias de inscripção, devendo os expositores declarar préviamente quaes as secções em que desejam inscrever-se, preenchendo duas guias para cada uma d'essas secções.

§ unico. Uma das guias a que este artigo se refere será enviada ao secretario da commissão, dentro do periodo marcado no respectivo aviso, para que a inscripção se torne effectiva, acompanhando a outra os exemplares ao recinto da exposição, no acto da sua entrega.

Correspondencia — Art. 10.º — Toda a correspondencia deve ser dirigida ao secretario da commissão —Rua da Magdalena, 201, 1.º Lisbóa.

Entrega e recebimento dos exemplares.— Art. 11.º—A entrega dos exemplares deve ser feita das 10 horas da manhã até ás 3 horas da tarde dos seguintes dias :

Na vespera do dia marcado para a abertura da exposição, a dos exemplares das secções 1.ª, 2.ª e 4.ª;

Na ante-vespera do referido dia, a dos exemplares das duas restantes secções.

§ 1.º Exceptuám se d'esses preceitos os expositores que apresentarem os exemplares pertencentes a secções cuja entrega devesse fazer-se em dias differentes, aos quaes é permittida a entrada de todos os exemplares conjunctamente no primeiro dos dias consignados no presente artigo.

§ 2.º Não serão admittidos na exposição quaesquer exemplares que se apresentem fóra dos limites marcados n'este artigo e no seu § 1.º

§ 3.º Incumbe ao expositor o transporte dos exemplares que lhe pertencerem até á sua installação definitiva no recinto da exposição.

Art. 12.º — Haverá uma inspecção prévia, feita por um medico veterinario, sobre o estado de sanidade dos exemplares apresentados, e um exame, tambem prévio, feito pelo respectivo jury, sobre os caracteres de raça, decidindo aquelle e este, conforme o ponto de vista da função que desempenha cada um, sobre a admissão dos exemplares na exposição.

§ unico. A decisão de qualquer d'estas entidades sobre a não admissão de qualquer exemplar na exposição, pelos fundamentos em que deve basear-se, importa exclusão incondicional e, consequentemente, não entrada no recinto da exposição, em harmonia com os preceitos do art. 5.º

Art. 13.º—Salvo caso de força maior, como tal reconhecido por qualquer membro da commissão, é expressamente prohibido ao expositor, uma vez feita a entrega dos exemplares, substituil-os ou retiral-os da exposição antes do dia marcado para o encerramento, conforme o estabelecido no art. 24.º

§ unico. Na hypothese de venda, este preceito é extensivo ao comprador.

Art. 14.º—Os exemplares serão entregues aos seus proprietarios nos dois dias subsequentes ao do encerramento da exposição, desde as 10 horas da manhã até ás 4 horas da tarde, mediante conferencia pelas respectivas guias.

§ unico. Findo este prazo cessa toda a responsabilidade da commissão.

Jurys.—Art. 15.º—Os speciméns serão julgados em cada secção por um ou mais jurys, cada um dos quaes compos to de tres membros, nomeados pela commissão.

§ 1.º A qualidade de expositor não é incompativel com a de membro dos jurys, a não ser para a classificação dos exemplares que lhe pertencerem.

§ 2.º Os jurys poderão funccionar apenas com dois dos seus membros, sendo, porem, só validas as suas resoluções quando unanimes.

§ 3.º Sempre que os jurys funccionem sómente com dois dos seus membros, por incompatibilidade do terceiro, quando as suas resoluções não forem unanimes, nomeará a commissão um membro de desempate para a hypothese sujeita.

Art. 16.º—As decisões dos jurys não teem recurso.

Prémios—Art. 17.º Haverá as seguintes classes de premios:

1.ª Diplomas de medalha de ouro.
2.ª   »   »   »   »   » prata
3.ª   »   »   »   »   » cobre.
4.ª Menção honrosa.

§ 1.º Não ha incompatibilidade alguma entre desiguaes classificações que devam ser concedidas a exemplares reunidos em casal ou em mais numeroso grupo.

§ 2.º Os exemplares que, tendo tido a mais elevada recompensa, relativamente aos premios estabelecidos pelo presente artigo, forem considerados absolutamente perfeitos, ainda poderão ser inscriptos n'um quadro de honra, por indicação expressa do respectivo jury.

Art. 18.º Independentemente dos premios offerecidos pela commissão, será acceito qualquer donativo ou objecto d'arte destinado á creação de premios especiaes para galardoar os expositores de qualquer concurso escolhido pelo offerente.

Regulamento—Art. 19.º A exposição, exceptuando o dia da inauguração, em que abrirá ás 2 horas da tarde, estará patente ao publico desde as 10 horas da manhã até ao pôr do sol.

Art. 20.º E' permitido aos expositores assistirem á limpeza e distribuição da comida que serão feitas todos os dias até ás 10 horas da manhã, não podendo, todavia, intervir n'essas operações nem mexer nas gaiolas.

§ 1.º A doutrina d'este artigo não tem incompatibilidade alguma com o artigo 7.º e seu § unico.

§ 2.º No caso de pretender o expositor fechar por meio de chave as gaiolas dos seus exemplares, assim o solicitará da commissão, ficando consequentemente sujeito ás condições ligadas á hypothese prevista no artigo 7.º

Art. 21.º Os ovos que forem encontrados nas gaiolas que não estiverem nas condições do § 2.º do art. 20.º serão retirados d'ellas, numerados e guardados para serem entregues ao respectivo proprietario.

Art. 22.º — As aves que adoecerem ou morrerem serão immediatamente retiradas das gaiolas na presença de um dos membros da commissão, avisando-se do facto o seu proprietario actual e fazendo-se a competente descarga no respectivo titulo de posse.

Art. 23.º — Os expositores poderão vender os exemplares expostos pelos preços consignados nas suas guias de inscripção.

§ 1.º F' expressamente prohibido alterar o preço fixado nas guias, mantendo-se esta preceito prohibitivo mesmo no caso de ser prorogada a exposição.

§ 2.º E' tambem prohibido ao expositor qualquer intervenção nas transacções effectuadas na exposição, as quaes ficam exclusivamente a cargo do empregado para esse fim nomeado pela commissão.

§ 3.º Os productos das vendas serão entregues a seus donos no segundo dia subsequente ao do encerramento da exposição, mediante recibo e deduzida a percentagem de 10 0/0.

Art. 24.º — Os exemplares ou objectos expostos, vendidos ou não, só podem ser retirados no dia designado para o encerramento da exposição, áparte as hypotheses previstas nos artigos 13.º e seu § unico e 22.º

§ unico. Poderão exceptuar-se algumas aves da 4.ª secção quando forem substituidas por outras identicas que a commissão acceite.

Annuncios—Art. 25.º—Não é permittido affixar annuncios, reclamos, gravuras ou quaesquer coisas identicas ou analogas sem prévio entendimento dos interessados com a commissão.

Reclamações—Art. 26.º—As reclamações, para serem attendidas, deverão ser escriptas e entregues na bilheteira da exposição.

Disposição comminatoria—Art. 27.º—A commissão reserva-se o direito de ter o procedimento que julgar conveniente a respeito de toda e qualquer infracção das disposições que no presente regulamento se conteem.

A commissão,

Conde da Ribeira Grande. — Miguel d'Oliveira.—Pedro Coelho Serra.— Alfredo Bastos Baptista.—Carlos Z. Pinto Coelho. — Filippe Tormenta. — João Marques da Silva.

Viticultura

Plantação das videiras

Na carta de lei de 18 de setembro ultimo, pela qual foi prohibida a plantação de vinhas, permittiu-se comtudo que os viticultores podessem substituir nos vinhedos já existentes as cepas inutilisadas.

Até onde ia esta faculdade de *substituição* de cepas inutilisadas?

Divergiam as interpretações.

Ora a tal divergencia acaba de pôr termo a interpretação official, authentica, do sr. ministro das obras publicas, que por seu despacho, permittiu aos viticultores fazerem replantações nas suas vinhas, seja qual fôr o numero de pés substituidos, comtanto que essa renovação ou replantação seja praticada dentro da área dos vinhedos extinctos ou inutilisados, em terrenos que ainda não tenham sido applicados, como substituição, a outras culturas.

Egualmente é permittida a plantação de videiras, em cordão, nos arretos, comoros e junto ás paredes ou linhas divisorias dos predios, como guarnecimento d'estes, pois que a plantação de videiras n'estes termos não é considerada propriamente a *plantação de vinha* que foi e está prohibida por aquella lei de 18 de setembro ultimo.

A viticultura e vinificação no Rio Grande do Sul

RELATORIO CONSULAR

No municipio do Rio Grande, que tem por séde a cidade do mesmo nome, a cultura da vinha é feita nas duas ilhas separadas da cidade por um braço do rio que dá o nome á do Estado. Uma corre parallelamente á cidade pelo norte, e tem uma extensão de uma legua de comprimento no sentido léste oéste, por meia legua de largura, em linha perpendicular á primeira, isto é, norte sul; a outra está situada a oesnoroeste da cidade e a oeste do referido braço de rio, e tem uma extensão de mais de meia legua de comprimento, por meia de largo nos mesmos rumos da primeira.

A primeira dista da cidade uns 3 kilometros no ponto mais proximo, a segunda, uma legua nas mesmas condições. Aquella denomina-se Ilha dos Marinheiros, esta, Ilha do Machado. Ambas são habitadas por agricultores portuguezes e por elles cultivadas e por alguns seus descendentes ahi nascidos e criados. D'estes muito poucos seguem a nacionalidade dos paes e a observância austera dos processos de trabalho e de economia que a estes é peculiar.

As colonias agricolas nas quaes se cultiva egualmente a vinha, povoadas por italianos, allemães e polacos, estabelecidas em zonas extensas e ferteis, estão situadas ao norte do Estado, perto da cidade de Porto Alegre séde do respectivo Governo.

Sendo grande o numero d'esses colonos, que recebem de perto a protecção governamental, e occupando grandes areas de terras especiaes, em que predomina o humus, a producção de vinho n'essas colonias é bastante avantajada, mas esse producto é summamente defeituoso.

A cultura da Ilha dos Marinheiros estende-se pelo litoral n'uma estreita faixa de terra, dividida em hortas. O centro não é aproveitado, em consequencia de grandes dunas de areias movediças que o occupam, as quaes já teem avassallado uma parte de quasi todas essas mesmas hortas e continuam no seu movimento destruidor.

As successivas culturas na Ilha dos Marinheiros teem modificado extraordinariamente a natureza das terras até ao esgotamento. De humiferas puras, passaram a areiohumiferas, e hoje são simplesmente terras de pomar enfraquecidas, reclamando grande somma de adubos como auxilio integrante á producção. Muito os favorece a constante humidade, como meio fertilisante, que lhes provém das aguas pluviaes das grandes lagoas que existem no centro da ilha, e que se escoam por infiltração atravez d'essas hortas em busca do litoral.

A vinha, que devera ser a principal cultura nas duas ilhas, por mais rendosa, não o tem sido pelo desanimo dos seus cultivadores, tanto pelas doenças da vinha como tambem pelas do vinho, especialmente pelas d'este ultimo.

Nas ilhas como nas colonias do Estado cultiva-se um vinhedo vigoroso, da serie das castas americanas com o nome de *Isabel*, na verdade muito productiva, cacho e bagos grandes de muito rendimento em vinho mas de qualida-

de inferior, e, tanto como a planta, muito propenso a contrahir enfermidades.

Esta casta é a mesma que se cultiva nos Açôres e que tem sido levada ao continente para *cavallo*, no que ella é de incontestavel valor. Que me conste, não se tem observado n'esta casta, aqui n'esta latitude, nenhuma das enfermidades da nomenclatura americana; mas tem sido attingida pela *anthracnose* e principalmente pelo *mildium* e peronospera. O vinho é egualmente passivo de varias doenças: a *zimeose* (gordura dos vinhos), o *amargo* (transformação de uma aldeyde n'uma urina negra), a *volta* (a presença de microphytos) e o *apodrecimento* como consequencia de abandono e falta de medicação.

A *Isabel* é muito pouco saccharina, não produzindo mais de 7 a 8 (maximo) por 100 de alcool n'uma boa fermentação, e, alem d'isso, é de fraca coloração e maturidade.

Concorrem varios factores para a sua depreciação—uns congenitos e outros accidentaes. Os primeiros, entre outros, são os muitos acidos, predominando o enogallico, o lactico, o bitartrato de potassa e outros, todos muito soluveis no vinho attenta a sua fraqueza alcoolica; o pouquissimo tannino cuja falta additada á da glucose e da enocianina bastam a fazer-se juizo mais ou menos da qualidade do vinho que ella pode produzir, principalmente fabricado por mãos inhabeis. São os segundos—o methodo das bacelladas, o systema de vinha, os processo de vinificação e o clima.

Os factores accidentaes só por si dariam materia para um volume.

Nenhum dos agricultores do Estado, inclusivé os portuguezes das referidas ilhas, pratica a bacella-da á *manta*, tão commum no sul de Portugal e tão necessaria n'estes terrenos em geral de subsolo impermeavel, de pouco centro e varia composição. As bacelladas em todo o Estado consistem na abertura de uma cova, no abacel-

lamento da vide que nem sequer leva o aterraço da poda velha (qualquer vara serve), um pouco de estrume do curral, quando ha, e nada mais. Eis a razão por que a vinha envelhece precocemente e o fructo se recente.

O systema de vinha influe egualmente na qualidade do vinho. A vinha é toda montada em parreiras e em distancias variadas. Ha quem accommode seiscentos, oitocentos pés de vinha e mais, n'um hectare, sendo o commum de 150 a 300 pés. Succede muitas vezes que, nas primeiras colheitas, não tendo a planta facilidade em expandir toda a seiva de que é susceptivel, produz-se o esvinhamento — a uva em floração abundante e vigorosa desapparece como n'uma verdadeira metamorphose, ficando apenas os pampanos vicejando em toda a sua exuberancia. Sendo a uva pouco saccharina, contendo acidos em excesso, pouco tanninosa e corante, o vinho não pode ser bom; e muito menos bom com aquelle systema de vinha, que é o proprio aos vinhos verdes oriundos de castas aliaz magnificas, as mesmas que dão o excellente vinho maduro n'um systema de vinha rasa.

Os processos de vinificação não podem ser classificados. Nem a observação dos interessados no correr dos annos preside á feitoria dos seus vinhos. Nenhum dos agricultores do Estado sabe tirar conveniente partido da uva *Isabel*, que em geral é colhida em estado desfavoravel para vinificar. Não desengaçam, como seria preciso por dois motivos: livrar o mosto do travor acidos peculiares ao engaço verde, que quasi nunca amadurece, e preparál-o em condições de voltar de novo ao lagar para largar o tannino, posto que sem elle nenhum vinho de massa está garantido na sua conservação.

Nas artes agricolas ainda é tudo primitivo aqui, sobretudo em mãos indigenas: o amanho das terras, os processos de culturas, de sementeiras e plantações, sachas, mondas, etc. Em geral o in-

zena procura semear todos os
nos em novas derrubadas.

O mesmo systema de creação
) gado é primitivo. Os animaes
o criados a campo. Não ha pra-
)s artificiaes, nem palhas, nem
nos, nem forragens. E' o que a
itureza dá.

Ha poucos annos teem-se occu-
ido alguns agricultores na cultura
i luzerna (a que chamam aqui al-
fa), que se vende secca e enfarda-
i; mas a producção é diminuitis-
ma e por isso este paiz, tanto
este como n'outros artigos, é
:ande tributario das Republicas
) Sul, não obstante haver aqui
intas e tão boas terras.

Voltando á vinificação, forçoso
dizer que a esse respeito tudo é
ito ás cegas; porque os agricul-
ires portuguezes são ainda os
.ais progressistas do Estado. Ha
)is annos teem elles introduzido
inte e tantas castas de uva por-
igueza, difundindo-as grande-
iente por enxertia nos seus vinhe-
os, que medram admiravelmente
produzem muito mais do que na
.uropa parecendo até zombar do
lima. Algumas d'essas vinhas,
rincipalmente de algumas hortas
a Ilha do Machado, são hoje as
rimeiras de todo o Estado do Rio
irande.

Os vinhos d'essas propriedades
em melhorado immensamente
)m á enxertia das novas castas,
ias estão muito longe de assemе-
iar-se aos vinhos portuguezes.
'istinguem-se na côr, na densida-
e, no gosto e sobretudo nas qua-
dades organolepticas, que na fal-
i de uma analyse official, são at-
:stadas pelas pessoas que conhe-
em e fazem uso de vinho com-
arte integrante da sua alimenta-
ío; as quaes não o querem nem
estomago o recebe nem aprovei-
i bem.

A producção vae, entretanto,
'um crescendo extraordinario.
m tão pequena area, cem *Cha-
ras*, mais ou menos, na Ilha dos
[arinheiros, algumas muito pe-
uenas, e doze na Ilha do Macha-
), o vinho colhido n'este ultimo
ino attingiu a duas mil e tantas
pas; mas sempre o cháos em

vinificação. Não ha uniformidade
nos processos de vinificação do
vinho entre os agricultores de
uma mesma região, por mais pequena que esta seja. Uns addicio-
nam assucar mascado, outros assucar e alcool, ainda outros somente alcool ou cachaça mas tudo sem conta, sem ordem. N'uma
adega sangram o vinho no fim de
24 horas de fermentação tumultuosa; n'outra depois de 48 horas;
n'outras depois de 3 dias, de 4 e
de 5, e até depois das massas cairem no fundo do lagar, ficando
toda a superficie do vinho exposta á acção do ar, o seu peor inimigo.

Os colonos de Porto Alegre deixam o bagaço em masseração no
vinho algumas vezes mais de 30.
dias, quando a fermentação tumultuosa normal da uva *Isabel*
não pode ir além de 6 a 8 dias,
maximo.

Os mesmos agronomos officiaes
nada teem estabelecido a este respeito. Uma turma de tres membros
diplomados em agronomia, que
em commissão official andou percorrendo as zonas vinhateiras do
sul do Estado na safra d'este anno, com objecto de instruir os agricultores, aconselhou somente a
fermentação em dorna fechada,
usando o batoque hydraulico de
Payen. Ora este processo, simplesmente como foi aconselhado, não
tendo tido até agora grande numero de proselytos, depois de
muito ensaiado, pelos seus muitos
inconvenientes não é, por certo,
o que mais se deva recommendar;
e alguns agricultores das ditas
ilhas que o tentaram só tiveram
arrependimento quando não podiam remediar cousa alguma. Alguns perderam quasi todo o vinho
d'essa colheita.

Aconselha-se aqui e pratica-se,
se não official ao menos officiosa-
mente, o uso do assucar e até do
tanino na fermentação da uva,
para se obter na apparencia um
vinho bom, mas estas praticas
constituem um verdadeiro artifi-
cio, e a França assim o compre-
hendeu quando, ha annos, obri-
gou os seus vinicultores, que usa-

vam identico processo, a apresentarem os seus vinhos nos mercados consumidores com a denominação de *vinho de assucar*.

Ainda esta circumstancia, alem
de muitas outras, vem abonar os
vinhos portuguezes, que são simplesmente o producto genuino da
uva, tal como a natureza no-la deu.

O clima n'esta latitude é tambem um factor digno de ser apreciado. Elle não é, com effeito, tão
benigno como parece a quem está
desprevenido. Todos os elementos
são aqui menos substanciaes que
os europeus, e algumas enfermidades communs a todos os povos
teem aqui um pouco mais de intensidade. A temperatura atmospherica é de uma inconstancia
absoluta. No mesmo dia e no espaço de poucas horas, no inverno,
o frio e o calor alternam-se, ás
vezes, entre 8° e 20° acima de 0.
No verão a mesma cousa. Os ventos frios mas sãos sopram do qua-
drante S. D. e N. O., sendo o do
O, o melhor d'elles. Os ventos
mais temperados mas menos sãos
veem de E. e N. E, sendo este ultimo o mais quente de todos os
os ventos e predomina tres quartas partes do anno, facto consta-
tado por observações meteoroló-
gicas. E' o mais damninho de todos os ventos, o mais prejudicial
ás industrias de certos productos
alimenticios, principalmente peixes e carnes salgadas e mais do
que a quaesquer outros, é prejudicialissimo aos vinhos; phenomeno este que passa desapercebido a
muita gente. Annos ha em que se
arruina um terço e ás vezes dois
terços do vinho colhido nas respectivas safras. E' claro que muito concorre a falta de conhecimento de quem o fabrica e tem d'elle
a conservação a seu cargo.

Com estas alternativas de temperatura—calor, frio, humidade,
ventos frescos quasi sempre, chuvas intempestivas, seccas prolongadas, trovoadas repentinas no verão, é facil de suppor os perigos
a que estão sujeitas as sementeiras e plantações de todo o genero,
e em especial a vinha e o mesmo
vinho.

A vara da videira quasi nunca amadurece bem, nem o bago, nem o engaço, nem o grau de maturidade é egual nos bagos do mesmo cacho. Raro é o cacho que não tem grande quantidade de bagos verdes no acto da vindima.

O preço dos vinhos nacionaes regula sempre metade e ás vezes menos do que o dos vinhos portuguezes. O vinho nacional é consumido somente no paiz, e emquanto prevalecerem certas circumstancias, será sempre um mau concorrente dos vinhos portuguezes.

O Governo do Estado, aliaz com razão, procura dar-lhe o maior consumo possivel, empregando para esse fim todas as diligencias, inclusivé exposições moveis de certo apparato na Capital Federal e nos outros Estados do Norte.

Tambem ha quem busque particularmente levar o descredito aos vinhos portuguezes, ou ma propaganda pouco leal em que se inculcam *como mais puros* os vinhos nacionaes, visto a difficuldade de se poder affirmar que *são melhores*.

Vem a proposito citar uns artigos escriptos no proprio orgão official do Governo do Estado, *A Federação*, sobre os vinhos das colonias de Porto Alegre, assignados por um profissional de nome Lourenzo Monaco. Este senhor, em 10 ou 12 artigos do mez de agosto d'este anno, disse, resumindo, que os colonos não teem competencia alguma para a fabricação de vinho nem mesmo para plantar e cuidar do vinhedo; que as adegas melhor se prestariam á creação de suinos do que á fabricação e conservação de vinhos; que o vacilhame, quer de fermentação quer de recipiente de conservar, por sua qualidade e limpeza, é o mais detestavel que possa imaginar-se, bastando por si só a fornecer um producto mau; em em conclusão, que o vinho fabricado por homens ignorantes, negligentes e desasseados, só poderia ser o que é—burundanga.

Queixa-se este mesmo Sr. Monaco, na sua qualidade de enotechnico, que, por não deixar explo-

rar-se no exercicio da sua profissão, pelos colonos, e ser obrigado a dizer em publico verdades amargas a bem do progresso da industria enologica do Estado, tem, por isso, grande numero de inimigos. Nada o estorva, porem, de continuar na sua missão de educar, mau grado interesses bastardos que elle não respeita, e emprazá quem quer que seja a vir a publico discutir o assumpto e contraditál-o sobre qualquer dos pontos por elle descriptos e affirmados.

Basta esta opinião, quando outras razões não houvesse, para termos uma ideia nitida do valor dos vinhos actuaes do Rio Grande comparadas com os vinhos portuguezes.

A producção de vinho nas colonias de Porto Alegre deve regular por umas vinte a trinta mil pipas annualmente. Não foi possivel conseguir informações officiaes a este respeito, mas segundo calculos particulares, aquella somma está nos limites da melhor hypothese, abrangendo mesmo a producção das mencionadas ilhas.

Conforme estatisticas, o consumo de vinho no Brazil excede muito duzentas mil pipas.

As enfermidades da vinha são combatidas com saes de cobre, cal e agua (calda bordeleza), por vaporisação com apparelhos apropriados.

O adubo das terras nas ilhas é simplesmente animal e vegetal, apurado das camas dos currais nas colonias, em terras mais esgotadas, alguns agricultores, diz-se, empregam alguns saes de soda.

A lotação dos vinhos para embarque, em mãos de entendidos, é feita entre 10 a 12 por cento, maximo. Excedendo essa percentagem o vinho torna-se uma bebida simplesmente alcoolica.

Rio Grande, 1 de outubro de 1908.—*G. Quilliman Machado.*

Legislação agricola

Importação de trigo em Ponta Delgada

Em harmonia com o preceituado nos artigos 21.º e 22.º do regulamento de 23 de dezembro de 1899: hei por bem,

tendo ouvido o Conselho Supe[r] Agricultura, decretar o seguinte

Artigo 1.º É autorisada, no di de Ponta Delgada, a importaç 400:000 kilogrammas de trigo e para consumo no corrente anno lifero.

Art. 2.º Em conformidade disposto no artigo 23.º do regul de 23 de dezembro de 1899 e n go 2.º do decreto de 31 de dez de 1908 é fixado em 7 réis po gramma o direito sobre o trigo tado em virtude do presente dec

Os Ministros e Secretarios de do dos Negocios da Fazenda e das Publicas, Commercio e Industr sim o tenham entendido e façam cutar. Paço, em 17 de fevereiro de =REI.=—Manuel Affonso de Espregu D. Luiz Filippe de Castro.

BOMBARRAL.—Estão em plena a de as sementeiras de batata, para a o tempo corre magnifico. O salario balhadores regula a 260 a 280 réis. E epoca do anno passado regulava ent 500 réis.

Os vinhos continuam por baixo pr tando quasi exgotfados os de caldeir ha vinhos tintos magnificos, mas n vende pelos preços miseraveis do me

PEDRONELLO (AMARANTE).— do vendidos ultimamente, para exp bastantes vinhos verdes, regulando entre 15$000 a 17$000 réis a pipa

FAFE. — Preço dos generos na finda:

Por medida de 20 litros :

Milho branco, 750; dito amarello, 7 exotico, 660; dito meudo, 700; cent feijão branco, 1$300; dito amarello, dito vermelho, 1$040; dito canario, dito fradinho, 930; batatas, 500; mill 650; dito painço, 530; trigo, 1$000; 700; castanhas, 540.

MANGUALDE.— A falta de ch prejudicando as sementeiras da ba continuar a secca, teremos um anno

ANCIÃO.—Terminaram as podas nhas, tratando-se agora da empa e teira de batatas com grande afan. res de azeite continuam trabalhand lando o preço a 2$000 réis o decalit

CANTANHEDE.—O preço do vin la entre 400 a 450 os 20 litros. O c faz é prejudicial ás sementeiras da

ALDEGALLEGA.—Apesar do ba ço por que estão, os lavradores não se seguido vender os vinhos.

LOUZA.—No sitio do Regueiro re a feira mensal dos 24, com muita co cia de gados bovino e suino, effectu importantes transacções.

MONTEMOR-O-VELHO.—Os ge veram no mercado os seguintes pre Milho branco; litros 14,63, 570 ré rello, 510; feijão branco, graúdo, 84 do, 500; encarnado, 800; rajado, 700 ra, 640; frade, 620; pateta, 720; ca 700; trigo, 700; tremoços, 20 litros, tata, 15 kilos, 500; azeite, 10 litro arroz casca, 20 litros, 550.

GAZETA DOS LAVRADORES

ORGÃO DE PROPAGANDA E DEFEZA DOS INTERESSES DA AGRICULTURA NACIONAL

Com a collaboração de muitos agricultores, agronomos. medicos veterinarios, horticultores, viticultores e regentes agricolas

DIRECTOR e PROPRIETARIO: *JOSÉ ERNESTO DIAS DA SILVA*

Medico veterinario — Antigo professor da Escola de Agricultura da Real Casa Pia de Lisboa

Assignaturas
(pagamento adentado)

Um anno .... 1600 réis
Um semestre................ 800 »
Numero avulso.............. 50 »

As assignaturas começam sempre no principio de cada mez.
Toda a correspondencia deve ser dirigida ao director do jornal.
Os originaes recebidos quer ou não publicados não se restituam.
COMPOSIÇO na séde da Gazeta.— IMPRESSÃO—imprensa
Africana — Rua de S. Julião, n.º 58 e 60

Annuncios
(TYPO CORPO 8)

Por uma só inserção....................... 40 réis cada linha
Repetição até 6 publicações................ 30 » » »
Annuncios permanentes, folhas soltas, réclames e annuncio
intercalados no texto—contracto especial.
Os srs. assignantes gosam do abatimento de 20 %.
A administração accesta correspondentes em todas as terras do pair

Redacção e Administração, C. de Santo André, 100, 1.º
EDITOR—Dias da Silva

SUMMARIO

Agricultura geral

As abelhas e o trigo

Deve parecer muito extraordinaria a approximação das duas palavras que formam esta epigraphe: mas, trata-se effectivamente do papel que as abelhas representam na producção e rendimento do trigo.

Até hoje, os homens da sciencia e os agricultores teem considerado as abelhas como insectos productores de mel e cêra, sem procurarem inquirir de outras propriedades notavelmente beneficas para a terra e seus fructos. Columela, Celso, e outros escriptores da antiguidade, estabeleceram re-gras para a creação, economia e desenvolvimento dos enxames; fixaram as condições mais convenientes, e exposeram, sobretudo o primeiro, um systema completo, graças ao qual os lavradores podiam auferir todas as vantagens.

Posteriormente, todos aquelles que se teem occupado d'estes assumptos fizeram estudos mais ou menos profundos sobre cada um dos pontos, mas sem encontrarem nenhum principio novo, nem tirarem proveitosa applicação para a agricultura, resultando dahi que a creação, desenvolvimento, economia e utilidade da abelha estacionaram por um periodo de muitos seculos.

Tamanha indifferença tem sido um erro prejudicialissimo. Emquanto em toda a Europa se abandouava este elemento da agricultura, creavam-se na America muitas emprezas, cada uma com capital não inferior a 500 contos de réis, para cobrir de colmeias vastas regiões americanas até á California.

Haverá cerca de quinze annos que um novo invento chamou a attenção dos lavradores por facilitar sobremodo a colheita dos cereaes. Quando as searas espigavam, estendiam-se sobre os campos largas cintas de materia resistente, e impellidas em todas as direcçõss sacudiam o pollen das canas e facilitavam a fecundação.

Este methodo, bom na essencia, foi logo abandonado pelos grandes males que occasionava.

Descobriu-se então que as abelhas realisavam maravilhosamente os intentos do inventor. Estendendo-se regularmente e pelos quatro pontos, tomam o pollen, exercem benefica influencia no desenvolvimento dos fructos, dos cereaes e das vinhas, e favorecem ao mesmo tempo o seu crescimento. Nada mais eloquente do que os seguintes exemplos que patenteiam quanto deixamos dito. Na Saxonia ha certas regiões onde os lavradores colhem excellente trigo de semente, porque ao começar a nascer o grão collocam no meio dos terrenos semeados todas as colmeias que teem nas suas herdades; os trigos que se colhem são superiores a todos os outros.

Falando uma vez a este respeito deante de alguns lavradores de Velars, ouvi a um d'elles:—«De certo, e por isso tive magnifico trigo nos campos onde estão as minhas colmeias.—»Multiplicando os enxames a dispondo as colmeias por diversos sitios da propriedade, o lavrador obteve colheitas de excellente grão e bom aspecto. O maire de Langrès, abastado lavrador do departamento de Haute-Marne, prevenido por um amigo do que havia succedido em Saxe, repovoou e augmentou as suas colmeias, e affirma que desde então obtem colheitas mais abundantes e melhores.

O mesmo acontece com as arvores de fructo. Segundo informa o parocho de Niouville (Haute-Marne), plantára, havia perto de trinta annos, algumas fructeiras do seu jardim, sem darem fructo apesar de estarem desenvolvidas. Em 1903 collocou alli algumas colmeias, e desde então macieiras e pereiras fornecem-lhe boa sobremesa.

Não é duvidosa, portanto, a influencia dos insectos em geral e, particularmente, das abelhas; se este apreciavel insecto não tem á sua disposição jardim e flores, procura o alimento nos prados, nas vinhas e nos campos. Darwin dá conta de uma experiencia interessantissima: semeou colza e trevo branco em frente de um colmeal e, ao começar a florescencia, cobrio com uma gaze algumas parcellas do terreno, pondo-as assim ao abrigo das abelhas. Terminada a maturação, tirou egual numero de vagens do terreno abrigado pela gaze e do que havia ficado descoberto, contou os grãos e notou que havia uma vantagem de 50 a 60 por cento em favor das parcellas fecundadas pelas abelhas.

A experiencia de Darwin tem sido confirmada por differentes agricultores. Póde affirmar-se que a pobreza entomologica de uma região produz a pobresa botanica; é evidente que os insectos necessitam das plantas para viver, como as plantas, para se desenvolverem e darem bom rendimento, precisam do auxilio dos insectos.

As mais pequenas causas produzem importantes effeitos na agricultura: uma outra observação de Darwin que, comquanto não se refira ás abelhas, consignamos aqui por julgal-a concernente ao assumpto de que tratamos.

O sr. Eugéne Jobard publicou um curioso folheto em que chama a attenção para a influencia exercida pelas abelhas na pollinisação, e portanto na quantidade final das colheitas. Os factos por elle apontados teem grande interesse.

Todos os agricultores sabem que, sem as flores serem fecundadas, não é possivel darem fructos, e que os fructos são tanto melhores e mais numerosos quanto em condições mais favoraveis se opera essa fecundação. Todos os agricultores receiam muito a humidade, as chuvas persistentes e os nevoeiros, na occasião dos seus vergeis e pomares, das suas vinhas e olivedos estarem em flôr, porque teem visto que a maior parte das flôres *mellam*, caem infecundas, e a colheita é minima, n'esses annos; é que, havendo muita humidade, a pollinisação torna-se muito difficil: numerosos granulos de pollen germinam e perdem-se antes de cairem nos estigmas; e por outro lado as diversas peças dos involucros floraes adherem, collam-se pela acção da agua, tornando impossivel a boa disseminação do pó fecundante e o seu regular accesso aos orgãos femininos da flôr.

Não é preciso ser muito versado em botanica para saber que o vento e os insectos são os principaes agentes da fecundação vegetal, transportando o pollen d'umas para outras flores. Arvores unisexuaes, isto é, com as flores masculinas n'uns individuos e as flores femininas em outros, podem fecundar-se d'este modo a grandes distancias, e contam-se muitos factos curiosissimos d'esta natureza. Na primavera, é frequente encontrar grandes superficies de terreno, ou extensas lagoas, cobertas de uma camada amarella, que é o pollen de certas arvores, trazido pelo vento, Os insectos entram nas flores, attrahidos pelos succos doces dos seus nectarios, prendem nos pellos os granulos de pollen, e transportam-nos, com o seu adejar vagabundo, para outras flores.

Ha já tempos, alguem lembrou a conveniencia de curvar e agitar todas as espigas da seára, durante a florescencia do trigo, para melhor promover a fecundação: executava-se isto por meio de um cordel horisontal, seguro nas pontas por dois individuos, e que el-

les deslocavam progressivamente, parallelo a, um dos lados do campo. Pois bem, as abelhas auxiliam ainda com maior efficacia a pollinisação, e fazem-no em condições muito mais favoraveis e muito mais praticas.

O auctor a que me estou referindo cita o facto de alguns cultivadores na Saxonia só produzirem trigo para semente, que vendem por alto preço, e obterem esse trigo excepcional passeando pelos campos cultivados uns carros sôbre os quaes estão installadas colmêas; e aponta muitos outros casos semelhantes, como o de um agricultor, cujo melhor trigo era sempre o das proximidades do colmeal, o de um outro, que augmentou muito o rendimento das suas seáras, rodeando as terras de cortiços de abelhas, o de um proprietario, que conseguiu obter fructos de umas fructeiras ha uns poucos d'annos estereis, bastando a simples collocação d'alguns enxames nos pomares, etc., etc.

Na America, ainda sob a affirmação do auctor citado e de um artigo de *La Petite Gironde* que me está servindo para esta noticia, existem mais de trinta sociedades, dispondo de avultadissimos capitaes, com o fim de multiplicarem as abelhas o mais possivel.

Como conclusão: — o precioso hymenoptero não é só util ao homem pelos productos valiosos que fabrica—o mel e a cêra — mas como auxiliar efficassissimo da producção vegetal.

Imitemos os bons exemplos acima apontados. Multipliquemos tambem nós este insecto tão proveitoso, desenvolvendo uma industria que tão pouco trabalho demanda ao homem, que tão pequenos capitaes d'installação e exploração exige, e todavia representa lucros tão importantes — directos e indirectos.

Na Austria, Allemanha, Suissa, Italia e Russia, a apicultura tem-se desenvolvido notavelmente n'estes ultimos annos. Bom é que os lavradores experimentem, para se conveneerem de que as colmêas postas nos terrenos semeados con-

tribuem para a producção de excellentes cereaes, augmentando
por isso o rendimento.

Cooperativas agricolas

A venda do gado

As transacções de gado, *exceptuando a ultima venda para embarque*, desde a mais pequena vi-
tella até ao boi mais encorpado e
gordo, são geralmente feitas a
olho, por calculos imaginaveis de
valor, e não pelo unico meio racional, reguladas por um instrumento de precisão como é a balança, sem a qual toda a transac-
ção deveria ser nulla.

Todos os concelhos deveriam
possuir uma balança official para
pesar os gados vendidos ou com-
prados n'essa circumscripção, co-
brando-se uma pequena taxa representando apenas a exacta compensação da despeza com o custo,
conservação e administração do
«registo publico de peso».

Pela mesma razão não deveria
permittir-se que se abrisse uma
feira sem haver no respectivo local uma balança para os gados
com o respectivo fiscal, que, debaixo de sua responsabilidade,
registrasse o peso de todos os animaes que lhe fossem apresentados.

Este assumpto tem sido tratado em differentes occasiões pelo
intelligente e consciencioso expe-
rimentador agricola sir J. B. Laws. Diz elle o seguinte: «E' muito difficil explicar o motivo por
que os animaes vivos escaparam
durante tanto tempo ao uso da
balança para lhes determinar o
valor. O lavrador que de um vitello creou um boi, valendo de 20
a 30 Lb., confia este valioso animal ao mercador de carnes, e diz-
lhe — *queira fazer o favor de não
se importar com o peso, dê-me aquillo que julgar ser o seu valor.*

«O carniceiro, que obteve o
animal em condições tão favoraveis, não trata os seus freguezes
com egual liberalidade, porquan-
to divide o animal em varios lotes, muitos dos quaes vende a 300
réis por kilog., e outros apenas a

10 réis, mas. ou venda uma porção a 300 réis ou a 10 réis, essas
peças de carne não saem do seu
poder sem ser pesadas.

«A opposição dos compradores
de gado gordo é naturalissima,
mas confesso que não tem explicação a indifferença dos lavradores, nem as objecções que levantam contra uma reforma que, sendo geralmente adoptada, é para
elles de toda a vantagem. A principal objecção que se tem levantado contra o uso das balanças,
na compra e venda de gados, é—
não ser tomada em consideração
a qualidade do animal.

«Esta mesma objecção pode applicar-se contra o emprego das
balanças desde a compra do carvão até á dos diamantes, embora
aquelle seja vendido á tonelada e
estes aos quilates e grãos. Todas
as substancias que o lavrador compra variam em qualidade; os fer-
tilisadores e rações para os gados
são geralmente vendidos com alguma garantia em relação á sua
qualidade, e em harmonia com um
preço fixado á razão da tonelada».

Finalmente, diz M. Laws que o
argumento mais forte a favor da
venda do gado a peso, é a opposição violenta que lhe fazem os
marchantes. Só isto devia bastar
para abrir os olhos aos creadores
e lavradores que se entregam á
engorda de gado, e convencel-os
de que a rotina deve ser substituida por um systema que tenha
por base a exactidão das *balanças*,
que colloca os compradores e vendedores em egualdade de circumstancias.

Mas não é só no commercio dos
gados que a precisão se torna necessaria. Os cereaes, os liquidos,
as madeiras, etc., são muitas vezes contratadas sem que se dê a
egualdade de circumstancias entre o vendedor e o comprador. Ha
ainda medidas e pesos variaveis
—ha almudes desde 17 litros, ou
ainda menos, até 25 litros ou mais.

A agricultura é que muito soffre
com essas differenças, mas não se
julgue que é só em Portugal; os
agricultores das nações mais adean
tadas da Europa, como tambem

dos Estados Unidos da America
tratam de associar-se, criando cooperativas agricolas e fructuarias,
destinando-se tambem as cooperativas á venda do gado gordo,
vivo ou mesmo depois de abatido,
em conta corrente com os socios
que o forneceram.

Eu creio que no norte de Portugal, principalmente nos districtos do Porto e de Braga, teriam
todo o logar as cooperativas dos
creadores de gados, fazendo a
venda da carne por sua conta, e,
se fosse possivel uma combinação
entre uma companhia já constituida e os lavradores mutuamente
associados, o proveito seria consideravel para ambos os campos, e
até o publico muito viria a lucrar.

Tratado de commercio com a França

Está em via de realisação, ou,
pelo menos, tem todas as garantias da viabilidade, um tratado de
commercio entre nós e a França,
moldado nas mesmas bases em
que foi negociado o recente tratado com a Allemanha.

Por não termos nenhuma *en-
tente* com a França, somos nós,
como se sabe, o unico paiz da Europa ao qual aquella nação applica as tarifas da pauta geral.

E' este um dos principaes motivos porque as nossas exportações para a França são pouco mais
que nullas, quando, pelo contrario, o nosso commercio de importação da França nos leva annualmente milhares d'contos.

Torna-se urgente que a troco
d'algumas vantagens offerecidas
á França para a collocação dos
seus productos no nosso paiz, nós
consigamos d'aquella nação uma
reducção dos direitos aduaneiros
com que somos tratados, alcançando uma situação pelo menos
egual á da nossa visinha Hespanha.

E do que mais precisamos, especialmente, é de conseguir uma
mais facil entrada e melhor collocação dos nossos vinhos generosos n'aquelle paiz.

A Camara de Commercio franceza já mandou a Portugal um

enviado encarregado de estudar as condições do nosso commercio, afim de propôr ao respectivo ministro francez as bases em que deve ser elaborado um tratado comnosco.

Duas palavras sobre a multiplicação das plantas em geral

(Continuado da pag. 251.)

A porção da casca assim levantada com o olho, chama-se *escudo*. Este é introduzido na incisão do *cavallo* mediante o auxilio da espatula, e segurando-o pelo peciolo da folha opportunamente cortada, por fórma que na parte superior não exceda a fenda transversal do T, e que a base do olho se apoie bem sobre o alburno do cavallo. Concluido isto, procede-se á ligadura com junco, sem fio de lã grosseiro, ligadura que se faz por esta fórma: applica-se o fio pelo meio do seu comprimento ao lado opposto do *escudo*, cruza-se as suas duas extremidades adeante e acima d'aquelle e aperta-se ligeiramente; cruza-se novamente atraz, vindo apertar e cruzar novamente á frente, mas d'esta vez abaixo do *escudo;* passa-se, repassa-se alternativamente acima e abaixo d'aquelle, até que as incisões estejam inteiramente protegidas; n'esta altura dá-se um nó corredio, e a operação está terminada.

Passadas duas ou tres semanas, se se nota um rebordo ou bordelete acima da ligadura, deve esta ser alliviada. Quándo esta enxertia é feita em maio, recommenda-se o corte da haste de cavallo 0^{m}03 a 0^m,04 acima do escudo, afim de concentrar n'este a seiva. Na enxertia de agosto, aquella amputação só se pratica na primavera seguinte.

A enxertia de *escudo* praticada na primavera é especialmente conhecida pela designação de *enxertia a olho potente*, em contraposição da feita em agosto, conhecida pela designação de *enxertia a olhò dormente.*

Enxertia de escudo Lenormand.—E'

uma variedade da precedente, em que se deixa sobre o olho uma ligeira camada de alburno, cobrindo cerca de um terço do *escudo.*

Enxertia de escudo Sickler ou na raiz. —Empregado em plantas que não téem congeneres. Pratica-se na primavera, introduzindo o *escudo* n'uma raiz da grossura d'um dêdo, que se deixa a descoberto no sitio do enxerto.

No anno seguinte a raiz é separada do pé-mãe.

D. Enxertia de flauta.—E' um processo de enxertia, em que os olhos, em vez de sairem com uma parte da casca em fórma de *escudo*, se destacam conjunctamente com anneis de casca da planta a reproduzir.

Enxertia de flauta Jefferson.—Faz-se no estio por ser tempo sem chuva e quente. Sobre um rebento do mesmo diametro que o *cavallo*, tira-se um annel de casca, munido d'um ou dois olhos; destaca-se no cavallo um annel de casca nas mesmas dimensões, sem olhos, que se substitue por aquelle. A parte superior da haste do cavallo é cortada na primavera seguinte.

Enxertia em planta sifflet.—Faz-se na primavera. E' muito usada no castanheiro.

E' uma modificação da precedente, em que a haste de cavallo é para logo cortada, extrahindo-se junto ao córte um annel de cêrca de 0^m,08. O enxerto tem sido cortado com uma antecipação de 15 dias, a fim de se lhe retardar a vegetação, convenientemente enterrado á sombra; e o annel d'este retirado vae substituir o que se tirou do cavallo

Enxertia de flauta de Faune.—E'uma modificação da precedente, em que o annel do *cavallo*, em vez de ser retirado, é arregaçado e dividido, por meio de córtes verticaes, em fitas que vão applicar-se por sobreposição contra o annel separado da planta a reproduzir e adaptado ao *cavallo.*

(Conclusão).

Ernesto Freire

Agricultura no estrangeiro

A producção de cereaes na Russia

Informa o consul de Portugal em Odessa que, segundo os dado publicados pelo Comité Centra da Estatistica, os resultados ge raes da colheita de cereaes en 1908, em toda a Russia Europeia comprehendo a Polonia e o nort do Caucaso, foram os seguintes

Os campos semeados foram n superficie de 78.942:000 *déciat nes*, (cada *déciatine* corresponde hectare 1,092), dos quaes 38 0/ com cereaes de inverno e 62 0/ com cereaes de primavera, cerc de 322:000 *déciatines* mais do qu em 1907.

O rendimento geral póde s avaliado em 3.313.683.000 *pou* (cada *poud* corresponde a kil 16.38046), dos quaes cerca 38 0/0 de cereaes de inverno 61 0/0 de cereaes de primaver Esta differença a favor dos cerea de primavera provém das más co dições meteorologicas do outomr de 1907, que por muitas razõ impediram rs sementeiras, que veram de ser addiadas para a pr mavera seguinte

O rendimento de cada regiã em cereaes de inverno, decompõ se assim, (em milhões de *pouds:*

Norte, 45.521; Este, 231.21 Centro, 419.054; pequena Russi 41.971; provincias Baltica 22.885; Noroeste, 127.180; Sud este, 105.672; Sul, 71.138; Nor do Caucaso, 89.352; Poloni 135.782.

Em cereaes de primavera (e milhões de *pouds):*

Norte, 48.301; Este, 372.05 Centro, 343.070; pequena Ru sia, 170.041; provincias Baltica 31.692; Noroeste, 99.752; Sud este, 175.559; Sul, 528.966; N te do Caucaso, 164.050; Polon 91.424.

A média da colheita por *déc tine* foi de cerca de 42 *pouds.*

O trigo de inverno *Ozina* e centeio soffreram muito, sobret do o centeio, porque o trigo primavera compensou muito prejuizos soffridos pelo trigo inverno. As regiões mais affecta-das, quanto aos trigos de inverno foram o sudoeste, o sul e uma par-te do centro.

Os trigos de primavera deram, em geral, uma boa medida, á ex-cepção do sudoeste e de uma par-te do centro.

A cevada deu em geral uma boa média, mesmo superior á especta-tiva, salvo em alguns districtos de Crimeia, Don, etc.

A aveia deu uma boa média, excepto no Volga e alguns distri-ctos do sudoeste e do centro.

Póde, portanto, dizer-se que os resultados geraes da colheita de 1908 foram approximadamente os mesmos que os do anno de 1907.

*

As corticas na Argelia

A producção da cortiça na Ar-gelia foi avaliada, em 1907, em 350:000 quintaes metricos, colhi-da tanto nas mattas pertencentes ao Estado como nas florestas com-munaes e particulares.

Esta cifra é approximada por-que, se a colheita da cortiça das mattas do Estado é directamente effectuada pelo serviço das mat-trs e florestas, sendo, portanto, verificada com precisão, não suc-cede o mesmo em relação ás flo-restas communaes e particulares, que, em parte, escapam á fiscali-sação d'esse serviço.

A producção da cortiça das mattas do Estado em 1906 foi de 108:706 quintaes metricos.

Na Argelia a producção geral da cortiça augmenta de anno para anno.

Em 1907, a exportação da cor-tiça argelina, em bruto, em apa-ras ou em pranchas foi de 305:880 quintaes metricos, no valor de 18.365:000 francos, dos quaes 81:892 quintaes para a França e 223:988 para o estrangeiro.

Cumpre accrescentar a essas quantidades a exportação da cor-tiça, em obra, que foi de 3:056 quintaes metricos, no valor de 1.162:000 francos, sendo 2:204 quintaes com destino para Fran-ça e 852 quintaes destinados ao estrangeiro.

Os vinhos da Turquia

Em 1907, o preço dos vinhos turcos exportados para o estran-geiro variou de 18 a 33 francos a tonnelada bruta. Exportaram-se sómente vinhos de lotação, tintos e brancos, de Miriofito, directa-mente para Bordeus, para a Suis-sa (via Genova e Marselha) e para a Allemanha (via Rotterdam, Bre-men, Anvers e Hamburgo).

A graduação alcoolica foi, em média, de 13° a 15° naturaes.

As taxas médias dos fretes fo-ram de 25 a 30 xelins para os portos do norte da Europa e de 18 francos para os portos de Ge-nova e Marselha.

O vinho importado no imperio ottomano paga, como qualquer outra mercadoria estrangeira, o direito aduaneiro de 11 0/0 «ad valorem», e não é sujeito a ne-nhum imposto de consumo.

Na ilha de Chypre, e precisa-mente na região de Limassol, uma sociedade ingleza produz, desde alguns annos, grandes partidas de vinho typo Porto, que é exporta-do para Inglaterra e outros pai-zes da Europa.

Associações agricolas

SOCIEDADE DE SCIENCIAS AGRONOMICAS DE PORTUGAL

Reuniu-se esta aggremiação, scienti-fica, sob a presidencia do sr. Sertorio do Monte Pereira, que depois de agra-decer a honra de ter sido eleito presi-dente da mesa da assembléa geral, fez varias referencias á influencia que tem tido a escola superior de Agricultura no estudo e applicação dos modernos e varios processos de exploração agri-cola e da influencia dos mesmos no aperfeiçoamento das producções e des-envolvimento da nossa agricultura.

Falou tambem na necessidade ur-gente da insistencia d'esta sociedade na iniciativa da reforma e reorganisa-ção de todo o ensino agricola, instal-lando convenientemente a nossa escola superior de Agronomia, e chamando a uma collaboração ampla não só profes-sores como alumnos e aquelles que re-conhecem já a necessidade de empre-garem competencias technicas nas suas explorações, de modo a resolver de ma-neira completa a questão fundamental

da questão profissional e ensino te-chnico.

Lembra tambem a vantagem de se concluir os trabalhos iniciados por esta Sociedade sobre o Algarve e a neces-sidade de organisar exposições techni-cas como por exemplo a de cereaes em tempo projectada já de collaboração com a Real Associação de Agricultura.

O orador terminou as suas conside-ções pedindo á nova direcção attenção para os assumptos de que tratou.

Ao terminar foi o illustre agronomo muito applaudido.

Passou-se em seguida á eleição da direcção da direcção, que deu o seguin-te resultado:

Antonio Romão dos Passos, Avelino Nunes de Almeida, Bernardo de Oli-veira Fragateiro, Eduardo Alberto Li-ma Bastos, Joaquim José de Azevedo, José Joaquim de Almeida e Julio Ma-rio Vianna.

Foram tambem eleitas as commis-sões permanentes, ficando estas assim constituidas:

1.ª, Sciencias naturaes — Eduardo Ferreira Maia, Filippe de Almeida Fi-gueiredo, Gabriel Osorio de Barros, José Victorino Gonçalves de Sousa e D. Martinho Pereira Coutinho.

2.ª, Agricultura geral — Diogo de Castro Constancio, João da Silva Fia-lho e José Joaquim dos Santos.

3.ª, Chimica agricola—Amando Ar-thur de Seabra, Cesar Justino Lima Alves e Luiz A. Rebello da Silva.

4.ª, Arboricultura e viticultura—Do-mingos Alberto Tavares da Silva, José Maria Tavares da Silva e Sertorio do Monte Pereira.

5.ª, Silvicultura—Adriano da Costa e Sousa, Antonio Blanco Fialho e Joa-quim Ferreira Borges.

6.ª, Engenharia — Alberto Correia Pinto de Almeida, José Avelino da Silva Matta e Octavio Felix Vecchi.

7.ª, Industrias agricolas — Adolpho Armando Bordallo, Antonio Cardoso de Menezes, B. C. Cincinnato da Costa, Joaquim Pedro d'Assumpção Rasteiro e João Menezes Pimentel.

8.ª, Pathologia vegetal—João da Ca-mara Pestana, José Verissimo de Al-meida e Manuel de Sousa da Camara.

9.ª, Zootechnia — João Francisco Tierno e Ruy d'An-drade.

10.ª, Economia— D. Luiz Filippe de Castro, Mario de Azevedo Gomes e Olympio Pires.

11.ª, Instrucção agricola — Antonio Correia da Silva Rosa, Duarte Clodo-mir Patten Sá Vianna e Joaquim José de Azevedo.

12.ª, Agricultura colonial — Acrisio Cannas Mendes, Bernardo de Oliveira Fragateiro, Carlos Mello Geraldes, Ma-rio Miller Pinto de Lemos e José Joa-quim de Almeida.

13.ª, Redacção da Revista—Eduardo Alberto de Lima Bastos, Manuel de Sousa da Camara e Sertorio do Monte Pereira.

Passou-se em seguida á leitura do relatorio e contas da direcção e parecer da commissão revisora de contas, sendo as suas conclusões approvadas, que são respectivamente:

1.º—Que approveis os actos e contas da nossa gerencia.

2.º—Que lavreis na acta um voto de profundo sentimento pela morte dos nossos consocios e collegas José Antonio Ochôa, Alexandre de Sousa e Figueiredo, Jacques Pessoa e José Luiz Esteves Pereira.

Finalmente, foi eleito socio, por unanimidade, o sr. D. Joaquim Lobo de Miranda, encerrando-se em seguida a sessão cerca da meia noite.

Hygiene rural

Cemiterios para o gado

II

Continuado da pag. 246.

Com effeito, a bacteridia não é tão má, que resista á fermentação putrida que se apodera de todos os tecidos do cadaver. Ella tem a complacencia de morrer com a sua victima; e o seu despojo servirá, como o d'esta, para saciar a voracidade de um outro microbio — o da putrefacção (bacterium termo).

Mas a bacteridia do carbunculo (bacillus anthracis) deixou uma semente terrivel, peor que a junça e o escalracho; deixou os seus germens reproductores, os taes corpusculos ou sporos brilhantes, que resistem a um calor de 120 gráos centigrados, ao alcool absoluto e outros reagentes fortissimos; que resistem a pressões enormes; que resistem, emfim, á putrefacção.

No caso, porém, da febre carbunculosa, não se póde dizer que, morto o doente, morreu a doença, visto que os germens d'esta assistem incolumes á scena intima da decomposição cadaverica. São esses germens que, penetrando na massa do sangue de um animal são, acham ahi o meio proprio ao seu desenvolvimento e reproducção. Emquanto o acaso lhes não permitte o ingresso n'aquelle meio vivo, os sporos conservam-se por muitos annos na terra, dispersos no seio ou á superficie d'ella ao acaso de todas as causas de immobilidade ou de mobilisação, que podem actuar sobre o solo, onde o cadaver se decompoz. As plantas que vegetam em terrenos inficionados teem sporos carbunculosos adherentes ás suas folhas e raizes. Todos estes factos que a pre-

sumpção scientifica e a observação teem revelado, teem tambem sido comprovados pela experimentação, por fórma a não deixarem a menor sombra na explicação do contagio.

Mas, quando os cadaveres carbunculosos se decompõem á superficie ou á flôr da terra, comprehende-se a infecção do terreno, e que esté fique contagioso para o gado que alli fôr pastar. O que, porém, se não comprehende, é que mal possa fazer um cadaver carbunculoso que foi enterrado com um metro ou mais de terra sobre si, e que, lá no fundo da cova, abandonou os corpusculos das bacteridias. Pois serão os sporos tão audazes, que façam, por seu pé, uma viagem de um metro, para virem vêr a luz do dia?

Não. Os germens carbunculosos são immoveis; nem elles precisam de movimento proprio para viajarem por este mundo, que é todo seu.

Como Jonathas, elles viajam dentro do ventre de umas baleias, que estão muito longe de saberem que o sagacissimo Pasteur as surprehendeu em flagrante delicto de propagadoras do contagio bacteridiano. Estas baleias são, nem mais nem menos, que os vermes da terra, annelidos entre nós bem conhecidos pelo nome de minhocas, abundantissimas nos terrenos frescos. As minhocas veem muitas vezes á flôr da terra depôr os seus excrementos, o que qualquer póde muito facilmente observar nos vazos de flôres. Foi n'esses excrementos que o dito sabio viu os sporos da bacteridia, em abundancia. Ficou, pois, quebrado o mysterio da evolução da febre carbunculosa em logares onde se fazem enterramentos de animaes mortos por tal doença. Comprehende-se, pois, tambem como a febre carbunculosa se perpetúa no nosso paiz, largamente semeado de germens carbunculosos.

*

Depois das breves notas precedentes, quem não attingirá sem esforço o alcance da epigraphe do presente artigo?

Cemiterios para o gado; quer dizer terrenos camararios ou parochiaes (que devem ser determinados por lei), por feitamente vedados e inacessiveis ao gado, onde, obrigatoriamente, se faça o enterramento de quaesquer animaes fallecidos de doença contagiosa. Se a propagação dos contagios, como o carbunculoso, não fica assim absolutamente extincta, evidentemente ficará reduzida a infimas proporções.

Sem duvida, ao enterramento nos cemiterios pecuarios será preferivel a incineração dos cadaveres, ou a entrega d'estes ás fabricas de adubos animaes (equarrisages), onde os microbios e seus germens são destruidos por processos

especiaes. Mas, em Portugal o combustivel anda já escasso nas lareiras, quanto mais para queimar bois.

E, quanto a equarrisages, apenas temos uma amostra de curiosidade.

Portanto, o meio mais pratico e mais economico, para nos irmos emancipando do enorme tributo que os nossos gados pagam á febre carbunculosa e outras zoonozes microbianas, é a instituição do cemiterio pecuario, a par, já se vê, das disposições legaes inherentes ao fim que por elle se pretende alcançar.

E que o legislador, que algum dia se occupar da policia sanitaria dos gados no nosso paiz, se não esqueça de que o indigena dá por cemiterio á carne carbunculosa o proprio estomago; e julga que o phylloxera das preparações microscopicas é pintado!

Annes Baganha.

Ovos para incubação

Tomam-se encommendas na administração d'este jornal, das afamadas raças poedeiras *Minorca preto* e *Leghorn cinzento. Os ovos fornecidos são garantidos e provenientes de raças puras e legitimamente definidas.*

Cada duzia. . . . . 960 réis
Cada ovo . . . . 100 »

Os pedidos para a provincia são satisfeitos por encommenda postal e ao preço estabelecido ha a accrescentar :

Encommenda postal. . 200 réis
Registo do correio. . . . 50 »
Emballagem . . . . 40 »

Lacticinios

Progressos da industria leiteira em Portugal

Segundo as ultimas estatisticas, acham-se empregadas no nosso paiz, exclusivamente para a producção de leite, 16:340 vaccas, e na industria de leite e outros trabalhos, 244:000 vaccas. As primeiras produzem 10 milhões de litros de leite e as segundas 22 milhões de litros, ou seja um total de 32 milhões de litros, que representa um valor de cerca de 1:500 contos de réis.

Ha tambem em lactação mais de 1 milhão de ovelhas e cerca de meio milhão de cabras, produzindo as primeiras 20 milhões de litros, e as segundas 25 milhões de litros de leite, representando o leite de ovelhas um valor de 600 contos e o de cabras 1:600 contos de réis por anno.

Quer dizer que a producção de leite em Portugal representa actualmente um valor annual de cerca 3:700 contos de réis.

Ha dez annos, Portugal importava mais de 1 milhão de kilogrammas de manteiga estrangeira. Actualmente, a sua importação é quasi nulla, ao passo que já exporta perto de 50:000 kilogrammas, quando, ha dez annos, não exportavamos manteiga alguma. Os productos lacticinios são, em geral, de primeira classe. Pelo que se vê, a situação d'esta industria é realmente animadora.

Medicina veterinaria

A conferencia de veterinaria na Africa Oriental.—O «Tripanosomiasis» nos territorios portuguezes.

Na conferencia de veterinaria effectuada em Pretoria, em meiados do mez findo, foram tomadas, entre outras, as seguintes resoluções :

Que para evitar a propagação da «Raiva» é essencial a reducção, tanto quanto possivel, do numero de cães, sendo, pois, de toda a conveniencia que os diversos governos estabeleçam a legislação necessaria para se conseguir esse fim.

Quee sta conferencia, tomando em consideração a exposição do delegado do Natal, respeitante á situação d'aquella colonia em face da «East Coast Fever», é de opinião que na missão da irradificação da doença, a colonia do Natal deverá receber a coadjuvação de todos os governos da Africa do Sul.

Que esta conferencia considera vantajosa a nomeação d'uma sub-commissão para o fim de elaborar regulamentos para o combate das doenças dos animaes e para o movimento pecuario inter-colonial e internacional, regulamentos que deverão ser uniformemente applicados em todos os Estados Africanos.

Esta commissão ficou composta dos srs.:

W. H. Chase (protectorado da Bechuanalandia), C. E. Gray (Transwaal), J. D. Bortwick (Colonia do Cabo), O. Henning (Damaralandia), P. Conacher (Moçambique), Carongeau (Madagascar).

Que esta conferencia vê com bastante alarme a occorrencia de «Trypanosomiasís» animal nos territorios da Africa Oriental Portugueza. A sua apparição em certas localidades não deixa duvida que os agentes transmissores são a «Glossina» (tzé-tzé), até aqui conhecida.

A Conferencia é de opinião que é de impreterivel necessidade fazer-se um inquerito detalhado.

Que para melhor instrucção dos Veterinarios Coloniaes é de toda a conveniencia que os funccionarios contractados pelos diversos Governos das Colonias Africanas tenham, antes de entrar no desempenho dos seus cargos, occasião de praticar no tratamento das doenças peculiares ao Continente. A Conferencia suggere, pois, a conveniencia de esses funccionarios serem habilitados com um curso preliminar de instrucção sobre a sciencia veterinaria tropical.

Que esta conferencia considera que se não deve perder tempo em preparar uma expedição de Veterinaria á Africa Oriental Portugueza, afim de se fazer completa investigação sobre o caracter da doença que está tão rapidamente grassando n'aquella região.

Que esta conferencia recomenda tambem que devem ser tomadas medidas, afim de se estabelecerem serviços de veterinaria nos territorios da provincia de Angola.

Esta conferencia é de opinião que, nos logares onde seja possivel, sejam construidos matadouros publicos, e seja posta em pratica a inspecção veterinaria da carne.

Defeitos dos vinhos

III

Continuado de pag. 248

Excesso de maduro, excesso de assucar.

—Quando as uvas são muito saccharinas, acontece ficarem os vinhos com muito assucar por desdobrar, devido, ou ao abaixamento de temperatura ou á quantidade de alcool já formada, que, sendo em grande quantidade, tambem impede o proseguimento da fermentação alcoolica.

Estes vinhos, na primavera, devido á elevação da temperatura, e a que parte do seu alcool já se tem evaporado, soffrem uma nova fermentação alcoolica, que póde ser inconveniente, se o vinho estiver sobre as borras e n'ellas existirem fermentos nocivos como succede geralmente.

Este movimento fermentativo, levantando as borras, turva o vinho e distribue pela sua massa os germens de doenças que n'ellas possam existir, os quaes, se encontrarem condições apropriadas, se desenvolverão, e o vinho adoece.

Este excesso de maduro só é defeito nos vinhos de pasto, porque nos vinhos licorosos, por exemplo, é uma qualidade caracteristica, cujos inconvenientes são evitados pelo tratamento especial a que estes vinhos são sujeitos.

Evita-se este caso auxiliando a fermentação para que o assucar se desdobre o mais possivel, e se assim não obtivermos um resultado completo, o melhor é modificarmos a cultura da vinha por fórma a obtermos uvas menos saccharinas.

Esta modificação, que deverá principalmente recahir sobre as pódas e as empas, póde vantajosamente ser auxiliada pela lotação com castas menos ricas em assucar, e mais ricas em acidos e nos outros principios dos mostos.

No entretanto, póde-se obter bom resultado, vindimando um pouco mais cedo, para assim não deixar formar uma tão grande quantidade de assucar, ou desdobrando o mosto com uma pouca d'agua.

Advertiremos, porém, que qualquer d'estes processos póde trazer ao mosto uma certa desproporcionalidade entre os seus principios constituivos, que depois se communicará ao vinho.

Quando o vinho se apresenta com excesso de doçura, aconselham trasfegal-o cedo, juntando-lhe 50 grammas d'acido tartarico por hectolitro, enchendo bem e rolhando os tonneis.

Na primavera deixa-se fermentar, trasfegando para tonneis sulfurados logo que o vinho esteja socegado.

Melhor ainda é a destruição de todos os fermentos que existam no vinho e juntar-lhe depois levedura seleccionada adequada a meio bastante alcoolico, e deixar fermentar.

Falta d'aroma dos vinhos.—Ha ainda a *falta d'aroma dos vinhos*, que é, por assim dizer, congenita de outro defeito já tratado.

A falta de aroma acompanha quasi sempre a falta d'acidos nos vinhos chatos.

Diz o nosso fallecido œnologo Ferreira Lapa, que nos vinhos de pasto o aroma vinhoso tem um fundo de aroma acido, nos vinhos generosos o fundo do aroma é balsamico e expansivo, e nos vinhos licorosos o aroma fundamental é saccharino.

São os etheres que se formam pela reacção dos alcooes sobre os acidos, que parecem contribuir para dar ao vinho o aroma ou bouquet, esse conjuncto de qualidades, que tão apreciadas são, e concorrem para dar ao vinho propriedades tão distinctas.

Simas Baião.

Conhecimentos uteis

Para fazer pôr as gallinhas.—Os creadores, sempre desejosos de que as gallinhas ponham constantemente, exgottam para esse fim todos os recursos da intelligencia, tendo, aliás, meio facil ao seu alcance. E' uma questão importante, que se deve resolver com a maior simplicidade,

Quando derem de comer ás gallinhas tenham o cuidado de misturar na ração ordinaria uma porção de ortigas frescas ou seccas.

Outro meio egualmente simples, de conseguir o mesmo fim, consiste em aquecer 12 litros de agua, na qual se dissolve um kilogramma de cal viva, misturando-se-lhe o grão que é destinado ás gallinhas, quer seja trigo, aveia, ou cevada. Deve mexer-se tudo para que o grão fique sufficientemente embebido, e deixar seccar.

As aves de capoeira.—**M.** Benion, veterinario francez, recommenda o uso do «pó corroborante», como muito efficaz para o desenvolvimento dos pintainhos, dando-se-lhes duas dóses diarias, uma de manhã e outra á noite, na proporção de uma colher de chá, cada dóse. Este tratamento deve começar aos dois mezes e meio e continuar até quinze dias depois da coloração da crista. Estes pós compõem-se de:

Canella da China em pó
fino .... 15 grammas
Gengibre em pó fino .. 50 »
Genciana........... 5 »
Aniz .... 5 »

Alimento para as abelhas.—Pelos fins do inverno succede frequentemente estarem os enxames de abelhas muito debeis, por falta de provisões. Para remediar a deficiencia de alimentos naturaes, bate-se um ovo e junta-se-lhe uma leve porção de assucar e agua, deitando tudo n'uma pequena vasilha de madeira; bem limpa, que se colloca no fundo da colmeia, onde as abelhas procuram esta alimentação, que lhes dá muito vigor.

Conservação dos espargos.—Colhidos os espargos e depois de seccos, mas á sombra, collocam-se pelo pé cortado sobre uma superficie de ferro incandescente ou directamente sobre o fogo até carbonisar completamente a parte cortada.

A parte superior, em toda a sua extensão de côr verde, embrulha-se em papel de seda, e, dispostos os espargos d'esta maneira, collocam-se n'uma caixa de madeira que feche bem, estratificando-os com carvão vegetal reduzido a pó finissimo. Depois d'isto, fecha-se hermeticamente a caixa e conserva-se em logar fresco, pouco sujeito a variedades de temperatura e completamente livre de humidade.

Processo para seccar as batatas.—O grande consumo que universalmente se faz d'estes tuberculos tem contribuido para que rapidamente se haja generalisado nos paizes estrangeiros o processo de conservar as batatas por longos periodos, seccando-as.

E' ocioso enumerar as vantagens d'este meio.

As batatas, assim conservadas, não perdem nenhuma das suas preciosas qualidades; transportam-se mais facilmente, ficam por menos preço que as frescas depois de transportadas, e não estão sujeitas ás alterações a que geralmente se acham expostas, nem ás variações que se dão no seu custo.

Para esse fim, devem escolher-se as batatas de superficie liza, perfeitamente sãs e desenvolvidas, e, depois de lavadas e bem arejadas, partem-se em rodellas, seccando-as pelos processos ordinarios, mas depois de estarem dez ou doze horas em contacto com sal.

Quando se acham seccas, podem conservar-se por muito tempo em barris ou caixas, e basta mettel-as em agua quente algumas horas antes de as entregar ao consumo para que recobrem completamente todas as condições das batatas frescas, das quaes em nada differem depois de condimentadas.

Conservação e exportação de fructas.—O ministerio da Agricultura de Italia está organisando um concurso internacional de apparelhos para seccar e conservar fructas. O concurso ha-de effectuar-se em Portici, Italia meridional, no mez de setembro do corrente anno. Ha premios honorificos, medalhas d'ouro, prata e cobre e alguns premios pecuniarios.

Desde já prophetisamos grandes resultados á futura exposição de Portici, por ser muitissimo importante tudo quanto se refere á conservação das fructas.

Noticias dos campos

ANADIA.—O vinho continúa a vender-se muito barato. Ha lavradores que teem vendido a 360 e a 420 réis cada almude de 20 litros, para poderem custear os amanhos das terras. Apesar da restricção, continuam por aqui a fazer-se plantações de baccelladas.

CÉRES (THOMAR).—Não teem tido procura os vinhos d'esta região, não obstante a sua qualidade ser muito fina. Por esse facto lavra grande desalento entre viticultores e trabalhadores.

SANTO THYRSO.—Corre pouco favoravel o tempo para os pastos dos gados, porque ha dois mezes que quasi não tem chovido.

MONCORVO.—A estiagem é já grande, pelo que se julgam perdidas as sementeiras dos cereaes, o que vem augmentar a crise da fome.

VOUZELLA.—Devido á prolongada estiagem, os generos de primeira necessidade, que este anno teem escasseado sempre, continuam a encarecer. Ha falta de pastagens e hortaliças e muitas searas perdidas.

TABOA.—A falta de chuva tem causado grandes prejuizos á agricultura, impedindo o crescimento e desenvolvimento dos pastos e atrazando as sementeiras.

ETA DOS LAVRADORES

DE PROPAGANDA E DEFEZA DOS INTERESSES DA AGRICULTURA NACIONAL

o de muitos agricultores, agronomos. medicos veterinarios. horticultores, viticultores e regentes agricolas

DIRECTOR e PROPRIETARIO: *JOSÉ ERNESTO DIAS DA SILVA*

;DICO VETERINARIO— Antigo professor da Escola de Agricultura da Real Casa Pia de Lisboa

ignaturas
nto adeantado)
.... 1600 réis
.... 800 »
.... 50 »
.m. sempre no principio de cada mez.
dave ser dirigida ao director do jornal.
ter ou não publicadas não se restituem.
da Gazeta.—IMPRESSÃO —Imprensa
lião, n.º 56 e 60

Annuncios
(TYPO CORPO 8)
Por uma só inserção.......................... 40 réis cada linha
Repetição até 6 publicações................... 30 » » »
Annuncios permanentes, folhas soltas, réclames e annuncio
intercalados no texto—contracto especial.
Os srs. assignantes gosam do abatimento de 20 °|₀.
A administração accetta correspondentes em todas as terras do pair

Redacção e Administração, C. de Santo André, 100, 1.º
EDITOR—Dias da Silva

MARIO

.l.—As geadas em 1909.
rador: trabalhos agrico-
i. — Credito agricola.
s.—Mungidura das vac-
das vaccas no inverno.
Rodrigues Barbosa.
iteis.
npos.

ura geral

)09

etereologista fran-
er, a influencia do
ra determinará
adas primaveraes
uizo para a agri-
l é muito especial-
hortaliças e vinhe-

a de Haullauer, o
kner, crê tambem
os tardios, funda-
u parecer com os
d'aquellas evolu-
erra em volta do

ıckner, ha muitos
ı europeu occiden-
ações regulares cu-
le 30 a 31 annos.
tem dois periodos
ção: um frio e hu-
aloroso e secco. O
caloroso acabou
ıçando em seguida
ı e frio que termi-

Tal é a opinião dos que estudando o sol, vaticinam geadas tardias. Se dermos credito a outros
prophetas dos tempos que estudam a lua, tambem elles auguram
geadas primaveraes.

A' lua de março termina muito
tarde este anno, pois a sua duração alcança a fins d'abril e bem
sabido é pelos lavradores a sua
influencia e mais ainda a da lua
d'abril chamada lua que averme-
lha e sécca os rebentos.

Linda perspectiva!

CALENDARIO DO LAVRADOR

Trabalhos agricolas do mez

Nos campos.—Preparam-se e adubam-
se as terras para as sementeiras dos
cereaes de primavera. No norte do
paiz executam-se as sementeiras de
milho grosso nas terras seccas e começam as das baixas.

Mondam-se trigos e semeia-se aveia
nas terras frescas. Tambem se semeia
linho temporão.

Nos prados. — Semeia-se a luzerna,
que é uma excellente forragem para o
gado, especialmente para as vaccas leiteiras. Tambem se semeia trevo, só ou
de mistura com aveia ; as terras fundas e frescas, sem serem humidas, são
as que melhor lhe convêm. Tambem
não se deve esquecer a sementeira de
beterrabas forraginosas, que são excellente alimento; citaremos a variedade.
Vermelho gigante Mammouth, que produz grandes tuberculos, muito apprecia-
dos pelas suas propriedades alimentares. Quem tiver prados deve limpal-os
das hervas ruins e tambem dos mus-

gos, sendo bom para isto espalhar 200
a 300 kilos de sulfato de ferro (caparrosa verde) por hectare. Tambem para
os prados darem bom e abundante pasto para o gado e com o fim de enriquecer a terra, ao mesmo tempo convém espalhar n'elles uma porção de
gesso, bastando uns 500 kilos por hectare, o que corresponde a 50 grammas por metro quadrado. Outros ha
que empregam o nitrato de sodio com
bons resultados, espalhando-o sobre a
terra, depois de feito um córte ou quando a herva estiver rasteira, na dóse de
10 a 20 kilos em cada mil metros quadrados.

Não ha, porém, trabalho mais bem
feito para se adquirir um bom prado,
do que preparando devidamente a terra, antes da sementeira e adubando-a
racionalmente, segundo os elementos
de fertilidade que a mesma possuir.

Nas hortas.—N'este mez devem estar
terminadas as cavas e enterrados os
estrumes, para se dedicar todo o tempo ás sementeiras e plantações. Des-
calçam-se as alcachofras e arrancam-
se lhes os rebentões inuteis, deixando-
se apenas dois dos melhores. No principio do mez sacham-se os espargos,
antes que comecem a puchar. Dão-se
ás sementeiras dos mezes de janeiro e
fevereiro os cuidados que reclamarem;
sacham-se os alhos, chalotas, alfaces
diversas, e regam-se as primeiras sementeiras se o tempo estiver secco.

Esta rega deve ser feita de manhã e
nunca de tarde, por causa das geadas
nocturnas.

E' tambem n'este mez que se fazem
as bordaduras da horta com azedas,
tomilho, serpão e outras plantas apropriadas a este effeito.

Põe-se de reserva o estrume destinado a entreter as camas quentes até
ao fim do mez.

N'este mez semeiam-se todas as hortaliças de ar livre: alhos, espargos, beterrabas, cenouras, couves verde, repolho, saboya e tronchuda, cebolas, agriões, espinafres, favas, inhame, alfaces do estio e do outomno, lentilhas, mostarda, nabos, funcho, salsa, aipo, pimpinella, rabanos, rabanetes, segurelha, pastinaga, chirivia, coentros, cerefolho, azedas, batatas e tupinambas.

Dispõem-se nos canteiros as alcachofras que se conservaram em alfobre desde o outomno. Transplantam-se espargos e plantam-se batatas. Dá-se principio ás grandes plantações de couves e saladas de todas as qualidades.

Continuam-se as sementeiras de melões, tomates, beringellas e pimentões. Preparam-se as camas em que os pés de melão teém de ser creados até á maturação dos fructos. Quando estas camas não teem o gráo de calor sufficiente augmenta-se-lhes por meio de rescaldos feitos com bom estrume, havendo o cuidado de fechar os caixilhos na occasião de os armar, para que o carbonato de ammoniaco, que se desenvolve abundantemente durante a fermentação, não vá asphyxiar os pés de melão ainda muito tenros; vão-se capando os pés de melão á medida que se forem desenvolvendo e até quando os fructos estiverem vingados, depois de tres ou quatro folhas.

Transplantam-se tomateiros para cama quente, afim de se obter fructos no cedo.

Fazem-se grelar nos estufins as batatas doces, para se plantarem ao ar livre no fim de abril.

Na sementeira da batata vulgar a primeira coisa é adubar, dando-lhe adubo que tenha potassa, servindo até á cinza, quando o lavrador não tenha outro melhor. Só estrume de curral não basta, porque tem bastante azote e não é de azote que a batata mais precisa. Uma boa adubação para batatal é esta, por hectare: —espalhar, no outomno, 20:000 kilos de phosphato de cal e 100 kilos de chloreto de potassa. Com esta adubação chega-se a colher dois e tres kilos de batatas, de tamanho mediano, por metro quadrado.

A batata quer terra bem mexida e que não tenha humidade.

Convém sempre mobilisar a terra antes de semear; mas, quer se faça ou não cava antecipada, recommendamos de espalhar o adubo a lanço por toda a terra e não em covas nem regos, gradando ou lavrando ligeiramente em seguida, como sendo o mais conveniente.

Recommendamos tambem espalhar o adubo com a maior antecipação da sementeira. Quantos mais dias antes melhor.

A quantidade de adubo a applicar depende da riqueza da formula escolhida, no estado de fertilidade da terra,

se está ou não cançada, se tem sido muito ou pouco adubada ou estrumada, se é cultura de sequeiro ou de regadio, etc. Empregar de 1 a 2 saccos de adubos compostos, especialmente feitos para a cultura da batata, na superficie em que empregar duas, tres ou quatro arrobas de semente de batata.

Se a nascença das batateiras fôr fraca e se a rama se apresentar amarellada ou pouco desenvolvida, convém applicar o «Nitrato de sodio» nas dóses de 1 a 3 kilos na superficie da terra em que se empregar uma arroba de bata, ou 10 a 30 grammas por metro quadrado; póde-se espalhar a dose em duas vezes, a primeira antes da primeira sacha e a segunda uns 8 a 15 dias depois.

Quanto maior fôr a batata escolhida para semente, tanto maior rendimento dará. E' um erro cortar as batatas que se dispõem na terra, porque se perdem muitas e, além d'isso, dão só batatas pequenas.

Nos pomares. — E' necessario reparar no modo como as arvores rebentam; quando apparecem ramos fracos, ao lado de ramos fortes, deve-se fazer um lanho ou córte na casca dos ramos fortes, para chamar a seiva aos mais fracos. Devem todos os troncos ser muito bem limpos, para tirar d'elles tudo quanto se cria na casca. A limpeza faz-se com uma escova de arame, ou até com um sacho, raspando com pouca força. Depois de feita a limpeza, deve a casca ser lavada com sulphato de ferro (caparrosa verde), deitando-lhe 5 kilos d'esta caparrosa em 25 litros de agua.

No Algarve dispõem-se agora as estacas de figueira. Tambem se planta laranjeiras, tangerineiras, pereiras, macieiras, cerejeiras, gingeiras, amendoeiras, etc.

Nas vinhas. — Ainda se concluem as plantações e activam-se as enxertias. Retancham-se as plantações dos annos anteriores, substituindo n'esta occasião os barbados em que não pegou a enxertia do anno passado. Começa-se com a cava, que geralmente se faz á enxada, ou á charrua nos vinhedos dispostos para esse fim, de que resulta enorme economia.

Adubam-se tambem as plantações e em geral todos os vinhedos. Os adubos chimicos são espalhados sobre a terra antes da cava, ou então nas caldeiras junto ás cêpas, principalmente se são novas.

Citaremos para a adubação da vinha, a composição do adubo por hectare:

Azote	Acido phosphorico	Potassa
60 kg	40 kg	100 kg

Quantidade de adubos para esta adubação:

Sulfato de ammoniaco	Superphosphato	Chlorato de potassio
20 k a 20 %	250 k a 16 %	200 k a 50 %

Calculo do custo d'esta adubação, segundo os preços correntes:

Sulfato de ammoniaco a 20 % de azote, 300 kg	20$700 réis
Superphosphato a 16 % de acido phosphorico, 250 kg	5$300 »
Chloreto de potassio a 50 % de potassa, 200 kg	13$800 »
	39$800 »

Nas terras fortes argilosas, torna-se preferivel o empregar os 60 kilos de azote sob a fórma de nitrato de soda, o que dá d'este adubo 400 kilos. Os 40 kilos de acido phosphorico podem ser substituidos por 1.000 kilos de phosphatos naturaes; empregando 200 kilos de chloreto de potassio como na formula acima.

Nas terras calcareas leves, a formula que apresentamos póde ser modificada na potassa que, em logar de ser chloreto de potassio será de sulfato de potassa (200 kilos).

Convém nas terras fortes argilosas, juntar á formula mais 600 kilos de gesso por hectare. Como addição a este gesso o agricultor póde empregar o azote sob a fórma de sulfato de ammoniaco.

Nas terras calcareas e nas terras calcareas leves é recommendavel o deitar além das adubações que indicamos, 400 kilos de sulfato de ferro por hectare.

Estas formulas de adubação são realmente muito intensivas; o agricultor póde desdobral-as conservando a mesma proporção relativa dos componentes de modo que o custo não vá além de 20$000 réis por hectare.

Estando a vinha analysada e que a terra se mostre rica de azote e de acido phosphorico e excessivamente pobre de potassa, o agricultor deverá deitar-lhe 100 kilos de potassa por hectare.

Se a terra se apresentar pobre em azote, 60 kilos d'este elemento bastarão para uma boa produção.

Nas terras arenosas os adubos organicos: estrume de quinta, guano, etc., completados com a potassa e por vezes com o acido phosphorico, devem ser preferidos.

Não julgamos fóra de proposito, depois de termos dado as formulas de adubação em relação aos differentes terrenos, apresentarmos o quanto de principios activos as colheitas de vinho extrahem da terra.

Uma vinha com o rendimento medio por hectare de 15 pipas, extráhe do sólo por colheita: 37 kilos de azote, 10 kilos de acido phosphorico e 28 kilos de potassa.

Se o rendimento, porém, se eleva a 20 pipas, a proporção dos elementos extrahidos vae a: 74 kilos de azote,

le acido phosphorico e 71 ki-
.assa.
.s o calculo de duas aduba-
.irvam para restituir ao solo
de elementos extrahidos pela

a de restituição para um ren-
e 15 pipas por hectare:.
.ição do adubo:

Acido phosphorico   Potassa
  10 kg   56 kg

.ade de adubos para esta adu-

.co Superphosphato   Chloreto
                  de potassio
°/° 63 kg á 16 °/°   56 kg

do custo d'esta adubação, se-
preços correntes:

ammoniaco a 20 °/°
185 kg . . . . 19$765 réis
hato a 16 °/° de aci-
iorico, 63 kg . . . 1$325 »
potassio a 50 °/° de
.6 kg . . . . . 3$864 »
              17$954 »

.t de restituição para um ren-
e 20 pipas por hectare:
ição do adubo:

Acido phosphorico   Potassa
  17 kg   71 kg

.ade de adubos para esta adu-

.co Superphosphato   Chloreto
                  de potassio
°/° 106 kg a 16 °/°   142 kg

do custo d'esta adubação, se
preços correntes:

mmoniaco a 20 °/° de
0 kg . . . . . 25$530 réis
hato a 16 °/° de aci-
iorico, 106 kg . . 2$255 »
potassio a 50 °/° de
42 kg . . . . . 9$798 »
              37$583 réis

.s fazer notar ao agricultor
.e encorporar 16 toneladas de
e quinta por hectare de vi-
.ertilisa esta com 74 kilos de
kilos de potassa e 48 kilos
hosphorico.
.viveiros aconselhamos como
ou applicação do estrume de
.o suo d'esta ultima formula
.ntámos.
.pre vantagem em fertilisar
annualmente, e muito mais
se torna o alterar as aduba-
o ora uma de adubos chimi-
.itra de adubos organicos.
.tidade de estrume que, pelo
corresponde á formula para
.de vinhas que apresentámos,
.13 toneladas.
.época deve o adubo ser
. vinha? Responderemos que

os adubos phosphatados e potassicos e
tambem o gesso e o sulfato de ferro
devem ser applicados em outubro ou
novembro. Estas materias são retidas
na terra, a chuva não as arrasta, e
quanto mais tempo estiverem no solo,
mais se diffundem e se misturam com
a camada aravel e, portanto, mais facilmente são aproveitadas pela planta.

Pelo contrario, o nitrato de soda e
o sulfato de ammoniaco devem ser applicados na primavera, isto é, em fevereiro ou março, afim de que as raizes da planta se appropriem immediatamente d'estes adubos, pois, se se de-
morarem na terra, esta é d'elles empo-
brecida pelas aguas da chuva.

O adubo é espalhado em torno de
cada pé de vinha; é este o modo de
applicação conhecido como o mais recommendavel.

O adubo depois de espalhado deve
ser recoberto de terra.

Vamos falar aqui n'um assumpto em
que já mais vezes temos falado e que
nos não cansamos de repetir por jul-
garmos ser de um enorme interesse
para o agricultor. Referimo-nos á analyse das terras; com effeito, ella póde
ensinar-nos a fazer economias consideraveis nas adubações.

Uma terra de vinha analysada diz
por si ao lavrador o modo mais economico de ser adubada; se precisa ou dis-
pensa este ou outro elemento, afim de
que lhe seja fornecido ou supprimido
na adubação, reduzindo-se assim o preço d'esta a um terço ou um quarto
menos.

Se as videiras estão em parreiras ou
em enforcado ou com intervallos grandes entre si, convém espalhar o adubo
bo em volta de cada pé de vinha e
afastado do tronco uns 20 a 30 centimetros. Se as videiras estão em todo
o terreno, mas não muito distantes
umas das outras, então é preferivel espalhar o adubo «a lanço» por toda a
terra occupada pela vinha e não em
covas nem em regos.

Quanto mais cedo se applicar melhor. Póde-se applicar logo depois de
terminadas as vindimas; comtudo, a
melhor occasião é depois de feita a
póda, e, podendo ser, em seguida a
uma cava, arrazando a terra para a
misturar com o adubo.

Depende da concentração do adubo,
da edade e estado de vegetação das videiras, da fertilidade da terra, se está
ou não cansada; se tem sido adubada
ou estrumada, se se fazem ou não culturas intercallares, etc. Conforme o
modo de espalhar o adubo, empregar
de 4 a 8 saccos por milheiro, ou 200
ou 400 grammas por cada pé de vinha.

Independente da adubação completa
antecipada, uns 15 a 20 dias depois da
rebentação, podem espalhar-se «a lanço» com vantagem, 25 a 50 kilos de

NITRATO DE SODIO por cada milheiro de cêpas, ou 25 a 50 grammas
por cada videira.

Nas adegas.—Continuaremos a recommendar sempre a trasfega dos vinhos
brancos, para se não estragarem, quando vierem os grandes calores.

Nos estábulos. — E' agora o melhor
tempo de começar a engorda dos bois
nos curraes. Os bezerros querem bastante sustento e com muita agua. Os
rebanhos de ovelhas e carneiros aproveitam muito em ir para os montes,
depois que desappareça o orvalho; gostam de feno e palha.

Nos jardins.—E' este o primeiro mez
de grande fadiga para o jardineiro.
E' o momento de plantar todos os arbustos que
temem o frio: murta, alecrim, jasmim, alfa-
zema, etc., e transplantar violetas, margari-
das, primaveras e todas as plantas de raiz fibrosa. Semeam-se sobre alofre tepido ou ao
ar livre conforme o correr da estação, sepa-
rando-as por collecções, todas as plantas annuaes e vivazes, taes como açucenas, coreopsis, collinsias, goivos, cravos, mangerona,
zinnias, estancadeiras, phlox de Drummond,
zinnias, mangericões, rosas das Indias, hy-
biscos, amores perfeitos, perpetuas, petunias,
boisa noites, clarkias, phacelias, verbenas,
celosinas, congossas, em uma palavra toda
a planta annual cuja sementeira recommen-
dámos para o mez de fevereiro. Semeam-se
onde hão-le ficar, quasi sempre em cercadu-
ra, thaspi, papoilas, dormideiras silvestres,
ervilha de cheiro, cynoglosa, eilenes, capo-
ras; e, em alegrete, resedas, scholtzias de
California e bellas noites. Põem-se aô calor
de qualquer estufins tuberculos de dahlia,
datura e canna.—As plantas de areias gra-
niticas ou terra preta gandaresa: camelias,
rhododendros, azaleas, epacris, gnidias, deo-
néas, andromedas e ericas, quer em taboleiros quer em vaso, depois de bem picado o
chão, deita-se uma camada de terra nova
misturada com esterco puro de cavallo, o
que tenha de curtido dois a tres annos. Os
arbustos transplantados no anno anterior
taes como silindras, lilases, loniceras, etc.,
podam-se muito curtos para colherem vigor
e darem flor por muito tempo.

Como os goivos são flores muito do agrado
dos nossos jardins, vem a proposito dizer,
que para os obter ainda melhor meios dobrados, porque os dobrados não a dão.—Se-
mea-se muito rara; e quarenta dias depois de
nascidas, dispõem-se as plantas. Passados
40 a 50 dias depois d'esta operação, separam-
se os simples dos dobrados. Os goivos dobrados são altos, esguios, de côr palida e olho
fechado.—A semente de dois annos dá mais
pés dobrados do que a de um anno; mas para conseguir semente de dois ou tres annos
em boas condições é necessario conserval-a
nas capsulas. A semente velha dá goivos que
crescem pouco, teem folhagem clara, folha
espessa, florescencia serodia e côres vivas.

Os arbustos floriferos que n'este mez dão
flor em Lisboa, além de outros, são os seguintes:

Salva gesneriaeflora, Keria japonica, ces-
trum Parqui, coronilla glanca, datura sanguinea, genista canariensis, siphocampilus
bicolor, chorizema ilicifolium, senecio ghies-
breghtii, Ulex europaeus, stevia salicifolia,
siothamnus baeticus, eupatorium omphali-
aefolium, templetonea retusa, montagnea bi-
pinnatifida, berberis guimpellii, viburnum ti-
nus, mahonia aquifolium, viburnum suspensum, mahonia fascicularis, achinophyllus di-
gitatum, mahonia bealii, aucuba japonica,

berberis darwinii, cuphaea strigulosa, holbaellia latifolia, cuphaea jorulleusis, melianthus major, fuchsia arborescens, acacias arbustivas varias, polygala myrtifolia, arenaria Welwitehii, drymis Winterrii, arenaria pungene, hagianthus pulehellus, arenaria cinerea, esparmania africana, eupatoria atro purpurea, camelia japonica, eupatoria chraracias, photinia serrulata, phlomis ferruginea, sedum, varios, borrago officinalis, echveria metallica, jasminium grandiflorum, valerianella graciflora, erica mediterranea, cen tranthus macrophilon, erica arborea, veronica salicifolia, chrysanthemum grandiflorum, bodleya lindleana,bodleya madagaseariensis, anthyllis barba-jovis, paeonia montana simplex, medicago arborea, paeonia montana sims. var., rhue integrifolia, flor. dupl., pomaderis apetala, rhododendrum indicum — pittosporum, undulatum, varios, pittosporum phylliraeoides, asalia indica, varias.

Nos gallinheiros.—E' agora bom tempo para a creação de aves. Quem dêr aveia ás gallinhas fará com que ellas ponham mais ovos. Ninguém se descuide com a limpeza dos gallinheiros e em dar sempre ás aves agua limpa. Tirará d'isso bom proveito.

Nas capoeiras. — Desde o principio d'este mez, especialmente se fôr temperado, a postura é activa; recolhemse os ovos para incubar, porque são os pintainhos d'este mez e do seguinte que dão frangas poedeiras no outomno e durante o inverno.

Incubar ovos de pata e vigiar a cobrição dos perús.

Desinfectar as capoeiras para destruir os microbios, que se desenvolvem com os primeiros calores.

Continuação da creação. Engorda das aves nascidas em novembro e dezembro.

Credito agricola

Vae ser brevemente publicado o regulamento do credito agricola, creado pela lei de 18 de setembro de 1908; mas parece que não satisfaz o fim para que havia sido creado, pois que a sua administração fica a cargo do Banco de Portugal, o que tornará impossiveis as transacções com os pequenos proprietarios, que são os que mais necessitam de recorrer ao credito.

O credito agricola será uma verdadeira mina para o Banco de Portugal, e de pouca ou nenhuma utilidade para os agricultores.

Aguardamos, no entanto, a publicação do regulamento e diremos então o que sobre elle se nos offerecer.

Creação de gados

Mungidura das vaccas

Mungir, ordenhar, são os termos empregados para designar a acção de extrahir do ubere das vaccas ou de outras femeas domesticas o producto da secreção d'esse orgão—o leite.

E' uma operação que requer muitos cuidados e preceitos. Se é verdade que quasi todos mungem, não é menos certo que poucos sabem mungir convenientemente.

E não se pense que d'uma mungidura mal feita resulta apenas o prejuizo de alguma pequena quantidade de leite: ha mais e muito peor do que isto. Se uma vacca não é ordenhada totalmente, póde-se-lhe destruir a disposição natural para segregar o leite e d'este modo deteriorar o animal. Além d'isso, o ultimo leite—exactamente aquelle que se perde—é o mais butyroso, o que está provado por differentes experiencias, sendo uma das mais curiosas a de Schubler, que tendo divido em 5 lotes o leite d'uma mungidura, achou as quantidades de nata seguintes:

1.º lote.....	5,0 por cento	
2.º »	8,0 » »
3.º »	11,5 » »
4.º »	13,5 » »
5.º »	17,5 » »

A mungidura feita brutalmente torna-se uma operação desagradavel ás vaccas, quando é sabido que ellas, ordenhadas por um individuo perito, sentem prazer e dão o leite facilmente, mostrando-se mesmo reconhecidas e generosas.

E' pois preferivel que as vaccas conheçam o mungidor e o estimem, não tremendo deante d'elle como tantas vezes acontece.

Parece estar averiguado que o homem é mais apto para tratar das vaccas, como de todos os animaes, do que a mulher: isto, porem, em geral, munge melhor do que o homem. E' todavia pouco conveniente e economico haver

um individuo para tratar das vaccas e outro para as ordenhar.

Em todo o caso, de qualquer dos sexos que seja o individuo que munge, o que se torna indispensavel é que elle, reunindo á habilidade o mimo e a paciencia, excite o ubere sem o offender e que allivie a vacca sem a fazer soffrer

E' sabido que as vaccas teem a faculdade de reprezar o leite e não o fazem sómente com saudades dos filhós: muitas recolhem a si o leite quando lhes não agrada o mungidor, e teem-se visto mesmo algumas que, estando habituadas a ser tratadas por homens, não se deixam mungir por mulher e vice-versa.

A mungidura deve effectuar-se duas vezes por dia e sempre a horas fixas, procurando que os intervallos entre cada operação sejam o mais possivel eguaes.

Ha quem tire o leite tres vezes por dia, mas o augmento na producção parece-nos que está longe de compensar o maior trabalho e os inconvenientes que causa ás vaccas.

E' condição essencial não só para a boa qualidade do leite, como principalmente para a sua conservação, que haja o maximo aceio em todo o estabulo e no corpo das vaccas, especialmente no ubere. Para isto, é necessario que as camas sejam renovadas amiudadas vezes.

Parte d'estes cuidados são dispensaveis quando os animaes são ordenhados na pastagem, mas ha sempre grande inconveniencia em evitar que as vaccas sejam mungidas ao ar livre porque, no inverno a chuva, o vento ou o frio, e no verão os insectos são causas sufficientemente fortes para atormentar as vaccas e predispôl-as a não se deixarem mungir convenientemente. Além d'isto, o mungidor, não estando á sua vontade, apressa a operação e deixa-a quasi sempre incompleta, com prejuizo das vaccas e do proprietario.

Uma boa pratica adoptada na maior parte das grandes vaccarias é um simulacro de mungidura feito por um rapaz que precede o

elas
izes-
ecu-
o de
hida
uma
. Es-
ntra-
am-
ra os
vac-
che-
defi-
ueiro
pro-
lação
stən-
recé-
r, são-
lgar-
ados,
dres,
deira.
anha-
: sen-
s con-
ueira
ando
n'este
como
relhos
servir
o, de-
rimei-
tendo
aes de
o per-
luran-
quaes
)pare-
ria.
rvem,
)s com
a com
fim à
do lu-
possa
r onde
nergi-
éome-
queiro,
ir esta
)s e di-
:ca, le-
u tam-
ientar.
· qual-

quer pequeno banco, mas é preferivel que seja muito baixo e d'um só pé, para permittir que o mungidor se incline para deante ou para traz, conforme os movimentos do animal. Na Suissa usam mesmo adaptar ao tamborete uma correia que passa em volta dos quadris do vaqueiro.

A mungidura deve ser feita de modo que imite quanto possivel o vitello a mammar, não para illudir a vacca que difficilmente cairia no logro, mas porque, quanto mais a operação imita a acto natural da extracção do leite, mais a vacca facilita a sua sahida. Assim o vaqueiro deve fazer com as mãos quasi o mesmo que o vitello com a bocca.

Sentado o mungidor no mocho do lado direito da vacca, e com as costas para a cabeça do animal, conserva o balde á altura conveniente e apertado entre os joelhos para evitar a sua quéda por qualquer movimento da vacca; ambas as mãos devem estar livres, e a cabeça e o hombro direito encostados ao ilhal da vacca. E' conveniente molhar as tetas com leite para as amollecer, produzindo ao mesmo tempo uma excitação agradavel. Póde-se mungir a uma ou duas mãos: este ultimo processo, embora dificultoso para os que teem pouca pratica, é muito mais expedito.

O vaqueiro toma duas tetas em diagonal, uma em cada mão entre o pollegar e os restantes dedos, aperta o ubere na parte de cima, comprimindo uma porção de glandula mammaria, e deixa deslisar a mão apertada até á parte inferior da teta, empregando a força de pressão e de tracção necessarias para fazer descer o leite. Operando regular e alternativamente o movimento de subida e descida de cada mão, o leite cáe em jacto continuo, distinguindo-se a custo que provém de duas tetas. Pouco depois mudam-se as mãos para as outras duas tetas, voltando em seguida ás primeiras; sempre em diagonal, e assim successivamente até o ubere estar totalmente despejado, devendo então ficar pe-

queno se a vacca fôr boa leiteira.

Alguns vaqueiros, principalmente suissos, fecham o pollegar de modo que a teta fica apertada entre os quatro dedos e a parte superior do pollegar, isto é a unha e o espaço comprehendido entre a unha e a primeira articulação; isto deve necessariamente causar á teta uma compressão dolorosa, embora despeje mais leite do que tendo o pollegar sobreposto aos outros dedos.

Deve-se fazer todo o possivel para evitar qualquer interrupção durante a mungidura d'uma vacca: quanto mais depressa ella é mungida, mais livremente se faz a secrecção.

Mungida a primeira vacca passa-se a outra e successivamente a todas, devendo ser ordenhadas pela ordem por que se acham no estabulo, para mais facilmente o vaqueiro tomar nota e saber a quantidade de leite que corresponde a cada vacca. Para este fim tem uma ardosia ou um papel, onde, no fim de mungir cada vacca, menciona o numero de litros que ella produziu por meio de algarismos quando saiba escrever, ou por meio de traços quando não souber, correspondendo cada risco vertical a um litro e cada risco horisontal a meio litro. Na ardosia ou papel acham-se préviamente escriptos os nomes ou numeros correspondentes a cada vacca, pela ordem por que estão na vaccaria.

E' este o methodo seguido por muitos proprietarios, e todas as noites o vaqueiro dá conta dos seus apontamentos que se passam a mappas ou tabellas como o que adeante publicamos.

Quando é muita a quantidade, a medição do leite de cada vacca faz-se mais rapidamente do que com as medidas ordinarias de folha, empregando-se uns baldes apropriados que, ou teem uma escala de vidro graduada em litros e meios litros, ou se lhes introduz até ao fundo uma haste de metal, egualmente graduada, que de prompto indica a quantidade de leite que se deseja medir. Nos ferrados de madeira tambem alguns costumam fazer uma escala *ad hoc* com pequenos pregos ou cravos.

Sendo o leite depois medido na totalidade, na occasião de dar entrada na leitaria, é facil a conferencia.

Tabella da producção do leite das vaccas
(em litros)

NOMES	Doninha			Flash			Thysa			Aurora			Tulipa vermelha			Totaes		
RAÇAS	Alderney			Guernsey			Jersey			Ayrshire			Norfolk					
Datas (1909)	Manhã	Tarde	Total	Manhã	Tarde	Total	Manhã	Tarde	Total	Manhã	Tarde	Total	Manhã	Tarde	Total	Manhã	Tarde	Total geral
Fevereiro 1	4	5	9	5	4,5	9,5	3	3,5	6,5	4	3	7	3,5	4	7,5	19,5	20	39,5
» 2	4,5	4,5	9	5	4,5	9,5	3	3	6	4	3	7	4	4,5	8,5	20,5	19,5	40

Com um bom tratador as vaccas estão ordinariamente quietas em quanto se mungem. Ha porém algumas de sua natureza ariscas, que se mostram bastante inquietas quando são ordenhadas. Para estas, mais paciencia é precisa e, se costumam dar couces, com uma pouca de *manha* póde, se algumas vezes evitar que elles attinjam a pessoa que munge. O couce, como é sabido, é só com uma perna e comó vem sempre do lado das tetas sobre que se opera-o individuo põe-se *em guarda* mungindo do lado opposto. Colloca-se pois do lado esquerdo para mungir as tetas do lado direito e reciprocamente. Se, apesar d'esta precaução, ha perigo para o vaqueiro, então torna-se necessario travar o animal, ou conservando-lhe levantada e ligada uma das mãos ou prendendo-lhe a perna com uma corda ou correia de modo que não possa escoucear para deante.

As vaccas, ainda as mais mansas e pacificas, nas localidades e na epocha em que as moscas tudo perseguem, mostram-se impacientes com repetidas sacudidelas de cauda, que se evitam prendendo a esta uma pequena correia que se amarra em volta do curvilhão. O melhor, porém, é conservar a vaccaria bem escura, pois, como se sabe, as moscas são inimigas da escuridão.

A mungidura tambem póde ser feita mechanicamente, mas os bons resultados são, por emquanto, bastante contestados.

Para distrahir, em proveito da lactação, uma parte das forças vitaes, torna-se necessario ao orgão um consideravel estimulo que é dado, ou pela cria mammando, ou pela mão do mungidor.

Este estimulo não o pódem dar os agentes mechanicos, até hoje descobertos para ordenhar.

O apparelho mais antigo de mungir é de invenção americana e opera por aspiração. Consiste n'um tubo de *caoutchouc* ligado por uma das extremidades a uma bomba pneumatica e pela outra a quatro pequenos funis, e pela aspiração produzida pela combinação de duas alavancas o leite é puxado para fóra do ubere e recebido n'um balde. A ideia, aliaz engenhosa, não dá na pratica o successo desejado e por isso tem sido posta de lado.

Mais modernamente descobriu-se outro processo mechanico, o das vasadeiras, que consistem em pequenas sondas de prata, especie algalias, de 5 centimetros de comprimento e munidas de uma guarda ou virola a 4/5 do comprimento, entrando até este ponto pelo orificio da teta, devendo-se ao introduzir as sondas voltal-as um pouco em helice sobre si mesmas para evitar toda a fricção que pode irritar a tão delicada mucosa do canal. Para este fim as sondas teem uma das extremidades aguçada e arredondada, sendo isenta de qualquer saliencia angulosa.

Cada jogo completo compõe-se de 4 vasadeiras e ha-as de dois calibres apropriados ao canal lactifero das vaccas.

As sondas introduzem-se com cuidado nas tetas das vaccas até á virola e uma vez mettidas, o leite cáe espontaneamente como de quatro fontes. E' claro que o balde deve ser collocado no chão, por debaixo do ubere, antes da adaptação das sondas.

O resultado d'esta operação será todavia completamente satisfactorio? Eis no que ha divergencia de opiniões.

Em França queixam-se alguns creadores de que o uso repetido das sondas causa nos orgãos mammarios uma irritação que compromette a saude das vaccas. A esta observação objectam outros que a irritação do canal lactifero pode ser attribuida ao vaqueiro que não introduz as sondas com bastante delicadeza.

Uns dizem que as vasadeiras não fazem a extracção completa do leite e que dilatam o orificio das tetas de modo que a vacca pode ficar com o defeito de não *segurar* o leite. Outros dão-se por muito satisfeitos com o resultado, achando que a mungidura feita por este modo exgotta sufficientemente as mammas.

E' possivel que a circumstancia das vaccas se habituarem á operação mechanica faça com que esta se torne mais satisfactoria.

Para se formar em juizo seguro e imparcial ácerca da vantagem da mungidura mechanica, tornam-se necessarias experiencias comparativas durante toda a epocha da lactação.

A alimentação das vaccas no inverno

De um artigo publicado no *Journal de l'Agriculture* por M. Rolland, director da escola agricola de Saint-Bon, extractamos as seguintes considerações:

A alimentação de uma vaccaria durante o inverno dá sempre sérios cuidados. As vaccas deixam as pastagens em outubro ou novembro, achando-se habitualmente n'essa época em bom estado, e trata-se então de fazer-lhes passar os mezes de inverno da maneira mais economica e productiva.

Ha dois meios: sustentar os animaes durante o inverno com palha e uma pequena quantidade de feno, dando-lhes apenas uma ração de conservação sem colher importantes productos, ou ministrar-lhes uma ração que permitta ao animal conservar-se em bom estado e dar leite ou carne como no verão.

Este segundo systema é evidentemente mais racional; promovendo o desenvolvimento, torna-os mais precoces, as vaccas leiteiras continuam a dar a mesma quantidade de leite sem emmagrecerem, e os animaes de ceva, longe de perderem o peso que adquiriram no pasto, continuam em augmento terminando a sua engorda mais normalmente.

Estas vantagens levaram-nos a adoptar o segundo meio; mas essa alimentação intensiva deve ser sériamente estudada, quer sob o ponto de vista da composição das rações, quer sob o ponto de vista do custo d'ellas, pois a economia, ainda que pequena, por cabeça e por dia, importa no fim do anno em somma que não deve despresar-se.

O principal é dar ao animal uma ração sufficiente em quantidade, e que se approxime, em qualidade, da alimentação natural, isto é, herva de prado cuja relação nutritiva regule conseguintemente por 1/5.

Ovos para incubação 🖛

Ovos para incubação

Tomam-se encommendas na administração d'este jornal, das afamadas raças poedeiras *Minorca preto* e *Leghorn cinzento. Os ovos fornecidos são garantidos e provenientes de raças puras e legitimamente definidas.*

Cada duzia . . . . 960 réis
Cada ovo . . . . 100 »

Os pedidos para a provincia são satisfeitos por encommenda postal e ao preço estabelecido ha a accrescentar:

Encommenda postal . .   200 réis
Registo do correio. . . .   50 »
Emballagem . . . .   40 »

Necrologia

DR. RODRIGUES BARBOSA

Falleceu no Rio de Janeiro, o sr. dr. Rodrigues Barboza, que tão proficientemente dirigia o Jardim Botanico d'aquella cidade.

O dr. Barboza era um dos mais insignes homens de sciencia do Brazil. Naturalista e ethnographo eximio, dedicou-se, durante muitos annos, a estudos originaes sobre os indigenas do Amazonas e corrigiu com esses trabalhos, muitos erros commettidos por alguns escriptores, que fizeram sobre essa região uma deploravel confusão de nomes e coisas.

Litterato de fama, publicou o «Folklore amazonico», que teve exito e o brilhante estudo «Sertam Palmarum», que é uma resenha completa, documentada e illustrada das palmeiras brazileiras e que, por si só bastava, para impôr o seu auctor á consideração de todos os homens de sciencia.

Conhecimentos uteis

Para preservar o azeite do ranço. —Cobre-se a superficie do azeite nas talhas, ou em garrafões, com uma ou duas pollegadas de aguardente de 33°, e tapam-se ou rolham-se depois hermeticamente. A aguardente tem a propriedade de manter-se á superficie do azeite em razão do seu peso, e de interceptar assim toda a communicação do ar, que é o principio do rancho.

Gosto a enxôfre no vinho. —Tira-se ao vinho procedente de vinhas enxofradas, lançando o liquido n'uma vasilha de cobre. O contacto do vinho cóm o cobre faz desapparecer, instantaneamente, o gosto do enxofre.

Conservação da fructa. — Colhem-se as fructas á mão, não muito maduras; separam-se as que estão tocadas, e das outras mergulham-se os pés em lacre derretido em espirito de vinho a banho maria, e collocam-se assim preparadas em um armario muito secco, onde se examinam a miudo, retirando-se as que principiam a deteriorar-se. Com relação a fructos de pé curto, taes como pêros, maçãs, etc., convém mettel-os em uma barrica por entre areia bem secca.

Para tornar impermeaveis as paredes de tijôlo. — Bem secca e limpa a parede, pinta-se primeiro com uma solução fervente de 300 gr. de sabão em 1 litro de agua; deixa-se em seguida enxugar, e depois applica-se uma solução de 200 gr. de alumen em 4 litros de agua á temperatura de 20°. Renova-se a operação até obter a impermeabilidade.

Para verificar a salubridade de um aposento. —Pisa-se uma porção de cal, tirada recentemente do forno, deitem-se 500 grammas em um vaso e colloque-se este no aposento; 24 horas depois pese-se a cal. Se o peso tiver augmentado apenas uma gramma, o aposento está em condições de ser habitado. Se a cal pesar mais 5 ou 6 gr., é insalubre o aposento.

O amendoim e a insomnia. —Nos Estados-Unidos aconselham o amendoim aos tuberculosos e aos que padecem de insomnia como remedio maravilhoso.

Sabe-se que o referido fructo é rico em materias gordas, e, portanto, não póde deixar de ser agente da superalimentação tão necessaria nos affectados dos pulmões.

O inventor e propagandista do tratamento da insomnia pelo amendoim é um illustrado clinico norte-americano, que se serve do seguinte processo:

Comer, mastigando lenta e completamente, cerca de 50 bagos de amendoim e pouco tempo depois virá o somno. Os amendoins não são toxicos, não podem fazer mal, e nada se arrisca experimentando o facil e novo medicamento.

O sangue e as altitudes. —O senhor Paulo Bayeux, n'uma ascensão que fez ao Monte Branco, contou por tres vezes os globulos vermelhos do sangue: uma em Champuniey, outra nos Grandes Mulets e a terceira no cume do Monte, no observatorio de Jassen.

Os globulos vermelhos, diluidos no sôro Morcano, foram contados por meio de um apparelho proprio, do typo Malassey, servindo-se d'um microscopio de campanha de Zeiss, e as conclusões a que Bayeux chegou são as seguintes:

O sangue soffre um rapido e consideravel augmento no numero de globulos quando passamos d'uma altitude para outra maior.

Se permanecemos n'esta ultima durante algum tempo, o numero d'elles diminuirá algum coisa, não muito, no decurso de poucas horas, e se descermos ao ponto da partida continuará diminuindo, posto não voltem á quantidade que apresentavam antes da ascenção. Se o acto se repetir antes que o numero de globulos volte a ser nor mal, o augmento observado será maior que o anterior.

Em individuos acclimados ás grandes altitudes, a alteração no numero de globulos é pouco sensivel.

E' esta a primeira experiencia do genero que se faz no cume do Monte Branco, que, como se sabe, é o ponto mais elevado da Europa.

O eucalypto.—O eucalypto, essa arvore da Tasmania, cujas propriedades entraram na pharmacopêa, é o melhor remedio para a influenza, doenças pantanosas e diabeticas.

A influencia benefica do eucalypto chega até a perseverar de «influencia» as pessoas que habitam em logares proximos onde existem plantações d'essa classe d'arvores.

Os principios antisepticos do eucalypto ninguem os põe em duvida. Actualmente reconhece-se que é germinicida e destruidor dos microbios.

Nas regiões onde ha eucalyptos ninguem soffre de febres palustres, porque as emanações aromaticas da arvore desinfectam a atmosphera, purificando-a.

Para o tratamento da diabetes basta fazer uma infusão, deitando em seis onças d'agua a quantidade de folhas d'eucalypto que caiba n'uma colher de café e ter tudo junto durante meia hora, accrescentando-lhe um pouco de saccharina.

Essa porção será ministrada duas vezes por dia.

Em 46 casos, com esta receita do dr. A. G. Faulds, de Glasgow, encontraram-se curados 15 doentes.

Utilidade das uvas. — As uvas, quando estão completamente maduras, são muito convenientes ás pessoas atacadas de inflammações, como a gastrite e outras, visto o môsto ser um laxante.

As grainhas da uva, trituradas, gosam de uma reputação popular contra a dysenteria e os vomitos de sangue.

As cinzas das cêpas são diureticas.

As folhas, seccas á sombra e convertidas depois em pó, são um remedio radical contra as hemorrhagias rebeldes.

Os pedunculos dos bagos são bons contra a inflammação dos olhos.

As uvas seccas são peitoraes e de grande utilidade contra as affecções do peito.

O vinho tinto é um excellente fortificante, e o vinho branco um apperitivo precioso e um magnifico reconstituinte.

O vinagre produzido pela fermentação do vinho admitte-se internamente em pequenas dóses, como refrigerante, e, exteriormente, para banhos dos pés, queimaduras leves, ou em gargarejos contra as doenças da garganta.

Existe algum animal que precise respirar e viva sem ar?.—O caracol, de que se conhecem mais de 1.600 especies differentes, tem grande resistencia vital. Se lhe cortarem algumas partes do corpo, como, por exemplo, os tentaculos, os olhos e mésmo a cabeça, com tanto que se lhe conserve o ganglio encephalico, brotam outra vez orgãos novos em substituição do mutilado.

O caracol vulgar offerece outra particularidade não menos notavel. Pelos pulmões, pelo coração e pelo seu systema circulatorio, temos de o considerar como outro qualquer ser, para cuja vida seja necessaria a respiração, e, todavia, póde viver muito tempo sem absorver o minimo atomo de ar, o que está em completo desaccordo com a theoria, geralmente admittida, de que o ar é essencial para a existencia dos seres dotados de pulmões.

As doenças do leite

A substancia mais susceptivel ás doenças é o leite. Conhecem-se mais de vinte doenças do leite, produzidas todas ellas por germens completamente differentes, e quasi todas essas doenças são profundamente infecciosas.

Quando o leite se corta e coalha é porque está doente.

Outros estados doentios do leite se manifestam diversamente.

Uma doença o torna acido, outra amargo, outra lhe imprime um certo gosto a sabão, etc.

O germen que produz uma das enfermidades torna o leite tão espesso como o mel, de modo que faça fios ao correr d'uma colher; ha outro germen morbido do leite, muito commum, que lhe dá côr azul celeste. Outras doenças tornam o leite differentemente colorido; uma, por exemplo, torna-o roxo; outra, mais rara, converte-lhe a côr branca natural n'um amarello brilhantissimo.

E', pois, indispensavel ter a maior cautela com o leite; qualquer imprevidencia poderá acarretar consequencias muito funestas para a saude.

Noticias dos campos, Mercados e Feiras

ALCANENA.—Os trabalhos agricolas d'esta região encontram-se já bastante adeantados, comquanto a população rural aqui não tenha compensação alguma n'este genero de actividade nacional.

O vinho está vendendo-se a 400 e a 500 réis o almude, e sitios ha, ahi pelo districto, onde se vende a 200 e até a 170 réis o almude e não tem compradôres. Nas tabernas vende-se avulso a 30 réis e a 20 réis o litro. Uma desgraça!

ARCOS DE VALDE VEZ.—Não foi muito concorrido o mercado quinzenal, ultimamente realisado n'esta villa. Regularam pelos seguintes os preços dos generos abaixo mencionados:

Trigo cada, 17 litros 822 1$000 réis; centeio 660; milho branco, 600; dito amarello, 560; feijões brancos, 1$000; ditos pretos, 900; amarellos, 800; fradinhos, 600; batatas, 500; ovos, cada duzia, 200; azeite, litro, 320.

POMBAL.—Medida: 12 1,33, milho branco, 500; dito amarello, 450; feijão branco, 900; encarnado; 950; frade, 800; pardo, 870; trigo, 600; cevada, 550; aveia, 300; tremoço, 340; fava, 550; grão, 600; batata kilo, 30; arroz kilo, 100; azeite 10 litros, 2$700; vinho 20 litros, 800.

CANTAHEDE. — Medida: 15 litros, trigo mouro, 680; dito tremez, 660; milho branco, 520; amarello, 500; centeio, 620; cevada, 580; aveia, 520; arroz, 1$200; feijão branco, 920; amarello, 940; rajado, 900; frade, 640; chicharo, 520; grão de bico, 800; favas, 600; batata, 380; sal, 50; vinho branco 20 litros, 600; tinto, 600; aguardente, 2$000; vinagre, 800; azeite 10 litros, 2$600.

FAFE.—Medida: 20 litros, milho branco, 750; amarello, exotico, 660; meudo, 700; centeio, 770; feijão branco, 1$300; amarello, 1$200; vermelho, 1$040; canario, 1$250; fradinho, 930; batatas, 500; milho alvo, 650; painço, 530; trigo, 1$000; centeio, 700; castanhas, 540.

MAÇÃO.—Os favaes estão quasi perdidos, devido á forte nevada no dia 1. Em compensação, os lavradores estão satisfeitos, pois a neve e alguns chuviscos que teem cahido beneficiaram extremamente as searas.

ALDEGALLEGA. — As ultimas chuvas beneficiaram immenso as searas.

AGUIM (BAIRRADA).— As grandes camadas de geada que cahiram ultimamente prejudicaram consideravelmente as hortaliças e as pastagens. Na proxima semana começam as sementeiras de milho nas terras altas.

Terminou já a laboração dos lagares de azeite. Os vinhos teem tido alguma procura, ao preço de 380 e 400 réis os 20 litros, preço nada remunerador.

ESPINHAL—Já começou as sementeiras de milho nas terras de secca.

SABROSA.—A colheita de azeite foi abundante. Apesar d'isso, o almude de 30 litros, que no principio corria ao preço de réis 4$500 e 5$000, está actualmente a 6$200 réis, por terem sido muitos os açambarcadores, vendo-se dentro em pouco os pobres obrigados a comerem o seu pequeno manjar —o caldo —sem tempero, como succedeu o anno passado, em que o azeite chegou a 430 réis o litro.

5.º ANNO.—N.º 174   A Gazeta publica-se nos dias 10, 20 e 30 de cada mez   MARÇO—1909

GAZETA DOS LAVRADORES

ORGÃO DE PROPAGANDA E DEFEZA DOS INTERESSES DA AGRICULTURA NACIONAL

Com a collaboração de muitos agricultores, agronomos, medicos veterinarios, horticultores, viticultores e regentes agricolas

DIRECTOR e PROPRIETARIO: *JOSÉ ERNESTO DIAS DA SILVA*

MEDICO VETERINARIO— Antigo professor da Escola de Agricultura da Real Casa Pia de Lisboa

Assignaturas
(pagamento adeantado)

Um anno	1600	réis
Um semestre	800	»
Numero avulso	50	»

As assignaturas começam sempre no principio de cada mez.
Toda a correspondencia deve ser dirigida ao director do jornal.
Os originaes recebidos quer ou não publicados não se restituem.
COMPOSIÇÃO na séde da Gazeta.—IMPRESSÃO—Imprensa Africana—Rua de S. Julião, n.º 58 e 60

Annuncios
(TYPO CORPO 8)

Por uma só inserção	40	reis cada linha
Repetição até 6 publicações	80	» » »

Annuncios permanentes, folhas soltas, réclames e annuncio intercalados no texto—contracto especial.
Os srs. assignantes gosam do abatimento de 20 %.
A administração acceita correspondentes em todas as terras do paiz

Redacção e Administração, C. de Santo André, 100, 1.º
EDITOR—Dias da Silva

SUMMARIO

Agricultura geral

OS VINHOS PORTUGUEZES

O problema da expansão do commercio de vinhos portuguezes na Europa é extremamente amplo e complexo, para ser tratado com o devido desenvolvimento em um trabalho de apertados limites.

Constituiria de per si só um difficil e importante estudo.

Ha, tendentes a esse fim, medidas de ordem interna a tomar para proteger e auxiliar a viticultura, ha-as de caracter internacional em beneficio e proveito de commerciantes e viticultores, e todas da exclusiva competencia e attribuição do Governo, devendo as camaras de commercio contribuir com trabalhos de estudo e propaganda, de natureza e utilidade collectiva. O restante pértence á iniciativa do commercio, que é o natural e indispensavel intermediario entre os centros productores e os mercados estrangeiros.

A invasão de attribuições de uns pelos outros é sempre causa de confusão de direitos e deveres de cada um, e tem como consequencia o insuccesso das tentativas mais bem intencionadas.

Falta-nos uma estatistica da producção viticola portugueza e outra da capacidade do consumo interno, que nos mostre, não em numeros redondos arbitrariamente fixados, mas em algarismos precisos e rigorosamente exactos, o que se produz cada anno em cada região vinicola e o que é consumido dentro do paiz. Só assim se póde chegar a saber o que realmente nos sobra, depois de deduzido o que absorvem os mercados externos, e a conhecer não só a existencia e a causa de cada crise que perturba o paiz, mas o gráo da sua intensidade, para que o remedio a applicar esteja de harmonia com o mal que se pretende conjurar.

Tambem um inquerito poderia descobrir a causa e propôr os meios de reduzir o custo elevado do grangeio das vinhas, em relação aos encargos correspondentes de outros paizes.

Os vinhos de consumo portuguezes são caros. E' isto um facto incontestavel, que se deve affirmar sem rebuço, porque não se cura um mal cuja existencia se encobre e que se torna de difficil comprehensão no nosso solo, que é uberrimo e com salarios que são moderados. Reduzir as despesas de cultivo e, conseguintemente, o custo da producção seria uma providencia do mais largo alcance e de grande utilidade, porque, hoje, mais do nunca, é preciso luctar, tendo o preço como principal arma de guerra.

Os vinhos de consumo do norte do paiz teem um preço tão elevado que não suppômos possivel a sua exportação para os mercados europeus. Os do sul, de menor custo, não chegam ainda aos limites necessarios para entrarem em competencia com os similares estrangeiros.

Annos ha, é certo, que estes ultimos, devido á superabundancia, ficam quasi nas condições indispensaveis, mas nenhum mercado se abre e se mantém para uma mercadoria que se apresente ininterruptamente, de annos a annos, e a abrir-se algum mercado teria de renovar-se a propaganda cada vez e, como ella é custosa, seria insustentavel por falta de compensação, desde que não aproveitasse senão ao producto de uma colheita.

O que acabamos de dizer sobre as condições de venda dos nossos vinhos tem uma confirmação frisante em um facto recente. Logo que o governo celebrou um accôrdo commercial com a Suissa, ficando o nosso commercio exportador de vinhos em absoluta egualdade no regime alfandegario com as outras nações, uma casa do Porto, no intuito muito louvavel de aproveitar os beneficios d'essa stuação favoravel, apresentou no mercado suisso variados typos de vinhos de pasto do norte do paiz, a cujo commercio especialmente se dedica. Nada pôde fazer apesar dos preços minimos que fixou. Um negociante de Lisboa visitou esse paiz, com o mesmo intento, para os vinhos do sul, que não puderam ser acceites pelo mesmo motivo.

Agradavam pela qualidade esses vinhos, ricos de materias corantes e de força alcoolica, de um gosto franco e dando garantias de conservação, mas não convinham pelos seus preços elevados, e o accôrdo commercial, negociado em bases tão vantajosas, jaz desaproveitado nas estantes officiaes.

Está em vigor e nada produz.

E' certo que faltou a incitar ou apoiar qualquer iniciativa particular, tudo quanto se podia esperar do concurso official complementar da convenção assignada, mas não foi isso exclusivamente a causa do insuccesso.

Note-se que o commercio suisso, que importa cada anno cêrca de 200:000 pipas de vinhos communs, mostrava-se então preoccupado em encontrar em qualquer paiz e de preferencia em Portugal, pelo renome dos seus typos, as quantidades necessarias ao seu consumo, que momentaneamente lhe faltava, por um desaccôrdo sobrevindo com a Hespanha e pela alta do preço dos vinhos italianos. Dava-se ainda a circumstancia de estar então Portugal a braços com uma crise de abundancia, especialmente no sul.

Este conjuncto de circumstancias, que o acaso reunira, parecia tornar o momento singularmente azado para a entrada em um mercado tão importante e quasi novo para nós, mas falharam as melhores previsões e essas vagas tentativas desgarradas e desprotegidas abordaram.

Os vinhos de Bordeus e de Borgonha são incontestavelmente os mais finos, procurados e reputados. Os vinhos de pasto dos outros paizes destinam-se a ser vendidos por preços por que aquelles não podem ser fornecidos ou a lotações com elles, embaratecendo-os ou dando-lhes corpo e côr necessarias ás qualidades correntes, em annos de má colheita, para mercados que os exigem em taes condições.

E' por isso que os vinhos de lotação teem de ser de preço muito baixo e que uma differença insignificante na cotação de um anno em relação a outro prejudica bastante a venda e faz variar as preferencias da procura para quem fizer melhor offerta. A Hespanha, o sul da França, a Argelia, a Turquia, além de outros centros, produzem muito vinho de pasto, a preços bastante moderados e a propaganda activa e constante que fazem, alcança-lhes os principaes mercados que o consomem em grandes quantidades.

Assim se explica porque os nossos vinhos de pasto não teem sahida na Europa, mesmo para os paizes onde gosamos das vantagens de nação mais favorecida.

Seria necessario tambem a unificação dos variados typos que possuimos e o aperfeiçoamento da preparação que está ainda em um periodo bastante primitivo.

Se ha paiz onde essa uniformidade se torna absolutamente necessaria, é elle Portugal. Ha tantas e tão variadas qualidades de vinho de consumo, de região para região, de localidade para localidade, de propriedade para propriedade, devido aos climas locaes, ás castas das uvas e processos de vinificação, que se torna impossivel obter de cada typo a quantidade necessaria a uma exportação regular. Acontece que quando um vinho de um fornecimento feito agrada no estrangeiro, não ha mais egual para novas remessas.

Sem typos regionaes todo o trabalho, fóra de fronteiras, continuará inutil.

O fabrico dos vinhos de consumo obedece ainda, em parte do paiz, ás normas dos tempos mais remotos, de envolta com preconceitos que estão ainda arreigados no espirito de um certo numero de viticultores.

A œnologia déu um grande passo e obedece hoje á regras scientificas que não podem ser desprezadas por quem pretenda acompanhar o movimento progressista dos outros paizes, utilisando os processos modernos que permitem auxiliar a natureza, corrigindo defeitos, fazendo sobresahir qualidades e imprimindo aos vinhos o aspecto, o gosto e o aroma que os tornam mais estimados e preferidos. O segredo de uma preparação perfeita está na escolha da uva, na fermentação dos mostos, no preparo do vasilhame, nas trasfegas, clarificações, etc.

Nos processos de vinificação e nas lotações intelligentes dá a Italia, mais do que outra qualquer nação, um grande exemplo de quanto póde um espirito moderno e emprehendedor, com o progresso notavel que imprimiu á factura dos seus vinhos, na sua conservação e melhoramento, que nos ultimos annos se apresentam de maneira muito apreciavel, tendo aperfeiçoado e valorisado d'est'arte uma materia prima que nem sempre é lá de primeira qualidade.

Os vinhos licorosos do Douro e da Madeira, de fina qualidade e de fama universal, são especialmente ás classes remediadas e ricas.

As classes proletarias não os podem beber. E' n'aquelles meios, que constitue a minoria da população de cada paiz, que se encontram os consumidores. Por isso as vendas estão naturalmente restrictas a certos limites, até que tendem a diminuir com a propaganda anti-alcoolica, más não ha duvida que ellas podem exceder as actuaes, se se empregarem os meios não de augmentar o consumo, o que seria trabalho baldado, mas de reconquistar o logar que tinhamos e que foi usurpado pelas falsificações, congregando-se os esforços de todos para suscitar providencias ponderadas e praticas e fazer trabalho persistente e assim chegar a resultados seguros e duradouros.

a
a
-
-
-
-
a
-
ι-
ɔ,
i-
-
a,
e
.e-
va
A
o-
·r-
m
ta
be
ɩa
a-
n-
lo
ar
s-
·i-
e-
.i-
ɪe
s,
/e
ɪ-

te» não tinha ainda uma tão grande vulgarisação.

Esses artigos baratos invadiram
todos os mercados e limitaram o
campo de acção para os productos
de primeira qualidade, mas muito
ha a fazer para quem, revestido
de iniciativa e persistencia, quizer
luctar para iniciar ou manter uma
situação vantajosa nos mercados
estrangeiros.

O preço é, como se vê, um factor de primeira plana, que não
póde ser menosprezado Para o reduzir ao minimo possivel conviria
verificar até onde póde ir o barateamento da cultura no Douro. A
reducção do preço da aguardente
e do alcool vinico, que entra em
tão elevada proporção no preparo
do vinho do Douro, é egualmente
assumpto merecedor da maior consideração e sobre o qual, por divergencia de opiniões e mal entendidos interesses, se tem prote-
lado uma solução radical que ponha de vez termo ao seu alto custo, que tanto sobrecarrega o vinho
já onerado pelas despezas exag-
geradas de grangeio e pelas tarifas de guerra a que se encontra
especialmente sujeito, fóra de fronteiras.

Os tratados de commercio são
indispensaveis para fazer desapparecer o desfavor com que são

A maneira abusiva como se os-
tentam as mais grosseiras imitações, engalanadas com pomposos
titulos, usurpados a vinho de pro-
vada valor, é um mal que convém
estirpar e contra o qual se cho-
cam e perdem os seus effeitos,
quaesquer vantagens obtidas nos
tributos pautaes e a mais intensa
propaganda de expansão.

E hoje mais do que nunca tem
Portugal auctoridade e direito para encetar uma campanha contra
as falsificações e reclamar em favor do respeito pelas marcas de
origem, desde que, primeiro,
entre todos os paizes vinicolas, deu o exemplo de fazer respeitar pelos proprios nacionaes a
otigem rigorosa do seu vinho do
Porto, com a restricção imposta á
barra da Douro.

Convém que uma garantia ao
commercio honesto se registe nos
tratados a celebrar.

E' Portugal um dos paizes mais
attingidos pelas imitações e fraudes.

A equiparação dos nossos vinhos com as similares das outras
procedencias, sob o ponto de vista fiscal, não representa n'estas
condições senão um palliativo para o mal que mina a expansão do
nosso commercio, e se não se completar com a protecção que qual-

mas que «não podemos» exportar, porque não podem entrar em competencia de preço e fabrico com os similares estrangeiros.

Essa preferencia que pedimos, justifica-se, porque, entre esses vinhos a expôr, ha o do Douro, que é o primacial producto da agricultura e o principal artigo da exportação portugueza.

Não pretendemos custosas installações, como as dos grandes e ricos paizes, que iriam alem dos recursos modestos de que dispômos, mas não nos limitemas a uma simples exhibição de modestas garrafas e de umas tristes photographias, que passam despercebidas, sem attrahirem a attenção do visitante. Faça-se alguma cousa mais.

Partilhem os encargos o Governo, as camaras de commercio e os proprios expositores. Caiba, além d'isso, a estes ultimos, o sacrificio de certa quantidade de vinho para umas provas gratuitas, offerecidas aos negociantes estrangeiros, convidados expressamente para esse fim, como succedeu em Paris, na ultima exposição, com o vinho de Champagne.

Resuma-se n'um pequeno livro, illustrado com vistas dos nossos valles e encostas plantados de vinha, com scenas pittorescas da vida agricola, com typos populares dos trabalhadores dos campos, a descripção dos nossos vinhos regionaes, os processos de cultivo, das qualidades naturaes, baseadas em analyses de laboratorias officiaes e abonadas em attestados de auctoridades medicas, o valor real em relação ás grosseiras imitações.

Acabe se de vez, n'essa publicação, com a lenda, adrede espalhada, de que os grandes e finos vinhos do Douro e da Madeira só se encontram em certos mercados estrangeiros, para onde vão logo a seguir á colheita, e affirme-se que existem as mais preciosas qualidades e em grandes quantidades nos armazens de Gaia e do Funchal.

Apresentem-se estatisticas da producção, consumo e exportação

e «stock» no paiz dos differentes typos de vinhos. Faça-se mesmo um pouco de historia de Portugal do desenvolvido grau de civilisação do paiz, do extenso dominio colonial, do passado glorioso oito vezes secular, do clima, dos costumes, da lingua, porque somos mal conhecidos por essa Europa fóra, onde os mais extraordinarios erros se commettem a nosso respeito e contra nós. E esse livro, impresso em diversos idiomas e profusamente distribuido, sirva de cartilha onde ensinemos aos esquecidos e ignorantes a tradição brilhante que nos desvanece e onde se mostre que somos os unicos a possuir, mercê da terra e condições privilegiadas, esses productos inegualaveis de renome universal, que são os vinhos do Porto e da Madeira.

Faça-se com muita attenção a escolha dos consules honorarios (de nacionalidade estrangeira, não remunerados).

Ha-os que são tambem representantes de outros paizes, cujos interesses collidem com os nossos; ha-os que são mesmo agentes retribuidos d'esses paizes; ha-os que não são naturaes do paiz onde nos representam, o que tem grandes inconvenientes ; ha-os occupando-se de advocacia, do professorado, empregos publicos, deslocados portanto no estudo de questões economicas que nos interessam ; ha-os que não conhecem o francez e o inglez, que são os idiomas mais divulgados no nosso paiz; ha-os com uma posição social muito subalterna e modesta ; ha-os residentes fóra da zona dos consulados.

Uns manifestam boa vontade e zelo em bem servir e auxiliar os portuguezes que lhes são recommendados, outros nada fazem por apathia natural, indifferença pelos deveres que contrahiram, no intentode não contrahirem tempo dos seus afazeres particulares, com o receio de prejudicarem, pela concorrencia, os seus negocios, e até por falta de indifferença junto dos seus concidadaos.

Os consules dos principaes pai-

zes são grandes e valiosos collaboradores dos interesses que lhes estão confiados e conviria aproveitar na mesma orientação os nossos representantes e recrutal-os, tanto quanto possivel, no alto commercio e industria, com uma solida situação social e grande influencia pessoal.

Confie-se a pessoal de reconhecida competencia o estudo dos mercados estrangeiros e moldemos a nossa orientação propagandista pelas providencias que os paizes concorrentes adoptam com o fim de fomentar a venda dos seus vinhos. Uma vigilancia permanente e zelosa não será vã, antes surgirão idéas d'essa constante observação, que podem, postas em pratica, ter resultados muito apreciaveis.

São estas, entre outras e resumidamente expostas, as providencias onde a intervenção official é não só necessaria como indispensavel.

As camaras de commercio podem occupar-se do estudo de um certo numero de problemas relativos á especialidade, tomar a iniciativa de actos de vantagem collectiva e servir de intermediarios entre o Estado e o commercio, informando o primeiro das difficuldades que os negociantes encontram no decorrer dos seus trabalhos e dos alvitres que d'elles partam, suggeridos pela experiencia profissional.

Os negociantes teem a seu cargo o trabalho individual de propaganda directa por intermedio dos seus viajantes e agentes.

O viajante do commercio é hoje um elemento indispensavel a uma boa organisação commercial. Está feita a prova do seu valor pelos resultados obtidos em todos os paizes exportadores e seria ocioso insistir na sua importancia como meio de propaganda.

E' certo que muitas casas, pelos modestos recursos de que dispõem, de compensação nás despezas que isso occasiona. Ha porém um meio, já adoptado em outros paizes, que remedeia o inconveniente. Algumas casas, de artigos te não evitam as torturas causadas pelos piolhos, e o mesmo póde dizer-se das escamas e conchas que cobrem outros animaes, pois que a natureza proveu os parasitas de armas tão penetrantes, que de nada servem contra ellas os mais rijos tegumentos. A propria tartaruga se vê ás vezes devorada pelos parasitas e o elephante soffre um bichinho especial, cuja bocca está armada de orgãos poderosos, expressamente feitos para penetrar a grossa pelle do proboscideo.

As serpentes, os lagartos e as tartarugas, cujo corpo escamoso ou coberto de forte concha não parece muito accessivel para servir de esconderijo ou abrigo a nenhum ser vivente, tambem teem os seus correspondentes habitantes.

As mariposas estão egualmente sujeitas a analoga invasão. Os seus parasitas são hymenopteros, isto é, do mesmo grupo zoologico das abelhas e vêspas, e não se satisfazem com o atacar as suas victimas, emquanto permanecem no estado de larvas ou crysalidas, mas depositam tambem os ovos nos ovos das borboletas, cujo conteúdo serve de alimento ás larvas do parasita.

Ha certos parasitas que vivem independentemente sobre os animaes ou sobre o homem, como o piolho dos passaros, que ás vezes toma a liberdade de passar para as pessoas que limpam as gaiolas, e a carraça dos carneiros, que vive tambem com frequencia nos pastores.

A carraça do carneiro pertence a uma familia de parasitas propagada por todo o mundo. Estes animaesinhos picam os seres sobre vivem, por meio de um aguilhão saliente, armado de dentinhos curvos, que executam o seu trabalho dentro de uma especie de bainha, afim de que não se perca mais sangue do que o absorvido pelo parasita. As femeas consomem mais sangue do que os machos, e são por isso de maior tamanho. O parasita de que nos occupamos não passa toda a vida nos carneiros. Geralmente deposita os ovos no sólo, debaixo das pedras, e é muito provavel que então se alimente de vegetaes; mas, uma vez cumpridas as suas funcções maternaes, sobe ao matto que margina os carreiros ou as veredas dos montes, espera alli a approximação dos animaes, agarra-se á lan do primeiro que se approxima com os agudos garfos de que tem armadas as patas, e acto continuo começa a chupar-lhe o sangue.

O javali tem, entre outros parasitas, um que, revela pela configuração ser parente do «Pediculus capitis» e do «Pediculus vestimenti», quer dizer, dos miseraveis piolhos humanos. Ao mesmo typo pertence o habitante obrigado dos macacos, que, seja dito de passa-

gem, constitue para estes animaes um manjar delicioso. Diz-se que as raças humanas, que vivem no maior selvagismo, appellam frequentemente para o mesmo processo de extincção: bicho que apanham é bicho comido.

Os parasitas mais interessantes são, sem duvida, aquelles que teem de viver necessariamente n'uma serie de animaes distinctos, como succede com um que o gado adquire quando come figado e com a mal classificada solitaria que o homem recebe do porco. Um caso curioso é o d'essa especie de larva conhecida com o nome de «Distoma hepaticum», que occasiona nos carneiros uma terrivel enfermidade.

Os ovos d'esta larva desenvolvem-se na agua, dando origem a embryões activissimos que nadam incessantemente. O desenvolvimento continúa, entrando os embryões no corpo de certos caracoes de agua doce, dos quaes sahem mais tarde para encerrar-se nos tallos das plantas aquaticas, onde esperam pacientemente que algum carneiro os devore, para completar o cyclo da vida no figado do pobre animal.

Facilmente se comprehenderá que esta demorada mudança de habitação diminue muito as probabilidades do completo desenvolvimento d'estes incommodos seres, e isto deve alegrar-nos, pois que se a vida de taes pragas fosse mais facil e simples, a do homem e a dos animaes uteis correria um perigo constante.

Os morcegos servem de asylo a uns parasitas bastante raros, que se veem correr quando se levanta um pouco o pello d'aquelles animaes. A particularidade caracteristica dos parasitas do morcego consiste na semelhança que teem com pequenissimas aranhas.

As aves soffrem talvez mais do que os mamiferos. Todavia, algum dos parasitas que os atacam, são-lhes uteis; o dos pombos serve para lhes aperfeiçoar as pernas.

Os peixes teem tambem os seus parasitas.

Aos futeis parecerá que o estudo de todos estes pequenos seres tem pouco de agradavel; é, porém, interessantissimo, quer sob o ponto de vista philosophico, quer para aquelles a quem apraz admirar as perfeições da natureza manifestada nas coisas mais infinitamente pequenas.

Conhecimentos uteis

Os microbios no queijo

Um sabio estrangeiro, sr. Adametz, na escola de leiteiria de Sornthat, na Suissa, fez curiosas e demoradas investigações sobre

a população de certos queijos suc-
culentos.

Por ellas se vê que a densidade da tal população de microbios
é ainda superior á da China, em
seres humanos.

Eis os resultados a que chegou:

Uma gramma de *emmenthal*
(queijo suisso) fresco, contém 90
a 140 mil microbios, augmentando com o tempo este numero. Um
queijo de 71 dias encerra 800:000
microbios por gramma.

O queijo molle e ainda mais
habitado, sendo a sua população
extremamente densa. No fim de 25
dias contém 1.200:000 microbios
por gramma, e passados 45 dias,
2 milhões.

Estes calculos referem-se ao interior do queijo. Junto dos bordos, a população d'uma gramma
attinge 3.600:000 a 5.600:000 habitantes.

Tomando a média d'estes numeros, chegamos á conclusão que
ha quasi tantos seres vivos em
360 grammas de queijo como de
homens sobre a terra!

Isto não impede, comtudo, que
o queijo seja um alimento excellente, bastante nutritivo, e facilmente digeriveis os microbios n'elle contidos.

Noticias dos campos, Mercados e Feiras

BENEVILLA.—Os lavradores estão satisfeitos com as ultimas chuvas, apresentando
as searas bello aspecto e esperando-se um
bom anno agricola.

AGUIM (BAIRRADA). — O ultimo preço
offerecido pelo vinho é de 360 réis os 20 litros, havendo aqui ainda muitas adegas por
vender. Os lavradores estão desanimadissi-
mos.

SARDOAL.—Devido ás ultimas chuvas todas as sementeiras apresentam bello aspecto, excepto os favaes, que soffreram muito
com a nevada, estando quasi de todo perdidos.

FONTELLAS (REGOA).—Os salarios dos
operarios, em virtude do começo das cavas,
regulam de 200 a 240 réis diarios, notando-
se já falta de braços para os serviços de occasião.

FELGUEIRAS (MARGARIDE).—O preço dos generos regula o seguinte:
Milho branco, 780; amarello, 740; miudo,
820; centeio 800; trigo, 1$080; batatas gran-
de, 600; miudas, 500; feijão branco, 1$300;
amarello, 1$100; vermelho, 1$200; rajado,
1$080; misturado, 1$000; frade branco, 840;

amarello, 760; ovos, cada duzia, 120 réis.
Os centeios estão magnificos e o mesmo
succede com as hortas.

CERTÃ.—Continuam ainda em laboração
os lagares de azeite, o qual tem o preço, á
bica do lagar, de 2$150 a 2$160 réis o decalitro, com tendência para subir. As ultimas
chuvas vieram beneficiar bastante a agricultura.

Consta que em algumas freguezias do concelho teem seccado oliveiras E' uma calamidade, a confirmar-se tal facto.

AGUIM (BAIRRADA).—Corre magnifico
o tempo para a agricultura, tratando já os
lavradores de proceder ás sementeiras de milho nas terras altas.

CASTELLO DE PAIVA.—Devido á grande e prolongada estiagem, nota-se no campo
falta de pastos, o que veiu aggravar a situação já por demais apertada por motivo da
crise vinicola. E' de esperar que as ultimas
chuvas venham beneficiar a agricultura, más
a falta de compradores para o vinho é o que
mais preoccupa os lavradores.

POVOA DE LANHOSO.—Não ha horta-
liças, devido á secca dos mezes de janeiro e
fevereiro. O milho tem continuado ao preço
de 800 réis os 20 litros, preço excessivamente elevado para as classes pobres.

ESPOZENDE.—Estão quasi concluidos os
trabalhos da poda das vinhas e vão muito
adeantados os preparos da lavoura para as
lavras nas terras altas.

S. BARTHOLOMEU (ARRONCHES).—
O tempo corre magnifico para a agricultura,
esperando-se uma excellente colheita cerealifera, que bem necessaria se torna, visto que
ha alguns annos a crise agricola tem sido
assustadora, tanto para lavradores como para jornaleiros.

ABRANTES. — Os preços porque foram
cotados os azeites e cereaes durante a semana finda, são os seguintes: azeite por 10 litros, 2$250 réis conforme á graduação. Ce-
reaes: venda nos armazens por 14 litros: milho, 640; centeio, 540; fava, 580; cevada, 480;
aveia, 340.

Ovos para incubação

Tomam-se encommendas na
administração d'este jornal, das
afamadas raças poedeiras *Minorca
preto* e *Leghorn cinzento*. Os ovos
fornecidos são garantidos e provenientes de raças puras e legitimamente definidas.

Cada duzia . . . . . . 960 réis
Cada ovo . . . . 100 »

Os pedidos para a provincia são
satisfeitos por encommenda postal
e ao preço estabelecido ha a accrescentar:

Encommenda postal . . 200 réis
Registo do correio. . . . 50 »
Emballagem . . . . 40 »

INDICE

CPSIA information can be obtained
at www.ICGtesting.com
Printed in the USA
BVHW041104190219
540639BV00007B/131/P